那時的先生

岳南 著

1940～1946

大師們在李莊沉默而光榮的歷程

《實用歷史叢書》

出版緣起

・歷史就是大個案

《實用歷史叢書》的基本概念，就是想把人類歷史當做一個（或無數個）大個案來看待。

本來，「個案研究方法」的精神，正是因為相信「智慧不可歸納條陳」，所以要學習者親自接近事實，自行尋找「經驗的教訓」。

經驗到底是教訓還是限制？歷史究竟是啟蒙還是成見？——或者說，歷史經驗有什麼用？可不可用？——一直也就是聚訟紛紜的大疑問，但在我們的「個案」概念下，叢書名稱中的「歷史」，與蘭克（Ranke）名言「歷史學家除了描寫事實『一如其發生之情況』外，再無其他目標」中所指的史學研究活動，大抵是不相涉的。在這裡，我們更接近於把歷史當做人間社會情境體悟的材料，或者說，我們把歷史（或某一組歷史陳述）當做「媒介」。

・從過去了解現在

為什麼要這樣做?因為我們對一切歷史情境（milieu）感到好奇，我們想浸淫在某個時代的思考環境來體會另一個人的限制與突破，因而對現時世界有一種新的想像。

通過了解歷史人物的處境與方案，我們找到了另一種智力上的樂趣，也許化做通俗的例子我們可以問：「如果拿破崙擔任遠東百貨公司總經理，他會怎麼做？」或「如果諸葛亮主持自立報系，他會和兩大報紙持哪一種和與戰的關係？」

從過去了解現在，我們並不真正尋找「重複的歷史」，我們也不尋找絕對的或相對的情境近似性。「歷史個案」的概念，比較接近情境的演練，因為一個成熟的思考者預先暴露在眾多的「經驗」裡，自行發展出一組對應的策略，因而就有了「教育」的功能。

・從現在了解過去

就像費夫爾（L. Febvre）說的，歷史其實是根據活人的需要向死人索求答案，在歷史理解中，現在與過去一向是糾纏不清的。

在這一個圍城之日，史家陳寅恪在倉皇逃死之際，取一巾箱坊本《建炎以來繫年要錄》，抱持誦讀，讀到汴京圍困屈降諸卷，淪城之日，謠言與烽火同時流竄；陳氏取當日身歷目睹之事與史實印證，不覺汗流浹背，覺得生平讀史從無如此親切有味之快感。

觀察並分析我們「現在的景觀」，正是提供我們一種了解過去的視野。歷史做為一種智性活動，也在這裡得到新的可能和活力。

如果我們在新的現時經驗中，取得新的了解過去的基礎，像一位作家寫《商用廿五史》，用企業組織的經驗，重新理解每一個朝代「經營組織」（即朝廷）的任務、使命、環境與對策，竟然就呈現一個新的景觀，證明這條路另有強大的生命力。

我們刻意選擇了《實用歷史叢書》的路，正是因為我們感覺到它的潛力。我們知道，標新並不見得有力量，然而立異卻不見得沒收穫；刻意塑造一個「求異」之路，就是想移動認知的軸心，給我們自己一些異端的空間，因而使歷史閱讀活動增添了親切的、活潑的、趣味的、致用的「新歷史之旅」。

你是一個歷史的嗜讀者或思索者嗎？你是一位專業的或業餘的歷史家嗎？你願意給自己一個偏離正軌的樂趣嗎？請走入這個叢書開放的大門。

目錄

推薦序

文字的品相——淺說岳南《那時的先生》

王久辛

坦率地說，就所有從事文字工作的朋友而言，寫出來的文字所構成的文章，一直有一個品相的事實放在客觀的世界，無論您在意這個存在與不在意這個存在，這個存在始終都存在——無論您知道還是不知道，您在與不在，事實上它就放在那裡。幸運的，它可能在圖書館裡被珍藏；不幸的，也許在哪個犄角旮旯躲著，甚至被人當作垃圾扔掉。但只要是好的文字，即品相周正，且有內涵與價值的文字，無論何時，只要被人發現，被人提及，被人從故紙堆裡翻出來，總會被人所珍視。以至被人嘖嘖稱讚，甚至被人徵引舉例，死而復活，進而重新煥發出新的光彩。

所以要好好的侍候文字。這就像高級的工匠會精心地打磨自己製作的產品，寫作者也始終都有一個絞盡腦汁來作文、傾其才華來書寫的功課——明面擺放在那裡，等著你來書寫。那是必須用情用勁用盡心血腦汁來做的工作，由不得半點馬虎。因為你馬虎，文字亦馬虎，寫出來的文字自然也就跟著馬馬虎虎了。作家岳南一直致力於主流文史之外的田野採訪與寫作，至今已有《風雪定陵》、《復活的軍團》等考古紀實類文學作品十二部、幾百萬字著述，海內外發行達百萬餘冊；另外，他寫的《南渡北歸》三部曲與《陳寅恪與傅斯年》等等加起來，亦又有了六、七百萬餘字，發行量累加起來也有百萬套冊。我不是歷史學者，對他寫的內容，我無法做專業的評論，但做為一個文字工作者，我對他筆下的文字的品相，倒是有些許心得。對作家岳南的文字，我雖不能說瞭若指掌、見字如面，但卻有「常誦見其心，熟讀而明其志」的美好如斯的感悟與發現。為什麼一位立志於非主流的偏僻文史往事而安於清冷角落的寫作者的著述，會每每獲得火爆轟動，並形成一個個的文化焦點？依我長期從事文字編輯工作和閱讀的體驗來揣之，我以為，岳南的成功，絕不僅僅是寫作內容引起了大家的共鳴，在我看來，岳南所著的每一套系列著作，首先與首要的成功，便是他的文字的品相的上乘。

文字的品相，就我看當下紀實類文學書籍呈現出來的文字的品相，是很差的，而且多是急火火的、跑馬式的敘述與表達。作家岳南的文字品相，從容優雅、大氣磅礴，有意境、有詩性，且沉入人物心靈與歷史往事。用字遣詞嫻熟老道、精準幽默、情采飛迸、生趣盎然，實屬上乘之上的上品。他文字的敘述，不僅實現了「信達雅」，而且「筆中常帶感情」，敘事直入史實，是筆筆有根有據的循史而著。行文張弛有度，詞彩斐然，修辭蜿蜒通幽，卻又入史進心，長歌當哭、逼視現實、叩問天良；有時又闡發精微、幽默詼諧、妙趣暗生；即使是閒筆與注釋，那每一個文字都是苦心孤詣、誘人進心，亦常激發人聯想而增添見識與知識。雖不能說他字字珠璣，但稱他的文字籽實飽滿、珠圓玉潤、色香俱全且無添蛇足之嫌，絕非妄言。作家岳南以這樣的文字品貌與質地來著述前人的往事業績，其所用功終不廢其心志，所以愛史者惜之，好文者惜之，包括大學教授、律師醫生、工程技術人員、引車賣漿者流亦愛之喜之，口口相傳，慷慨解囊，絡繹不絕，完全自願，絕非偶然。自有心碑聳立於世間天地，實為作家岳南嘔心瀝血、厚積獨造的必然之回報也。

以岳南新著《那時的先生》書名為例，光是這五個字就足以直入人心。在我是激賞不已。為什麼？為什麼是「那時的先生」？今天沒有老師嗎？大學的導師多如牛毛，為什麼岳南要寫成「那時」而沉入往日的舊時光？我以為，這就不僅是審美的間離效果的需要，更是激憤反諷的大雅之造。他不願也不屑於對當下的教育及職業老師與導師們爆粗口，甚至也不願說三道四。他就用個時態詞——那時，就足以表達了他對當下某些情事與萎靡現狀的揶揄、蔑視與憤懣，文野自然也就有了高下。雖然他書中所寫的每一個人物，均可稱為導師甚至大師，但他就是不用那些大稱謂，而用了一個今天幾乎棄之不用的舊時稱——先生。他把這個故紙堆裡的老詞找出來擦了個鋥明光亮、熠熠生輝，他要讀者認認真真地端詳仔細，是噙含儒雅之氣的先生而不是今天被市場化之後的「老師」與「導師」，甚至更加玄虛的「著名大師」（都大師了，還要著名，噫！）。

我彷彿聽見作家岳南用他含溫裹熱的山東諸城話在對人們說：看看吧，看看吧，那時的先生，他們的致學、為人與品德。打開《那時的先生》，你會看到學人領袖傅斯年的拳拳赤子之心，他為他人作嫁衣裳的奉獻之身體力行、嘔心瀝血。傅先生自己身患重疾、頭暈目眩，卻為證明同事的清白與無私而奔走呼號、秉筆直書、上達天庭……可以說本書寫出了列位大師與先生，在那個炮火連天、甚至常常吃了上頓沒下頓的艱難時世，生存尚且危機，致學更其不易的時代，仍克服千難萬險、忍饑著述、抱病研究、冒險踏勘，甚至頂著日機的轟炸，時常在生命安危都沒有保障的氛圍與環境中勘探考究、研寫報告的風行徐走、顰笑嗟嘆的精神風貌。尤其令人心動的，是林徽因得知自己被政府關懷，獲得治病的醫藥補助資金時的心理與言行的敘述，讓讀者看到了一代學人的內心世界。作家岳南以實文實物，不僅探得了林先生湧上心頭的感激，而且將其內心無以言表的愧怍的心理與行為展現了出來。他寫出了林先生深感自己在抗戰如此艱難困苦的情況下，自己未能做出什麼大的貢獻而享此厚待進而惶恐不已的形狀。其採訪之細微，行文所依史實、信函之準，文字表達之雅致暢爽，既與林徽因之學者詩人的身分——美文美人相符，亦與讀者閱讀想像之斯文暗合，展現出林徽因不為人知的純淨心靈，使得這位「一代才女」的內心世界與如玉的嬌容有了精神的光芒。足見作家岳南敘事功力之上的沉著老練、精緻書寫而達致的文字品相之佳貌。書中夾敘夾議之中所描寫的其他諸位先生的行跡與言語、精神與狀態，亦均達到了情景交融，栩栩如生的佳境，令人讀後禁不住的感嘆不已。大德失傳久，雄文繼絕神；而今岳之南，落筆自生根。浸淫在一群大先生純淨瀚海般的心靈之中，作家自然也受到薰染與浸泡。人，境界有了，人格便也隨之而高架了起來。古人謂言：

人品不高，用墨無法。反之，用筆自然天成，而文字的品相與狀貌，也就隨形賦意，逶迤而來，正所謂心美如畫，內外相擁，加上長久的日積月累，自然便有了文字質地的飽滿與瓷實、品相的雅致與達觀。

然而，若再深細地分析一卜岳南《那時的先生》一書的文字，我以為，似還有更多的道理可以言說，比如文字的古雅與蜿蜒探微的表達，其實正是他對中華古典詩詞歌賦的汲取、也與他深諳外國文學名著的語體方式有關，包括他文字表達時的複合修辭的嫻熟運用，生僻字詞的信筆寫來，在我看來，這都絕非一日之功，而正是他從寫作上千萬字的著述實踐中得來的。這有點像女大十八變，越變越好看——作家岳南文字品相的上佳品貌，似正應驗了中國人這句古老的民諺。

二〇一八年九月十日改畢

推薦人簡介

王久辛，著名詩人、作家。祖籍河北邯鄲，一九五九年生於陝西省西安市。畢業於解放軍藝術學院文學系，某刊主編，大校軍銜。長詩《狂雪》獲首屆魯迅文學獎，並作為南京大屠殺紀念館紀念碑文鐫刻於長達三十九米的碑牆。二〇〇九年被《詩選刊》推選為「首屆十佳軍旅詩人」之冠。

推薦序

長溝流月去無聲

李光謨

岳南先生描寫抗戰期間知識分子流亡四川南溪縣李莊鎮的長篇紀實文學即將付梓，約我寫一篇簡短的序文。我對文學沒有研究，但由於這部描寫科學界、教育界知識分子生活與精神追求的作品，是以紀實的手法描述真人真事，書中記載的人和事我略知一二，作為在抗戰中流亡中國後方並在李莊生活了六年的我，覺得有必要說幾句話，以示對逝者的緬懷與對中華民族抗戰勝利的紀念。

九一八事變後，尤其是一九三七年七七事變爆發，平津科學界、教育界人士紛紛南遷。隨著淞滬抗戰砲聲響起，座落在上海、南京的國立同濟大學、國立中央研究院、國立中央大學等科學機關、教育機構，也相繼開始了西遷歷程。當時家父李濟服務的國立中央研究院史語所與國立中央博物院籌備處兩個重要學術機關，也在砲火硝煙中踏上了流亡之路。

那時我還是一個少年學童，對時局並沒有多少認識，但從長輩們嚴肅緊張的表情以及忙碌的身影，還有與平時大不同的言談舉止中，明顯感覺到戰爭的恐怖和即將到來的災難。就我所看到的情形，在日本強寇壓境，血與火的戰事即將在南京拉開大幕的前夜，國立中央研究院所屬的史語所以及中央博物院籌備處等機構所進行的搬家是匆忙的，經過眾多人手不分晝夜的努力，史語所尤其是考古組多年積攢的重要出土文物及全部原始記錄都裝箱運走，實在運不走的大件物品，就封箱留存在城中或掩埋入土。在敵機呼嘯、炸彈紛飛中，南京下關碼頭人山人海，一船又一船從上海與南京運載的機械設備與珍稀物品，爭相向西南大後方運送。記得我們全家老少三代在長江碼頭登船啟程時，回首眺望居住了三年多的石頭城，百感交集，默念著何時才能重歸家園。

隨著上海和南京淪陷，日軍步步進逼，西遷的機構在長沙只停留了三個多月，中央研究院幾個研究所與中博籌備處，連同由北大、清華、南開組成的臨時大學，以及梁思成主持的中國營造學社等又開始向桂林、昆明一帶遷徙。此時，中央研究院代總幹事兼史語所所長傅斯年因院務羈絆，把史語所事務委託李濟負責。這次搬遷可謂是極其艱巨的工作，但總算安全抵達目的地。一九四〇年冬，迫於日本飛機對昆明狂轟濫炸的巨大壓力和威脅，加之滇越線吃緊，中央研究院史語所和社會所、中博籌備處、中國營造學社、同濟大學等機構不得不再次撤離昆明，遷往四川南溪縣李莊鎮。我們全家隨所一同入川，在揚子江盡頭的李莊鎮羊街一個院落住下來，想不到這一住就是六年，直到抗戰勝利後才回京。

遙想當年烽火連天、書劍飄零的歲月，處在民族危難中的「下江人」，一批又一批遷入四川，當地人民給予了大力支持與協助，而李莊人的慨然相邀與熱情相助，使流亡中的學者和莘莘學子得以安置一張平靜的書桌。原本籍籍無名的李莊鎮，迅速成為抗戰期間大批知識分子的集中地與中國後方四大文化中心之一（另三處是重慶、成都、昆明），中國的人文學術與新式教育在西南部這個鄉村古鎮得以薪傳火播，綿延發展。

遷入李莊不久，我得天時、地利之便，有幸於一九四二年進入同濟大學附中讀書，兩年後又考入同濟大學醫學院就讀，繼續我的學業。

聽說早先李莊鎮在川南一帶是個很繁榮的地方，是川南物資集散地，過往商賈絡繹不絕。或許由於這些條件，鎮內鎮外的「九宮十八廟」和幾個規模龐大的莊園式建築應運而生。也因了這些便利條件，才有了戰時一萬多「下江人」雲集而來的機緣。不過當我們到來的時候，由於連年的戰亂，古鎮已趨於衰落，往日的繁榮不再，應該說是比較偏僻和閉塞了，特別是醫療條件很差，當地缺醫少藥，許多人得了病卻得不到及時治療。中國營造學社的林徽因、中研院社會所所長陶孟和夫人沈性仁、史語所考古組的梁思永都相繼罹患嚴重的肺結核，因得不到有效治療，林梁二人長期臥床無法工作，而沈性仁——這位民國初年的一代名媛，抗戰未結束就病逝了。

當時在李莊的同濟大學雖有醫學院並有高明的醫學教授，但終因沒有藥物為病人治療，醫術再高明也無力回天，同濟大學工學院的教授也有在貧病交加中去世的。我的兩個姊姊，分別於一九四〇年和一九四二年在昆明與李莊病逝。她們患的並非疑難重症，只是在那樣的環境裡得不到相應的藥物治療，致使她們提早離開了人世。

此事的影響遠超出個人感情上所受的打擊。前幾年我回了一趟李莊，有幾位青年朋友和我談起當年遷來的學術大師，說如果陳寅恪大師也來李莊的史語所住上幾年，那這個文化中心的分量就更重了。其實說者不知，陳寅恪原本是要奔李莊來的，據陳先生的長女流求女士在一封信中告訴我，抗戰時期寅恪先生全家由香港逃出返回內地時，原打算從桂林入川到史語所工作，並做好了去李莊的準備。後因得知李濟兩個愛女不幸病逝，可見該地醫療條件很差，當時身體狀況極壞的陳先生擔心自己和家人無法適應，乃應燕京大學之聘，入川後直接從重慶過內江去了成都。自此，李莊與這位學術大師失之交臂。

歲月如梭，一晃六七十年過去了，當年遷往李莊的許多人已不在人世。今天讀這部作品，我感觸良多。此前，我與岳南有過一些交往，知道他在二十幾年中一直聯合志同道合的朋友研究和撰寫中國考古界的人和事，並有十幾部紀實文學作品問世。與他以前的作品不同的是，這部作品明顯是以李莊的人文歷史為主軸，對相關人物命運多側面地加以鋪排和描述，這樣的一個變化，就需要作者對當地風土人情與相關人物背景、生活情形有相當的了解，否則，要寫出接近歷史事件和人物原貌的作品是不可能的。

值得慶幸的是，岳南透過實地採訪和體驗生活，對李莊當地人文歷史有一定的掌握，加上在大陸和台灣兩地查閱大量相關的歷史資料，在相互校對考證之後再加以書寫，這樣寫出的歷史事件與逝去的人物就與向壁虛構的完全不同了。我在讀完初稿後深為感動，尤其看到那些歷盡劫難、九死一生、我熟識或不相識但聞其名的老一代學人，在走出李莊後於政治風雲變幻中大起大落的生活境況與悲愴命運，當然還有李莊本地一些值得紀念的人物所遭逢的人生際遇，禁不住唏噓嘆息，為之扼腕。或許，這部作品提供給大眾的文化精髓就隱化於這難言的、如同林徽因詩中所述的「萬千國人像已忘掉」的歷史記憶之中吧！

謹抄錄宋人陳與義詞〈臨江仙〉一闋，以結此序：

憶昔午橋橋上飲，坐中多是豪英。
長溝流月去無聲，杏花疏影裡，吹笛到天明。
二十餘年如一夢，此身雖在堪驚。
閒登小閣看新晴，古今多少事，漁唱起三更。

推薦人簡介

李光謨，一九二六～二〇一三年，李濟之子。前中國人民大學教授、翻譯家。

自序

《南渡北歸》的先聲之作

二〇〇三年春天，我到四川省考古研究所採訪三星堆文物發現、發掘的事。結束後，一人來到省博物館大門外露天廣場喝茶，望著眼前各色人物和來往的車流，心中似乎有一種牽掛、有一種情愫揮之不去，簡單說就是覺得有一件大事因緣未了。沉思良久，突然感到上帝在叩擊我的額頭，一個到李莊看看的念頭閃電般襲來。於是，第二天我便從成都搭車去了李莊。

我之所以突發靈感探尋，實因有段前緣，即以前寫過近十部考古題材的紀實文學著作如《風雪定陵》《復活的軍團》《西漢亡魂》《嶺南震撼》等，當時參考的文章和採訪的老一輩考古學家，不時直接或間接地提及他們的前輩和四川李莊這個神祕的地方，即抗戰時期中央研究院、中央博物院籌備處、中國營造學社等幾家學術機構流亡西南的駐地，述及李濟、董作賓、梁思成、夏鼐等先生在李莊如何披荊斬棘、建功立業。有考古界中人還向我簡略敘述當年的先生在李莊一隅之地，創造了學術史上一段精彩傳奇，寫下了中國知識分子可歌可泣的一頁，而他們的徒子徒孫，正是後來中國考古、文博、建築等各界的專家與學術創造的主力云云。——這一切，在成都街頭喝茶的那個片刻，突然集中爆發並促使我奔向這幾「界」的源頭，朝拜心中的聖地，尋訪聖地流傳的故事，傾聽先生們當年的聲音甚至呼吸。

按照我當時的認知，李莊屬於四川省南溪縣，便乘車直奔坐落在長江北岸的南溪縣城。到後方知，李莊已劃歸宜賓市翠屏區了，這個建制上的變化對我而言無所謂，有關係的是由成都到李莊，乘車直插宜賓市才是正道，奔南溪等於走了岔路、繞了遠道，因為南溪、李莊隔江相望卻無橋可通。當晚，我在南溪一個招待所住下。時有報導說北京因SARS死了不少人，傳言有人直接死在大街上云云；另有報導稱衛生部部長與北京市市長因對疫情控制不力，且欺上瞞下，已被中央革職查辦，等等。招待所服務員一看我的證件是來自疫區，吃了一驚，慌亂中一撒手把證件扔到桌上，後來可能自覺有點失態，遂找來兩根小棍棍把證件夾起遞給我，然後撥電話，好像是問一個上司是否容我居住。

我在成都看過報紙，意識到事態嚴重，遂即向服務員解釋，我已離開北京半個多月了，走時那裡頗有四海昇平、萬邦祥和的氣象，什麼疫情與災情也沒發生。還好，服務員放下電話，說了聲「三二二房間」，算是容我住了下來。我長舒了一口氣，慶幸自己不必流落街頭。

晚飯後，天尚未黑，我來到城外看看當地風情，只見青山蒼蒼，江水泱泱，高大巍峨的城牆和磚砌「文明門」屹立在江邊，標誌著這是一座非同一般的古城，其遺存的氣勢給人一種心靈震撼的同時，也令人對此地的歷史文化肅然起敬。

第二天，坐車來到城外江北岸一個叫涪溪口的地方，轉乘一艘不大的小船渡江來到南岸的李莊。這才知道，李莊不是我想像中的村莊，而是川南一座古老重鎮，有許多宏大的建築與古老的莊園，再後來才知有著名的「九宮十八廟」和幾個莊園式建築群保存至今。也正因有這些建築遺存，才能容納二十世紀四〇年代流亡的知識分子，包括同濟大學等高校師生，一萬多人來此避難，並使這座沉寂多年的古鎮成為中國抗戰時期四大文化中心之一（另三處分別是重慶、成都、昆明）。

我沿著街道一路打聽到了鎮政府，向辦公人員說明情況。未久，辦公人員找來一位五十左右的先生領我到鎮裡街道轉轉，看哪些情況需要採訪記錄。這時才知道，領我的是左照環先生。當時鎮裡正編寫鎮志，並準備從事旅遊產業，招了幾個小姑娘學習當講解員，左先生作為李莊鎮文史專家，在編完鎮志後又當了講解員的指導老師。

在左照環先生帶領和熱情講解下，我參觀了當年流亡此地的中國營造學社舊址及梁思成、林徽因一家居住的地方；看了中央研究院的各位先生如傅斯年、李濟、董作賓、李方桂、吳定良、陶孟和、吳金鼎、夏鼐，以及中博籌備處的曾昭燏、李霖燦、趙青芳等學者工作、生活和戰鬥過的地方；還走訪了人數最多的同濟大學師生居住的幾處廟宇樓舍和他們跳高跑步的操場。在追尋先生遺跡、瞻仰遺存的過程中，又聽了當地鄉親講述先生們在李莊的工作情況與逸聞趣事。一時間，先生們的音容笑貌彷彿就在眼前，一樁樁往事像槌子一樣敲擊著我的心房。在受到大震撼、大感動的同時，我決定寫一部書，作為對這些先生的追思與紀念。

回到北京後，我集中精力把有關三星堆發掘的《天賜王國》寫完，迫不及待地重返李莊，正式開始有關採訪與資料搜集工作。當時李莊鎮政府有個招待所，但比較老舊，加之在鎮政府院內，住起來不太方便。在左先生帶領下，找到鎮外一個養豬場，當時場內的豬已被處理掉了，場主看到鎮裡要開發旅遊業，前景廣闊，遠景誘人，便捷足先登，把已捲了鋪蓋回家的幾個飼養員的房間打掃一下，弄上一床、一被、一枕頭，開始對外以每天十元（人民幣）的價格招攬客人。

這個養豬場座落於鎮外田野，靠近上壩月亮田，進出方便，晚上安靜，很適合我這類人居住，對於其他旅客卻未必如意，這樣我算是住進去的第一個客人，後來聽說也是這一年唯一的一個客人。當時除左照環先生陪我走街串巷、四處訪問外，經左先生介紹，李莊攝影家王榮全老師也經常陪同並幫忙照相。鎮黨委書記孫遠賓、鎮長毛霄對我的工作非常支持，記得有一個中午，他們二人於日理萬機中擠出時間，帶著鎮宣傳部長尹曉波同志和攝影家王榮全老師來到養豬場，借場內的廚子招待我喝了一頓李莊白酒，嘗了著名的李莊白肉，吃了何老么的花生和幾塊李莊白糕。自此之後，我對李莊的三白（白肉、白酒、白糕）兼花生等特產有了深刻的印象和感情。半個月後，我返回北京，查閱相關資料並採訪相關人物。第二年，我又去李莊兩次，仍住在養豬場，對先生們的過往與流傳的故事進行採訪與探尋。又過了一年，終於成書並由浙江人民出版社出版發行，這便是讀者看到的《南渡北歸》先聲之作——《李莊往事：抗戰時期中國文化中心紀實》問世的經過，也是抗戰時期流亡的自由知識分子題材此一「宏大敘事」寫作的緣起。

當我進入李莊並對抗戰時期流亡的先生們居住地考察過之後，心中波瀾湧動不息。原因有很多，比如地方偏僻，生活艱苦，得病無處醫治，死人的事經常發生，如中央研究院社會科學研究所所長陶孟和的妻子、翻譯家沈性仁，考古學大師李濟的愛女等，就因患病得不到及時救治且無藥救治而去世。而林徽因、梁思永也因肺病差點命赴黃泉，真可謂貧病交加，莫之奈何。當時梁家窮得吃不上飯，梁思成把心愛的手錶、皮鞋甚至外國友人費正清夫婦贈送的一支派克鋼筆都賣掉了，為的是換一點糧食與醫治林徽因的藥品。他的兒子梁從誡冬天只能穿一雙草鞋上學，結果凍出膿瘡，久治不愈，受了很多罪。——但這一切，只是讓我哀嘆與悲傷，還不足以驚奇與震撼，當時全國軍民都處在艱苦卓絕的抗戰生活中，比這慘烈的例子還有很多很多。

那麼真正讓我產生心靈震撼的是什麼呢？其實是流亡該地的大師以及普通知識分子，向世界展現的不屈的精神風骨，那就是只要活著，哪怕只有一口氣，仍要在自己的研究領域努力地幹下去，不怨天尤人，不自暴自棄，相反卻是血脈僨張，靈性飛揚，散發出一種堅硬如石的特質，如患有嚴重脊椎病、身穿鐵背心用以支撐身體的梁思成，經常趴在桌子上用一瓶子支撐下額堅持寫作、繪圖，而他的愛妻林徽因與他的二弟梁思永，於病床上編輯《中國營造學社學刊》和有關安陽殷墟發掘的考古報告。當然，這樣偉大的學者不只是梁家兄弟，與梁著匹敵的還有被陳寅恪先生高度評價並譽為「抗戰八年第一書」的董作賓所著《殷曆譜》，還有李霖燦的《麼些象形文字字典》，以及中研院幾個研究所流亡李莊的其他同仁撰寫的數部著作與大批學術論文、調查報告，加上同濟大學教授們一系列學術研究成果。

正如費正清到李莊考察後發出的感嘆：只有中國的學者能在如此艱苦的抗戰環境中忍辱負重，愈挫愈勇，取得如此偉大的學術成就，這個成就與精神是中國知識界的光榮，也是人類歷史的光榮。——因了這些，我對流亡此地的先生與大師感佩的同時，心靈產生震撼並於震撼中決定去搜尋他們更遠的足跡以及各處流傳的故事，以寫出更豐富、更厚重的作品。此後，經過赴湖南、雲南和台灣等多地探尋訪問、查證資料檔案，在《李莊往事》的基礎上不斷增加新的內容，終於在二〇一一年以簡體與繁體字的形式，在大陸和台灣分別出版了《南渡北歸》三部曲。屈指算來，自第一次踏上李莊的土地進行採訪考察，到《南渡北歸》出版問世，倏忽已過八年矣。

現在，自我首次走進李莊已過十五個年頭，其間，因自二〇一一年起受邀赴台灣清華大學任駐校作家的緣故，我與當年赴台大師的子弟交往變得方便起來。借此機會，我先後拜訪了董作賓公子董敏先生，石璋如公子石磊先生，李霖燦公子李在中先生，以及大師的學生輩人物如李亦園先生等，搜集到不少新的資料，對此次增訂貢獻甚多。尤其關於李霖燦先生到麗江、玉龍雪山與大理考察那一段，多來自李在中先生贈送的珍貴資料並蒙李先生親自審閱，對其中的錯訛之處予以修正，使錯訛減少到最低。

另外，在清華大學駐校期間，我曾無數次搭車由新竹校園往返南港中研院，並於中研院近代史研究所檔案室、歷史語言研究所、傅斯年圖書館等機構查尋有關李莊和抗戰時期先生們流亡李莊的檔案和相關材料，收益甚大，查到許多珍貴資料以補充到增訂稿中。而增加的關於同濟大學內部紛爭一案經過，幾乎全部採自中研院近代史所檔案室「朱家驊檔案」。同時，承蒙中研院副院長王汎森先生贈送新出版的《傅斯年遺劄》三卷，為拙著再添珍貴史料，想來讀者已經看到。此處特別向保存、整理這批檔案的先進表示敬意和感激之情。

仍然是出版方的建議，認為原書名「李莊往事」狹小了些，增訂後改為更寬泛的「那時的先生」，而「李莊」做為副標題出現或更易為讀者接受與理解。對這個建議我表示同意和支援，遂有了增訂後的《那時的先生》一書問世。原書有李光謨先生序文一篇，增訂版仍用其文，因修訂時考慮到更換書名，遂又請李光謨先生將序文稍做改動，以與新著匹配。想不到改動未久，李先生未能見到增訂版問世便歸道山，此為一大遺憾，特此紀念。

憶及本書採訪和寫作過程中，得到眾多研究機構、專家學者和友人的幫助，在新書出版之際，謹向李莊鎮黨委及鎮政府、宜賓市翠屏區委及區政府、南京博物院、南京大學檔案館、聊城傅斯年陳列館、北京清華大學檔案館、新竹清華大學圖書館及檔案館、中國社會科學院考古研究所、中研院近史所、史語所、傅斯年圖書館等單位給予的協助與支持表示深深的感謝。在台研究期間，也獲得董敏、石磊、李在中、李亦園、陳存宮、王汎森、黃進興、何漢威、陳永發、張朋園、陳力俊等知名人士的支持，尤其感謝遠流出版公司總編輯林馨琴於二〇一六年夏天親赴李莊，拍攝相關人物及遺跡照片，為拙作增色不少。

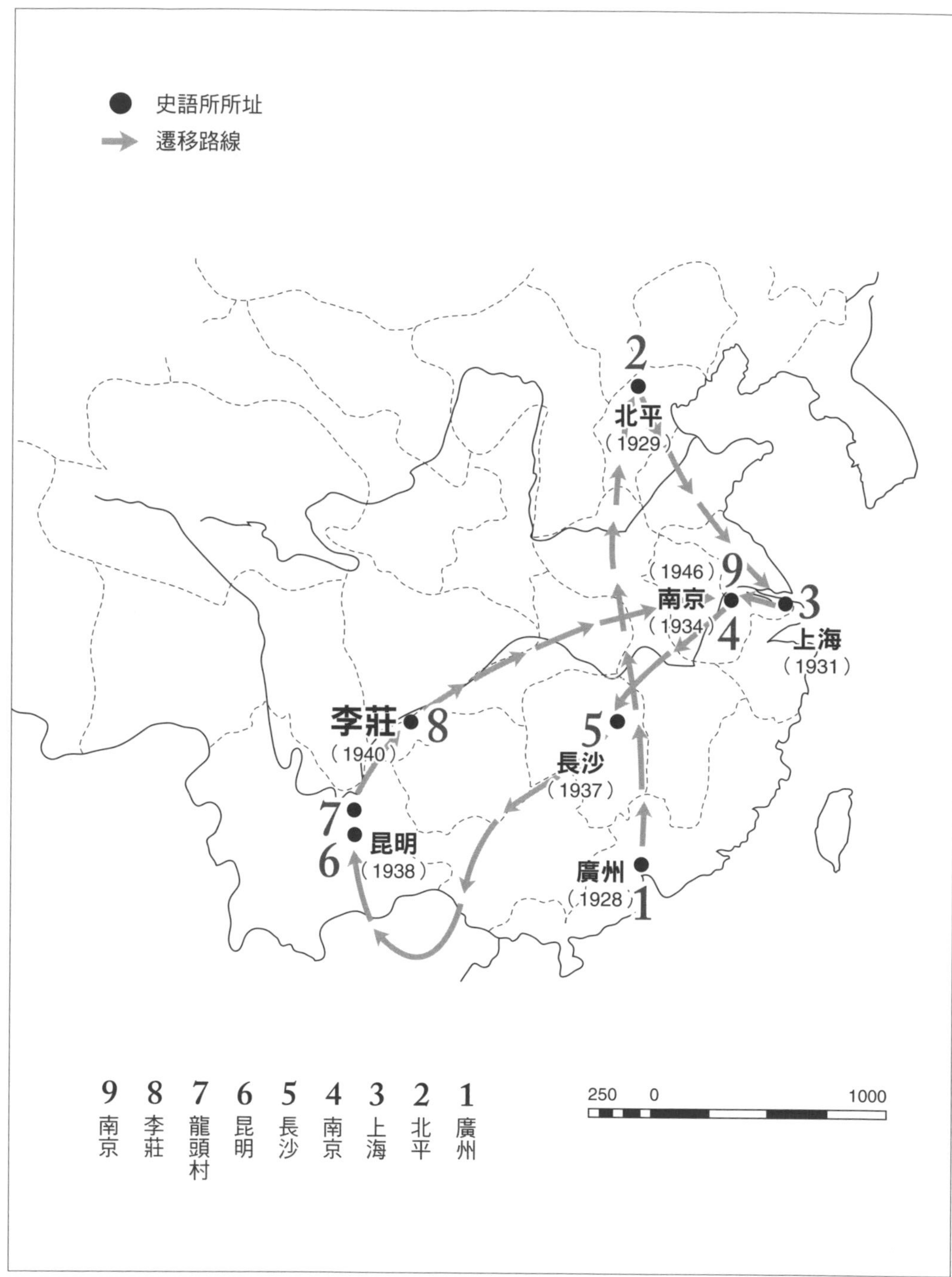

1928～1946 年中研院史語所遷移路線

序章

一九四一年六月二十七日，國立西南聯合大學常委梅貽琦、總務長鄭天挺、中文系主任羅常培，自四川瀘州碼頭乘船，溯江而上，往萬里長江第一古鎮——李莊進發。

此前的六月五日，梅貽琦一行從重慶乘船至瀘州，欲轉陸路到西南聯大敘永分校視察後再轉赴李莊。[1]那時，江水開始上漲，尚未形成滔天之勢，但行程並不順利，戰爭陰影籠罩下的「天府之國」，文化衰微、經濟凋敝，社會混亂不堪。一條陳舊的輪船，原訂四點由重慶嘉陵江磨兒石碼頭啟航，因機器故障，一直拖到九點才成行。又因臨時安插了幾十名持槍士兵，船艙內外擁擠不堪，所有乘客與逃難者無異。梅貽琦在當天的日記中寫道：

……房門外兵士坐臥滿地，出入幾無插足之處，且多顯病態、瘦弱之外，十九有疥瘡，四肢頭頸皆可見到，坐立之時遍身搔抓，對此情景，殊覺國家待此輩亦太輕忽，故不敢有憎厭之心，轉為憐惜矣！[2]

民族衰敗，山河破碎，這些為家國存亡提著腦袋奔走於硝煙戰場的熱血男兒，並未引起社會與政府的普遍重視和特別關照，肉體的傷病得不到醫治，精神上的苦痛更是難以解脫。梅貽琦等人發現，「兵士早九點米飯一頓（自煮）後，至晚始再吃」，下午時分，「門外有二兵以水沖辣椒末飲之，至天夕又各食萬金油少許，用水送下，豈因肚中餓得慌而誤以為發痧耶！」[3]望之頓感悲涼。

敘永分校在瀘州下轄的長江南部敘永（古稱永寧）縣城幾座寺廟內，梅貽琦等到來後就學校生活、學習條件等做了詳細視察，並與師生就分校是否重返昆明等問題進行交談。視察結束，梅貽琦率鄭羅二人於六月十七日至藍田壩等船返瀘州，而後再乘船赴李莊與樂山一線考察訪問。

此時，江水已成狂暴之勢，六月十九日，梅貽琦日記寫道：「天夕與鄭、羅至江邊散步，看江水滾滾奔流，不禁驚嘆。」[4]第二天，決定午前渡江到瀘州碼頭等船，因忽有敵機空襲警報，避之午飯後方收拾過江。時「江水繼長增高。昨晚所見江邊沙灘一片，今已沒入水中矣。江邊有種高粱瓜豆者，一二日內即有淹沒之虞，水勢之浩大，殊堪驚嘆」[5]。

除了心中一連串的「驚嘆」，更多的是被困瀘州館舍內不能旅行的焦躁不安。

按原定計畫，梅貽琦與同仁沿江上行的目的有二：一是赴樂山、成都一帶參觀、考察抗戰中內遷的學術機關；再是由昆明遷往李莊鎮的北大文科研究所青年學子的論文需要畢業口試，作為該所兼任副所長的鄭天挺和導師羅常培，需完成各自應負的責任。李莊古鎮在瀘州上溯樂山一線的南溪縣境長江南岸，此行可謂一舉兩得。當然，除卻兩項公務，三人還有一個共同願望，即順便看望戰時流亡到李莊的老同事、老朋友。

瀘州到南溪縣李莊鎮五十多公里，因遭逢戰亂，又趕上夏季暴雨期來臨，既沒有車，也沒有船，何時成行，無人能說得清楚。梅貽琦連呼是上帝在「倒楣（梅）」，只好在這個江邊古城躑躅，望江興嘆。想不到這一「倒」就是一個禮拜，二十六日傍晚才等到有船上行的消息。

二十七日天色微明時分，幾乎一夜未眠的梅貽琦叫起鄭羅二人，洗漱後提著行李匆忙離開旅館，緊隨亂哄

右：魁星閣前的長江。李莊鎮魁星閣建於清光緒初年，為全木結構通高三層建築，建於長江邊上江岸凸出部位。抗戰時到李莊的梁思成先生對魁星閣的評價是「從上海到宜賓長江兩千多公里江岸邊建造得最好的亭閣」。雄踞長江之濱的魁星閣與近在咫尺的李莊南華宮構成一幅有山有水的和諧壯觀畫面。（王榮全攝影並提供）
左：李莊距今已有一千多年的建鎮史，古建築群規模宏大，布局嚴謹，體現明、清時期川南民居的特色。

哄、鬧嚷嚷、破衣爛履、背簍挑擔、呼兒喚女的人流步行到江邊碼頭，搭上了擁擠吵鬧的長豐輪，迎著狂奔暴漲的川江水，一搖三晃地溯江而上。因江水洶湧，輪船超載嚴重，幾次過灘差點觸礁，嚇得旅客特別是艙門外坐臥的士兵驚叫連連，所幸沒發生意外。當天下午三點四十分在南溪上游李莊鎮碼頭停靠，梅貽琦等三人急不可耐地收拾行李，鑽出幾乎令人窒息的船艙，由地漂（躉船）輔助登岸，在魁星閣附近臨江的君子居茶樓稍事休息，於四點三十五分隨兩名挑夫向國立中央研究院歷史語言研究所與國立北大文科研究所辦事處租賃的板栗坳（栗峰山莊）走去。

板栗坳在李莊郊外一個臨江的山坳裡，離鎮五公里，按梅貽琦旅行記錄，出得李莊古鎮，沿小道「先經田間二里許，繼行山道曲折，又約三里，始至板栗坳，時已五點三十分矣。途中在山半一老黃果樹下休息，坐石磴上俯瞰江景，小風吹來，神志為之一爽。蓋此時已汗透衣衫矣」[6]。

梅、鄭、羅三人到來，受到戰時流亡李莊的學術機關、高校及當地官僚士紳熱情接待。梅貽琦在日記中說：

「中研院史語所在此租用張家房舍三大所，分為三院，餘等寄住於中院宿舍，鄭、羅在花廳，余在李方桂家。所中現由董彥堂君代理，招待極周到。晚住處完妥後在『忠義堂』大廳上飲茶閒談，晤所中同仁十餘位。十點歸房就寢。」[7]

自第二天起，國立中央研究院史語所、社會科學研究所、體質人類學研究所籌備處（史語所民族學研究組）、國立中央博物院籌備處、國立北京大學文科研究所辦事處、國立同濟大學、私立中國營造學社、國立宜賓師範專科學校等流亡李莊古鎮的科研機構和高校，分別派人前來邀請三位名震學界的遠方客人到自己駐地、辦公場所、課堂甚或宿舍進行考察、座談、演講。其間，避居李莊的國立同濟大學校長周均時，國立中央研究院及其他科研機構的李濟、董作賓、梁思永、李方桂、吳定良、凌純聲、芮逸夫、勞榦、石璋如、陶孟和、湯象龍、梁方仲、梁思成、劉敦楨、林徽因、郭寶鈞、吳金鼎、夏鼐、曾昭燏等著名學者，以及當地官僚士紳張官周、張訪琴、羅南陔、羅伯希、李清泉等，先後與梅氏一行有不同形式的會面並予以力所能及的食宿招待。

分散在李莊鎮郊外板栗坳張家大院的馬學良、劉念和、汪籛、閻文儒、楊志玖、逯欽立、張政烺、任繼愈、李孝定、王叔岷、鄧廣銘、傅樂煥等北京大學文科研究所在讀或北大歷史系剛「出爐」的青年學子，他鄉遇恩師，大有喜從天降之感，尤其在兵荒馬亂的戰時歲月，與相距千里的恩師相逢，自是倍感親切兼興奮。處於沉悶酷暑中的川南江邊古鎮，似乎因梅貽琦等幾位客人的到來而增添了一絲清涼與乾爽。

幾天的歡樂時光轉瞬即逝，馬學良等研究生們的畢業論文口試完畢。七月五日，梅貽琦和鄭天挺、羅常培商定，清早下山，下午趕往敘府（宜賓），再沿岷江轉赴樂山。辭別諸友後，三人走出板栗坳大院，下山往李莊鎮走去。中研院史語所研究員、非漢語語言學之父李方桂偕夫人徐櫻（民國名將徐樹錚之女），連同十幾位舊朋新友，戀戀不捨地送出一里多路。眾人來到一個山坡，李莊鎮內房舍在望，梅貽琦等再三辭謝，送者方止住腳步。大家略帶傷感地不停抱拳遙祝，梅貽琦觸景生情，不禁慨嘆道：「亂離之世會聚為難，惜別之意，彼此共之也。」[8]

下得山來，梅貽琦一行再次來到位於李莊鎮郊外上壩月亮田——中國營造學社租住的小院，專程看望一直縈繞心頭、最為掛念的建築學家梁思成、林徽因夫婦。

此時林徽因肺結核病復發，正發低燒，幾乎失去工作、生活能力。只見她斜臥在一張行軍床上，面容瘦削蒼白，說話困難，再沒有當年「太太客廳」時代談鋒甚健、豪情滿懷的風采了。此前的六月三十日，梅、鄭、羅三人被同濟大學邀請下山時曾專程前來探望，其情形是「徽因尚臥病未起床，在其病室談約半時，未敢久留，恐其太傷神也」[9]。

今天，儘管梅貽琦等心中頗為躊躇，恐再令這位病中才女因別離神傷，但心中掛懷又不能不前來做最後辭別。既然無法解除其身體痛苦，盡可能給其多一點撫慰，亦使二者心安。交談中，梅貽琦得知，由於李莊相對閉塞，生活條件極其艱苦，學術研究遭遇的困難要比想像的大得多。林徽因剛到此地時，主要整理幾年前在山西五台山佛光寺考察所做報告和其他一些古建築材料，欲撰寫一部古建築史書，現重病在身已無法工作。五台山佛光寺的考察報告由梁思成一人整理，遲遲未能定稿，二人甚感苦惱與無奈。林徽因得知國立西南聯大敘永分校即將回遷昆明時，悲從中來，說自己不適應李莊的氣候和水土，病情復發，想隨分校師生一起重返氣候溫和的昆明，與聯大教授朋友們在一起過幾天快樂的日子，身體或許會有好轉，在學術上也能做一點事。身為前輩的梅貽琦聽聞此語，不禁淒然，未置可否，原因是「餘深慮其不能速癒也」[10]。

下午三時，長豐輪在李莊鎮碼頭停泊，梅貽琦一行三人作別送行的陶孟和、李濟、董作賓等好友，即行登船。時年四十歲的梁思成堅持獨自一人踏「地漂」把客人送到輪上，此舉令五十二歲的梅貽琦深為感動，心中生出「餘對此小夫婦更為繫念也」[11]的牽掛憐愛之情。

「想不到離開北平才四年光景，徽因的身體竟糟糕至此，真是不堪回首呵！」梅貽琦望著梁思成同樣羸弱的身子和疲憊神情唏噓不已。梁聽罷，表情凝重，默不作聲，梅貽琦想再叮囑幾句寬慰的話，但又不知從何說起，遂側身望了一眼大江對面氣勢磅礡的桂輪山和山中白雲深處若隱若現的一座古廟（當地稱雷峰塔），輕輕說道：「思成呵，如果我沒記錯的話，四年前的今天，你們小夫妻正蹲在五台山佛光寺樑柱上放聲歌唱吧？」

一句話觸動了梁思成敏感的神經，他稍感意外地愣了片刻，隨著一聲低沉沙啞的「梅校長……」，眸子已經濕潤。他咬緊嘴唇點了下頭，抬手想遮掩那雙發燙的眼睛，隨著一陣風浪襲過，淚水卻溢出眼眶……

長豐輪鳴笛啟程。岸上的梁思成望著浩浩長江中漸行漸遠的船影，耳邊迴響著梅貽琦這位尊敬的長者離別的話語，轉身返回。四年前那個令人心潮蕩漾、頗具傳奇色彩的場景又在眼前晃動起來——

一九三七年六月下旬的晚些時候，梁思成、林徽因夫婦以中國營造學社研究人員的身分，踏上了赴山西省轄境考察的旅途。

這是他們從事中國古建築考察以來，第三次也是最重要的一次山西之行。梁氏夫婦在學術上的成就，有相當一部分得力於山西的古建築，正因這次旅行，他們迎來了考察生涯中最為輝煌的巔峰時刻。

此前，作為受過中西文化教育與專業學術訓練且成名甚早的建築學家，梁思成、林徽因透過對古建築學領域絕世之作《營造法式》的研究[12]，認識到框架式木結構是中國古代建築的基本形式，而中國唐代建築風格不但具有自身獨到的特色，同時承載著中華民族建築文化承上啟下的關鍵使命，因此，能目睹唐代建築遺存，是每個近現代建築學家夢寐以求的幸事。於是，尋找一座留存於今的唐代木框架建築，就成為這對年輕夫婦久縈於心一個遙遠而輝煌的夢。

自一九三二年始，服務於私立中國營造學社的梁思成、林徽因夫婦以及莫宗江、劉致平等研究人員，幾乎考察了華北、中原、華南等地所有古建築可能遺存的地區並獲得豐碩成果，但其中年代最古老的建築就是遼宋時代的薊縣獨樂寺與應縣木塔[13]，唐代建築蹤影絕無。難道偌大的中國真的沒有一座唐代木構建築物遺存了？

就在他們懷揣夢想與疑問時，幾位號稱對中國文化頗有研究的日本學者得意地宣稱：中國大陸已不可能找到唐代的木構遺存，要想一睹唐制木構建築的風采，只有到大日本帝國的奈良或京都去開開眼界，那裡有著世界上獨有的完美唐代作品。[14]這個狂妄的臆斷竟得到當時全球眾多古建築學權威的認同。大唐王朝近三百年的輝煌建築，在它曾興盛發達的本土似乎隨風飄逝，一點痕跡都不復存在了。

然而，正一步一個腳印在北國大地上行走的梁思成、林徽因夫婦，憑著科學訓練的理性以及實地考察磨練出的敏銳直覺，堅定地認為在中國遼闊的大地上，在某個不被人重視的角落，一定還有唐代木構建築孤獨而寂寞地屹立，伴著斗轉星移，雲起雲落，耐心等待有緣人前來相會。只是，正如佛家偈語：千載一時，一時千載。如此重大的因緣，需要探索者的真誠、智慧、勇氣、時間，外加一點運氣。

正當梁氏夫婦踏破鐵鞋無覓處之際，因一個偶然的機會，從「山有小孔，彷彿若有光」的小隧道，一下望見了藏在深山人未識的桃花源——幸運之神悄然降臨到他們的身上。

這束光亮源於法國漢學家保羅．伯希和（Paul Pelliot）在中國西部考察後所著的《敦煌石窟圖錄》（*Les grottes de Touen-houang*）。書中披露敦煌第六十一號洞窟的兩張唐代壁畫。壁畫不僅描繪了中國北方最著名的佛教聖地——五台山全景，還指出每座廟宇的名字，其中一處名為佛光寺的古剎尤其引人注目。

梁氏夫婦精心研究這兩幅壁畫後，突然爆發出靈感的火花，馬上在北平圖書館查閱《清涼山（五台山）志》和《佛祖統計》等相關志書，終於找到了有關佛光寺的記載。據史料披露，佛光寺號稱五百里清涼山脈頗負盛名的大寺之一，首創於北魏時期，唐武宗滅佛時該寺被毀。十二年後，隨著李唐王朝佛教政策回暖，逃亡的該寺僧人願誠法師捲土重來，再度募資重建並恢復了原有規模。從此，佛光寺作為五台山最具影響的重要寶寺之一，伴著綿延不絕的香火延續了一千多年。

假如這座佛寺尚存，當是一處極其重要和具有非凡價值的唐代木構建築。根據以往野外調查經驗，梁思成、林徽因認為越是號稱「名勝」的地方，古建築越易遭到毀壞，多數建築則在毀壞、重修、再毀壞、再復建的迴圈中衰敗湮沒，僥倖殘存者則越來越偏離本來的神韻、特色和風格，淪為一堆泥巴糊成的、死的石材木料或假古董。這也正是中國營造學社諸君對大唐三百年眾多名寺古剎，苦苦尋覓五載而始終不得的癥結所在。

從史料所示地理位置可知，佛光寺並不在五台山的中心——台懷這一地區，而是地處南台週邊的僻野之鄉，此處並非世俗的「名勝之地」，或可有原物保存至今。根據此一推斷，梁思成夫婦會同中國營造學社莫宗江、紀玉堂兩位助手，於同年六月下旬開始了註定要在中國乃至世界建築史上留下光輝一頁的大唐古蹟發現之旅。

梁氏夫婦一行四人攜帶野外考察儀器和生活用品，由北平坐火車至山西太原，於當地政府部門辦完考察手續，再由太原北行向五台山進發。第二天黃昏時分到達目的地——五台山南台外豆村東北約五公里的地方。此時，夏日的太陽正於不遠處的山巔墜沉，血色的餘暉映照著蒼山林海。不遠處，一座殿宇以恢宏的氣度和卓爾不群的英姿，傲然屹立於山坡樹叢之中，似在向幾位虔誠的造訪者頻頻召喚。梁思成、林徽因眼睛一亮，朝思暮想的佛光寺竟如天尊至聖橫空出世般神奇地展現在眼前。

四人跳下毛驢，懷著對古老文化的敬畏仰慕之情，在西天最後一抹晚霞瑰麗的光影裡，躬身施步，小心而虔誠地朝心中的聖地走去。

中國營造學社職員表。（林馨琴攝）

寺院只有一位年逾古稀的老僧和一個年幼啞巴弟子守護。待說明來意，那扇厚重斑駁的山門隨著「咯吱」的聲響開啟了。一行四人魚貫而入，瞻仰左右，只見正殿分為七間，昏暗中顯得輝煌壯觀而富有氣勢。在一個偌大平台上，有一尊菩薩坐像，侍者環立，形成一座眾仙之林。平台左端為一個真人大小、身著便裝的女子坐像，詢問老僧，答曰：「此女子乃大唐篡位的則天武后。」經對塑像面貌特徵及相關物件初步觀察，梁思成斷定應是晚唐時期的作品。假如這群泥塑像是未經毀壞的原物，那麼庇蔭它的大殿必定也是原來的唐代建構，因為要重修殿宇必定會讓裡面的一切受到一定程度的損壞——這個推論令幾位造訪者欣然認同並振奮不已。

經過幾天的考察研究，得到如下結論：大殿建成於晚唐西元八五七年，不但比此前發現的最古老木結構建築——獨樂寺早一百二十七年，而且是當時中國大地上所見年代最為久遠，且唯一一座唐代木構建築。為此，驚喜交加的梁思成感慨道：「我們一向所抱著的國內殿宇必有唐構的信念，一旦在此得到一個實證了。」[15]

梁、林及兩位助手在佛光寺工作了一個星期，一直處於亢奮狀態的梁思成告訴老住持，自己準備寫信向太原教育廳報告此一重大發現，並「詳細陳述寺之珍罕，敦促計畫永久保護辦法」[16]云云。最後道別時，梁氏夫婦雙雙向老僧鞠躬，以表達對這位寺院守護者的敬意與感謝。向來以談鋒銳利著稱的林徽因，面對顫顫巍巍的寺院老住持和年輕的啞巴弟子和善的面容與虔誠的舉動，情緒激動，幾度語塞，眼裡汪著深情的淚水，答應明年再來，對寺院進行更加詳盡的考察，還要爭取帶上政府的資助前來進行修繕云云。

滿身透著滄桑、厚道的老僧望著面前這位奇女子真摯的表情，乾枯的雙手合於胸前，口誦「阿彌陀佛」，躬身施禮，聲稱自己一定要好好活著，精心照護這座寺院和佛祖神靈，等待與幾位大德施主再次相會的日子。

梁思成一行四人走出山門，在北國盛夏燦爛、熾烈的晚霞中離開佛光寺，騎著毛驢，左盤右旋向山下走去。

當他們來到附近豆村一家雞毛小店安頓下來，身心沉浸在此次神奇發現的夢境之中時，暗夜裡，北平郊外盧溝橋畔，槍聲驟然響起……

注釋

[1] 自一九四〇年始，日軍飛機對昆明實施狂轟濫炸，處在硝煙砲火中的國立西南聯合大學，這一年招生工作因此推遲，七月統考完畢，一直拖到十月才放榜。為應付日益嚴峻的戰爭局勢，按照國民政府教育部指令，西南聯大校委會決定在長江上游瀘州以南，川、滇、黔三省邊境交會之地的偏僻小城——敘永成立聯大分校，新生全部遷往分校上課。於是，這年招收的六百餘名新生，在負責分校工作的楊振聲、樊際昌兩教授率領下，踏上入川之路，於次年一月中旬到達敘永，雖比正常時間整整晚了四個月，但總算把書桌安放下來了。只是好景不長，剛過一個學期，因地理位置過於偏僻、條件太差，有師生鬧著返回昆明，而聯大校委會亦表同情，乃有梅貽琦率同仁於一九四一年六月五日由重慶至瀘州，九日至十四日乘車由瀘州往敘永分校視察並與昆明的蔣夢麟等常委商量是否回遷等具體事宜。七月四日，時局緩和，校方決定敘永分校不再續辦，八月，分校撤銷，全部遷入昆明西南聯大，敘永分校成為抗戰中國立西南聯大的一個插曲和部分師生溫馨的回憶。

[2]

[3]

[4]

[5]

[6]

[7]

[8]

[9]

[10]

[11] 《梅貽琦日記（一九四一——一九四六）》，黃延復、王小寧整理，清華大學出版社二〇〇一年出版。

[12] 《營造法式》是宋代著名學者李誡在兩浙工匠喻皓的《木經》基礎上編成的，刊行於宋崇寧二年（一一〇三年），是北宋官方頒布的一部建築設計、施工的規範書，亦是中國古代最完整的建築技術書籍，這部著作的問世標誌著中國古代建築藝術已經發展到了水準相當高的歷史階段。

一九二五年，時在美國賓夕法尼亞大學讀書的梁思成首次見到《營造法式》，那是在陶湘本《營造法式》出版後不久，由其父梁啟超寄來的。對此，梁思成回憶說：「當時在一陣驚喜之後，隨著就給我帶來了莫大的失望和苦惱——因為這部漂亮精美的巨著，竟如天書一樣，無法看得懂。」一九三一年，梁思成與林徽因從東北大學轉到中國營造學社後，開始有系統地研究《營造法式》這部「天書」，力求詮釋並繪製插圖，使現代人特別是建築學家與工程師能夠看懂。由於歷史久遠，缺少實物印證，再加上許多建築學名詞術語多有演進變化，梁氏夫婦選擇先從清工部頒發的《工程做法》著手，因為清代建築在北平有實物可考察，而且還可以就近向老匠師求教。一九三二年，梁思成完成《清式營造則例》一書，為深入研究《營造法式》打下了堅實基礎。也就是從這年春天開始，梁思成、林徽因等中國營造學社成員外出調查，尋找宋代建築實物加以印證。在此後十餘年間，營造學社同仁調查了約兩千餘項古代建築，其中唐、宋、遼、金木結構建築將近四十座。透過對這些實物的測繪，他們對《營造法式》有了更加深入的理解。由此，梁思成被譽為近現代研究《營造法式》開山第一人。（參見楊永生著《建築圈裡的人與事》）

[13] 獨樂寺，位於天津薊縣，梁思成、林徽因於一九三一年在考察中發現，重建於遼代統和二年（九八四年），是當時已發現的中國最古老的木構建築。這座建築保留著唐代建築的風格。

一九三三年九月，梁氏夫婦在山西大同沿線考察中，發現了聞名於世的應縣遼代木塔（始建於西元一〇五六年）。事後林徽因在〈閒談關於古建築的一點消息〉中說道：「山西應縣的遼代木塔，說來容易，聽來似乎也平淡無奇，值不得心多跳一下，眼睛睜大一分。但是西曆一〇五六到現在，算起來是整整的八百七十七年。古代完全木構的建築物高到二百八十五尺，在中國也就剩這一座獨一無二的應縣佛宮寺塔了。比這塔更早的木構專家已經看到，加以認識和研究的，在國內的只不過五處而已。」

林徽因所說的五處，除獨樂寺和應縣木塔，另外三處是：大同下華嚴寺薄伽教藏殿，建於遼重熙七年（一〇三八年）；天津寶坻廣濟寺三大士殿，建於遼太平五年（一〇二五年）；遼寧錦州市義縣奉國寺大雄寶殿，建於遼開泰九年（一〇二〇年）。（見《林徽因文集．建築卷》，梁從誡編，百花文藝出版社一九九九年出版）

[14] 日本奈良、東京所存幾處仿隋唐式的建築為：飛鳥時代（五五二—六四五年）、奈良時代（六四五—七八四年）、平安前期（七八四—九五〇年）。（參見梁思成〈敦煌壁畫中所見的中國古代建築〉，轉引自《薪火四代》，梁從誡編選，百花文藝出版社二〇〇三年出版）

[15] 梁思成〈記五台山佛光寺的建築〉，載《文物參考資料》，一九五三年第五—六期。二十世紀五〇年代

[16] 初，山西省文物管理委員會於古建築普查中，在五台山離佛光寺不遠處發現了年代更加久遠的南禪寺，該寺院重建於唐德宗建中三年，即西元七八二年，比佛光寺早七十五年，但殿宇規模較佛光寺小許多。（參閱《文物參考資料》，一九五四年第十一期）

第一章

淪陷與流亡

逃出北平

盧溝橋槍聲響起的時候，梁思成等人沒有——當然也不會聽到。此前他們有一種預感，日本軍隊遲早要對平津兩地乃至整個華北動手，但萬萬沒想到在自己離開佛光寺的這個夜晚，北平郊外已是砲聲隆隆，中日雙方軍隊真刀真槍地幹了起來。

第二天，五台山陽光燦爛，空氣清新，壯闊的山河越發俊秀雄奇。沉浸在美好憧憬中的梁思成、林徽因和兩位助手騎上毛驢，離開雞毛客棧，懷揣發現佛光寺的狂喜，意猶未盡地圍繞山中幾處名勝古蹟繼續尋訪調查，先後走訪了靜靈寺、金閣寺、鎮海寺、南山寺等廟宇，但沒有獲得理想的成果。幾天之後，一行人來到沙河鎮，沿滹沱河經繁峙向西北方向古城代縣奔去。抵達縣城後，梁思成決定暫住幾日，除了恢復已消耗殆盡的體力，也趁機好好回顧和整理此前考察搜集的大量資料。

七月十二日傍晚，忙碌一天的梁思成接到一捆報紙，這是之前他專門託朋友從太原捎來的，因近來持續暴雨，山路被洪水沖毀，拖延了幾天才得以送到。梁思成躺在帳篷中的帆布床上把報紙慢慢攤開，目光剛一接觸標題，整個身心如遭電擊，血轟地一下衝上腦門。他下意識地起身衝出帳篷，對正在外邊乘涼的林徽因和兩位助手大聲高呼：「不好了，打起來了，北平打起來了！」

眾人大驚，急忙圍將上來，只見報紙第一版大字型大小黑色標題耀眼刺目：「日軍猛烈進攻我平郊據點，北平危急！」

此時，盧溝橋事變已經爆發五天了。

北平危在旦夕，家中老小在砲火中不知生死，中國營造學社同仁也一定亂作一團，必須立即趕回去。但據報紙透露的消息，津浦、平漢兩路已被日軍截斷，只有北出雁門關，經山陰道赴大同，沿平綏鐵路轉回北平。

次日清晨，梁思成一行從代縣出發，徒步來到同蒲路中途的陽明堡。此時，梁思成深恐平綏路一旦斷絕，將不知何時能返北平，又恐已獲取的珍貴資料有所閃失，決定讓紀玉堂帶著圖錄、稿件等測繪資料，暫時返回太原，一面向山西省政府報告考察成果，一面待機返北平。主意已定，幾人匆匆分手，各奔南北。梁氏夫婦和莫宗江出雁門關，沿著唯一的回歸之路，心急如焚地趕往北平，紀玉堂南下太原。

待梁氏夫婦與莫宗江返回北平後，發現整個北平城已籠罩在戰爭的恐怖氣氛之中。據梁氏夫婦的兒子梁從誡回憶說：「當時誰也不能預料這場戰爭會打多久，會有多艱苦，甚至中國能不能贏。北總布胡同三號院裡的氣氛變了，連小孩子也能覺察出來。」又說：「……不久，日軍兵臨北平城下。宋哲元的部隊做出要抵抗的樣子，戰壕竟挖到了北總布胡同。我還依稀記得我家門口也壘起了沙袋。但沒有兩天，就成了一條空無一人的破土溝，『大刀隊』們也不見了。日本人進城了。」[1]

七月二十八日，二十九軍軍長兼冀察政務委員會委員長宋哲元，攜二十九軍副軍長兼北平市市長秦德純及師長馮治安等數位高官大員，率部倉皇南撤。七月二十九日，北平陷落。

七月三十日，天津陷落。繼之日本軍隊向華北更廣大的地區進擊和掃蕩。

被日軍轟炸後的南開大學校園慘狀。

從盧溝橋事變爆發到平津陷落的二十多個日夜，中日軍隊交戰的隆隆砲火與日本轟炸機的呼嘯轟鳴，令平津地區人心惶惶，謠言四起，各政府機關及工商界人士於紛亂中開始自尋門路紛紛撤離逃亡。以國立北京大學、國立清華大學、國立北平大學、國立北平師範大學、私立南開大學、私立燕京大學、私立輔仁大學等著名高校為代表的教育界，同樣呈現一派驚恐、慌亂之象，一些人悄然打點行裝，拖兒帶女，隨著滾滾人流，冒著盛夏酷暑和瀰漫的煙塵，紛紛向城外湧去。

當時正在廬山主持國防會議的國民政府軍事委員會委員長蔣介石聞訊，向宋哲元、秦德純等接二連三拍發「固守勿退」的電令，同時分別邀請各界人士火速前往廬山牯嶺，頻頻舉行談話會及國防參議會，共商救國圖存大計。國立北京大學校長蔣夢麟、國立清華大學校長梅貽琦、私立天津南開大學校長張伯苓等一批平津學界要人也應邀參加會議。

此時，平津兩地各高校正逢暑期，被邀請到廬山參加會議的各大學校長以及部分在外地的教職員工，由於遠離平津，對戰事真相難辨真偽，因此恐怖的謠言隨著混亂時局像野火一樣在中國大地上四處流竄飛騰。在民族生死存亡之際，保護和搶救平津地區教育界、文化界知識分子與民族精英，越來越顯得重要和迫在眉睫。由廬山轉入南京繼續參與國是討論的北大、清華、南開三校校長蔣、梅、張，以及胡適、傅斯年等學界名流，日夜奔走呼號，與國民政府高層反覆商討如何安全撤退和安置各校師生。一時間，南京與平津高校間密電頻傳，共同商討抗敵避亂、弦歌不輟的對策。

八月中旬，國立中央研究院史語所所長兼北京大學文科研究所副所長傅斯年，在與北大、清華、南開等三所大學校長反覆商討、權衡後，力主將三校師生撤出平津，在相對安全的湖南長沙組建臨時大學，此一決議得到國民政府最高教育會議通過。九月十日，國民政府教育部發出命令，宣布國立北京大學、國立清華大學、私立南開大學等三校校長蔣夢麟、梅貽琦、張伯苓三人任長沙臨時大學籌備委員會常務委員，教育部代表楊振聲任籌委會主任祕書（代表教育部次長周炳琳）。籌委會成員由每校委派一人，北大為胡適，清華為顧毓琇，南開為何廉；此外成員還有傅斯年、湖南教育廳廳長朱經農、湖南大學校長皮宗石等人。籌委會主任委員由教育部部長王世傑擔任。

九月十三日，籌備委員會召開第一次會議，確定租賃長沙市韭菜園一號原美國教會所辦聖經書院作為臨時校舍，並明確院系設置、組織結構、經費分配等事宜。此時長沙聖經書院已經停辦，校內教室、宿舍、傢俱及辦公用具較為齊備，另外還有一個大禮堂的地下室，正好作為臨時大學師生的防空洞。九月二十八日，國立長沙臨時大學關防正式啟用，校務由三校校長及主任祕書所組成的常務委員會負責。[2]

在此之前，由教育部發出的撤退令已在平津三校師生中祕密傳達，早已心神焦灼、翹首以盼的教職員工和學生們接到口頭通知，紛紛設法出城，儘快逃離淪於敵手的平津兩地，輾轉趕赴湖南長沙。與此同時，國民政府命令國立北平大學、國立北平師範大學、國立天津北洋工學院（原北洋大學）三所院校於九月十日遷至西安，組成西安臨時大學繼續開課。——中國現代歷史上最為悲壯的一次知識分子大撤退開始了。由於這一決定是在時局激變的緊急情況下倉促做出的，因而，此次撤退實際上是一次毫無組織和秩序可言的慌亂大潰退與大逃亡。

平津幾所著名高校的師生走了，其他眾多知識分子卻在淪陷的北平、天津甚至整個華北茫然四顧，不知自己的命運維繫何處。按照南京國民政府制定的綱要草案，鑑於時局危殆，政府資金短缺，除天津南開私立大學之外，整個華北地區包括燕京、輔仁在內的著名私立大學、非國立學校、私立文化科研機構，一概棄之不顧。這些學校和機構是存是亡，是死是活，如果自己不設法自謀生路，只有聽天由命。此時梁思成、林徽因服務的中國營造學社，正是一所私人機構，自然屬於中央政府「棄之不顧」之列。

在內外交困、險象環生的大混亂、大動盪之際，梁思成匆忙來到設在北平中山公園內的中國營造學社總部，找老社長朱啟鈐和同仁商量對策。結論是：在如此混亂的局勢下，營造學社已無法正常工作，只好宣布暫時解散，各奔前程，是死是活，各自保重。老社長朱啟鈐因年老體衰不願離開北平，學社遺留工作以及未來的希望，都託付給梁思成負責。令同仁最放心不下的是，學社工作的成果——大量調查資料、測稿、圖版及照相圖片等該如何處置？為不讓這批珍貴的文化資料落入日本侵略者手中，朱啟鈐、梁思成、劉敦楨等共同決定暫存入天津英租界英資銀行地下倉庫一保險櫃中，「所定提取手續，由朱啟鈐、梁思成和一位林行規律師共同簽字才行」[3]，否則無法開啟。

按照約定，中國營造學社同仁緊鑼密鼓處理各種繁雜事務，這時梁思成突然收到署名「東亞共榮協會」的請柬，邀請他出席會議並發表對「東亞共榮文化圈」的看法。梁思成深知日本人已注意到自己的身分和在北平文化界的影響，要想不做和日本人「共榮」的漢奸，必須儘快離開北平。

事不宜遲，梁思成與愛妻林徽因一面聯繫可結伴流亡的清華大學教授，一面收拾行李，準備第二天出城。除了必須攜帶的幾箱資料和工作用品外，只帶了幾個鋪蓋捲和一些換洗的隨身衣服，其他東西包括一輛雪佛蘭，不管貴重與否，都只好採取國民政府對待自己的政策——「棄之不顧」了。國破家亡，如此狼狽不堪、愴然逃離故園，心中自有說不出的悽楚。

一九三七年九月五日凌晨，梁思成夫婦攜女兒再冰與兒子從誡，連同林徽因的母親一家五口，與國立清華大學金岳霖等幾位教授，匆匆走出北平城內北總布胡同三號家門。臨上車時，多愁善感的林徽因忍不住回頭一瞥，

上：抗戰前，林徽因與女兒梁再冰、兒子梁從誡在北平北總布胡同家中的合影。

下：梁思成、林徽因與費正清夫人費慰梅（右）一起合影。從 20 世紀 30 年代起，這兩對夫婦就成為至交。

淚水奪眶而出。這一別，不知何時才能回來。此前醫生曾警告過，說她的身體難以承受千里奔徙的顛沛流離，但林徽因於無奈中悲壯地答道：「我的壽命是由天的了！」[4]

此前，北平城的東、北、西三面均受日軍與漢奸隊伍圍困，只剩向南的一條通道——平漢鐵路尚處中日爭奪之中。當梁、林逃亡之時，這條緊挨盧溝橋的交通大動脈已被日軍占領並切斷。出城流亡的路，只有從北平乘車到天津，由天津碼頭轉水路繞道南下。

一行人悄然來到前門乘火車赴津，提心吊膽地躲過了日軍與漢奸的設卡盤查，總算到達天津。梁思成一家和金岳霖等稍事休整，之後乘聖經號輪船到青島，再經濟南、鄭州、漢口，最後到達長沙。在天津上船前，梁思成把他此前用英文撰寫的幾篇關於古建築發現的學術論文寄給美國朋友費慰梅，請她設法在國外發表，並匆匆附上一張字條說：「發生了這麼多事，我們都不知道從何說起。總之我們都平安，一個星期前我們抵達天津，打算坐船到青島，從那裡途經濟南，去到換車船不超過五次的任何地方——最好是長沙，而這期間盡可能不要遇上空襲。等到戰爭打贏了，我們就可以結束逃難生涯。」[5]

輪船拔錨起航，站在聖經號甲板上的梁氏夫婦，目送陸地漸漸遠去，一定沒想到他們到了長沙之後會再轉昆明，最後輾轉到一個從未聽說過的地方——四川南溪李莊鎮郊外一個叫上壩月亮田的野間小院隱居下來。他們或許認為中國會很快打贏這場戰爭，自己也會很快返回那座留下溫馨記憶的家園。但正如此時與他們一道站在甲板上，眼望浪花翻騰、海鷗飛舞的寶貝兒子梁從誡在許多年後所說：我的父母「也許沒有料到，這一走就是九年。此時他們都年輕、健康、漂亮，回來時卻都成了蒼老、衰弱的病人」[6]。

清華園結義

一路顛簸動盪，梁思成一家與朋友們總算到達了長沙。如老金（金岳霖，梁思成夫婦常呼之曰「老金」）致費慰梅信中所說：「一路上沒出什麼大岔子，不過有些麻煩已經夠難應付了。我們繞來轉去到了漢口，最後總算到達長沙，這時已是十月一日了。聯合大學十一月一日開學。」[7]

到達長沙後，梁思成經幾天奔波，總算在火車站旁租到一棟二層樓房上層的三間作為全家棲身之所。梁家剛剛安頓下來，從北平流亡到此地的清華、北大等高校的教授朋友們紛紛上門，除了尋找一點家庭溫暖，更多的是聚在一起談論日趨酷烈的政治、戰爭局勢，預測著中國未來前景。大約十幾天後的一個傍晚，梁思成弟弟梁思永又帶一位朋友找上門來，梁氏夫婦一看，大為驚喜。來人是他們的老友李濟。

在流亡的路上梁氏夫婦沒有想到北平一別就是九年，此時他們同樣沒有想到，這個傍晚的不期而遇，意味著未來九年的生活，將與面前的兩人以及他們所在機關的朋友們緊緊維繫在一起。

在戰火連綿、危機四伏的異地他鄉，兄弟相見，手足之情自不待言。而梁思成夫婦與李濟的會面，亦非一般朋友故舊所能體會，雙方自是百感交集，別有一番滋味在心頭。

站在面前的李濟，與梁氏家族兩代人有著非同尋常的淵源。

一八九六年六月二日生於湖北鐘祥縣的李濟（字濟之），一九〇七年隨任小京官的父親李權（號郢客）進入北京五城中學（北師大附中前身）讀書，十四歲考入清華學堂。一九一八年，李濟畢業並以官費生身分赴美留學。與他同船離開上海碼頭的中國留學生還有幾位，如後來成為國立中央研究院院長的朱家驊、總幹事葉企孫，而其中在坊間名氣最大的則是梁啟超的得意門生、自費出國留學的徐志摩。

李濟與徐志摩結伴到達美國，雙雙進入麻薩諸塞州克拉克大學學習，李攻讀心理學，徐攻讀財政、銀行學專業。一年之後，徐志摩轉赴紐約哥倫比亞大學攻讀政治經濟學，李繼續留在克拉克大學以研究生身分攻讀社會學，並於一九二〇年獲碩士學位，同年轉入哈佛大學攻讀人類學專科。一九二三年，李濟以題為《中國民族的形成》的論文獲得哈佛大學博士學位，旋即踏上歸國的途程，時年二十七歲。正如若干年後他自己所言：「那時的留學生，沒有一個人想在美國長久地待下去，也根本沒有人想做這樣的夢。那時的留學生，都是在畢業之後就回國的。他們在回國之後，選擇職業的時候，也沒有人考慮到賺多少錢和養家糊口的問題。我就是在當年這種留學風氣之下，選擇了我所喜愛的學科——人類學。」[8]

一九二五年二月，在曹雲祥校長的主持下，清華學校國學研究院籌備處鳴鑼開張，聘請由美國哈佛大學學成歸國的一代名士吳宓為研究院籌備處主任。自此，吳宓開始協助校長曹雲祥積極物色延聘國內「精博宏通的國學大師」來院執教，而第一個聘請的就是王國維。王氏作為清王朝最後一位皇帝——溥儀的「帝師」（曾任宣統朝南書房行走，正五品），自然屬於舊派人物，經過反覆權衡，又偷偷跑到天津，私下徵得已被趕出紫禁城的遜帝溥儀「恩准」，才答應就任。

與王國維的性格、處事風格大為不同的是，梁啟超一見聘書，就極其痛快地接受了。當時北平學界幾乎盡人皆知，梁啟超與清華學校有著相當深的淵源與感情，其三位公子先後求學於清華學校。長子梁思成一九一五年入學，一九二三年畢業，次年留學美國賓夕法尼亞大學；次子梁思永一九一六年入學，一九二四年畢業後留學美國哈佛大學；三子梁思忠一九一八年入學，一九二六年畢業後同樣留學美國，並進了著名的西點軍校接受訓練。梁啟超本人於一九一四年前後，曾數次來清華學校做「名人演講」，與清華師生建立了真摯的友誼。對這段歷史因緣，梁啟超曾直言道：「我與清華學校，因屢次講演的關係，對於學生及學校情感皆日益深摯。」[9]稍後，梁氏還不時來清華「小住」，著書立說，與清華上下左右的關係更加密切。

時年四十九歲的王國維和時年五十三歲的梁啟超到任後，由清華教務長張彭春和吳宓分別推薦，相繼聘請了

1925 年冬，在清華園國學研究院教師合影。前排左起：李濟、王國維、梁啟超、趙元任。後排左起：章昭煌、陸維釗、梁廷燦。時陳寅恪未到校。（引自《清華年刊》1925 年 26 期）

另外兩位留學歐美的大字型大小「海龜」。一位是年僅三十四歲、才情超群、知識廣博、號稱「漢語言學之父」的趙元任；另一位是號稱「三百年僅此一人」（傅斯年語）的史學大師、「教授的教授」、時年三十七歲的陳寅恪。——這就是當年天下學界為之震動，被後人廣為流傳並影響深遠的清華國學院「四大導師」。

緊隨「四大導師」進入國學院的另一位導師，就是後來被譽為「中國人類學和考古學之父」、當時最為年輕的「海龜」李濟。時年二十九歲的李濟，以特約講師的身分出任清華國學研究院研究生導師。因李氏當時在美國弗利爾藝術館基金會就職，在清華屬兼職，只能聘為講師銜的導師，以與教授銜的「四大導師」區別。其擔任的課程先後有普通人類學、人體測量學、古器物學、考古學等，同時還主持了一個考古學陳列室，重點指導的研究生只有一個半，一個是後來中國龍山文化和南詔文化的發現者、著名考古學家吳金鼎；半個是著名考古學家、古文字學家徐中舒。因徐氏主修課業是跟隨王國維遊學，故從李濟指導的角度而言只算半個。[10]

一九二六年二月五日，李濟走出清華園書齋，與著名地質學家、曾隨瑞典著名學者安特生發掘聞名於世的「仰韶文化」的袁復禮同赴山西，沿汾河流域到晉南做考古調查，發現了幾處新石器時代的彩陶遺址，取得了一些標本。在初步確定幾個可供發掘的地點後，於三月底返回清華園。同年十月，在李濟的直接協調洽談下，由清華國學研究院和美國弗利爾藝術館共同組織，由美方出部分經費，李濟、袁復禮主持，赴山西夏縣西陰村進行田野考古發掘——這是中國人自己主持的第一次近代科學考古發掘嘗試，也是李濟在清華任教的幾年間做成的唯一一次考古發掘。對此項中外合作發掘事宜，時任中國考古學會會長的梁啟超極感興趣，給予大力支持與關懷。憑著自己的聲名與龐大的人脈背景，梁曾兩度親筆寫信給權傾山西的閻錫山，請他對這一新興科學事業給予官方支持。李濟後來曾深情地回憶道：「梁啟超教授是非常熱心於田野考古的人，他主動地把我推薦給山西省模範省長閻錫山。」[11]因有了閻老西政府的撐腰，這次考古發掘非常順利。

此時，梁啟超次子梁思永正在大洋彼岸的美國哈佛大學就讀，主攻考古人類學專業。這一專業的選擇緣於梁啟超的精心策畫與安排。具有遠大學術眼光和強烈民族責任感的梁任公，眼望世界範圍的考古學迅猛發展，而在號稱有五千年文明史的中國境內，從事考古工作的人都是以各種名義來華的西洋或東洋學者，如瑞典人安特生（J. G. Andersson），加拿大人步達生（Davidson Black），德國人魏敦瑞（J. F. Weidereich），法國人德日進（Pierre Teilhard de Chardin），日本人鳥居龍藏、水野清一等。梁啟超對這種現狀頗為不滿和不服氣，很希望有中國人自己出面來做這一科學的考古工作。對這門學問的前景，他在一次演講中曾滿懷信心地指出，「以中國地方這樣大，歷史這樣久，蘊藏的古物這樣豐富，努力往下做去，一定能於全世界的考古學上占有極高的位置」。[12]

正是有如此眼光和信心，這位決心以學術薪火傳家立業的「飲冰室主人」，讓長子梁思成赴美國學習建築，次子梁思永學習考古。此一安排，皆是為了讓這些當時不受中國學術界重視的冷僻專業，能夠在中國大地上生根、發芽、成長、壯大，「為中華民族在這一專業學問領域爭一世界性名譽」[13]。他在致子女的信中說：「思成和思永同走一條路，將來互得聯絡觀摩之益，真是最好沒有了。」[14]後來事實證明，梁啟超的目的達到了，梁思成與梁思永學成歸國後，分別成為自己專業學科中領一代風騷的宗師，只是梁啟超沒能親眼看到這一天的到來。

一九二六年十二月十日夜，梁啟超於清華園斗室寫信給正在哈佛就讀的次子梁思永，信中多次提到李濟的田野發掘：「李濟之現在山西鄉下（非陝西）正採掘得興高采烈，我已經寫信給他，告訴以你的志願及條件，大約十日內可有回信。我想他們沒有不願意的，只要能派作實在職務，得有實習機會，盤費、食住費等等都算不了什麼大問題。」[15]在梁啟超寫這封信之前，梁思永於求學期間曾參加印第安人遺址的發掘，他寫信給父親梁啟超，表示想回國實習並搜集一些中國田野考古資料。為此，梁啟超除向這個遠在異國的兒子提供有關統計資料，還為其回國後的實習機會和條件做了精心安排。從信中看出，梁思永一旦回國，就可跟隨李濟到田野上一試身手。

李濟和袁復禮在山西工作了兩個多月，直到十二月三十日方結束。此次發掘收穫頗豐，共採集出土器物七十六箱，分裝九大車，於次年元月初，歷盡艱險磨難和幾晝夜的風餐露宿，安全無損地押運到北京郊外的清華國學研究院。山西夏縣西陰村遺址的成功發掘，揭開了中國現代考古學序幕，標誌著現代考古技術已經在遠東這塊古老大地上生根、發芽。作為人類學家的李濟也由這次發掘而轉到考古學領域的探索與實踐中，從而奠定了他在中國現代考古學發展史上開一代先河的大師地位。

一九二七年一月十日，清華國學研究院為慶祝李濟、袁復禮考古發掘取得重要成果的茶話會在眾人期待中召開。時任清華學校教務長的梅貽琦（後於一九三一年十二月三日就任國立清華大學校長）、清華國學院全體導師和學生出席了會議。梁啟超聽取了李袁二人所做考古發掘的長篇報告，欣喜逾常。當天晚上回到寓所後，以極大興致寫了一封兩千餘字的長信給遠在大洋彼岸的兒子梁思永。信中充滿激情地說道：「他（李濟）把那七十六箱成績，平平安安運到本校，陸續打開，陳列在我們新設的考古室了。今天晚上，他和袁復禮（是他同伴學地質學的）在研究院茶話會裡頭作長篇的報告演說，雖以我們的門外漢聽了，也深感興味。他們演說裡頭還帶著講他們兩個人『都是半路出家的考古學者（濟之是學人類學的），真正專門研究考古學的人還在美國——梁先生的公子』。我聽了替你高興又替你惶恐，你將來如何才能當得起『中國第一位考古專門學家』這個名譽，總要非常努力才好。」又說：「（李濟）所說『以考古家眼光看中國，遍地皆黃金，可惜沒有人會揀』，真是不錯。」

梁啟超再次建議兒子回國後「跟著李、袁兩人做工作，一定很有益」。又說：「即使因時局動盪而無法外出做田野發掘，在室內跟著李濟整理那七十六箱器物，也斷不致白費這一年光陰……」[16]按梁啟超的打算，他還想讓梁思永豐富古文物方面的知識，多參觀幾個新成立的博物館，然後再去歐洲深造幾年，這樣眼界會更加開闊，受益自然更多。

梁思永接受了父親的建議，於一九二七年七月回國來到清華園。令人扼腕的是，當他在父親梁啟超帶領下，於國學研究院一一拜見各位名師巨匠時，「四大導師」之一的王國維已命赴黃泉了。

梁思永回國前的六月二日上午，王國維閱完學生最後一份試卷，罕見地向同事借了五元錢，悄無聲息地獨自走出清華園，乘一輛洋車趕赴幾里外的頤和園，花六角錢買了一張門票，匆匆進門，而後來到魚藻軒前的昆明湖畔，懷揣剩餘的四元四角錢和一紙寫有「五十之年，只欠一死，經此世變，義無再辱」等字樣的簡短遺書，縱身一躍，沉入湖底，至此告別了紅塵滾滾、充滿苦痛與悲傷的世界，時年五十一歲。

在水木清華古月堂前漫步沉思的梁思永，當時尚未意識到王國維奇特、詭異、神祕的離去，給這個世界留下一串謎團的同時，也昭示了一個不祥的預兆：清華國學院「四大」支柱轟然斷裂一根，另外一根也岌岌可危，馬上就要坍崩——這就是他的父親。

一九二六年年初，梁啟超因尿血症久治不癒，不顧朋友們的反對，毅然住進美國人創辦的北京協和醫院，並於三月十六日做了腎臟切除手術。極其不幸的是，手術中卻被協和醫院院長劉瑞恒與一位純種的美國醫生，誤切掉了健全的「好腎」（右腎），虛弱的生命之泉只靠殘留的一只「壞腎」（左腎）來維持。

此時西醫在中國立足未穩，大受質疑，為了維護西醫的社會聲譽，使這門科學在中國落地生根，對於此一

「以人命為兒戲」（梁啟超語）的醫療事故，作為親身的受害者，在「協和已自認了」的情形下，梁啟超不但沒有狀告院方，相反，在他的學生陳源（西瀅）、徐志摩等人以「白丟腰子」，透過媒介向協和醫院進行口誅筆伐、興師問罪之時，仍把西醫看作科學的代表，認為維護西醫的形象就是維護科學、維護人類文明的進步事業。他阻止徐志摩等人上訴法庭，不求任何賠償，不要任何道歉，並艱難地強撐病體親自著文為協和醫院開脫。一九二六年六月二日，《晨報副刊》發表了梁啟超〈我的病與協和醫院〉一文，詳述了自己此次手術的整個過程，肯定協和的醫療是有效的。梁啟超對做了錯事的協和醫院「帶半辯護性質」，文章最後極為誠懇地講道：「我盼望社會上，別要借我這回病為口實，生出一種反動的怪論，為中國醫學前途進步之障礙。——這是我發表這篇短文章的微意。」

梁啟超默默承受著身心苦痛與煎熬，維護著他篤信的科學與進步事業，而代價是他的生命。與其說梁啟超「白丟腰子」是被他所「篤信的科學」所害，不如說是他為科學所做出的犧牲更具理性和人道。[17]

當梁思永從美國來到清華園的時候，梁啟超的人生之旅已是日薄西山，即將走到盡頭。

正應了古人「禍不單行」的一句老話，時局變幻紛亂，軍閥之間刀兵不息，整個中國戰禍連綿，使得李濟精心籌畫，準備與梁思永一道去山西和西北的兩次田野考古發掘皆成泡影。心懷焦慮與惆悵的梁思永，只好以清華國學研究院梁啟超助教的名分暫時留了下來，憋在室內整理、研究李濟西陰村發掘的陶器。一九二八年八月，梁思永帶著未完成的研究報告和一顆痛苦之心，再度赴美深造。他剛踏出國門，死神就開始「嘭嘭」叩擊梁府大門那個怪獸狀的銅環，梁任公生命之火已是油乾薪盡，回天乏術，父子倆這一別竟成永訣。

一九二九年一月十九日，梁啟超與世長辭，享年五十七歲。六個月後，盛極一時的清華國學研究院宣告解體。

一九三〇年夏，梁思永於美國獲得碩士學位歸國。此時李濟已投奔國立中央研究院歷史語言研究所出任考古組主任。感念舊情，李濟把梁思永推薦給史語所所長傅斯年，分配到考古組工作。

自此，繼梁啟超之後，命運之神又賦予李濟一段奇特的因緣，與梁思成、梁思永兄弟，開始了近二十年密切合作與交往的人生之旅。

殷墟考古發掘

李濟從清華轉到中央研究院史語所就職，離不開時勢造英雄的際遇，但更多的是他自身迸發、閃耀出的學識與人格光輝所鑄就的必然結果。

一九二八年十月底，李濟以清華國學研究院導師的身分去美國商談繼續合作考古發掘事宜，順便講學。回國時，路過廣州，順便到剛成立不久的中山大學去轉轉，誰知一去，便結識了傅斯年。李濟回憶說，傅氏像是老朋友一樣一定要李濟在中山大學住幾天，並大談中央研究院辦歷史語言研究所之事，「談了不久，他就要我擔任田野考古工作」[18]。正是這次會談，決定了李濟五十年的考古學術歷程。

李濟偶然結識的傅斯年，字孟真，山東聊城人，與自己同庚。一八九六年，傅斯年生於一個儒學世家兼破落貴族家庭。其先祖傅以漸乃大清開國後順治朝第一位狀元，後晉升為光祿大夫、少保兼太子太保、兵部尚書、武英殿大學士，掌宰相職，權傾一時，威震朝野。傅以漸之後，傅氏一族家業興旺，歷代顯赫，故聊城傅宅有「相府」之稱。據說傅斯年自幼聰穎好學，熟讀儒學經典，號稱「黃河流域第一才子」，一九一三年考入北京大學預科，後轉入國學門。在校期間，與同學好友羅家倫等人以胡適主編的《新青年》為樣板，搞起了一個叫作《新潮》的刊物，學著《新青年》的樣子鼓吹另類思想與另類文化，且倡言要在文學界革命，大力宣揚「德先生與賽先生」云云。此舉甚得陳獨秀、李大釗、胡適等人的激賞。

一九一九年五月四日，北京爆發了中國歷史上最著名的大規模學潮，傅斯年作為北京學生遊行隊伍總指揮參加了這次愛國主義行動，名聲大振。這年夏天，傅斯年畢業離校回到家鄉聊城休整。秋季，山東省教育廳招考本

1921年，傅斯年於倫敦大學留影。

省籍官費留學生，傅不失時機赴省會濟南應考並以全省第二名的成績登榜，於同年十二月二十六日由北京動身去上海，乘輪船赴英國留學。抵英後，傅氏先入倫敦大學跟隨斯皮爾曼（Spearman）教授攻讀實驗心理學，後兼及生理學和數學。一九二三年由英國至德國，入柏林大學哲學院跟隨近代德國史學之父、語言考證學派一代宗師蘭克攻讀比較語言學與史學。其間，與由美至德旅行的趙元任夫婦，以及在柏林大學留學的陳寅恪、俞大維、羅家倫、毛子水、金岳霖、徐志摩等中國學生，成為經常唱和往還的朋友。經歷了七個春秋寒暑的面壁苦讀，傅斯年於一九二六年年底學成歸國進入中山大學任教。

一九二六年七月，孫中山創立的廣東大學正式改名為中山大學，以示對這位民國創建人的紀念。更名後的中山大學被國民黨操控，實行校務委員會負責制，蔣介石親自任命他的鐵桿兄弟戴季陶為校務委員會委員長。同濟大學出身，曾兩次留學德國並出任過北大地質系教授兼德文系主任的朱家驊，出任中大校務委員會副委員長兼地質系主任、教授，主持日常校務工作，並奉蔣介石和國民政府之命改組學校。一時間，中山大學頗有起色、新氣象，吸引了不少革命理想主義者前往教授或就讀。

傅斯年在回國途中的香港接到朱家驊發來的聘書，答應就聘後先回老家聊城探望老母，同年十二月攜胞弟傅斯嚴一起來到廣州，出任中山大學文科學長（後改稱文學院長）暨國文、史學兩系主任。——這是傅斯年與民國時期學界最有影響力的重量級人物之一朱家驊相見、交往的開始。從此，兩人在工作、生活中建立了深厚的友誼。儘管後來一個是亦官亦學，一個從政，走著不盡相同的道路，但共同的事業和理想卻把他們緊緊連在一起，並在未來二十餘年國家危難、顛沛流離的歲月中，共同度過了相互信任與協作的難忘時光。

一九二八年三月底，中央研究院籌備委員會一致通過，因歷史語言研究之重要，決設歷史語言研究所於廣州，任命傅斯年、顧頡剛、楊振聲為常務籌備委員。同年四月，國民政府決定改中華民國大學院中央研究院為國立中央研究院，成為一個與後來的國民政府教育部同樣級別的獨立學術研究機關，任命蔡元培為中央研究院院長，楊杏佛任總幹事。下設各研究所及首任所長如下：地質所李四光，天文所高魯，氣象所竺可楨，物理所丁燮林（又名丁西林），化學所王進，工程所周仁，社會科學所楊端六。

一九二八年十月十四日，中央研究院歷史語言研究所正式成立，因傅斯年特有的霸氣，所址不是在南京或上海，而是隨傅斯年設在廣州東山柏園。傅氏本人辭去中山大學教職，出任中研院歷史語言研究所所長，這個在世俗社會算不上官的官位，傅斯年卻視為命根，直到死都沒有脫離這個職位。

傅斯年一上任，即四處網羅人才，首先把目光投向了北平的清華國學研究院。面對傅斯年的真誠相邀，陳寅恪、趙元任「二大」表示願意接受，分別出任史語所屬下的歷史組和語言組主任。

稍後，傅斯年以極大的熱情與真誠打聽李濟的下落並準備邀請其加盟史語所，就在這個節骨眼上，李濟不請自到，自美國講學返國後竟鬼使神差到中山大學校園轉悠起來。——好似上帝巧妙的安排，傅、李兩位學界鉅子的大手於一九二八年的初冬握在了一起。於是，李濟決定辭去清華園的職位，加盟中研院史語所並出任第三組——考古組主任。

一九二九年六月，在傅斯年主持的所務會議上，正式決定把全所工作範圍由原來預設的九個組，壓縮為歷史、語言、考古三個組，通稱一組、二組、三組。主持各組工作的分別是陳寅恪、趙元任、李濟。後又增設第四組——民族學組，由留美的「海龜」吳定良博士擔當主任。這一體制，直到史語所遷往台灣都未變更（抗戰軍興，民族學組欲從史語所分出，單獨成立體質人類學研究所籌備處，但終未正式獨立建所）。

當史語所三個組的人員各就各位，傅斯年以獨特的學術眼光和非凡的辦事能力，很快為第一組找到了內閣大庫檔案，指定了漢簡與敦煌材料的研究範圍；為第三組劃定了安陽與洛陽的調查；二組的工作也相應地開展起來。為消除此前李濟擔心的「口號將止於口號」此一形式主義的痼疾，早在一九二八年史語所正式成立前，富有學術遠見的傅斯年就於當年的八月十二日，指派時任中山大學副教授及史語所通信、編輯員的董作賓，悄悄趕往河南省洛陽，還重點到安陽殷墟，對甲骨出土地進行調查並收集甲骨。

自清光緒二十五年（一八九九年）秋，時任國子監祭酒（相當於皇家大學校校長）的山東煙台福山人王懿榮買藥而發現甲骨文字並得以確認後，天下震驚，中國歷史研究的新紀元由此開始。

繼王懿榮之後，一九一二年二月，著名古器物與古文字學家羅振玉，按照世間流傳和自己調查的線索，委託他的弟弟羅振常到河南安陽訪求甲骨。羅振常不負所望，在安陽小屯逗留五十餘日，不僅弄清了甲骨出土地的準確位置，而且搜求甲骨多達一點二萬片，分兩次透過火車運往北京。羅振玉藉由對這批甲骨深入細緻的研究，從《史記·項羽本紀》「洹水南殷墟上」的記載中得到啟示，認為此地為商朝「武乙之都」。後來又在其所著《殷墟書契考釋》自序中，確定了小屯為「洹水故墟，舊稱亶甲，今證之卜辭，則是徙於武乙去於帝乙」的晚商武乙、文丁、帝乙三王時的都城。這個考釋，無論在當時還是之後，都被學術界認為是一項了不起的具有開創性的重大學術研究成果。

繼羅振玉之後，王國維透過對甲骨文的研究、考訂，使商代先公先王的名號和世系基本上得到確認，並在整

左：羅振玉（左）與王國維在日本留影。
右：1929 年，李濟（左）和董作賓（右）在安陽軌道車上。（李光謨提供）

體上建立了殷商歷史的體系。因此，王國維作為「新史學的開山」（郭沫若語）登上了甲骨學研究的第一座奇峰。他所寫的〈殷卜辭中所見先公先王考〉和〈續考〉，為甲骨學研究、發展做出了劃時代貢獻，從而直接引發了古代史，尤其殷商史作為可靠信史研究的革命性突破。

畢業於北京大學國學門、時年三十四歲的河南南陽人董作賓到達安陽，透過實地調查得知，小屯地下埋藏的有字甲骨，並不像羅振玉等人所說的那樣已被挖盡，從當地農民盜掘甲骨留下的坑痕判斷，殷墟規模龐大，地下遺物十分豐富，且遺址的發掘已到了刻不容緩的關頭，「遲之一日，即有一日之損失，是則由國家學術機關以科學方法發掘之，實為刻不容緩之圖」[19]。

傅斯年看罷董作賓由前方發來的調查報告，驚喜交加，馬上籌措經費，購置設備，調配人員，在蔡元培院長的大力支持下，組成了以董作賓為首的殷墟科學發掘團，其成員有李春昱、趙芝庭、王湘、張錫晉等專業人員和工作人員，另外還有一名董作賓的同鄉同學，時任河南省教育廳祕書的郭寶鈞。

一九二八年十月七日，以尋找甲骨文為主要目的的殷墟首次發掘正式開始，當月三十一日結束，前後共進行了二十四天，發掘土坑四十個，揭露面積兩百八十平方公尺，掘獲石、蚌、龜、玉、銅、陶等器物近三千餘件，獲得甲骨八百五十四片，其中有字甲骨七百八十四片，另有人、豬、羊等骨架出土。董作賓作為本次發掘的主持人，手抄有字甲骨三百九十二片，並做了簡單的考釋，這個成果與他前期的調查報告共同在後來史語所創辦的《安陽發掘報告》上作為首篇文章刊載。如後來李濟所言，此次發掘與著述的問世，「不僅結束了舊的古物愛好者『圈椅研究的博古家時代』，更重要的是為有組織地發掘這著名的廢墟鋪平了道路」[20]。

當然，未受過西方近代考古學正規訓練的董作賓所統籌的發掘，出現了一些疏漏甚至笑話。許多年之後，已成為著名考古學家的夏鼐就曾講道：「我在一九三五年參加殷墟發掘時，還聽說過一個關於董作賓一九二八年主持初次發掘時『挖到和尚墳』的故事。書齋中出來的董作賓，從來沒有看見過出土的骷髏頭，只從筆記小說中知道死人身上頭髮是最不易腐朽的。所以，他發掘到一座時代不明的古墓時，便認為頭上無髮的墓主人一定是一位和尚。骷髏頭猙獰可怕，所以仍被埋起來。到了李濟、梁思永主持發掘時才注意到人骨標本的採集，並且用科學的採集方法和保存方法。」[21]

或許正是由於以上的缺憾，董作賓感到有些惶恐不安，從而有了中途換將，由李濟出任第二次發掘主持的因緣。按照國立中央研究院院長蔡元培的說法，「董先生到了那裡，試掘了一次，斷其後來大有可為。為時雖短，所得頗可珍重，而於後來主持之任，謙讓未遑。其時，適李濟先生環游返國，中央研究院即託其總持此業，以李先生在考古學上之學問與經驗，若總持此事，後來的希望無窮。承他不棄，答應了我們，即於本年（一九二九年）二月到了安陽，重開工程」[22]。

接到蔡元培與傅斯年的邀請，李濟正式以中央研究院史語所考古組主任身分，赴河南與正在那裡的董作賓見面協商發掘事宜。在閱讀了董作賓撰寫的報告後，透過接觸交流，李濟對殷墟遺址有了進一步認識，並做出了三個方面極具科學眼光的設定：

左：1929 年春，河南安陽殷墟小屯第二次發掘開工情形。坐者：李濟（左一）、裴文中（左二）；立者：董作賓（右二）、董光忠（右一，代表美國弗利爾藝術館）；左方立者為馮玉祥派來的龐秉勳部的護兵；坐者另四人可能是護兵衛隊的「長官」。（李光謨提供）

右：1931 年春，第三次殷墟發掘時史語所「四巨頭」在工地留影。左起：董作賓，李濟，傅斯年，梁思永。

小屯遺址明顯是殷商時代的最後一個首都；雖遺址範圍未確定，但有字甲骨出土的地方一定是都城遺址的重要中心；在地下堆積中與有字甲骨共存的可能還有其它類遺物，這些遺物的時代可能與有字甲骨同時，或早或晚，當然要依據埋藏處多種因素而定。

根據以上三個設定，李濟制訂了第二次小屯發掘計畫，並得到美國弗利爾藝術館的經費支持。在董作賓密切配合下，李濟率領考古隊於一九二九年春季和秋季分別進行了第二次和第三次發掘，陸續發現了大批陶器、銅器，以及三千餘片甲骨、兩大獸頭刻辭與聞名於世的大龜四版（即四個完整的龜蓋，上面刻有眾多殷商時代文字）。

一九三〇年春，當史語所準備對殷墟再度進行發掘時，卻出現了不祥的徵兆。河南大雨、冰雹成災，所降「冰雹大者數斤，小者如雞卵」。這場災難過後，接著出現旱災，導致河南全境「每天平均餓死一千餘人」[23]。再接下來，民國史上著名的軍閥混戰——中原大戰爆發，由閻錫山、馮玉祥、李宗仁等地方軍閥組成的聯軍，與蔣介石為首的中央軍以河南省轄境為中心展開激戰。交戰雙方投入兵力達到一百三十萬人（閻、馮、李聯軍六十萬，中央軍七十餘萬），大戰持續時間達半年之久，雙方共死傷三十餘萬眾。最後以張學良調集東北軍入關助蔣，閻、馮、李聯軍敗北潰散而告終。史語所原定對安陽殷墟的第四次發掘計畫，在大砲轟鳴、硝煙瀰漫、血肉橫飛、新鬼添怨舊鬼哭的風雲激蕩中化為烏有。

以考古發掘和學術研究為志業的李濟等人，並沒有因為戰爭而中斷自己的事業（除戰爭之外，一九二九年冬，中研院殷墟發掘隊與河南地方勢力為爭出土器物鬧糾紛也是障礙之一）。既然在河南的地盤不能工作，李濟決定率部轉移到山東城子崖繼續進行田野考古發掘。

著名的城子崖遺址於一九二八年被吳金鼎發現。吳是清華國學研究院李濟唯一一位攻讀人類學與考古學的研究生。這年春天，已是山東齊魯大學助教的吳金鼎利用業餘時間進行田野調查，在濟南東約三十公里的歷城縣龍山鎮一個叫城子崖的地方，發現了一處黑陶文化遺址。他及時把此一情況報告給自己的導師李濟。由於河南已成為軍閥混戰的中心，史語所很想避開戰禍，在山東臨淄故城開闢一新的發掘工地，但又頗為躊躇，因為「問題太複雜了，絕非短時期可以料理得清楚的」。正在猶豫之際，城子崖遺址橫空出世。李濟隨吳金鼎到現場察看過後，立即意識到這是一處極其重要的遺址，遂決定選擇城子崖作為山東考古發掘第一個工作地點。

一九三〇年秋，中原大戰硝煙尚未散盡，李濟與董作賓率師移駐城子崖開始首次發掘。考古人員發現遺址中明顯具有新石器時代特徵，所出土的文物與河南西部仰韶文化風格迥異，其中發現最多的黑陶和灰陶器具，幾乎完全不同於河南、甘肅的彩陶，器形也沒有相同之處。而發掘所得的最具特徵的「蛋殼陶」，通體漆黑光亮，薄如蛋殼，其製作工藝達到了新石器時代的頂峰，並作為一種文化標誌——黑陶文化，成為前無古人、後無來者的絕響。

城子崖遺址的發掘，「不但替中國文化原始問題的討論找了一個新的端緒，田野考古的工作也因此得了一個可循的軌道。與殷墟的成績相比，城子崖雖比較簡單，卻是同等的重要」[24]。根據發掘成果，李濟等認定其文化遺存屬於新石器時代。由於城子崖遺址地處龍山鎮，遂將這一文化命名為「龍山文化」。

城子崖遺址出土的龍山文化陶鬶。

中原大戰硝煙散盡、血跡風乾之後的一九三一年春，李濟率隊再返河南安陽殷墟進行第四次發掘。此次發掘在李濟的具體指導下，有計畫地將殷墟遺址劃分為五個大區，每區由一位受過專業科學訓練或有經驗的考古學家指導，以「卷地毯式」的新方法進行工作。發掘隊除原有的郭寶鈞、王湘等人外，增加了十幾位年輕學者。史語所新招聘的吳金鼎、李光宇來了；河南大學史學系學生石璋如、劉燿（尹達）來了；最令人矚目的是梁啟超的二公子、被李濟稱為「真正專門研究考古學的人」梁思永，也在這個明媚的春天裡，帶著勃勃生機，神采飛揚地到來了。

梁思永於一九三〇年夏季在哈佛大學獲碩士學位後歸國，此時梁啟超已去世一年餘，清華國學研究院也已解體一年，梁思永舉目四望，物是人非，恍如隔世，其悲痛之情無以言表。正在北平的李濟感念梁氏家族與自己的舊情，主動把梁思永介紹給傅斯年。從此，梁思永正式加入了國立中央研究院歷史語言研究所考古組行列。就在李濟主持山東濟南城子崖發掘的那個秋日，梁思永被派往黑龍江昂昂溪遺址調查並發掘了一處史前文化遺址，發現了眾多的石器、骨器。返回北平的冬日，梁思永又轉道通遼，入遼西、熱河一帶調查，採集了眾多新石器時代陶片、玉器等遺物。到了次年春天，安陽殷墟發掘開始，新婚剛剛三個月的梁思永告別北平家中的愛妻李福曼，意氣風發地來到了安陽。

此前，殷墟附近有許多滿布陶片的遺址，只因不出帶字甲骨而未引起考古發掘者的重視。李濟主持第四次發掘時，感到有發掘附近遺址的必要。於是，他決定選擇殷墟遺址東南部，靠近平漢路一個明顯凸出地面、名叫後岡的地方進行發掘，並把該區劃為第五區，發掘工作由剛剛來到安陽的梁思永獨立主持。

由於梁思永真正受過嚴格的考古學訓練，在田野考古發掘中，無論是思維方式還是技術技能，都比其他人更勝一籌。在發掘中，梁思永帶領吳金鼎、劉燿等幾名年輕學者，採用了西方最先進的科學考古方法，依照後岡遺址不同文化堆積的不同土質、土色、包含物來劃分文化層，成功地區別出不同時代的古文化堆積，以超凡卓絕的才識，發現彩陶—黑陶—殷墟文化三者之間以一定的順序疊壓著。這一現象引起梁思永高度警覺，他以獨特的學術眼光和科學的思維覺察到：既然彩陶文化代表著安特生所發現的仰韶文化（此前瑞典人安特生在河南西部澠池縣仰韶村與甘肅一帶黃河中游地區發現的一種新石器時代彩陶文化），那麼黑陶文化是否代表著城子崖的龍山文化？

如果這一命題成立，則意味著龍山文化不僅局限於城子崖一地，所涉及範圍應更為廣闊，並代表著一種普遍的史前文化。這一極富科學眼光的洞見，無疑讓大家找到了解開中國史前文化之謎的一把鑰匙。面對史語所同仁「天天夢想而實在意想不到的發現」（李濟語），李濟等考古學者感到城子崖遺址是獲取這把鑰匙的關鍵所在，實有再度發掘以詳察內容及充實材料的必要。於是，傅斯年決定暫緩編印殷墟發掘報告，派梁思永率一部分考古人員赴城子崖再度展開發掘。

一九三一年秋，梁思永率領吳金鼎、王湘等人轉赴山東城子崖，開始繼李濟之後第二次發掘。發掘的結果再次證明，殷墟與城子崖兩地的黑陶文化基本相同，這證明了梁思永天才推斷的正確。城子崖遺址的發掘，以鮮明

梁思永指揮史語所人員發掘安陽殷墟大墓情形。（中研院史語所提供）

亮麗的事實證據，糾正了瑞典學者安特生將仰韶與龍山兩種文化混在一起，輕率得出的「粗陶器要比著色陶器早」的錯誤結論，進而推動了殷墟發掘中「地層學」這一考古新方法的運用，使當時與後世學者認識到必須將殷墟文化與其他文化進行比較分析的重要原則，從而為中國考古學發展的科學化和規範化樹起了一個里程碑式的座標。

城子崖發掘結束後，梁思永率隊返回安陽。在以後的幾次發掘中，於殷墟西部的同樂寨發現了純粹的黑陶文化遺址。這個發現使梁思永堅信在後岡關於仰韶文化—龍山文化—商（小屯）文化三疊層，按先後時間劃分的論斷。這一偉大發現，「證明殷商文化就建築在城子崖式的黑陶文化之上」[25]。後岡三疊層的劃分，成功地構築了中國古文明發展史的基本框架，使中國考古學與古史研究有了劃時代的飛躍。自此，乾涸的歷史長河沿著時間的脈絡重新開始流淌。梁思永也由於這一劃時代的偉大發現一舉成名，奠定了他在考古學史上一代大師的地位。這一光輝成就，正應了其父梁啟超當年的良好願望，只是命途多舛的梁任公沒有親眼看到這一成果問世，更無法與其舉杯同慶了。

一九三四年秋到一九三五年秋，由梁思永主持的第十、十一、十二次殷墟發掘，對已發現的王陵跡象緊追不捨，繼續擴大戰果。此時，參加發掘的專業人員達到了殷墟發掘史上最為鼎盛的時期，除總指揮梁思永外，另有董作賓、石璋如、劉燿、祁延霈、李光宇、王湘、胡福林、尹煥章、馬元材、徐中舒、滕固、黃文弼、李景聃、高去尋、潘慤、王建勳、李春岩、丁維汾、劉守忠、王獻唐、富占魁、夏鼐（實習）、吳金鼎（訪問）、傅斯年（視察）、李濟（視察）、法國漢學家伯希和（訪問）以及河南大學、清華大學等部分師生。一時大師雲集，眾星閃耀。胸有成竹的梁思永充分表現出一個戰略家的宏大氣魄，規畫周密，指揮若定，遺址得以大面積揭露，每天用工達到五百五十多人。在這段時間裡，一連發掘了十座王陵，以及王陵周圍一千兩百多座小墓和祭祀坑。所揭露的大墓規模宏大，氣勢壯觀，雖經盜掘，但豐富精美的出土文物仍令舉世震驚。

一九三七年春，由石璋如主持的第十五次更大規模的殷墟發掘再度展開。此次發掘從三月十六日開始，一直延續至六月。此時，華北已是戰雲密布，局勢一日緊似一日，日本人磨刀霍霍，即將血濺中原，飲馬長江。面對一觸即發的中日大戰，為防不測，殷墟發掘不得不於十九日匆匆結束——這是抗日戰爭全面爆發之前最後一次發掘。至此，從一九二八年開始的殷墟發掘，九年共進行了十五次，出土有字甲骨兩萬四千九百一十八片，另有大量頭骨、陶器、玉器、青銅器等器物出土。其發掘規模之大，牽涉人員之多，收穫之豐，前所未有，世之罕見。這一創世紀的偉大成就，正如後來著名考古學家、美國哈佛大學教授張光直所言：「在規模上與重要性上只有周口店的研究可以與之相比，但殷墟在中國歷史研究上的重要性是無匹的。」[26]

當發掘人員把出土器物整理裝箱，風塵僕僕地押運到南京北極閣中央研究院史語所大樓時，喘息未定，額頭上的汗水尚未抹去，震驚中外的盧溝橋事變爆發了。

上：安陽殷墟發掘工作夥伴與師友。本圖根據中研院史語所印行之「殷墟發掘八十周年學術研討會」海報製成。（董敏製作並提供）

左下：殷墟第十四次發掘的工作情形。

右下：殷墟發掘人員正在工地午餐。彎腰分小米者為董作賓，中坐者為張錫晉，右側坐者為王湘。

注釋

[1] [6]〈北總布胡同三號——童年瑣憶〉，載《不重合的圈——梁從誡文化隨筆》，梁從誡著，百花文藝出版社二〇〇三年出版。

[2] 據曾擔任過清華大學教授、法學院院長的陳岱蓀後來回憶說，北大、清華和南開三校南下，並在長沙辦臨時大學，主要有以下幾個方面的原因：我們剛到長沙時住在聖經學院，是教會辦的，在長沙西門外。為什麼叫「長沙臨時大學」，因為在抗戰前兩年，清華已感到北京這個地方有危險，所以停止建設一座大樓，把這個錢拿出來，在南方找一個根據地，以備後患。選中了長沙，在岳麓山底下，是鄉下，那是個空曠的地方，投資大概三十萬塊的樣子，那時三十萬塊錢很值錢。一九三七年戰爭爆發時，那個房子還沒蓋好，裡面沒整修，恐怕還得幾個月的時間才能用。在南京，幾個校長開會的時候，認為這個地方既然有清華那個底子在那裡，幾個學校搬到那去，幾個月後就可以利用，所以決定搬到長沙。臨時這幾個月怎麼辦呢？就看看長沙有什麼房子可以利用。到長沙一看，有個聖經學院。因為是打仗，他們人都散了。當時就說把這個聖經學院給租下來。聖經學院有兩個地方。一個是主校，就在長沙，另外一個是分校，在衡山底下，叫聖經暑期學校。夏天他們到那兒去，可能是嫌長沙太熱了。我們兩邊都租下了，主要是在長沙西門外。在長沙只有半年。到長沙後，文學院是在衡山底下的那個聖經學院，法學院是在長沙，我是在長沙，金岳霖先生等是在衡山，兩個地方。（王中江〈金岳霖其人其學訪問記——陳岱蓀先生訪問記〉，載《金岳霖的回憶與回憶金岳霖》，劉培育主編，四川教育出版社一九九五年出版）

[3] 單士元《中國營造學社的回憶》，載《中國科技史料》，一九八〇年二期。

[4] [5] [7]《中國建築之魂——一個外國學者眼中的梁思成林徽因夫婦》，〔美〕費慰梅著，成寒譯，上海文藝

出版社二〇〇三年出版。

[8] [11]《李濟與清華》，李光謨編，清華大學出版社一九九四年出版。

[9]《清華國學研究院史話》，孫敦恒編著，清華大學出版社二〇〇二年出版。

[10] 關於李濟沒有成為「五大導師」的原因，一種說法是，李濟當時正和美國弗利爾藝術館合作主持考古發掘事宜，在時間分配上，考古發掘占相當比重，大部分薪水由美方撥發，每月三百元，清華每月發一百元，二者合在一起，正好和梁、王、陳、趙「四大」教授薪水持平。因清華支付的一百元並不是教授薪水，故只能給個特別講師的帽子戴在頭上。（參見戴家祥〈致李光謨〉，載《李濟與清華》，李光謨編，清華大學出版社一九九四年出版）戴家祥是一九二六年考入清華國學研究院的第二屆研究生，據他說：當時的清華研究院有王、梁、陳、趙等教授四人，各有工作室一間，助教一名。李濟同樣得到了一間工作室、一名助教的待遇，其助教是第一屆畢業生王庸（字以中）。根據院方安排，研究生可以直接找導師談話。清華出身、後任教於北大的季羨林教授在一九九二年主持紀念趙元任先生百歲誕辰座談會的發言中明確提到，「成立時的導師應是五位，其中李濟之先生當時的職稱是講師，但他屬於五位導師之一」。（李光謨〈「好像剛出籠的包子」——記李濟二進清華園〉，載《永遠的清華園——清華子弟眼中的父輩》，北京出版社二〇〇〇年出版）羨林之說，甚也。

[12]《梁啟超年譜長編》，丁文江、趙豐田編，上海人民出版社一九八三年出版。

[13] [14] [15] [16]《給梁思成等孩子們書信十一封》，載《薪火四代》（上），梁從誡編選，百花文藝出版社二〇〇三年出版。

[17] 就在梁啟超去世四十多年後的一九七一年，清華大學教授梁思成因病入住協和醫院，於一個偶然機會，從自己的醫生那裡得知父親早逝的真相。具體情形是：在梁啟超入住協和醫院後，鑑於其在社會上的顯赫地位

和名聲，協和醫院相當慎重，決定由留美博士、協和醫院院長劉瑞恒親自主刀，美國醫生副之，其他人員也是從各方面選拔而出，可謂陣營強大，按理說不會有什麼閃失，但閃失還是發生了。據當時參加手術的兩位實習醫生後來私下對同行說：「病人被推進手術室後，值班護士就用碘在肚皮上標位置，結果標錯了地方。劉博士（南按：劉瑞恒）就動了手術，切除了那健康的腎，而沒有仔細核對一下掛在手術台旁邊的X光片。這個悲慘的錯誤在手術之後立刻就發現了，但因關乎協和醫院的聲譽，被當成『最高機密』歸檔。」（參見《中國建築之魂》，第五十六頁，〔美〕費慰梅著，成寒譯，上海文藝出版社二〇〇三年出版）未久，不少媒體把此事炒得沸沸揚揚，且成為一樁祕聞流傳於坊間。其實，梁啟超出院不久，協和醫院就已默認了，梁啟超也已確切得知自己的好腎被割掉，但為什麼被割掉，協和醫院方面沒有透露，梁家及親朋好友兼及社會中人自是霧中看花，不甚明瞭。

梁氏在一九二六年九月十四日給孩子們的信中曾這樣寫道：「……伍連德（大夫）到津，拿小便給他看，他說『這病絕對不能不理會』，他入京當向協和及克禮等詳細探索實情云云。五日前在京會著他，他已探聽明白了。……他已證明手術是協和孟浪錯誤了，割掉的右腎，他已看過，並沒有絲毫病態，他很責備協和粗忽，以人命為兒戲。協和已自承認了。這病根本是內科，不是外科。在手術前，克禮、力舒東、山本乃至協和都從外科方面研究，實是誤入歧途。但據連德的診斷，也不是所謂『無理由出血』，乃是一種輕微腎炎。……他對於手術善後問題，向我下很嚴重的警告。他說割掉一個腎，情節很是重大，必須俟左腎慢慢生長，長到大能完全兼代右腎的權能，才算復原。」「當這內部生理大變化時期中，左腎極吃力，極辛苦，極嬌嫩，易出毛病，非十分小心保護不可。唯一的戒令，是節勞一切工作，最多只能做從前一半，吃東西要清淡些。……我屢次探協和確實消息，他們為護短起見，總說右腎是有病（部分腐壞），現在連德才證明他們的謊話了。我卻真放心了。所以連德忠告我的話，我總努力自己節制自己，一切依他而行。」（《梁啟超年譜長編》）

有研究者分析，認為協和誤割好腎當然是一劫，也是梁啟超致命的一個重要原因。但他若切實地按照伍連德提出的要求進行療養，還是可能多活一些歲月的。而不良生活習慣，也是導致梁啟超患病和屢醫無效的重要原因之一。加上後來夫人李蕙仙病故等刺激，又成為他發病的一個導因。再有就是梁氏的寫作慾過於旺盛，夜以繼日地寫作，不願過「享清福」的療養生活，「家人苦諫節勞」而不聽，沒有認真考慮勞累為病體帶來的惡劣後果，是他早逝的第三個重要的甚至是最主要的原因。梁思成在追述父親得病逝世的經過時說：「先君子曾謂『戰士死於沙場，學者死於講座』，方在清華、燕京講學，未嘗辭勞，乃至病篤仍不忘著述，身驗斯言，悲哉！」

二〇〇六年八月十日，北京協和醫院舉辦了一次病案展覽，打開塵封的檔案袋，一大批珍貴的病案得以面世，其中包括梁啟超病例檔案。經專家觀察研究，與梁思成聽說原因基本相同。至此，八十年前梁啟超「錯割腰子」一案，總算塵埃落定。

[18] 李濟〈傅孟真先生領導的歷史語言研究所〉，載《感舊錄》，台北：傳記文學出版社一九八五年出版。

[19] 李濟〈安陽最近發掘報告及六次工作之總結〉，載《安陽發掘報告》，一九三三年第四期。

[20] 《安陽》，李濟著，河北教育出版社二〇〇〇年出版。

[21] 〈安陽殷墟頭骨研究．序言〉，轉引自《敦煌考古漫記》，載《夏鼐文集》卷中，社會科學文獻出版社二〇〇〇年出版。

[22] [26] 張光直〈李濟考古學論文選集．編者後記〉，文物出版社一九九〇年出版。

[23] 《二十世紀中國大事年表》，賈新民主編，中國人民大學出版社一九九二年出版。

[24] 李濟〈城子崖．序〉，轉引自《安陽》，李濟著，河北教育出版社二〇〇〇年出版。

[25] 《安陽發掘報告》，中央研究院歷史語言研究所編，一九三三年第四期。

第二章 南渡自應思往事

長沙、長沙

盧溝橋事變發生不久，傅斯年與胡適、梅貽琦、蔣廷黻、錢端升、周炳琳等學界名流，受國民政府蔣介石委員長邀請赴廬山牯嶺出席各黨各派團體領袖及社會各界人士談話會，共商禦侮圖存大計。借助這一歷史契機，傅斯年成為國民政府參政員，踏上了參政議政之路。

一九三七年七月下旬，傅斯年離開廬山回南京，處理中央研究院特別是史語所各項事務。史語所自一九二八年於廣州成立後，隨著國內局勢紛紜變化，一路顛沛流離，先是遷到北平北海靜心齋，再遷上海曹家渡小萬柳堂，後至南京北極閣史語所大廈與中央研究院總辦事處在一起，算是落地生根，安頓下來。一九三六年春，繼被刺身亡的楊杏佛之後擔任中央研究院總幹事的丁文江因煤氣中毒不幸在長沙去世，院長蔡元培示意傅斯年與其他幾位所長協助自己共同邀請朱家驊接任總幹事。朱礙於情面，半推半就於這年五月就職。是年冬，朱家驊被國民政府任命為浙江省政府主席，對中研院總幹事一職已無興趣，再三堅辭，仍無結果。盧溝橋事變爆發，日軍即有進攻上海、迫近南京之勢，華東陷入全面危急，朱家驊顯然已無法繼續兼顧中研院事務，只好請傅斯年出面代

1931 年春，北平學界於北海靜心齋沁泉廊畔歡迎蔡元培由廣州返北平。

理，傅顧及各方情面與國家危難，毅然挑起這副擔子。因而，從廬山回到南京的傅斯年，開始以事實上的總幹事身分處理中央研究院各項事務，繁亂的工作剛剛理出一點頭緒，「八一三」淞滬抗戰爆發，日本企圖讓中國滅國滅種，而中國軍民誓死保家衛國的生死之戰就此開始。

八月十七日，國防參議會最高會議在南京召開，胡適、傅斯年、蔣夢麟、梅貽琦、張伯苓、羅家倫等學界要人出席會議。會議決定派胡適以非正式外交人員身分出使美國，蔣百里出使德國，孫科出使蘇聯，以爭取國際援助。

八月十八日，蔣介石在南京發表〈告抗戰全軍將士第二書〉，表示：「為確保國家的生存，為爭取民族的自由，為拯救國家民族的危亡」，決心發動全國抗戰到底。[1]與此同時，南京國民政府開始設法動用一定運輸力量，把國家珍品、工業設施、戰略物資和科研設備，經長江、隴海鐵路和各條公路悄悄運往中國內地特別是西南地區，以保存實力，長期抗戰。與此同時，國民政府做出了中央研究院各所與平津兩地六所大學遷往長沙、西安成立臨時大學的決定。根據這一戰略決策，傅斯年立即指示中央研究院各所捆紮物資儀器，打點行裝，準備啟程。

早在淞滬戰事爆發之前，史語所考古組已根據戰爭形勢，在富有遠見和責任心的李濟指揮下，開始對歷次發掘器物和各種器材進行打包裝箱，準備內遷。據史語所《大事記》民國二十六年（一九三七年）七月條載：「本所隨本院西遷，先選裝最珍貴中西文圖書、雜誌及善本書共六十箱，首批運往南昌農學院，其餘一千三百三十三箱分批運長沙。但部分殷墟出土的人骨、獸骨及陶片等，限於運輸工具，暫留原址。」八月條：「本院組織長沙工作站籌備委員會，本所遷入長沙聖經學院，所長傅斯年仍留南京，派梁思永為籌備會常務委員。」[2]

此次行動，按照石璋如若干年後的說法，「因為南京離上海很近，戰事吃緊，所以先行裝箱」。首先選擇重要的文物裝箱，「像骨頭就選人骨，其它部分就留下，這也是一種決定」[3]。根據不同情況，傅斯年與李濟、梁思永商定，已捆裝完畢的六十箱最珍貴的中西文圖書及善本書等，由李濟親自負責押運到南昌農學院保存，其他一千三百多箱出土器物，陸續運到南京下關碼頭裝船，沿長江分批運往長沙，由梁思永總負其責，組織雇用船隻、運輸和安置。

就在中研院史語所人員裝船之時，日本飛機開始飛往南京進行轟炸，作為國民政府的首都，瞬間被戰火硝煙籠罩。在此危急時刻，一批又一批滿載成箱國寶的輪船悄然離開下關碼頭，沿長江溯水而行，向西南大後方進發。史語所大部分人員連同家眷一同隨船啟程，也有個別人員如那廉君、石璋如等乘火車從陸路繞道趕赴長沙，落腳於聖經學院。座落於長沙韭菜園的聖經學院是一座三層樓的建築，空間較大，且有地下室可儲藏東西。但因長沙臨時大學的師生已陸續遷入，大部分房間已被占據利用，中央研究院只分配到三層樓的原學生宿舍及一小部分教室，史語所運來的所有箱子都放在地下室暫存。十月之前，史語所人員一直忙於裝船運輸與搬運、整理，差不多到了十月中旬才開始安頓下來。由於梁思永一直在南京主持裝船運輸，長沙的搬運工作便由董作賓、石璋如等人具體實施。當梁思永隨最後一艘輪船抵達長沙時，已是十月下旬，這時梁思成一家已在長沙找到棲身之處，兄弟兩家始得以在異地他鄉見面。

此時，李濟正以中央博物院籌備處主任的身分，奉命率部押運一百多箱國寶級文物向重慶行進。這批文物原屬北平的故宮等處，九一八事變之後才搶運到南京暫時收藏。

一九三一年九一八事變爆發，「不抵抗將軍」張學良統率的三十萬關東軍一槍不放退入關內，日本軍隊迅速占領中國東北三省，並進一步向華北地區進犯，平津震動，華北危急，中華民族進入了危難之秋。——鑑於清末英法聯軍占領北京火燒圓明園，導致大量價值連城的文物遭到焚毀和劫掠的悲慘命運，面對日本關東軍步步進逼，北平故宮等處所藏文物有可能在戰火中被焚毀或遭日軍搶劫，故宮博物院院長易培基等有識之士，電告南京中央政府，提出儘快把文物南遷以避刀兵之災。此舉得到國民政府批准，北平幾家相關機構於一九三二年年底商定派員精選文物，緊急裝箱南遷。除故宮博物院集中的一萬三千四百二十七箱零六十四包外，另有古物陳列所、太廟、頤和園、國子監和奉天、熱河兩行宮等處文物六千零六十六箱，由國民政府委託故宮博物院派人一起押運南遷——這便是中國現代史上著名的「國寶南遷」大行動。此批文物在一九四八年年底大部分隨國民黨運輸艦船遷往台灣，並以此為基礎充實了台北故宮博物院的藏品。

南遷文物先是運到上海暫存，同時利用南京朝天宮舊址，修建故宮博物院南京分院，以便存放北平故宮博物院遷來的文物。因一同運往上海的其他機構如太廟、頤和園等原有的六千零六十六箱文物無處存放，經中央研究院院長蔡元培倡議，於一九三三年四月在南京成立了國立中央博物院籌備處，暫時接管這批文物。中央博物院隸屬教育部，辦公地點設在雞鳴寺路一號，暫與中央研究院同樓辦公，另在中山門半山園徵地十二點九公頃，擬建人文、工藝、自然等三大館為收藏展覽場所。

中央博物院籌備處成立後，由蔡元培出任第一屆理事會理事長，傅斯年為籌備處主任，同時延請翁文灝、李濟、周仁分別為自然館、人文館和工藝館籌備主任。確立了「提倡科學研究，輔助公眾教育，以適當之陳列展覽，圖智識之增進」的宗旨。同年十月，國民黨中央政治會議第三百七十七次會議做出決議，將北平古物陳列所（一九一四年袁世凱北洋政府設立）遷到南京的文物撥付給中博籌備處。一九三六年，把原國子監（位於北京市東城區國子監街，始建於元朝大德十年即西元一三〇六年，是中國元、明、清三代國家管理教育的最高行政機關和國家設立的最高學府。一九一二年成立的北京歷史博物館暫設於此）、頤和園等處遷往南京的文物，全部撥付給中央博物院籌備處保存。這兩批文物入庫，不但成為籌建中的國立中央博物院藏品的基礎，也奠定了該院日後在文博界的扛鼎地位。

一九三四年七月，中博籌備處主任傅斯年因兼職過多，決定辭職，由李濟繼任，原安陽發掘隊隊員郭寶鈞任總幹事。也就在這一年，開始成立中央博物院建築委員會，特聘中國營造學社梁思成為專門委員，進行初期籌備建設規畫，向全國建築界人士徵集建築方案。建築委員會的成立以及梁思成的介入，是李濟繼與梁啟超、梁思永共事之後，又一次與梁氏家族成員密切合作。一九三五年，著名建築師徐敬直設計的方案入選，後徐氏會同梁思成將方案稍加修改，整個建築群外部仿遼代宮殿式，內部結構則中西合璧，具有獨特風格和磅礴氣勢。修改後的建築圖案獲委員會通過，一九三六年第一期工程開工。一九三七年七月，因盧溝橋事變爆發及日寇大舉入侵上海，南京告急，第一期工程建造的人文館剛剛完成四分之三（即後來的南京博物院大殿）被迫停工，倉皇撤離。所有人員連同收藏的國寶，開始了歷史上最為悲壯的又一次大遷徙。

盧溝橋事變爆發當天，中博籌備處在李濟領導指揮下，把一部分書畫等珍品運出，密存於上海的興業銀行。上海戰事爆發，李濟負責押運史語所六十餘箱中西文雜誌及善本書安全抵達南昌農學院後，迅速返回南京，同故宮博物院南京分院負責人馬衡等人一起，商討由北平遷往南京的大批文物的轉移辦法。協商結果是，文物分三批運往川、陝、甘等地。根據各自的分工，這年十月中旬，李濟奉命押運中央博物院保存的一百餘箱國寶級文物，

南京博物院大殿。（南京博物院提供）

乘輪船沿長江赴重慶密藏。工作人員也從南京遷往重慶沙坪壩暫住。一切安排妥當後，李濟又急如星火地趕往長沙與史語所同仁會合。此時已是十一月下旬，中研院遷來的史語所、社會所等基本安排就緒。得知梁思成一家已從北平遷來長沙的消息後，在梁思永帶領下，李濟登門拜訪。

此時，主客雙方都沒有想到，隨著這一機緣重新聚合，梁思成一家與李濟將開始千里逃亡與長達九年的密切交往。

長沙臨時大學和中央研究院幾個研究所暫且安身後，淪陷區大批機關單位、知識分子、工人、商人、難民、流氓無產者等各色人物，潮水一樣紛紛向長沙湧來，整座城市人滿為患、混亂不堪。而每一股難民潮的湧入，都標誌著前線戰場國軍不斷潰退以及大片國土的連連喪失。

一九三七年九月二十日至十月十日，華北重鎮保定失守，石家莊淪陷！

同年十月中旬，日軍突破晉軍閻錫山部設在晉北的長城防線，進逼太原以北的忻州要塞，駐忻口晉軍與日軍展開血戰，陣地多次易手，爭奪持續二十餘日。日軍源源不斷增兵，猛烈砲火步步進逼，晉軍力不能支，敗退太原。自此，整個晉北淪入敵手。

十月二十九日，南京國防最高會議正式決定國民政府遷都重慶，並對外公告。此舉向全世界展示了中國政府與軍民堅持長期抗戰，決不屈服於倭寇的堅定信念。

十一月五日，河南安陽淪陷。日軍的鐵蹄踏進這座歷史古城後，隨軍而至的日本「學者」竄到殷墟遺址，開始明火執仗地大肆盜掘、劫掠地下文物。

十一月八日，閻錫山棄守太原，三晉大部落入敵手。

十一月十一日，淞滬戰場上的國民黨軍隊已苦苦支撐達三個月之久。中日雙方共投入兵力約一百零三萬人，日本動用二十八萬陸海空精銳部隊，與約七十五萬中國軍隊進行了一場空前慘烈的大兵團會戰。以其規模與死傷人數論，是整個第二次世界大戰中最大型的會戰之一，無論是後來聞名歐洲的諾曼地登陸，還是太平洋戰場的硫黃島大血戰，都無法與之匹敵。由於裝備與兵員素質等諸方面差距懸殊，中國軍隊損失慘重，最終力不能敵，被迫從蘇州河南岸撤出。

十一月十二日，遠東最大的海港城市上海失陷，日軍轉而圍攻國民政府首都南京，中華民族到了最危急的緊要關頭。

民族危急，國難當頭，流亡到長沙的知識分子從內心深處生出一種悲憤交織的情愫，這種情愫又迅速鑄成哀兵必勝、置之死地而後生的堅強信念。一種與國家民族同生死共患難的英雄主義氣概，在這個群體中蔓延升騰開來。許多年後，梁思成、林徽因的女兒梁再冰回憶這段生活時說道：「那時，父親的許多老朋友們也來到了長沙，他們大多是清華和北大的教授，準備到昆明去籌辦西南聯大。我的三叔梁思永一家也來了。大家常到我們家來討論戰局和國內外形勢，晚間就在一起同聲高唱許多救亡歌曲。『歌詠隊』中男女老少都有，父親總是『樂隊指揮』。我們總是從『起來，不願做奴隸的人們！……』這首歌唱起，一直唱到『向前走，別退後，生死已到最後關頭！』那高昂的歌聲和那位指揮的嚴格要求的精神，至今仍像一簇不會熄滅的火焰，燃燒在我心中。」[4]

戰火已在大江南北燃起，國軍喪師失地，節節敗退，長沙自然不是世外桃源。上海淪陷後，日軍一面圍攻南京，一面派飛機沿長江一線對西部城市展開遠端轟炸，長沙即在被攻擊範圍之內。不久，梁思成一家即遭到日機炸彈猛烈襲擊，災難來臨。

那是十一月下旬的一個下午，大批日機突襲長沙。由於事先沒有警報，梁思成以為是中國的飛機為保護人民大眾和流亡的知識分子突然到來，聽到聲響後，懷著　份感動跑到陽台，手搭涼棚對空觀看。剎那間，只見幾個「亮晶晶的傢伙」從飛機肚子裡噴射而出，「嗖嗖」向自己住處飛來，梁思成的頭「嗡——」地一震，「炸彈！」兩字尚未喊出，一枚「傢伙」就在眼前落地爆炸。隨著一團火球騰空而起，梁思成本能地折回房中抱起八歲的女兒梁再冰。屋中的林徽因驚愣片刻，順勢抱起五歲的兒子梁從誡，並攙扶著一直跟隨自己生活的母親隨梁思成向樓下奔去。就在這一瞬間，炸彈爆炸產生的巨大衝擊波將門窗「轟」的一聲震垮，木棍與玻璃碎片四處紛飛。當一家人連拉加拽，跌跌撞撞奔到樓梯拐角時，又有幾枚炸彈落到了梁家院內。在「隆隆」的爆炸聲中，院牆上的磚頭、石塊隨著騰起的火焰向外迸飛，林徽因抱著兒子被震下幾級階梯，滾落到院中。緊接著，整座樓房開始「軋軋」亂響，門窗、隔扇、屋頂以及天花板等木製物件瞬間坍塌，劈頭蓋臉地砸向梁思成和他懷中的女兒……等梁氏一家衝出房門，來到火焰升騰、黑煙滾滾的大街上時，日機再次俯衝，炸彈第三次呼嘯而來。極度驚恐疲憊的梁思成和林徽因同時感到「一家人可能在劫難逃」了，遂把眼一閉，等著死神的召喚。出乎意外，落在眼前的那個「亮晶晶傢伙」竟在地上打了幾個滾兒，再也沒有吭聲——原來是個啞彈。梁思成一家死裡逃生。

當晚，梁家老少五口無家可歸，梁思成那「合唱隊指揮」的職位自然隨之化為烏有。面對如此淒慘景況，清華大學教授張奚若把自己租來的兩間屋子讓出一間給梁家居住，張家五口則擠在另一個小房間度日。第二天，梁

淞滬戰役中，國民黨軍八十七師一輛裝甲車孤軍進入日軍陣地，帶給日軍重大威脅，後因缺乏後援，被日軍摧毀。

思成找了幾個人，把家中沒有砸爛的物品慢慢從泥土瓦礫中挖出來。

這次轟炸之後，梁思成、林徽因感到長沙如此動盪不安，擁擠不堪，每天面臨不是家破就是人亡的威脅，很難做成什麼事情，遂萌生了離開長沙前往昆明的念頭。按他們設想，處在中國大西南的昆明，離戰爭硝煙應當更遠一些，既可以暫時避難，又可以靜下來做點學問，是個一舉兩得的地方，遂下定決心奔赴昆明。

十二月八日，在一個陰風陣陣、星光黯淡的黎明，梁氏一家五口搭乘一輛超載的大巴士向雲南方向奔去。

此時，戰場的局勢進一步惡化，前線傳來的消息已到了令中國人頓足捶胸、撕心裂肺的程度。

十二月十三日，日軍攻占中國首都南京，這座散發著脂粉與墨香氣味的六朝古都，頓時淹沒在鮮血、呻吟與絕望的哀號聲中。

緊接著，杭州、濟南等重量級省會城市於十二月下旬陷落。

由於平漢鐵路沿線的保定、石家莊、新鄉等軍事重鎮相繼失守，長江沿岸的上海、南京、蕪湖等地區陷落，驕狂的日軍開始集結精銳，沿長江一線向西南方向大規模推進，地處兩條幹線交會處的軍事要道武漢三鎮，立即成為中日雙方矚目的焦點和即將進行生死一搏的主戰場。

大戰在即，而長沙與武漢只有三百公里之距，一旦武漢失守，長沙勢難支撐。面對危局，無論是剛組建不久的臨時大學，還是中央研究院在長沙的幾個研究所，又一次面臨遷徙流亡的歷史性抉擇。

何處才是安身之地？長沙臨時大學委員會在遷往重慶還是昆明之間搖擺不定，中央研究院院長蔡元培已離開上海赴香港，傅斯年已隨中研院總辦事處遷往重慶。在群龍無首的境況下，中研院長沙工作站委員會幾名常務委員經過幾輪討論協商，仍未能達成共識，誰也不知流落何處更為有利。在進退維谷的艱難處境中，梁思永以中研院長沙工作站委員會常務委員的身分，與史語所代所長李濟共同召集史語所主要人員開會商量對策。經過一番激烈爭論，總算拿出了一個大概的應對策略，這就是「為了此地同仁的安全，不能夠留在長沙工作，要再搬家。搬家的地點目前雖然還未確定，只有一個先決原則：同仁的家庭沒有淪陷的話，就先回家；家庭淪陷的話，可以跟著所走，只是地點未定；若不想跟著所走，也可以自便。決定此一原則之後，就讓各組自行商量」[5]。

史語所考古組（三組）經過協商，決定先把個人手頭的工作儘快結束，全部交付李濟主任處，而後再談個人去留問題。經過幾天的緊張忙碌，所有的資料全部收集起來，按順序打包裝箱，倘日後有其他人接手，可以按照原來的順序繼續工作，不致茫無端緒。待這項工作結束後，李濟召集考古組全體人員集會，議決各人的去留問題。商量的結果是：李濟是組主任，不能走；董作賓專門研究甲骨，安陽出土的所有甲骨都需要他負責保管研究，因而也不能走；梁思永正研究殷墟遺址西北岡出土的器物，同時又是中央研究院長沙工作站管理委員會常委，即使走，也要等各所的事務告一段落才能走，因而暫時不動。同時，李、董、梁三人屬於中央研究院的高級委員，各自都帶有家眷，上有老下有小，所謂拖家帶口，真要走也不是件容易之事，不到萬不得已，前行的腳步是不易邁出的。

1936年2月，考古組同仁在南京北極閣史語所大樓前合影。後排右起：胡厚宣、李光宇、高去尋、李濟、梁思永、徐中舒；前排右起：祁延霈、李景聃、劉燿、郭寶鈞、石璋如、董作賓、王湘。（李光謨提供）

除李、董、梁「三巨頭」外，史語所考古組的「十大金剛」（又稱「十兄弟」）要各奔東西。老大李景聃是安徽人，家鄉尚未淪陷，表示樂意回去。老二石璋如是河南偃師人，當時洛陽一帶還在中國政府控制之下，偃師屬於尚未淪陷的洛陽一部分，因此石璋如也要回家鄉暫住。老三李光宇是湖北人，家鄉那個偏僻村落雖沒進駐日本鬼子，但他一直負責管理三組的出土器物，因而不能走。老四劉燿是河南滑縣人，家鄉已經淪陷，他自己表示要投筆從戎，奔赴延安投奔共產黨抗日。對於此一抉擇，眾人覺得中央政府領導的國軍就在眼前，與整個中華民族生死攸關的武漢大會戰即將打響，而劉氏棄而不投，偏要遠離血與火交織的正面戰場，越長江跨黃河，跋山涉水，不遠千里到陝北的山溝裡去參加「敵進我退，敵跑我追」的遊擊式抗日，頗有些不可理喻，並擔心這種「遊擊」會不會變成「遊而不擊」。想到人各有志，也就沒人再去理會。

「十大金剛」中的老五尹煥章在安陽發掘之後，被河南古蹟研究會留下來幫忙，壓根沒到長沙，也就不存在走與留的問題。老六祁延霈是山東人，家鄉已淪陷，不過家人已流亡到重慶，他決定到重慶尋找親人。老七胡福林

（厚宣）是河北人，家鄉屬於最早淪陷的一批，兩眼茫茫已無退路，若到前線戰場跟鬼子真刀真槍地拚幾個回合，來個刺刀見紅，胡氏既沒膽量，又不情願到沙場送死，只好表示跟著史語所走。老八王湘是河南南陽人，家鄉尚未淪陷，但他年輕氣盛，好勇鬥狠，平時經常與流落到長沙的大學生在茶館酒肆吃吃喝喝，發表「世風日下，人心不古，眾人皆醉我獨醒」之類驚世駭俗的豪言壯語。當時長沙臨時大學曾布告學生，凡願服務於國防機關者，得申請保留學籍，並得由學校介紹，張伯苓還擔任了臨時大學軍訓隊隊長兼學生戰時後方服務隊隊長。

有了此一規定，臨時大學差不多有三分之一的學生投筆從戎，這是後來西南聯大學生大批參軍的先聲。王湘受這股風潮影響，決定跟著臨時大學的學生到前線參加抗戰。既然王湘本人有這份熱血與激情，其他所內成員只能表示讚許，並未挽留。老九高去尋，河北保定人，家鄉已在日本軍人的鐵蹄之下，萬般無奈中，決定與史語所共存亡。老十潘慤，被內定為古物押運人員，自然不能離去。如此一來，在「十大金剛」中，有「六大金剛」要走，只有四個留下，整個史語所考古組的骨幹人員，基本上走掉了一半。這個數字與結果一旦成為定局，每個人的心中都蒙上了一層難以言表的悲愴與蒼涼。

去留問題得以拍板，天即將黑下來，李濟決定史語所三組全體人員到長沙一個酒肆——清溪閣舉行告別宴會。參加的人員除李、董、梁「三巨頭」和「九大金剛」外，還有幾位技工。由於人員較多，一室分成兩桌圍坐。此時，眾人情緒都有些激動、悲涼和憂傷，據石璋如回憶說：菜還沒有上桌，幾個年輕人就開始叫酒，並很快喝將起來。「三巨頭」酒量都不算大，只能勉強應付。而年輕又經常下田野的幾個河南、山東漢子如王湘、劉燿、石璋如、祁延霈等，倒有幾分中原好漢與山東響馬那種大塊吃肉、大碗喝酒的豪氣。待把各自面前的酒杯倒滿，幾條漢子就迫不及待地招呼開席。眾人端著酒杯站起來，「九大金剛」面色嚴峻地相互望著，在「三巨頭」帶領下，嘴裡喊道「中華民國萬歲！」各自舉杯，一飲而盡；第二杯酒端起來，大喊「中央研究院萬歲！」再一飲而盡；第三杯酒端起，齊聲喊道「史語所萬歲！」又是一飲而盡；第四杯喊「考古組萬歲！」第五杯是「殷墟發掘團萬歲！」第六杯喊「山東古蹟研究會萬歲！（該會最早成立，傅斯年、李濟等都是常務委員）」；第七杯是「河南古蹟會萬歲！」第八杯是「李（濟）先生健康！」第九杯是「董（作賓）先生健康！」第十杯是「梁（思永）先生健康！」第十一杯是「十大金剛健康！」如此這般痛快淋漓地喝將下去，有幾位「金剛」從歷代酒場上規律性的「和風細雨——竊竊私語——豪言壯語——胡言亂語——默默無語」五大階段，猛地一下晉升到「胡言亂語」的台階上來。

據石璋如回憶說：「我們本來是住在長沙聖經學校宿舍，可是醉到一塌糊塗，又吐，根本不知道怎麼回去。沒喝什麼酒的胡占奎、李連春吃了菜之後，就將我們帶回宿舍，打開房門放到床上。我次日清早醒來，只記得在清溪閣喝醉，之後怎麼回來完全不記得，真是醉得一塌糊塗啊！」[6]

從沉醉中醒來的「五大金剛」，於當天上午各自收拾行李，含淚作別史語所同仁，離開長沙，星散而去。

今天到了昆明

一九三七年十二月，根據國民政府指令，設在長沙的臨時大學撤往昆明，更名為國立西南聯合大學；中央研究院在長沙各研究所，即刻向重慶、桂林、昆明等不同地區撤退轉移。

一九三七年年底至一九三八年春，中央研究院在長沙各所陸續遷往昆明等地，史語所人員押送三百餘箱器物，先乘船至桂林，經越南海防轉道抵達昆明，暫住雲南大學隔壁青雲街靛花巷一處樓房。據《史語所大事記》民國二十六年（一九三七年）十二月條：「議遷昆明，圖書標本遷昆明者三百六十五箱，運重慶者三百箱，運桂林者三十四箱，待運漢口者兩箱，待運香港者五十二箱，其餘六十多箱且封存於長沙。」翌年一月條：「西遷昆明，經過桂林之工作人員暫駐桂林、陽朔調查研究。」[7]

幾乎與此同時，長沙臨時大學分成三路人馬趕赴昆明。第一批從廣州、香港坐海船由安南（越南）海防到昆明；第二批「湘黔滇旅行團」沿長沙經貴陽至昆明公路徒步行軍；第三路從長沙出發後，經桂林、柳州、南寧，取道鎮南關（今友誼關）進入越南，由河內轉乘滇越鐵路火車，奔赴昆明。

在中研院史語所同仁抵達昆明半個月後，湘黔滇旅行團的聞一多、曾昭掄、袁復禮等教授率領兩百餘名師生，徒步跋涉三千五百多里，日夜兼程六十八天，帶著滿身風塵和疲憊，從貴陽趕到了昆明。進城之後，大隊人馬正好經過史語所臨時租賃的拓東路宿舍門前。語言組主任趙元任率領同仁在路邊設棚迎接，隊伍前鋒一到，眾人立即端茶送水遞毛巾。歡迎人群還為這支歷盡風霜磨難的隊伍獻歌一曲，這是趙元任特地為師生趕寫的：

遙遙長路，到聯合大學。
遙遙長路，徒步。
遙遙長路，到聯合大學，
不怕危險和辛苦。
再見岳麓山下，再會貴陽城，
遙遙長路走罷三千餘里，
今天到了昆明。

歌聲響起，聯大師生和現場觀者均大為感動，許多學生想到了國難當頭與一路艱辛，禁不住涕泗縱橫。此時，梁思成一家已先期抵達昆明，並在翠湖邊一個大宅院裡落腳，中研院史語所、中博籌備處同仁與張奚若、金岳霖、錢端升等聯大教授，與梁家在這個陌生的南疆省城再度相會，自是又一番興奮與感慨。

因長沙撤退諸事繁雜，梁思永勞累過度，身體患病不能再負責任，根據傅斯年提議，史語所撤退事務由李濟負責，在自己到達昆明之前，李濟為中研院史語所代理所長，處置在滇一切事務。

自一九二八年六月中央研究院成立，陸續按學科分科增設各研究所，到一九三七年抗戰爆發前，已設立物理、化學、工程、地質、天文、氣象、歷史語言、心理、社會科學及動植物等十個研究所。理、化、工等三研究所設在上海，其餘各所與總辦事處均設於南京。

七七盧溝橋事變爆發、抗戰軍興，中央研究院院長蔡元培當時正居住在上海。此時，中研院理、化、工等三個研究所仍留在上海租界內開展工作。淞滬戰事起，蔡元培強撐病體，號召全院各研究所集中物資設備，準備向內地撤退。上海城陷之際，在南京北極閣的中研院總辦事處已由朱家驊和傅斯年共同主導撤往長沙，而後轉往重慶。蔡元培滿懷悲憤與憂傷，乘一艘外國郵輪獨自一人從上海趕往香港，準備轉赴重慶與總辦事處人員會合。一路顛簸漂蕩，年高體衰的蔡元培抵達香港後病體不支，被迫滯留港島療養休整，暫居跑馬地崇正會館。次年二月，一家老小逃出淪陷的上海乘船抵港。蔡元培攜家遷往尖沙咀柯士甸道（Austin Road），化名「周子餘」隱居下來，平時謝絕一切應酬，但仍遙領中央研究院事務，通過各種管道密切關注著中研院的命運，並為本院各所遷徙與未來的生存、發展思謀籌畫。

就在國軍於淞滬戰場死打硬拼，最終力不能敵，即將全線撤退的前夜，中研院在南京的七個研究所奉令撤退，史語所是行動最快、執行命令最堅決的大所之一。與史語所形成巨大反差的是，天文研究所對代理總幹事傅斯年的命令與調動卻陽奉陰違，採取推諉、敷衍戰術，負責人甚至假公濟私，於危難中不顧大局，使氣任性，成為抗戰流亡學術機構中一個令人扼腕嘆息的典型。一九三八年一月十二日，激憤難平的傅斯年致函已至香港的蔡元培，對天文研究所負責人所作所為予以呈報，並闡明相關責任，函曰：

院長鈞鑒：

自京遷往內地各所，在遷動中，最不使人滿意者為天文所，此事本不想上瀆清聽，然責任所在，欲罷不能，思之兩月，謹以奉聞。

一、天文所自北平遷來之古儀器，其中有明成化仿郭守敬之二儀，乃世界科學史上之實器，亦是中國科學史上之第一瑰寶也。此二儀前自北平運京（亦由斯年鼓動），由京移至紫金山上。戰事一起，即由院務會議議決請其遷下，並由斯年催促無數次。乃余所長一味推諉，率領全所研究員來總處與斯年辯論。（余、李、陳等）。斯年謂此物如不遷出，雖院長亦負大責任，若謂無法遷下，何以當年有法運上？最後斯年又謂可將上層拆下，以便運。（此器去德國時已拆散也。）〔行首自注：「此二件即以凡爾賽條約返之中國者」。〕余又謂路上新修門，不便。斯年謂可即去與警備部接洽。如此爭論數次，余所長謂當去接洽，以後催問，迄無下文，如是者兩個多月，不得結果，又推諉無法借車。（斯年亦代為想法，用木條滾下，余又謂無工人。然他處皆可覓到工人。）及上海撤兵，一時局面大變，乃無法可想矣。〔行首自注：「此事責任甚大，所謂『不盡人事』也。如政府後來追問，本院無詞以對。余對毅侯兄等雲，古董不如新儀器要緊，蓋全不知此件之價值也。」〕

二、八月初，決定近北極閣各所在他處覓房，天文所遷一部下山。適陳遵嬀君房子出來，即以轉租於研究所，然其地正在北極閣下。八月廿六日夜，日機大轟炸，三工人喪命。此一地點，總處事前全不知其即在北極閣附近。且總辦事處早囑各所自北極閣遷遠者，何以返遷近？豈是但圖轉租之便耶？

三、在京時，天文所只有一人來湘，余所長等仍留京，即以其自己之住宅租給研究所，月領百元，又用廚房勤務，皆開公帳。其實此時住內職員，余外僅有二、三人，以報時諸人在外也。（余先生自謂在京管報時，然李銘忠又謂此事與餘無關。）毅侯兄對此開支深不謂然，曾對天文所庶務有所指摘，余先生次日來辯，謂天文所每月九百元之雜費不為多。斯年不便指明，只好模糊了事。

四、上海撤兵後，京局頓緊張。余所長遂用所中二汽車載物而行（公私皆有，且開至湘潭，其岳家所在地也），而將報時等要件由李銘忠賃民船西行。李自謂一套儀器分成三批，無法工作，又謂去京時，余不理之，只顧自走。

五、總處遷至長沙後，開一院會，會後余謂要回家。斯年問，天文所尚有多物，如何安置？余謂可問李銘忠。次日問李，李云，余無交代；再次日，李亦不見矣。船運之物到漢，茫然無人過問，於是電陳，自南岳到此，然後稍作安置。余先生對公物似全無顧惜之念。〔行首自注：「斯年曾以此信中各節面質李君，李謂頗有同感。」〕一所四人，余先生回家，陳與他所往桂，李則不知去向矣。〔行首自注：再，斯年請陳君來此，曾將此中各節面告之，陳君不能答。斯年當時曾大發脾氣，旋即謝過。然事實如此，終應有以明之。〕

在此情形中，固不能保證物件之不失，然必須盡人事，然後可以心安。今果盡人事乎？其責任誰負之乎？乞先生將此函交余先生，請其向先生直接作答。至於何以善其後，非斯年所能知也。專此，敬叩

鈞安

傅斯年　謹上

一月十二日[8]

傅斯年信中所說的余所長，乃余青松，福建廈門人，時年四十歲，屬於中研院較年輕的所長之一。當初天文研究所成立時，以高魯為所長。一九二九年，高魯被國民政府委任駐法國公使，高氏向蔡元培推薦當時在廈門大學任天文系主任的余青松接替其職，蔡允。余氏於一個學期結束後到天文所就職，未久創建了南京紫金山天文台。抗戰爆發，余氏奉令內遷，但推進極不順利，同仁亦不團結，惹得傅斯年大怒而又無可奈何，半年後在各方督促下，總算攜部分儀器入滇並在昆明東郊建成了昆明鳳凰山天文台。之後，余氏多次致函蔡元培提出辭職，蔡

予以挽留，雙方你來我往拉鋸到一九四〇年年底，余終於辭去天文所所長職務，一九四七年赴北美於天文台和大學等機構工作、教書，直至終老海外。此為余氏一生之大致資訊。

傅信所言余青松率全所研究員跑到總處與之辯論的「李、陳」二人，應是天文所負責子午儀室的李銘忠與變星儀室的陳遵媯兩位主任，後二人隨余氏流亡到昆明繼續工作。一九三八年九月二十八日，日軍飛機首次轟炸昆明，昆明天文台被炸，李陳二人與嫡親皆受重大傷亡，至堪痛心。此為後話。

且說在南京主持內遷的代理總幹事傅斯年，面對天文所一班人的散漫與阻力大為惱火，而對於上海三家研究所負責人的明顯對抗，更是憤憤不平。當上海危急、蔡元培欲赴香港之際，傅斯年已與翁文灝統領的國民政府資源委員會協商好，由該委員會資助錢款與交通工具協助三所搬遷。為促成此事，傅斯年專門赴上海督促撤離。不知是故意對傅斯年本人予以反抗，還是不願離開上海而採取拖延、消耗戰術，時駐上海的物理、化學、工程等三所所長丁燮林（即丁西林，字巽甫）、莊長恭（丕可）、周仁（子競）面對傅氏的督促竟置之不理。眼看局勢越來越緊，國軍全線撤退在即，傅斯年捶胸頓足仍無濟於事，對方一直採取哼哼哈哈或不理不睬的態度虛與委蛇。傅見事不可為，只好棄之不管，一跺腳離開上海回了南京。

同年十二月，中研院總辦事處及下屬史語所等機構遷往長沙並開一緊急院務會議，再度提出中研院各所以緊縮為主旨，必須立即遷往內地，傅斯年拍電報至上海再度督促三個所果斷行動，但工程所所長周仁竟指傅氏電報謂「令其解散」，對傅大為不滿，多虧丁燮林日記中有所記載，證明其非如此，才免於繼續爭執。按傅斯年致蔡元培信中的說法，「此將一年中可謂三所各行其是也。大約巽甫兄只是畏難（此亦實可畏者），莊丕可乃以上海為天堂，故彼之去職，可以其一語括之：『離上海不能研究』（實不能生活爾）。子競此時在精神失常態中，不敢有任何勸告也」。[9]三所所長如此模樣，且還有一個精神病夾在其間，霸氣如傅斯年者亦無能為力，只好聽憑三所負責人自作主張，各自率部於日軍刺刀底下死地求生了。

對於以上諸事，在香港的蔡元培了解後，於一九三八年一月十四日致信傅斯年，對傅所做的努力表示敬意，同時表達了自己的歉疚之情，信曰：

孟真我兄大鑑：

接本月十日快函，敬悉一切。本院在京各所由京而湘，由湘而桂，頭緒紛繁，環境又時出變態，焦急、失望、興奮、疲倦，為人之所不能免之苦痛。而兄適當其衝，艱辛可想。幸同仁知識均在水平線以上，與共患難，尚能互相諒解。而在京各所之重要書器，輾轉遷移，已達於較為安全之地點，苟中國不亡，國民經濟不破產，他日當能繼續工作，在文化上盡相當之力，則感謝吾兄者，豈特本院同仁已耶？弟衰病侵身，又因有特殊關係，不能來京，為兄分勞。對於上海三所又太偏放任，不曾預定計畫，強制執行，即令陷於僵局。負疚寔深，何以補過？騮公自去浙後，兩表辭意，經弟懇勸而罷，今既離浙，當然回院，弟於十日致毅侯兄函中曾附一紙，託加封寄去，即以院務諗記之。今來書特去電相邀，甚善。弟已於昨日發一電，旃「中研院全仗鼎力維持，務請即回院視事」云云。當此艱難時期，想渠亦不肯坐視也。……

弟　元培

一月十四日[10]

傅斯年得信，稍感安慰的同時，繼續以代理總幹事身分處理中研院紛繁事宜，與蔡元培保持書信、電報聯繫，遇到大事、難事及時彙報請示，按蔡的旨意處置辦理。一九三八年二月，當傅得知中研院各所已陸續向桂林、昆明一帶搬遷（原在南京的地質所、心理所等兩個研究所抵達桂林不再前行，並在離桂林市四十里外的良豐鎮郊外山中安營紮寨，準備長駐於此，其他所繼續前行趕往昆明。原在上海的物理、工程、化學等三所，於一九三八年暑期開始從日本占領區祕密搬遷，至年底，物理所遷往桂林，另二所遷到昆明。未久，化學所所長莊丕可辭職，吳學周代理），致函蔡元培予以報告並提醒注意事項，函曰：

院長先生鈞鑑：

此信乞閱後，交丁、莊、周諸先生一看，並由此間抄下一份，寄遷滇、桂在途中各所。（但看完後乞即焚之。）院中同事時時以「將來經費如何」見問，院外之人又時時以「研究院遷何處，上海部分現在哪裡」見問。對此斯年有回答之義務，同時亦皆系極難答之問題。其實此兩事關係甚大，今自經費說到遷移及工作。

…………

四、遷後安頓。此時逃難中人心難定，本人情之常，勢不能免，然須早為安頓，以資祛除。故遷桂者應在桂安居，不作再遷之計。如其不能，便即行遷滇，勿稍留戀。不可先展開再搬家，既住下又思走。總之，此次一搬便搬到底，如不以桂為妥，即行赴滇。在滇、在桂，一經住下，便扔去再搬之思想，積極恢復工作。

五、本院公物應竭力保全，勿以「所值不過幾千幾萬」而棄之。此事關係院長之責任甚大，同仁諒必看清。其非人力所能挽救者，固非罪過，然必須先盡人事，時間上之關係尤大也。

六、各所遷後總要積極做幾件切要的事。按，各所安頓後，似當即行恢復工作，擇與時勢有關者為之。（此不指一切所言。）故氣象所之工作必不可斷。地質所似可寫下近、未來調查南方礦產之草結果送給政府。社會所似亦有同類題目可作。如此則便於宣傳，便於向政府要錢。以後要錢，非宣傳本院如何如何重要不可。如謂此話難聽，則良心上亦當如是也。[11]

傅斯年確知他最為掛念的史語所已抵達昆明且安頓就緒後，於一九三八年三月三十日致函代理所長李濟，就有關未來計畫與注意事項直率相告，函曰：

本所同仁既幾全到昆明，大可安定矣。以院所情形論之，本所可以維持至明年暑假，故不必過分憂慮，以後亦不再疏散。此兩點請告同仁。至於法幣問題若有毛病，自然不了，然此乃四萬萬人之問題也。

我們在雲南，總是「羈旅之人也」，理當「入門而問禁」，在此風聞雲南情形，亦不齊一，教廳長似與建廳長不甚要好。雲南大學是建廳一派的。臨大到彼，又是雲大招待，故教廳不甚幫忙云云，此亦姑妄言之姑妄聽之耳。然本所在滇之人類調查，本系龔廳長勾引去的，且旅費是雲南出的，中間教廳又甚幫忙，而建廳廳長竟謂要向中央提議取消此等研究！（此該廳長親對丁、莊二位說的）看來似乎彼此吃醋。我們的原則，應該是①不得罪任何人，②不沾任何人的光，③與一切人皆客客氣氣，④切勿批評地方任何事件。使得他們知道我們是有禮的客人，便好了。昆明情形，不特不能比南京，且不能比長沙、桂林，此意請諸兄務必格外注意。

同仁遷移中安適，至慰。聞諸兄皆有定居，羨甚羨甚。即此可以開始大工作矣。印刷出版，弟負全責。只愁無稿，不愁無法印也。昆明天氣既佳，大可為長居之計，縱使驅寇出境，吾輩亦不易返京，蓋經濟與房子皆成問題也。弟意在昆明可以作長久想，倭賊也到不了那裡。

所址租到此一處（靛花巷三號者），至妙，恐以全租為宜。有此廿間，本所似可全夠用。乞與交涉全租下，如此豈不方便之至乎？拓東路房子，自然仍當留下也。

臨大如建築，我們似可以入一股（自蓋房子於其中），萬元之內，可以生法（基金）。[12]

時人與後人談到傅斯年，多著筆於他的才氣、豪氣與霸氣之「三氣」，很少注意他在為人處世方面能屈能伸、屈伸自如的機智與超強本領。從此信可看出，他人雖在重慶，但對雲南地盤上錯綜複雜的人際關係及複雜糾葛，可謂觀察得細緻入微，秋毫皆知。而其謹小慎微的態度及竭力尊重當地人事與風俗之境界，又遠非一般人能望其項背者。所謂細微處見真功夫，甚也。除對天時、地利、人和等諸方面的參悟與自覺，從此信還可看出，此時的傅斯年把往昔動員各所搬遷的煩惱與憤懣盡拋腦後，對史語所在昆明的前景持樂觀態度，且認為得此有利條件，正是徐圖奮發，挽起袖子於國難中大幹一場的時候。

只是，這種樂觀未能持續多久。無論是中研院史語所還是其他研究機構人員，或是遷往昆明的高校師生，很快就開始面臨沉重的生活壓力。

地處西南邊陲，多崇山峻嶺，在國人眼中地位並不突出的雲南，由於戰爭爆發之後國軍節節敗退，其戰略地位顯得越來越重要。省會昆明不僅成為支撐國民政府持續抗戰的大後方，同時也成了淪陷區各色人等的避難所。原在上海的幾百家工廠企業、國立同濟大學等機構紛至遝來，北平一些文化教育機構如北平研究院等也相繼到來。同當初的長沙一樣，向以安然靜謐聞名於世的昆明，因蜂擁而至的滾滾人潮而顯得擁擠、嘈雜和混亂起來。城中的大街小巷，隨處可見拖家帶口、風塵僕僕的外地來客在匆匆穿行。

大批流亡者突然湧進，導致原本交通條件相對落後的昆明貨物短缺、物價飛漲。中研院各研究所人員和西南聯大師生，在生活壓力下入不敷出，開始典當衣物、出賣由內地攜來的各種物件。而毫無經濟來源的梁思成、林徽因為了生存，只好拿出他們作為建築師的特殊技能，開始外出「打工」，為那些「卑鄙的富人奸商」和發了國難財的暴發戶設計房子。儘管「屁主是一批可憎的傢伙，而且報酬很不穩定」[13]，為解決一家五口的「吃飯」問題，梁氏夫婦也只好默默忍受。

生活的重壓導致梁思成急火攻心，患了嚴重的脊椎關節炎和肌肉痙攣，痛得晝夜不能入睡，經醫生診斷是由扁桃腺膿毒引起，決定切除扁桃腺。想不到這一切又引起牙周炎，索性再把滿口牙齒拔掉。當兩大「障礙物」被劃除之後，梁氏的病情卻未見好轉，關節與肌肉的疼痛使其不能在床上平臥，只能日夜躺在一張帆布椅上苦度時

1938 年，梁思成一家在昆明西山華亭寺與清華好友合影。左起：周培源、梁思成、陳岱孫、林徽因、梁再冰、金岳霖、吳有訓、梁從誡。

日。大約半年之後，經過無數大小不等、土洋不同的醫生診治，才開始漸漸好轉。當梁思成病體痊癒，離開帆布椅重新站立起來時，中國營造學社也隨他一道在西南邊陲這片散發著溫情的紅土地上，奇蹟般搖搖晃晃地重新站起。

就在梁家抵達昆明不久，劉致平、莫宗江、陳明達等幾位老同事得到消息，從不同的地方先後趕了過來。儘管前線依然砲聲隆隆，戰火不絕，但此時的梁思成感到有必要把已解體的中國營造學社重新組織起來，對西南地區的古建築進行一次大規模調查，唯如此，方無愧於自己與同事的青春年華以及老社長朱啟鈐的臨別囑託。他開始給營造學社的原資助機構——中美庚款中華教育文化基金會發函，說明大致情況並詢問如果在昆明恢復學社的工作，對方是否樂意繼續給予資助。原清華學校校長、時任該基金會總幹事的周詒春很快給予答覆：只要梁思成與劉敦楨在一起工作，就承認是中國營造學社並給予資助。梁思成迅速寫信與在湖南新寧老家的劉敦楨取得聯繫，得到了對方樂意來昆明共事的答覆。於是，中國營造學社的牌子又在煙雨迷濛的西南邊陲掛了起來。

眼看梁思成主持的中國營造學社牌子重新掛起，且人員獲得相當補充，代理史語所事務的李濟認為自長沙遷徙而來的同仁已在昆明站穩腳跟，各項工作即將展開，遂與同仁商量後致信傅斯年，欲把在長沙流散的石璋如、王湘等舊部重新召回，擴大史語所陣營，繼續完成未竟的事業。傅斯年得信甚表贊同，於四月三十日回信道：「約璋如、子湘回來一事，甚妥甚妥。當時一批走去數人，皆是好手，如此『淘汰』，絕非辦法，如能全招之歸（以那一批同走諸人為限）尤佳。如此辦法，自然有反本院一般之辦法，然反之者不自本所始，上海三所皆大恢復（然所恢復者究何在，弟亦不知也）。此一批中諸位回來時，其薪水恐須在『中基會』補助中支。第一組弟近來把姚家積恢復了（其薪由中英庚款會補助項下支），其他皆拒絕。此等恢復辦法，弟意可有下列標準：（一）以助理為限，（二）須大家同意，（三）須薪有著落，如此似可無流弊矣。」又說：「一組事，在寅恪未到前，請即托岑仲勉先生料理。」[14]

一九三八年五月六日，傅斯年再度於重慶中研院總辦事處致函昆明的李濟，謂：「昨見張政烺，知貴組北去各助理之蹤跡。祁赴新疆（其父在南渝教書，雲如此），劉、王赴陝北（必失望也），石在西安，李回家，楊所在不知。看來祁是無法回來，其他當可招之返也。」[15]

信中所說的祁，乃山東人祁延霈，此公離開長沙後奔赴延安並加入共產黨，一九三九年一月被調往新疆哈密地區任教育局局長，同年十一月因患傷寒去世；劉、王，指的是劉燿、王湘二人，劉時在延安馬列學院學習，後任陝北公學教員、中共中央出版局出版科長等職；王湘時任延安振華造紙廠廠長。只是傅斯年所言劉王二人「必失望也」，沒有說中，此時二人蹲在陝北延安的窯洞裡幹得正歡，一點沒有重返史語所的打算；石，指的是石璋如；李，指的是當年考古組「十大金剛」中的老大、安徽人李景聃，時在家鄉閒居；楊，指的是楊廷賓，時在延安中央出版局工作，主要從事美術（人物木刻）創作，後有毛澤東、朱德、史達林等木刻作品傳世。

上述諸人，除楊廷賓是在南京淪陷前出走延安外，其他人皆為長沙流散的考古組人員。李濟根據得到的線索分別致函與諸位聯繫，但最終召回昆明的只有石璋如與李景聃二人，且這時石璋如本已受召喚到昆明重新進入史語所工作了。據石璋如回憶，他自長沙回到家鄉後，閒居無聊，過了春節便獨自一人到陝西寶雞做田野調查。之所以到寶雞，是因為石璋如一九三七年七月到過北平研究院，看到了考古人員在寶雞鬥雞台先秦遺址、墓葬發掘的東西，經手發掘的是北平研究院的重要人物徐炳昶、蘇秉琦與心靈手巧的職員白萬玉等人。當時考古人員在遺址內發現一輛車，因天氣太熱，便把車上一小部分部件挖出來帶回北平，車的整體又重新埋好，準備下次開工時再挖。

石璋如在北平研究院只看到一個小銅泡，便想著有一天自己能到寶雞去實地調查，看看寶雞出土的車與安陽出土的車有何區別，同時在學術上予以考證。於是他便懷揣盤費乘火車去了寶雞，在鬥雞台等遺址處進行一個多月的調查。返回西安後，石璋如將調查情況寫一報告寄給李濟。他回憶說：「我是在二十七年三月初寫信給李濟先生，寄到長沙聖經學校總要好幾天，會寄往長沙……一方面是三組的東西多，可能一時運不完，還有人留守。或許聖經學校的留守人員知道李濟先生已經到達昆明，就把信轉過去……可能就這樣收到的。李濟先生回電報的時間是三月底，電報傳遞就比信件快得多。我接到電報之後，除了走鐵路線可到長沙，也必須先到聖經學院問明情況，不過總算是歸隊了。」又說：「我大概是四月到昆明的，雇馬車找到青雲街靛花巷。所謂靛花巷只是一個樓房，是三層樓，外面有門，還有號房，並不清楚房子的原先用途。……到了昆明之後算是安定了，我獲分配去整理過去發掘的資料。東排是梁思永、董作賓二位先生工作的地方，其他人在西排工作，從五月起，我正式開始工作。」[16]

史語所流散的人員陸續被召回，並補充了幾個新的青年職員，中央博物院籌備處也欲招人充實隊伍，並有到野外實地考察發掘的打算，而中國營造學社因重新召回劉敦楨、莫宗江、陳明達等舊部，煥發出新的活力。於是，幾個研究機構開始在昆明這個新的聚集地大幹起來，戰前的氣象在春城昆明再度短暫呈現，然而更大的危機卻悄然逼來。

一九三八年七月中旬，二十五萬日軍沿長江兩岸和大別山麓向西南疾速推進，國民政府調集一百萬大軍，以武漢為中心，在大別山、鄱陽湖和長江沿岸進行武漢保衛戰。十月下旬，驕悍的日軍逼近武漢三鎮，中國軍隊與日軍在揚子江一線高山峻嶺、密林險灘中展開了空前的大血戰，這是抗日戰爭初期最大規模的一次戰役。交戰雙方傷亡異常慘重，日軍傷亡人數達十萬以上，中國軍隊傷亡四十萬之眾。武漢會戰不僅有效地阻止了日軍進攻西南大後方的腳步，更重要的是為由上海、南京等地遷往武漢的大約三千家兵工企業、民用製造業和大批戰略物資轉移到四川、廣西、雲南等後方基地，贏得了時間與空間。

十月二十五日，國軍百萬部隊激戰後不支，為保存實力，不與敵人爭一日之勝負，國民政府軍事委員會下令全線撤退，武漢淪陷。

武漢會戰尚未結束之時，日本軍部已將注意力轉移到切斷、封鎖中國國際通道的戰略行動中。日軍大本營首先派遣海軍航空隊轟炸昆明至越南、緬甸的滇越鐵路和滇緬公路，同時出兵侵占廣東和海南島，切斷了香港和內地的聯繫，繼而進攻廣西，切斷了鎮南關和法屬印度支那越南的聯繫。

一九三八年九月二十八日，日軍以堵截、破壞滇越鐵路和滇緬公路為終極戰略意義的昆明大轟炸開始了。九架日軍航空隊飛機從南海一線突然飛臨昆明上空，首次展開對昆明的轟炸。當地居民和無數難民見敵機一字排開向昆明城壓來，不知所措，許多人停住腳步抬頭觀望。炸彈從天空傾瀉而下，觀看的民眾立時血肉橫飛，人頭在巨大衝擊波中如斷線的風箏翻騰亂滾。時在昆明西門外潘家灣昆華師範學校附近聚集了大批外鄉難民和好奇的市民，幾十枚炸彈落下，當場炸死一百九十人，重傷一百七十三人，輕傷六十餘人。

許多年後，石璋如對這次轟炸的悲慘場景仍記憶猶新：「當天九點響起空襲警報，我跟高去尋先生兩人一起跑，藏到一個挖好的戰壕……我們從戰壕出來，回去昆明城內，大概是下午兩點左右。往小西門方向走，那一帶有昆華師範學校，被炸得很厲害，聽說死了不少人。我們研究院的天文所也有損失，我不知道天文所在哪裡，只聽人說天文所的研究員（可能還是所長，很有名氣）李鳴鐘〔銘忠〕的妻女都被炸死了。董（作賓）先生作《殷曆譜》時經常一起討論的天文所的研究員陳遵嬀，他的母親跟弟弟都被炸死，太太跟兒子被炸傷。這可能與天文所在高處，目標顯著有關係，不然怎麼會死傷這麼多人？我不認識李鳴鐘，認識陳遵嬀，都被炸得很悲慘。」[17]

慘劇發生後，昆明市民政局一位參與賑濟救災的科員孔慶榮目睹了當時的場面：「炸彈落地爆炸，硝煙瀰漫，破片橫飛，死者屍橫遍野，倖存者呼天嚎地，慘叫之聲不息……最慘者為一年輕婦女領一歲多的小孩，娘的頭被炸掉，屍體向下，血流不止，而孩子被震死於娘的身旁。除此，其它破頭斷足、血肉狼藉……」[18]其淒慘之狀不忍追憶。

這次慘劇發生之後，日軍展開對昆明的持續轟炸，西南聯大師生和中央研究院等學術機構的眾位人員，因在長沙時已有了跑警報的經驗，一看敵機飛臨，立即向防空洞或野外躲避。中研院史語所駐地靛花巷，離昆明城北門極近，一出北門即是野外鄉下一片亂葬崗，學者們聽到警報響起，就扔下手中工作向北門外的荒山野地兼亂葬崗狂奔。

敵機前來轟炸的次數不斷增加，間隔相繼縮短，幾乎每天都要跑警報，有時一天要跑好幾次，搞得人心惶惶，雞犬不寧，省政府即通知駐昆各學校及科研院所疏散到城郊鄉下以利安全和工作。史語所為保存明清檔案及書籍不受損毀，決定搬到一個既安靜又不用跑警報的地方去。此前，石璋如曾到城外十幾里外的黑龍潭旁一個叫龍泉鎮的龍頭村做過民間工藝調查，認識龍泉鎮棕皮營村村長趙崇義（棕皮營村緊挨著龍頭村和麥地村，而以龍頭村為最大，外界多把這三個村子統稱龍頭村），知道棕皮營有個回應寺，此處條件不錯。於是他引領李濟、梁思永等人前去察看，並透過趙崇義與鎮長商量，決定遷於此地。正在這時，傅斯年來到了昆明。

淞滬抗戰爆發後，傅斯年託史語所一位陳姓職員護送自己的老母前往安徽，暫住陳家，繼而讓妻子俞大綵攜幼子傅仁軌投奔江西廬山牯嶺岳父家避難，自己隻身一人留在危機四伏的南京城，以中研院代理總幹事的身分，具體動員、指揮中央研究院總辦事處和各所內遷重慶、長沙等地事務。南京淪陷前，傅斯年奉命撤離，同年冬到達江西牯嶺見到愛妻幼子，隨即攜家帶眷乘船經漢口抵達重慶中央研究院總辦事處。

一九三八年初夏，蔡元培終於同意朱家驊辭去總幹事職，本想請傅斯年繼任，但傅堅辭，說對昆明的弟兄放心不下，急於到昆明主持史語所工作，蔡元培一面勸慰，一面邀請原中國科學社創辦人、中基會（即中華教育文化基金會）幹事長、著名科學家任鴻雋（字叔永）繼任。

傅斯年對重慶方面的事務稍做安頓，攜妻帶子來到昆明，與史語所同仁相會於昆明靛花巷三號一樓，繼之遷往龍泉鎮龍頭村。一九三九年一月二十日，在昆明的傅斯年為愛子仁軌畫了一張旅程圖，並題記曰：「小寶第二個生日，是在牯嶺外公外婆家過的。爸爸在南京看空襲。生下三年，走了一萬多里路了！」[19]言辭中透著悲愴與淒涼。

就在史語所遷往龍頭村不久，中央博物院籌備處大批人員與物資也從重慶遷往昆明，並在離史語所不遠的龍泉鎮起鳳庵暫住下來。儘管生存環境不盡如人意，但畢竟在敵人炸彈紛飛中又安下了一張書桌，學者們的心漸趨平靜後，又在各自的專業領域忙碌起來。

只是，以研究為主業的學者，要開展工作就需要有輔助此一工作可供查閱的圖書資料，否則所謂工作無從談起。時西南聯大的圖書極端匱乏，唯清華在盧溝橋事變前後搶運出部分圖書及設備儀器，北大和南開幾近於零。自長沙撤退後，清華透過本校畢業生、時任教育部次長的顧毓琇聯繫，將圖書大部分運往重慶，存放於顧教授之弟顧毓瑔為負責人的經濟部下屬某所。想不到一九三八年六月二十六日，顧毓瑔從重慶急電昆明主持聯大工作的梅貽琦，告之曰：

> 昨日敵機狂炸北碚，燒炸之慘前所未有，敝所全部被焚毀，搶救無效。貴校存書全成灰燼，函詳。[20]

此前南開大學圖書館在津門幾乎被日機炸為灰燼，北大圖書也沒有搶出，如今，搶運出來的清華圖書又被炸成灰燼，整個西南聯大幾乎無圖書可資參考。只有中研院史語所來昆明後，為方便研究工作，傅斯年設法將先期疏散到重慶的十三萬冊中外善本圖書寄運昆明靛花巷三號駐地，隨即又將靛花巷對面竹安巷內的一座四合院租下作為圖書館，算是為西南聯大和其他學術機構研究人員借讀緩解了燃眉之急。孤立無援的梁思成與史語所協商，借用其從長沙和重慶運來的圖書資料及部分技術工具，以便開展業務工作。——自此之後，史語所與中國營造學社這兩個本不搭界的學術團體，就形成了老大與老二、國有與民營、依附與被依附的「捆綁式」格局。當史語所遷入昆明郊區龍頭村時，營造學社也跟著搬過來，在史語所旁邊的麥地村落腳，尋租一處尼姑庵做工作室，在龍頭村建造房子作為居住生活之處。

無論如何，在抗戰軍興、祖國危難之際，流亡的知識分子在西南邊陲昆明城郊的鄉村寺廟，終於贏得了一個喘息和工作的機會。

搬到麥地村的梁思成除率領隊員在昆明城內外從事古建築調查，還帶隊赴四川西康一帶做野外古蹟考察，同時與史語所的李濟、石璋如等人成立一個「天工學社」，專門調查昆明的手工製造業。傅斯年則在龍頭村觀音殿內用新發現的內閣大庫檔案研究成果校勘《明實錄》。董作賓在自己的斗室埋頭研究甲骨文，撰寫後來轟動於世的皇皇大著《殷曆譜》。梁思永則獨自研究殷墟西北岡出土的銅器，每當需要畫精確銅器圖飾時，便請營造學社的陳明達、莫宗江協助。陳莫二人受過繪圖訓練，繪圖功力深厚，既仔細又準確，往往白天跟隨梁思成出外調查，晚上回來再加班畫圖，一時忙得不亦樂乎。

由於西南聯大特別是清華大學流亡時帶出的圖書多被敵機炸成灰燼，校內師生已無書可以參考，不得不依靠中研院史語所的圖書作為學習、研究資本。當敵機空襲昆明後，史語所建的臨時圖書館撤離，書籍再度打包運往龍泉鎮龍頭村暫存。一九三九年十一月二十日，傅氏向西南聯大主事者梅貽琦、蔣夢麟、黃鈺生、楊振聲等發函，謂：「查敝所各部分書，均已整理就緒。其中普通漢籍一部分約十萬冊，已與貴校訂立合同，規定閱讀、借出各項辦法。茲為便於貴校教員起見，謹擬下列擴充辦法……」[21]同一天，傅斯年為圖書借閱事再致函梅貽琦、蔣夢麟、黃鈺生，函曰：

月涵、孟鄰、子堅先生左右：

查清華、北大兩校在龍泉鎮建房十二間，專為聯大教員來此閱書者住宿之用，早經動工，中經大雨，牆倒其什八，茲已督工趕修，當可於下月中旬完工，圍牆尚須稍待。在此房未能使用之時，貴校教員如有來此看書因而留宿者，如同時人數不過四人，可在本所辦公室中臨時安置鋪板，差足舒適；其飯食一事，除有友人在此可以設法者外，亦可在敝所同仁公廚搭用伙食（每餐約五角左右），並無不便，僅鋪蓋、盆器須自備，為此奉達左右。貴校教授如有需要，可由先生分別介紹，便即招待，不必俟清華、北大所建屋落成之後也。專此，敬頌

道安

傅斯年　謹啟

28／11／20[22]

如此情景，難免令人想到轍中之魚相濡以沫的悲壯情誼。身處戰時，儘管如此落魄不堪，對於救亡圖存的流亡知識分子而言，能避開敵機轟炸躲在鄉村安靜地讀幾天書，哪怕夜間躺在木板上於清風寒月中獨眠，也算是一種「世外桃源」般的生活。只是這種生活過於短暫，僅過半年，昆明局勢進一步惡化起來。

自一九四〇年七月起，為徹底切斷中國僅存的一條國際通道，日本軍隊利用歐洲戰場上德國人勝利的有利時機，直接出兵強行占領了法屬印度支那的越南，不僅切斷了滇越鐵路，而且由於距離縮短，日軍飛機對滇緬公路

和終點站昆明的轟炸更加頻繁。這年的八月底九月初，日機對昆明轟炸力度明顯加大，來勢洶洶，火力猛烈，轟炸範圍已擴大到昆明郊區。與此同時，日軍作戰大本營開始動員陸海軍精銳部隊向雲南進犯，形勢日趨危急。住在昆明郊外龍頭鎮的史語所與中國營造學社同仁，每天都在警報鳴響中惶恐度日，其悲苦之狀從林徽因致費慰梅的信中可以看到：

日本鬼子的轟炸或殲擊機的掃射都像是一陣暴雨，你只能咬緊牙關挺過去，在頭頂還是在遠處都一個樣，有一種讓人嘔吐的感覺。

可憐的老金，每天早晨在城裡有課，常常要在早上五點半從這個村子出發，而還沒來得及上課，空襲就開始了，然後就得跟著一群人奔向另一個方向的另一座城門、另一座小山，直到下午五點半，再繞許多路走回這個村子，一整天沒吃、沒喝、沒工作、沒休息，什麼都沒有！這就是生活。[23]

而在梁氏夫婦的兒子梁從誡的童年記憶裡，曾留下這樣的畫面：「有一次，日本飛機飛到了龍頭村上空，低到幾乎能擦到樹梢，聲音震耳欲聾。父親把我們姐弟死死地按在地上不讓動。我清楚地看見了敞式座艙裡戴著風鏡的鬼子飛行員，我很怕他會看見我，並對我們開槍，感受到了死亡的威脅。」[24]

這樣的生活顯然難以支撐下去，於是，國立西南聯合大學、國立同濟大學、國立中央研究院史語所、國立中央博物院籌備處等駐昆學校和科研機構，根據國民政府和軍事委員會蔣委員長的指令，開始考慮再度搬遷。

此前的一九四〇年三月五日，蔡元培於香港與世長辭。消息傳到昆明，中央研究院各研究所、中央博物院籌備處與西南聯大受過蔡氏直接、間接恩澤的教職員同聲悲泣。傅斯年在龍頭村回應寺彌陀殿大殿外動員召開追悼會，除史語所與中央博物院籌備處人員外，梁思成、林徽因夫婦及營造學社同仁也前往參加。

蔡院長去世後，根據中央研究院章程，流亡各地的中研院評議會評議員雲集重慶，選舉新一屆院長。參與競選者有王世傑、朱家驊、翁文灝、任鴻雋等亦官亦學的兩棲人物，經過多輪明爭暗鬥以及評議人員多次投票選舉，最後選出朱家驊與翁文灝兩位人選，由蔣介石在二人之間圈定朱家驊為中央研究院代理院長，並於蔡元培去世半年後的一九四〇年九月正式公布。朱家驊作為新上任的中研院代理院長，力邀傅斯年出任總幹事，協助其處理總辦事處和散落西南各地的研究所事宜。此時傅斯年與朱家驊已經結成堅固的政治同盟，受此邀請，答應就任並再度為院務由昆明而重慶地來回奔波起來。

因為敵機轟炸昆明日漸猛烈，在蔣委員長下達駐昆教育、學術機構再度遷往內地以避戰火的命令後，國民政府教育部、中研院等機構聯合召開研討會，商討撤退地點與辦法。入會者根據局勢分析認為，最合適搬遷的地方當是三峽以西的四川轄境，因蜀地既有千山萬壑的阻隔，又有長江或岷江、金沙江、嘉陵江等支流和國民政府戰時陪都重慶相通，沃野千里，是一個可進可守的天然避難場所，也是積蓄力量伺機反攻的大後方。三國時的蜀國，民少將寡，兵員不足，卻能與強大的魏國、富甲一方的東吳孫氏政權鼎足而立，且一度處於攻勢地位，主要原因就是掌控了四川這一「天府之國」。而中國歷史上許多王朝在大難臨頭之際，皇帝妃嬪都選擇逃亡蜀地避難，如唐朝天寶年間的安史之亂，在長安城陷之際，唐玄宗攜部分文臣武將出逃四川劍南，使李唐王朝在天崩地裂的搖晃震盪中最終又站了起來，由此可見蜀地對天下大勢之決定性的分量。

當然，四川之所以被譽為「天府之國」，是因為一個不可忽視、極為重要的條件，這便是人體不可或缺的元素——食鹽的充足。川南的自貢地區自古盛產井鹽，而富世、大公二井享譽九州，為歷代朝廷所重。遠的不必述及，僅清咸豐年間，洪楊之太平軍建都南京，淮鹽不能上運，清廷飭令川鹽濟楚，借此契機，富世、大公二井的鹽業生產進入鼎盛時期，年產量占全川的一半以上，成為「富庶甲於蜀中」的「川省精華之地」與名副其實的「千年鹽都」。假如蜀地沒有發現鹽井，沒有提取生產食鹽的產業，「天府之國」的名號就要大打折扣或根本不存在了。

鹽業為歷代朝廷與統治者所重視，且不說古代炎、黃二帝之爭，實際上就是為爭奪鹽井產地而戰，即便對於近現代的軍閥或國共兩黨之爭，鹽業的存亡有無，亦有著重大影響。據胡適分析，共產黨率領的中國工農紅軍之所以離開江西蘇區進行萬里長征，固與當地農村經濟衰敗以及蔣介石採取「鐵桶合圍」戰略戰術有關，但另一個極其重要的原因就是蘇區食鹽的極度匱乏。因國民黨軍隊圍困，外部食鹽運不進蘇區，缺少食鹽導致紅軍將士出現身體浮腫及其他病症，最終到了人馬皆不可戰的崩潰邊緣，紅軍高層不得不放棄蘇區而另覓存身之地。抗戰爆發後，隨著沿海城市不斷淪陷，川鹽再次濟楚，並向四周未失的城市鄉村輸送補給。為便於戰時軍需、民食及支持前線抗戰將士，國民政府於一九三九年八月，決定在川南產鹽地區設置獨立市，以採鹽、製鹽、輸鹽等鹽務為經濟供給中心。經四川省政府批准，劃出富順縣第五區和榮縣第二區產鹽區，取「自流井」和「貢井」第一字合稱「自貢市」。同年九月一日，自貢市政府成立，隸屬四川省政府，這一地區的人民開始以特別的方式投入救國圖存的生產生活中，為抗戰勝利貢獻了自己的力量。

鑑於這樣一個天然條件，駐昆的機關、工廠及各教育單位與學術機構，紛紛派人入川考察，欲儘快撤離昆明這座戰火熊熊的城市。

一九四〇年十月，赴四川考察的西南聯大人員已在長江上游、川南地區瀘州南部的敘永找到了安身之地；史語所派出的副研究員芮逸夫，也在宜賓沿江下游二十二公里外找到了可供安置書桌的地點。回到昆明後，芮逸夫將赴川考察、洽談情況向傅斯年做了詳細彙報，傅聽後與李濟、梁思永、董作賓、李方桂等人交換意見，認為在沒有更好地方可去的情況下，只能選擇此地暫時落腳。於是，中央研究院在昆明的幾個研究所，連同相關的中央博物院籌備處、中國營造學社等學術機構，與同濟大學等一道，又開始了一次大規模遷徙，目標是傅斯年所言一個「在地圖上找不到的地方」——四川南溪縣李莊鎮。

「同大遷川，李莊歡迎」

中研院史語所連同相關的科研機構之所以選擇李莊，得益於同濟大學的導引。

國立同濟大學是由一位早年於上海行醫的德國醫生埃里希・寶隆（Dr. Paulun）創辦。一九〇〇年（庚子）爆發義和團運動，導致英、法等八國聯軍攜槍弄砲來華興師問罪，掌控朝廷大權的慈禧老佛爺於悲憤交加中，以皇帝的名義發布對八國聯軍的宣戰詔書。於是，清廷官兵聯合號稱「金鐘罩、鐵布衫」「刀槍不入」的義和拳民，與八國聯軍在天津、北京一帶展開激戰。其結果是清軍與義和拳民很快潰不成軍，大敗而散。慈禧老佛爺見勢不妙，挾持光緒皇帝等數人潛出紫禁城逃往西安避難，逃亡路上詔令朝廷重臣李鴻章等與八國聯軍議和，請求對方息戰撤兵，最終以斬殺肇事的臣僚與拳民首領，並賠償白銀四億五千萬兩的代價，求得交戰國政府下令罷兵息戰。

經這一場混戰，八國聯軍方面在贏得勝利的同時也有不小傷亡。態度最為強勢的德國為應付戰時急需，從歐洲本土運來大批醫療設備，並聘請當時在滬極負盛名的埃里希・寶隆醫生在上海協助成立傷兵醫院。戰亂結束，清廷屈膝投降，聯軍陸續歸國，德國方面鑑於運輸困難，把傷兵醫院的全套設備無償贈送給寶隆醫生，以示感謝。

面對從天而降的這筆橫財，頗具遠大理想與抱負的寶隆沒有沾沾自喜或躺在銀子堆上享受，而是利用這批設備，另外捐了一筆費用，在上海公共租界白克路創辦同濟德文醫學堂。正是這個醫學堂的創立，孕育了一個全新的同濟大學。這所大學在未來的抗戰歲月裡，成為溝通中國與德國文化的唯一橋樑。一九一七年，借歐戰德國戰敗之機，同濟醫學堂被中國政府接收，遷入上海吳淞新址，一九二七年易名為國立同濟大學。抗戰爆發前，同濟大學已是一所具有醫、工、理三個學院，在國內外頗負盛名的綜合性大學了。

一九三七年「八一三」淞滬抗戰爆發，同濟大學在上海吳淞江灣的校舍遭到日軍首輪砲擊，頃刻夷為平地。同濟師生於驚恐慌亂中冒著敵人的槍林彈雨倉皇逃離。先是流亡到浙江金華；旋因杭州局勢趨緊，退至江西贛

左：同濟大學舊門。（同濟大學宣傳部提供）
右：同濟大學校園內老式房子。

縣；隨著戰火步步緊逼，再度遷往廣西八步；到達後，尚未安頓下來，又因廣東戰事吃緊，桂境時受敵機侵擾，不得不於一九三八年十二月再次議決遷往昆明。翌年二月，全校師生經過艱難跋涉抵達昆明城，開始在臨江里、武成路、富春街等十幾個狹窄混亂的街區租賃房屋開課。一九四〇年七月，由於日軍對昆明的轟炸日漸加劇，同濟大學高職機械科學生項瑞榮在一次日軍空襲中當場被炸死，噩耗傳出，全校師生悲愴不已又無可奈何。眼看局勢持續惡化，根據全校師生的意願，同濟大學高層決定離昆遷川。經國民政府教育部和最高當局同意，同濟方面派出人員在川東長壽一帶尋找地方，後認為該地離戰火較近，安全堪憂，遂改向川南敘府（今宜賓）中元造紙廠廠長、同濟大學校友錢子寧拍發電報求援，請他在宜賓與瀘州一帶為同濟大學找尋落腳之地。

錢子寧者，浙江紹興人也，早年畢業於同濟大學，後留學德國柏林大學，當時正是中國留學生在柏林就讀的鼎盛時期，俞大維、趙懋華、周自新、李祖冰、鄧名方、鄧演達、黃祺翔、巴玉藻等數十位後來的軍政界名人皆為其同學兼好友。德國學成，錢氏轉赴法國學習先進的造紙技術，歸國後集資開工廠造紙，隨後在杭州創辦中元造紙廠並出任廠長。後戰事興起，中元造紙廠沿長江內遷至敘府落腳，繼續從事生產。

錢氏接電，得知母校師生止處於敵人炸彈帶來的死亡威脅與精神煎熬中，不敢大意，立即奔波忙碌起來。當時的敘府已是人滿為患，從上海、武漢、長沙一帶內遷的機構人員特別多，幾乎到了難以插足的地步，同濟大學人多，根本不可能再安插進來。後通過朋友探知，下游的瀘州比敘府情況更為糟糕，幾乎無立錐之地，根本不能考慮。於是，同濟大學的命運就只能維繫在敘府與瀘州之間狹小的沿江一線。所幸，錢子寧偶然聽說在這一線之間的南溪縣和江安縣尚有可利用空間，於是火速派得力幹將前去打探聯繫。事出意外，江安縣已有國立劇專師生捷足先登，無力他顧，只有南溪縣還有條件和能力安置。可惜，當地官僚和士紳不肯援手相助。

正當錢子寧派去的人灰頭土臉從各衙門走出，身心疲憊，正在南溪縣城一家飯館借酒消愁時，一個新的機緣來臨了。

只見酒館走進兩個五十多歲的中年漢子，雙方一照面，當即打起了招呼。來者是南溪縣李莊鎮有名的士紳羅伯希與王雲伯，大家在十幾年前就有交情，如今在此偶遇，自然感到格外親切。稍事寒暄，幾人便圍坐一桌，推杯換盞地喝將起來。席間少不了談到同濟大學欲遷川避難，而南溪縣官僚、士紳拒不接納的情形。羅伯希聽罷，頗懷義憤，借著幾分酒勁說道：「這國難當頭，怎有能接而不接的道理，這幫官老爺和那幫閒雜碎也太不識大體、顧大局了。」言畢，頭突然轉把向身旁的王雲伯：「我說雲伯，他們不要，咱來接待怎樣？別看咱這個李莊鎮不大，可是有九宮十八廟和大片莊園啊，我估摸著安置這夥『下江人』沒得多大問題。」雲伯聽了，會意地點點頭，附和道：「應該沒得問題，不過要回去商量一下才好。」

「那是，是要回去商量，我們倆力爭把這件事促成，也好給南溪縣城那些官老爺和閒雜碎一點顏色瞧瞧，讓他們沒得臉面！」

聽者心裡明白，這羅伯希可不是因為瀘州老窖喝茫了胡言亂語，也不是吹牛擺龍門陣。此人見過大世面且辦事嚴謹，早年出身行伍，曾做過川軍將領劉雲輝的副官，並在成都川軍二十六集團軍辦事處當過少將參謀，後因不滿軍閥之間相互殘殺與爭鬥，解甲歸田，回李莊老家棲居，欲謀再起的機會。因其特有的政治背景，在李莊甚至南溪這塊地盤上，他算是個叫得呱呱響的人物。錢子寧手下幹將於走投無路、垂頭喪氣之際，眼前突然出現了一個柳暗花明的李莊，大感意外，內心生出感激之情，趕緊替羅伯希二人添酒加菜，好言相捧，直弄得羅王二人滿臉熱汗，心中舒坦已極。待酒足飯飽，羅伯希意猶未盡，乃邀請對方同去李莊做一番實地考察，並與當地官員、士紳打個招呼，待正式商量後，再做決定。如此這般，歷史在不經意間註定了同濟大學與李莊古鎮結緣的命運。

幾個人到達李莊，羅伯希找了個上歲數的當地人，帶領錢子寧手下鎮內鎮外地轉了起來。他與王雲伯則很快找到了一位重量級人物——時任國民黨李莊區黨部書記羅南陔說明一切。羅南陔本是讀書人出身，對知識分子比較尊重，當即表示可以考慮，並派人把李莊的張官周、張訪琴、楊君慧、宛玉亭、范伯楷、楊明武、李清泉、鄧雲陔等權勢人物及士紳名流、巨賈富豪，請到自己在李莊鎮羊街八號的家中廳堂，共同商議。

此前，為躲避敵機轟炸，省立宜賓師範學校與宜賓中學兩所學校已遷往李莊鎮，分別住在張家老宅大房子和李莊下壩。因有了接待來客的經驗，再接待一個同濟大學就不覺太過棘手。經過幾個時辰的反覆權衡、議論，與會者最終達成共識：如果同濟大學有意遷居李莊，大家將竭盡全力為其安置。——眾位鄉紳之所以如此痛快地達成共識，據羅南陔的兒子羅萼芬後來回憶，除因羅南陔等人對知識分子同情和尊重外，還有一個不可忽視的歷史原因，那就是：南溪縣城居長江以北，李莊居長江以南偏西位置，一江隔了南北，而南北兩地的官僚與民眾長期互不服氣，抗戰後隔閡日深，一度視同仇寇。此時的李莊官僚與士紳富賈，大有「凡是敵人反對的，我們就要擁護」的意氣用事之感，也就是說，既然南溪縣城不予接納，李莊就要攬過來，這與羅伯希在南溪酒館裡的表現是一樣的。正是這許多的複雜因素使得奔流的歷史長河不斷地拐彎，想不到這一拐，同濟大學竟拐到了李莊。

既然李莊方面已有意接納，與羅伯希一道來考察的幾人也已圍著鎮子轉了一圈，見此處房屋大院既多且古，

同大遷川
李莊歡迎
一切需要
地方供給

羅南陔

四川南溪李莊植蘭書屋

由李莊羅南陔擬稿發出的十六字電文。（遂弘捷提供）

頗感滿意，於是乘船趕往宜賓向錢子寧彙報。錢氏一聽，既驚喜又躊躇，儘管李莊有情，但畢竟只是個鄉鎮，不知同濟方面是否有意，於是決定親自乘船前來看個究竟。當他來到李莊鎮，對當地的山川形勢、風物民俗，特別是九宮十八廟及周邊幾個大山莊做了一番考察後，心中懸著的石頭砰然落地。在沒有更好地方可接納的情況下，此處未嘗不是一個避難讀書、生活工作的安居之所。

錢子寧與當地官僚、士紳就相關情況進一步洽談，李莊方面為表誠意，由羅南陔當場起草了一份「同大遷川，李莊歡迎，一切需要，地方供給」的十六字電文，請錢子寧帶到宜賓發往昆明的同濟大學。隨後，又寫了幾份函件，對李莊的歷史、地理、交通、物產、民俗等各方面做了較為詳細的介紹，由錢氏分別轉達同濟大學與重慶國民政府教育部等相關機構。同濟大學當局得到報告，頗為歡喜。時同濟校長趙士卿（字吉雲）因校內經費不足、債台高築，又得不到師生與教育部的諒解和同情，於進退兩難中選擇辭職走人，教育部改派留德出身的周均時代理校務。

受命於危難之間的周均時一上任，立即派出理學院院長王葆仁、事務主任周召南赴李莊考察並籌備遷移事宜。正在重慶的傅斯年透過教育部得知消息，即刻發電通知在昆明的史語所民族學組的芮逸夫，隨王週二人一同前往李莊考察，以備中央研究院在昆明幾個所的遷徙。於是，一個註定在中國文化史上留下深刻印記的新的文化中心，即將在山河破碎的西南一隅悄然形成。

同濟大學派王葆仁、周召南赴李莊，主要是出於安置師生校舍這個層面的考慮；而傅斯年派芮逸夫而不派考古組或歷史組其他人前往李莊，則有更深一層的緣由。儘管傅斯年遊走過大半個世界，屬於見多識廣之人傑，但對敘府一帶的川南卻未曾涉足，尤其是長江上游的李莊，他不但此前沒有聽說過，也無法從地圖上找到。他想起此前國民政府及其附屬機構遷往重慶時，曾遇到不少阻力和麻煩，對於這個小小的李莊是個什麼狀況，心中自是沒底。作為一個歷史學家，傅斯年當然知道四川有「天府之國」的美譽，但也沒忘記「天下未亂蜀先亂，天下已定蜀未定」的警世箴言。因了這些警世箴言與遺訓，傅斯年心中忐忑不安。抗戰軍興，正是天下大亂、匪盜蜂起的時候，確應派一得力幹將前往李莊，對那裡的歷史、地理、民風、民俗、商業、教育以及盜風匪患，來一個全面考察了解，待大局已定，自己再親率中研院幾個所的同仁出滇入川，方保無虞。於是，傅斯年便委派芮逸夫前往川南以探虛實。

芮逸夫是江蘇溧陽人，一八九九年生，東南大學外文系畢業，後到上海任中央研究院社會所民族學組助理研究員。一九三三年春夏間，受中央研究院派遣，與留法歸國的凌純聲博士一同深入湘西苗族地區，歷時三個月，在當地駐軍、政府以及苗族人的協助下，對湘西苗族進行了一次比較全面的調查，寫出了著名的學術研究論著《湘西苗族調查報告》。自一九三四年起，隨社會所民族學組歸併於史語所民族學組，仍任副研究員。一九三五年，芮氏參與外交部考察滇緬未定界務，並考察西南少數民族文化，對當地婚喪、巫術宗教、神話傳說、歌謠、語言、地理、歷史等諸方面，都做了詳盡的考察研究，取得了豐碩成果。此次芮逸夫李莊之行，可見傅斯年用人得當。芮到達李莊後，以其獨特的眼光、學識和經驗，用訓練有素的方法對這塊土地上的民風、民俗展開了全面考察。

長江岸邊的李莊古鎮，對面即為桂輪山。

這個「在地圖上找不到的李莊」，具體位置在宜賓市下游二十二公里處的長江南岸，下距南溪縣城二十四公里，上扼金沙江、岷江等江河口，下可直達瀘州、重慶、武漢、南京、上海直至入海。鎮區為一平壩，全壩東西長約五公里，南北寬一公里餘。北臨大江，隔江與雄奇壯美的桂輪山對峙，南倚天頂、銅錢諸山，自古為川南地區通往滇、黔的重要驛道。在相當長的歷史時期，李莊鎮曾是川南的政治、經濟、軍事、文化中心。歷代朝廷曾在此屯兵防邊，屏障戎州東南。

按照李莊鄉民口傳的歷史，這個地方原是一片荒草野灘，根本無人居住。很早很早以前，有一家姓李的來到此處披荊斬棘，開荒種田。待有了一定積蓄後，李姓主人深感長江中捕魚船工極其辛苦，心生憐憫，拿出部分錢財在江邊修了個茶亭，每天備一些簡單的茶點，為在江中來回穿行的捕撈者提供一個歇息、交流、躲避風雨、補充體力的駐點。幾十年後，李姓主人去世了，因感念這位老人的恩德，捕魚者自發動員捐了些錢財，在茶亭邊修建一座小廟，名曰李王廟。再後來，就有外鄉人遷來居住，時間一長，便聚集起一個村莊，因有李王廟在先，這個村莊便叫作李家莊，後又簡稱李莊。

這個故事只存活於當地人的口傳中，並未形成文字，因而關於李莊的起源，後人已難考證。據有關史籍和當地府、縣誌記載，此地至遲在戰國時已為僰人聚居之地，秦以前屬僰侯國，秦孝文王時（前三〇一—前二五〇年）屬於秦國蜀郡，並劃歸僰道縣，自西漢至南齊均屬僰道縣轄境。梁武帝大同六年（五四〇年）在李莊置南廣縣，並置六同郡。從大同十一年起，南廣縣屬戎州所轄之六同郡，郡之所在地直至北周之末（五八〇年）都在李莊。隋王朝統一中國後，於開皇初（約五八一—五九〇年）廢六同郡，南廣縣直屬戎州。至仁壽元年（六〇一年）為避太子楊廣之諱，南廣縣改名，因當時縣城主要在今李莊鎮北岸僰溪（今黃沙河河口段）之南，故易名為南溪縣。此地作為戎州治所和南溪縣治所所在，經唐末和五代時前蜀、後蜀至宋末，一直未再變動，歷四百餘年。

一九三七年，鎮人羅伯希等曾在僰溪西岸大紅山麓榛莽叢中發現一古石碑，石刻全文為：「維天授三年太歲壬辰一月丁卯朔其日甲申戎州界」，共二十一字，分三行刻，其中「月」寫作「囗」，「日」寫作「⊙」，經考證是武則天獨創的異體字。[25]戎州州治早於貞觀六年（六三二年）由李莊遷回僰道，天授時的石碑為戎州定界碑。這一發現，證明了史書記載的可靠性。

到了北宋初的乾德年間（九六三—九六八年），不知因何變故，南溪縣治所由此地遷奮戎城（今南溪縣城）。此後李莊不再作為縣治所在，但經濟交往一直保持強勁勢頭，未曾衰落。從明代起，李莊設鎮，咸豐時成為川南第一大場鎮。

自清光緒三年（一八七七年）起，李莊始設食鹽官運局分局（總局在瀘州），滇、黔兩省部分地區及南六縣（慶符、高縣、筠連、珙縣、長寧、興文）的食鹽均由此地運發，貨商也引來上述地區的土特產品在此銷售。直到抗戰初期，李莊鎮仍駐有「鹽務緝私隊」，專門打擊不法鹽商。

長江作為黃金水道在古代西南地區的交通中具有無與倫比的重要性，這決定了李莊在歷史上是不可替代的兵家必爭之地和貨物集散地。除鹽務外，李莊地區自然條件優越，周邊物產豐富，糧食、花生、蔬菜、水果等產量均為川南之首，號稱「四川的米倉」。自漢代起，此處就成為川南著名糧食集散地之一，直到抗戰爆發前，米市成交額都遠遠大於南溪縣城甚至瀘州，從這裡運出的大米供應宜賓、五通橋、瀘州，並成為重慶最主要的糧食供應基地之一；豆類則遠銷自貢、樂山、武漢、南京、上海等地。整個李莊鎮碼頭船來車往，絡繹不絕，每天都有大批的運糧船隊離港遠航。李莊鎮內常年設有大小兩個糧市，經營此業者一直保持在一百家以上，糧市管理者在街頭設公斗二十張，仍應接不暇，其繁盛景象，在川南罕有其匹。

正應了「天下未亂蜀先亂」那句老話，李莊自從設郡立縣以來，大大小小的動亂此起彼伏，從未消停過，尤其到了改朝換代的年月，更是戰亂頻仍，動盪不安。

關於李莊戰亂兵患的史事，唐以前只憑口頭流傳，未發現確切的材料，有文字記載的是北宋淳化五年（九九四年），拉桿子造反的王小波軍張餘、馬保太部，受官軍圍捕分割後退踞川南，並在敘府與瀘州一線的長江兩岸，與官軍、民團展開激戰，一度攻陷李莊，殺掠焚燒後，搶走大批糧食與其他物資南遁。當張馬兩部被官軍圍剿鎮壓後，由於動亂激起的餘波未得及時平息，川南一帶土匪盜賊蜂起，李莊深受其害達百年之久。

元末之時，揭竿而起的紅巾軍明玉珍部，在官軍打壓進逼下敗退川南，其部在休養生息、招兵買馬的同時，又與當地官軍、民團為爭奪地盤與生存權展開廝殺，李莊成為雙方在長江一線的戰略要地和糧食物資補給地。經過幾年生死相搏，官軍敗績，民團星散，明玉珍部奪取了整個川南地區，並一度在敘府設置安撫使司，李莊在其治下，並派駐軍守防。改朝換代引起的戰亂與社會動盪，使四川人口大幅下降，土地荒蕪。在當過叫花子及和尚的朱元璋打下天下後，為使恢復元氣，從兩湖和廣東大量移民入川，史稱「湖廣填四川」。但戰亂與社會動盪並未立即停止，直到朱明王朝在南京建立幾十年後，李莊及其四周仍餘波未平，大小暴亂時有發生，此等狀況直到明朝中葉才稍有好轉。

左：張獻忠鑄錢「西王賞功」。右：張獻忠鑄錢「大順通寶」。

明末，陝西北部李自成、張獻忠公開扯旗造反，其聲勢之大，天下震動，朝野驚慌。崇禎十七年（一六四四年）初，自封為大西王的張獻忠部攻入四川。四月，張部在忠州擊敗明軍。六月，攻下涪州，占領重慶。當月，攻破瀘州，溯江而上攻陷南溪和敘府，李莊為其所占據。八月，攻占成都。至此，整個四川全境均為張獻忠的大西軍所占領。

由於張獻忠軍隊每到一處，除攻城掠地、屠城放火，還四處捕殺百姓，弄得全川官宦、民眾猶如驚弓之鳥，紛紛攜帶糧食物資逃離家園，四處流竄，全川陷入長久的大動盪與大混亂之中。此等情形使南明幾支脆弱的軍隊乘虛而入，樊一蘅、楊展、馬乾等殘明部將，趁機從滇、黔邊境向蜀地殺奔而來，並很快收復了已被張獻忠部占領的川南地區的敘府、內江、瀘州、合江等地。但此時川南、川東南一帶已是人煙稀少，耕地荒廢，糧食奇缺。

樊一蘅、楊展等部在中南部立穩腳跟後，面對隨時會捲土重來的張獻忠部，不得不在當地募兵擴軍，以對強敵。擴軍必須增餉，餉無可籌，則飢軍難於約束，因而樊、楊等部每到一城一邑一鎮，便下令搶奪劫掠。待無糧可搶、無果可掠時，開始抓人而食。川南一帶百姓自遭張獻忠屠殺之後，又遭遇了一場南明軍隊殘殺後食人的浩劫。處於川南中心地帶的李莊，自是在劫難逃，被南明軍隊抓走而食者不計其數。也正因如此，南明軍隊在收復敘、內、瀘、合等城邑之後，遭到了各山寨鄉勇民眾的頑強阻擊抵抗。面對南明軍隊的圍攻和步步進逼，各山寨川人在內無糧草、外無救兵的絕境中，寧肯自己相互而食，也不讓明軍抓獲屠宰烹煮成為盤中大餐。南明軍隊至此便步步荊棘，再難前進，只好在嘉定一帶與張獻忠大軍成對峙狀態。歷史上謂張獻忠屠蜀吃人，但據考證，「吃人」一事，實由南明的所謂「義軍」始，而後才是獻忠也。

張獻忠定居成都並自稱南帝後，派孫可望、劉文秀、李定國、艾能奇等四路大軍分道出剿南明殘軍與當地頑固分子，同時搶些糧食以備後方之需。不料愈剿叛民愈眾，守寨愈堅，反為樊一蘅、楊展等南明將領得了空隙，占了便宜，不但趁機破了城寨搶了糧食，還把當地百姓差不多全捉住吃光了。張獻忠的四路大軍剛出征時，尚能搶到一些糧食供應成都，幾個月後，各城邑已無糧可搶，各路大軍皆鬧起饑荒，大有朝不保夕之勢。這一危急情形報於成都內宮，張獻忠既驚且憂，見軍糧已無處可掠，又聽說各寨鄉勇與南明軍隊都以人為食，吃飽之後再與自己對壘交鋒，遂迅速下達命令，各路大軍以人肉代替軍糧，號為「人糧」。孫、劉、李、艾四路大軍首領，依張獻忠命令各率本部人馬，到了應剿州縣，分別鄉區界至，紮下圍場，採取鐵桶合圍戰略戰術，不管是地上跑的還是天上飛的，通通擒獲宰殺，除分而食之，還要留出一些裝入車中，用鹽醃漬，拉入成都供後宮妃嬪及朝廷官宦享用。此種方法在歷史上被稱作「草殺」，其意就是如農民在野地裡割草一般宰殺。待一地的人畜被斬盡殺絕後，大西軍再移居另一鄉區，如法砲製，一縣斬盡再移他縣，一州殺絕再移他州。四路大軍所到之處，地上的人畜與天上的雕鷲皆為之絕跡，只有一堆堆白骨昭示著蠻荒時代的重現。當人畜被趕盡殺絕，再無可殺可吃之物，饑餓難耐的四路大軍不得不先後退回成都。

此時雲集成都的張獻忠所部尚有十餘萬之眾，糧草皆盡，只靠捕殺城內和周邊百姓為生。四路大軍返回成都後，更是難以為繼，眼看百姓越來越少，不足以支撐全軍的「人糧」，已到了山窮水盡的絕境。恰在這時，與張獻忠幾乎同時造反的李自成攻陷北京後，兵敗南逃，清軍已經入關並占領北京，向南圍追而來，張獻忠聞訊更是焦慮不安。有幾位忠誠精明者如隨軍和尚志賢等，曾冒死向獻忠苦諫，謂：「西蜀沃野千里，號為天府，一年多來竟已是人盡糧空，天荒地老。倘不改弦易轍，何地不可變成沙漠。宇宙雖大，我軍終當飢困坐斃，徒累一方生靈

成都青羊宮。

而已……堅定志趣，招墾勸耕，以為亡羊補牢之計。」[26]孫可望等將領也苦勸張獻忠。

此時剛愎自用、嗜殺成性的張獻忠已聽不進任何錦囊妙計，仍一意孤行，命人在他的大殿前立「七殺碑」一座，公開標榜自己殺人是最好、最有效的「替天行道，除暴安良」。並親自撰寫碑文命人刻於其上，文曰：「天生萬物以養人，人無一德以報天，殺殺殺殺殺殺殺！」[27]

殺氣沖天的「七殺碑」高高立起，但整個成都幾乎已無可殺之百姓，張獻忠傳下密令，把城內青羊宮近百名道士、成都周邊寺廟的幾百位和尚，連同特意騙來貢院趕考的千餘名四方八鄉的儒林士子，全部派兵抓來殺了充當食物。當道士、和尚與讀書的儒生被斬盡殺絕後，張獻忠再下令，把軍中平日專門靠耍筆桿與饒舌混飯吃的宣傳部門的官員，以及老弱病殘的武官及兵差全部殺掉分食。實在無人可吃時，張獻忠便走出骷髏成堆、陰氣森森、四處飄蕩著血腥氣味的內宮，命手下兵士一把大火把成都這座千年古城燒了個片瓦不存，自己統率大軍在火光熊熊中向川北逃亡而去，一個號稱全盛之局的大西國，至此消亡。

張獻忠逃亡後，四川分別為南明軍與清軍所占。不久，已渡過江淮、進入川境的清軍，以保寧（今閬中市）為大本營，與南明軍展開爭奪川境的戰鬥。南明軍以嘉定為大本營，抵抗清軍勁旅。保寧與嘉定之間相隔七八百里，其間只有飄蕩的槁草而不見人煙。清軍攜糧來打嘉定，總是糧盡敗回。明清兩軍往復征戰，廝殺經年，直到永曆皇帝入緬之後，南明軍潰退，四川全境才為清軍所占。那時已是永曆十二年（一六五八年）戊戌，即清朝順治十五年。此後四川境內並未安寧，尚有郝承裔與李赤心及其他許多不服清朝的當地士紳與民眾，先後糾集武裝，起兵據地，與清朝軍隊為敵，雙方直殺到康熙三年（一六六四年）甲辰，四川人戰死或被殺者無數。世人皆說張獻忠屠蜀，其實張獻忠僅據蜀三年，最多亦不過殺掉川人百分之幾，其餘大部分乃是因為戰爭、飢餓、瘟疫，以及張獻忠死後明清兩軍為爭奪蜀地相互砍殺、捕食了十七年而盡的。

清康熙二年，四川巡撫張德地受朝廷之命，由廣元入蜀赴任。當他率領一班人馬來到天府之國首府成都時，昔日輝煌的宮殿樓閣已被張獻忠燒了個精光，抬眼四望，全城盡為瓦礫，芳草萋萋，滿目瘡痍，一個人影都未見到。整個成都成為「萬戶蕭疏鬼唱歌」的無人之國。面對眼前的淒慘之狀，張德地觸景生情，想到戰爭之殘酷，民生之多艱，禁不住流下了眼淚。

眼看成都已無法落腳，更不能成為官府衙門所在，張德地只好由成都去嘉定，察看了當年南明軍隊的老巢，但見殘敗不堪，仍無法久駐。接著乘船順岷江而下到敘府，再至李莊、南溪、瀘州、重慶，沿嘉陵江上溯至合川，舟行千餘裡，一路寂無人語，僅是空山遠麓，江上鳥影，令同船者不勝唏噓。最後，張德地一行來到當年清軍與南明軍對峙的大本營——保寧，方見有人聲犬吠，房屋茅舍，西蜀的巡撫衙門就在此地安置下來。

張德地上任後，首先派出文官集團對各地人口進行統計，武官集團分責平息社會動盪。同時在各地設置官吏，以恢復原有的生產、生活秩序。由於民眾少得可憐，不得不將幾個縣並為一縣，但仍是人口稀疏，不足成形。當時的安嶽縣已到了「戶不盈十，丁不滿百，難以設官」的地步[28]，不得不歸併到遂寧縣。既然此地已無鄉民，作為統治者的官員，自然就成了空架子，既沒有威風可擺，也沒有油水可撈，做官好像沒有了實際意義。張德地為了讓自己這個巡撫有個官樣兒，也有點油水可撈，就上奏朝廷，謂「四川自張獻忠亂後，地曠人稀，請招民承墾」，請求朝廷頒詔，號令川省出走的流寇、流民與流氓無產者「三流」之人，速回原籍生產、生活；同時以優惠政策和條件，招民填川，讓「無業者入蜀墾荒」，使沃野千里的川省再現當年「天府之國」的輝煌。極具雄才大略的康熙皇帝見到奏摺，覺得此不失為一個好的策略，於是恩准，並批轉吏部、戶部及江南各省督撫，著行照辦，不得有誤。

為了鼓勵外省人丁來川開荒種糧，向官府納稅，張德地再度向康熙皇帝請求：「無論本省外省文武各官，有能招民三十家入川安插成都各州縣者，量與記錄一次；有能招民六十家者，量與記錄二次；或至百家者，不論俸滿，即准升轉。」[29]康熙見奏，再度恩准。於是，兩湖、廣東、廣西、江西、陝西、福建及滇、黔等諸省的流民，從饑寒交迫的苦難與重壓下逃脫出來，呼兒喚女，背簍挑擔，螞蟻搬家一樣向蜀地擁來。南方之流民，多是順長江水道，穿三峽，進重慶，分流至川南、川西各山川平壩之中，安營紮寨，開荒拓土。張德地因為「四川人口大幅度增長」的輝煌業績而獲得「加工部尚書銜」的升遷。

繼張德地之後前來四川任職的大小官員，見招民開墾不但可收到租稅，還可得到朝廷賞封加冕，賜奉加爵，為利益驅動，更是不遺餘力地四處招民。當各地的無業遊民與流民大都安居樂業，再無人可招時，為了冒功領賞，當地官員開始趁大亂之後的混亂局勢渾水摸魚，將當地土著紛紛改籍，搖身一變成了外地遷來的「移民」。更有甚者，開始「捏造姓名，指稱依傍」[30]，予以冒籍。在這場以獲取利益為最終目的的鼓噪與矇騙中，出現了歷史上最大規模的一次「湖廣填四川」移民浪潮。儘管在康熙駕崩之後，接替其父執掌朝柄的雍正皇帝對這股經久不衰、聲勢浩大的「移民入川潮」有些警覺並產生過懷疑，發出「去年湖廣、廣東並非甚歉之歲，江西、廣西並未題成災，何遠赴四川者如此之眾」的疑問，但由於其間暗伏層層官吏的共同利益，仍未能阻止這股大潮洶湧流動。到了乾隆元年，編查戶籍，全川百餘州縣，合緣邊土司計，共六十五萬三千四百三十戶。這時張獻忠死去已有九十年矣！

就在這股曆康、雍、乾三世，持續時間長達半個多世紀的「移民填川」大潮中，長江上游第一古鎮、川南重要的「米倉」和交通驛站——李莊，自然成為各路流民矚目的焦點和爭相遷居的風水寶地。

由於人口增多，當地經濟逐漸恢復。隨著「康雍乾盛世」來臨，李莊進入歷史上最為鼎盛的繁榮時期。一些會館、佛寺、道觀開始複修興建，僅乾隆年間就先後修建了文武宮、桓侯宮、南華宮、文昌宮等四座宮殿，以及佛光寺、萬壽寺、玄壇廟、永壽寺、關聖殿、伏虎寺、常君閣、天宮廟等八座規模龐大的廟宇樓閣。至咸豐一朝，在李莊地面上形成了九座宮殿十八座廟宇——號稱「九宮十八廟」，外加兩座教堂的輝煌格局，其勢力之大，氣派之盛，威震川南，名播巴蜀，為一時所重。

注釋

[1]《蔣介石年譜》，李勇、張仲田編，中共黨史出版社一九九五年出版。

[2][3][5][6][7][16][17]《石璋如先生訪問記錄》，訪問：陳存恭、陳仲玉、任育德；記錄：任育德，中央研究院近代史研究所二〇〇二年出版。

[4]《困惑的大匠——梁思成》，林洙著，山東畫報出版社一九九七年出版。

[8] [9] [11]〈傅斯年致蔡元培〉，載《傅斯年遺劄》第三卷，王汎森、潘光哲、吳政上主編，中央研究院歷史語言研究所二〇一一年十月出版。編者注：此函件取自中央研究院近代史研究所《朱家驊檔案》，頁末收發注記：「元月廿二到」。

[10]〈蔡元培致傅斯年〉，中央研究院歷史語言研究所傅斯年圖書館藏「傅斯年檔案」。

[12] [14] [15]〈傅斯年致李濟〉，載《傅斯年遺劄》第三卷，王汎森、潘光哲、吳政上主編，中央研究院歷史語言研究所二〇一一年十月出版。

[13] [23]《中國建築之魂——一個外國學者眼中的梁思成林徽因夫婦》，〔美〕費慰梅著，成寒譯，上海文藝出版社二〇〇三年出版。

[18] 孔慶榮、段昆生〈憶日機首次轟炸昆明〉，載《昆明文史資料選輯》，第六輯。

[19] 俞大綵〈憶孟真〉，載《傅斯年》，山東人民出版社一九九一年出版。

[20]《梅貽琦一九三七——一九四〇來往函電選》，黃延復整理，載《近代史資料》，第十九頁，李學通主編，中國社會科學出版社二〇〇二年出版。

[21] [22]〈傅斯年致梅貽琦、蔣夢麟、黃鈺生、楊振聲〉，載《傅斯年遺劄》第二卷，王汎森、潘光哲、吳政上主編，中央研究院歷史語言研究所二〇一一年出版。

[24]《北總布胡同三號——童年瑣憶》，載《不重合的圈——梁從誡文化隨筆》，梁從誡著，百花文藝出版社二〇〇三年出版。

[25]《四川省歷史文化名鎮——李莊》，熊明宣主編，宜賓市李莊人民政府一九九三年出版（內部發行）。

[26]〈蜀亂〉，轉引自《西王張獻忠》，任乃強著，陝西人民出版社一九九五年出版。

[27] 著名的「七殺碑」現存立於四川廣漢房湖公園。一種說法是張獻忠親題，一種說法是清朝將領所改，這種

說法的考證較詳細，謂「七殺碑」原是號稱大西皇帝的「聖諭碑」，碑上共二十字：「天有萬物與人，人無一物與天。鬼神明明，自思自量。」張獻忠戰敗後，明將楊展在此碑背刻《萬人墳碑記》。清軍入關後，將「聖諭碑」題刻改為：「天生萬物以養人，人無一德以報天，殺殺殺殺殺殺殺！」此後被稱為「七殺碑」，現碑、文依然如故也。

[28] [29] [30]《清史稿》。

第三章

揚子江頭第一古鎮

在清初「湖廣填四川」移民大潮中，有張、羅、洪等三姓家族先後來到李莊，開荒拓土、艱苦創業，最終開創了百年家業長盛不衰的局面。這三大家族正是有了在李莊創立的宏大基業以及呼風喚雨的政治地位，才埋下其後輩子孫與同濟大學、中央研究院、中央博物院籌備處、中國營造學社、北大文科研究所等教育學術機構萬餘名大小知識分子相會的伏筆。

三大家族的合縱連橫

據張家族人回憶，張姓在李莊的始祖是從湖北麻城縣孝感鄉流亡來的兄弟二人。他們沿長江來到李莊壩子，見土地肥美、樹木蔥郁，是個開荒拓土的好地方，便定居下來。兄弟二人先在江邊紮起帳篷，找了個山坳伐樹除草。在劈開遮天蔽日的樹林向縱深處前行時，突然發現了一座大宅院，院內荒草叢生，陰森可怖，幾條碗口粗細、一丈多長的巨蟒，在院中樹木草叢中纏繞蠕動，另有百千條一尺多長的青花蛇，瞪著黑亮的小眼睛，在牆角壁縫間上下竄動。張氏兄弟採取火攻與刀砍斧劈的戰略戰術，陸續將院中的巨蟒和小蛇殺死驚散，花五、六天的時間方才進得廳堂。只見廳堂和裡屋躺著五具屍體，肉體已經腐爛，骨架尚完好，從骨架的大小推斷，其中三個是未成年的小孩。看上去死者應是一家人，有一成年死者明顯是懷抱幼兒罹難，不知是為軍匪所殺還是自殺。一家人把自己的家園當成了墳墓，其淒慘之狀令人不忍直視。張家兄弟把屍骨收拾起來，在山下找了個地方分別掘坑掩埋，並出於對死者的尊重，為他們立了牌位，先是放在這座宅院中，後移往李莊鎮中心的張家祠堂常年供奉。

掩埋好死者的屍骨後，張氏兄弟在這裡住了下來。多年後，據當時因戰亂流亡外地後回歸的當地人講，這家宅院的主人姓宋。為了表示對這家主人的紀念，張家兄弟將這個地方取名宋嘴。是為康熙年間事。

到了清乾隆年間，張家兄弟已傳八代，並有八大房之說，總人口達到千餘眾。由於宋嘴無法容納眾多人口，張氏家族開始按支系分家遷移，其中大房一支遷往李莊鎮外的板栗坳，又稱栗峰山莊；另幾支遷往李莊郊外的門官田、麻柳樹、大房山莊等地，與最大的一支——板栗坳族群成掎角之勢，遙相呼應，整個家族勢力支撐起李莊的半壁天空。

清代晚期，張家族人家業發達，人丁倍加興旺，總人口已達到了數千之眾（據鎮志記載，一九二二年達萬人）。最大最有實力的一支，仍推移居板栗坳的族群。李莊鎮上游約五公里的長江邊上，因有一座狀如犀牛的小山，山上有一株數百年的板栗樹，故名板栗坳。自乾隆年間始，板栗坳一支張姓家族，在此處打造宅院，歷經數輩辛勤積累，龐大堅固的山莊終於建成，前後耗白銀兩萬多兩，用工不計其數。山莊按照堪輿學「山管人丁水管財」的理論體系進行規畫建造，因整個建築群極其龐大複雜，建築者採取依山傍水，從低向高分層建築的方法予以興建，最終形成了由七處院落組成又相互聯繫貫通的栗峰山莊。整個山莊按照地勢起伏特點，建有內、外兩道磚石結構的高大厚實的圍牆，以防兵匪盜賊騷擾與搶劫。牆上修有防兵匪盜賊入侵的垛口，四角修有瞭望樓與砲台，幾十台威力巨大的火砲分列其上，看上去氣勢磅礴，威風凜凜。莊園之內，近百鄉勇家丁日夜巡邏守護，幾座大的廳房與院落安置打造槍砲的紅爐作坊，專門製造槍砲。所造兵器除山莊自用，還對外出售，發往全國各地，儼然一兵器製造局。與此同時，山莊內還設有鑄造銅錢的模具設備，公開製造貨幣發行全國。板栗坳雄偉的

左上：板栗坳一角。

右上：板栗坳的城牆一角。（王榮全攝影並提供）

下：一個地圖上找不到的地方——栗峰山莊。（梁思成攝影，林馨琴翻攝）

建築、宏大的氣派、輝煌的家族基業，如同一個百業俱興的獨立王國，傲然聳立在川南栗峰山上，俯視大江南北。

與輝煌基業相互映襯的是，張氏家族在李莊站穩腳跟後，開始了耕與讀兩手抓的治家策略。據張氏族譜云：「子侄慧，能讀則讀，弗能讀，即去而耕。無捨業嬉者，無袖手遊者，無嘻嗃，無詬誶。門以內皆紡車機杼聲，操女紅者襪履縫紉外，無他刺。」（據一九四八年統計，張氏族人當年在校學生達一千六百餘人。）正是在這樣的家風薰養下，至清朝末年，張家族人應科舉得功名者不計其數，翰林、進士、舉人比比皆是，高官大吏遍布京師與全國各州縣，逢年過節或到了家族聚會之日，張氏族人的頂戴花翎成行成片，如同雨天街頭撐起的傘蓋，耀眼奪目，故在李莊甚至整個川南，有「張家的頂子」之說流傳於世。

與歷史上許多富貴家族和黑社會勢力一樣，擁有如此龐大的經濟實力與人脈背景，在特定的歷史轉捩點，都會滋生出與朝廷分庭抗禮、問鼎中原、奪取天下的妄念和野心。清咸豐一朝，張氏家族的「張四皇帝」等人，得知洪秀全、楊秀清等輩在西南起兵，並打出太平天國的旗號，北京紫禁城金鑾殿咸豐帝的那把椅子已開始搖晃，並有傾倒的可能。於是，一夥草莽綠林漢子野心膨脹，反意萌生，在一個月黑風高之夜開始拉桿子鬧將起來。

「張四皇帝」本名張萬金，屬張氏家族的一支，家住李莊郊外長江之南的九盤溪，溪上山嶺重疊，林木森森，觸目皆是極為壯麗的景觀。左邊不遠即為張氏家族的祖墳群，其中塊頭最大、地位最顯、年代最久的主墳，正對著奇秀山峰上的寒蓬寺。這山峰遠遠看去，猶似一面旗幟迎風飄揚。溪流右側有一偌大的村落，就是張萬金家族的住宅。萬金在家中排行老四，當年三十多歲，身材高大，相貌堂堂，性直爽，喜交際，善言談，說起話來滔滔不絕，且經常議論時政，褒貶是非，在李莊算是少有的英武之士。

據說，就在張萬金扯旗造反前幾年，一日黃昏時分，路上偶遇一黑衣白髮老道，這道人一見萬金，先是打了個哆嗦，而後「噗通」跪倒在地，高聲呼曰：「萬歲！」並說道：「貧道盼望您好久了，如今天下生靈塗炭，民不聊生，大清江山就要易主，還望萬歲爺早登大位，解百姓於倒懸，救萬民於水火！」

左：張萬金居所外的臥龍橋與九盤溪。（王榮全攝影並提供）
右：張氏家族居地宋咀。（王榮全攝影並提供）

張萬金聞聽，大為驚詫，不禁向前問道：「老爺子，你是在跟我說話嗎？」

「千萬不要這樣叫，愧煞奴才了，我正是跟新的天下共主、萬歲爺皇帝陛下您稟報呀！」老道說著趴在地上「咣咣」叩起頭來。

「你是說我能當皇帝?!」張萬金這才回過神來，滿腹狐疑。

「正是，貧道從西南雲遊至此，就是專程向陛下稟報此事的呵，還望陛下不要錯過機會，當立則立，待機行事！當斷不斷，反受其亂！」老道站起身，一臉嚴肅而真誠地說著。

「別看我叫張萬金，但家中並沒有幾個大錢呀，這樣的好事咋就會輪到我頭上？你這牛鼻子老道不是喝茫了胡言亂語吧？」張萬金依舊表示懷疑。

只見老道人抬手捋了一把胸前的白鬚，微微一笑，道：「我沒喝茫，也不是胡言亂語，你今日之福分全靠你祖上的造化呵！」說畢，用手指了指寒蓬寺和張家的墳塋，對張萬金道：「看，這山勢如一面黃龍大旗正對著誰？正是皇帝陛下的先祖，是先祖坐定了龍脈，把住了龍頭，庇護了子孫，才有陛下奪得大位之幸呵！」言罷，悄然消失於道邊的山野草莽，於暮色中再也望不到了。

張萬金迷迷糊糊地回到家，把路上奇遇對鄉民講出，鄉人於嬉笑中說了些「不是活見鬼，就是鬼拉人」之類的喪氣話，開始戲稱張萬金為

「張四皇帝」。時為道光二十八年（一八四八年）的事。

儘管四鄉八鄰把張萬金的話當作奇談怪論加以嘲諷，張萬金自己卻越來越堅信道士所言，漸漸迷戀起造反的行當來。咸豐元年（一八五一年）九月，洪秀全所率太平軍一舉攻克永安州，這是洪、楊自金田舉事以來占領的第一座城市。次年六月，太平軍又攻克湖南道州，當地流民與天地會人員爭相來附，太平軍迅速擴大到五六萬之眾，比在廣西舉事時增加了近一倍人馬。張萬金得此消息，認為自己出手的機會終於到來了，開始往返於大江南北，在李莊鎮與南溪地面糾集破落鄉紳、流氓無產者等一幫青壯漢子，以自己的住宅與板栗坳張氏家族最大的山莊為隱蔽點，祕密召開會議，準備造反起事。

按照張萬金的設想，首先組建隊伍，在李莊舉起造反大旗，然後率部進攻敘府，沿岷江一路向成都進攻。待拿下成都，迅速占領全川，而後建國立號，分封諸王，迎后娶妃，招募太監，過個風流快活日子。當然，占了成都的張萬金並不會止步，當文臣武將、宮妃太監都擺弄妥當，勢力擴大之後，再分兵北上，推翻清王朝，奪得皇帝大位，把紫禁城三宮六院中的七十二妃，一個都不能少地捉來供自己享用。

計畫制訂好，張萬金風風火火地大幹起來。他先是派人暗中與在雲南大關縣造反的李永和、藍大順兩人取得聯繫，後又派人赴湖南聯繫太平軍翼王石達開。因太平軍轉戰南北，去向不定，一時聯繫未果。此後，張萬金用計說服板栗坳張氏家族的頭面人物張樹元，組建了一個造反叛亂指揮部，大本營設在栗峰山莊，並仿照洪、楊太平軍建制設立官銜和各項制度，其設置為：張萬金為天王，總理軍政事務；張樹元為東王，分管籌集錢糧，設置紅爐，打造戈矛槍砲，兼鑄錢幣，保證軍隊糧餉供應；李莊鎮的王三興為西王，負責軍隊作戰部署與實施；南溪縣城的萬梅軒為南王，負運籌帷幄、決勝千里之重任，相當於指揮部的軍師；南溪縣城著名書法家包小和為北王，為指揮部幕僚長，專職負責文書布告的草擬發布和宣傳事務。因倉促舉事，可用之才不足，只設此五王，但仍按太平軍規矩，西王以下歸東王節制。也就是說，指揮部的大權總體上控制在以張萬金為領導核心的張氏家族

板栗坳牌坊頭一角，「張四皇帝」起兵之處。

手中。

幾路大王分封之後，各王按自己的職責開始祕密行動。張樹元負責打造的戈矛槍砲，全部藏匿於板栗坳山莊幾處密室夾層和地下窖穴中。張萬金足力強健，號稱日走兩百餘里，常奔走於川、滇、黔邊境，祕密結納當地百姓，收羅流民，建立軍事組織。包小和則隨張萬金在民間和已建立的軍事據點做宣傳蠱惑工作。到了咸豐九年，雲南大關的李永和、藍大順兩人率數萬之眾入川境攻打敘府（宜賓），張萬金本想拉起武裝，來個裡應外合一舉將敘府攻克，但又顧慮到沿江兩岸清兵團練、地主武裝密如蛛網，板栗坳又在離敘府不足二十里的江邊，為官軍與團練密切防範之地，加以自身勢力不足，未敢冒險行動，遂採取坐山觀虎鬥的戰略戰術，以待時變。李永和、藍大順部久攻敘府不下，孤軍難支，最後被官軍擊潰，只好撤回雲南邊境。張萬金憑藉自己占據的天然地勢，趁機將李、藍殘部截留，拉入川滇邊境，暗中整編訓練。

咸豐十一年七月，咸豐帝駕崩，朝廷內部展開了血雨腥風的權力爭奪大戰，主策者一時無暇他顧，天下更加紛亂。張萬金感到機會來臨，遂率領一萬余眾，於該年十一月在板栗坳以南幾十裡地的長寧縣三村壩懸起「替天行道」的大旗，宣布造反。在突破了清軍、當地團練一連串的圍追堵截後，萬金率部攻打長寧縣城，一舉擊破城門，斬殺守城官兵，俘獲知縣。緊接著又分兵攻克建武（今興文縣），進窺江安。

同治元年（一八六二年）三月二十八日，張萬金接到太平軍翼王石達開的密信，約他在大婁山下的桐梓會面。萬金率精銳部隊星夜啟程直赴大婁山，幫助石達開部從間道插於四川轄境。因石達開欲進軍橫江，張萬金率精銳三千人進駐沙河驛牽制清軍。九月中旬，曾國藩的湘軍與清軍大批入川圍剿石達開部，石氏聞訊，率部由西南小徑斜繞北上，張萬金見石部已離開橫江地域，又探知進攻江安的一部遭清兵圍困，情勢危急，當即從沙河驛撥兵東下，急趨四百里馳援，途中處處遭遇清軍與團練伏擊，損失慘重。當張萬金率部倉促賓士到安寧橋時，遭遇強敵圍攻，激戰數日，剛剛殺出重圍，又陷於投降清朝的叛將唐友耕包圍。已是人困馬乏的張萬金部寡不敵眾，全軍潰敗，萬金被俘，解送成都後被梟首示眾。

萬金被處極刑後，清軍在李莊一帶大肆搜捕其餘黨，東王張樹元、西王王三興等高級將領及殘部紛紛被捕，萬金餘部有的投降清軍為朝廷效力，有的改行做了水賊，有的成了專做綁票案子的土匪，有的復為無業遊民，唯有號稱「小諸葛」的包小和僥倖逃脫。[1]

板栗坳的張氏家族眼看清軍在李莊如秋風掃落葉　樣大肆搜捕砍殺，於極度驚恐中迅速派人把張樹元打造的兵器暗中拋至栗峰山下的滾滾長江，來不及拋的器械仍藏於密室夾壁中。與此同時，張家族人拿出大批珠寶金銀向搜捕的官軍行賄。經過一系列提心吊膽的補救，板栗坳總算躲過了一劫，藏在夾壁中的刀矛劍戈無人膽敢妄動，直到中央研究院的芮逸夫來李莊考察時，仍大部完好無損地保存於內。

萬金被梟首十幾年後，李莊鎮來了一位風水先生，有好事者把「張四皇帝」的遭遇和盤托出，詢問個中緣由。風水先生到張萬金的宅地和祖墳處轉了一圈，對人道：「當年張萬金遇到的那個道士其實是洪楊派來的，為的是在這裡找到造反的同盟軍，此人可能聽說過寒蓬寺所在的小山很像是一桿黃龍旗的坊間議論，就給張萬金對號入座，弄了個皇帝帽子戴上了。但以堪輿學來看，這旗形的山峰，是倒著的，所以萬金欲登大位未成反遭砍頭之禍。如果這山頭是直立的旗形，那『張四皇帝』可能真要成為皇帝了。」

面對這位風水先生的解說，鄉民們不知真假，只有對世事滄桑不可捉摸的一臉茫然。

「張四皇帝」造反失敗，張家勢力暫時受到了遏制，李莊鎮一直與張家抗衡但勢力相對較弱的羅、洪兩大家族趁機崛起。

羅家以錢財名世，洪家以武力剛強著稱，兩家勢力大有「賈不假，白玉為堂金作馬」「豐年好大雪，珍珠如土金如鐵」之氣派，最終形成了「張家的頂子，羅家的銀子，洪家的錠子（拳頭）」三足鼎立之勢。這種格局像三國時的魏、蜀、吳一樣，在近百年的時間裡，三大家族時常採取合縱連橫的捭闔、鉤鉗之術，既相互依存又相互爭鬥，直至為各自的利益與政治主張發生混戰，上演了一幕幕驚心動魄、讓人眼花繚亂的悲壯活劇。

羅家入川較張家為晚，約於乾隆中期從湖北一帶遷來。從羅家一直保存的族譜看，最初在南溪縣劉家場鎮落腳生根。大約過了六十餘年，已有了相當規模的基業和近百口家眷，鑑於劉家場地面狹小，發展空間受限，遂於道光初年遷往李莊鎮，開始了造宅置地、耕讀持家的新一輪創業歷程。到了咸豐末年，羅家已成為擁有幾千畝土地、幾百口人、家財萬貫的名門望族，氣勢與財力直逼張氏家族。張家一看羅家漸成氣候，心中自是又妒又忌，既拉又打，不讓對方一日無事、一日有輕鬆踏實之感，以此來維護自己李莊霸主的地位。既然羅氏家族勢力已經壯大，自然不再吃這一套，或明或暗地與張氏家族較起勁來，並生出與對方一決高下的信念與勇氣。三年後，一場會戰在雙方長期面和心不和的對峙後終於爆發。

這一年的秋天，張氏家族成員趕著千餘隻鴨子赴敘府出售，在走出板栗坳之後須穿過羅家的地盤，由於鴨子太多不好約束，其間不免吃了羅家地盤的菜糧。羅家為此提出強烈抗議，但張家並不放在心上，遂將羅家激怒。

雙方先是口角相向，繼而互毆，直至去官府打起了官司。官府判官見兩家各有非同尋常的勢力與人脈背景，哪一家都不可得罪，索性來了個「葫蘆僧亂判葫蘆案」，於兩者之間和起了稀泥，弄得雙方皆不滿意。那判官見調解與判決皆不能奏效，雙方又不依不饒，索性一拖二躲不再理會。張、羅兩家一看官府之人如此不堪一用，便調轉頭來，皆向李莊的第三大戶洪家訴苦，欲請其出面主持公道、給個說法。洪家原本以習拳弄棒、開武館辦團練為業，後生意越做越大，協助朝廷與地方官府平息叛亂，捉匪拿賊，一時稱盛。對張、羅兩家的公案，洪氏家族長老在反覆權衡之後，認為兩家之所以互不服氣，其根源是張家依仗頂子多，羅家依仗銀子多，兩家是官多氣盛，財大氣粗，有權有錢就是任性，都是權勢與金錢惹的禍，要平息事端，只有在這兩方面下功夫。於是，便生出一個餿主意，即以武林慣用的華山論劍之法予以辦理。其具體操作方案是：在李莊對岸桂輪山一個高處平台，張家與羅家各備朝廷命官與銀子若干，由洪家主持，雙方向江中扔活人與白銀。凡張家扔下一個官員，羅家必須扔下一筐白銀，如此這般，交替投擲，直到一方宣布敗北方可停止。失敗的一方須在家設席向勝利方賠禮道歉，並賠償損失等等。

這個聽起來很荒唐的方案，居然得到失去理智的張、羅兩家認可。盛氣之下，張家開始召集、組織朝廷任命的各色官員向李莊集結。羅家則四處追討欠帳，變賣部分田宅器物，收羅銀子，欲與對方決一雌雄。在雙方準備停當之後，形式奇特、聲勢浩大的桂輪山決戰開始了。

開戰的日子選在暑期七月初，高大峻峭的桂輪山樹木鬱鬱，蔥翠欲滴，一片生機盎然；腳下的長江之水，波濤翻滾，浪花飛濺，泱泱然奔騰不息，東流而去。只見張、羅兩大家族分列桂輪山平台兩側，中間擺設香案，幾十名不同姓氏、德高望重的鄉紳組成的裁判團成員分列兩旁，洪氏家族長老作為總裁判，神色莊嚴，倚案而立。待香火燃起，裁判團對雙方準備的人、財查驗無誤後，用高亢響亮的聲音宣布決戰開始。

大戰臨頭，張、羅雙方皆有懼色，但事已至此，無法撤退，只好咬牙瞪眼，強作鎮靜開始行動。張家在前，先有一青年官員被幾個專門雇來的大漢抬起，來到平台的盡頭，「嗖」的一聲向山下的大江扔去。那青年早已面無血色，閉了眼睛，如同一塊柔軟的麵團，凌空飛下，飄飄悠悠地落入急流湧動的江中，不見了蹤影。在一片驚叫唏噓聲中，羅家的一筐銀子被大漢們抓起，晃動了幾個來回，隨著「嗨」的一聲叫喊，籮筐脫手而出，翻著跟斗砸向江面，沉入水底。圍觀者無不以複雜的心情嘖嘖嘆息，這可是白花花的銀子啊！正是白花花的銀子，才如此驚心動魄，牽動著現場每個人的神經。如此一人對一筐，迴圈交替，向大江扔去。兩個時辰過去了，羅家運來的銀子已被拋罄，而張家的朝廷命官依然成行成片站立台上。羅氏家族力不能敵，表示放棄對決。於是，一場驚心動魄的桂輪山之戰，以羅氏家族的敗北而告終。

關於這場看似荒唐，實則對李莊的家族勢力劃分與定位影響深遠的張、羅兩族之戰，許多年後才透出了不曾為外人所知的內幕。洪家本是出於一種玩世不恭的態度出此下策，本想用此激將法和一番稀泥拉倒，是是非非任它而去。但羅家得此消息後，認為張家不可能拿人的性命來做賭注，遂當場答應，想以此陣勢把張家唬住。而張家在得知這一決戰的形式後，對羅家可能用來打水漂的家財做了充分估算，最後想出一個奇策怪招，即在家族中選拔一些年紀輕、水性好的子弟打頭陣，其人數基本可以把羅家拿來對陣的錢財消耗殆盡。而在決戰之前，張氏家族不惜重金租來大噸位輪船，在下游的桂輪山轉彎處不事張揚地悄悄阻截，而後又從敘府和重慶聘請大批水鬼（潛水夫）於投水地域和輪船停泊處實施祕密救援。如此一來，江中形成了一道水下救援防線。當被扔下的人沉入江底時，可憑藉自小在長江中練就的水性，憋住氣順水漂流，到轉彎處自有船員和水鬼予以接應，如此則性命無憂矣。此時羅家尚蒙在鼓裡，面對張家咄咄逼人的態勢，已是騎虎難下，只好硬著頭皮忍痛捨出萬貫家財，出戰迎敵，想不到卻落入張氏家族的圈套，落了個血本無歸、灰頭土臉，大敗而回。而張家落江之人，由於事前部署周密，竟全部奇蹟般生還，無一折損。許多年後羅家得知這一祕密時，只能是悲憤交集，徒自感傷矣！

洪家出此下策，使羅家在白白折損了大批錢財後，氣焰頓消，而張家則由此擺脫了「張四皇帝」造反留下的陰影，以勝利者的姿態，在李莊地盤上再度趾高氣揚。洪氏族人心中頗感慚愧，為彌補羅家的損傷，同時也為了牽制與打壓張家的勢力，遂仿照三國時代吳、蜀結盟共抗曹魏的戰略，主動把到婚嫁年齡的女子許配給羅家子弟為妻，而羅家也知趣地投桃報李，主動把女子許配給洪家子弟。自此，羅、洪兩家結成了一種具有血緣關係的堅固聯盟，張、羅、洪三大家族鼎足而立的局面得以穩固，在後來半個多世紀的風雲變幻中，這個格局一直未被打破。[2]

歷史在吵吵嚷嚷中不斷前行，李莊經歷了庚子之亂、辛亥革命、南北議和、軍閥混戰等一連串的事件帶來的震盪與衝擊之後，迎來了國共兩黨第一次合作的具有歷史轉折意義的一九二七年。這一年，受大環境影響，李莊的張、羅、洪三大家族人員，紛紛加入國民黨或共產黨，並醞釀合計著做點驚天動地的大事，以無愧於亂世出英雄的偉大時代。一時間，李莊產生了兩位書記，一位是羅氏家族的羅南陔，組建了國民黨（左派）南溪縣李莊分部，並出任書記；一位是張氏家族的張守恆，組建了中共南溪縣李莊區委，被委任書記。洪氏家族的洪漢中、洪默深叔侄兩人，分別在羅家與張家組建的兩黨內任職，洪漢中以南溪縣團練局局長的身分，兼任羅南陔手下的支部委員；洪默深以黃埔軍校五期砲、步兩科肄業生的身分，出任張守恆手下的區委委員兼李莊帥家溝支部書記。

三大家族兩大陣營組建後，屬下黨員來自李莊不同姓氏家族的不同社會階層。如羅南陔的國民黨陣營就有張家的張九一、張增源、張雲龍、張官周、張訪琴和洪家的洪俊文等人；而張守恆的共產黨陣營又有羅南陔的三個兒子羅純芬、羅蔚芬、羅蘭芬以及兒媳李實之（其妹李立之任中共南溪縣委書記），還有洪家的洪默深等。國、共兩黨人員的關係如同廣州的黃埔軍校，形成了盤根錯節，枝杈叢生，你中有我、我中有你的政治格局。在這個格局形成之後，不甘寂寞的兩黨人員，如同烈火投入晚秋的荒野，很快在這塊地盤上燃燒升騰起來。

一九二八年二月八日，在中共李莊區委書記張守恆、委員洪默深等人鼓動下，成立了南溪縣農民協會，張守恆被任命為協會主席，洪默深為副主席。張守恆等人按捺不住心中的躁動，立即想起來推翻當政的國民黨政府。

羅蔚芬，字仲威，中共黨員，重慶中法大學學生會主席、足球隊長。1926 年 12 月隨陳毅（中法大學共產黨支部書記）參加由中共領導的首次起事——瀘順起事，1927 年年初在重慶「三三一」慘案中受傷致殘，回家養病。1928 年在病床上策動「川南暴動」，指揮部設在李莊植蘭書屋。1942 年春夏之交去世。（遂弘捷提供）

就在張守恆被任命為農協主席十三天之後的二月二十一日，便會同洪默深、趙之祥等骨幹成員，在李莊天府堂祕密制訂一份〈南溪農暴軍事計畫〉，欲以「川南工農革命軍」名義號令天下，同時決定設總指揮部於牟坪鄉一家祠堂內，以長江為界，分南北兩路進攻。由張守恆任總指揮兼總參謀長，趙之祥任南路軍前敵總指揮，洪默深任北路軍前敵總指揮，南北兩岸各鄉一同舉事，事成之後在李莊會師，然後率部攻打宜賓城，如事敗則轉入漢王山打游擊。若拿下宜賓，則沿岷江向樂山、成都進攻。待拿下成都後，建立武裝割據政權，占領全川，之後大軍分兩路進發，一路出川北，向陝西、山西方向進攻，一路沿長江東下，一舉蕩平重慶、武漢、南京、上海等城市，踏平江南，最後進擊江北，兩路在北平會師，奪取全國政權。洪默深憑著在黃埔軍校學到的本領，主導制定了進軍路線、聯絡口令、戰時宣傳、軍需供給、控制沿江船隻等計畫，並趕製了造反大旗、印章等諸項戰時用品。確定在四月七日夜，全縣統一行動。

此後，張守恆、洪默深等又以國民黨李莊分部書記羅南陔的兒子，時已加入中共組織的羅蔚芬的家為聯絡點，多次開會密謀，制訂了更加詳盡的作戰方案。會上，洪默深慷慨激昂，口若懸河地談了一番「凡戰者，以正合，以奇勝」以及「古之善理者不師，善師者不陣，善陣者不戰，善戰者不敗，善敗者不亡」等孫子兵法和諸葛亮用兵之道，直把在座的眾儒生和平民百姓唬得目瞪口呆，嘖嘖稱讚。見眾人對自己的高見佩服得五體投地，洪默深越發興奮，興起之下，主動提出要大義滅親，首先率部攻打其家族在李莊蠻洞灣的住宅，奪取錢糧充當軍餉，提取槍彈以壯軍心。這一頗具俠客義士古風的方案一經提出，立即得到了參會者的贊同。於是，洪默深開始激情澎湃地投入攻打自己家族的戰略謀劃之中。

但他萬萬沒有想到的是，他的所作所為，很快被其伯父——時任南溪縣團練局局長兼李莊國民黨支部委員的洪漢中偵知。洪漢中立即帶一個武裝分隊由縣城回到蠻洞灣老家，略施小計，派人將正在滔滔不絕做孫子兵法演講的洪默深騙回家中，一聲令下緝拿歸案，押至縣城監獄囚禁，使其動彈不得。

張守恆等人得知洪默深尚未公開宣誓就任，更未放一槍一彈就稀里糊塗地成了牢中之囚，感到實在有些窩囊。為挽回面子，更為了穩住人心，張守恆決定鋌而走險，對洪氏家族施以報復，召集李莊鎮一幫苦大仇深的在地百姓、無業遊民等組成「川南革命軍李莊分隊」，攻打洪家大院。

以拳頭威震李莊與南溪縣城的洪家，儘管家中養有幾十名看家護院的帶槍家丁和武林高手，但因事發突然，沒有防範，突如其來的革命軍一擁而上，攻破大門，殺入院內。洪家的護衛家丁倉促中急忙操槍應戰，但為時已晚，未放幾槍就被蜂擁而至的革命軍砍倒拍翻在地。此時，洪氏家族的掌門人洪輝延正和兒子洪丕德（洪漢中弟弟）在廳堂招待一位客人，忽見人隊人馬殺將過來，來不及逃走，當場被槍轟倒斃命。混亂中，連在廳堂中玩耍的孩子也受了傷。

張守恆一看自己的隊伍輕而易舉地攻占了蠻洞灣洪家老巢，既復了仇，挽回了面子，又繳獲大量槍支彈藥和糧食金錢，遂決定一不做二不休，率全部人馬攻打李莊鎮政府。駐李莊的國民黨軍守備六連已聞知洪家被血洗，遂加強防範並做了臨戰部署。與此同時，守備六連又與張氏家族張訪琴聯繫，讓他們把自己的私人武裝——一個手槍連調出，與守備部隊呈犄角之勢共同阻擊革命軍。張守恆見狀，未敢輕舉妄動，而率部出其不意地擊斃一民團大隊長，將其隊伍大部改編為革命軍。而後，把南北兩岸的革命軍共一千餘人集中起來，兵分四路強攻李莊。早已做好戰鬥準備的守備六連、張訪琴手槍連組成聯軍與革命軍展開激戰。

革命軍與守備六連以及張訪琴的手槍連激戰四小時，裝備低劣、缺乏訓練的張守恆部力不能支，終被擊潰。次日，南溪縣守軍從瀘州借來兩個營的部隊，與當地守軍和洪漢中的團練一起截擊圍攻革命軍。張守恆率部突圍至龍船寺一帶，與敵激戰三晝夜，彈盡糧絕。除張守恆率一部分人突圍成功，沿江撤退外，其餘大部分人死於國民黨軍與團練的槍口之下。

龍船寺之役結束一個月後，國民黨軍將在此役中俘獲的洪氏家族的洪大毛以及造反隊員共十一人，捆綁於李莊鎮街頭斬殺示眾。

此後至一九二九年，躲藏在外的張守恆手下重要成員張雲龍、李安廷、塗長春等，先後被國民黨軍俘獲槍殺。而在一九二八年，洪默深藉跟隨其任縣團練局局長的伯父洪漢中回老家奔喪時，擺脫看守員的監視逃走。一九三三年，洪默深在李莊一家糧店祕密活動時，遭南溪縣緝警隊偵知逮捕，同年十二月在縣城南門外被斬首。一九三四年十一月，撤退川西的張守恆，再度起事未遂，在邛崍屬石頭場蔣家碾子村遭逮捕，旋被斬首於當地平落壩。至此，轟動一時的「川南工農革命軍」徹底敗亡。

抗日戰爭爆發後，由於全民族都集中力量投入抗戰，川南土匪勢力趁機竄起，給當地鄉紳百姓製造了無數痛苦與災難。

當同濟大學的王葆仁、周召南和中研院史語所的芮逸夫等人把李莊的地形地貌、歷史軼聞、風土人情一一考察而了然於胸後，認為此地雖亂象叢生，尚可暫住。鎮區內外有「九宮十八廟」和板栗坳上這樣龐大規模的山莊可以租用，這使同濟大學和中研院在昆明的幾個研究所共一萬餘人全部搬來成為可能。於是，在李莊羊街八號國民黨李莊分部書記羅南陔擺的宴席上，以及鎮內張家祠堂裡由當地最大的士紳張訪琴、張官周兄弟和鎮長楊君慧等專設的茶座上，三方開始商討遷居的各項事宜。基本達成協議後，王、周、芮三位考察人員相繼返回昆明，分別向自己的上司稟報。

至此，一場對中國文化具有深遠影響的遷徙行動，悄然開始了。

從昆明到李莊

根據國民政府教育部和中央研究院總辦事處指示，中央博物院籌備處和中研院流亡昆明的歷史語言研究所、人類體質研究所籌備處（史語所民族學組）、社會科學研究所等三個所，即中研院人文科研機構的全部，於一九四〇年秋冬時節，將要分期、分批動身遷往李莊。與此同時，同濟大學也開始做全校大遷徙準備，國立西南聯大亦在四川敘永找到了落腳點，準備將當年招收的新生遷往該地上課。九月上旬，同濟大學向教育部呈文〈為造具本校遷川計畫及概算表呈請核發費用由〉，文曰：

查本校奉命遷川，刻已組織遷建委員會，積極計畫進行。除新校校址現擬（宜賓南溪間李莊之張家大院）已另行籌畫並經派員接洽辦理外，其關於校產員生行李及員生之遷川處置，則擬將校產及員生行李，由昆（明）運瀘（州），再改水道前往新校址所在地（南溪李莊）。至於員生，則為安全計，擬自昆明取道貴陽經渝前往。所需經費，經會同各主管部分詳細估算。計運輸數量，共約三百噸，員生人數，共約二千七百一十人，所需費用，包括（一）校產運輸費；（二）行李運輸費；（三）員生旅費津貼；（四）旅行站辦公費用四項，以現時價格計算，合計約需國幣壹佰柒拾伍萬玖仟壹佰元。時機急迫，敬懇鈞部迅予核發，以利進行。是否有當，理合俱文檢同遷川運輸計畫及概算表呈請鑑核祇遵。

謹呈教育部部長

附呈遷川運輸計畫及概算表五份

國立同濟大學代理校長周均時[3]

教育部接到呈文，由部長陳立夫與已改任中央組織部部長兼中研院代院長的朱家驊聯合簽呈最高當局蔣介石，請教育部核定遷移運費的同時，特撥五十萬元作為遷川整頓補助費用。電令傳至昆明，周均時代校長甚感此款太少，不堪敷用，於九月二十六日再次向陳立夫、朱家驊發函，謂經費非增加預算不足以應付，前任趙吉雲校長之所以辭職，所遇最大困難即為經費無法支持。周函說：「本校前經決定遷至川東長壽，因該地已有房屋可以利用，所需建造之費可以較少。現改定遷至川南敘府，現有房屋不敷應用，所需建造費自屬更多……所差約一百二十萬元實屬無法支配，而將來新校建造所需更無著落矣。」[4]

陳朱二人接函，再呈國民政府最高當局裁奪，此後以教育部名義向即將啟程的同濟大學代校長周均時拍發密電：

該校遷川整頓，重要圖書儀器應儘先遷運，笨重機械可就地利用。建置及遷移費已奉委座特予核准撥發五十萬元，茲由部再撥發二十八萬元，除已匯十七萬元外，特續匯十一萬元，仰撙節支配速遷，具報教育部。[5]

周均時得電，知再無爭取經費之可能，雖心有不甘又無可奈何，只能強打精神指揮全校教職員工行動起來。

對於中研院史語所搬遷事宜，在長沙時所依靠的幾員幹將中的李濟因要組織中博籌備處的搬遷，無力他顧；趙元任至昆明後因與李濟不睦，遂赴美講學一直未歸；梁思永身體欠佳，幾乎不能乘車行動；傅斯年在昆明與利國、歐亞等汽車公司聯繫過一陣，後往返於昆明與重慶之間難以兼顧。經協商，搬遷事宜主要由語言學組的研究員李方桂主持，三組石璋如作為總提調予以協助。臨去重慶前，傅斯年已籌畫決定以雇用利國公司卡車為主，歐亞公司車輛為輔，如此方不至於因一方出事而耽誤。

在中研院十個研究所之中，史語所物資之多，為流亡昆明的學界所共知，甲骨、青銅器、陶器等出土器物，連同二十多萬冊珍貴書籍，共有一千餘箱之巨。為了運送這些國寶級的龐大物資，李方桂雇用了二十多輛卡車，每五輛為一組，分批行動。按照計畫，第一批車隊需與第二批在第一個關口會合，以便第二批看第一批要辦哪些手續；當第一批走後，第二批再帶第三批辦理手續，依次而行，直到最後一批過關。因史語所「家眷甚多，同仁之老父母、幼子女，尤占多數。其中如李濟之兄之太翁，李方桂兄之太夫人，凡年在七八十以上者有十人之譜。故路上做『黃魚』為不可能之事。故擬分兩次開行，每次一客車，一卡車（全部家眷約六十人），老弱在客車上，年壯夫婦在卡車上，如此辦法最為經濟，舍此亦想不到他法也」[6]。李石二人依傅斯年指令，為照顧研究人員家眷，每批車隊特地雇了一輛有篷客車，以供李濟父親等老人、婦女與小孩乘坐，而年輕的眷屬與押運人員則全部坐無篷貨車，如遇下雨天氣，則用一塊塑膠布遮掩。

九月二十四日，傅斯年致電已提前赴川辦理租房接待事宜的芮逸夫：

急。瀘縣第七專員公署轉中央研究院特派員芮逸夫兄：

即在李莊設辦事處，已由農本局何局長電知該地倉庫照料，物件不日分批啟運，經瀘時托兵工廠吳廠長照料並覓船運李莊，請與兩處接洽，兄可覓臨時照料人員，需款電王毅侯。再，張家大院除本院各所外，聯大文院亦擬用，並示與隆如何？

斯年　敬（廿四日）[7]

傅斯年電稱的吳廠長，乃兵工署二十三廠廠長吳敬直，為俞大維部下。此前，傅斯年專門致函俞大維，請求給予說明，俞指令吳敬直在瀘州一帶予以協助，此舉令傅斯年與史語所同仁心中的底氣增添了不少。

九月二十九日，傅斯年向正在李莊來回奔波、主持租房和安置事宜的芮逸夫拍發電報：

急。宜賓水井街育英閣十四號育英學校轉中央研究院特派員芮逸夫兄：

敬電悉。一、張家院房速訂約，如有困難，商專署協助，押租最好勿接受；二、博物院、營造學社並遷，如四圍有妥房可租下，並為同仁住家用；三、即在李莊設辦事處，物品、家屬下周可行，屆時電達。在瀘已託吳廠長照料；四、即修理，使去人可暫住；五、款電毅侯匯；六、李莊農本局何局長允本所在彼處倉庫設辦事處收信件。

斯年　代日[8]

芮逸夫接電一一照辦，昆明方面載運物資的專車準備就緒，即將啟程。

十月二日，第一批車隊自昆明北郊龍頭村出發。梁思成、林徽因及中國營造學社同仁，儘管對遷往偏僻的李莊很不情願，但要繼續從事學術研究，就必須依靠史語所的圖書，萬般無奈中，只好決定隨車前往。為此，梁思成夫婦在給好友費正清的信中表白道：「這次遷移使我們非常沮喪。它意味著我們將要和我們已經有了十年以上交情的一群朋友分離。我們將要去到一個除了中央研究院的研究所以外，遠離其他任何機關、遠離任何大城市的一個全然陌生的地方。大學將留在昆明，老金、端升、奚若和別的人也將如此。不管我們逃到哪裡，我們都將每月用好多天、每天用好多小時，打斷日常的生活——工作、進餐和睡眠來跑警報。但是我想英國的情況還要糟得多。」[9]

因搬遷事多，混亂、焦急與疲勞使得梁思成於行前突發高燒，無法隨車行動，只得留下休養，待病好之後再赴川。林徽因帶著母親和兩個孩子，乘第一批車隊中家眷專用的一輛有篷客車，於十月二日向李莊進發。據林徽因事後對費慰梅說，她們所乘客車中，從七十歲的老人到懷中的嬰兒，共有三十多人。由於人多物雜，車廂擁擠不堪，每個人只好採取「騎馬蹲襠式」，把兩腳叉開坐在行李捲上，儘量減少占用空間，隨著車的顛簸動盪苦熬時日。

從昆明到李莊，需經滇黔公路入川，中途要翻越溝壑縱橫、坡陡路險的烏蒙山脈，渡過著名的赤水等幾十條湍急的河流才能抵達瀘州。許多年後石璋如回憶說：在「黑石頭、赫章、威寧一帶的山區，其實都很危險，因為夜晚時老虎會下山覓食，人都不敢出來。在黑石頭、赫章，司機、副手會留在車內，鎖上車門，不敢出來。到了威寧，地方稍微平坦一些，車子可以圍在一塊兒，司機還是留在車內，萬一有老虎過來，司機可以打開車燈嚇走老虎」[10]。

車隊抵達瀘州地盤，車不能過江進城，要停在長江南岸的藍田壩卸貨，由史語所先遣人員潘慤、王文林負責接貨，通過當地的轉運站由輪船運往宜賓，再從宜賓運往李莊碼頭上岸。根據傅斯年指示，潘、王等人與當時長江航線赫赫有名的民生輪船公司聯繫，負責長江一段的航運事宜。

史語所由昆明派出的第一批車隊行程並不順利，一輛在易隆附近的山區翻車，一輛中途拋錨，不得不趴在山野草莽中暫且與虎狼為伴，林徽因等人乘坐的眷屬車也無例外地遇到了麻煩。據梁從誡回憶：「到威寧縣城，天已全黑，而車子在離城門幾里處突然拋錨。人們既不能卸下行李揹進城，又怕行李留在車裡被人搶劫，最後只好全車人留在卡車裡過夜。而我又偏偏發起高燒，媽媽只好自己拖著一家人進城為我找醫生。次晨聽說，夜裡狼群竟圍著車廂嗥了半宿。」[11]

包括有篷家眷車在內的三輛汽車，經過了近兩個星期的風餐露宿，「一路受了顛沛之苦」（董作賓語），總算安全到達了瀘州長江南岸的藍田壩。在潘慤、王文林等先行人員與當地轉運站交涉後，人與物資一起轉換民生公司輪船，溯江西行至宜賓，再換乘小型木船到達李莊。傅斯年得此資訊，於一九四〇年十月十五日致電在成都的四川教育廳廳長郭子傑並轉呈四川省政府，文稱：

> 前承撥給南溪縣李莊為本所遷往所址，茲第一批人員、物資已到達，餘在途中，特聞並謝。[12]

正當傅斯年欲舒一口氣之時，令人不快的消息突然傳來。

同濟大學由昆啟程遷川，員生近三千人，加上教職工隨行家眷人數近八千之眾，原定房舍院落一部分需要修繕才能入住，而學校請款所差之數甚大，無力應付，因而一批房舍不能按預期付租及修復，遂成騎虎難下的尷尬緊迫局面。代理校長周均時於萬般無奈中想出一個有點損人利己的招數，悄然致函中研院與教育部，並把抄件交由中研院前總幹事兼化學研究所所長任鴻雋（叔永）轉達史語所，其內容大體是：把史語所商談租賃的張家大院等地盤全部讓於同濟師生使用，史語所與中央博物院等機構人員另覓他處安身。

當任叔永把其意轉告傅斯年後，傅氏大怒，於九月二十四日致電朱家驊，同時轉呈教育部，謂：「茲已有兩批古物運往，正在途中，沿路照料均已設定，若再更改，本所必損失數萬，且古物久在中途堪虞。李莊現定房屋僅百餘間，同濟全部安置不下，本院社會所亦決遷往，他所遷川者亦擬用此存儲，乞即商立夫先生、一樵兄勿更原議，至感。」[13]中研院得電立即向教育部打招呼，謂同濟大學不得在李莊與史語所爭搶地盤，令校長周均時打消此念，自覓安身之處。但周卻一意孤行，電令駐李莊接應的同濟人員圍繞張家大院等二處，與史語所公然爭搶起來。

十月二十日，傅斯年強按怒火致電朱家驊：「關於同濟在李莊與本院搶房一事，前經電達並請轉達立夫部長、顧、余兩次長，並經教部惠復在案。茲據李莊辦事處來電，有同濟之校友趙君逕向張家大院、穆壩兩處房主直接接洽，此事甚為不妥，今日已電教部，茲將原電鈔呈察閱，並望派人往教部接洽。」[14]同時，傅斯年致電教育部，特別指出：「查同濟已決遷李莊之內，上列兩處均在李莊之外，似不應相爭，乞電飭該校注意，勿變前議，至荷。」[15]

二電發畢，傅斯年以強硬姿態又向時在李莊辦理租賃房屋與接迎事宜的史語所特派員凌純聲、芮逸夫連發二電：

> 張家四院、穆壩均請即日租定，並在附近為博院、營社、北大文所租屋及私人住宅，勿放鬆，以免為人攘去。款已請渝即匯。[16]
>
> 穆壩房無讓某校之理，張家第四院勿掛社所牌，可租房均請租下，對某校勿退讓。[17]

凌、芮二人此前已在李莊與同濟特派員明爭暗鬥起來，此次接電見傅之強硬態度，鬥志更盛，迅速找到上述二處房東，先付訂金簽署合同，同時答應匯款即到，請其不得租與同濟大學，如果租給同濟將受到嚴懲云云。經過如此一番軟硬兼施的商談，兩處院落算是正式底定。此後，凌芮二人又按傅斯年指令在周邊展開調查，為後來者租賃住房。待李莊房屋租賃事基本底定，運輸方面又發生了令傅斯年悲憤交集、「如喪考妣」的大事。

李莊張家祠。當時中央博物院籌備處的所在地。

十一月十一日，由史語所王崇武壓隊的第三批共一百四十箱物資抵達宜賓，稍停留後，分裝幾艘小型駁船運往李莊。令人意想不到的是，其中一艘駁船不幸傾覆，船上運載的物資全部滾落於江水之中。眾人一看大事不好，急忙上岸找人打撈搶救。宜賓專員冷寅東聞知，深感事關重大，當即下令所屬水運局火速派遣潛水夫下水打撈。經過上下左右一番緊急搶救，總算把落水的箱子全部打撈上來。令人萬分痛心的是，落水的偏偏不是出土青銅器、陶器或甲骨，而是分裝於各箱中的拓本、善本書籍，儘管裝箱時外面包了一層函套，仍全部被江水浸透。

因傅斯年已赴昆明，在李莊負責接待安置搬遷人員與物資的芮逸夫直接致電重慶中研院代院長朱家驊：

朱院長：

本所歷代拓片、善本圖書、殷墟器物、骨骼及人類組材料、儀器等一百四十箱託民生公司由瀘運敘，職員王崇武等灰（十日）晚八時隨船來敘。真（十一日）晨黎明，躉船傾覆，所有箱件全部沒水，雖經撈起，但均溼透，未敢提取。經與該公司敘府經理交涉，派員會同本所人員開箱檢查，拓片、善本粘凝成餅，無法揭視，損失奇重。查該躉船事前緊靠航輪，徒以裝載失均，致真晨航輪移動，蔓船失靠遂向外傾倒，交通管理疏忽如是，實深痛恨。究應如何交涉賠償之處，敬候鈞示祇遵。

芮逸夫　文[18]

朱家驊接電，頗感事態嚴重，立即回電令其設法補救，同時轉告傅斯年速與李莊方面取得聯繫，做好善後事宜。傅斯年得知此情，驚恐之餘氣急敗壞，血壓上躥，倏忽間差點昏厥過去。待緩過氣來，大罵王崇武不是個東西，成事不足，敗事有餘，眼睜睜看著幾十隻書箱翻落水中云云——那可是珍貴無比的善本書，且是世之罕絕的宋元刻本，竟成箱地滾落長江，這還了得？待稍微冷靜之後，一面派人和民生公司重慶總部聯繫索賠事宜，一面指示宜賓王崇武等人速把落水書箱搬到一個安全地方開啟查驗並設法救治。十一月十三日，傅斯年向李方桂、石璋如發電，略述宜賓書箱等落水之事：

方桂、璋如兩兄：

一岔未已，一岔又來。茲將芮電另紙抄奉。頃為此事已電達矣。弟當即連電前往迅速開箱曬乾，不能揭者徐圖蒸治，交涉由此直辦，勿多時放在箱中。查此次損失之大，恐不可勝計。弟今晨精神上「如喪考妣」矣。宋元刊本本自驕貴，何堪落江？弟已電王育伊兄負責曬，同時乞告苑峰兄迅速去（搭最近之車），弟當在蓉覓工蒸治之，但決不如北平之手藝也。若在箱中多耗幾日，則不堪救藥矣。心中誠焦急欲死也。怕的是路上出事，不意事乃出於蔓船自傾，此真夢想不到者也。專叩

晨安

弟　斯年　十三[19]

王育伊乃國民政府經濟部農本局李莊分庫專員，經傅斯年的好友、農本局局長何廉指示幫助史語所處理安置事宜。苑峰乃中研院史語所助理研究員張政烺。傅找二人前去並無深意，無非是增強一點搶救力量而已。

十一月十五日，傅斯年再次致電石璋如，謂此次運輸船失事，「大約三組損失最小，善本幾當全部八〇%，而四組亦重也。此一批（即六柴油車）之內容乞即開示。弟幾為此去敘，亦因此間事無法分開也」[20]。

十一月十七日，潘慤於瀘州向昆明的李濟和梁思永發電，通報四川方面接運情況：「沉沒公物已全數打撈，正覓修裱人。運來六車，五車已到，一車在畢節拋錨，已帶零件救濟，俟其到即可裝運。」[21]

其間，傅斯年電請董作賓由李莊趕往宜賓，親自動員指揮對落水書籍的救治事宜，凡從江水中打撈出的箱子，全部集中到宜賓明德小學開箱、晾曬，並一一登記造冊，而後到成都請高級裝裱師前來整治。於是，在重慶與宜賓之間，傅斯年與董作賓的信函你來我往，頻頻交換救治情況，並商量對民生公司的索賠對策。如十一月下旬，傅斯年向董作賓連發二電，曰：

> 頃與民生公司商定，雙方封條之箱先打開再曬，免再受損失，將來以原簽文件為憑即足。又，落水照相、畫圖器原價，重損書原價，請即開示。[22]
>
> 均一歸來，已將落水書物價目開列造冊寄上，請查核。[23]

由於書籍損失太多，在傅斯年要求下，民生公司不得不答應賠償，但在損失數量論證和賠償數額方面，雙方仍存很大爭議。為此，身在重慶的傅斯年曾幾次找到民生公司掌門人盧作孚與其理論，希望能給個大家都感覺過得去的說法。盧作孚虛與委蛇一陣後，令手下與傅斯年具體交涉，傅斯年儘管心中頗覺窩囊和憋氣，但事已至此，也只能耐下心來與對方通過談判解決。

除了王崇武一隊遭遇災難，在昆明最後一批壓車啟程的石璋如，途中也遇到了較大麻煩。一輛汽車翻入赤水河橋下，所幸沒有落入水流滾滾的河心，車上箱子大多散落在橋頭，只有幾個滾落於河邊淺水裡。石璋如與同行的王志維等到當地找吊車求百姓幫忙拖吊，在寒風呼號、細雨迷蒙中，經過三天三夜的折騰，車子才被拖上來，重新上路。來到瀘州裝船時，已是一九四一年一月九日，又經過四天折騰，全船物資才安全運往李莊板栗坳。

民生公司創始人、總經理，著名愛國實業家盧作孚。

宜賓方面的落水圖書，除王崇武一隊人馬外，又加派了後到一組同仁共同晾曬救治，到一九四一年一月十二日，經卷的晾曬與整治裝裱才算告一段落，所有人員乘船押運物資抵達李莊板栗坳。參加押運的石璋如想起由昆至川發生的令人悲欣交集的事，聯想到《西遊記》中的唐僧四人西天取經路過通天河被千年老龜從蓋上掀到河中，以致人書盡溼的西遊故事，不禁感慨繫之，嘆謂自己與同事蹲在揚子江頭「等於曬了三個多月的經」[24]。至此，所有人懸著的心才得以放下，並深深噓了一口長氣。

一九四一年一月十八日，傅斯年從重慶匆匆趕往李莊主持分房事宜。四天後，傅氏致函朱家驊，彙報來李莊的情形。函曰：

騮先吾兄院長左右：

到李莊已四日，諸事紛然，迄今始獲上候，為歉。船行五日，連前轉船共七日，方達宜賓，在宜賓又以結束水漬公物之故，費去二日，方轉李莊。交通不便一至於此。然下行船則不需如是也。所中同仁均好，勿念。所遷入之板栗坳房子（即梁仲栗兄之外家也）甚為適用，只住家微有不便，亦無大不了也。只是弟未能常在此，一切困難，乃至磨擦，由此而生耳。弟恐須二月五日方可自李莊赴宜賓搭船，十日可到重慶，未知誤事否？

專此，敬叩

政安

弟　斯年　謹上　一月廿二日

水漬公物，全損者不多，相貌改變者幾無能免。能如此，仍由同仁奮力搶救，詳情俟寫成後奉呈。[25]

傅斯年來李莊之前，同濟大學雇用的載貨、載人車輛，分兩路向李莊進發。一路車隊滿載儀器設備及學習、生活用品，翻越烏蒙山脈，渡過赤水河，自瀘州卸貨轉船溯江而來；另一路則承載兩千七百多名師生及家屬五千多人，自昆至黔再經重慶，乘船向目的地逆水而上。當時人口只有三千多人的李莊鎮，突然要安置上萬之眾的「下江人」，儘管李莊士紳和民眾早有心理準備，但當一隊隊人扛著箱子，背著背包，提著行李，大呼小叫潮水一樣由碼頭湧來時，仍不免感到震驚和為難。事已至此，只好硬著頭皮，表示要克服困難，盡數接納云云。

當初聯繫遷徙地點時，同濟大學在先，且李莊鄉紳發的電文是「同大遷川，李莊歡迎，一切需要，地方供應」，而中央研究院芮逸夫只是跟隨而來，因而在李莊的房舍分配上自然被動。這也是同濟大學校長周均時敢置傅斯年這尊「大砲」於不顧，悍然致信中研院和教育部並由前總幹事任叔永轉達傅斯年，請史語所讓出房屋給同濟大學的一大原因，只是傅斯年沒有理會並令凌純聲、芮逸夫搶先行動，挫敗了周校長的企圖並把張家大院弄到手。如果不是傅斯年的霸氣與其在政學兩界的超強實力，張家大院很可能要易手同濟。

儘管如此，同濟大學憑著此次行動中開山鼻祖的地位，仍然博得頭彩，凡李莊鎮適合外來人員辦公、學習的「九宮十八廟」，以及「湖廣填四川」時興建的各種會館、祠堂等，均被同濟大學所占，如南華宮變成了同濟大學理學院，紫雲宮變成了同濟大學圖書館，曾家祠堂成了同濟大學體育組駐地。而鎮內位置最顯要、規模最大、廳

李莊鎮面朝長江的禹王宮，現改為會光寺，抗戰期間為同濟大學校本部。

堂最好、房舍最為寬敞明亮的禹王宮，成了同濟大學校本部。最具川南代表性的建築——東嶽廟，經同濟派員說和，當地士紳組織人力用滑輪和長桿起吊神像，把掌管風調雨順、五穀豐登的天神們暫時集中到一間黑屋子裡反思自省，騰空的大殿、偏殿和各個大小不一的套院裡，支起了簡易的課桌——同濟大學規模最大的工學院在此敲響了上課的鐘聲。

李莊有名的大地主羅用光一處私人大院剛剛建成，一經磋商，便痛快地答應轉租給李莊小學，而原小學校址——祖師殿騰出後移交同濟大學醫學院，除平時上課外，還作為醫學院解剖、實驗場所。當地駐軍十八師一個團部住在東嶽廟偏殿，經同濟校方和當地士紳委婉勸說，很快移遷他處，殿房調給同濟使用。得天時、地利、人和的同濟大學師生，渡過了千山萬水，風塵僕僕、滿面風霜，終於在這座千年古鎮找到了溫暖的鄉情厚意與一片棲身之地。

經過近一個月的清理與小規模修繕，同濟大學各教學與科研單位的住處大略安置妥當，但一些附屬機構與家眷尚需籌措安排。在各方代表共同奔波努力下，李莊鎮內外一幢又一幢私人住房被騰出，一個個院落被清空，大批人員進入，有的一個院落住進幾個家庭，以解燃眉之急。儘管擁擠雜亂，師生們總算躲過了敵機的轟炸，在戰時有了一個安靜的工作學習環境，一個讓疲憊的心得以暫時歇息的家園。

與同濟大學相比，中研院來李莊的研究所、中央博物院籌備處和中國營造學社等機構，就遜色了許多。憑著傅斯年的霸氣及其處理實際事務的傑出才能，史語所總算占據離鎮中心約五公里的張氏家族最龐大的居住地——板栗坳（栗峰山莊），亦即「張四皇帝」造反起事的大本營。半年之後，當西南聯大梅貽琦一行三人赴李莊時，中文系主任羅常培對其位置和地形有過如下描述：

> ……歷史語言研究所的所址在板栗坳，離李莊鎮還有八里多……離開市鎮，先穿行了一大段田埂，約有半點鐘的光景。到了半山的一個地方叫木魚石，已經汗流浹背，喘得上氣不接下氣。躲在一棵榕樹蔭下休息一會兒等汗乾了，才繼續登山。又拐了三個彎，已經看不見長江了，汗也把襯衫浸透了，還看不見一所像樣的大房子。再往前走到了一個重巒挑拱的山窪裡，才算找到板栗坳的張家大院。[26]

儘管板栗坳離鎮中心遠了點，要過田埂，穿樹林，上山要爬五百多級台階。但這個當年曾經暗藏刀兵、被聚眾造反者視為「革命聖地」的山坳，像當年水泊梁山的水寨一樣龐大，且自成體系，除有房舍可存放大批物資外，還可安置研究人員與家眷工作居住，倒也不失為一處理想的避難之所。

傅斯年來到後，開始找人修整房舍並著手分配。考古組身體孱弱的李濟與梁思永兩位重量級人物都不想上山，自己在李莊鎮內找房租住。另一位重量級人物董作賓因所藏甲骨皆在板栗坳，要研究甲骨做學問，樂意上山與史語所本部一起聚居。為此傅斯年做出嚴格規定，凡是單身的研究人員與技工必須全部上山，並在山上成立伙

左：在李莊鎮郊外上壩月亮田的中國營造學社，站立者為莫宗江。

右：李莊中國營造學社舊址。梁思成、林徽因等在這裡完成《圖像中國建設史》英文著作，該書成為日後這一領域的學術經典。

食團，共同搭夥做飯。板栗坳的住房按照等級制分配，職級較高的研究人員分配的房子相對好一些，職級低的年輕人自然要差。為便於管理，住房與辦公場所基本以當地所稱「桂花坳」「柴門口」「田邊上」「牌坊頭」「戲樓院」等五處大院為主。

按照國民政府所屬機構遷移次序排列，中國營造學社屬於被「棄之不顧」的民間學術機構，是被迫隨史語所來到李莊的。就行政建制來講，營造學社與中研院沒有直接隸屬關係，故而面對安家置業這類需錢需力的大事情，傅斯年雖有心相助但力不足恃，只能在工作、生活方面給予一點道義上的照顧和支持。而主持學社工作的梁思成在離昆時突發高燒，直到一個月後方隨史語所最後一批車隊趕到李莊，所以營造學社的搬家事宜只能靠另一位重要支柱劉敦楨以及林徽因等人操勞。所幸，學社僅十餘人，只需一個大點的院落便可安身，未出幾日便在李莊郊外上壩月亮田找到一處安身立命之所。

相對而言，陶孟和領導的社會科學研究所（簡稱「社會所」）就顯得頗有些尷尬和狼狽了。

中研院社會所遷往李莊是倉促間成行的。此前，所長陶孟和既沒有像同濟大學或史語所那樣派出人員前往李莊考察，也沒有專託史語所人代勞覓租。到了不得不離開昆明，整所人馬來到李

中央研究院社會學所在李莊鎮郊外門官田辦公處之一。（王榮全攝並提供）

莊這個陌生地盤後，面對擁擠雜亂局面的時候，陶孟和與全所人員在震驚之餘才心慌起來。此時已是寒冬季節，李莊的天氣雖然不像北方那樣寒冷，但長江霧氣瀰漫天空，擋住了陽光，使人感到一種陰森森的徹骨寒意。這種氣候對剛由四季如春的昆明遷徙而來的人來說，更是難以適應。為此，許多社會所研究人員特別是隨所而來的家眷老小，先後「撲撲騰騰」地病倒在地，呈現一片困厄潦倒、無家可歸、如乞丐與叫花子般的悲慘淒涼景象。萬般無奈中，陶孟和只得和李莊的羅南陔、張官周等士紳協商，將社會所人員連同家眷化整為零，分散於有空房的戶主家中暫住，先治病救人，恢復身體，等熬過嚴冬，待來年春天再設法安置。

到了一九四一年五月中旬，社會所總算在距李莊鎮五里地的石崖灣及門官田（又稱悶官田，以夏日酷熱、不透風而聞名）兩個地方找到了落腳點。儘管兩處相隔四五里路程，生活、研究等極其不便，且門官田的辦公室隔壁就是牛棚，中間僅有一道竹「牆」相隔，整日牛喊驢鳴，臭氣熏天，真可謂實實在在地入了牛馬圈，但畢竟安下了一張平靜的書桌，有了自己的棲身之處。在陶孟和親自指揮下，社會所人員分批遷入居住和辦公。

至此，李莊的外來人員達到了一點一萬之眾，這些「下江人」在抗戰烽火中，隨著自己就讀和服務的學校與學術機構，與祖國同呼吸共命運，在這塊陌生的土地上開始了新的生命歷程。

傅斯年因兼任中研院總幹事，不能在李莊久留，待板栗坳租賃房子分配完畢，便回到重慶中研院上清寺總辦事處，協助上任不久的代理院長朱家驊處理各種煩瑣事務，史語所的日常工作由李方桂代為主持。未久，李方桂辭職，由董作賓代理史語所所長。

一切安排妥當後，無論同濟大學還是遷往李莊的其他學術研究機關，都陸續開始辦公。令人意想不到的是，剛剛躲過了日機轟炸，從顛簸勞頓中緩過神來的流亡人員，突然又陷入一種新的驚恐與尷尬。

「研究院吃人」事件

按照各自的工作計畫，在李莊板栗坳史語所三組的董作賓開始繼續整理安陽殷墟出土的甲骨，李濟整理陶片，梁思永做侯家莊大墓的研究；四組的吳定良整理殷墟出土的人頭骨，凌純聲、芮逸夫等則籌畫做少數民族風土人情的調查；一、二組人員也繼續研究自己的業務。如此一天天安靜地過去，可是出乎史語所人員的預料，吳定良與董作賓的工作竟引來了一場大麻煩。

抗日戰爭爆發之後，殷墟發掘的近千個頭骨標本，隨史語所其他器物開始一起搬遷，由南京而長沙而昆明，後存四川南溪李莊；在抗戰勝利後又搬回南京，最後運往台灣。經過如此的搬遷折騰，這批標本受到很大損失。據說在台灣最後整理時，頭骨完整可供測量者僅餘三百九十八個。對此夏鼐曾分析說，這是由於當年發掘者貪圖省事，許多頭骨腦腔內的填土沒有挖取出來，以致乾燥後成為堅硬的小泥球，這些泥球在搬運時受到震動，不斷來回碰擊，遂使好端端的頭蓋骨被碰成碎片。而據吳定良解釋，頭骨的主要損失還是在從南京到李莊的路上。由於這一時期戰火連綿，兵荒馬亂，道路艱險，許多箱子在運輸時碰碎摔裂，導致後來清點時看到的惡果。而在李莊發生「研究院吃人」事件，也是以裝載頭蓋骨的箱子摔裂為肇端的。

史語所大批物資由昆明運往李莊板栗坳時，其中一批箱子專門裝載殷墟出土人頭骨。這批珍寶在宜賓轉船抵達李莊碼頭，再往山頂的板栗坳搬運，其中一箱不慎摔裂，盛裝的人頭骨滾了出來。抬滑竿的當地農夫見狀，大為驚駭，一膽大者迷惑不解地問：「這箱子裡怎麼會有死人頭？」

史語所押運人員在痛惜之餘，一邊埋頭收攏頭骨重新裝箱捆紮，一邊沒好氣地答道：「不只是死人頭，連活人頭都有，你們這個樣子抬怎能行，摔壞了誰擔得起這個責任？」

幾名轎夫自知理虧，不敢爭辯，也不再繼續追問下去，但在心中有一個疑團始終揮之不去，那就是：這幫人到底是幹啥買賣的？為什麼箱子裡竟藏著人頭？

史語所人類學組在李莊板栗坳辦公處陳列的體質測量標本，多數是安陽殷墟發掘的古物。

隨著人頭骨滾落，疑問在轎夫心中盤桓，一種不祥的謠言像風一樣在李莊鎮大街小巷瀰漫開來：研究院開黑店吃人肉，箱子裡還藏有將人殺死之後煮熟的殘骨和人頭……此種謠言如同暗夜的鬼火，由鎮內散播到鎮外，在長江兩岸幾十個村落飄忽流傳，搞得人心惶恐不安，許多鄉民開始疑神疑鬼，對「下江人」的所作所為越發關注和警戒起來。

更加令當地民眾驚愕的是，自史語所在板栗坳開張之後，以董作賓為首的幾個研究人員，竟在牌坊頭廳堂將殷墟出土的甲骨，公然攤放在桌面上研究。而以吳定良為首的第四組人馬，更是把殷墟出土的可怖的頭骨，從封閉的木箱裡取出，又是測量又是修補地反覆擺弄。有機會進入該室的當地人見狀，無不駭然，「研究院吃人」的謠傳更加盛行，向更大的範圍擴散。恰在這個時候，幾個意外插曲相繼出現，終於使「研究院吃人」謠言演變成一個難以遏制的大事件。

卻說有一天早晨，李莊一農民應約為史語所送菜，當走進板栗坳後，面對層層階梯和曲徑通幽的大小套院、廳房，老農如進入迷魂陣，轉了半天總找不到該走的門徑。最後經當地人指點，才走進了史語所在一個院內開設的職員食堂。

在老農進門後，受「研究院吃人」謠言蠱惑的一幫閒極無聊的人，開始在大街小巷的牆角門邊探頭探腦地觀望，但直到太陽下山，夜幕降臨，也未見送菜的老農從食堂前門出來。於是流言很快傳了出來，謂老農肯定是進了孫二娘的黑店，被史語所這幫「下江人」做了人肉包子吃掉了。——事實是，送菜老農從一個偏僻的後門離開了。這個後門是史語所為建食堂臨時建造的，大小只容一人穿過，故連當地的好事者也多有不知。

就在「送菜老農變成人肉包子」的流言在李莊風傳之際，恰好有一群當地農民的娃娃在板栗坳山莊內玩「躲貓貓」或謂「瞎子摸魚」的遊戲。一個小孩跑到僻靜的角落，將一個特大號木桶的桶蓋推開一條縫，跳了進去。這小孩的奇招果然瞞過了前來「摸魚」的夥伴，但也差點要了自己的小命。「摸魚」的孩子們遲遲不能捉到這一漏網之「魚」，眼看天色已晚，便停止了搜索，各自散去。木桶中的小孩見長時間無人發現自己這條狡猾的「魚」，暗自得意之餘，想探出頭來看個究竟。他萬萬沒想到，這木桶又大又深，站起身踮起腳也摸不到桶沿，小孩於黑暗的桶內焦急地來回轉圈、踴動，始終無法突圍而出。小孩開始感到大事不妙，驚恐中手腳並用拚命擊桶，並放聲大哭，卻沒有引起外界的注意，更沒有人來搭救他逃出這黑暗的「魚甕」。多虧桶蓋留出的縫隙可透進空氣，否則該「魚」將因空氣耗盡而一命嗚呼。

當小孩在木桶中拳打腳踢，叫天天不應，叫地地不靈，淚乾泣血之時，他的家長在板栗坳內外的山林曠野中

左：李莊鎮祖師殿，抗戰時同濟大學醫學院所在地。

右：祖師殿內的花壇。據現居住此院的原中央大學畢業生、李莊中學退休教師左鶴鳴說：當年同濟大學的大體解剖台就設在這個花壇上，「吃人事件」也與此有關係。

開始搜尋，經一天一夜未見到蹤影。悲聲不絕中，有人突然宣布，那小孩肯定是被研究院的人吃了。於是，「研究院偷吃娃娃」的消息迅速傳播開來。

事有湊巧，就在「研究院吃人」的消息風傳之時，住在李莊祖師殿的同濟大學醫學院師生準備做人體解剖實驗。因室內光線太暗，他們在室外花壇之上搭了幾塊木板作為解剖床，當幾名教授和若干學生從室內抬著一具大體呼呼隆隆來到花壇前擺放妥當，開始操刀解剖時，當地一位泥瓦匠正好在祖師殿的屋頂上做修繕工作。此人見狀，大驚失色，一個恐怖念頭忽地自心中冒出：看來不只是研究院吃人，同濟大學也開始吃人了，眼前就是活靈活現的鐵證啊！為了不被對方捉住吃掉，泥瓦匠迅速屈身弓背，順著房後的梯子悄無聲息地滑落到院外，溜之乎也。

因了泥瓦匠關於自己「虎口脫險」的敘述，研究院與同濟大學共同吃人的傳聞如同火上澆油，越發兇猛廣泛地在李莊鎮內外燃燒流竄起來。有泥瓦匠親眼看到的「活生生的事實」，有人便向丟了孩子的家長獻計：小孩在板栗坳丟失，很可能被研究院的「下江人」藏起來或已吃掉了，不如直接找研究院的人索要小孩，若拒不交出，就和他們拚命，把板栗坳史語所弄個底朝天，找出證據，把「下江人」全部逐出李莊。

丟小孩者聽了這一建議，便召集親戚好友呼啦啦來到板栗坳，怒氣衝衝向史語所要人。李方桂、董作賓、李濟、吳定良等見對方來勢兇猛，呈咄咄逼人狀，開始就如丈二和尚摸不著頭腦，待問明事情原委，甚覺冤枉，但一時解釋不清，同時又替對方著急。讀書人畢竟是讀書人，董作賓、李濟懷著同情和理解，主動與對方一起分析當時的情況和小孩可能的下落。從對方敘述中他們意識到，小孩被當地土匪綁票的可能性很小，因為這是一個地地道道的窮苦人家的孩子，土匪不會費心思做這一樁出力而不獲利的買賣。最大的可能是小孩仍在板栗坳的某個地方。大家該做的不是氣勢洶洶，憑著坊間傳聞向史語所要人，而是在板栗坳一帶展開地毯式的搜尋，特別注意平時易被忽略的死角和奇特的建築物等。

聽了董、李等幾位學者平心靜氣的分析，小孩的家長及一堆親戚終被說動，儘管對「研究院吃小孩」的傳聞仍是半信半疑，但畢竟沒有拿到確鑿的證據。於是，對方決定暫時停止找史語所的麻煩，分頭在板栗坳一帶繼續「瞎子摸魚」。臨走時，李濟突然想起什麼，把對方叫住問：「你們通常是怎麼『摸魚』的？」

對方想了片刻答道：「還不就是在這一塊轉圈尋？都轉幾十圈了，又到山上和江邊去摸，就是摸不到！」

對方的話，讓李濟想起網球與方格探方，或被稱作「瞎子摸球」的當地遊戲。一顆網球在一大片草地中不見了，誰也不知道它藏身何處。好幾個找球的人在草地上來回搜尋，就是找不到網球的蹤影。最後有個人想出一個辦法：在草地上按一定尺寸劃出若干方格，然後逐個方格依次尋找。結果，網球找到了。——這便是李濟前些年在山東城子崖遺址發掘中採用的方法。李濟將這一實踐證明行之有效的田野工作方法總結為「方格網式普探法」。這一方法不但在後來殷墟歷次發掘中被借鑑沿用，也成為中國乃至世界考古界普遍遵循的一種科學發掘方式。

想到這裡，李濟便想把考古學上的理論應用在這次現實中的「瞎子摸魚」，他真誠地向對方建議道：「你們以前的方法容易有漏洞，大家看是不是這樣，先把板栗坳分成幾大塊，你們十幾個人分成幾個小組，從南往北，一塊一塊，一個院子一個院子地搜索，哪怕是草叢中的一塊石頭、一根木頭，也要細心地晃一晃，搖一搖，搬一搬，探一探，看有無異常。如此走下來，效果可能會不一樣。」

對方聽罷，覺得合乎情理，便按照李濟的說法行動起來。

大約過了三個小時，有消息傳來，丟失的小孩找到了。此前，不止一個搜尋者曾在那個偏僻角落的大木桶邊走過，卻都沒有上前揭開蓋子探個究竟。這次，小孩的舅舅因心裡裝著李濟說過的話，搜索極其細心，當他來到大木桶前，下意識地伸手推了幾下木桶，突然感覺有些異常，像有什麼東西在桶內活動，心中一驚，立即雙臂用力將龐大厚重的桶蓋揭開——奇蹟出現了，奄奄一息的小孩正蜷縮在桶底。

由於李濟推薦「方格網式普探法」讓家長找到了丟失的孩子，按理說對方應當表示感激。可是由於「研究院吃人」的謠言依然在坊間鄉里蔓延，不但「吃人」的事未能澄清，反又橫生枝節，很快產生了「研究院的人把小孩抓了放到桶裡待煮吃，後被發現未吃得成」的謠言。史語所的李濟、董作賓等人聽了，只是苦笑，並沒有放在心上。按他們的想法，這些謠言乃當地坊間鄉里無聊之人所編所傳，很快就會過去，不會掀起多大的波瀾。作為學者，他們智慧是超人的，而一旦面對現實生活，卻過於天真。他們沒想到，此時當地一些受謠言蠱惑的無業遊民、地痞流氓及部分工商失業者聯合不明真相的鄉民，正在悄悄設法對這些「下江人」施以顏色。

先是在鄉民與研究院、同濟大學等機構的人員之間，建起一道心理屏障，呈井水不犯河水之勢。倘有人路過史語所駐地板栗坳、社會所駐地門官田、中國營造學社駐地上壩月亮田，或李莊鎮內同濟大學所在的幾個學院，寧可繞行，不予接近。與此同時，在李莊鎮經營柴米油鹽醬醋等日常生活必需品的商販，見「下江人」前來購買，無論對方出價高低，堅決不賣，弄得「下江人」尷尬疑惑又無可奈何。就在同濟大學與各研究機構人員的生活即將發生危機時，又一件奇特詭譎的事發生了。

這天晚上，板栗坳牌坊頭戲樓院對面山上一座草屋突然著火，史語所人員見狀，忙提了水桶臉盆，盛水前往撲救。就在這時，山頂突然傳來了喊聲：「不得了了！吃人了，下江人吃人了！吃人了……」寂靜山坳，墨色的天地間，這喊聲如同野墳亂崗中貓頭鷹發出的淒厲悲鳴，聞者無不心驚膽戰，驚駭莫名。

當此之時，川南一帶為防匪患，正實行保甲制度搞鄉村聯防，每家每戶都制有竹梆。倘一家發生不測事故，立即敲梆求援，相鄰各戶必須迅速取出竹梆跑到門外的高處或寬闊地帶予以敲擊，以示聲援。若哪家遭遇了盜賊或搶劫綁票的土匪，只要一喊，各家各戶立即敲著梆子跑上山，一邊急劇地敲梆一邊高喊「某某家遭搶了」「某家小孩被綁了」「土匪向那個方向逃走了」等。敲梆的意義除了先聲奪人，把資訊傳給更廣大的民眾外，也有震懾作用。待各處梆聲響起，一般是當地民團、鎮內的員警及保安部隊聞聲而動，前往清剿。盜賊或劫匪見自己的行動已經暴露，且周邊梆聲、喊聲震天動地，不敢久留，搶些財物便匆匆逃走。如果梆聲響起，眾人紛紛奔出家門，聚集鎮郊、山坡，而有不出門者或落後分子，則被視為與盜賊土匪有勾結的「特嫌分子」予以捉拿和監控。

當板栗坳牌坊頭對面山坡草房著火，淒厲的喊聲響起時，四周鄉民大驚，紛紛拿起竹梆奔出家門，連敲加喊地向板栗坳方向狂奔而來。當地民團、員警、保安部隊聞訊，立即操槍持械將板栗坳張家大院圍起來。另有一幫鄉民打扮的人，在熊熊火光映照下，吵鬧著要把史語所的人扔入火中。據當時參與滅火的史語所研究人員石璋如回憶，面對這種紛亂且明顯帶有敵意的挑釁，「我們就極力想解釋清楚，以破除謠言」。遺憾的是，不但沒有解釋清楚，史語所的人還差點被一群身分不明的人，趁著夜色扔入火中當北京烤鴨燒了。幸虧當時駐軍周動團的一個連趕來，與當地員警一起制止了這群人的行動，研究人員才倖免於難。

第二天，「下江人」吃人的謠言，由李莊很快傳遍了祭天壩、宋家山、牟家坪等鄉鎮，接著又在長寧、慶符等縣傳開。研究院幾個所的工作人員、家屬及同濟大學師生，被置於十分危險的境地。李方桂、董作賓、李濟、梁思永以及社會所的陶孟和、同濟大學校長周均時等人，意識到問題的複雜性與嚴重性，決定電告傅斯年和教育部，把近來李莊發生的所謂「吃人」謠言及頗感蹊蹺的事情逐一彙報。同時史語所請傅斯年不要只在重慶做甩手掌櫃，應時刻關注李莊弟兄的處境和人身安全等。

傅斯年接電，認為事關屬下和家眷的人身安全，必須加以防範，遂立即把情況報告給中央研究院代院長朱家驊，同時向教育部、內政部、國防委員會等相關部門做了報告，並表示自己決不做甩手掌櫃，要親臨李莊與地方政府一道處置此事。於是，傅斯年辭卻繁忙的公務，乘坐民生公司的「民望」輪由重慶溯江而上，向李莊駛來。

注釋

[1] 參考《四川省歷史文化名鎮——李莊》，熊明宣主編，宜賓市李莊人民政府一九九三年出版（內部發行）。

[2] 二〇〇三年九月二十六日，作者在李莊採訪羅家、洪家後人羅萼芬、洪恩德記錄。

[3] [4] [5] 中央研究院近代史研究所藏《朱家驊檔案》，冊名：國立同濟大學：校長周均時任內文卷。

[6]〈傅斯年致彭學沛〉（一九四〇年十月十九日），載《傅斯年遺劄》第二卷，王汎森、潘光哲、吳政上主編，中央研究院歷史語言研究所二〇一一年出版。

[7] [8]〈傅斯年致芮逸夫〉，載《傅斯年遺劄》第二卷，王汎森、潘光哲、吳政上主編，中央研究院歷史語言研究所二〇一一年出版。

[9]《中國建築之魂——一個外國學者眼中的梁思成林徽因夫婦》，〔美〕費慰梅著，成寒譯，上海文藝出版社二〇〇三年出版。

[10] [24]《石璋如先生訪問記錄》，中央研究院近代史研究所二〇〇二年出版。

[11]〈北總布胡同三號——童年瑣憶〉，載《不重合的圈——梁從誡文化隨筆》，梁從誡著，百花文藝出版社二

〇〇三年出版。

[12]〈傅斯年致郭有守〉，載《傅斯年遺劄》第二卷，王汎森、潘光哲、吳政上主編，中央研究院歷史語言研究所二〇一一年出版。

[13][14][25]〈傅斯年致朱家驊〉，載《傅斯年遺劄》第二卷，王汎森、潘光哲、吳政上主編，中央研究院歷史語言研究所二〇一一年出版。

[15]〈傅斯年致陳立夫、顧毓琇、余井塘〉，載《傅斯年遺劄》第二卷，王汎森、潘光哲、吳政上主編，中央研究院歷史語言研究所二〇一一年出版。

[16]〈傅斯年致凌純聲、芮逸夫〉，載《傅斯年遺劄》第二卷，王汎森、潘光哲、吳政上主編，中央研究院歷史語言研究所二〇一一年出版。

[17]〈傅斯年致王育伊、凌純聲、芮逸夫〉，載《傅斯年遺劄》第二卷，王汎森、潘光哲、吳政上主編，中央研究院歷史語言研究所二〇一一年出版。

[18]〈芮逸夫致朱家驊〉，載《傅斯年遺劄》第二卷，王汎森、潘光哲、吳政上主編，中央研究院歷史語言研究所二〇一一年出版。

[19]〈傅斯年致李方桂、石璋如〉，載《傅斯年遺劄》第二卷，王汎森、潘光哲、吳政上主編，中央研究院歷史語言研究所二〇一一年出版。

[20]〈傅斯年致石璋如〉，載《傅斯年遺劄》第二卷，王汎森、潘光哲、吳政上主編，中央研究院歷史語言研究所二〇一一年出版。

[21][22][23]中央研究院歷史語言研究所傅斯年圖書館《傅斯年檔案》。

[26]《蜀道難》，羅常培著，遼寧教育出版社二〇〇〇年出版。

第四章
險象環生的山坳

揭開「吃人」的祕密

就在傅斯年奔赴李莊之時，國民政府內政部向四川省政府拍發電報，其中有「前方在抗戰，後方搗亂」等語，下令省政府與宜賓專署配合當地政府和駐軍整治李莊的社會秩序，讓內地遷來的各學術機構、學校有個安靜的工作、學習環境，同時穩定抗日後方的局勢云云。

宜賓方面接到省政府轉來的電令，經過分析，認為此一事件的出現，極有可能是因為有人故意煽風點火。這夥人可能來自兩條暗道：一是當地的漢奸故意製造謠言，以達到擾亂後方，給抗日前線施加壓力的目的；二是共產黨地下武裝借機製造混亂，趁勢組織農民和失業商人、官僚以及無業遊民等搞武裝暴動。而這些人大多是當年張守恆、洪默深等組織的所謂「川南工農革命軍」造反暴動的「殘渣餘孽」。一旦讓他們借機成了氣候，在李莊甚至整個川南鬧將起來，將是一件不得了的大事。身在陪都重慶的蔣介石最忌恨的就是共產黨拉人入夥搞暴動。如真的造起反來，宜賓專署不知有多少地方大員或駐地軍官要遭革職查辦，甚至拿入大牢落個「秋後問斬」的結局。想到此處，坐宜賓專署第一把交椅的專員冷寅東不敢怠慢，立即下令組織一批地方要員和兩個營的兵力，親自帶隊，乘長虹號火輪（老式輪船，一九四九年後歸四川省輪船公司所有，二十世紀七〇年代退役）順江而下，向李莊進發。當船行至宜賓與李莊之間的雙流溪戰略要地時，按照預定方案，一營兵力棄船登陸駐紮，其他人員和官兵繼續沿江東下，在李莊碼頭登陸。

冷寅東來到李莊，立即於南華宮大殿召集鄰縣縣長，鄉鎮長，民團、聯防頭目，駐軍首領，中央研究院方面的李方桂、李濟、董作賓、梁忠永、陶孟和，中國營造學社的梁思成、劉敦楨，以及同濟大學校長周均時等各色人物開會。在聽取了相關彙報後，冷寅東下令各縣、鄉鎮的負責人先在自己掌管的地盤內，組織力量嚴查密訪，除查出借機造謠搗亂的漢奸外，著重探查暗藏的共產黨人，對當年張守恆、洪默深等「川南工農革命軍」及其九族，進行地毯式的清查。一旦查清與「吃人」謠言有關者，立即捉拿歸案，押入大牢。

各縣、鄉鎮長回歸自己掌管的一畝三分地，迅速動員民團、員警及聯防隊員展開調查。但查來查去，幾天過去，各地除抓獲一批地痞流氓、遊手好閒的無業者，以及參與造謠或聚眾滋事、向史語所和同濟大學發難的愚昧鄉民外，並未發現共產黨的祕密組織與事件指揮的線索。冷寅東聽罷，儘管心有不甘，倒也算一塊石頭落地。在他看來，只要沒有共黨分子從中搗鬼，幾個地痞流氓和無知鄉民，根本不值得大驚小怪與興師動眾。但既然已經興師動眾來到李莊，總得有所作為或動作，好給上司有個交代，於是冷寅東再次於南華宮召開會議，商討對策。

此時，傅斯年已抵達李莊並應邀參加了會議。除上次參加會議人員外，李莊的黨部書記羅南陔，區長張官周，鎮長楊君慧，士紳李清泉、張訪琴、羅伯希、王雲伯等也應邀參加。會議討論的主題有二，一是被抓人員如何處置；二是如何平息事態，消除謠言，體面地收場？

眾人吵吵嚷嚷，爭論了半天，各種意見相持不下，一直在桌旁默不作聲的黨部書記羅南陔突然起身道：「諸位，能不能容兄弟我說幾句？」

人們停止了爭吵，目光漸漸轉了過來，主持會議的冷寅東望了羅南陔一眼，點頭道：「好，好，聽羅先生的高見。」[1]

羅南陔清了清嗓子道：「依兄弟愚見，那些被抓起來的人中既然沒有共黨異己分子，沒必要非來個老虎凳與辣椒湯伺候，老虎凳暫且放著備用，歉收之年，弄一罐辣椒湯也不易，還是留著給感冒發燒者喝吧。至於中央研究院、同濟大學吃人，在兄弟我看來確有其事，怎能怪罪鄉民傳播消息？」

話音剛落，南溪縣縣長葉書麟霍地起身，沉著臉，目光逼視羅南陔，厲聲道：「南陔兄，你是不是昨晚貓尿騷兒喝茫了，到現在還沒醒？果真如此，我勸你還是到外面醒醒再開尊口吧。」

葉書麟冷不丁地橫插一杠子，會場氣氛驟然緊張起來，眾人望望羅葉二人，開始交頭接耳地小聲議論。羅南陔略做沉思狀，微笑道：「兄弟我是不是喝多了，請縣長大人聽完我的話再下結論不遲。諸君子在李莊逛街的時候已經看到了，有幾家牛肉館門前堆著牛骨頭，不用查，館子裡肯定殺過牛。還有幾家羊肉館，門口也擺著一堆骨頭，這個館子幾乎是天天宰殺羔羊。中央研究院和同濟大學醫學院在室內室外擺著人頭、人骨，還有完整的人屍體，這不是殺人、吃人是什麼？諸位仁兄想想在下所言是否有理？」

「放肆！你這是哪家道理？分明是一派胡言！」葉書麟因一時摸不清羅南陔的真實意圖，怕把事情攪得過於複雜，讓自己這個父母官不好收拾，臉色鐵青，怒氣衝衝地對羅指責起來。

羅南陔並不理會這位縣太爺的態度，依舊微笑道：「當然，兄弟我剛才所說，只是一般民眾的心理和看法，並不代表在座諸兄的心理。試想，這鄉間農民整年在山中勞作，與水土樹木、五穀雜糧打交道，哪曾見過這等風景？他們怎個曉得和理解這幫做學問與教學的專家，是在研究古人類和解剖人體？因不曉得和不理解，就像在牛肉館、羊肉館門前看到的情形一樣，誤認為是吃人。常言道，不知者無罪嘛。兄弟我的意思，除幾個尋釁滋事、唯恐天下不亂的小混混，其他人想個法子，如按頭捏鼻讓其學學狗爬狗叫等教訓一下就行了。至於那些不知內情的民眾，兄弟我也有辦法對付，古人云，解鈴還須繫鈴人，由中央研究院和同濟大學各自辦個展覽，把那些人頭、屍骨拿出來讓大家看看，再做些適當的解釋並發布，謠言可不攻自破矣！兄弟我的話完了。由於鄙人才疏學淺，見識不多，不當之處，自當謝罪。」羅南陔說罷，衝眾人一一拱手，坐了下來。

會場一陣沉默。此前沒有人想到羅南陔會說出這番頗具見解與幽默感的話來，葉書麟更是尷尬萬分，扭頭咳嗽幾聲，故作冷靜地點火抽起菸來。

冷寅東見眾人沉默不語，把目光轉向正含著菸斗噴雲吐霧的傅斯年，微笑著以徵詢的口氣道：「孟真先生，請談談您的高見吧。」

「噢，噢，好的，好的。」傅斯年似如夢初醒，將碩大的菸斗從嘴邊拔出，龐大的身軀緩緩站起，兩眼放光，煞是威嚴地環視一周，朗聲道：「剛才南陔先生所言是個好主意，我贊成這個意見。共黨分子搗亂倒未必，對那些唯恐天下不亂者整治一下是必要的，但不要太過，打擊面不要過大。最主要的還是中央研究院和同濟大學要多做些公開的宣傳工作，這方面的事由我和同濟的周校長商量來辦，其他的事冷專員與大家多幫忙。」

傅斯年與他的特大號菸斗。

由於傅斯年的身分和地位，加之特有的霸氣與豪氣，在場的其他人只有諾諾稱是，難以提出相左的意見。最後，由冷寅東主持，會議決定將板栗坳著火的那天晚上，帶頭呼喊「下江人吃人」與「研究院吃人」等不懷好意者，連同他的一群狐朋狗友，外加聽信謠言不能自拔並為之大張旗鼓煽風點火者全部抓捕關入監獄，其他已經抓捕但情節輕微者予以釋放；史語所與同濟大學方面儘快籌備展覽會，以實際行動消除謠言，使研究和教學工作早日步入正常軌道。

有了這一決定，冷寅東心中的石頭算落了地，著令隨同而來的一干人馬拔寨啟程，乘火輪返回宜賓向省政府覆命去了。傅斯年因中央研究院總辦事處事務繁忙，亦要返回重慶，臨走時與史語所同仁協商，因六月九日是中央研究院成立十三周年紀念日，決定展覽會定於當天舉行。

一九四一年六月九日轉眼即到，按照計畫，由中研院史語所出面在板栗坳組織展覽會、演講會，邀請當地官員和士紳及周邊地區的名流與新聞界人士前來觀摩，同時還要略備薄酒請客，以拉近研究機構與地方的關係，趁機做些解釋工作。作為李莊區長兼豪紳的張官周，早年畢業於北平大學，對研究院學者很敬佩並引為同道中人，平時除照料李莊區和自家公私事務，還自告奮勇在史語所兼職，處理些對外聯絡方面的事務。用他的話說是想跟著先生們學點知識，開開眼界；其實還有一個想法沒有說出，即他深知這些「下江人」能量巨大，手眼通天，只是一時落難流亡到李莊這個偏僻之地而已；借此亂世，自己趁勢到史語所做些事，和學者們建立起私人友誼，無論當時還是以後都有個照應。——這也正是知識分子出身的豪紳大亨，與當地沒見過世面的土財主或普通鄉民在思維、眼界和行為方式上的大不同處。

展覽會由史語所代理所長董作賓總負其責，文物展品則由各組自行籌備。以考古發掘為特長的三組，在板栗坳比較寬敞的戲樓院展覽殷墟發掘的甲骨；四組則在吳定良指揮下，在「田邊上」辦公室展覽殷墟出土的人頭骨；史語所善本圖書館也部分開放，讓來者參觀。因牌坊頭室內有木壁，上面掛上研究人員手繪的圖畫以示說明。為了盡力將展覽做大做好，讓不同層次的人都能了解，開幕前幾天，董作賓就著人與當地政府聯繫，派出專人四處張貼海報。從李莊到南溪，從南溪到宜賓，甚至南溪下游的江安、瀘州等地，都作為宣傳招引的目標，廣為張貼。在文化生活極度貧乏單調的川南地區，人們看到海報，對海報上那聞所未聞的消息倍感新鮮、刺激，遂奔相走告，扶老攜幼，紛紛沿水路和條條山道向李莊雲集而來，以便目睹「真人頭」的容顏。展覽尚未開始，在李莊鎮內和板栗坳就聚集了幾百名專程從外地趕來的男女老幼，翹首以待，盼望展覽會早點揭幕，好先睹為快。

令眾人渴盼的六月九日終於來臨了，紀念會暨展覽會於上午九點鐘正式開始，主會場設在板栗坳最大的院落牌坊頭，由董作賓主持，資格最老的社會所所長陶孟和首先發表演講。

陶孟和向眾人介紹了中央研究院的成立概況、工作性質及對科學的貢獻等，具體到社會科學研究所時，說：「社會學研究所的任務就是要把中國社會的各個方面調查一番，這個調查除了學術上的趣味以外，還有實際的功用。一則可以知道我國社會的好處，例如家庭生活種種事情，婚喪祭祀種種制度，凡是使人民全體生活良善之點，皆應保存；一則可以尋出我國社會上種種，凡是使人民不得其所，或阻害人民發達之點，當講求改良的方法。我們每一個人大都生長在一個地方，而關於生長地的情形知道得並不詳細，更不必論全中國了。我覺得我們中國各地方人，互相隔閡，所有一知半解者，亦不過一個小的方面，卻不是社會之全體。」最後，陶孟和談到社會所的學者，將盡可能地多做些調查研究，消除人與人之間的隔閡，並根據戰時中國各地不同的特點，多做些鄉村生活、農民生活的調查，以利於整個社會共同進步云云。

陶孟和演講完畢，由吳定良接著演說。

史語所人類學組主任吳定良。

吳定良者，江南才子也，與樸學宗師段玉裁、現代數學大師華羅庚等名家同鄉。一八九三年一月出生於江蘇省金壇縣的一個開明地主家庭，其父為當地著名中醫，長於喉科，生子女五（男二女三），吳定良排行第五。他幼年喪母，因繼母不賢，不准其進學校讀書，被整日關在家中幫做家務。後在父親力爭下得以進私塾讀國文，另找人補習英文、算術等課業。十二歲時，父親不幸病故，繼母更惡，吳定良被迫離家獨立生活。

一九一六年，吳定良以同等學力考入江蘇揚州省立第五師範學校，一九二〇年畢業，考入南京高等師範學堂（後改名為東南大學）教育心理學系。一九二四年畢業後留校當助教。一九二六年，江蘇省招收「鄉村教育」和「教育行政」官費留學生各一名，吳定良考取了「鄉村教育」名額。同年八月，赴美國紐約，在哥倫比亞大學心理學系攻讀統計學。翌年，轉學到英國倫敦大學文學院，繼續攻讀統計學，師從英國著名統計學與人類學家卡爾．皮爾遜（Karl Pearson）教授。學習期間，發表了《相關率顯著性查表》等多篇統計學方面的論文，一九二八年獲統計學博士學位。之後，吳定良申請到中華教育文化基金董事會研究補助費，繼續留在英國，跟隨皮爾遜教授學習人類學，成為中國第一個人類學留學生。其間，吳定良與導師皮爾遜、著名人類學家莫蘭特（G. M. Morant）等名師合作，或自己單獨研究，共發表統計學和人類學方面的論文五十餘篇，獲得人類學博士學位。

一九三四年夏，吳定良到瑞士楚列須（Zurich）大學從事埃及九世紀頭骨研究，成績斐然。一九三五年夏，吳氏回國，應中央研究院院長蔡元培邀請，任中央研究院歷史語言研究所人類學組主任兼專任研究員。同年，與剛從南京中央大學生物系畢業、留校任助教的史久莊女士結婚。此後，吳定良懷著創立與發展中國人類學事業的雄心，終年奔走在邊疆少數民族地區做體質調查，發表論文十數篇。史語所由昆明遷川之前，在傅斯年、朱家驊等上司積極支持下，吳定良著手籌建體質人類學研究所並任該所籌備處主任。來到李莊後，吳氏既是史語所四組主任，又是體質人類學研究所籌備處主任，一個機構兩塊牌子，對外對內統稱主任。

吳定良天生具有南方人聰明伶俐的特點，平時不愛說話，屬於「寡言君子」一類，一旦登台演講，其淵博的學識與出眾的口才常常語驚四座。他深知前一段發生的種種奇事、謠傳與第四組研究的人頭骨有直接關係，因而對於這次演講，自知肩負的使命格外重大，遂做了充分準備。

演講中，吳定良著重就人頭骨研究的目的、意義、內容、方法等，以通俗易懂的語言進行了多角度解釋。其天上地下、古今中外、滔滔不絕的演說，使得聽眾如同聽一部驚險無比、懸疑叢生的偵探小說，一個個如癡如醉，連連稱奇。吳定良在說到研究人頭骨的意義時舉例道：「對於屍骨的研究，還可以幫助警務人員偵破疑案。

比如說，前幾年，在我國北方一個山區，曾發生了這樣一樁案件：在深山的一個山洞裡，發現了幾具屍體，屍骨已經散架，混雜在一起。員警發現，其中有具屍體左手中指骨上套著一枚金戒指。偵察人員查出有三個頭骨，說明死者是三人。他們對屍骨加以鑑別、分類，結果證明那金戒指是屬於一具女屍的，根據骨骼的特點，他們測出了這具女屍的身高。另外，還根據女屍的牙齒估計了死者的年齡。在查明了死者的性別、年齡、身高、左手中指戴一金戒指這些特徵之後，破案就有了線索。半年之後，這樁疑案終於被偵破。原來死者生前三人結伴同行，到城裡拜訪親戚，在山中小道上被早有埋伏的盜賊劫殺，之後將屍體拖進山洞藏匿起來，直到一個砍柴的少年到洞中捉野兔時才發現。」

「當然，」吳定良繼續說道：「除了幫助破獲現代疑案之外，透過對屍骨的研究，還可糾正過去傳說中的訛誤。比如說，大家都熟悉的古代小說《水滸》，其中有一個膾炙人口的故事：打虎英雄武松的嫂嫂潘金蓮和西門慶勾搭成奸，用砒霜毒死了自己的丈夫武大郎。當時，武松不在家，屍體火化了。武松回來後，何九叔就把火化武大郎時自己偷偷收藏的兩塊骨頭拿給武松看，作為潘金蓮毒死武大郎的見證。武松根據這個證物，認為潘金蓮確實是毒死哥哥的兇手，就把她和姦夫西門慶一起殺了，為哥哥報了仇。其實，今天來看，這是沒有科學根據的。人死後，不論有沒有中毒，經過一段時間，屍骨都會被空氣中的氧氣氧化而致黑。再說，砒霜的化學成分為三氧化二砷，中毒後主要是引起嘔吐、腹瀉、中樞神經麻痹、血壓下降，進入骨頭的砷卻極少，也不會使骨頭變黑。所以說，小說中寫的這個證物缺乏科學依據，屬於瞎捭闔的事，不足為信。」

吳定良的演講受到與會者熱烈歡迎，眾人一邊高聲喝彩，一邊要求繼續講下去。鑑於時間有限，大會主持人董作賓根據此前的計畫，示意吳定良見好就收，留出時間讓其他人演講，吳氏不好戀戰，只得在掌聲中揮手走下講台。

繼吳定良之後，按計畫應是凌純聲演講，但凌臨時有事未能趕到，只得由排在後面的李濟繼之。

1929 年秋，李濟在殷墟第三次發掘工地上獲得唯一一片彩陶時的情形。

李濟生性「剛毅木訥」，能踏踏實實地做事，寫得一手漂亮文章，是重量級考古學大師，具有超強的管理能力和組織能力，卻不是演講大師，就純粹的演講口才而言不是很好。他簡單講述了三組的工作性質後，著重就安陽殷墟的發掘情形做了敘述，並解釋此前鄉民們看到的人頭骨和甲骨等都是來自安陽小屯等地的發掘品，並不是研究院「吃人」後剩下的人骨。儘管李濟在言談上有些木訥，卻並不失智慧和幽默，他知道在演講中如何抓住聽眾的心，在談到考古發掘及研究人骨的意義時，也為眾人講了一個親身經歷的故事。

李濟說：「前幾年我在南京時，曾聽過一位學術界的前輩談到他所眼見的幾件事，乃公是一位很不錯的收藏家、文物鑑賞家及受人尊敬的目錄學家。他的博聞強識，是同時代學者及晚輩後學共同敬佩的。在座的諸位可能還記得，一九二八年七月，北方一個叫孫殿英的軍閥，以剿匪和軍事演習為名，率領一個軍的兵力荷槍實彈進入北平以東遵化馬蘭峪界內的清東陵，用七天七夜的時間，打開了乾隆皇帝、慈禧太后的兩座陵墓地宮，劈棺揚屍，將價值連城的珍寶洗劫一空後逃之夭夭。這一驚天大案發生後，對孫殿英劫盜行為的懲治，似乎仍是照例的『不了了之』，國民政府沒有一個明確的說法，所盜寶物也沒有一個清楚的下落。而關於清理劫餘陵墓的工作，也沒有看見過一份正式的報告發表。不過有參加這一清理工作的學術界人士，在不同場合曾經透露若干側面的消息，我剛才說的那位先生就是清理地宮的參與者之一。這位先生告訴我說，他曾撫摸過乾隆的頭骨，那一場景在他心中留下了很深的印象。他還有幾分炫耀地對我說，乾隆的一口牙還保存得很好。不想這件事挑起了我的好奇心，如是就有了下面的對話：

我說：『乾隆的牙，到底還有多少保存著？』

他回答道：『整整的四十枚牙，都保存得很好，很整齊。』

我聽了感到很驚奇，就說：『這不可能吧，你有沒有搞錯？』

他很有把握的樣子，搖搖頭說道：『絕對的，我絕沒有搞錯，我還親自數過，怎會搞錯呢？』

聽了這話，我也搖了搖頭，對他說：『凡是世界上的人，不管是幾萬年、幾十萬年的化石人，還是過去的野蠻人，或者近代的文明人，沒有一個是有四十枚牙的，這是一個早已被科學研究無數次證明了的事情。』

老先生聽罷，就有點不太自信了，他抬手拍拍腦袋，輕輕地說：『哎，我確實數過的呵！』

這個時候，我就直截了當地告訴他：『這是一個不需要再辯論的事情，因為靈長目各科屬動物，所具有的牙齒數目，已是一件科學的事實存在。人類的牙齒，若是正常發育的話，從古代到現代，沒有超過三十二枚的。一般現代的人，尤其是中國人，大多數只有二十八枚至三十二枚之間。為什麼呢？就是因為烹飪技術的進步，人的第三臼齒，也就是上下兩邊最後的一顆大牙，往往是長不出來的。』」

李濟說到此處，停頓了片刻，微笑著對眾人道：「這位老先生聽了我的解釋，直搖頭，不過這次搖頭和上次很有些不同了，為什麼呢？他不自信了，但心中又不太相信他會把乾隆皇帝的牙齒數錯了。我看在座的諸位也有不太相信的，這好辦，你們回家後，好好把自己的牙齒數一數，如果哪一位超過了我說的三十二枚，甚至達到了乾隆皇帝的四十枚，你來找我，我個人出錢請你到李莊鎮內的君子居酒樓吃一頓。」

語畢，李濟在掌聲與笑聲中走下講台。

此時將近中午十二點鐘，作為主持人的董作賓講了幾句「感謝光臨」之類的官面話，宣布結束。應邀前來的嘉賓開席吃飯，其他人則擁到各個展室觀看展品。據石璋如回憶，由於是在戰爭歲月，物資供應困難，物價高昂，史語所準備的「菜餚很簡單，類似流水席，大概一點（鐘）就散席了」[2]。

午餐過後，董作賓、李濟、梁思永、吳定良、芮逸夫、石璋如等分別來到展室，為觀眾擔當解說員。除了安陽殷墟發掘的頭骨、甲骨外，展品中還有遠古人類骨骼化石和恐龍等動物化石，古代兵器、甲冑以及專門用來祭祀的大型青銅器，另外還有明清字畫摹本、國外的出土文物模型等。參觀者除李莊本地的父老鄉親、大中小學生外，還有來自成都、樂山、宜賓、南充、瀘州、江津甚至重慶等地人員，當時遷居江安縣繼續開辦國立劇專的曹禺、歐陽予倩以及流亡到四川、雲南、貴州等地的學界名流，也搭舟乘車紛紛前來觀看。一時間，整個李莊車水馬龍，好不熱鬧。

為了造出一種具有強烈衝擊力的聲勢，在展出板栗坳的展品之時，同濟大學在校長周均時指示下，由醫學院策畫，於李莊鎮內祖師殿廳堂舉辦了「人體解剖展覽」。許多年後，參觀過這個展覽的原南溪縣團練局局長洪漢中之子洪恩德，對當時的情景還歷歷在目。洪氏曾回憶道：「同濟大學醫學院在祖師殿的展覽開始後，許多老人拄著拐杖，領著孫子，與年輕人一道進去參觀。展覽在醫學院解剖室擺設，這個解剖室其實就是大殿的廳堂，房子很大，很寬敞。一進門，就看見兩邊各放一個骨頭架架，當地人稱精骨人。旁邊有各種人骨，那骨頭有的白、有的黃、有的黑。再裡邊有心、肺、脾、肝、腸子等人體內部器官。五臟用藥水泡起，腸子是花花的。再後面還泡著幾具男、女、兒童等大小不一的屍體。裡邊有解說員，可以去詢問，膽大的還可以伸手在人骨上摸一摸。裡頭

左：殷墟出土的殉人頭骨。右：殷墟出土的帶字牛骨。

的醫學教授和同濟的學生拿著手術刀，在一個木案上割大體，有的教授指著一個部位說，這裡容易得什麼病，那裡得什麼病，要是得了這種病，就要到同濟大學醫學院門診部去看，如果治不好，就到同濟大學在宜賓開設的醫院去治。教授們這一說，有些老人當場就說自己可能有這種病，求教授幫他們看，教授們也就當場看起病來。看到這個場面，好多老人感慨不已，說活了大半輩子，白活了，連自己的身體都不知是咋回事，這次大開眼界了，不白活了一場。有外地來的人，說看了之後明白了許多事，這大老遠跑來，不虛此行。也有些膽小的，看後害怕，嘔吐，吃不下飯，晚上做惡夢。這些事情被當作故事講起，很快在四鄰八鄉傳開了。」

由中研院與同濟大學兩家分別在板栗坳與祖師殿舉辦的展覽，轟動四方，並作為川南一個重大的文化事件載入史冊。當時的新聞媒體如《中央日報》、《新華日報》等報刊，都分別做了報導。石璋如的說法是：「經過溝通說明後，當地人知道研究院做些什麼，此後雙方關係就改善多了。」[3]據洪恩德根據自己在李莊的所見所聞回憶說：「展覽過後，群眾對中央研究院和同濟大學，由誤解變為理解，全部擁護了。做生意的說『下江人』不吃人，他們買什麼就給他們送去。有的說『下江人』有錢，沒有當地人摳門，不太跟生意人計較，農民們聽了就很樂意賣給他們東西。鎮上有人生了病，也找他們看，關係好得很。」[4]

由於此次展覽規模宏大，參觀人數眾多，對兩地展品的名稱、出土地等專業知識，誤聽誤判者也為數不少。有許多人在回憶這次盛況時，都稱在板栗坳的展品中有聞名於世的「北京人」頭蓋骨，且言之鑿鑿，不容置疑。直到歲月流逝了七十多年之後，關於李莊是否展出或保存過「北京人」頭蓋骨，仍爭論不休。

清華校長梅貽琦李莊遇匪

展覽會掀起的熱潮剛剛退卻，國立西南聯合大學常委梅貽琦、總務長鄭天挺、中文系主任羅常培等三人結伴來到了李莊，這是中央研究院所屬研究所與同濟大學等學術、教育機構自昆明遷入四川後，迎來的第一批尊貴的客人。

前文已述，梅貽琦等人此次來川的目的，主要是到西南聯大敘永分校考察，以決定是留在原地繼續辦學，還是回遷昆明。

敘永小城在長江以南，位於瀘州的正南方，屬川、黔、滇三省邊境之地，有永寧河通往長江，與西邊的南溪李莊雖有一段距離，但同屬於川南地區，風土人情近似，因而在各方面多有聯繫。中研院史語所、同濟大學等機構從昆明遷李莊時，敘永是必經之地，過了敘永就是長江南岸的藍田壩，過了壩便是長江與北岸的名城瀘州。史語所的石璋如等人在押運物資從昆明遷往李莊時，曾在敘永附近翻車於赤水河中，為此，他對敘永及西南聯大分校的情況有了一個回憶片斷：「敘永算是一個關口，也不算小地方，不過查得沒有藍田壩厲害……當時很多搬遷的機構來到敘永附近，像西南聯大就把招考的新生搬到敘永上課，結果有很多在昆明考上的學生，千里迢迢來到敘永上課，但是在敘永上課的地方很少，是借用一間小廟來用。我們在敘永的時候，聯大正準備教室的布置，尚未正式上課。」[5]

梅貽琦一行是一九四一年六月九日到達敘永的，三人返回瀘州後，於六月十九日分別致信昆明西南聯大的蔣夢麟、潘光旦等人，謂「詳告敘永分校諸君對於取消分校之意見，正反各列五條，末附本人意見……總之無論如何以早決定為宜。如敘校遷回，同仁及眷屬旅費應酌予增加」[6]云云。

六月二十七日，三人登上長豐輪，溯江來到李莊，未幾即開始規畫北大文科研究所幾個研究生進行論文答辯。

北京大學文科研究所於一九一八年初創，一九二一年稱北京大學研究所國學門，後改稱北京大學研究院文史部。沈兼士、劉半農先後為主任。一九三四年始稱北京大學文科研究所，是以培養文、史、哲等學科研究生為主的學術機構。一九三七年盧溝橋事變後停辦，一九三九年經傅斯年等人建議，於昆明恢復。由於胡適在抗戰初期赴美，隨後不久出任駐美大使，所長一職由傅斯年代理，原北大祕書長鄭天挺擔任副所長。文科研究所下設語言、文字、文學、哲學、史學等組。語言組的導師是羅常培、李方桂、丁聲樹等，據說本來還有魏建功（南按：著名學者，一九四九年後有綽號「跟黨走」），由於魏和羅常培鬧彆扭，不久就離開了研究所；文字組的導師由唐蘭擔任；文學組導師有羅庸、楊振聲等；哲學組為湯用彤；史學組有陳寅恪、姚從吾、向達、鄭天挺等。其導師陣容之強大，遠過於國內任何一所大學的研究所。

在昆明恢復後的北大文科研究所，因條件所限，第一屆招收了十名研究生，分別是：語言組的馬學良、周法高、劉念和；文學組有陰法魯、逯欽立；哲學組是任繼愈、王明；史學組有楊志玖、汪籛、閻文儒。文字組在第一屆未招生，第二屆招了王玉哲。與王氏同屆或下一屆的研究生有殷煥先、高華年、董澍、王永興、李孝定、王叔岷、王利器等共二十餘人。研究生最早借住中研院史語所於昆明靛花巷三號租來的房子。當史語所遷往四川李莊時，一部分隨史語所遷往李莊，一部分學生離開靛花巷三號，搬到郊外的龍頭村史語所舊址繼續攻讀，後因在龍頭村無書可讀，留住的研究生又不得不步史語所後塵遷往李莊，以便查閱圖書資料以完成學業。據當時檔案顯

左：梅貽琦的風采。

右：1937 年胡適、鄭天挺與北京大學中文系畢業生合影。前排右起：唐蘭、魏建功、鄭天挺、胡適、羅常培、羅庸、何容。（引自《鄭天挺先生學行錄》）

示，研究生中的馬學良、劉念和、逯欽立、任繼愈、楊志玖、閻文儒、張政烺等都先後離開龍頭村赴李莊。作為助教的鄧廣銘和他在北大的同班同學、進所不久的助理研究員、傅斯年的侄子傅樂煥等，也相繼遷來。

當初傅斯年在昆明竭力恢復北大文科研究所，其主要目的就是要把畢業生招到史語所留用，這個研究所實際上成了中央研究院史語所預備培訓班。當研究生們到達李莊後，全部被安排在板栗坳，與史語所同仁一起居住、生活，平時則各人在圖書館看書學習，著手撰寫論文。為了顯示這股力量的存在，傅斯年還專門讓研究生們在居住的門口掛起了一塊「國立北京大學文科研究所辦事處」的牌子，作為一個相對獨立的單位彰顯於世。若干年之後，當地政府在統計李莊外來學術機構時，這個研究所理所當然地被列入其中。

在李莊的幾個科研機構中，按照輩分排列，除陶孟和之外，梅貽琦幾乎是所有人的前輩，尤其對於清華出身的學子更是如此。聲名赫赫的李濟、梁思成、梁思永、李方桂等皆是梅貽琦的學生。李濟在清華國學研究院任導師不久，梅貽琦便接替張彭春任清華學校教務長。自一九三一年起，梅出任清華大學校長並提出了著名的「大師」說，留下了註定要流傳久遠的至理名言：「一個大學之所以為大學，全在於有沒有好教授。孟子說：『所謂故國者，非謂有喬木之謂也，有世臣之謂也。』我現在可以仿照說：『所謂大學者，非謂有大樓之謂也，有大師之謂也。』」[7] 盧溝橋事變爆發後，梅貽琦率清華師生遷長沙，再遷昆明。西南聯大成立後，他以常務委員的名義執掌事實上的聯大事務。此次梅、鄭、羅三人李莊之行，受到眾學者的敬仰與尊重，自是順理成章的事情。

七月三日，是北大文科研究所研究生答辯的日子。按所中制度，每一名研究生配一位正導師、一位副導師，該所在昆明恢復時，語言組第一屆研究生的研究範圍和導師有：

馬學良，雲南非漢語研究，導師李方桂、羅常培。

周法高，漢語歷史音韻，導師羅常培、丁聲樹。

劉念和，漢語歷史音韻，導師羅常培、魏建功（未就聘）。

每當研究生答辯時，正、副導師按理都要參加。此時，與其他組的研究生一樣，以上三位研究生都將出席在板栗坳戲樓院召開的論文答辯會。由於戰時導師、學生被分隔幾地，且有的導師如魏建功等早已與北大文科研究所分道揚鑣，哪裡還有師生齊聚一堂的機會？因而，一九四一年酷熱夏季的這場答辯會，也只能因地制宜。事實上，這批研究生到李莊後，與昆明相隔千山萬水，鄭羅二人只能算是通信指導教授。蟄居在板栗坳的研究生除了相互切磋和利用史語所藏書自學外，主要靠史語所的幾位大師指導，如羅常培所言：「馬劉兩君（馬學良、劉念和）受李方桂、丁梧梓（聲樹）兩先生指導，李君（孝定）受董彥堂（作賓）先生指導，李、董、丁三位先生對他們都很懇切熱心。據馬君告訴我說，李先生常常因為和他討論撒尼語裡面的問題，竟至忘了吃飯，這真當得起『誨人不倦』四個字。任君（繼愈）研究的題目是『理學探源』，他在這裡雖然沒有指定的導師，可是治學風氣的薰陶，參考圖書的方便，都使他受了很大的益處。這一天聽說有空襲警報，但是史語所同仁仍然照常工作並沒受

北大文科研究所人員居住之處。

影響，專從這一點來說，就比住在都市裡強得多。」[8]

在昆明時，馬學良就隨李方桂赴雲南路南縣尾則村做過倮倮語的調查研究。李方桂選中尾則村調查的一個重要原因，是由於該村不足百戶，偏僻貧困，千百年來極少對外交流，恰似一個方言孤島。在當地流行的倮倮語中，又有一種極特殊的撒尼語，李方桂師生著重調查的就是這種語言。實際調查中，李方桂等首先找到村裡一位小學教師做發音人，隨時提問。從身體的器官、室內的陳設，直到門外的花鳥魚蟲、飛禽走獸、瓜果蔬菜、山川景物，莫不成為提問的對象。幾個人邊問邊用國際音標記錄，每記錄、整理完畢，再請發音人重新核對，儘量保證其準確性。

馬學良隨李方桂在路南縣境奔波了一個多月，師生二人各掉了十多斤肉，白皙的皮膚也早已變成灰黑色，總算把撒尼語的詞彙記錄下來，並整理出了一個語音系統。遺憾的是，由於時間和經費有限，未能進一步記錄其語法系統。

一九四〇年秋冬，馬學良與張琨等研究生，隨李方桂與史語所遷往李莊板栗坳，並繼續在李氏的指導下整理研究撒尼語資料，同時著手撰寫畢業論文。

此時，鄭天挺和羅常培看到馬學良的論文，就是有關撒尼語的整理研究成果。關於馬學良本人及論文，羅常培在他的《蜀道難》

一書中做了如下評價：「三日上午，約馬學良君來，評定他所作的《撒尼倮倮語語法》。……李先生對我說，他這篇論文在已經出版的關於倮倮語的著作裡算是頂好的。這雖然含著獎掖後學的意思，但是我看過論文初稿後，也覺得李先生的話不算是十分阿好或過譽。我一方面佩服馬君鑽研的辛勤，一方面更感謝李先生指導的得法。」[9]字裡行間，透著羅常培關懷愛惜之心，歡喜感念之情盡在其中。

馬學良的勤奮和幾位導師的心血很快得到了回報。經過幾年的不懈努力，馬氏的《撒尼倮倮語語法》著作趕在抗戰結束、全部人員撤出李莊之前得以完成，並於一九五〇年以《撒尼彝語》的書名由中國科學院出版社出版。此時，歷史上一直沿稱的「倮倮」已改為彝族，這部著作是中國第一部用現代語音學理論研究少數民族語言學的力著。通過對撒尼彝語的研究，揭示了藏緬語系的重大語言和語音特徵，成為了解、學習彝語，以及探索彝族文化奧祕的堅實基礎和有效工具。此為後話。

酷暑中，師生經過一天的忙碌，答辯會圓滿結束。對於各位研究生提交的論文，鄭羅兩位導師均感滿意，大家都為之慶幸。

七月五日凌晨，約四更時分，李方桂夫婦被槍聲驚起，出門察看。只見板栗坳遠山近林籠罩在墨一樣的黑暗中，並無異常動靜。剛要回室，槍聲再度傳來，且越來越密集，越來越清晰，似是沿長江邊向板栗坳推移。「土匪，是土匪，不是搶劫就是火拚。」暗夜裡，李方桂輕聲對妻子說。

「要不要喚起梅校長？」李夫人徐櫻悄聲問。

「他可能剛睡著，不要喚他，估計沒啥大事。」李方桂回答著，徐櫻不再作聲。

槍聲響了一陣，漸漸稀疏起來，見板栗坳周邊仍沒異常動靜，李氏夫婦方回室內入睡。

早上六點鐘，梅貽琦等即起床準備下山，下午在李莊碼頭乘船赴宜賓。吃早飯時，李方桂夫婦問道：「校長，昨夜聽到什麼異常動靜沒有？」

梅貽琦搖搖頭道：「開始熱得睡不著，等睡著的時候就什麼也不知道了。」

李方桂繪聲繪色地講述了夜半槍聲之事，梅貽琦吃驚之餘，叮囑道：「看來你們以後要多加小心，我在瀘州和敘永分校時，就聽說川南一帶土匪自抗戰以來，像蝗蟲一樣在川江兩岸竄起了。亂世出盜賊，自古亦然，只是你們別發生意外就好。」

梅貽琦斷斷續續地說著，吃罷早餐，離開李家，同鄭羅二人一道告別史語所與北大文科研究所諸君，在李方桂夫婦陪同下，往山下走去。

至一山坡，李莊鎮的風物已看得分明，梅貽琦等在一棵大樹下站住辭別。李氏夫婦戀戀不捨地望著三位師友，各自眼裡含著淚水。握別時，李方桂道：「今日一別，何時再得一見，天南地北，恐遙遙無期矣！」一句話引得夫人徐櫻淚水奪眶而出，眾人頓時愴然。

李方桂與徐櫻在清華園合影。

八點半左右，梅氏一行來到李莊郊外上壩月亮田，看望梁思成夫婦與劉敦楨等研究人員，借此告別。

此次登門「再看梁夫人病」，令梁氏夫婦甚為感動，為表示禮貌，林徽因強撐著發燒的病體，令人將行軍床抬到室外與來客交談。「大家坐廊下，頗風涼。徽因臥一行床，云前日因起床過勞，又有微燒。諸人勸勿多說話，乃稍久坐。」[10]

談話在壓抑的氣氛中結束，梅、鄭、羅三人離開營造學社，在李濟家中吃過湖北式涼麵後，至江邊一茶樓飲茶等船。此時，董作賓、芮逸夫、楊時逢、陶孟和、李濟、梁思成、梁思永等皆來送行。李濟的老父親、詞人——李老太爺（郢客）也顫顫巍巍地參加到送行之列，梅氏等人甚為感動。臨別時，李老太爺與梅貽琦握手曰：「江干一別。」梅氏聽罷，一陣悲傷襲上心頭，「意外之意，不禁淒然」[11]。

下午三點鐘，長豐輪到李莊碼頭，仍以地漂登輪，梁思成堅持獨自踏地漂將梅貽琦一行送到輪上。在無盡的祝福和感念中，長豐輪載著三位學界鉅子，迎著滾滾的江水向宜賓方向駛去。

令李莊同仁意想不到的是，梅貽琦一行剛剛離去，成百上千的土匪從四面八方向李莊雲集而來。

史語所被劫案

十幾天之後，梅貽琦與史語所同仁一直擔心的事情發生了。

因史語所在栗峰山上，到鎮上購物極不方便，傅斯年為同仁分配房子的時候，就專門指示在板栗坳牌坊頭拿出一間屋子成立一個合作社，由史語所老技工魏善臣出任總經理兼雇員，平時從外面進些生活物品，賣給史語所人員兼顧板栗坳鄉人，如果所內同仁或鄉親們需要特殊貨物，可提前登記，由「魏總」外出提貨時一併帶來。合作社給眾人帶來不少方便，但天有不測風雲，魏善臣的「老總」帽子沒戴多久就出事了。

這天，老魏乘船到宜賓辦貨，當他從李莊碼頭上岸，背著一布袋貨物回到板栗坳山下長江中心著名的標誌物——木魚石對面時，已是汗流浹背，氣喘吁吁。待稍事休息，準備爬五百多級台階上山進板栗坳駐地，突然發現十幾名蒙面劫匪駕駛三隻小船，從長江對岸包抄而來。

一看這殺氣騰騰的場面，「魏總」先是打了個哆嗦，立即意識到大事不好，倉皇之中背起布袋撒腿往山上奔跑。魏是北京人，此時已年近五十，早年曾隨史語所考古組做過田野調查，蒙古語說得相當流利，平時侃起大山來，和大多數北京人一樣，一套套沒完沒了，很有些「天下英雄無足論者」之勢。但嘴上的功夫畢竟抵擋不住劫匪的刀鋒，眼看大禍臨頭，老魏兩腿就有些發軟，本就不善山地奔走，加之貨物負累，結果未逃出多遠，劫匪已越過木魚石在南岸登陸。只片刻工夫，「魏總」即被劫匪掀翻在地，連吃了幾掄重拳，身上一千多元現金被洗劫一空。劫匪們把布袋中的貨物倒出來一看，全是些油鹽醬醋，外加萬金油、仁丹丸等亂七八糟的東西，沒有值錢之物，遂將貨物丟棄一地，朝趴在地上掙扎的老魏猛踹幾腳，悄然遁去。

當年史語所從長沙遷往桂林裝船時，由於幾百隻箱子來來往往搬運，看上去每個箱子都沉甸甸的，當地人就傳說此機構非中央研究院（因中央研究院名頭大，外界都稱史語所為中央研究院），而是中央銀行，箱子裡裝的也並非殘物朽骨，而是黃澄澄的金條和令人眼熱的鈔票，遂引起土匪的覬覦。多虧史語所走得及時，再加上軍隊保護，才沒有釀成禍端。如今史語所等幾個機構遷往李莊，儘管不再被當成中央銀行，但當地人看到如此多的物資，一船又一船地在李莊碼頭卸貨上岸，極其小心謹慎外加有些神祕地被抬到各處密藏，便斷定中央研究院如同中央銀行一樣，是個擁有大量金銀財寶的機構。於是，川南的土匪聞風而動，水陸並進，紛紛向李莊一帶雲集，伺機搶劫。老魏的遭遇不過是土匪們牛刀小試的一個前奏而已。

當「魏總」鼻青臉腫、衣衫不整地回到史語所時，眾人大駭，問明情況，更添驚恐，聯想起梅貽琦等人走前那個晚上的槍聲，越發憂慮。李濟、董作賓、梁思永、李方桂、石璋如等史語所元老，除了震驚，更有盛怒，認為光天化日竟有人明目張膽地搶劫，這對李莊的研究人員特別是家眷的生命以及國家財產安全構成重大威脅。萬一土匪再來打劫，來個「拉肥豬」（川南一帶土匪綁票的特稱），後果不堪設想。七月二十日，幾位元老經過協商，由董作賓修書一封，派人分別送往南溪縣政府、南溪縣第三區區署、李莊鎮公所等衙門，除詳細敘述老魏被劫經過，還以強硬姿態向對方提出：「請即派隊緝捕劫匪並清查江濱一帶戶口以絕匪源。」

南溪縣政府接到報告，同樣意識到問題的嚴重性。此時，南溪縣原縣長葉書麟因「研究院吃人」事件未及時

南溪縣城文明門。

控制謠言，以致事情鬧大，驚動重慶國民政府，最終弄了個明調暗降的差事，灰頭土臉地離開了南溪縣衙。新任縣長李仲陽為免重蹈葉書麟覆轍，對此案極其重視，立即下令嚴加查辦，同時復函史語所：「已囑派隊緝捕搶劫合作社經理人魏善臣之劫匪，並將辦理情況函復，本劫案已嚴令三區署、李莊鎮限期破案送究。」[12]

南溪縣第三區署與李莊鎮接到上司命令，不敢怠慢，立即動員當地員警與團練對李莊地面可能的匿匪地點進行清剿。想不到這一行動激怒了劫匪，不但清剿未果，三區署與鎮公所派出的人員，一個個被對方用各種不同的攻擊手段，弄得頭破血流、骨折筋斷，大敗而回。

三區署與鎮公所只得向南溪縣政府稟報求援，李仲陽聽罷，心中大為不爽，在大罵了一頓「飯桶」「草包」「渾蛋」之後，厲聲道：「既然當初你們李莊鎮執意要接收這些外來的佛爺，就應有接收的本事。現在佛祖接來了，又不能讓他安靜地待著，平添了這許多亂子，要是上頭追究起來，這個責任該由誰來負？糊塗呀！糊塗……」

李仲陽原是葉書麟的副手，此人鷹鉤鼻，三角眼，八字須，心狠手辣，既油且滑，屬官場老手。他深知請佛容易護佛難的道理，既然各路「佛爺」已被李莊那幫「糊塗蛋」請到了南溪地盤，就不能有什麼三長兩短。尤其中央研究院的幾個研究所藏有國之重寶，一旦被土匪劫掠，那就不只是南溪方面的事了，無疑會立即震動重慶甚至世界，自己這把尚未坐熱的縣太爺交椅也隨之散架。於是，李仲陽對來者教訓了一通後，答應立即命令縣團練、警察局出動人馬，與駐李莊的川軍十八師周成虎部李元琮旅周動團聯繫，共同商討剿匪策略。

此時，駐李莊的川軍周動團除了團部和一個連的人馬外，其他兵力都在外地駐防。作為團長的周動對當地情形非常熟悉，深知當地土匪之厲害，在接到南溪縣和李莊鎮求援後，頗感躊躇。但作為駐軍，保境安民是分內職責，不便推辭，便答應下來。為盡可能減少損失，擴大戰果，周動又讓南溪縣與李莊鎮的官員出面與當地三大家族之一的張訪琴、張官周兄弟聯繫，請他們出動自家一個手槍連的私人武裝，協同作戰，如此可一戰而勝，盡剿劫匪。南溪與李莊方面答應了周動的要求，張氏兄弟接到縣、鎮雙方邀請，答應出兵。

待各方商定之後，川軍、地方武裝與私人武裝三家合兵一處開始清剿。想不到聯軍一出動，躲在長江岸邊和山野茅舍裡的土匪，與其玩起了貓捉老鼠的遊戲，瞬間就沒了蹤影。待聯軍奔波一天回營之後，匪徒們又從各個角落悄然冒出，再度進行騷擾與劫掠，搞得聯軍疲於奔命。如此往復幾日，官兵開始麻痹起來，再也沒有了往日的精神和銳氣。就在這個時候，土匪們決定向對方施以顏色。

當周動團的一個排在長江對岸桂輪山無精打采地搜索時，突然發現幾個持槍的土匪在山中鬼頭鬼腦地來回晃動。官兵們一見，立即來了精神，在大喊「站住，再不站住老子就開槍了」的同時，向對方開火。幾個土匪先是躲在一塊大岩石後伸頭露腦做觀察狀，接著開槍回擊。槍聲引得聯軍各部紛紛向桂輪山擁來。幾個土匪邊打邊退，借著山中草叢密林與聯軍周旋起來。大約過了一個時辰，土匪突然沒了蹤影。作為剿匪總指揮的周動，萬沒想到自己已是大禍臨頭，誤認為對方玩的又是老鼠鑽洞的把戲，當即指揮各部四處搜索，並發出號令：「就是掘地三尺，也要把這幾個土耗子給我拎出來。」

此時，太陽已經落山，長江的霧氣開始升騰並向山中瀰漫開來。周勳部正四面開花式搜索著，突然山中傳出「咚、咚、咚」三聲小砲的聲音，緊接著槍聲大作，喊殺聲從山野樹叢中傳出。周勳打了個寒戰，立即意識到中了埋伏，命令各部迅速撤退，向長江南岸集結，但為時已晚，只見匪眾嗥叫著從四面八方向聯軍撲來，密集的子彈「唰啦唰啦」在身邊樹叢裡飛過，有幾個川軍弟兄中彈倒地。周勳見對方來勢兇猛，情勢危急，提著匣子槍帶領幾個侍衛，穿過層層密林，狼狽不堪地向長江岸邊奔逃而去。多虧手下一個排和張訪琴的手槍連剛剛從李莊鎮方向乘船渡江而來，在危急時刻一面阻擊掩護，一面把從山上潰退下來的官兵陸續運到南岸。

當周勳站在南岸一個高坡上，遙望對面桂輪山時，只見對面山下聚集了上千土匪，黑壓壓一片。久經沙場的周勳面對如此場面，也不禁倒吸了一口冷氣。他一面組織部屬堅守南岸，防止匪徒渡江來犯，一面派人清點人數。結果大吃一驚，約一個排的弟兄在這場遭遇戰中傷亡。面對危局，周勳火速派人從二十幾裡遠的防區調來手下兩個連，共同防守李莊。中於天黑，對面的匪徒沒有強行渡江來犯，悄然消失於山野樹叢之中。

桂輪山一役，使李莊及南溪各界為之震動，縣長聞訊，大驚失色，急忙派人向宜賓專署報告，周勳立即致電李元琮旅和十八師師長周成虎，報告戰況及傷亡人數。中研院史語所等幾個研究機構人員與同濟大學師生，想到南溪與周勳團剿匪失利，劫匪必得寸進尺，變本加厲地前來打劫。驚恐中，史語所人員已失去了往日的鎮定，紛紛尋求自保之門徑。據石璋如回憶說：這個時候「山下山上都不安全，大家心裡也有不安。我住的地方是戲樓院的小屋，裡頭有個小樓，通道口在我屋內，相當謹慎。最早來的凌純聲先生就說我這裡最安全，他自己住在房東家附近，都還覺得不安全，便將貴重的兩三箱東西儲藏在我屋子的棚內」[13]。

人心惶惶，局勢危急，李方桂、董作賓、李濟、陶孟和、梁思成與同濟大學校長周均時，聯合致電國民政府教育部、中研院總辦事處，報告面臨的匪患和險情，請求國民政府加派軍警前來李莊，與當地政府、駐軍一起，共同剷除匪患，並以武力護衛各研究機構和學校人員。

駐李莊科研機構人員的名聲自不在話下，同濟大學校長周均時曾在柏林工業大學留學，與朱家驊乃同窗好友。留學期間，周均時跟從聞名世界的婁耶（Laue，今譯勞厄）教授專研相對論，並親自聆聽過愛因斯坦講學，是一位國際著名的數理學家與彈道專家。以他的身分名望，與史語所、社會所的大老們聯名報告，自然更能引起重慶方面的重視。

朱家驊、傅斯年等聞報，頓感事態嚴重。傅斯年立即致電史語所，要研究員們先動員起來自衛，並根據當時的條件，叫史語所到宜賓購一批小銅鑼，每人發一個置於床頭，如果夜間發現土匪，立即鳴鑼報警，眾人則立即前往援救，等等。

與此同時，朱傅二人又聯絡教育部部長陳立夫，分別向國民政府行政院、國防軍事委員會、軍政部等相關機構提交報告，請求火速派兵守衛，以保全國家珍貴財產與各學術機構、學校人員的人身安全。

此時的國民政府行政院院長正是外號「孔哈哈」的孔祥熙。由於傅斯年看不慣孔的所作所為，經常憑藉國民政府參政員的身分，對蔣介石這位連筋（襟）又連體的「老二」不留情面地抓捏，不斷上書，並揭發宣傳孔氏貪汙盜竊、投機倒把之類的劣跡，搞得孔氏既頭疼又惱火。正要設法報復之際，接到朱家驊與傅斯年的報告，孔祥熙不但不予理睬，反而幸災樂禍。

而時任中國陸軍總參謀長兼國民政府軍政部部長、軍權在握的何應欽，儘管和朱家驊、傅斯年等人無冤無仇，但由於自己出生於貴州一個偏僻窮困的山村，後來進中國的陸軍學校與日本的士官學校，屬於草民得志，對人文知識分子，特別是那些出身名門碩儒家庭的知識分子，一直心懷忌妒與鄙視。對於李莊的匪患及知識分子們面臨的威脅，自然不放在心上。面對派兵清剿與護衛的請求，何應欽以官場中人的老練與圓滑，哼哼唧唧虛與委蛇。

面對此情，朱家驊、傅斯年和教育部官員意識到，要想讓國民政府出兵，必須由蔣介石委員長親自出面才行。但要搬動蔣介石談何容易？其時中國抗戰正處於最嚴峻關頭，中國軍隊拚全力對付日軍仍顯力不從心，現在內裡又鬧起匪患，這讓抗戰最高領袖蔣介石做何抉擇？德高望重的中研院元老蔡元培已經過世，朱傅二人無論資歷還是威望，都不能與蔡元培相提並論，在蔣介石心中，此時中研院的地位與蔡元培時代相比也大打折扣。在這種情況下，若貿然請蔣介石下令發兵李莊，實在有點勉強。進退維谷中，傅斯年突然想起了一個人，如果此人與自己一道向蔣委員長陳情，或許大事可成。

——這個人，就是國民政府軍事委員會委員、軍政部次長兼兵工署署長俞大維。

注釋

[1] 二〇〇三年九月二十八日，作者在李莊採訪羅南陔之子、南溪縣政協委員羅萼芬記錄。羅南陔以下發言與各位官僚、學者對話，皆為羅萼芬提供。

[2][3][5][13]《石璋如先生訪問記錄》，訪問：陳存恭、陳仲玉、任育德，記錄：任育德，中央研究院近代史研究所二〇〇二年出版。

[4] 二〇〇三年十月二日，作者在李莊羅萼芬家中採訪洪恩德記錄。

[6][10][11]《梅貽琦日記》（一九四一—一九四六），黃延複、王小寧整理，清華大學出版社二〇〇一年出版。

[7]《國立清華大學校刊》，第三四一號，一九三一年十二月四日。

[8]《滄洱之間》，羅常培著，遼寧教育出版社一九九六年出版。

[9]《蜀道難》，羅常培著，遼寧教育出版社二〇〇〇年出版。

[12]《四川省歷史文化名鎮——李莊》，熊明宣主編，宜賓市李莊人民政府一九九三年出版（內部發行）。

第五章

李莊剿匪記

同濟校友與兵工製造

傅斯年之所以要找俞大維相助，除傅俞二人是留德同學，且夫人又是俞大維的妹妹俞大綵這一姻親關係外，更重要的是俞大維肩負的特殊使命，足以讓他在蔣介石面前說上幾句夠分量的話。

俞大維出身書香世家，父、祖皆聞名於世，尤以其伯父俞明震在清末名重一時。俞明震進士出身，曾是翰林院著名翰林編修，兄弟幾人皆為社會名流。俞大維之母曾廣珊，是晚清中興名臣曾國藩嫡親孫女，俞大維即曾國藩的曾外孫，而蔣介石與毛澤東一生共同崇拜之人即為曾文正公。一九一八年，俞大維於美國聖約翰大學畢業後，進入哈佛大學攻讀數理邏輯學專業，一九二二年獲哲學博士學位。因成績突出，由哈佛大學提供獎學金，選派到德國柏林大學繼續研讀。

國民政府軍事委員會委員、軍政部次長兼兵工署署長俞大維。

俞大維到德國不久，同在哈佛大學讀書的密友陳寅恪也來到柏林大學，兩人一同開始了在歐洲的留學生涯。俞大維出眾的才華與聲名漸為中國留學生所知，羅家倫在談到俞大維的才學時曾說：「俞大維則天才橫溢，觸手成春，他從數學、數理邏輯到西洋古典學術的研究，從歷史、法理到音樂，再從音樂到開槍放砲的彈道學，和再進而研究戰略戰術。我想他心目中最嚮往的是德國大哲學家萊布尼茨是不見得十分冤他的。」[1]

據羅家倫回憶，原在英國留學的傅斯年，之所以轉入德國柏林大學攻讀，「因為一方面受柏林大學裡當時兩種學術空氣的影響；一方面受柏林大學的朋友們如陳寅恪、俞大維各位的影響」。傅斯年到德國後，在柏林大學與俞陳二人一起度過了三四年同甘共苦的時光。在此期間，俞大維一直擔任中國留德學生會會長。一九二三年，北大學生毛子水又來到德國留學，傅斯年向這位昔日同窗介紹中國留學生情況時說道：「在柏林有兩位中國留學生是我國最有希望的讀書種子：一是陳寅恪，一是俞大維。」[2]

傅斯年與俞大綵於北平結婚後合影。

而俞陳二人對傅斯年的學問與才情也深為佩服，俞大維來到柏林後，研讀方向由數理邏輯漸漸轉為文史，並打算以此為終生追求的事業。當他和傅斯年結成朋友並過招後，自感力不能敵，遂對毛子水慨然嘆道：「做文史的人當中出了個傅胖子，我們便永遠沒有出頭之日了！」遂棄哲學與文史，轉而潛心研習理工專業，終成著名的彈道專家。正因對傅斯年由衷敬佩，俞大維才將其妹俞大綵引嫁於傅斯年。

俞大維學成歸國後，先後出任國民政府軍政部少將參事、參謀本部主任祕書、駐德大使商務專員等職。一九三三年十一月，國民黨第十九路軍將領蔡廷鍇、蔣光鼐等人率部在福建倒蔣，史稱「閩變」。蔣介石迅速出動大軍討逆，並於一九三四年一月攻占福州，「閩變」以失敗告終。為防死灰復燃，蔣介石把自己的心腹、時任軍政部兵工署署長的陳儀調任福建省政府主席兼福建保安司令。陳氏卸職前，蔣介石向其詢問誰堪擔當兵工署署長之職，陳當場向蔣推薦俞大維，並說「俞大維這個人不要錢」，「俞懂彈道學，是個人才」，等等。[3]在陳氏力薦下，正在德國採購軍火的俞大維被召回國，出任軍政部次長兼任兵工署署長，一躍成為國民政府獨當一面的大員。

此時，日本軍隊正對中國步步進逼，任何稍有政治頭腦的人都能感到，中日之間的惡戰、大戰已無法避免。俞大維就任後面臨的主要任務是「國軍武器彈藥的來源籌畫、供應、存儲、整備、生產製造」，「自立自主、刻不容緩」[4]。

為完成這一重任，俞大維上任不久，在繼續爭取德國軍方裝備和技術的同時，將目光投向了上海的同濟大學。

在第一次世界大戰之前，德國的科學技術就一躍為世界之冠，軍火製造業及所造武器性能舉世聞名。北伐成功後，國民政府與德國建立了密切的外交關係，開始從德國訂購軍火，具體承辦者大多是同濟大學畢業生。

以德文教學的同濟大學，雖非外國教會創辦，但無論在戰前還是戰後，都是中德文化溝通的唯一橋樑。校內占主導地位的德國教授極富日爾曼人之特點，事事嚴格認真，完全採用德國式教學方法，特別注重理論與實踐結合，手與腦並用。而同濟學生平時功課繁重，壓力甚大，非目標遠大、志在科學報國而堅韌不拔者不能堅持。正是這種極具特色的教學和繁重而紮實的課業，使同濟的醫學、機械、水利三科聞名全國，造就了一批批優秀人才。同濟大學醫科屬世之公認的名校名科，完全可與北京協和、長沙湘雅等名重一時的醫科學校相匹敵，當時社會上有「北協和，南湘雅，同濟醫生頂呱呱」的讚譽。

抗戰軍興，同濟醫科畢業生奔赴抗日前線，幾乎每所戰地醫院都有同濟出身的醫生為負傷將士生命安危奔波忙碌。同濟機械科出身的工程師，同樣受到世人矚目和尊敬。按照德國教授的要求，在學習期間，機械科的學生必須一絲不苟，手腦並用，不僅圖樣一定要繪得精密，模具設計精益求精，同時要求學生在實習工廠、車間能親自操作機具為技工示範，徹底消除中國教育中存在的只動口不動手、只講究理論不重實踐的弊病。當時上海各大機器廠、紗廠的負責人及主要骨幹，多是同濟出身。而上海江南造船廠、龍華兵工廠的工程師群，更是以同濟校友為主力。由於同濟在國防上的重要性和兵工界的實力，促使當時的軍政部政務次長、兵工署署長兼上海龍華兵工廠廠長張群（岳軍），於一九二八年親自擔任同濟大學校長，以帶領這支超凡出眾的後備力量為國民政府效力。

據後來張群回憶：「當國民革命軍底定東南以後，國民政府甫告成立，軍事倥傯，社會秩序猶未完全恢復，同濟大學更以校務困難，幾陷於停頓之境，阮校長介藩以維持之方就商於余，余適任軍政部政務次長兼兵工署署長，並兼上海龍華兵工廠廠長，於國防建設之推進，負有責任。又因公務關係與當時聘用之德國總顧問鮑爾博士及其他顧問時相接觸。此輩顧問，大部為彼邦學者碩彥，學驗俱富，對我國防建設甚多建議。同時，同濟畢業同學之服務於軍政部所屬之機關者，均有顯著之成績。余因念國防建設之根本，首在國防建設人才之培養，同濟大學之工、醫等學院，原已有良好之基礎，並有設備完善之實習工廠與醫院，倘得軍政與教育相配合，以同濟大學為培養國防建設人才之一中心機構，並延聘此輩德國顧問，分其餘力，講授課於其間，必更可充實學校之內容協助其發展，以培植優秀之國防建設人才，實深符建校合作之旨意。此議一出，深得各方贊同，僉請即以余兼任校長，俾便與軍政部密切合作以利計畫之推行。余考慮結果亦竟忘其譾陋，毅然承諾。繼就此意商之當時教育部朱部長騮先（家驊），朱部長深韙其議，並允年增經費二十五萬元。」[5]

張群兼任同濟校長三個月後調任上海市市長，遂辭卻兵工署署長和同大校長等本兼各職。儘管張氏在同濟大學時光短暫，卻與很多師生結下了終生友誼，他對同大出身的學生、特別是機械科畢業生對國防事業的貢獻給予

鞏縣兵工廠舊址之一部分。

很高的評價：「……三十年來，我同濟校友之服務於國防建設者，為數甚多，貢獻亦復不少，實為國人所共見。」[6]

身為國民政府第一任兵工署署長的張群卸任之後，陳儀接任此職，後陳氏赴福建另當大任，此職便落在了「不要錢」的俞大維身上。

俞大維根據中國面臨的嚴峻形勢，即令在兵工署服務的一批同濟校友，與當時留德的原同濟學生江杓、陶聲洋、譚伯羽、楊繼曾、周芳世、丁天雄等人緊密配合，積極在德國大量採購武器、機具、槍砲鋼管等軍用儲備物資。透過眾人努力，這年夏季，中國方面取得了德國一九二四年研製的長、短管毛瑟步槍圖樣（藍圖）及樣板資料。俞大維下令由設在河南省的鞏縣兵工廠鍛造、鑄造及仿製。毛瑟步槍藍圖全部是德文原圖，樣板資料也是德國工業標準，極其煩瑣難懂，兵工廠方面因缺乏懂德文的人才，甚感困難。俞大維親自出面，透過各種關係，在全國網羅招聘同濟大學機師科畢業生到鞏縣兵工廠參加此項工作。同濟畢業生聞訊，從四面八方雲集而來，很快成為鞏縣兵工廠的技術主力。同年十月，長、短管德式毛瑟槍仿造成功並批量生產。這是俞大維出任兵工署署長之後，重用同濟學生之始，也是同濟畢業生當年在兵工廠為國家立的第一大功。

1943 年常德會戰中國軍使用的輕機槍與中正式步槍。

由於國造毛瑟步槍對當時中國的軍工業意義非同一般，受到國民政府高度重視，遂以蔣介石的名字命名為「中正式步槍」，抗戰期間由重慶二十一兵工廠大量生產。此種步槍與仿造的捷克式輕機槍、馬克沁重機槍及多型號手榴彈等槍械，成為中國八年抗戰十大戰區三百二十萬大軍的主要制式武器，為戰爭的最後勝利做出了巨大貢獻。

抗戰勝利後的一九四六年，原鞏縣兵工廠廠長李待琛奉派為中國駐日軍事代表團首席科技參事、原日本軍械處處長對李說：「你們的輕武器殺傷力比我們的好，中正式步槍打得遠，可射鋼彈頭，三八式不能（日本軍隊裝備的三八式大蓋步槍），你們的輕重機槍槍管打紅了，澆澆水，還能打。你們的兵工製造業了不起！」[7]

李待琛道：「你有所不知，這都是當年留德的兵工署署長俞大維先生與同濟大學機械科畢業生的功勞呵！」[8]

日本的這位軍械處處長可能還不知道，在淞滬抗戰爆發後，根據當時的局勢，本來應該避其鋒芒，以空間換時間和對手周旋的中國軍隊，卻以精銳在上海與勢頭正盛的日軍進行了自開戰以來最為酷烈的死打硬拚之戰。此一戰略不僅為了保衛首都南京，更重要的是為了掩護集中在上海和長江下游地區的中國現代金

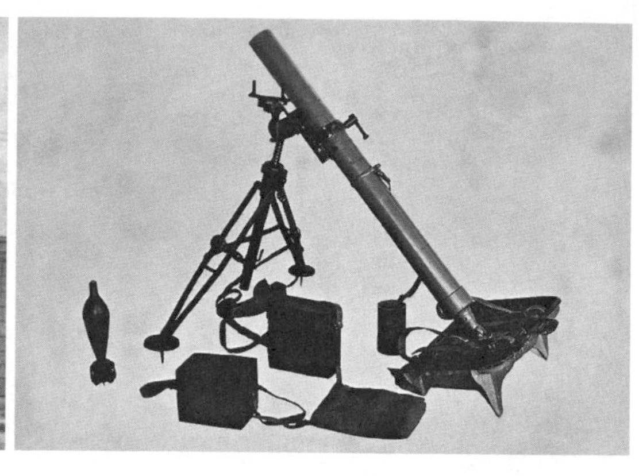

左：金陵兵工廠舊址。

右：金陵兵工廠製造的八二迫擊砲、砲彈。當時國民革命軍主力部隊，普遍裝備的是 1931 年式八二迫擊砲，該砲就由金陵兵工廠生產。

融、工商和兵工製造業精華的撤退，以圖長期抗戰。

就在這股撤退大潮中，國民政府命令兵工署全速將各地兵工廠拆裝，運送至西南大後方重新組建。俞大維受命負責策畫主持全國兵工廠的拆遷事宜，同濟大學出身的兵工署製造司司長楊繼曾被任命為各廠拆遷監管人。金陵兵工廠於一九三七年十一月奉命西遷後，歷盡艱險，終於在一九三八年二月全部運往重慶，並在很短的時間內，於重慶兩路口對岸之陳家館逐漸復工生產。武漢保衛戰開始之後，著名的漢陽兵工廠奉命撤退，一部分機具、員工西遷至重慶，併入已改名為兵工署第二十一兵工廠的原金陵兵工廠——此乃抗戰期間大後方規模最大、最具實力的兵工廠，到一九四五年八月抗戰勝利時，該廠有員工兵夫一萬五千餘眾，各類機器設備共四千餘台。

七七事變發生不久，同濟出身的江杓就奉命接收廣東第二兵工廠並出任廠長，後該廠遭日機轟炸，江氏奉命遷廠，將機具全部遷至重慶郭家沱復廠，改番號為兵工署第五十兵工廠。該廠的機器是清一色德國設備，工業標準及圖樣均採用德國式，同濟大學機械系畢業生及留德學生均為網羅對象。恢復生產後，該廠在不到一年時間內，就製造出了新式武器——戰車防禦砲（平射砲）及砲彈。一九三八年十一月，同濟大學出身的兵工署五十兵工廠工程師鄭大強，奉派整編成都的四川兵工廠，改為五十兵工廠成都分廠，由鄭大強任廠長，有工程師、技術人員一千餘人，主要生產六十型迫擊砲彈及砲彈底火。

抗戰中後期，第二十一和第五十兩家兵工廠成為中國生產武器彈藥的主力軍。當時兵工界公認，俞大維中將、楊繼曾少將、二十一兵工廠廠長李承幹少將、五十兵工廠廠長江杓少將等，是兵工製造業的四大名將和國家的四大功臣。而聚集在這四大名將麾下的各兵工廠主管人員和工程師群，有百分之八十來自同濟大學。故當時兵工界人士公認：「同濟是兵工界的導師和主力。」「兵工廠、兵工界的人才是中國近代機械工業之母。」[9]

對這一極高評價，俞大維並不否認。他曾對外界這樣說道：「我當兵工署長後，重用的都是留德、留日及同濟大學的學生……對日戰爭爆發，大小戰役之不利消息頻傳，無日、無時、無地無之。可告慰者，戰況再不利於我，卻從無一人抱怨說：『槍砲彈藥沒有了。』」[10]這就是俞大維與他的同濟戰友們創造的奇蹟，對國家所做的傑出貢獻。

正是由於同濟大學在兵工製造業的特殊地位和影響，傅斯年決定請俞大維出山，請求蔣介石出兵李莊剿匪並保護同濟師生。假如同濟可保，則李莊的其他幾個學術機構自然不能置之不顧，可謂一損俱損，一榮俱榮矣！

當然，此事不能繞開張群，若張群不支持，事情難有大的進展。此時的張群正出任成都行營主任兼四川省政府主席，為蔣介石控制大後方最為得力的心腹幹將。就張群與蔣介石的私人關係而言，在國民黨內部難有幾人與其匹敵。這一「鐵哥們」關係的形成，不僅在於早年蔣與張留學日本時同入東京振武學堂結下的同學之誼，更在於兩人氣味相投，並在幾十年打拚搏殺的道路上，榮辱與共、相濡以沫的擔當。

而張群能以臣子之心和一片忠誠來處理與蔣的關係，沒有像其他的軍閥大佬如馮玉祥、閻錫山、李宗仁、陳濟棠、張學良等輩那樣，忽東忽西，翅膀一硬就要造反或發動「事變」反蔣倒蔣。故蔣張二人在長期的合作中結成堅實的政治聯盟，並在合縱連橫的軍閥爭鬥中戰績連連。原南開大學教授，曾擔任國民政府行政院政務處長、經濟部次長的著名經濟學家何廉曾說過：蔣介石是一個人治色彩很重的人，他「常常繞過了機構，而去信任那些最親近他、忠於他、服從他的人。他信任孔祥熙和宋子文，因為他們是姻兄姻弟，他信任孔祥熙勝過宋子文，因為孔更聽他的話；他信任陳立夫因為陳的叔叔是他把兄弟；他信任俞飛鵬，因為俞是他的表弟兄；他信任張群，因為張群、陳其美、黃郛和他是把兄弟；他信任黃埔軍校畢業生超過同樣的團體，因為他是軍校校長，而在中國師生關係幾乎親似父子。唯一可能例外的是陳誠，他們之間非親非故，但陳誠是他的同鄉。」[11]何氏之言可謂一針見血，道出了國民黨權力中樞各種關係的神機妙門，張與蔣關係之玄機則不窺自見。

南京淪陷，國民政府西遷之時，四川軍閥大佬極不痛快，從中作梗，企圖阻止國民政府和軍隊西進。為打破困局，蔣介石以鐵腕手段親自兼任四川省主席，操控川省政局；同時以「川人治川」的政治方略，特派四川華陽人張群，於一九三八年出任國防最高委員會重慶行營主任、行政院副院長，並實際掌控成都方面的事務。一九四〇年十一月十五日，經國民政府批准，蔣介石辭去川省主席之職，由他的鐵把子兄弟張群出任國民政府軍事委員會成都行營主任兼任四川省政府主席及全省保安司令，接管全川軍政事務，以穩住後方，積蓄力量，為抗戰最後反攻打基礎。正因為張群與蔣介石及同濟大學三者之間，有著非同尋常的歷史淵源與特殊關係，而朱家驊又系同濟出身，傅斯年與張的關係亦較融洽，因而，朱傅二一決定在請求俞大維相助的同時，力促張群也為此盡一份力量。

俞大維及張群接到朱家驊、傅斯年的請求，為促成此事，又聯合蔣介石侍從室主任陳布雷共同進諫。蔣介石畢竟不是量小妒多的何應欽輩可比擬的人物，聽罷彙報，除意識到同濟大學師生對國防建設特別是軍火製造的重要性，又深慮中研院史語所等機構所藏國寶一旦有失，不但使中國文化財產遭受損失，同時也將造成不利於國民政府和自己政治地位的國際影響。出於這兩方面考慮，蔣介石親自下達手諭，命軍政部與成都行營協同，立即出動一定規模的兵力清剿劫匪，壓制其氣焰，務必保護同濟大學與中研院各學術機構的人員與財產安全。

權霸一方的張群，既然已支持朱、傅等人並向蔣介石進諫，在剿匪手諭下達後，無論出於私人感情還是國家

位於宜賓東部長江南岸的李莊古鎮全景。（王榮全攝影並提供）

利益的考慮，都要擔負起責任。況且他本人對川南日益嚴重的匪患早有清剿之心，只是忙於紛繁的軍政事務，無力顧及，趁此機會，正好一併清剿，確保川南特別是重慶至宜賓長江航線的平安。當然，善於揣摩主子心理的張群，自認為摸到了蔣介石肚子裡的蛔蟲——借剿匪之機，給四川反蔣勢力以打擊和震懾，亦是蔣氏的言外之計。於是，心領神會的張群積極推動川省剿匪事宜，以實現一石多鳥之構想。

在中央各部門大老與川省政府幾方合力運作以及實權在握的張群具體操作下，成都方面立即電令第二十八集團軍、川康邊防司令部以及宜賓專署專員冷寅東，迅速動員一個師的兵力，聯合地方軍警、民團，以李莊為中心，由點及面，迅速、全面、徹底地剿滅川南頑匪。

電令下達後，無論赫赫有名的佩劍將軍郭汝槐，還是蜀中名將、宜賓專員冷寅東，立即商討並行動。按照預定的軍事部署，駐宜賓的兩個團全副武裝，乘長虹號火輪下行至宜賓與李莊之間的水流溪登陸，控制周圍地形、地勢。原駐李莊的十八師周動團將分散各處的兵力全部集中到李莊一帶，以扼匪之咽喉。另加派一個團順江而下，在南溪與瀘州之間的江安登陸，以切斷瀘州下游的頑匪與上游的聯繫通道。待各部到達預定地點後，川軍十八師師長周成虎、旅長李元琮、團長周動及另外兩個團的團長，以及宜賓專署專員冷寅東、專署保安副司令宋維琪等高官要人相繼趕到李莊，在南華宮大殿內召集南溪縣長李仲明、長寧縣長、慶符縣長、江安清鄉司令、李莊附近各區公署並三十多個鄉鎮鎮長及聯防隊長共同策畫清剿方案，同時成立了以富有剿匪與作戰經驗的原川軍中將師長、川康邊防軍副總指揮、現任宜賓專署專員的冷寅東為總指揮的剿匪大本營。經過三天三夜的周密策劃，清剿方案基本形成。一場特殊的川南剿匪之戰即將打響。

川南匪患

按照既定方案，剿匪大本營決定採取「先清剿，再招撫，後斬殺」的祕密戰略，這個方案主要來自川軍名將冷寅東多年與土匪打交道的經驗。

自李莊「張四皇帝」扯旗造反，被清廷官軍與當地團練擊潰之後，其殘渣餘孽化整為零，在各地蟄伏下來。「同治中興」使川南一帶有了幾十年的表面平靜，李莊衰退的經濟也漸漸得以恢復。

一九一一年五月，清王朝將已屬民辦的川漢、粵漢鐵路收歸國有，旋又將修築權出賣給英、法、德、美等四國銀行財團。此一出賣民族根本利益的做法，立即激起了湘、鄂、川、粵等地官僚、士紳、工商界人士與知識分子的強烈反對。歷史上著名的「保路運動」由此爆發。各地紛紛舉行集會、罷工、罷市，隨後組成各種形式的「保路同志會」，發動武裝暴動。

當此之時，南方孫中山、黃興等人領導的同盟會，眼看天下紛亂，朝野驚慌，不失時機地派出同盟會的大小頭目，潛入四川，匯集力量引發暴動，攻打縣衙與巡撫衙門，企圖奪取政權。素有「屠夫」之稱的四川總督趙爾豐，眼見自己的統治地位不穩，遂傾其全力指揮清軍、團練對敵，企圖一舉平息暴亂，蕩平起事者。一時間，全川陷入刀光劍影、血雨腥風的大動盪、大混亂、大浩劫之中。在失控的局勢下，各地的刁民、流寇、地痞流氓、破產失業兼失意的小商人和小政客，像成群的蝗蟲「轟」的一聲從蟄伏的鄉野田疇騰空而起，四散於山野叢林、長江大澤，開始由草根之民變為嘯聚一方的土匪，幹起了打家劫舍、殺人越貨的勾當。

一九一七年七月，以孫中山為首的南方革命黨人發動「護法運動」，繼之與北方以段祺瑞為首的北洋政府軍隊，以湖南為中心展開大戰。受各種利益驅使，四川軍閥大部捲入戰爭，川境再度大亂。在前後兩次大規模的戰爭中，無論是蔡鍔、孫中山的南軍，還是袁世凱、段祺瑞的北洋軍，都曾大力招撫土匪，擴編成軍以壯聲勢。在戰爭結束後，軍隊縮編，匪複為匪，各軍的潰兵、裁兵與散兵游勇趁機結幫入夥聚集起事，匪勢更見其盛。其後四川省內的軍閥混戰連綿不斷，兵匪迴圈變遷，土匪的槍械裝備更是突飛猛進，他們不僅對刀矛之類的冷兵器棄置不用，便是老式毛瑟槍也不屑一顧，大凡稍有點實力的匪群，都換上了新式來福槍、手槍、盒子砲甚至機槍、小鋼砲等裝備。由於裝備的新舊優劣不同，土匪的層級漸漸拉開，名號確立，有廣棚、土棚與斗板凳腳之分。所謂廣棚，人數一般在千人以上，常住深山野外；土棚，人數在百人以上，常住深山與鄉間；斗板凳腳屬於最末一流，人數幾人至幾十人不等，如鄉間拿著板凳圍在一起聊天之類的小股團夥。

一九二〇年前後，四川軍閥——小至團長、旅長，大至軍長、省長、督軍，如楊森、劉存厚、劉成勳、熊克武、劉湘、劉文輝、賴心輝、周西成等輩，皆是老鼠動刀，窩裡纏鬥，相互攻伐，大打內戰。各軍閥不但無心剿匪，而且千方百計地拉攏、利用土匪。凡有兵之處即有土匪，有戰亂之地即有匪禍，全川一百七十八個縣，幾乎全部陷入戰爭，土匪也散布四川全境，當時報章曾稱四川為「盜匪世界」。[12]

在這個盜匪世界裡，又以川南特別是長江航線為重，從上游的宜賓直到重慶甚至武漢三鎮，長江周邊的山中土棚、廣棚林立。據粗略統計，當時僅宜賓到重慶一線，土匪的總人數已達到了十萬之眾，長短槍達四五萬支，外加威力巨大的輕、重機槍兩百餘挺，火砲近百門。原來的土匪以綁票劫財為主要目的，男票稱為「拉肥豬」，女票稱為「拉母豬」。隨著形勢的發展，匪眾的慾望遠遠超出了這個範圍。

與南溪相鄰的瀘州，原來駐有一個旅的軍隊，後因內戰爆發，該旅被當時的川軍總司令、省長劉成勳調往北

左：劉文輝與家人。
右：大邑縣安仁鎮劉文輝公館。

邊隆昌、永川等縣區作戰，瀘州只有一個連駐守。借此機會，瀘州至宜賓一線及周邊各棚土匪以陳雲武（綽號大眉毛）、郭建章（綽號郭老外）、牟榮華（綽號牟公道）等為首，聚集兩千餘眾攻打瀘州。匪徒們一擁而上，很快攻進城內，城中守軍不甘束手就擒，在連長指揮下紛紛掘起街道石板，築成工事拚命抵抗，後與眾匪展開巷戰，終因寡不敵眾，在傷亡數十人後，被迫殺出一條血路突圍。匪眾輕取瀘州，大肆劫掠搶殺。陳大眉毛命人在街上張貼告示，自任城防司令兼永寧道尹，與瀘州相連的合江、江安、南溪等地，全部為陳大眉毛等匪首所控制，南溪屬下的李莊自然也成為其控制的地盤。

由於土匪勢力不斷壯大，往日土匪怕官兵，後來竟演變成官兵怕土匪。匪焰囂張，往往敢與一個旅甚至一個師的官兵對陣，常使官軍損失慘重。川軍第六師師長邱華玉與川東邊防司令湯子模在瀘州交戰時，邱華玉親率兩排衛隊往前線督戰，不料行至九層崖時，與廣棚匪徒猝然相遇。雙方槍戰多時，邱華玉身負重傷，後雖被救出，終因傷勢過重而亡。江（津）巴（縣）壁（山）合（江）峽防司令印時安奉命率隊剿匪，竟被匪徒捕俘殺害。

一九二一年，從保定陸軍軍官學校畢業的青年才俊、四川大

四川大邑縣安仁鎮劉氏莊園外景。

邑人劉文輝（字自乾）出任川軍旅長，駐防宜賓。劉氏抓住軍權後，深感財權的重要，便委派他的五哥劉文彩為四川菸酒公司宜賓分局局長。一九二五年，年僅三十歲的劉文輝收編四川軍閥楊森殘部，實力大增，防區由宜賓一隅往上擴展到樂山、仁壽、眉山一帶；往下占據了南溪、江安、瀘州等重要城鎮。劉文輝本人一躍成為全省軍務幫辦、第九師師長並兼領第三十一師，地位僅次於四川頭號軍閥、控制瀘州下游廣大地區的劉湘。

為了盤踞四川腹地，一九二五年年底，劉文輝將幫辦公署、第九師師部設於成都，劉家軍精銳亦隨之移駐川西。宜賓城防交給其麾下第六混成旅旅長覃筱樓管理，行政財政諸權則盡落劉文彩之手。不久，劉文彩又被委以敘南船捐局局長、宜賓百貨統捐局局長、川南稅捐總局總辦等職。至此劉文彩大權在握，獨當一面，更是千方百計為其弟搜刮軍費。此時的敘府是川省著名的商埠，水上船舶如織，百貨雲集，成為一個重要稅源。劉文彩借此天時、地利以及兵強馬壯的優勢，大肆販賣鴉片，並濫徵捐稅，處處設卡，對大小商販圍追堵截，想方設法斂財牟利。從樂山至敘府的水路僅兩百餘里，劉文彩竟下令設關卡三十餘處。一路下來，價值五百元的山貨須納稅四百多元。由內江至成都的陸路僅四百餘里，設關卡達五十餘處，價值三百元的貨物，稅額幾乎超過了原價。

一九三〇年春，劉文彩正式在宜賓組建二十四軍第十八團，自兼團長，開始以武力介入收捐取稅的行動。一九三一年下半年，又組建二十四軍第四十一團。此後不久，羽翼豐滿的劉文彩將敘府第六混成旅旅長覃筱樓擠垮，自行組軍。一九三二年一月，已成為四川省主席的劉文輝發布命令，成立二十四軍敘南清鄉司令部，劉文彩為中將總司令。至此，劉文彩這個從大邑縣走出來的半文盲，聲名鵲起，敘府的軍政財三方大權完全落入他一人之手——這是劉文彩一生最為鼎盛的時期，也是川西南一帶最黑暗的歷史階段。

登上陸軍中將總司令寶座的劉文彩，為了維持各方面的運轉和擴大自己的勢力，在川西南地區更加瘋狂地橫徵暴斂。除關卡收稅外，還加派了護商稅、戶口派款、臨時派款等苛捐雜稅。比如臨時派款就名目繁多，有所謂公路費、街道馬路費、碼頭捐、國防捐等等。在所有捐稅中，又以國防捐數額最大，一次派款總數就達一百萬元，約等於宜賓五年的糧額。

在這種惡劣局勢下，許多商販因沉重的捐款而血本賠盡，紛紛倒閉關門。有的為逃避追債者，不惜棄家「跑灘」（找一個隱蔽的地方躲藏），更多的索性為匪，除了拉棚子，便入哥老會，當了袍哥，與匪共謀。

一九三二年春夏間，駐在川東、以重慶為大本營的四川頭號軍閥劉湘（字甫澄），得蔣介石支持，擬訂攻打劉文輝的安川計畫。同年十月一日，劉文輝、劉湘叔侄兩川軍巨頭的戰爭爆發，這是四川近代史上規模最大，同時也是最後一次內戰，四川大小軍閥鄧錫侯、田頌堯、楊森、劉存厚、李家鈺、羅澤洲等均捲入其中。劉湘與劉文輝直接交手的第一仗就是川南的瀘州之役，劉湘集海、陸、空三軍外加所謂「神兵」，全力圍攻劉文輝部控制的瀘州，逾半月竟未得手。後因周邊縣相繼失守，瀘州孤陷重圍，文輝部守將不得不於十一月二十一日豎起降旗歸順劉湘。

瀘州城陷後，劉湘部溯江而上，取江安，奪南溪，過李莊，直赴上游劉文彩控制的敘府。此時的敘府城高池

其人其事被認定為地主階級壓迫平民，一度被選進小學課本做為負面教材的劉文彩及其愛妾凌旦。

深，糧彈充足，而且劉文彩手中有「敘南清鄉司令部」轄下的兩個團及劉文輝派來的高育琮一個旅，總兵力一萬餘人。在勝負未定之時，劉文彩決定與劉湘這位堂侄拚個你死我活，下令軍隊在城外的長江航線布防。但土財主畢竟是土財主，撥弄算珠子的好手不見得是指揮槍桿子的行家，毫無沙場經驗的劉文彩這次打錯了算盤。劉湘的二十一軍在過李莊之後，棄水路而走陸路，沿兩岸山中小路夾擊而來，高育琮旅防不勝防，略事抵抗即退入敘府城內，週邊盡為二十一軍攻占。在隆隆砲聲中，劉文彩攜　個叫凌旦的愛妾登上城頭，眼望螞蟻一樣圍城的敵兵和瀰漫天空的硝煙，自知力不能敵，欲棄城潰逃，但在出逃前，竟不忘來個「打門捐」。

按照軍閥部隊的慣例，每　次調防，都要向原駐防地區民眾收一次開拔費。一般是由商會承頭，部隊坐收。此次劉文彩因急於撤退出逃，便下令手下部隊直接催收。一九三二年十一月二十三日，劉文彩在川南稅捐總局辦公室召開緊急會議，當場拍板：東城八萬，南城五萬，西城四萬，北城三萬。各城區款項限兩天內收齊，並要各區團保現場開列交款戶名單。會後由團保持劉文彩手令，帶領軍隊趕往各戶收取。如有不交或拖延者，按劉文彩發布的「留錢不留頭」命令，格殺勿論，就地處決。

兩天後，劉文彩帶著二十萬元打門捐，在砲火硝煙中率領親兵小妾，攜帶四百五十多箱珍貴物件和銀圓八千多塊，匆忙逃出敘府出走家鄉大邑。——這是他在敘府地盤上度過了整整十年後的最後一次出城。這一去，再沒能回來。

劉文輝、劉湘叔侄雙方經過短暫休戰，一九三三年七月，劉湘親自指揮的安川戰役再度揭幕。此次戰役是「二劉」之間的最後一搏。劉文輝在將有二心、士無鬥志、四面受敵的險境中，自知沒有取勝希望，便於七月八日通電辭去四川省政府主席之職，放棄成都，退守岷江雅安一線，隨後在劉湘大軍壓境之際，又鑽進了氣候苦寒的西川不毛之地。

此後，在蔣介石等人說和、施壓下，劉湘考慮到川省其他幾個軍閥對自己早已虎視眈眈，遂決定給堂叔劉文輝一線生機，以牽制其他軍閥。進駐成都後，劉湘專門托人捎信召見劉文輝手下第一勇將、大邑出身的原川軍師長、時任川康邊防軍副總指揮冷寅東，並說道：「我么爸（指劉文輝）腰桿不能硬，腰桿一硬就要出事。我不是要搞垮他，主要是壓低他的氣焰。還讓他保留部分隊伍，以待將來西康正式建省，由他擔任主席。」

已是敗軍之將的冷寅東聽罷此話，感激涕零，趁機進言道：「甫公（指劉湘）的安川軍已占雅安，劉自公已讓出漢源，他這個樣子已不成氣候了，安川軍還是退出雅安，讓自公回來吧？」

劉湘聽罷，給了冷寅東一個順水人情，說：「好吧！」隨即下令安川軍全線撤退，讓劉文輝重返雅安。同時撥給劉文輝軍服萬套、大洋十萬餘元，以紓其難。劉文輝見回頭有岸，急忙自我轉圜，向堂侄劉湘通電認錯，擁護劉湘統一四川，二劉之戰至此畫上句號。只是在長達一年多的交戰中，雙方投入兵力三十餘萬，死亡達六萬餘人，耗資五千餘萬元，四川特別是川南地區的經濟因此大戰而遭到重創，直到抗戰結束都沒能恢復元氣。

四川軍閥劉湘。

據南溪縣誌記載，被劉文輝、劉文彩弟兄控制了十年的南溪李莊，清末之時，雖然經濟有所衰退，但從事食鹽業經銷的店鋪仍達四五十家。隨著辛亥革命事起，清廷在李莊專設的食鹽官運分局和緝私隊兩塊牌子被新興軍閥、土匪、流寇及當地的流氓、無業遊民搗毀砸爛，負責鹽務的朝廷命官，要麼和當地軍閥、土匪、流氓、袍哥同流合汙，要麼抱頭鼠竄，逃出李莊再也沒能回來。至此，所謂的官鹽在李莊及整個川南已不復存在，原來的引岸制更是成了扯淡的玩意兒（原規定五通橋出產的大河鹽銷往長江南岸，自貢的小河鹽銷往長江北岸，界線分明，不得過界，過界即為私鹽，由官府捉拿問罪），大江兩岸的鹽業市場混亂不堪。

在這種情況下，由於長寧、興文、江安、珙縣、慶符，還有其他部分地區，仍習慣在李莊進貨，此時的李莊鹽業並未呈現崩潰之象，大號鹽鋪仍有十餘家，攤販二十多戶。而且此時李莊南北兩岸盛產的磚糖（即紅糖）和土法製成的白糖，量多質佳，在沿江一帶和南六縣家喻戶曉，久負盛名，吸引著各地商販前來。這些商販在流動交往中又運來當地的土特產進行交易，使李莊的集市貿易仍保持著相對的繁盛景象。連在本地人看來不值一提的桔糖，也成了湖南、湖北等地婦女產後必需的營養品，成為供不應求的緊俏之貨。

可惜這樣的光景沒能持續多久，隨著各地軍閥特別是劉文輝、劉湘叔侄盤踞長江上游的川西南和下游的川東南之後，長江沿岸的商業貿易每況愈下，在大小軍閥不斷的火拼爭奪中，大小棚子土匪、流寇、袍哥開始對地方工商界進行傾軋、盤剝與劫掠，使剛剛恢復的商業氣象煙消雲散。

據南溪縣誌記載：在二劉割據、混戰之前，李莊鎮的工商業尚有四十多種行業，從業者多達八百餘戶，另有當地民眾普遍看好的民族工業、交通運輸業及手工業尚未計算在內。但自從以二劉為首的軍閥在瀘州與宜賓間大開殺戒後，夾在其間的李莊一度成為雙方爭奪的主戰場。拚殺中，李莊經濟迅速崩潰，工商戶中能苟延殘喘、艱難支撐的只剩一五%，且這個數字幾乎全歸於張家、羅家、洪家等幾個有權有勢、有人有槍的大家族門下。其他八五%的中門小戶只有少量資金，甚至一文不名，為了活命，全靠借貸、賒銷，甚至以坑蒙拐騙為繼。時間一長，有權有勢的家族不再上當受騙，進入了催債、索債、逼債甚至把債主拿入官府、投入大牢逼供問罪的階段。在絕境中，部分債主採取了「三十六計走為上」的兵家策略，攜家出逃，四處流竄躲藏。

大戰未息，李莊商業界倒帳、跑灘者達一百二十餘戶近千人。許多跑灘者後來都投靠了哥老會的舵把子、出沒於深山叢林的大棚子，成了為害一方的土匪和盜賊。原李莊鎮聞名川南的大號糧商蔣海雲，因無力與軍閥和當地幾個顯赫家族相抗衡，天生的剛烈性格又使他不肯向對方俯首稱臣、苟延殘喘，一怒之下，索性變賣家產，跑到山中拉起棚子，並很快聚集了一千餘眾，操槍弄砲，往來於川江一線與川南深山草莽之中，成為大清咸同年間「張四皇帝」之後，李莊鎮興起的又一股龐大的武裝力量。[13]

只是「張四皇帝」尚有一些非凡的政治理想，如奪川南，占四川，北定中原，一統天下，直至登上皇帝大位，建立漢人統治的帝國王朝等等。此時的蔣海雲只是拉著「大棚」的弟兄，在川南與川江航線忽來忽往，除了打砸搶燒，禍害百姓，偶爾搶幾個大戶富賈的花姑娘，所有理想與生活就是「吃喝嫖賭抽，坑蒙拐騙偷」。

當然，更令這幫軍閥與流寇愧對古今的，是他們對當地百姓橫徵暴斂、殘酷掠奪的惡行。一九三二年，在二劉之戰爆發前夕，劉文彩為籌集軍餉和中飽私囊，出動武裝力量在其控制的南溪、李莊及周邊縣鎮大徵田賦，還一口氣預徵了十七年的賦稅，徵到一九四九年。儘管搜刮的錢財如山，購買的槍砲凌厲，然劉文彩仍未擺脫戰敗出逃的命運。一九三五年，已控制川南和四川大部的劉湘二十一軍，又預徵了四十年的賦稅，徵到一九七五年；而其他各地的軍閥如田頌堯的二十九軍，又在劉湘的紀錄上再度加碼，一下徵到一九七七年；另一位實力派軍閥楊森所率領的二十軍，更不示弱，一次徵到一九七九年；川北軍閥鄧錫侯的二十八軍在前幾位軍閥的基礎上再創新高，一次徵到一九八一年；另一位軍閥劉存厚的川陝邊防軍，更是預徵到二〇五九年，時間跨度長達一百二十四年。

就在軍閥和土匪肆意橫行的一九三二年到一九三七年間，四川民眾除無盡的戰亂、匪患等人禍外，又遭逢連綿不斷的天災。各地旱災、水災、雹災、蟲災接踵而至，整個巴蜀大地田野龜裂、千里荒涼、餓殍遍野。當時的報紙和省賑濟會公布的資料顯示：「一九三二年（四川）全省有十六縣受災，一九三三年增至五十三縣，一九三四年為一百零一縣，一九三五年為一百零八縣，一九三六年、一九三七年幾乎無縣不災……富戶乘勢囤積居奇，米價瘋漲……」水旱災嚴重，「宣漢縣，久旱不雨，田土龜裂，十室九空，餓殍載道。巴中縣，去秋至今，久旱不雨，糧食絕乏，盜食死屍。南溪縣，水潦之後，繼以旱災，土地龜裂，無法耕種。蒲江縣，水災奇重，田廬人畜洗刷一空。新津縣，河災氾濫，街成澤國……」

明末張獻忠率軍進剿四川，軍糧斷絕，曾圈地殺人為食。想不到約三百年後，素稱沃野千里的西蜀又一次慘景再現，各地頻頻傳出慘絕人寰的飢民吃人肉的可怕消息。

當劉文輝兵敗於劉湘之時，劉文輝手下頭號將領、師長、川康邊防軍中將副總指揮冷寅東，在劉文輝退踞西川不毛之地後被迫宣布下野，後在二劉之間奔波調和。二劉罷兵言和後，劉湘登上四川省主席的寶座，考慮到劉文輝經營川西南多年，川南特別是宜賓上控岷江直逼成都，下扼揚子江雄視重慶，具有重要戰略地位，此地民風剽悍，匪患不絕，絕非常人能夠鎮撫，遂任命冷寅東為宜賓專署專員，負責地方的行政事務。這位冷專員上任不久，就遇上了一九三六年、一九三七年川地百年不遇的大饑荒。面對各處飢民慘狀，冷寅東不知從誰的口中得知白泥巴可吃，遂靈機一動，找人挖來泥巴，專程送到上海，請某大學科研所進行鑑定。上海一位大學教授不負所望，很快鑑定出結果，言稱「白泥中含有人體所需要的礦物質，吃百斤可獲熱能三百卡」云云。[14]

冷專員一聽，神情大振，立即上報省主席劉湘。劉氏得知這一科研成果，大喜過望，立即批示省政府把此一成果轉發全省各市縣，命令全省災民大力挖食白泥巴，以解饑荒。

白泥巴，俗稱觀音土，多在江邊和山中低窪處積存，要深入地下五六公尺方可見到。據當時重慶的《新蜀報》稱：與南溪相鄰的瀘縣白節鎮，飢民搶挖白泥三十餘處，深數丈，以致岩土崩坍，壓死數十人。銅梁縣斑竹鄉飢民挖掘白泥，岩石崩坍，壓死三十餘人，但每天仍有數百人搶挖白泥充飢，還有百里之外來此求得一擔白泥者……涪陵縣第三區因挖取白泥，致將北岩坡山腳挖空，山石崩坍壓死飢民五十餘人。榮昌、岳池等縣或因搶挖白泥而發生械鬥，死傷者近百人……

極其不幸的是，這些不惜豁出身家性命前往爭搶的飢民，把千辛萬苦挖來的白泥巴吃到肚裡後，大多因不能消化腹脹而死。據當年目睹此情的李莊鎮羅萼芬等老人回憶：南溪縣各地災民吃了這種「有科學根據的」神仙麵（白泥巴），排不出大便，腹脹如鼓，匍匐呻吟，脹得哭爹喊娘，死亡者難計其數……當時有人編順口溜曰：「吃了神仙麵，脹得光叫喚。屙又屙不出，只有上西天！」[15]

一九三七年年底，四川頭號軍閥劉湘以國民政府第七戰區司令長官兼第二十三集團軍總司令的身分，親率十萬川軍將士出川抗日東征。臨行前，他特地把宜賓專署專員冷寅東等舊部召來，說：「我過去打了幾十年的仗，都是內戰，沒什麼臉面。如今大敵當前，有了抗戰的機會，正好盡力報效國家，見信於國人，留名於青史。」

劉湘借抗戰之機，為幾十年「沒什麼臉面」的內戰雪恥。作為原川軍中將師長、邊防軍副總指揮、現為地方大員的冷寅東，以非自己所長想出了那個「吃白泥巴解救饑荒」的餿主意，不但沒能奏效，反而令許多人白白丟了性命，徒留罵名於世間。灰頭土臉的冷寅東，想不到在劉湘出川抗戰的三年之後，歷史接連給了他兩次機會：一個是乾淨利索地平息了李莊「研究院吃人」事件；再一個是親自率部剿匪，後者可是他幾十年歷練出的專業特長和拿手好戲。冷寅東自接到剿匪公文的那一天起，就暗下決心，作為地方父母官要借機好好表現一番，洗刷以前讓老百姓以「神仙麵」充當糧米的汙名，重塑一方父母官的形象，為穩定抗戰大後方做一點貢獻，以像劉湘說的那樣「見信於國人，留名於青史」。於是，自民國軍閥混戰以來，川南最大的一次剿匪行動在川江上游拉開了序幕。

沉屍揚子江

按照預定計畫，冷寅東指揮各部在宜賓與瀘州的長江一線，有重點地設卡布防。根據各縣、區、鄉鎮提供的情報，首先集中優勢兵力圍剿廣棚，以對土棚和斗板凳腳等眾匪形成震懾。戰鬥首先在南溪縣城與李莊間的山野叢林中打響。此處有一個中型的廣棚，聚集著兩千名左右的匪徒，大多來自南溪縣區與瀘州南部赤水河一線。這一棚土匪的特點是：槍械比較整齊，大多使用的是來福槍、盒子砲，還有幾挺重機槍。由於有當地的「內鬼」摻雜其間，匪眾對周邊地形地貌比較熟悉，交戰機動靈活，善於水陸並用，忽聚忽散，經常搞得對方措手不及，蒙受損失。周勳團在桂輪山一役受到重創，一個排的兵力被殺得丟盔卸甲，險些被全部消滅，就是這棚土匪所為。剿匪大本營決定首先對此下手，不只為打擊對方的囂張氣焰，也有為周勳團死去的官兵復仇之意。

冷寅東憑著幾十年軍旅生活與攻伐經驗，指揮兩個團的兵力，外加五個民團共八千餘人，由李莊整隊出發。他親率一部直接從李莊碼頭渡江抵達北岸，另一部由宜賓專署保安副司令宋維琪率領，乘船沿江而下十餘里登陸。而後兩支隊伍又分成四路，借著朦朧的月色，向廣棚所在據點悄悄包抄。各路人馬翻越幾座林木茂密的大山，隊伍由四路分成八路，形成了包圍圈。

黎明時分，剿匪大軍已接近廣棚盤踞的山頂，對方哨子發現情況，立即鳴槍報警，土匪聞聲出動，槍砲聲隨即在四面八方響起。

凡社會中人，不管此前是善良之人還是歹毒之輩，不論出於自願還是被逼，一旦蛻變為匪，大多變成亡命之徒。這些匪徒不但平時綁「肥豬」、拉「母豬」心狠手辣，而在內部火拚或與官軍作戰中也敢打敢拚，異常威猛，故世人便有「十兵不敵一匪」之說。儘管此次冷寅東的兵力四倍於匪，且武器較土匪為優，戰鬥卻打得異常酷烈，從黎明一直戰到上午，雙方未分勝負。情急之中，冷寅東傳令駐守宜賓與李莊之間水流溪的一個團火速前來

李莊文史專家左照環說：「這是當年土匪藏身的山洞之一。」

支援，同時命令火砲連與機槍連，加大火力轟擊廣棚主要據點。激戰到下午兩點多，由於駐防水流溪的增援部隊趕到，廣棚悍匪終於顯出疲態，火力明顯減弱。又過了大約一個時辰，匪眾力不能支，開始突圍。冷寅東自知手下部隊無力全殲眾匪，命令部隊在東南方向閃出一道空隙，匪眾乘隙突圍而出，落荒而逃。

此次戰役，廣棚匪眾死傷千餘，冷寅東部傷亡近五百人。儘管後者的數量遠遠小於前者，但總指揮冷寅東及手下官兵心情依然沉重。

初戰告捷，剿匪大本營決定乘勝進擊。在冷寅東指揮下，官軍又在南溪與江安附近連克兩棚，自宜賓至瀘州一線的廣棚基本被拔掉。散落其間的大小土棚，懾於官軍的強大攻勢，四散而逃，匪眾的囂張氣焰受到遏制，川江上游暫時平靜下來。

此時，無論冷寅東及其部將，還是各縣縣長、團練局局長，心裡都非常清楚，各棚的土匪只是被打散，並沒有從根本上消滅，他們化整為零，流竄到各個角落隱匿，以待東山再起。事實上，僅憑一個師的兵力和當地團練，想徹底剿滅川南眾匪是不可能的。眾匪與官軍多年周旋，深知用兵之道，面對強敵不爭一時之長短，一役之勝負。匪首們還告誡同夥：「官軍如同雨後的山洪，廣棚的弟兄卻如同山中的森林，山洪只有一時兇猛，很快會流走的，森林卻一直留下來，與天地同在，與大山共存，永不消亡。」

在三棚土匪被擊潰之後，官軍方面要做的，就是儘量以洪水之勢持續衝擊片片匪眾的「森林」，使其不能連片成勢和繼續紮根發芽。尤其對那些盤根錯節、冠蓋匪林、威震四方的「參天古樹」，要集中力量予以毀滅性打擊。非如此，無法最大限度消除山中匪患。不過，這個衝擊不能還是死打硬拚，而要採取招安的戰略戰術，誘敵上鉤，先撫後斬。

剿匪大本營根據各縣團練掌握的情報，請當地袍哥出面，按計畫行動起來。

袍哥，俗名「嗨皮」，一般稱為哥老會，是中國祕密會黨洪門的一個重要支派，主要以農民、手工業者、挑夫、水手、商販、下層衙役和無業遊民組成。平時實行生活互助，社會動盪時揭竿而起，攻城掠地，搶劫財物。如有會眾百餘人，便可開山設堂，推舉坐堂大爺，又稱舵把子。若同一地區內有幾股會眾並存，其中威望最高、實力最大者，即為各大爺之首，又稱「總舵把子」。袍哥與土匪的相同之處是，雙方都是危害社會的毒瘤，常有搶殺劫掠之惡行。不同之處在於，哥老會具有一定的宗教色彩，並有一定的政治目標和追求，不僅有組織形式還有一定的社會政治地位，袍哥中人往往與官府、匪眾都有交往，相較於土棚或廣棚，其實有民與匪的本質區別。

在川境軍閥混戰期間，各地的哥老會已普遍與軍閥合流，各縣區民團基本上都是袍哥隊伍。當年劉文彩駐宜賓期間，為了控制民團，曾不惜放下高官巨宦的身價，親自拉攏整編當地袍哥隊伍為己所用。後來隨著局勢發展，袍哥的政治地位日顯，逐漸成為一股強大的在野力量威脅著當地政權。面對這種情勢，不僅川康軍閥爭相拉攏利用袍哥，國共兩黨上層都開始了爭取袍哥的角逐。中共在周恩來親自主持下，曾在四川搞起了轟轟烈烈的「袍運」，一時湧現了大批「紅色袍哥大爺」，簡稱「紅哥」。南京的蔣介石也曾試圖駕馭袍哥，但收效甚微。因為袍哥的存在本身就是對現存社會秩序的抗議和否定，具有天然的政治反叛性，這註定了從整體而言，袍哥不可能為蔣介石的中央政府所駕馭，而漸漸演變成蔣介石中央政府在四川民間社會最強有力的政治反對派。為此，蔣介石深感惱火驚懼，怕其與地方軍閥勾結，或被共產黨利用而對抗中央國民政府，曾一度下令查禁袍哥，但袍哥組織呈神龍見首不見尾之狀，禁令不過是一紙空文，沒什麼成效。

儘管袍哥不與中央政府合作，卻願與地方軍閥同流合汙，宜賓各縣區的團練和地方武裝，其主要骨幹都由袍哥支撐。因而在冷寅東治宜賓期間，也採取了當年劉文彩的策略，設法拉攏、利用袍哥以鞏固現有政權，使川西南一切在朝、在野的力量都為己所用。冷寅東的苦心終於有了收穫，這一次剿匪行動，袍哥上層得到冷寅東祕密授意，開始層層吩咐，在川南各區縣悄悄與被官軍擊潰的土匪聯繫，聲稱官軍在剿匪中損失慘重，希望化干戈為玉帛，與眾匪結成生死與共的弟兄和朋友，共為國家民族的復興大業效力云云。

土匪在川境興起初期，以搶劫財物為第一目的。後來眼見歷次軍閥戰爭中各派軍閥為擴充實力並免遭匪襲，紛紛招安——大小匪首，視其實力委以旅長、團長、營長、連長、排長等不同官職。土匪們眼見朝為匪首，暮為國民政府軍隊的高級軍官，富貴利祿得之易如反掌，何樂不為？於是群起仿效。據統計，僅一九二三年前後，四川省內各軍共約二十二三個師的人馬，竟有十五六個師為招安的土匪隊伍，人稱「老二隊伍」。在官位利祿誘惑下，川南相接的雲、貴與兩湖、兩廣等地匪徒，不遠千里紛紛來投，而川內的各路軍閥來者不拒，都按投靠者的實力給予官位封賞。當時流傳一句話：「要當官，殺人放火受招安。」

有了以往的慣例，川南土匪對冷寅東這次宣示的招安並不感到驚訝，設在李莊的剿匪大本營根據袍哥報告，對形勢做了分析後認為，儘管土匪們對「招安」這道吃慣了的免費大餐並不驚異，但都心存顧慮，有觀望試探之意，必須設法打消對方的顧慮。於是，在袍哥引誘下，南溪縣內的土匪開始向李莊的大本營靠攏，幾十名有招安經歷者相互結伴，奓著膽子踏進了李莊周勳團的軍營大門。

周勳團的官兵對幾十名土匪做了熱情接待和精心安排，旅長李元琮與團長周勳分別出面接見，講一些「都是鄉里鄉親，何必白刀子進去、紅刀子出來，不是你死就是我活？」「歡迎大家改過自新，今後就是自家弟兄了，有福同享，有難同當，共同升官發財」之類的通俗道理。旅長李元琮親口宣布，幾十名土匪正式加入政府軍，歸到川軍十八師李元琮旅名下，成立一個新的獨立團，按各自不同條件，分別被委任營長、連長、排長等不同官職。分封完畢，開始大盤子大碗招待、祝賀。李元琮在賀詞中不無遺憾地表示，獨立團的架子是搭起來了，但僅憑眼下這幾十個人，只能算一個排，壓根不能算一個團。為此，李旅長希望「自新」者為國盡忠，多引薦一些弟兄入夥，特別是當地有名望有實力的匪首。現在獨立團的團長、副團長、參謀長等重要官職，仍虛位以待，只要有實力的弟兄前來加盟，立刻可以高就云云。降匪們一看升官發財美夢的實現竟不費吹灰之力，真正過上了大塊吃肉、大碗喝酒的幸福生活，感慨興奮之餘，一個個拍著胸脯表示絕不辜負李旅長的期望，儘快回到自己家鄉，多招些同夥弟兄，把這個新的獨立團充實起來，以報答知遇之恩。

三天之後，幾十名降匪扛著李元琮旅配發的槍支彈藥，腰上別著刺刀，懷裡揣著硬硬的銀圓，以帶薪休假的名義，耀武揚威地踏上了歸鄉之路。

降匪返鄉，立即引起當地社會高度關注，消息很快傳播開來，許多暗藏的土匪主動找上門來，打探資訊，當得知尚有許多高官要職虛位以待時，心中不免發起癢來。加之對方一陣胡吹海侃，把個招安說得天花亂墜，並以親身體會加以力證。眾匪徒經不住功名利祿的誘惑，紛紛表示樂意接受招安。很快，有近千名土匪從蟄伏的角落現身，通過降匪或哥老會等管道，陸續來到李莊接受招安和改編。

按照剿匪總指揮冷寅東密令，李元琮與周勳等人先把各棚的匪首召集到一處，告之要舉辦一個高級軍官培訓班，結業之後分別可擔任團長、副團長、參謀長、後勤處長等官職。首批培訓班在各棚中共選拔了二十名最有威望和實力的匪首，在李莊郊外一座小廟裡培訓，教官有李元琮、周勳等人。此前曾威震南溪和宜賓長江航線的著名匪首陳大臉、偏冠雞（周姓）、張矮子（名子春）等俱在此列。與此同時，招安大本營還舉辦了中級軍官培訓班，號稱主要培養選拔營以下軍官，培訓對象為原各棚的中層匪徒，人數達到兩百餘眾。降匪們每五十人編為一隊，被安排在不同地點接受訓練。他們平時除了大塊吃肉、大碗喝酒，按規定還可在李莊防區內攜帶槍支彈藥自由活動。軍營內外看上去一切正常、風平浪靜。

令匪首們意想不到的是，培訓班僅辦了一個星期就結業了，不過終結的不是學業，而是自己的性命。

在一個曙光初露的黎明，高級培訓班中的二十名匪首接到命令，謂江北有一夥匪徒正乘船襲來，全班人員要隨部隊一起出動，到江邊探察敵情，並獻計獻策。

眾匪首尚未從睡夢中清醒，迷迷糊糊被大批軍隊裹挾著呼呼隆隆來到李莊鎮外大霧瀰漫的江邊，冷寅東在四名持槍衛兵的護衛下，威風凜凜地站在一個高坡之上，身旁立著李元琮、周勳與宜賓保安副司令宋維琪等人。霧氣升騰中，只見冷寅東把大手在空中用力一揮，從牙縫裡蹦出了「動手」二字，早有準備的官兵一擁而上，迅速將眾匪首攜帶的手槍卸掉，而後甩動麻繩以迅雷不及掩耳之勢，「唰」地套在了眾匪首的脖子上，使其一個個齜牙咧嘴動彈不得。

冷寅東率李元琮等將領走下高坡，來到眾匪首跟前，冷冷地道：「諸位，你們來到兄弟我冷某的治下，又是吃肉又是喝酒地折騰了幾天，兄弟我小家小業，實在招待不起了。現在給大家選了個新的地方接著吃喝，不過諸位到了那裡之後，是王八餵了你們，還是你們餵了王八，就看個人的造化了……」冷寅東說著，雙眼放出懾人的寒光，猛地一揮手：「行刑！」僅片刻工夫，二十名匪首一個個癱軟在地，停止了呼吸。

負責行刑的軍官一一檢驗，證實匪首全部被勒死後，將屍體全部用麻袋裝起並紮口，拋入滾滾長江。

就在這二十名巨匪被拋屍長江之際，另外兩百餘名「中級培訓班」匪徒，以剿匪為名令其出動，被早已埋伏的軍隊分別裹挾到李莊郊外的白店子、浮屍地、楸樹坡、馬鈴坡、轉嘴望等處，或活埋，或槍殺，片刻工夫消滅乾淨。[16]

李莊各軍營裡剩餘的幾百名共十三股降匪，也被繳械並捆綁起來。由於這些都是普通匪徒，罪不當死，且數目又多，不能全部槍殺，於是按事先的方案，決定對部分罪案明確的匪徒予以正法，其他的正式招安，編入部隊序列，讓其作為以後剿匪的先鋒，直至在戰場上消耗殆盡。

此方案具體步驟是：官軍每個連隊負責押送一股土匪，以李莊為中心，在周圍十幾個鄉鎮來回遊行，號召當地百姓前來辨認。只要有百姓指認某某匪徒曾劫掠過自家錢財，或有過綁票、勒索等惡行，當場拉出來槍斃，挖坑埋掉。

如此這般，幾圈下來，共有一百多名遭到指認的匪徒被處決。

冷寅東指揮的李莊剿匪前後持續了兩個多月，除摧毀幾處廣棚外，共槍殺大小匪首一百餘人、參與劫掠的土匪三百餘人。據說，槍殺過後，許多匪首的家屬特別是成了寡婦的女人，抱著孩子哭叫著找當初牽線招安和許願的袍哥算帳。袍哥儘管勢力很強，但畢竟都是本鄉本土之人，加之人命關天，並非小事。面對洶湧而來的討還血債者，感到難以抵擋，只好「跑灘」，以避風頭。冷寅東見幾個回合下來，自瀘州至宜賓一線的匪眾已受到致命打擊，短時間再難興風作浪，遂下令停止圍剿，將水流溪的一個團撤回宜賓，各縣民團回歸原地，其他三個團在李莊四周分兵駐守，命人把史語所駐地——板栗坳張家大院週邊的樹林全部砍掉，暴露出一大片空地，以免匪眾在此埋伏。同時調撥一個排的兵力駐紮在板栗坳山頂，長期守衛，以免土匪殘部前來圍攻。一切安排妥當，冷寅東帶著剿匪的赫赫戰績，赴成都行營邀功請賞去了。

注釋

[1] 羅家倫〈元氣淋漓的傅斯年〉，載《中央日報》，一九五〇年十二月三十一日。下同。

[2] 毛子水〈記陳寅恪先生〉，載《傳記文學》，第十七卷第二期，一九七〇年。

[3] [4] 引自早年畢業於同濟大學，後為台灣著名工程科學家的王奐若所著《同濟大學校友對國家的貢獻》（手稿）。

[5] [6] [7] [8] [10] 此為張群為同濟大學建校五十周年所作回憶，參見王奐若《張岳公任同濟校長的回憶》（手稿）。

[9] 據王奐若手稿引注：我軍部分使用的是由德國、捷克進口的七點九毫米毛瑟九八式步槍，更多的是由重慶二十一廠、一廠和四十一廠仿造的各型中正式步槍，其槍管口徑是七點九二毫米，最大射程是三千公尺；日本三八式步槍口徑是六點五毫米，最大射程是一千五百公尺；中正式步槍穿透鋼板的能力較三八式步槍更強，整體性能優於三八大蓋。七點九毫米捷克ZB-26式輕機槍：該槍是一種性能優異、在世界槍械史上具有重要地位的輕機槍，射程一千五百公尺，射速為一分鐘五百五十發。重慶二十一廠大量生產該機槍，子彈產於二十廠，性能優於日本造「歪把子」。七點九九毫米馬克沁重機槍：主要由重慶二十一廠製造，射程三千五百公尺，射速為一分鐘六百發，連發一次可射擊兩百五十發子彈，其聲清脆悅耳，即顯示槍管鋼料好。這是俞大維及同濟校友譚伯羽等人的功勞，他們有先見之明，於戰前即在德國大批採購德國克虜伯兵工廠出產的槍砲鋼料儲備，加上熱處理得法，所以槍管打紅了，澆澆水冷卻一下，照樣打。整體性能優於日軍九二式。火砲方面，我軍主要裝備重慶產六〇、八二、一二〇迫擊砲和三七戰防砲、七五步榴彈、一〇〇榴彈砲，分別產於重慶十廠、五十廠等，砲彈產於十、十一、二十一和五十廠。由於彈藥充足，我軍火砲發揮了

巨大威力。

[11]《何廉回憶錄》，何廉著，中國文史出版社一九八八年出版。

[12]《民國匪禍錄》，蘇遼編著，江蘇古籍出版社一九九六年出版。下同。

[13][16]《四川省歷史文化名鎮——李莊》，熊明宣主編，宜賓市李莊人民政府一九九三年出版（內部發行）。

[14]鄭光路《歷史上少有的人吃人真況實錄——中國四川一九三六年的大饑荒》，載《炎黃春秋》，二〇〇一年第六期。

[15]二〇〇三年九月二十九日，作者於李莊採訪羅萼芬記錄。

第六章
亂離之世

金岳霖來到李莊

就在冷寅東坐鎮李莊指揮剿匪期間，有一個人自昆明不遠千里悄然來到李莊探望梁思成夫婦與其他朋友。此人便是被大家呼為「老金」的金岳霖。

老金的到來，給梁家老小特別是病中的林徽因帶來了極大慰藉。

梁思成與林徽因於一九一九年相識，其機緣則是梁啟超和林徽因的父親林長民乃多年摯友，兩家多有往來。儘管兩家長輩早就有締結兒女親家之意，但梁啟超並不想按傳統婚俗行事，他明確告訴當時十八歲的梁思成與年僅十五歲的林徽因：儘管兩位父親都贊成這門親事，但最後還是由你們自己決定。這或許是梁啟超認為已是板上釘釘，為追趕時代新風尚，就隨口順便一說而已。沒想到在第二年，林徽因的感情世界卻橫捲起一股狂濤巨瀾。

一九二〇年，林長民作為段祺瑞內閣的司法總長被迫卸任，以中國國際聯盟同志會駐歐代表的身分赴英國考察。其時林長民四十四歲，林徽因十六歲。同年十月，徐志摩告別他的同學好友李濟，從美國來到倫敦入劍橋大學讀書。兩個月後，因一個偶然的機會認識了林家父女，並很快向林徽因發動愛情攻勢。劍橋河畔，留下了徐林

左上：金岳霖，約攝於 1933 年。

右上：1924 年 4 月，印度詩人泰戈爾訪華，徐志摩與林徽因曾陪同，此照攝於北京。仙風道骨的泰戈爾、郊寒島瘦的徐志摩、人面桃花的林徽因，被媒體譽為「松竹梅三友圖」。

下：林徽因與父親林長民。

二人纏綿的身影和足跡。

一九二一年十月，林徽因隨父回國，仍在英國讀書的徐志摩於一九二二年三月趕到德國柏林，由中國留學生吳經雄、金岳霖作證，與尋夫到柏林的結髮之妻張幼儀正式離婚。同年秋，徐志摩匆匆結束學業，由倫敦歸國，在家鄉浙江和上海等地稍事停留，於十二月來到北京，與林徽因會面。徐之所以匆忙離開歐洲回國，一個重要原因是他聽到林徽因已許配給梁思成的消息，其回國的目的，除了弄清虛實，還要以自己的實力和摯誠，贏得林氏的芳心，共結百年之好。

然而，徐志摩一到北京，便發現事情不是他想的那樣簡單。在梁啟超及時援手與巧妙安排下，此時的林徽因與梁思成已經公開訂婚，京城名流圈與學界幾乎盡人皆知，徐志摩大失所望但仍不放棄，繼續狂追林徽因，並公然與梁思成對峙起來。

梁思成畢業於清華學校一九二三級，亦稱癸亥級，這一級曾產生了陳植、顧毓琇、梁實秋、施嘉煬、孫立人、王化成、吳文藻、吳景超等後來聞名於世的著名人物。梁思成本來打算在這一年出國留學，但一次意外的車禍，使他不得不推遲一年。

關於這次事故，有這樣一種說法：當時在北京西山養病的林徽因，和「她的追求者們訂下了一個賭賽：誰能以最快的速度從城內買到剛上市的蘋果給她，就證明誰對她最忠心耿耿。有目擊者稱曾見到梁思成先生的摩托自西山駛出」，於是在北京街頭發生了車禍，梁氏被撞翻在地。記述此事的作者援引了一段當年的「本報訊」並附加一個證據，「本文資料由陳從周先生書面提供。交代一句：陳從周先生為著名建築學家，是梁思成先生和林徽因女士的同行，也是著名詩人徐志摩先生的表弟」[1]云云。

另外一個版本是：一九二三年五月七日，梁思成騎摩托車帶著梁思永參加北京學生舉行的「國恥日」紀念活動（一九一五年五月七日是日本向袁世凱政府提出企圖滅亡中國的「二十一條」的日子），剛出南長街，就被北洋軍閥交通次長金永炎的汽車撞倒在地。梁思成血流滿面，當場昏迷不醒。尚清醒的梁思永飛跑回家說：「快去救二哥吧，二哥碰壞了。」當梁家的聽差曹五將梁思成從出事地點背回家時，梁的臉上一點血色都沒有。經送協和醫院檢查，梁思成左腿骨折加脊椎受傷，梁思永只是嘴唇碰裂了一處，流血很多但無大礙。因是當世名人梁啟超的兩位公子被撞傷，北京各報都做了報導並藉機大加渲染。梁啟超夫人見肇事者金永炎不前來賠禮道歉，便直奔總統府大鬧了一場。

有好事者考證，第二個版本或許更可信一些。極其不幸的是，梁思成因這次車禍事件骨折的左腿沒能接好，手術後左腿比右腿短了約一公分，落下終身殘疾，走起路來有些微跛。更為嚴重的是，梁的脊椎受到了嚴重損傷，影響了他一生的健康。後來不得不穿上醫院為他特製的一件厚重鋼背心，以支撐上身。因為此一情況，梁氏只好推遲一年出國，而鋼背心則伴他一生。

梁思成腿傷之後的狀況。

一九二四年，梁思成與林徽因同去美國賓夕法尼亞大學建築系學習。因這所大學的建築系不收女生，林徽因只好入美術學院學習，但仍選修建築系的課程（梁是公費，林是自費，兩人所學專業則是梁啟超有意引導的）。

兩人赴美入學的第二年，林徽因父親林長民因參與奉系軍閥張作霖部將郭松齡倒戈反奉，不幸被流彈擊中身亡。一九二七年，林徽因於賓大美術學院畢業，進入耶魯大學戲劇專業學習舞台美術設計半年，成為中國向西方學習舞台美術的第一位留學生。同年二月，梁思成獲賓大建築系學士學位，後又在哈佛大學獲建築學碩士學位。按梁啟超的安排，一九二八年三月二十一日，梁思成、林徽因在加拿大溫哥華梁思成的姊姊家中舉行了婚禮。

梁氏夫婦回國後，按梁啟超事先安排，到東北大學任教並創辦建築學系。一九二九年八月，林徽因在瀋陽生下了一個女兒。為紀念晚年自號「飲冰室主人」的父親，梁氏夫婦為女兒取名「再冰」。

一九二九年一月十九日，梁啟超與世長辭，與前幾年去世的李夫人合葬於北京西山腳下。梁氏夫婦專程從瀋陽趕回北平奔喪，並設計了造型簡潔、古樸莊重的墓碑——梁思成沒有想到，自己一生中所設計的第一件建築作品，竟是父親的墓碑。

也就在這一年，東北地區嚴酷的氣候損害了林徽因的身體健康，她肺病復發，不得不回到北平香山雙清別墅長期療養。從此之後，這種當時被視為癌症一般的肺病與林徽因形影相隨，直至把這個才華橫溢的美麗女子拖向死亡的深淵。

梁思成、林徽因結婚時的照片。林穿著自己設計的禮服。

由於林徽因的身體狀況已不允許她重返瀋陽東北大學工作和生活，梁思成不得不重新考慮以後的生活方向。恰在這時，兩人接到中國營造學社社長朱啟鈐的聘請，經過權衡與磋商，梁氏夫婦決定離開東北大學，到坐落於北平中山公園的私立中國營造學社就職，梁氏擔任法式部主任，林徽因為營造學社校理。九一八事變後，東北大學建築系畢業生劉致平、莫宗江、陳明達等人，一起到北平投奔老師梁思成夫婦，繼而成為營造學社的骨幹力量。稍後，留學日本的劉敦楨從南京國立中央大學轉赴北平，加盟營造學社，出任文獻部主任。自此，梁思成、劉敦楨組成了營造學社兩根「宏大架構」，並作為朱啟鈐的左膀右臂，在學社發揮著舉足輕重的作用。

梁氏夫婦從海外歸國時，家人已為他們準備了新房，那就是梁啟超在東四十四條北溝沿胡同的住宅（即今北溝沿胡同二十三號）。在他們從瀋陽辭職回來後，全家搬入東城區米糧庫胡同二號居住。當時米糧庫胡同一帶住著許多清華、北大的名流，如陳垣、傅斯年住在米糧庫胡同一號，胡適住在四號等。後來，梁、林覺得米糧庫胡同住宅過於狹窄，又搬到北總布胡同三號居住。

因梁氏夫婦的人格魅力與淵博學識，在他們周圍很快聚集了一批當時中國知識界的文化精英，如名滿天下的詩人徐志摩，在學界頗具聲望的哲學家金岳霖，政治學家張奚若，哲學家鄧叔存，經濟學家陳岱孫，國際政治問題專家錢端升，物理學家周培源，社會學家陶孟和，文化界領袖胡適，美學家朱光潛，青年作家沈從文、蕭乾等。這些學者與文化精英常常在星期六下午，陸續來到梁家，品茗談天，坐論天下事。每逢相聚，風華絕代、才情橫溢的林徽因，思維敏銳，擅長提出和捕捉話題，具有超人的親和力與調動客人情緒的本領，使眾位元學者談論的話題既有思想深度，又有社會廣度；既有學術理論高度，又有強烈的現實針對性，可謂談古論今，皆成學問。隨著時間的推移，梁家的交往圈子越來越大，形成了二十世紀三〇年代北平最有名的文化沙龍，時人稱為「太太的客廳」。

這個備受矚目的具有國際俱樂部特色的「客廳」，曾讓許多知識分子特別是文學青年心馳神往，後來蕭乾還專門寫過一篇懷念林徽因與「太太客廳」的文章。而「太太客廳」最忠實的參與者，當是著名哲學家金岳霖。為此，有人說林徽因之所以成為林徽因，離不開梁思成，缺不了金岳霖，也少不了徐志摩，一語道出這三位優秀男兒對林徽因一生所產生的重要影響與人格塑造作用。但從排序上看，金岳霖介入林徽因的生活較晚，是透過徐的

左：林徽因詩作《你是人間的四月天》。（林馨琴提供）

右：1935 年，金岳霖（左一）、梁再冰（左二）、林徽因（左三）與費正清（右一）、費慰梅（右二）與費氏夫婦的朋友在北平天壇。

介紹才認識林徽因的。關於徐志摩，據林徽因的美國友人費慰梅說：「徽因和思成待他如上賓，一見了他們，志摩就迸發出機智和熱情。他樂意把那些氣味相投的朋友介紹給他們……無疑地，徐志摩此時對梁家最大和持久的貢獻是引見了金岳霖——他最摯愛的友人之一、清華大學哲學系教授『老金』。」[2]

老金的加入，使北總布胡同三號的「太太客廳」更加熱鬧起來，但這種氣氛未能持續多久，一個重大事件發生了。

一九三一年十一月十九日上午八時，徐志摩搭乘一架郵政飛機由南京北上，準備參加當天晚上林徽因在北平協和小禮堂為外國使者開設的中國建築藝術演講會。當飛機抵達濟南南部黨家莊一帶時，忽然大霧瀰漫，航向難辨。機師為尋覓準確航線，只得降低飛行高度，不料飛機撞上白馬山，當即墜入山谷，機身起火，機上三人——兩位機師與徐志摩遇難。

徐志摩乘風歸去，與林徽因最為相知相愛的男兒，只有梁思成和老金了。

湖南人老金，比梁思成大六歲，比林徽因大九歲，在梁、林面前是名副其實的老大哥。金岳霖一九一四年畢業於清華學校，後留學美國、英國，加上遊學歐洲諸國，時間近十年，其專業由經濟轉為哲學，回國後主要執教於清華。從青年時代起，老金就飽受歐風美雨的浸淫，生活相當西化，西裝革履，加上一百八十幾公分的高個頭，儀表堂堂，極富紳士氣度。在所有關於金岳霖的傳聞中，最引人注目的一樁，是他終生未娶。好事者闡釋的版本相當一致：他一直戀著建築學家、詩人林徽因。據說，老金在英美讀書時，曾得到很多女孩子的青睞，其中有一美國風流俊美的金髮女子還追隨老金來到北京，並同居了一段時間，但自老金與林徽因相識後，這位風流美女便被打發回了美國的娘家，再沒有回來。隨後，老金便搬到北總布胡同三號，「擇林而居」了。

老金是一九三二年搬到北總布胡同與梁家同住一處的，只是「他們住前院，大院；我住後院，小院。前後院都單門獨戶」。這段話是老金晚年的回憶，他自稱「離開了梁家，就跟掉了魂似的」。

金岳霖孑然一身，無牽無掛，始終是梁家沙龍的座上常客，對林徽因的人品才華欣羨至極，對她十分呵護。林徽因對老金同樣十分欽佩敬愛，他們之間的心靈溝通可謂非同一般。隨著時間推移，彼此的感情越來越深，心心相印、難捨難離，甚至到了乾柴烈火不可收拾的程度。

關於金與林之間的情感謎團，許多年後由梁思成對外解開。據梁的第二任夫人林洙（林徽因去世七年後，梁思成娶學生輩人物林洙為妻）說：「我曾經問過梁公，金岳霖為林徽因終身不娶的事。梁公笑了笑說：『我們住在總布胡同的時候，老金就住在我們家後院，但另有旁門出入。可能是在一九三一年，我從寶坻調查回來，徽因見到我，哭喪著臉說，她苦惱極了，因為她同時愛上了兩個人，不知怎麼辦才好。她和我談話時一點不像妻子對丈夫談話，卻像個小妹妹在請哥哥拿主意。聽到這事我半天說不出話，一種無法形容的痛苦緊緊地抓住了我，我感到血液也凝固了，連呼吸都困難。但我感謝徽因，她沒有把我當一個傻丈夫，她對我是坦白和信任的。我想了一夜，該怎麼辦？我問自己，徽因到底和我幸福還是和老金一起幸福？我把自己、老金和徽因三個人反覆放在天平上衡量。我覺得儘管自己在文學藝術各方面有一定的修養，但我缺少老金那哲學家的頭腦，我認為自己不如老

上：梁思成、林徽因在龍頭村的故居，旁邊小屋是金岳霖故居。（昆明市盤龍區宣傳部文產辦鄧璐提供）

左下：金岳霖在梁家後院養雞，等母雞下蛋後煮給林徽因補身體。身後右立者是梁思成、梁再冰、梁從誡和鄰居家小孩。

右下：龍頭村梁思成、林徽因故居一景。以雕像記錄金岳霖當時餵雞的場景。（林馨琴攝）

金。於是第二天，我把想了一夜的結論告訴徽因。我說她是自由的，如果她選擇了老金，祝願他們永遠幸福。我們都哭了。當徽因把我的話告訴老金時，老金的回答是：看來思成是真正愛妳的，我不能去傷害一個真正愛妳的人。我應該退出。從那次談話以後，我再沒有和徽因談過這件事。因為我知道老金是個說到做到的人。徽因也是個誠實的人。後來，事實也證明了這一點，我們三個人始終是好朋友。我自己在工作上遇到難題也常去請教老金，甚至連我和徽因吵架也常要老金來仲裁，因為他總是那麼理性，把我們因為情緒激動而搞糊塗的問題分析得一清二楚。』」[3]

三人間的關係有點像西洋小說裡的故事，故事的結局是，金岳霖和林徽因一直相愛、相依，但又不能結成夫妻。金終身不娶，以待徽因。只是命途多舛，徽因英年早逝，只留得老金成為浪漫愛情行旅中的孤獨騎士。

七七盧溝橋事變之後，金岳霖與梁家一起離開北平，轉道天津赴長沙，後來又先後抵達昆明。梁、林繼續經營中國營造學社，老金則任教於西南聯大，但多數時間仍住在一起。當梁家搬到郊外龍頭村自己蓋房時，老金在其房旁蓋一小房，以便與梁家住在一起。

許多年後，金岳霖在西南聯大教的學生殷福生（後改名海光）曾這樣描述老金對他的影響：「在這樣的氛圍裡，我忽然碰見業師金岳霖先生，真像濃霧裡看見太陽！這對我一輩子在思想上的影響太具決定作用了。他不僅是一位元教邏輯和英國經驗論的教授，並且是一位道德感極強烈的知識分子。昆明七年教誨，嚴峻的論斷，以及道德意識的呼喚，現在回想起來實在鑄造了我的性格和思想生命。透過我的老師，我接觸到西洋文明最厲害的東西——符號邏輯。它日後成了我的利器。論他本人，他是那麼質實、謹嚴、和易、幽默、格調高，從來不拿恭維話送人情，在是非真妄之際一點也不含糊。」[4]

或許，正因有了這種哲學思想的光芒閃耀，金岳霖精神的血脈得以延續，薪火得以相傳。而他在李莊的故事，因其一代哲學大師的地位以及非凡的人格魅力，成為中國抗戰文化中一個不可或缺的組成部分，長期存活、綿延於一代又一代人的記憶裡，並成為一道美麗、永恆的風景，深深地鐫刻在滾滾東逝的揚子江頭。

林徽因的病與老金的情

老金來到李莊營造學社後發現，無論是林徽因的病情還是梁家的生活，都比他想像的更糟糕。究其原因，老金來到李莊才知與當地的氣候、環境有極大關係。抗戰時期在重慶工作、生活的德國人王安娜博士，曾談到重慶一帶的環境：「從飛機上俯瞰重慶，但見迷茫一片。每年十月至第二年四月末，全市都覆罩著濃霧。風平浪靜時，長江及其支流嘉陵江這兩條大川的水蒸氣，與含硫量很高的煤塊燒出來的煤煙混在一起，便成了煙霧。無數的煙囪冒出滾滾濃煙，使得重慶到處都瀰漫著硫黃的氣味。因此，重慶自不待說，河岸的各個村莊的空氣對健康都很有損害，肺結核病蔓延得很廣。」[5]

儘管李莊離重慶幾百公里，但其上下游的宜賓、瀘州等中等城市的情形與重慶極為相近，硫黃氣味並未消滅。林徽因與後來的梁思永，還有陶孟和之妻沈性仁相繼發病，且皆是肺病，與當地氣候和被汙染的環境有著極大的關係。

老金看到，梁家唯一能給林徽因養病用的「軟床」，是一張搖搖晃晃的帆布行軍床。自晚清至抗戰軍興，幾十年間川南軍閥混戰不息，戰禍連綿，李莊已衰落凋敝，整個鎮子沒有一所醫院，也沒有一位正式醫生，更沒有任何藥品。林徽因告訴老金，家中唯一一支體溫計已被兒子從誡失手摔碎，搞得她大半年竟無法測量體溫，只有靠自己的感覺來估計發燒度數。在這種條件下，林徽因病情漸漸沉重，眼窩深陷，面色蒼白，晶瑩的雙眸也失去了往日的神采，成了一個憔悴、蒼老、不停咳喘的衰弱病人。由於李莊不具備任何醫療條件，梁思成只好自己學著幫林徽因打針，學會了肌肉注射和靜脈注射。每當看到愛妻躺在病床上痛苦地掙扎時，束手無策的梁思成便在心

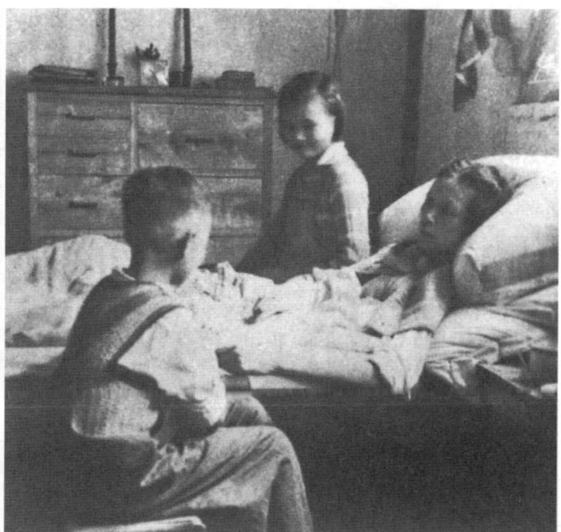

右上：在李莊病中的林徽因與女兒梁再冰、兒子梁從誡。

左上：龍頭村梁思成、林徽因故居的兩人雕像。（林馨琴攝）

下：林徽因的臥室。（林馨琴攝）

底呼喊著：「神啊！假使你真的存在，請把我的生命給她吧！」[6]

經過大半年努力，林徽因總算掙扎著活了過來，梁思成對妻子的堅強和上帝的眷顧心懷感激。

林徽因的病，對生活本來就極其困難的梁家來說，可謂雪上加霜。在李莊鎮讀小學的梁再冰與梁從誡，開始與父母一道經歷生活的艱辛。據梁從誡回憶，此時梁家窮得連一雙普通鞋子都買不起，他幾乎長年穿著草鞋或打赤腳，只有到最冷的冬天，才穿上外婆親手給他縫製的布鞋。偶爾有朋友從重慶或昆明帶來一小罐奶粉，就算是林徽因難得的高級營養品。有時梁從誡經不住這高級營養品的誘惑，偷偷吃一點，被父親發現後，往往要挨一頓揍。梁思成愛吃甜食，但李莊除了土製紅糖，沒有別的甜食可吃，他就開動腦筋，把土糖蒸熟消毒，當成果醬抹在饅頭上食用，戲稱之為「甘蔗醬」。為給林徽因購買藥品和必需的生活用品，梁思成經常把家中的衣物拿到宜賓城中變賣。關於這段生活，梁再冰在許多年後有一段令人心酸的回憶：

四川氣候潮溼，冬季常陰雨綿綿，夏季酷熱，對父親和母親的身體都很不利。我們的生活條件比在昆明時更差了。兩間陋室低矮、陰暗、潮溼，竹篾抹泥為牆，頂上席棚是蛇鼠經常出沒的地方，床上又常出現成群結隊的臭蟲，沒有自來水和電燈，煤油也須節約使用，夜間只能靠一兩盞菜油燈照明。

我們入川後不到一個月，母親肺結核症復發，病勢來得極猛，一開始就連續幾周高燒至四十度不退。李莊沒有任何醫療條件，不可能進行肺部透視檢查，當時也沒有肺病特效藥，病人只能憑體力慢慢煎熬。從此，母親就臥床不起了。儘管她稍好時還奮力持家和協助父親做研究工作，但身體日益衰弱，父親的生活擔子因而加重。

更使父親傷腦筋的是，此時營造學社沒有固定經費來源。他無奈只得年年到重慶向教育部請求資助，但「乞討」所得無幾，很快地就會被通貨膨脹所抵消。抗戰後期物價上漲如脫韁之馬，父親每月薪金到手後，如不立即去買油買米，則會迅速化為廢紙一堆。食品愈來愈貴，我們的飯食也就愈來愈差，母親吃得很少，身體日漸消瘦，後來幾乎不成人形。為了略微變換伙食花樣，父親在工作之餘不得不學習蒸饅頭、煮飯、做菜、醃菜和用橘皮做果醬，等等。家中實在無錢可用時，父親只得到宜賓委託商行去當賣衣物，把派克鋼筆、手錶等「貴重物品」都「吃」掉了。父親還常開玩笑地說：把這隻錶「紅燒」了吧！這件衣服可以「清燉」嗎？[7]

除疾病的折磨和生活的艱難，對林徽因來說，另一個打擊就是她弟弟林恒與其他飛行員朋友的犧牲。七七盧溝橋事變爆發後，已考取清華大學的林恒受抗日愛國風潮影響，毅然決定退學，轉而報考空軍軍官學校並被錄取，成為中國空軍航空學校第十期學員。一九四一年三月，畢業不久的林恒在成都上空與日機交戰時陣亡。梁思成得知噩耗，沒敢立刻告訴林徽因，自己借到重慶出差的機會，匆匆趕往成都收殮了林恒遺體，掩埋在一處無名墓地裡。為了對林徽因的母親（隨梁家居住李莊）隱瞞此一不幸的消息，梁思成歸來後，把林恒的遺物——一套軍禮服，一把畢業時由學校配發的「中正劍」，小心翼翼地包在一個黑色包袱裡，悄悄藏在衣箱最底層。但後來老人還是從鄰居口中得知了真情，悲痛欲絕，當場昏厥。

與自己的母親相比，林徽因得此消息，總算能堅強面對慘澹的人生，承受住了巨大的打擊。據說，梁思成還專門在林恒的遇難地找到一塊飛機殘骸，帶回李莊。後來，林徽因把這塊殘骸掛在自己臥室的床頭，以示永久紀念。梁思成在寫給他的好友費正清、費慰梅夫婦的信中說道：「剛到李莊不久，我就到重慶去為營造學社籌點款，而後徽因就病倒了，一病不起，到現在已有三個月。三月十四日，她的小弟林恒，就是我們在北總布胡同時叫『三爺』的那個孩子，在成都上空的一次空戰中犧牲成仁。我只好到成都去幫他料理後事，直到四月十四日才返家，我發現徽因的病比她在信裡告訴我的要嚴重得多。儘管是在病中，她勇敢地面對了這一悲慘的消息。」[8]

在同一個信封裡，林徽因補加了一張字條：「我的小弟，他是一個出色的飛行員，在一次空戰中擊落一架日寇飛機。可憐的孩子，他自己也被擊中頭部而墜機犧牲了。」[9]

林恒在航校時所攝。（梁從誡提供）

儘管林徽因以驚人的毅力強抑住內心的悲慟，但在相當長一段時間裡，梁家仍沒有完全從林恒陣亡的陰影中擺脫出來。老金的到來，使林徽因又想起了林恒，想起了這個與老金交情極好的年輕的弟弟。遙想當年北總布胡同時代，林恒還是個蹦來跳去的頑皮孩子，經常與老金開一些頗為幽默的玩笑，其志向與才識深得老金的讚賞。而在昆明的時候，老金時常掛念著這位年輕的朋友，無時無刻不關注著這位飛行學員的命運。想不到昆明一別，竟成永訣，再也無緣相見了（林恒一批航校學員曾在昆明受訓，與梁家和聯大教授多有接觸）。林徽因再見老金如睹自家的親人，不禁悲從中來，當她躺在病床上敘述弟弟的往事與陣亡的經過時，幾度泣不成聲。坐在一旁靜心聆聽、極富理性的老金，禁不住為失去這位年輕的朋友而潸然淚下。

一九四四年秋，衡陽大戰爆發，梁家在昆明認識的一批老飛行員中，最後一位叫林耀的傷患強行駕機參戰，不幸被敵擊中後失蹤。由於中國軍隊的潰敗，林耀本人和戰機殘骸一直未能找到。林耀的罹難，對梁家特別是林徽因感情上造成了重大創傷。在深深的哀痛中，林徽因提筆在病床上寫下了醞釀已久的詩行〈哭三弟恒〉。

哭三弟恒

——三十年空戰陣亡

弟弟，我沒有適合時代的語言
來哀悼你的死；

它是時代向你的要求，
簡單的，你給了。
這冷酷簡單的壯烈是時代的詩
這沉默的光榮是你。

……

弟弟，我已用這許多不美麗言語，
算是詩來追悼你，
要相信我的心多苦，喉嚨多啞，
你永不會回來了，我知道，
青年的熱血做了科學的代替；
中國的悲愴永沉在我的心底。

……

你相信，你也做了，最後一切你交出。
我既完全明白，為何我還為著你哭？
只因你是個孩子卻沒有留什麼給自己，
小時我盼著你的幸福，戰時你的安全，
今天你沒有兒女牽掛需要撫恤同安慰，
而萬千國人像已忘掉，你死是為了誰！[10]

詩成時，離林恒殉難已過三年。如後來林徽因之子梁從誡所說，詩人所悼念的，顯然不只是自己弟弟一人，而是獻給抗戰時期她所認識的所有那些以身殉國的飛行員朋友。詩人對這些朋友寄予了無限深情，也「從中可以看出當時她對民族命運的憂思和對統治當局的責難」[11]。

痛苦和災難不斷來臨，生活還要繼續。

自七七盧溝橋事變離開北平南下，輾轉萬里，梁家在逃難中幾乎把全部「細軟」丟光了，但戰前梁思成和營造學社同仁調查古建築的原始資料——數以千計的照片、實測草圖、記錄等，卻緊緊帶在身邊，完整地保留下來——這是他們生命中最為寶貴的財富。那些無法攜帶的照相底版，還有一些珍貴文獻，在離開北平前，經老社長朱啟鈐同意，梁思成經手，存進了天津英租界的英資銀行地下保險庫，就當時的情形論，這是最安全的一種辦法。想不到屋漏更遭連夜雨，一九三九年夏季，天津暴雨成災，整個市區呈水漫金山之勢，營造學社委託的那家銀行地下室頃刻變成了水庫，學社所存資料幾乎全部被毀。消息兩年後才傳到李莊。此時，老金正在梁家，當聽到這個不幸的消息時，林徽因傷心欲絕，梁思成與老金也流下了痛惜的眼淚。

失去的永不再來，劫後餘存的資料使營造學社同仁倍加珍惜。在李莊上壩月亮田幾間四面透風的農舍裡，梁思成與劉敦楨、莫宗江、劉致平、陳明達等幾位共患難的同事，請來當地木匠，做了幾張半原始的白木繪畫桌，攤開他們隨身攜帶的資料，著手系統地總結整理營造學社戰前的調查成果，開始撰寫《中國建築史》。與此同時，梁氏夫婦為了實現多年的夙願，決定用英文撰寫並繪製一部《圖像中國建築史》，以便向西方世界系統地介紹中國古代建築的奧祕和成就。淒風苦雨中，夫婦二人一面討論，一面用一台古老的、劈啪震響的打字機打出草稿，又和助手莫宗江一道，用心繪製了大量英漢對照注釋的精美插圖。此時，梁思成的頸椎灰質化病再度發作（即留學前那次車禍留下的後遺症），常常被折磨得抬不起頭來，他只好在畫板上放一個小花瓶撐住下巴，以便繼續工作。林徽因只要病情稍感好轉，就靠在床上翻閱《二十四史》和各種典籍資料，為書稿做種種補充、修改、潤色工

左：中國營造學社舊址。故居如今已成為觀光景點，裡面有照片、蠟像解說。
右：中國營造學社研究室。（林馨琴攝）

作。床邊那一張又一張粗糙發黃的土紙上，留下了病中林徽因用心血凝成的斑斑字跡。

為給林徽因補養身體，老金從自己微薄的薪水中拿出一部分，到集鎮上買來十幾隻雞飼養，盼望著牠們早日生蛋。老金是文化圈內知名的養雞能手，早在北平北總布胡同時代就養著幾隻大鬥雞，並有同桌就餐的經歷。據梁從誡說，在昆明的時候，「金爸在的時候老是坐在屋裡寫呵寫的。不寫的時候就在院子裡用玉米餵他養的一大群雞。有一次說是雞鬧病了，他就把大蒜整瓣地塞進雞口裡，牠們吞的時候總是伸長了脖子，眼睛瞪得老大，我覺得很可憐」[12]。正是由於老金有豐富的養雞經驗，買來的十幾隻雞長勢很好，不但沒有生病，後來還開始下蛋了。這讓所有人為之開心，也使正處於艱難困苦中的梁氏夫婦在精神上得到了一絲慰藉。

就在梁氏夫婦緊鑼密鼓地準備《中國建築史》的寫作之時，老金也借營造學社的一張白木桌子，開始了他那部皇皇巨著《知識論》的寫作。按老金晚年的說法，他一生共寫了三本書，比較滿意的是《論

左：梁思成在月亮田營造學社工作室的藏書。（林馨琴攝）
右：李莊鎮以蠟像紀念梁思成當時編寫《中國建築史》的艱苦過程。（林馨琴攝）

道》，寫得最糟的是大學《邏輯》，花時間最長、災難最多的是《知識論》。

此書之所以花時間長，是因為一段頗為離奇的插曲。一九三九年，老金剛到昆明不久，洋洋六七十萬言的《知識論》已基本殺青。當時每逢日機轟炸昆明，他便攜帶書稿跑到郊外，一邊躲避，一邊埋頭修改。有一次敵機突至，警報響起，老金同往常一樣夾起書稿就向外跑。在趕到城北蛇山安全地帶後，他同往常一樣坐下來繼續修改書稿。想不到這次日機轟炸時間比往日長了許多，老金又飢又睏，疲憊至極，便以書稿當枕頭躺著休息，竟一覺睡了過去。當敵機撤離昆明上空時，天已黑了下來。老金醒來後，見警報解除，爬起來就走，恍惚中把書稿遺忘在山上。等他回到宿舍記起時，急忙趕回去尋找，等待他的只有幾塊石頭和飄蕩的野草。在一陣捶胸頓足之後，老金從巨大的懊喪與悲苦中逐漸恢復平靜，痛下決心來個「重開窯子另燒磚」，一切從頭再來。於是，這部後來在學術界影響巨大的哲學巨著在昆明寫作了一部分，借休假的空隙，老金又攜來李莊繼續寫作。當此稿最終完成時，已是七年後的一九四八年年底了。

當然，戰爭歲月的知識分子，除一連串的苦難，也有片刻的歡樂時光。每到下午四點鐘，梁思成與助手們放下手中的工作，弄一個大茶壺，與老金等人喝起下午茶，以消除身心的疲憊。此時嚴酷的暑熱已經退去，病中的林徽因就請人把行軍床搬到院內，與大家一道喝茶聊天，尋回一點生活的溫馨。

李莊的日子就這樣一天天度過了。當老金休假期滿，準備離川回昆時，傅斯年攜妻帶子來到了李莊，這對苦難的梁家無疑又是一個喜訊。

傅斯年辭職別重慶

傅斯年回李莊，除因對史語所事務放心不下，主要原因是身體狀況已糟糕到不容許他再行代理中央研究院總幹事一職了。傅氏身體垮得如此之快，除了因為原有的病根與終日奔波忙碌外，與他突遭老母病故有很大關係。

傅斯年四歲時，父親就在東平書院院長任上去世了，他與年幼的弟弟傅斯嚴靠祖父與母親撫養教育。一九〇一年春，傅斯年尚未過五歲生日，他的祖父便把他送進私塾上學。在塾師與祖父「內外夾擊」下，剛滿十歲的傅斯年便把十三經背了下來，其刻苦攻讀的情景成為佳話，一直在家鄉聊城坊間流傳。

一九〇八年冬，十三歲的傅斯年被他父親的一位高足、後來得中進士的侯延爽帶到天津，送入洋學堂學習。第二年春，考入天津府立中學堂就讀。許多年後，當史語所研究員何茲全問傅斯年何以懂得那麼多人情世故時，傅不無感慨地引用孔子的話答道：「吾少也賤，故多能鄙事。」一語道出了自己的辛酸經歷與內心悲涼。一九一三年夏，傅斯年考入北京大學預科一類甲班就讀。自此，這位從魯西偏僻鄉土走出來的「小鄉巴佬」，於迷蒙的京華煙雲裡開始了生命中「牧野鷹揚唱大風」的新時代。

一九三四年，傅斯年擦著滿頭大汗，總算與十六歲結親的同鄉、原配丁夫人在濟南協議離婚。同年八月五日，與俞大維之妹俞大綵在北平結婚。

出身名門的俞大綵，幼沖之年即受新式教育，及長，畢業於上海滬江大學，長於文學，尤擅英文，且寫得一筆好字，做得一手絕妙的小品文章。得益於當年傅斯年留德同學俞大維從中牽線搭橋，傅氏才與比自己年輕近十歲的俞大綵締結連理。一九三五年九月，兒子傅仁軌出生，傅斯年把在老家聊城的母親接到北平與自己一起生活。據說，傅氏平時對母親十分孝順，雖已成了學界、政界呼風喚雨的人物，且霸氣十足，但偶遇母親發脾氣，立即長跪不起，聽任母親斥責，直到老太太發完脾氣，叫他起來方才站起，或是對母親解釋，或是好言安慰。因傅母患高血壓病，忌吃豬肉，作為兒媳的俞大綵為照顧婆婆身體，不敢給她食肉，而傅母卻偏喜好這一口，且極愛吃肥肉，於是衝突便不可避免。晚年的俞大綵曾回憶說：

> 孟真侍母至孝，對子侄輩，也無不愛護備至。太夫人體胖，因患高血壓症，不宜吃肥肉，記得有幾次因我不敢進肥肉觸怒阿姑，太夫人發怒時，孟真輒長跪不起。他竊語我云：「以後妳給母親吃少許肥肉好了。妳要知道，對患高血壓症的人，控制情緒，比忌飲食更重要，母親年紀大了，別無嗜好，只愛吃肉，讓她吃少許，不比惹她生氣好麼？我不是責備妳，但念及母親，茹苦含辛，撫育我兄弟二人，我只是想讓老人家高興，盡孝道而已。」[13]

抗日戰爭全面爆發後，南京空襲日頻，危在旦夕。傅斯年因主持中央研究院各所搬遷事宜，無暇顧及家庭，更無力陪侍老太太避難同行，遂特委託一位下屬和兩個侄兒負責保護母親轉移至安徽和縣暫住。南京淪陷，傅氏輾轉來到重慶後不久，兩個侄兒來見，傅斯年以為家人順利脫險，十分高興，當侄兒說祖母沒有逃出來時，傅斯年勃然大怒，當場打了侄兒兩個耳光，又各踹了兩腳。隨後，千方百計令人把母親於戰禍連綿的安徽接出來，輾

傅斯年夫婦與母親合影，後排右一是傅斯年侄子。（傅樂銅提供）

轉二十餘天由陸路逃至漢口，最後抵達長沙。斯時老太太已是七十餘歲高齡，傅斯年每言及老母逃難之事，總懷愧疚之情，他曾對同事說：老母「幸能平安至後方，否則將何以面對祖先？」後來，史語所由長沙遷昆明，傅斯年把母親接到重慶，安置在歌樂山下一個較為安全的地方，與弟弟傅斯嚴（孟博）一起生活，費用全由傅斯年負擔。

傅母本來體胖，加之為躲避戰火長年奔走勞累，一旦安定反生病恙，時好時重。到了一九四一年春，傅斯年又一病不起。此病因他過於肥胖，又患有高血壓症，整日奔波操勞，遂使病情加重。四月十六日，傅斯年致函朱家驊，曰：

騮先吾兄院長台鑒：

弟醫院中休息將廿日，血壓雖略低，但一動又高。醫注意者，不在此而在血管硬化。昨日內科主任應元岳（上海醫學院內科教授）與弟常談（彼久言常談而未常談，昨始屏人言之），勸弟必須絕對靜養，至少六個月。弟以返李莊後所長一職仍不時有事，詢以每週三個半天作事（輕作事）如何，彼亦不謂然，其情可知矣。目下血壓最少是170Syst／114Dchst，醫不甚以此為可慮，而慮眼球出事，以為血管硬化之證也。有此情形，總幹事一職，兄不能不速覓替人，總處組織，非可停頓者也。此事解決，弟心中亦告一安寧，於病不無小補也。巽甫有事務才，亦兄可注意者。

專此，敬叩

日安

弟 斯年 30/4/16[14]

由函中可知，以傅斯年此時的病情，確實不宜再做沉重繁雜的工作，但無奈中研院也確實離不開他這位既有才氣又霸氣十足的人中之龍，只好一拖再拖。函中傅氏向朱家驊推薦的「巽甫」，即丁燮林，又名丁西林，乃當時有名的劇作家和物理學家。此人出生於江蘇泰興，一九一九年與傅斯年同時期留學英國，獲得伯明罕大學理科碩士學位，歸國後任北京大學物理系教授，後出任中央研究院物理研究所所長。對於丁氏這位部下的才學與性格，朱家驊自然熟知，但他心目中的總幹事，似非丁氏可以勝任，因而對傅斯年辭職一事仍躊躇不決。

幾個月後，傅斯年終於出院，回到重慶郊外家中休養。未久，他的老母因膽結石病逝於重慶中央醫院。此一噩耗，對病情剛剛有點好轉的傅斯年又是一個極大的打擊。

傅斯年透過兵工署俞大維等親戚好友幫忙，於歌樂山用心挑選一風景絕佳處安葬了老母，懷著哀痛與悲壯的雙重心境，拖著病體，堅持出席了十一月中旬在重慶召開的國民政府參政會議，但中途就因體力不支回到家中繼續養病。因病情折磨與對去世母親的思念，傅斯年心灰意冷，無意再參政議政，搞什麼治國平天下的宏圖大計，只想儘快找個地方躲起來「修身齊家」，過幾天清靜日子。此前，他之所以艱難支撐病體參加這次會議，是由於自己的冤家對頭孔祥熙在前一段時間到處散布流言，謂「聽說傅斯年病得要不行了！」意思是馬上就要死了。傅斯年聞知，怒不可遏，欲親自上門痛打孔祥熙，後被人拉住才算甘休。這次出場亮相，正如他在給胡適信中所言，純是為了做給孔祥熙這狗東西看，「蓋證明我未死也！」[15]

此時的傅斯年確實撐不下去了，不得不辭去中研院總幹事之職，於一九四一年十二月三日攜家人乘長豐輪趕赴李莊。

就在傅斯年乘船溯江而上、艱難前行時，美國南部時間七日上午六時十五分，從六艘航空母艦甲板上起飛的一百八十三架日本戰機，在黎明的天空中編好隊形，發瘋般向珍珠港撲去。經過三輪衝擊，珍珠港偷襲成功，美國太平洋艦隊幾乎全軍覆沒。

美國時間十二月八日，羅斯福總統身披深藍色海軍斗篷，登上國會大廈講壇，發表了令全世界為之震撼並註定流傳後世的演說，同時要求國會宣布：「自十二月七日星期天無端發動這場卑鄙的進攻之時起，美國和日本帝國之間處於戰爭狀態！」就在羅斯福總統發表講話的同一天，中國政府對德、義、日三國宣戰！

隨後，英國、加拿大、澳洲、荷蘭、紐西蘭、法國、波蘭等二十多個國家，相繼對德、義、日宣戰。驚心動魄的第二次世界大戰全面爆發，世界反法西斯聯盟業已形成，危難的中國戰局隨之發生戰略性的根本轉變。

注釋

[1]高芾〈東安市場的一場車禍〉，載《南方週末》，二〇〇三年二月二十七日。

[2][6][8][9]《中國建築之魂——一個外國學者眼中的梁思成林徽因夫婦》，〔美〕費慰梅著，成寒譯，上海文藝出版社二〇〇三年出版。金岳霖與徐志摩相識於美國哈佛大學並成為好友。一九一八年，老金與徐志摩、

張奚若、王伯衡等人共同發起創立《政治學報》，但該報僅出版三期即停辦。後金岳霖到柏林留學，一九二二年三月，與吳經雄一起為徐志摩和張幼儀的協議離婚做證人。一九二六年十月三日，徐志摩與陸小曼結婚，金是徐的伴婚人。一九二八年年末，金岳霖與徐志摩、張彭春、瞿菊等人赴江蘇、浙江兩省考察，為實踐印度詩人泰戈爾所謂的農村建設計畫而選擇實驗區。一度選定浙江，但終因烏托邦式的空想而流產。

[3]

[7]《困惑的大匠——梁思成》，林洙著，山東畫報出版社一九九七年出版。

[4]《殷海光文集》第四卷《書信與隨筆》，張斌峰編，湖北人民出版社二〇〇一年出版。

[5]《中國——我的第二故鄉》，王安娜著，北京三聯書店一九八〇年出版。

[10] 載《文學雜誌》，第二卷第十二期，一九四八年五月。詩中的「三十年」，指民國三十年，即一九四一年。

[11] 梁從誡〈倏忽人間四月天——回憶我的母親林徽因〉，載《薪火四代》（下），梁從誡編選，百花文藝出版社二〇〇三年出版。

[12]〈北總布胡同三號——童年瑣憶〉，載《不重合的圈——梁從誡文化隨筆》，梁從誡著，百花文藝出版社二〇〇三年出版。

[13] 俞大綵〈憶孟真〉，載《傅斯年》，山東人民出版社一九九一年出版。

[14]〈傅斯年致朱家驊〉，載《傅斯年遺劄》第三卷，王汎森、潘光哲、吳政上主編，中央研究院歷史語言研究所二〇一一年十月出版。

[15]〈致胡適〉，載《傅斯年全集》第七卷，歐陽哲生編，湖南教育出版社二〇〇三年出版。

第七章
悲傷年代

傅斯年上書蔣介石

一九四一年十二月七日，傅斯年一家抵達李莊。

因冬季上水行船，行駛緩慢，經過連續五天的顛簸動盪，傅斯年到了李莊板栗坳之後，頭暈目眩、全身無力，幾不能行步。一量血壓，小銀柱忽忽上躥，竟打破了先前的一切紀錄。高血壓再度發作，只得大把吃藥，迷迷糊糊地休息了一個星期才有所好轉。當傅斯年從床上爬起來，晃晃悠悠地走出宅院，站在板栗坳山頂上，眺望東流不息的長江時，大有「山中方七日，世上已千年」之感。此時，珍珠港事件已經爆發，天下大勢發生了巨變，新的世界性戰爭格局形成了。

十二月二十二日，蔣介石電令第五軍、第六軍組成中國遠征軍，由杜聿明統一指揮，入緬甸配合英軍對日作戰。

一九四二年一月三日，由美國總統羅斯福提議，蔣介石被正式推舉為中國戰區最高統帥，擔負起中國、泰國及越南地區聯軍部隊總指揮的職責。

國際戰爭局勢明顯向著有利於中國的方向發展，但作為偏隅一方的李莊小鎮，卻一如往昔，所有的當地人和「下江人」仍在戰爭威脅與生活極度匱乏的陰影中艱難度日。而身為中研院史語所所長與國民政府參政員的傅斯年，在來李莊之前和之後，其身體、生活條件並不比史語所同仁或梁家人更好，此點從俞大綵的回憶中可知一二：

> 孟真屢年來，因為公務奔波勞碌，感時憂國，多年的血壓高症暴發，頭昏眩，眼底血管破裂，情形嚴重。不得已，在（重慶）郊區山中，借屋暫居，藉以養病。那時，他奄奄在床，瀕臨危境，悲身憂世，心境極壞，看不見他常掛在嘴角的笑容了。
>
> 那是一段窮困悲愁的日子。孟真重病在身，幼兒食不果腹。晴時，天空常有成群的敵機，投下無數的炸彈。廊外偶爾細雨紛霏，又怕看遠樹含煙，愁雲慘澹，我不敢獨自憑欄。
>
> 記得有一次，三五好友，不顧路途遙遠，上山探疾。孟真囑我留客便餐，但廚房中除存半缸米外，只有一把空心菜。我急忙下樓，向水利會韓先生借到一百元，沽餚待客（我與韓君，素不相識，只知他曾在北京大學與孟真同學，但不熟）。那是我生平唯一的一次向人借錢。
>
> 事隔一月，我已還清債務，漫不經心地將此事當笑話說與孟真聽。不料他長嘆一聲，苦笑著說：「這真所謂貧賤夫妻百事哀了。等我病癒，要拚命寫文章，多賺些稿費，絕不讓妳再顏向人借錢了。我好慚愧！」我很後悔失言，不料一句戲言，竟引起他的感慨萬千，因為他常為國家多難而擔憂，但他於個人生活事，從不措意！
>
> 孟真病稍愈，我們即遷李莊。[1]

傅斯年到李莊後，經過一段時間休養，病情好轉，開始察看各處情況，了解大局，準備下一步工作。

傅斯年在李莊板栗坳的故居。

在李莊上壩月亮田營造學社租住的院內，前來拜訪的傅斯年見到了梁氏夫婦。對林徽因的病情他沒有太感意外，但從梁思成口裡聞知其弟梁思永——史語所最重要的支柱之一，病臥在床且性命堪憂，或許過不去這個春節了云云，大出意料，為之焦心。

據石璋如回憶，史語所在昆明時，梁思永曾抱怨此處的天氣不冷不熱，搞得人一點進取心都沒有，工作狀態不佳。四川的天氣有冷有熱，人會精神得多，也就不會呆鈍，所以「當芮逸夫在李莊找到房子後，梁思永很贊成搬家」[2]。史語所遷往李莊，梁思永沒有隨大多數人進駐郊外山上的板栗坳，而是住進了李莊鎮羊街八號羅南陔家中。

此時的羅家，自乾隆年間由湖北麻城遷到四川南溪地界已歷九代，正是李莊黨部書記羅南陔當家做主之時。據羅南陔的兒子羅萼芬說，當時羅家在羅南陔名下的上等良田就有千餘畝，每年僅收糧租一項可達七八百擔，每擔相當於後來的一百六十公斤左右，整體算來為十一萬公斤左右，其家業之殷實可想而知。

除糧租之外，羅南陔還以「農業救國」理想，創辦了在川南轟動一時的「期來農場」，內含「期望未來、走向未來、開創未來」之意。按羅萼芬所述：「羅家的期來農場從外地引進了良種雞、北京鴨、桑蠶和義大利蜂等物種加以培育，效果非常好。當時在川南的一個法國傳教士參觀了期來農場，非常讚賞。後來傳教士從法國攜帶良好的種蛋過來，雞蛋與鴨蛋各二十個，由於雞蛋皮薄，在路途上壓破了十九個，只有一個送到農場，後來孵化出了一隻小雞。可惜這只雞長到半斤大的時候，不幸被貓吃掉了，這法國的洋雞蛋也就全部完了蛋。鴨蛋皮厚，在船上一個也沒被壓破，送來農場不長時間就繁殖開了。長大的鴨子全身雪白，毛髮光亮，很討人喜歡，據說跟北京吃的烤鴨是一個品種，很受當地人歡迎。為了辦好農場，我父親羅南陔專門送我的一個哥哥到成都大學堂學農科，回來後主持農場的科學培育工作，還專門從外地大城市訂購了先進的機械設備，在各個方面應用。這些措施，使農場漸漸紅火起來，我家的財力物力與勢力，在當地也就更加顯赫。就在這個時候，中研院的芮逸夫隨同濟大學的王葆仁等來到李莊找房子搬家，我父親和當地士紳相商後表示歡迎他們搬來。史語所一批人來的時候，李濟、梁思永等人覺得板栗坳有些偏僻，在個山頂上，跟《水滸》上那個古代水泊梁山的山寨一樣，生活等各方面不太方便，想在李莊鎮內找地方，但住在何處一直沒定。我父親年輕時候讀過梁啟超不少著作，對作者政治思想和文才非常佩服。在從別人口裡知道梁思永是梁啟超的兒子後，出於對梁啟超的崇拜和尊敬，就主動邀請梁思永到自己家中居住。」[3]

當時年紀尚幼的羅萼芬清楚地記得，自己跟父親前去邀請梁思永時的情景。兩人見面後，羅南陔誠懇地說：「愚下已經叫兒子兒媳們遷到鄉下石板田老宅住下了，現將自家住房騰出一半，打掃就緒，特請先生與夫人前去察看，可否滿意？」

梁思永聽罷，大為感動，隨羅南陔來到羅家院中一看，甚為稱心，表達謝意後，一家幾口算是在李莊鎮羊街

李莊文史專家左照環說：「這就是當年梁思永院內放蘭花的地方。」

八號院內落下腳來。據羅萼芬後來說：「我家與梁家結緣，除了父親對梁啟超的崇敬，還有一個原因，那就是，當時『下江人』在川南一帶名聲不好，甚至被妖魔化，李莊鎮不少有房子的住戶因不了解真相，不太樂意讓給他們居住。加之一下擁來了一萬多人，鎮內的房子突然緊張起來，陶孟和率領的那股人馬在李莊轉了半年都沒能找到一個踏實的地方，手下人員和家眷被凍個半死，有的因此身染重病，陶孟和的夫人沈性仁就是這個時候犯的病，抗戰沒結束就病死了。面對這種情況，我父親等當地士紳官僚就動員大家，如果是在鄉下有房子的戶主，一部分要主動搬到鄉下，騰出院子讓『下江人』居住。當時我家老老少少幾十口人，都搬到離鎮五公里的石板田（現名雙溪村）鄉下居住，那裡有我家的幾處老房子。父親主動邀請梁思永來我家居住，對鎮內其他的房主就有話好說。意思是：我自己的家人都帶頭搬到鄉下去了，空出的房子已住進了『下江人』，看你們得不得幹？其他房主一看，不好說了，就陸續騰房讓同濟大學和中研院的人居住。這才有陶孟和率領的那些人沒被凍死街頭的幸事，陶老本人也在鎮子內離我家不遠的地方找到一處住所，與陶師母沈性仁共同住在那裡，我小時候與同伴經常耍到他的院子裡。」[4]

梁思永一家住進羅家院子後，因羅南陔乃讀書人出身，無論思想還是眼界都較一般人為高，雙方相處皆有好感，關係越來越融洽。羅家當時種植了近三百盆蘭花，見梁思永身體比較虛弱，還伴有類似氣管炎的病症，當春天來臨時，羅南陔就命家人把幾十盆上等蘭花搬到羊街八號梁家院落，除了觀賞，還藉以改善環境，調節空氣。梁思永每在緊張的勞作之餘，在院中望著碧綠的蘭花，嗅著撲鼻的芳香，心中自有一種說不出的愉悅。由於住在李莊郊外上壩月亮田的梁思成經常到鎮內看望弟弟一家，他與羅南陔也漸漸熟悉並成為要好的朋友。當時羅家的農場僅菜地就達一百多畝，從開春到秋後，每當新鮮蔬菜下地，羅家總是專門精選兩份，一份送給梁思永，一份送給梁思成一家，以接濟他們艱難的生活。梁家兄弟在李莊生活了近六年，與羅家的這種親情一直保持下來。

據石璋如回憶說，梁思永剛來李莊的時候，精神還不錯，每天都從李莊鎮內羅家院子步行幾里路，再爬五百多級台階到山頂上的板栗坳史語所辦公處上班，吃完午飯之後還會跟同仁打幾輪乒乓球。誰知當地天氣對有肺病的人極其不利，不久之後梁思永便犯了病，從此臥床不起，差點丟了性命。

嘗謂「冰凍三尺，非一日之寒」，梁氏病症肇始於一九三二年的早春。

梁思永自美國哈佛大學學成歸國後，一九三一年與北平協和醫院社會服務部工作的李福曼結婚。李是梁思永母親李蕙仙的娘家侄女，比梁氏小三歲，屬於姑表親，畢業於燕京大學教育系。按當時的社會風俗，梁、李這對表兄妹的結合，屬於「親上加親」的婚姻典範，因而梁、李被家人和社會視為天生一對鴛鴦。當然，這個姑表親只是名義的，並沒有血緣關係。梁思永是梁啟超二夫人王桂荃的長子，是梁任公的次子，比梁思成小四歲。梁啟超的夫人李蕙仙是貴州人，生有思順（女）、思成、思莊（女）一男二女；王桂荃，四川人，當年作為李惠仙的陪嫁來到梁家，後為梁的二夫人，生有思永、思忠、思達、思懿（女）、思寧（女）、思禮等四男二女。事實上，在梁思永與李福曼結婚後共同生活的十幾年裡，兩人心心相印，相濡以沫，共同度過了歡樂或苦難的時光。

李莊板栗坳的鄉民沿五百多級台階走在歸家途中，身後是長江。

一九三一年春夏之交，二十七歲的梁思永告別新婚三個月的妻子李福曼，隨史語所殷墟發掘團到安陽殷墟，在一個叫後岡的地方，以「中國第一位考古專門學家」的身分參加發掘。就在這年秋季，發現並正確劃分了著名的「後岡三疊層」，揭開了中國考古史的光輝一頁。正當梁思永滿懷信心欲向新的高度躍進時，不幸於一九三二年在一次野外發掘中病倒。此次患病開始只是普通的感冒，因田野發掘緊張，生活艱苦，梁思永來回奔波，不能稍離工地，致使病情未能得到及時控制，直至高燒幾日，轉成嚴重的烈性肋膜炎，才急忙轉到北平協和醫院住院治療。由於延誤了最佳治療時機，梁思永胸肋部開始大量化膿積水，協和醫生從他的胸腔內連續抽出了四瓶如啤酒一樣顏色的積水。經加量用藥和多方救治，方穩住病情。當時梁妻李福曼已懷身孕，仍日夜守在病床前照顧。這場突如其來的大病，直到一九三二年年底才漸漸好轉，但梁思永的身體未能完全康復。這病為年輕的梁思永留下了無窮隱患。

來到李莊並住進羅家後，梁思永開始著手撰寫抗戰前殷墟西北岡發掘報告，並有「一氣呵成」之志。此報告由南京撤退長沙時即開始撰寫，梁思永一有機會便出示標本，加以整理，在昆明時已將西北岡的全部出土古物摩挲過一遍，並寫下要點，對報告的內容架構也有了大致輪廓。報告完成，似乎指日可待。只是天不遂人願，未過幾個月，梁思永便一病不起。正在這時，傅斯年到了。

傅斯年到李莊鎮內羅家院子探望梁思永病情，認為羊街八號房子雖好，但少陽光，有些陰冷，這對患有肺病的人極其不利。經過反覆權衡商討，傅斯年決定在板栗坳史語所租住的一個院內，專門騰出三間上好房子，再請來當地木工裝上地板，釘上頂棚，在窗上裝上玻璃，打造亮台等，讓梁思永搬來居住，以便能每日曬到太陽，並可做簡單的室內活動。待一切準備停當，梁思永已病得不能走動，只得請人用擔架抬上板栗坳。而從山下上到山頂的史語所駐地，需跨越五百多級台階。為求萬無一失，傅斯年與梁思成親自組織擔架隊伍，先由梁思成躺在擔架上，請人抬著在上山的台階上反覆試驗，待認為切實可行後，方請人把病中的梁思永抬上山。一路上，梁思成跟在擔架左右，寸步不離，直到把梁思永抬到板栗坳被稱作「新房子」的居所。

鑑於史語所與營造學社同仁都已「吃盡當光」，只剩了一個「窮」字，傅斯年意識到非有特殊辦法不足以救治梁思永和林徽因之病症。於是，一九四二年四月十八日夜，傅氏於李莊孤燈下寫信向中央研究院代院長朱家驊求助。信曰：

騮先吾兄左右：

茲有一事與兄商之。梁思成、思永兄弟皆困在李莊。思成之困是因其夫人林徽音女士生了T.B.（南按：結核），臥床二年矣。思永是鬧了三年胃病，甚重之胃病，近忽患氣管炎，一查，肺病甚重。梁任公家道清寒，兄必知之，他們二人萬里跋涉，到湘、到桂、到滇、到川，已弄得吃盡當光，又逢此等病，其勢不可終日，弟在此看著，實在難過，兄必有同感也。弟之看法，政府對於他們兄弟，似當給些補助，其理如下：

一、梁任公雖曾為國民黨之敵人，然其人於中國新教育及青年之愛國思想上大有影響啟明之作用，在清末大有可觀。其人一生未嘗有心做壞事，仍是讀書人，護國之役，立功甚大，此亦可謂功在民國者也。其長子、次子，皆愛國向學之士，與其他之家風不同。國民黨此時應該表示寬大。即如去年蔣先生賻蔡松坡夫人之喪，弟以為甚得事體之正也。

二、思成之研究中國建築，並世無匹，營造學社，即彼一人耳（在君語）。營造學社歷年之成績，為日本人羨妒不置，此亦發揚中國文物之一大科目也。其夫人，今之女學士，才學至少在謝冰心輩之上。

三、思永為人，在敝所同事中最有公道心，安陽發掘，後來完全靠他，今日寫報告，亦靠他。忠於其職任，雖在此窮困中，一切先公後私。

總之，二人皆今日難得之賢士，亦皆國際知名之中國學人。今日在此困難中，論其家世，論其個人，政府似皆宜有所體恤也。未知吾兄可否與陳布雷先生一商此事，便中向介公一言，說明梁任公之後嗣，人品學問，皆中國之第一流人物，國際知名，而病困至此，似乎可贈以二三萬元（此數雖大，然此等病症，所費當不止此也）。國家雖不能承認梁任公在政治上有何貢獻，然其在文化上之貢獻有不可沒者，而名人之後，如梁氏兄弟者，亦復少！二人所作皆發揚中國歷史上之文物，亦此時介公所提倡者也。此事弟覺得在體統上不失為正。弟平日向不贊成此等事，今日國家如此，個人如此，為人謀應稍從權。此事看來，弟全是多事，弟於任公，本不佩服，然知其在文運上之貢獻有不可沒者，今日徘徊思永、思成二人之處境，恐無外邊幫助，要出事，而幫助似亦有其理由也，此事請兄談及時千萬勿說明是弟起意，為感。如何？乞示及，至荷！

專此，敬頌

道安！

弟　斯年　謹上

四月十八日

弟為此信，未告二梁，彼等不知。

因兄在病中，此寫了同樣信給詠霓（南按：翁文灝），詠霓與任公有故也。弟為人謀，故標準看得松。如何？

弟　年　又白[5]

此信發出後的第十一天，未見回音，恐重慶方面無能為力或深感為難，情急之下，傅斯年召開所務會，想出新的援助辦法，再度寫信給中央研究院代院長朱家驊與新上任的總幹事葉企孫、總務主任王毅侯，滿懷摯誠與愛慕之情地歷數梁思永功高過人之處，並請其核准史語所做出的決定。

騮先先生院長，企孫、毅侯兩兄賜鑒：

梁思永先生病事，茲述其概。十年前，思永於一年過度勞動後生肋膜炎，在協和治癒，但結疤不佳，以後身體遂弱。自前年起，忽生胃病甚重，經二年來，時好時壞。去年胃病稍好，又大工作，自己限期將殷墟報告彼之部分寫完。四個月前，即咳嗽，尚聽不出肺病聲氣。上月醫生大疑其有肺病，送痰往宜賓實驗，結果是＋＋＋！所聽則左右幾大片。此次肺病來勢驟然，發展迅速，思永自謂是閃擊戰，上周情形頗使人憂慮，近數日稍好。思永之生病，敝所之最大打擊也。茲謹述其狀。

思永雖非本所之組主任，但其moral influence〔道德影響〕甚大，本所考古組，及中央博物院之少年同志，皆奉之為領袖，濟之對彼，尤深契許。彼學力才質，皆敝所之第一流人，又是自寫報告、編改他人文章之好手，今彼病倒，殷墟報告之進行，一半停止矣。思永尤有一特長，本所同仁多不肯管公家事，或只注意其自己範圍事，弟亦頗覺到敝所有暮氣已深之感。思永身子雖不好，而全是朝氣。其於公家之事，不管則已（亦不好管閒事），如過問，決不偏私而麻糊〔馬虎〕也。其公道正直及公私之分明，素為同仁所佩。弟數年以來，時思將弟之所長職讓彼繼任，然此事不可不先有準備。抗戰時，弟在京代總幹事，思永在長沙代弟，不特敝所翕然風服，即他所同在長沙者，亦均佩之也（孟和即稱道不置之一人）。以後弟在重慶時，曾有若干次托彼代理，其目的在漸漸養成一種空氣，俾弟一旦離職，彼可繼任耳。彼於代理殊不感興趣，強焉亦可為之。自胃病後，不肯矣。弟此次返所，見其精力甚好，前計又躍於心中，今乃遭此波折，亦弟之大打擊矣。

彼如出事，實為敝所不可補救之損失，亦中國考古學界前途之最大打擊也。故此時無論如何，須竭力設法，使其病勢可以挽回。此當荷諸先生所贊許也。查敝所醫務室現存之藥，在兩年中可以收入二萬數千至三萬數千元（如照市價賣去，當可得六、七萬，今只是用以治同仁生病之收入，故少）。擬於此收入中規定數千元為思永買其需要之藥之用（本所原備治T.E.之藥甚少，所備皆瘧、痢等）。此事在報銷上全無困難，蓋是免費（即少此項收入），而非另支用經費也。此意昨經敝所所務會議討論通過，敬乞賜以考慮，並規定一數目，其數亦不可太少，至為感荷！若慮他人援例，則情形如思永者亦少矣。以成績論，尚有數人，然以其在萬里遷徙中代弟職務論，恐濟之外無他人，故無創例之慮也。如何乞考慮賜複，至感！

專此，敬頌

日安！

傅斯年謹頌

四月二十九日

寫罷此信，傅斯年思忖半天，覺得意猶未盡，許多具體的操作細節亦未言明，為了達到終極目的，還需做一點補充說明。於是，在昏暗的菜油燈下，再次展紙，蘸墨揮毫，做了如下追述：

騮先吾兄：

此函尚有未盡之意。思永是此時中國青年學人中絕不多得之模範人物，無論如何，應竭力救治。彼在此赤貧，即可賣之物亦無之（同仁多在賣物補助生活中）。此種病至少須萬元以上。此信只是一部分辦法耳。去年弟病，兄交毅侯兄中央醫院費公家報銷，弟初聞愕然，託內子寫信給毅侯兄勿如此辦，內子謂，然則將何處出耶。弟後來感覺，去年之病，謂為因公積勞，非無其理，蓋一月中弟即自覺有毛病，而以各會待開，須自料理，不敢去驗，貽誤至於三月末，遂成不可收拾之勢，故去年受三千元，在兄為格外之體恤，弟亦覺非何等不當之事。思永身體雖原不好，然其過量工作，實其病暴發之主因。報銷既無問題，甚願兄之惠准也！

專此，敬頌

痊安！

弟　斯年再白[6]

四月二十九日

再，此函到時，如騮先先生可看公事，乞送呈賜閱，至感。

與李濟不同，傅斯年與梁家並無深交，而傅氏自進北大到留學海外再歸國的那段歲月，梁啟超的思想光芒已經暗淡，影響力顯然大不如前，思想不但與時代脫節，且有倒退之嫌，再沒有當年萬人景仰的盛況了。當年吳宓奉校長曹雲祥之命，代表清華國學研究院聘請梁任公為導師時，對梁氏之為人為學曾有「新文化運動起後，宓始對梁先生失望，傷其步趨他人，未能為真正之領袖」的感慨。而傅斯年在給朱家驊的信中也曾明言「弟於任公，本不佩服」。但無論如何，梁任公對社會改良以及「其在文運上之貢獻有不可沒者」。這就是說，梁啟超思想的餘暉還是在吳宓、傅斯年這一代知識分子心中閃耀未絕——也不過僅此而已。梁思永當年是受李濟薦舉才到傅斯年主

左：梁思成（右）到殷墟發掘現場考察並與弟弟梁思永在工地上合影。
右：1935 年，梁思永（右）在安陽殷墟西北岡大墓發掘工地，接待前來參觀的傅斯年（左）與法國漢學家伯希和（中）。

持的史語所考古組效勞的，由此可看出傅梁二人此前並未有接觸或極少接觸。後來傅斯年與梁思永一直作為上下級關係共事，其間亦無其他如俞大維、陳寅恪、傅斯年等三人關係轉化成親戚關係的枝節。傅、梁之交，如同一條直道的河流，在蒼茫大地上毫不喧囂地汩汩流淌，此景也壯觀，其情也綿綿，整個脈絡清澈，屬於自然的互動，沒有半點汙濁之氣，可謂真正的君子之交淡如水也。

事實上，這種如水的君子之交，令傅斯年對梁氏兄弟的生活一直掛懷並利用一切機會予以關照。此前的一九四一年八月二十五日，在重慶的傅斯年專門給李莊的史語所代所長董作賓與梁思永寫了一函：

彥堂、思永兩兄：

出醫院後，一看物價如此，回思昆明，如唐虞之世矣。但昆明也未甚妙！近日將星雲集。倭賊在雨季大炸，據聯大官電，聯大炸了四分之一，私人消息炸了十分之七，大約皆不對。好在學生宿舍未炸。所謂炸，恐亦只是波及，而非毀了之成數如此也。

在此物價高漲中，在李莊友人中，恐受打擊最力者為思成兄。鄭、羅來此，據云，思成夫婦整天在算豆腐價錢，此常人所苦，豈病人所能勝任者乎？目下思成必須先取得「公務員」資格，「教授待遇」，則稍可延長一時矣。弟意，此事有大小二種辦法。大辦法為①將營造學社duplicate〔複製〕一下子，社自是社，而社中人亦組成一個「中國建築學研究所」，屬教育部。②不直屬於教育部，而為博物院之一部分，明年博物院預算中列入。但這些辦法，弟以是一病人，無法效力，只是貢獻一個辦法而已。

小辦法為，將思成改聘為本所兼任研究員，月支薪百元或百數十元，聲明不在他處支生活輔助費，即可在本院支生活補助費矣。頃與毅侯談得如此。蓋弟原想用總處「專員」名義，但又不能在李莊工作，故覺如此是一法也。本所支薪少，而「補助」則為八十元外四人之米貼也。

此事可否施行，乞斟酌。通信研究員改兼任，是否須照新章「審查」，當俟企孫兄到後詢之也。所務會議通過一事，則不可免耳。

弟　斯年　八月廿五日[7]

函中所談的毅侯，乃中研院辦事處總務主任王毅侯；企孫乃清華大學教授葉企孫，此時在昆明任清華大學特種委員會主任，該委員會下轄五個研究所，不屬於西南聯大而直屬清華大學。傅斯年因病欲赴李莊休養，找的中研院總幹事接班人即為葉企孫，傅走前，葉企孫已離開昆明赴重慶接任。所謂「米貼」，即當時物價飛漲，公職人員薪水中的一部分直接以實物米替代，免除物價一日三漲之苦，是為「米貼」。

正當身居李莊的傅斯年為梁家殫精勞神、四處奔波設法求援之際，收到了林徽因寄來的一封信，內容如下。

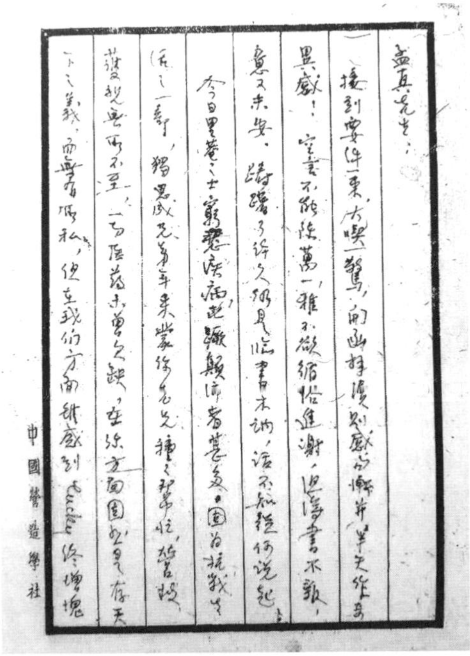

孟真先生：

接到要件一束，大吃一驚，開函拜讀，則感與慚並，半天作奇異感！空言不能陳萬一，雅不欲循俗進謝，但得書不報，意又未安。躊躇了許久仍是臨書木訥，話不知從何說起！

今日里巷之士窮愁疾病，屯蹶顛沛者甚多。固為抗戰生活之一部，獨思成兄弟年來蒙你老兄種種幫忙，營救護理無所不至，一切醫藥未曾欠缺，在你方面固然是存天下之義，而無有所私，但在我們方面雖感到lucky（幸運），終增愧悚，深覺抗戰中未有貢獻，自身先成朋友及社會上的累贅的可恥。

現在你又以成、永兄弟危苦之情上聞介公，叢細之事累及詠霓先生（南按：翁文灝），為擬長文說明工作之優異、侈譽過實，必使動聽，深知老兄苦心，但讀後慚汗滿背矣！

尤其是關於我的地方，一言之譽可使我疚心疾首，夙夜愁痛。日念平白吃了三十多年飯，始終是一張空頭支票難得兌現。好容易盼到孩子稍大，可以全力工作幾年，偏偏碰上大戰，轉入井臼柴米的陣地，五年大好光陰又失之交臂。近來更膠著於疾病處殘之階段，體衰智困，學問工作恐已無份，將來終負今日教勉之意，太難為情了。

素來厚惠可以言圖報，唯受同情，則感奮之餘反而緘默，此情想老兄伉儷皆能體諒，匆匆這幾行，自然書不盡意。

思永已知此事否？思成平日謙謙怕見人，得電必苦不知所措。希望詠霓先生會將經過略告之，俾

林徽因給傅斯年的親筆信函。

引見訪謝時不至於茫然，此問

雙安！[8]

此信因是寫給傅斯年個人，只有雙方明白其意，不為外界所知。許多年後，在中研院史語所「傅斯年檔案」中被整理者王汎森重新發現時，已沒有落款日期，不知寫於何時。但據得到這封信影本的梁思莊女兒吳荔明推測：朱家驊收到傅斯年的求援信後，與翁文灝等人設法做了援救之策，而傅斯年得知確切消息或收到款子後，在轉給梁思成的同時，順便把他給朱家驊信的抄件一併轉來，意在說明緣由。而此時恰逢梁思成外出（最大可能是去重慶辦理公務），信落到林徽因手中。林看罷自是感激莫名，遂未等梁思成回李莊，便先行修書一封，對傅表示感謝，順便做些謙虛的解釋，並問及其他事宜，如「思永已知此事否？」云云。

至於傅斯年為梁家兄弟討來多少款項，吳荔明說：「因為當事人都已經謝世，無法妄測，只有耐心等待相關檔案開放後才能真相大白。但是，林洙舅媽記得二舅曾告訴過她：收條是傅孟真代寫的。……傅斯年為思成、思永兄弟送來的這筆款子，無疑是雪中送炭，二舅媽林徽因和三舅思永，從此生活品質有了改觀。」[9]

為了證明傅斯年確實送來了款項，吳荔明還引用梁思成給費正清的信做補證，信中寫道：「我們的家境已經大大改善，大概你們都無法相信。每天的生活十分正常，我按時上班從不間斷，徽因操持家務也不感到吃力，她說主要是她對事情的看法變了，而且有些小事也讓她感覺不錯，不像過去動不動就惱火。當然，祕密就在於我們的經濟情況改善了。而最讓人高興的是，徽因的體重在過去兩個月中增加了八磅半。」[10]

吳荔明這個推測，有其合理的成分，但也有令人困惑之處，因為從梁思成信中看，並未述及傅斯年送款事，而費慰梅在她的著述中，引用這封信之前是這樣說的：「可是，他（南按：指梁思成）已不再像從前那樣無憂無慮。他現在成了管理者，一個什麼都得管的『萬事通』，奔波在李莊和陪都之間籌集資金，成天忙於開會和連絡人等等，而不是從容不迫地專注於他的研究、繪圖和田野調查。」[11]從這段記載分析，似乎費慰梅更傾向於梁家生活的改善，乃梁思成本人奔波的結果。

當然，要徹底推翻吳荔明的推斷是困難的，除了林洙的話之外，最能證明梁家得款的證據是林徽因給傅斯年信中的那句話「希望詠霓先生會將經過略告之，俾引見訪謝時不至於茫然」。倘若梁家未見成果，何以憑空生出「引見訪謝」之意？

過了六十多年，這個謎團於二十一世紀初有了破譯的線索。中國社會科學院近代史研究所得知翁文灝的日記有一部分收藏於台灣的國史館，經與翁的家屬和台灣方面溝通，特派研究員李學通前往查閱核校，李從翁氏一九四二年的日記中發現了如下兩條記載：

九月十六日，訪陳布雷，談梁思成、思永事。又談魏道明為駐美大使，美方頗為不滿。

九月二十八日，接見周象賢、Fitzroy、周茂柏、李允成、黃人傑、張克忠、胡禕同、周國劍（送來蔣贈梁思成、思永貳萬元正，余即轉李莊傅孟真，託其轉交）。[12]

如果沒有相抵牾的證據，這兩條日記就是梁氏兄弟得款過程和數目的鐵證，也是林徽因信中所言「叢細之事累及詠霓先生」的注腳。雖幕後史實確少有史料支撐，但可以此推知其個案操作程式：朱家驊與時任國民政府經濟部資源委員會主任的翁文灝（詠霓）商談，或者翁在接到傅信後獨自找蔣介石侍從室一處主任陳布雷，再由陳向蔣呈報，報告中附相關信件與呈文，蔣介石以他自己掌控的特別經費贈梁氏兄弟二萬元，以示救濟。——這個環節得以破譯，此前傅斯年寫給朱家驊、翁文灝，以及林徽因寫給傅斯年的信便可通解。

但是且慢，此事還有若干內情或隱情需要補充。

其一是林徽因所言「接到要件一束」。按照《現代漢語詞典》解釋，「束」為「量詞，用於捆在一起的東西：一束鮮花，一束稻草」。依此推之，林徽因得到的信函類東西當不是一封一件，而是幾封或幾件。那麼，除傅斯年寫給朱家驊、翁文灝的信之外，還有其他什麼「要件」呢？因資料缺乏，外人不得而知，這一「個案」的研究亦難有進展。然而在一九九六年「傅斯年百齡紀念會」前後，解謎機會終於來了，中研院史語所王汎森、吳政上，以及近史所潘光哲教授等，奉命整理「傅斯年檔案」和「朱家驊檔案」，以備彙集有關資料出書。在檢索一九八七年俞大綵捐贈給中研院史語所的傅斯年檔案時，發現了幾封與梁家兄弟及林徽因有關的信件。這些信件在一定程度上填補了上述「個案」的空白，為研究者此前不得其解的謎題理出了一個更加清晰的脈絡。如一九四二年六月十六日，傅斯年致蔣介石呈文：

梁任公長子思成、次子思永在學術上之貢獻

梁君思成及梁君思永，在近十餘年間，皆為中國文化史搜到無上之瓌寶，為國際知名之學人。其治學之精勖與方法之精密，均可開創彼所治科目之風氣，故今日聲聞國內，馳譽域外。論其成績，雖百里之程，行未及半，然中國文化史之資料，已為之增益不少，且在若干事上改舊觀矣。茲分述如下：

梁思成及其夫人林徽因對於建築學之貢獻

若干年來，中國學生在歐美學建築者，類多以營業為目的，摹仿為觀點，故近年頗有窮極奢華而無當於用之建築。若夫古建築之研究，本為中國文化史之一重要門類者，僅有日本人為之，而日本人遂以「東方式建築」標榜於西洋人，此亦中國學人之恥也。

中國營造學社在北平創辦丨餘年，其中科學工作，大體由梁思成主持，出版刊物，積數十卷。抗戰以來，與其夫人遷來後方，輾轉雲南、四川，其弟思成〔永〕亦然。

先是中國建築，不知古者上溯至於何時，而日本人固刻意保存其唐代建築也。梁思成與其夫人林徽因偏〔遍〕游冀、晉、魯各省，發現若干五代、北宋之建築，如薊縣之獨樂寺，其一也。均剖析其構造，考訂其文獻，遂知千年之中，中國建築變化之大端，藉以上溯更古之建築，可了解者增多矣。此為中國近十餘年中中國文化史上一大貢獻，馳譽國外，而日本人尤為之羨妒不已，蓋前此彼所以得專者，今中國學人乃自為之也。歐美建築家聞風興起，漸有採取中國建築特點之趨勢。

抗戰以前，政府推行建設計畫，其關建築者，多採納其意見或聘其主持，如北平天壇之重修，曲阜孔廟之擬修，大同雲崗〔岡〕之修理，國立博物院建築計畫之審查，皆由梁君主持之。其夫人與之同治此學，負有才名，各事均參與之。

營造學社者，一學術團體，其經常費、事業費皆由捐募而來，工作人員之報酬至薄，全賴數人之志趣與精神維持之。思成之夫人林徽因女十，當代之才女也。亦留美學建築，與思成同志，於營造學社之工作貢獻甚多。抗戰軍興，募款困難，學社同仁雖於生活毫無保障，仍自動隨政府內遷，由湖南而昆明而四川，在流離顛沛中，工作不輟。徽因女士與思成，梁孟同心，甘之如飴。但入川以來，氣候不適，肺病復發，已臥床一年又半。徽因女士雖工作亦如其他營造學社社員，但並無獨立之收入；思成工作能力雖優，但經濟狀況至劣，自其夫人病後，已欠債累累，幾已無法維持其日常生活，臥病之人尤不能缺少醫藥營養，故思成所需之救濟，與思永等。

梁思永對於中國上古史之貢獻

民國廿四年，法國漢學家伯希和在美國哈佛大學成立三百周年紀念會講演，謂正在中國進行之殷墟發掘實近代漢學發展之一最重要階段，尤推崇梁思永在侯家莊之工作。伯希和氏為現代歐美以及日本共認之現代國際漢學家最大權威，曾親蒞安陽，參觀殷墟發掘。至此國際之漢學家與考古學家，莫不識梁氏貢獻之重要矣。此貢獻大略如下：

中央研究院自民國十七年起，在安陽開始考古發掘。前數年發掘所得，以甲骨文字為最要。其他泰半破碎散亂。自廿一年由梁君主持，擴充發掘區域，其所出器物在質與量上說，均為大觀。可與世界上之最大發掘比擬矣。其中銅器一項約數百件，大者如牛鼎、鹿鼎，皆稀有之國寶，小者如車飾、銅面具、玉器等，具有無上之歷史價值。而其地域確定，年代無疑，為兩宋以來治金石學者所不能夢想。殷商史蹟，昔為人認為文獻不足證者，今以此發掘為信史矣。不啻為中國史上溯補三百年也。且前此世界上實重「三代銅器」，以其古，未以其美，今石刻、玉刻、若干精美之銅器，畢陳於前，為前所未聞，亦為藝術史補數百年。此項發掘在史學上又有一絕大貢獻，即證明殷商時代人之體質與現代之華北人之體質實為一系，特前者骨骼稍大，後者混合較多耳。從此中國民族久遠之淵源，多一段實物證據矣。

思永自民國十九年歸國，即參加中央研究院之考古工作。抗戰以前，多在野外執務。七七事變後，隨中央研究院歷史語言研究所內遷。積〔集〕中精力，整理《侯家莊報告》，兀兀窮年，鍥而不捨，成稿盈篋。近以積勞，舊病復發，來勢極猛，醫者斷為肺病第三期。而家無積蓄，每月薪資已不足維持日常生活。今得此重病，醫藥所需，日在二百元上下，雖服務機關及親朋均竭力協助，但杯水車薪，實難繼續。此一典型之學人，其已有之工作，已關古文化甚巨，其將來對於此學之貢獻，更不可限量，實需即時之救急。[13]

從公布此文的「編按」可知，上述呈文初稿由李濟所擬，經傅斯年刪正。李濟擬稿首頁有附注：「遵命擬件如下，請兄大加刪正，否則必不動聽也。此致孟真兄。弟濟六、十六。」呈文以傅斯年刪正本為主，李濟擬稿為附

1936 年，北京天壇祈年殿進行修繕，梁思成、林徽因夫婦被聘為顧問。

件，一併裝入「傅斯年檔案」中保存下來。

有了這個呈文，林徽因給傅斯年的信中所言「現在你又以成、永兄弟危苦之情上聞介公」之語，已不再懸空，擲地有聲地落到了實處。

此一「個案」到此本告一段落，但又不然，王汎森等研究人員在祕庫中搜尋「傅檔」時，又發現了新的有關梁家兄弟以及林徽因有關的線索，且新線索很可能就是本案不可或缺的重要組成部分。

歷史深處的又一件隱祕

就在傅斯年為梁家的生活、治病之事給朱家驊、葉企孫等人寫信之後，五月十三日，傅氏另有一函致朱家驊與杭立武，函曰：

騮先、立武兩兄左右：

騮先兄電，立武兄手示，關於梁思成兄及其夫人者，後先奉悉。盛意如此，弟實欽感。當將尊意轉達思成兄嫂，以此事弟事先均未與他們談過，系弟之自作，他們於看到立武兄信後，自深感友朋惓念之意，而於事之可行與否，曾加以數日之考慮，蓋以徽因嫂實在病中也。思成去年為本所兼任研究員，即以其兼任研究員月薪，月百元者，算入營造學社，其為人如此，此則使弟數年中坐領參政員公費者有愧色矣。經弟反覆申說下列兩種理由，思成夫人始決照來示辦法。弟之理由，亦當奉陳於兩兄也。如下：

一、貴會辦理科學研究補助之初，本是一迫切之需要，後來局勢變動，遂成兼職，弟為此曾主張竭力整頓者。今日則又有一種新需要，蓋五十年中，中國文化曾造就若干可以負荷文物之人（工程師、醫師等自不在內）。此一數目，今日即不嚴格說之，亦不逾一二百人，此皆五十年中社會重視學問之所成就也。今後青年如何滋長，誠未可料。然如此日之一輩，純為學問而生活，不歆利祿，自守嚴密，重視理性者，必不然矣。故貴會之補助，如能於此道有所貢獻，縱於原辦法有所變更，轉為得要，但看人選之如何耳。即如兩兄為寅恪兄事之盡力，弟不特感如身受，亦且覺此舉之能得要領，蓋寅恪之文史學問，今日國內無第二人能比其質實邃密也。寅恪之重要性，清華大學當局似不知之，而兩兄知之，而又行之，故可佩也。弟詳言此意，不專為徽因嫂一人事而廢，似可為貴會方針之一也。

二、事實上徽因嫂舊有《中國之建築》一稿，將過半矣。彼在病中初未間斷各事，如寫文藝作品之類，如盡舍他事，專成此稿，事既可行，轉於病為益。今日徽因嫂來一信，云：

「今為實際生活所需，如不得已而接受此項實利，則最要緊之條件，是必需讓我擔負工作，不能由思成代勞頂替。

「與思成細商之後決定，用我自己工作到一半的舊稿，用我駕輕就熟之題材，用半年可完之體裁，限制每日工作之時間，作圖解及翻檢笨重書籍時，由思成幫忙，則接受，不然，仍以責物為較好之出路，少一良心問題。」

事實如此，則弟以徽因嫂受此補助一事，與立武兄近開名單中各人比一下，覺此事當在前列（此單事另詳）。故弟亦不以為「經紀人」，而覺良心上有所不安也。研究計畫及濟之兄（彼欣然樂意）及弟之推薦書，另函奉上。

茲解釋其經過如此。其中第一項若是「大道理」在，絕非河漢之談，詠霓兄詢弟，若中基會有餘款更作何事，弟即說了這一番大道理，惟兄等解之耳。專此，敬頌

道安

弟　傅斯年　謹上

五月十三日[14]

這封信函透露的資訊，為上述一九四一年八月二十五日傅斯年給董作賓、梁思永信中所想「大、小二種辦法」找到了注腳。

「小辦法為，將思成改聘為本所兼任研究員，月支薪百元或百數十元，聲明不在他處支生活輔助費，即可在本院支生活補助費矣。頃與毅侯談得如此。」——這是傅斯年的設想。從這封信函看，梁思成一家的生活補助最終是採取這一「小辦法」實現的。但出乎傅斯年或更多人意料的是，梁思成支得這百十元補助，並沒有心安理得地坐在熱炕頭與老婆孩子一家人獨享，而是「算入營造學社」收入，為大家共用。如此做法，令聞者慚汗交織，傅斯年更為自己數年中坐領政府參政員公費而生愧色。

當然這不是主要內容，其重要者乃是以杭立武為主導的中華教育文化基金董事會，欲撥出一筆款子給戰時流亡學者以「科學研究補助」，傅斯年聞訊即堅持推薦病中的林徽因為候選人，以使林氏將完成將過半的舊稿《中國之建築》繼續下去。為此，傅斯年專門找梁思成夫婦商量，在得到林徽因「必需讓我擔負工作，不能由思成代勞頂替」等附條件的同意後，才決定正式向董事會報名候選。按中基會的要求，報名者需要填寫表格並由著名學者為推薦人，於是，與梁家兩代甚至三代友善的李濟欣然出面為之。便有了如下的推薦書：

騮先、立武兩先生左右：

中國建築在世界美術上所占地位之重要，中外學者多所論定，而十年中營造學社之成績，亦為人所共知，皆不待悉言。梁思成先生之夫人林徽因女士，雖非營造學社之有給職員，實於營造學社之貢獻甚多。思成兄多次旅行之發見，皆林女士之共同工作，其人富於才力，用心深邃，故於營造學社之研究工作助力甚多也。去年林女士曾一度舊病發作，入秋冬後大為好轉。弟等深覺在彼時既不能與思成兄一同出外調查，似以在家整理其已成將半之《中國之建築》一書為宜。此書正為此時需要殷切之書，而林女士之力量，及在營造學社之環境，復可以成之。彼雖此時病未痊癒，然若屏除他事（如寫文藝作品等）專心為之，可早觀厥成。茲敢提請兩先生考慮，可將補入「科學研究協助人員」類中。附上計畫一件，其辦法分陳如下：

一、所在機關：營造學社。

二、指導人：劉士能先生。

三、每月待遇：准以林女士以往之資歷成績，在國內實為美術史與建築學中之地位，擬請給以最高之待遇，即立武先生近示一般辦法中三百八十元之數。

四、因弟等久勸其屏除其他工作，完成舊稿。彼自上月已開始，似可由四月份或五月份起支給。

如荷同意，無任欣佩，諸希考慮，至感。專此，敬頌

道安

弟〇〇〇、〇〇〇謹啟

五月十三日[15]

推薦書內容與傅斯年致朱杭二人函件基本相同，只是在具體問題上更加細化，以合推薦書之形式。書中所說

的劉士能即著名建築學家劉敦楨，此時正在李莊擔任營造學社專職研究員兼文獻部主任。後世所稱的「南劉北梁」之「劉」，即一九四三年離開營造學社出任國立中央大學工學院建築系系主任、教授，一九四五年任工學院院長的劉敦楨；「梁」指抗戰復員後出任國立清華大學營建系主任、教授的梁思成。當然這是後話，暫且不表。

此處要說的是，這兩件書函之抄件，或在林徽因收到的「要件一束」之內，亦可能不在。因為爭取補助候選人名額一事以及爭取的理由，林徽因事前知道並與傅斯年有信函往來，因而即便收入相關這一「個案」的「要件」，亦不至「大吃一驚」「半天作奇異感」。倒是梁思成給費正清信中所言，或與此案有關。如上述梁思成說「我們的家境已經大大改善，大概你們都無法相信。每天的生活十分正常，我按時上班從不間斷……當然，祕密就在於我們的經濟情況改善了。而最讓人高興的是，徽因的體重在過去兩個月中增加了八磅半。」蔣介石給的兩萬元或只做治病買藥之用，而中基會補助的一筆「鉅款」，對於窮愁病困的梁思成一家，該是多大的幫助。骨瘦如柴的林徽因精神振奮，且身體很快增加「八磅半」，也就不足為奇了。

生病時的林徽因躺在一張老式帆布行軍床上，部分學術研究和書信寫作即在這張床上完成。

有一點必須提及，從傅斯年上書到蔣介石贈款的五個月內，梁家兄弟的生活狀況很差，特別是梁思永的病情一直在惡化，須隨時用藥物控制，這該如何應對呢？當時，駐李莊的學術機構與學者群體，除史語所有個醫務室和一位被同仁稱為「白開水」的專職醫務人員（南按：據石璋如說，每當同事到醫務室看病，這位老哥就說多喝白開水，於是大家便送了他一個「白開水」的綽號），要從外部購點藥物困難重重，傅斯年只好上下求援，甚至以割腕斷臂的方式打起了內部主意。

一九四二年五月五日，傅斯年致函上海醫學院院長朱恒璧，內稱：「託購藥品，所差各款務乞早日示知，以便即奉。……敝所醫務室近又向戰時醫療藥品經理委員會購藥一批，以敝所未存有此會調查表，設若先索此表，然後填寄，勢必衍期，故僅函送一訂單函。……故頃又函託金楚珍兄設法轉囑此會，仍予照請。」[16]

楚珍即金寶善的字，時任行政院衛生署署長，主管全國醫藥與衛生防疫事務，傅斯年對其多有求援，而金氏也對中研院各所幫助甚力，因而傅氏在致朱恒璧信中表示「年來屢承楚珍兄幫忙，至為感謝」，感謝之後再次致信求援。信中說：

> 上月廿日接奉手書，敬悉敝所所需之 Atebrin（阿的平，一種抗瘧藥）及 Plasmoquine（撲瘧喹）兩藥，再承我兄惠予轉囑發售，無任感謝。年來屢以此類瑣事奉瀆清神，而均承鼎力玉成，幸何如之。在醫藥困難之今日，敝所醫務室得以仍舊維持者，我兄之力實多，弟及所中同仁均不勝其感禱也。茲有兩事奉懇，敬陳如下：
>
> ……目下敝所及同在李莊之數機關同仁中有以下三種通行病症，一為神經衰弱；二為肺病；三為胃病，而尤以患肺結核者為多。社會科學研究所陶所長孟和之夫人沈性仁女士，中國營造學社代社長梁思成之夫人林徽音女士，及敝所專任研究員梁思永先生等，皆海內知名之士，現均患T. B. 甚劇。目下魚肝油精，市上均已無法購到，故患此病者，苦於無法救治。前聞蔣廷黻兄言及政府曾由美國獲得魚肝油一批，未知此物能否由貴署代為設法酌讓敝所若干，以拯救上述諸人，敬祈考慮見示，弟公私感甚矣。[17]

傅斯年向各路神仙、大老請求的藥物是否弄到或弄到多少，不得而知，但他對梁氏兄弟以及林徽因、沈性仁等弱者的熱心幫助，令史語所及周圍識者感到有些不太自然。特別是史語所醫務室藥物分配不均衡，難免引起同仁的不滿與議論。一九四二年七月三日，傅斯年在致朱家驊信中說：「蔡夫人處承接濟，至感至感。此等事（蔡夫人、寅恪事），在今日只有吾兄熱心耳。弟心有餘而力不足，尤佩兄之熱誠毅力也。斗筲之量，未足言此，何足置意。即如思永養病事，敝所亦議論紛紜，弟亦置之不理。姑欠債，俟弟到渝再募集也。」[18]

函中所說的蔡夫人即蔡元培夫人，此時仍流落日占香港，國民政府高層並未有所顧及，多虧朱家驊念及與老院長的深情舊誼，透過地下人物為老夫人暗中送錢送物維持生活。而同時被困港島的陳寅恪一家，恰於傅斯年寫信給金署長的這一天，即五月五日，攜家帶口突出重圍，登船離開墳墓一樣的孤島，取道廣州灣向桂林進發。關於梁思永治病事，至此已顯現史語所同仁不滿的端倪，但崇尚「做事須先騎上虎背，然後方有辦法」的傅斯年決定硬撐下去，以待轉機。然而轉機到來總是那樣遲緩，令人望眼欲穿，心焦性燥，肝火難平。這年八月六日，傅斯年致信中央研究院總幹事葉企孫，抱怨說：「又云弟平日辦此所事，於人情之可以通融者無不竭力，如梁思永兄此次生病，弄得醫務室完全破產……為思永病費，已受同仁責言。」又，八月十四日致陳寅恪信說：「本所諸君子皆自命為大賢，一有例外，即為常例矣。如思永大病一事，醫費甚多，弟初亦料不到，輿論之不謂弟然也。」[19]

由此可見，為了挽救梁思永的生命，傅斯年以他特有的霸氣加梁山好漢的哥們義氣，把醫務室本來並不厚實的家底，幾乎全部傾注於梁思永身上，以致史語所同仁不滿，各種輿論滋生，而傅氏本人也感到進退不得，頗為惱火。

事實上，在如此艱苦困厄、生死茫茫的緊急關頭，因一個人的病情把整個史語所同仁、家眷所依靠的醫務室弄得破產解體，使得全所人員惶恐是可想而知的。輿論對傅氏的做法不以為然，甚至有所非議也是一種必然——若不如此，倒是不可思議。看來，即便在別人眼裡手眼通天、霸氣沖天如傅斯年者，面對梁家兄弟這種特殊的情形，也是力不從心，左右為難。所幸的是，史語所同仁既「自命大賢」，總還是有點大賢的風度與肚量，面對醫務室幾欲倒閉破產的窘境，也只是背後議論幾句而已，並未採取不予合作甚至設置障礙的態度和做法，這樣梁思永的病才得到繼續救治。此點，從一九四二年十一月二十六日傅斯年致朱家驊、葉企孫信中可以見出，信曰：

騮先先生院長、企孫吾兄賜鑒：

關於梁思永兄之醫藥費，本年六月間曾由院長電示，由本所醫務室收入中補助六千元。其後思永雖受有院外機關之補助，然仍感不敷甚巨。思永本清寒，而其病因大半種於趕寫考古報告，故經本所第七次所務會議議決，擬由本所醫務室收入中再補助思永醫藥費四千元，連前六千元共計一萬元。茲將會議記錄附奉，敬請惠予考量見示，是所感禱。專此，敬頌

時祺

弟　傅斯年敬上

十一月廿六日

此事前已與企孫兄談過，此法亦企孫兄所示，茲特補上此一手續耳。[20]

至此，在傅斯年連續不斷的努力、奔波、求援下，梁思永的病情在數筆大小款子的救濟中得到緩解，史語所同仁與梁家等同事好友最為艱難困苦的一九四二年即將過去，上下奔忙、左右安撫的傅斯年，總算可以抬頭挺胸抹幾把額頭上的汗水長噓一口氣了。然而，一波剛平一波又起，李濟的愛女因病得不到及時醫治，不幸死去，李濟全家陷入巨大的悲痛之中，李莊的學者們心頭亦隨之蒙上了一層陰影。

悲情李濟

抗戰爆發後，李濟帶著一家老小五口（老父，妻子，女兒鳳徵、鶴徵，兒子光謨），從南京到重慶、長沙，再至桂林、越南、昆明，輾轉數千里，備嘗艱辛，總算有了一個喘息的機會。萬沒想到，一九四〇年夏，就在史語所議遷李莊時，年僅十四歲的二女兒鶴徵突患急性胰腺炎，因得不到藥物及時治療而死去。

心中滴血的李濟夫婦在巨大悲慟中，來到愛女的墳塋前做最後辭別，含淚打點行裝，帶領全家匆忙遷往李莊。心中的哀傷尚未淡去，一九四二年一月，在李莊宜賓中學讀書、即將畢業的十七歲大女兒鳳徵又不幸身染傷寒，一病不起。因李莊缺醫少藥，史語所醫務室與同濟大學附屬醫院均無相應藥物，終於不治，於一月五日追隨早逝的妹妹鶴徵而去。愛女臨走的那天中午，握著父親李濟的手，有氣無力地說：「爸爸，我要活下去，我要考同濟大學，在李莊讀書，永遠不離開您……」但是，縱然有偉大的學者李濟博士，置身於此種環境，亦回天乏術，只能眼睜睜地看著女兒美麗的雙眸悄然滑下兩滴淚珠，帶著無盡的遺憾走了。據李光謨說，姐姐鳳徵去世的時候，自己剛放學要回家吃飯，在胡同口遇到同濟大學醫學院一位教授兼醫生背著醫藥箱。這位與李光謨相熟的教授一見面，滿臉悲戚，伸手摸了一下李的頭，神情凝重地說：「孩子，快回家，你姊姊不在了。」李光謨聽畢，熱淚「唰」地衝出眼眶，拔腿向家中跑去，到屋裡時，姐姐早已停止呼吸……

在不到兩年時間裡，李濟兩個愛女—「鳳」—「鶴」皆撒手人寰，撇下風燭殘年的祖父、悲痛欲絕的雙親以及年少的弟弟，在這個戰火紛飛的世界繼續奮爭。面對接踵而至的災難和慘澹的人生，李夫人自不待言，即如飽經患難的李濟，心靈也遭到重創，精神支柱在一夜接一夜痛苦的失眠與哀嘆中開始傾斜，過度的悲傷使他感到自己已經支持不住，就要坍塌崩毀了。而李濟的老父李權（郢客），眼見兩個從小圍在自己身邊嘰嘰喳喳、小鳥一樣惹人愛憐的孫女不幸夭亡，更是悲情難抑，身體徹底垮了下來，不久即中風癱瘓在床。

1937年12月，李濟一家攝於桂林。（李光謨提供）

老爺子自感將不久於人世，遂立下遺囑，要家人在自己墓碑上鐫刻「詞人郢客李權之墓」，以示對自身和這個世界的交代。五年之後，當身衰體殘、骨瘦如柴的郢客老人去世時，李濟按照父親的遺囑一字未改地書寫了碑文。短短幾字的碑文，可謂是李老太爺對人生追求的寫照。早在李濟於清華讀書時期，郢客老人就以自己的文化良知和對政治的敏感諄諄告誡兒子：「以後踏入社會，不要參與政治，不要做官，如果風雲際會，非要做官不可，那就退而求其次，寧做一個七品小京官，而不去當縣太爺，因為縣衙門是最傷天害理的地方。」[21]

這樣的人生洞見和教誨，對成長中的兒子影響至深。無論是出洋之前還是成為「海龜」之後，在李濟的心目中，政治是世界上最黑暗、最骯髒、最下流的行當，不管做什麼官，都潛伏著與政治同流合汙的危險，稍有不慎，即踏入泥坑而不能自拔，甚而萬劫不復。

在淒涼悲苦的心境和身心危殆的「自覺」下，失去愛女的李濟於一九四二年一月二十五日派人上山送一函給傅斯年，談及自己的痛苦以及日後生活、醫療條件、藥品購置等關乎人之生死問題，表達了自己的擔憂與焦慮。同時提出辭去史語所考古組主任、博物院籌備處主任之職——儘管這兩個職務算不得什麼官，但李濟也不想做了。他對做官已了無興趣，對繁忙的瑣碎事務十分厭倦，他要卸掉一切與「官」相關的職務與責任，安靜地沉下來做幾年學問，以不負自己讀書所費的幾十年光陰。

傅斯年接信，在回函中滿懷同情地談了自己的想法，勸李濟「在此悲痛中，最好少想，想之愈多，精神愈苦，極盼垂納弟勸」。在談到醫療條件時，傅斯年認為如果史語所醫務室最近一次藥買不到，幾個月後必停張關門。正如李濟所言，住在李莊鎮內的博物院籌備處及梁思永等學者，一旦有病，上板栗坳史語所醫務室診病、拿藥都極不方便，尤其是老弱病殘如李濟的老太爺郢客等更是難上加難。此一問題不解決，恐還會有學者或家屬遭到類似鳳徵身患急症而轉瞬即逝的悲摧命運。

對此，傅斯年認為可採取下列方法予以緩解。具體設想為：「以後，兄家與二梁一郭家關於門珍〔診〕事，直接寫信給弟，說明病之緩急，弟料理蕭大夫下山。弟亦甚願知同仁健康情形也。如甚急或天雨，最好能派一滑竿來（如找不到，此地再想法），『滑竿問題』、『每次沒竿接』，絕無此說。惟蕭有較重之心臟病，而雨天山坡路實不可行（弟有經驗）。所中之滑竿，弟發覺上午一用即大家無豆腐吃，故近來上午不用矣。此皆實情，故如每次皆不需滑竿，弟亦恐誤事也。好在此事，兄隨時珍〔斟〕酌情形，弟於奉到兄書時，亦隨時斟酌情形為之，當不致誤。弟不在時，彥堂兄辦理此事，如此辦去，兄可無慮矣。至於重病告家屬一事，此自是醫生所當為，已諄諄告蕭，凡遇有重病，切實向家屬說之矣。」[22]

傅斯年的承諾了一定的安慰作用，但連續喪失愛女的悲痛實在巨大，一時難以消解，悲慼滿懷的李濟態度極為堅決地表示辭職，以擺脫煩擾的行政事務，調整心態，做點案頭研究，藉以緩解日甚一日的精神苦痛。為此，傅李二人在板栗坳進行了一次秉燭長談。面對李濟的處境和精神狀態，傅斯年深感這根巨大的支柱一旦坍塌，對於史語所和中央博物院籌備處意味著什麼。在緊要關頭，他要盡可能地使對方從頹喪萎靡中振作起來，開拓出一

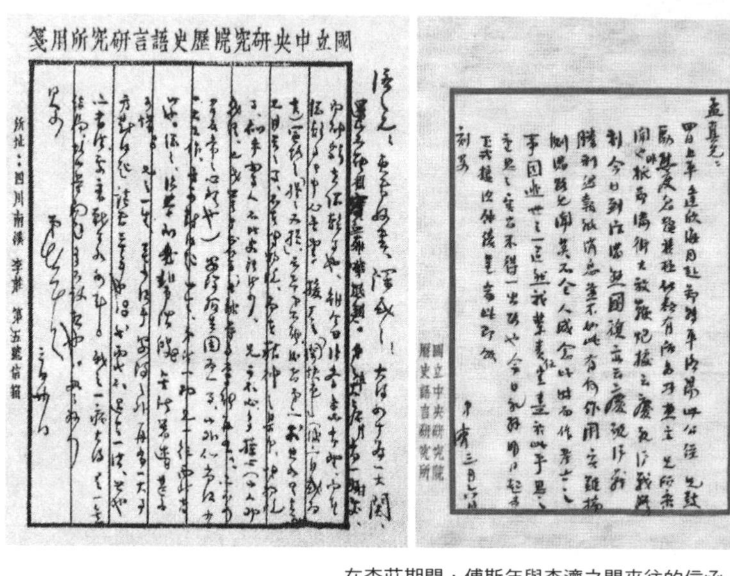

在李莊期間，傅斯年與李濟之間來往的信函。

片新天地……

一九四二年三月二十七日，李濟在李莊鎮張家祠內的中央博物院籌備處辦公室，以憂傷的筆調修書一封給傅斯年，派人送到五公里地之外的板栗坳，信中說：

> ……前日所談，感弟至深。弟亦自知最近生活有大加調整之必要，但恐西北之行（未嘗不願）未必即能生效，或將更生其它枝節。數月以來，失眠已成一習慣，中夜輾轉，竊念研究所自成立以來，所成就之人才多矣，而弟愧不在其列，有負知己，誠自不安，然此亦非弟一人之咎。弟自覺今日最迫切之需要，為解脫，而非光輝。衷心所祈求者為數年安靜之時間。若再不能得，或將成為一永久之廢物矣。[23]

從信中可以看出，那天晚上的交談，傅斯年除了給予同情、理解和好言相慰，還為李濟想出了一些解脫之法，如到西北地方進行田野考古調查等，以緩解對方的精神壓力與傷感。但一直處於苦痛和悲傷之中的李濟，雖被傅氏的真誠與熱情感動，仍無法立即釋解內心的痛苦並回心轉意。

三天之後，傅斯年回信，以誠摯坦率之語繼續勸慰道：

惠書敬悉，深感！深感！人約四十為一大關，過此不能不寶愛時光矣，弟之大症，有一好處，即能辭去總幹事也。雖今日治學未必有望，而在總幹事任中必無望。援庵之「開快車」（彼亦同感而言），寅恪之「損之又損」，前者弟不能，後者弟亦求其如是矣。兄目前之事，不在博物院，而在精神之集中。博物院事，似乎辦事人不比史語所少，兄可不必多操心（此人勸我語，兄或鑑於袁事，然彼等事不能再有？亦不可有反常之心理也）。安陽報告固為一事，此外似尚須有一大工作，方可對得起此生。弟所以勸兄一往西北者此也。總之，治學到我輩階段，無所著述，甚為可惜。兄之一生，至少須於安陽之外再有一大事，方對得起讀書三十年也。然西北不過是一法；其它亦有法，要看戰事如何耳。我之一病大約是一無結局，故此等問題多不敢想也。[24]

傅斯年推心置腹的一席話，使得李濟不好意思再僵持下去，只好帶著一顆悲傷抑鬱、孤獨的滴血之心，艱難地支撐下去。他心中也許清楚，自己之所以請辭，實在是內心太痛苦悲觀所致。而此時此地，無論從哪方面考慮，都不容許自己輕易對嘔心瀝血經營的事業撒手不管。何況此時以史語所為主體組織的西北科學考察團正在緊張籌畫中，中央博物院對岷江流域彭山一帶的田野發掘剛剛取得大捷，並醞釀對牧馬山墓葬進行大規模發掘。身兼史語所三組主任、中央博物院籌備處主任的李濟，想在此時來個剃頭匠撂挑子是不可能的。

早在一九四一年春季，經李濟倡議，經朱家驊、傅斯年及教育部部長陳立夫等要員同意，擬組織一個西北科學考察團和川康古蹟考察團，對西北敦煌一帶和四川、西康兩省的古蹟做一次大規模調查與發掘。西北科學考察團由中研院史語所、中博籌備處、中國地理所三家合作，並從西南聯大文學院抽調以研究中西交通史聞名的原北大歷史系教授向達（覺明）出任團長。由於事涉多家機構，此事一直在聯繫和協調中。

川康古蹟考察團由中研院史語所、中博籌備處、中國營造學社等三家機構聯合組成，主要成員有：中博籌備處的專任副研究員、技正以及更低級一點的事務員，如吳金鼎、曾昭燏、夏鼐、王介忱、趙青芳（後參加）；史

1941 年發掘四川彭山崖墓主要人員合影。左起：吳金鼎、王介忱、高去尋、馮漢驥、曾昭燏、李濟、夏鼐、陳明達。（南京博物院提供）

語所考古組的高去尋；營造學社的陳明達等。吳金鼎任團長，主持全面工作。此次調查的目的是「求中國古代文化在川省內顯示之特點以及川省文化與中原文化之關係」。為做出業績，擴大中研院的影響，傅斯年和李濟雄心勃勃地擬定了調查發掘計畫。根據計畫精神，吳金鼎率團於一九四一年二月赴敘府一帶調查，在較短的時間內，就發現了南溪葬地、九家村崖墓、雙江頭、舊州城等遺址。同年三月至四月，考察團由敘府沿岷江而上，至成都及周邊地區，在新津發現堡子山葬地、舊縣城故址。繼而在彭山發現蔡家山葬地、雙江葬地，在溫江發現古城埂遺址，在成都發現青羊宮葬地，在郫縣發現馬鎮古城等頗有考古價值的遺址。一九四一年五月，吳金鼎再度率中央研究院考察團自李莊乘船溯江而上，沿湍急的岷江直奔彭山而去——抗戰期間最著名的彭山漢代崖墓大規模調查發掘的序幕由此拉開。

考察團一行抵達彭山地區後，發現此處山嶺相連，經調查走訪，了解到彭山縣境為四川漢代崖墓分布最為廣泛、密集的地區。考察團成員將地理方位與崖墓的分布情況做了大致分析，決定以彭山縣城東北約五公里，位於武陽江、府河與岷江交匯處的江口鎮一帶群山定為考察重點，並把鎮東南一座名叫寂照庵的寺廟作為工作站以安營紮寨。此後，考察團以江口附近山中崖墓為起點，開始一路向西連排式發掘。儘管考察團人數不多，卻是一支意氣風發、才華橫溢的精銳之師，尤其剛從英國倫敦大學研究院畢業不久的吳金鼎、曾昭燏、夏鼐等三人，作為中央博物院乃至整個中國考古與博物館界明亮的新星，以強勁的勢頭、剛健的鋒芒，以及從大洋彼岸帶來的先進思想與科技之光，為此次發掘樹立了新的標桿，做出了示範性突出貢獻。

自一九四一年五月始，川康古蹟考察團在彭山江口鎮方圓百里的崎嶇山區展開調查，至一九四二年十二月，共探明崖墓墓址九百餘座。六月十四日，考察團開始對江口附近崖墓進行大規模發掘。後以江口為座標，一直向西延伸，發掘地點計有寂照庵、石龍溝、丁家坡、豆芽坊溝、李家溝、砦子山等處，共發掘漢代崖墓七十七座，磚墓兩座，所有發掘墓葬均有詳細的勘測記錄並繪製了精確的實測圖。

考察團成員中，剛剛三十多歲的曾昭燏——晚清歷史上赫赫有名的曾國藩的四弟曾國潢的曾孫女，此時已超越了中國傳統金石學的範疇，完全按近代田野考古的科學方法進行操作，不但掌握了當時英國乃至世界水準的先進考古方法，還使田野考古學上的地層學和類型學方法得到進一步發展。由曾氏與吳氏等新一代考古學家的操作規程，可清楚地看到中國考古學在輸入了西方科學理念之後，所發生的承前啟後的重大轉變。這個轉變，可從「祕戲圖」的發現和一九四一年十一月二十六日吳金鼎於砦子山寫給李濟的一封信中看得分明：

前函諒達左右。作民（銘）兄於昨日去成都，明達兄回寂照庵幫豆芽房（發掘）隊趕辦結束，鼎一人留砦子山。今日新開本區第十五墓，忽然奇運來臨。墓門面刻一鳳（殘），楣上刻雙羊相向，中刻「春宮」——一對男女並坐擁抱接吻，男之右手搭過女肩持乳部，女左手撫男肩，餘兩手相攜。……

川康古蹟調查團在彭山漢墓發掘中發掘出土的「祕戲圖」浮雕及線描圖。（分別由南京博物院、李光謨提供）

> 前函陳述，鼎及作民皆不主張鑿取石刻，惟此處春宮或將視為例外。自今午出現以後，好奇來觀者大有其人。因踐損洞下麥苗以致地主厭煩，青年男女以此畫為調笑資料。由此二事可以推測，將來此處石刻不毀於地主之手，即遭道學先生敲碎。似不妨站在衛護彭山風化的立場上，將其移運嘉定存藏中博院倉庫，地方人士當能諒解，甚或欽佩吾人之衛道精神，而同時亦不違反保護古物之旨。其唯一困難即石質不佳，石匠能否鑿下而不致碎，極有問題。[25]

吳金鼎發現的「祕戲圖」門楣高浮雕，在藝術史上的地位不言而喻。更重要的是，它展示了漢代風俗中以往不為人知的一個側面，向後人「提供了與歷來正統觀念相悖的題材，這就需要今人對漢代的意識形態觀念重新加以估計」[26]。尤其是將「祕戲圖」置於墓口門楣處，不避諱甚至特意展示人體和性愛，這在中國性史和陵墓史上極為罕見，其保存、研究價值無疑都是巨大的。從吳金鼎給李濟的信中可看出，吳主張把「祕戲圖」作為標本堅決地、毫不猶豫地切鑿下來移入博物館做永久性保存。而一同前來發掘的陳明達則從建築學上的完美性考慮，力主保持原貌，堅決反對切鑿，於是二人在現場展開了爭論。吳金鼎在徵求夏鼐等人意見後，以少數服從多數的原則，硬是從當地請來極富經驗的石工將「祕戲圖」浮雕鑿了下來。此圖先是藏於中博籌備處倉庫，後藏於北京故宮博物院。那座曾雕刻「祕戲圖」的崖墓，則於後來的文化大革命中，被「已覺醒了的革命群眾以滿腔的熱情全部搗毀砸爛」，成為一堆荒草飄蕩、蛇鼠出沒的廢墟。而此時吳金鼎已經去世多年，尚活在人間的陳明達聞知此情，不禁為之唏噓，為吳氏當初的「固執己見」感到慶幸。

除「祕戲圖」之外，考察團還發現了佛教造像與飛羊乘人插座（南按：又稱搖錢樹插座，現藏於南京博物院），首次以田野發掘實物證實佛教至少在東漢時期就傳播到了中國。而崖墓建築格局及墓內大量的隨葬品，第一次以實物形式類比再現了東漢四川地區的現實生活場景，表現出與中原地區的地域性差異。特別是大量仿木結構的石質建築構件的發現，如編號為四六〇號墓墓門斗拱、五三〇號墓墓內石柱，皆向古建築研究者提供了接近原大的漢代建築構件資料以及堪與同時期希臘建築柱式相比肩的中國建築標誌實物。吳金鼎等考察人員從技術源流等各方面分析，所得結論與當年法國人色伽蘭完全相反——四川漢代崖墓確系本土文化的產物，與所謂的古波斯崖墓沒有任何內在聯繫。這一結論，再次對甚囂塵上的「中國文化西來說」給予了顛覆性回擊。[27]

一九四二年三月七日，彭山崖墓發掘工作結束，收穫頗豐。作為發掘團團長的吳金鼎仍感意猶未盡，又率領大人員移師牧馬山展開調查與發掘。與彭山崖墓不同的是，牧馬山屬於土坑墓或磚室墓類型。這類墓葬比崖墓要大得多，除擁有不同於崖墓的特色，墓坑多未被擾動，內藏器物極其豐富，具有極大的田野考古價值和收藏價值。在李莊坐鎮遙控指揮的李濟，自然樂意設法籌集經費，使牧馬山的發掘不致中斷。吳金鼎等人得此支持與鼓勵，很快發掘了大型墓葬七座，其中塼室墓兩座，土坑墓五座，起出大量的上等文物。

一九四二年十二月九日，嚴寒的冬天已經到來，岷江水位急速消退，吳金鼎等鑑於運輸所必需的水位尺度，不得不停工撤退。在吳金鼎的組織指揮下，發掘團成員把出土的各類隨葬品、採集的石質建築實物標本等物，總量在二十噸以上，分裝三條大船從江口鎮啟程，順岷江浩浩蕩蕩駛往李莊鎮碼頭。——抗戰期間最大規模的一次田野考古發掘，以豐富的斬獲宣告結束。自此，考察團成員進入了室內整理和計畫再度遠赴成都琴台發掘的新歷程。

就在這時，一個藍眼睛、大鼻子學者的到來，又打破了李莊小鎮暫時的平靜。

注釋

[1] 俞大綵〈孟真與我〉，載《傅斯年》，岳玉璽等著，山東人民出版社一九九一年出版。

[2]《石璋如先生訪問記錄》，訪問：陳存恭、陳仲玉、任育德；記錄：任育德，中央研究院近代史研究所二〇〇二年出版。

[3] [4] 二〇〇三年九月二十五日，作者在李莊採訪羅萼芬記錄。

[5] [18]〈傅斯年致朱家驊〉，載《傅斯年遺劄》第三卷，王汎森、潘光哲、吳政上主編，中央研究院歷史語言研究所二〇一一年出版。信尾的「詠霓」為翁文灝。

[6]〈傅斯年致朱家驊、葉企孫、王敬禮〉，載《傅斯年遺劄》第三卷，王汎森、潘光哲、吳政上主編，中央研究院歷史語言研究所二〇一一年出版。騮先，即朱家驊。企孫，即葉企孫。葉當時已接替傅斯年任中央研究院總幹事。毅侯，指王毅侯，字敬禮，時為中央研究院總務主任。

[7]〈傅斯年致董作賓、梁思永〉，載《傅斯年遺劄》第二卷，王汎森、潘光哲、吳政上主編，中央研究院歷史語言研究所二〇一一年出版。

[8] [9] [10]《梁啟超和他的兒女們》，吳荔明著，上海人民出版社一九九九年出版。

[11]《中國建築之魂——一個外國學者眼中的梁思成林徽因夫婦》，〔美〕費慰梅著，成寒譯，上海文藝出版社

二〇〇三年出版。

[12]《翁文灝日記》，翁文灝著，李學通、劉萍、翁心鈞整理，中華書局二〇一〇年出版。

[13]〈傅斯年致蔣介石〉，載《傅斯年遺箚》第三卷，王汎森、潘光哲、吳政上主編，中央研究院歷史語言研究所二〇一一年出版。

[14]〈傅斯年致朱家驊、杭立武〉，載《傅斯年遺箚》第三卷，王汎森、潘光哲、吳政上主編，中央研究院歷史語言研究所二〇一一年出版。

[15]〈傅斯年、李濟致朱家驊、杭立武〉，載《傅斯年遺箚》第三卷，王汎森、潘光哲、吳政上主編，中央研究院歷史語言研究所二〇一一年出版。

[16]〈傅斯年致朱恒壁〉，載《傅斯年遺箚》第三卷，王汎森、潘光哲、吳政上主編，中央研究院歷史語言研究所二〇一一年出版。

[17]〈傅斯年致金寶善〉，載《傅斯年遺箚》第三卷，王汎森、潘光哲、吳政上主編，中央研究院歷史語言研究所二〇一一年出版。

[19]

[23]中央研究院歷史語言研究所傅斯年圖書館藏「傅斯年檔案」。

[20]〈傅斯年致朱家驊、葉企孫〉，載《傅斯年遺箚》第三卷，王汎森、潘光哲、吳政上主編，中央研究院歷史語言研究所二〇一一年出版。

[21]李光謨口述。

[22]〈傅斯年致李濟〉，載《傅斯年遺箚》第三卷，王汎森、潘光哲、吳政上主編，中央研究院歷史語言研究所二〇一一年出版。

[24]中央研究院歷史語言研究所傅斯年圖書館藏「傅斯年檔案」。信中所言「兄或鑑於裘事」之「裘」，為裘

善元。抗戰前，裘任國立中央研究院歷史博物館籌備處管理主任，抗戰軍興，任國立中央博物院籌備處北平歷史博物館主任。裘任職期間與學界中人發生了什麼記憶長久的事，或與李濟之間發生過何種糾紛，史料缺失，至今未明。唯有裘與傅斯年、李濟三人乘滑竿的逸聞趣事流傳了下來，廣為人知。這個故事的概要是：傅斯年、李濟、裘善元等三人在重慶參加一個宴會，快結束時，主人特別為他們三個人雇好了滑竿，共有六個抬滑竿的矮小精瘦民夫守在門前。宴畢，第一個走出來的是裘善元，滑竿夫見他是一個胖子，都不願意抬，互相推讓，總算被二夫不情願地抬起。接著李濟走了出來，剩下的四夫一看比剛才出來的還胖一些，彼此又是一番推讓。等到傅斯年如小山包一樣晃蕩著走出來的時候，最後兩個滑竿夫大驚，抓起滑竿轉頭就跑，弄得請客的主人甚是尷尬。

[25]〈致李濟〉，載《李濟與友人通信選輯》，李光謨輯，載《中國文化》，第十五期，一九九七年十二月北京出版。

[26]〈四川彭山漢代崖墓發掘報告．結束語〉，南京博物院編，文物出版社一九九一年出版。

[27]據四川華西大學教授鄭德坤在《四川古代文化史》一書中記述：一九〇八年，英國傳教士陶然士沿四川岷江流域做漢墓調查，曾到過彭山，後寫成〈四川之墓葬〉一文，發表於上海《亞洲學會會志》第四十一卷。一九一四年，法國考古學家色伽蘭（V. Segalen，一八七八—一九一九年）成立一支考古隊，在轉遍了大半個中國後，又沿嘉陵江和岷江進行崖墓調查。這支考古隊一度抵達岷江流域的江口，並在彭子浩一帶發掘大量崖墓。色伽蘭本人有《中國西部考古記》行世，書中用詩一般的語言讚嘆中國文物「精美絕倫，名冠天下」，同時又以歐洲中心主義和「中國文化西來說」的觀點，武斷地判定四川漢代崖墓的建築形制來源於古波斯崖墓。一九三五年，色伽蘭編寫的《漢代墓葬藝術》一書行世。

第八章 自由中國的心臟

李約瑟的李莊之行

來到李莊的這位高個子、大鼻子、藍眼睛的老外，就是後來聞名於世的英國劍橋大學教授、中國科技史研究專家李約瑟博士（Dr. Joseph Needham，一九〇〇—一九九五）。

按照李約瑟傳記的說法，他早年以研究生物化學聞名歐洲學界，後受中國留學生魯桂珍等人的影響，醉心於中國古代文明並立志進行研究。一九四二年秋，英國政府在第二次世界大戰最為重要的轉折時刻，決定派遣一批著名科學家與學者赴中國考察訪問，同時給予人道主義援助。作為英國皇家學會會員、英國學術院院士，初通中文並對東方文明懷有濃厚興趣的李約瑟被選中。

一九四三年三月，李約瑟與幾位同事從印度加爾各答經中國與外界相連的唯一通道——著名的駝峰航線，飛越喜馬拉雅山，進入雲南昆明，開始了長達四年的在華考察生涯。

透過對昆明和重慶幾所大學與幾個研究所的訪問，李約瑟越發感到中國古代文明博大精深，埋藏在心中的舊夢開始復甦。他找到國民政府教育部部長陳立夫，陳述自己除承擔的中英文化交流工作外，還有一個研究中國古代科學的計畫，擬在自己最感興趣的中國古代科技成就、科學思想及人類文化史上的其他價值方面，做深入比較、研究，寫一部專著，名為《中國的科學和文化》（即後來著名的《中國科學技術史》）。陳立夫聽罷，「以其所志正獲吾心」[1]，當即表示讚賞與支持。並鼓勵道：「這個計畫非常好，這本書由你寫比我們寫好，因為你不是中國人，由一個非中國人來談中國事物所編寫的書，必然有更大的價值。」[2]有了中國政府要員陳立夫、朱家驊、翁文灝等人的強力支持，李約瑟於一九四三年初夏，帶上助手開始了對「自由中國的心臟」——中國西南地區的考察，從而有了與正在李莊的中國科學界、教育界精英接觸交流的機緣。

一九四三年六月四日，李約瑟完成了對四川成都、樂山一線幾所大學與科研機構的訪問，在戰時遷往樂山的武漢大學石聲漢教授陪同下，與助手黃宗興及祕書等幾人，於五通橋搭乘一條鹽船沿岷江而下，次日下午到達李莊鎮中心禹王宮的同濟大學校本部進行考察交流。

抗戰時期來到中國的李約瑟。

周均時早年在德國柏林工業大學留學時，與第二次赴德留學的朱家驊是同學，其間還結識了陳寅恪、傅斯年、俞大維等人，甚至朱德等勤工儉學的留學生。一九二四年，周氏歸國，先後執教暨南大學、中央大學、重慶大學與同濟大學。抗戰軍興，周在昆明被任命為同濟大學代理校長，率校遷李莊後被國民政府教育部任命為校長。無論同濟大學在昆明還是在李莊期間，周均時按照同濟是中國唯一一所用德語教學的高等學府，並肩負溝通中德文化交流重大使命這一特點，積極主張在抗戰期間盡可能地吸取德國先進科研成果，為國家培養堪當大用的實用人才。

只是好景不長，一九四一年十二月珍珠港事件爆發，香港等地相繼淪陷，當時為赴英國講學而滯留香港的陳寅恪，連同數十位文化名流欲登國民政府派去的救援飛機，竟被行政院副院長孔祥熙的女兒孔二小姐及家人攜狗搶占，致使陳寅恪等人被無情地拋棄在日軍占領的香港生死不明。為此，國立西南聯大爆發學潮，高呼「打倒孔祥熙」「打倒飛狗院長」等口號上街遊行。消息傳到李莊，陳寅恪往日好友傅斯年、周均時等頗為陳氏的遭遇不平。周氏以激憤之情，親自鼓動、帶領同濟大學師生上街遊行，共同聲討「飛狗院長」孔祥熙及家人的惡行，並將此一行動通電全國。在重慶的蔣介石聞訊，大為惱怒，不久便透過陳立夫把持的教育部撤銷了周的職務，調任重慶大學教授兼工學院院長。同濟大學校長一職由剛從德國歸來不久的丁文淵接替。

丁文淵（號月波），乃原中央研究院總幹事丁文江的四弟，號稱丁老四。一九二〇年畢業於同濟大學醫科，後留學德國法蘭克福大學醫學院並獲醫學博士學位。回國後出任國民政府行政院參議、考試院參議、中國駐德國大使館參事等職。珍珠港事件後，隨著中國對德、義、日等法西斯軸心國宣戰而被召回國內，未久即代替周均時出任同濟大學校長。儘管丁文淵和丁文江是同胞兄弟，但無論是當時還是之後，這位丁老四在學問和為人處世等諸方面，都無法與著名的「丁大哥」相提並論，尤其是道德人格，可謂與「楷模」丁文江背道而馳，被世人廣為詬病。

丁文淵一到同濟大學，除不遺餘力壓制正義力量和學潮，還經常幹些雞鳴狗盜見不得人的惡事、醜事，出任校長不到兩年，就被同濟大學的王葆仁、唐哲等二十四位知名教授告垮，成為教育界的反面教材和一個教訓。

當時在同濟大學擔任招生委員的李清泉（李莊人）曾有這樣一段回憶：「周均時校長是學土木工程的，曾在德國留學和工作達十八年之久。第一次世界大戰柏林被圍時，他曾與當地人民同甘共苦，但對德皇威廉二世和納粹黨很反感。他平易近人，生活儉樸，雖在國外多年，卻沒有洋氣息，沒有穿過西裝，一頂舊呢帽不知戴了多少年，已成了暗褐色。他用人標準講究德才兼備，聘來的教授、講師，大多是國內的知名人士。後來接替他的丁文

同濟大學醫學院在李莊時期的女學生，後來三人分別在成都醫院、海軍和空軍總醫院工作。（李莊鎮政府提供）

淵校長就與他剛剛相反，官僚架子十足，是蔣幫的一個文化特務。他在李莊郊外購有住宅，出入不管遠近都要坐轎，每天所著西裝都要換上幾次，一副假洋鬼子像。對比之下，印象很深。」[3]

李清泉回憶此事是在二十世紀九〇年代初，從已發現的材料看，其所言丁文淵令同濟大學大多數有正義感的師生深惡痛絕，應是事實。

且說李約瑟一行來到李莊，受到同濟大學師生熱情歡迎和接待。對學校做了初步考察後，李約瑟在當天的筆記中寫道：「在這裡，同濟的物理系和化學系艱難度日，因為如同武漢大學一樣，他們的儀器大多在轟炸中和從東部運來時受損，但工學院各系都欣欣向榮。該校有一座自己的發電廠，學生們花大量時間來組裝和架設從下游運來的大量設備。這裡也有同盟國的協助，因為那位研究鋼結構的教授就是位波蘭人。尤其給人留下深刻印象的是由能幹的葉雪安博士領導的測繪系，設備精良，幾乎壟斷了中國對勘測員和製圖員的培養。」[4]

李約瑟所說的發電廠，是同濟工學院主辦的一個項目。由於這個發電廠的運行，使李莊這個長江邊的古鎮，比南溪縣城還早十年用電燈，此舉在當時被看作一件了不起的大事。許多年後，李莊的百姓還記得剛安裝上電燈時，古鎮居民好奇興奮的樣子和歡呼雀躍的場面。

當然，令李莊居民喜悅、令李約瑟敬佩的不止於此。在同濟大學遷來李莊之前，川南一帶流行一種當地人稱為「麻腳瘟」的疾病，患者一經染上該病，即從腳部開始發麻，伴有嘔吐、腹瀉等症狀，當麻的感覺蔓延至胸部以上，人即死亡。當地百姓因不知為何犯病，以致談「痲」色變。同濟醫學院遷來李莊不久，一天晚上，宜賓中學三十七名師生在聚餐之後突然發病，校方震動，特邀同濟醫學院唐哲教授前去診治。經初步會診，唐教授認為是一種鋇或磷的化學物質中毒。後經同院的杜公振教授與鄧瑞麟助教透過對動物反覆實驗和研究，終於查清「痲腳瘟」是由於食用鹽中含有氯化鋇化學成分造成慢性中毒所致。病源找到了，病魔很快被降伏。李莊居民奔相走告，拍手慶賀。唐、杜兩位教授和鄧瑞麟助教的研究成果《痺病之研究》，榮獲國民政府教育部一九四三年全國應用科學類發明一等獎。一項研究成果挽救了成千上萬人的生命，整個川南的民眾對此甚為感佩，宜賓專署參議會專門組織鄉民舞動獅子龍燈前往同濟大學致賀，大紅的旌表上書寫著：

成績斐然，人民受益匪淺；頌聲載道，同濟令譽日隆。

當李約瑟聞知這一故事後，對同濟醫學院教授們情繫大眾的精神和傑出的成果，從內心生出敬佩之情。就是這次訪問，令李約瑟與多年前在比利時相識的老友童第周教授得以重逢，二人「用法語進行了極為難得的長談」。而童第周所處的工作環境和工作熱情，對李約瑟造成了強烈的心靈震撼。

一九〇二年出生於浙江寧波鄉村的童第周，於上海復旦大學畢業後進入南京中央大學任助教。一九三一年入比利時比京大學布拉舍教授的實驗室攻讀生物學，不久轉做達克教授的助手。據童第周回憶，布拉舍教授生病後，由達克教授負責實驗室的工作，「他要我試試，結果我把青蛙卵子膜順利地剝去了，達克教授叫美國人來看，大家很高興，並祝賀我。……以後達克教授什麼工作都叫我做，如染色、實驗畫圖等。一九三一年暑假，達克教授帶我們到法國的海濱實驗室去做海鞘的實驗工作。海鞘的卵子膜（相對於青蛙）更難剝去，他要我把海鞘的卵子膜去掉，我也順利地去掉了，在那裡做實驗的技術工作都是我的事。一年後，我自己設計了一個實驗室工作，實驗結果非常好。每年到海濱實驗室工作的人很多，其中也有英國的李約瑟博士。每年實驗結束，都要將實驗結果開個展覽會，我的實驗結果也被展出，給李約瑟博士很深的印象」。[5]李約瑟與童第周相識並成為朋友，就是在這個海濱舉辦的幾屆展覽會上。據說，李約瑟看了童第周的實驗，對這位來自東方的瘦小個子留學生由衷地讚美道：「年輕的中國人，有才華的中國人！」[6]

一九三四年，童第周回到國內，與夫人葉毓芬一起赴時在青島的山東大學任教。一九三七年盧溝橋事變爆發，山東大學先是遷往武漢，後轉到沙市，再流亡到四川萬縣，因經費不足，經蔣介石批准，學校宣布解散。童第周與夫人經多方奔波努力，先是在重慶國立編譯館做編譯員，再到中央大學醫學院任教，最後輾轉來到李莊同濟大學理學院生物系任教。

童第周在比利時布魯塞爾留學時於實驗室留影。他約在此前後與李約瑟相識。

儘管李莊鄉村較東部城市安靜，免除了整日躲警報的煩憂與家破人亡的威脅，但與重慶、成都相比，又實在過於偏僻，條件過於簡陋，這給正著力研究胚胎學的童第周帶來很多困難。直到晚年，童第周對那段生活仍記憶猶新：「同濟大學條件很苦，點菜油燈，沒有儀器，只能利用下雪天的光線或太陽光在顯微鏡下做點實驗，有什麼條件做什麼研究工作，可是學校連一架像樣的雙筒解剖顯微鏡都沒有，工作實在無法開展。有一天，我從學校回家，路過鎮上一個舊貨商店，無意中發現一架雙筒顯微鏡，心中十分高興，心想，有了這架鏡子就可以開展好多研究工作。當問老闆這架德國鏡子多少錢，老闆開口六萬元，這把我震〔鎮〕住了，雖說不算貴，但六萬元在當時相當於我們兩人兩年的工資。我和葉毓芬商量，無論如何也要把這架鏡子買下來。經過東拼西湊，向熱心科學的幾位親友借了一些，終於買下了這架雙筒顯微鏡。」[7]

有了顯微鏡，童第周如獲至寶，準備大幹一番。但要做胚胎實驗就必須有相關配套設施，這一點令童第周無可奈何，只好因陋就簡，土法上馬。唯一令人欣慰的是，李莊四周布滿了稻田和池塘，田裡活躍著成群結隊的青蛙。每到春秋之季，童第周便與夫人、兒女及部分學生，攜帶大盆小盆，興致勃勃地到野外捕捉青蛙並收集蛙卵。一時間，李莊的田野溝渠人跑蛙跳，形成了一道奇特的景觀。就是在這樣的境況下，童第周接待了來訪的李約瑟。

分別十幾年的老相識在戰時李莊這個偏僻小鎮重逢，難免令人生出白雲蒼狗和他鄉遇故知的感慨。兩人親密交談後，來到童第周那簡陋的實驗室參觀。此前，童第周依據實驗所得的成果，撰寫了數篇高品質論文並得以發表，引起國內外生物學界的矚目。作為世界級生物化學專家的李約瑟，對童第周的一系列成果自是了然於心。當他看了所有的實驗設備和材料後，儘管已有心理準備，還是有些驚訝地問道：「你就是用這樣的器材在這片空地上完成了那樣高難度的實驗嗎？」童第周輕聲答道：「是的，戰時的條件就是這樣，只有盡最大的努力去做。」

李約瑟沉默片刻，搖搖頭，充滿敬意地說道：「在如此艱苦的條件下，能寫出那樣高水準的論文，簡直是不可思議！」

兩人走出實驗室就要分手時，李約瑟突然轉身，問：「在布魯塞爾有那樣好的實驗室，你為什麼一定要到這樣偏僻的山村進行實驗呢？」

童第周微笑道：「我是中國人嘛。」

李約瑟點點頭：「對，對，中國人，有志氣。」[8]

這次訪問，給李約瑟留下了終生難忘的印象，後來他在〈川西的科學〉一文中頗為動情地寫道：「童博士無疑是當今中國最活躍的實驗胚胎學家，他與夫人葉毓芬博士攜手，設法在擁擠不堪、極不舒適的環境裡創造了佳績。這些成績的取得，不但依靠每一步驟臨時想辦法，還由於童博士選擇了一個能夠儘量少使用染色劑、蠟和切片機等的重要課題，即確定胚胎的纖毛極性……此發現與地球另一端的權威人士霍爾特弗萊德博士的最新觀點不謀而合。英國科學訪華團非常榮幸地將童氏夫婦的科研報告交由西方科學雜誌發表。」[9]

就在李約瑟盛讚童第周之時，童本人卻感受到來自周圍各方面的壓力。從他的回憶文字中可以看到：「李約瑟來中國，親自到宜賓李莊這個小鎮上來看我，當時在小鎮上引起了一場轟動，也引起了國民政府的注意，更惹得那個系（生物系）主任的忌妒。這也是我在同濟大學待不下去的原因之一。」[10]一年之後，童第周終於在校長丁文淵、教務長薛祉鎬以及自己的頂頭上司——生物系主任的合力打壓下，告別了同濟大學和那個生發夢想與光榮的簡陋實驗室，攜妻帶子離開李莊。此為後話。

訪畢童第周，李約瑟又在校方安排下，為同濟大學師生用德語進行四次科學演講，直到六月七日下午才移往板栗坳等地，開始對群山之中其他科研機構的考察訪問。

按李約瑟的記述：一行人「沿著河邊一條小路離城（鎮），小路穿行於在熱浪中閃亮的玉米地之間。過了不遠以後，開始攀登一條壯觀的石級小路進入山裡。路上經過一座優美的石橋。我們抵達那裡時看見房屋都很隱蔽。」在這裡「有許多寬敞的大宅邸，中央研究院歷史語言研究所、社會學研究所就設在這裡。研究所分別由著名學者傅斯年博士和陶孟和博士領導，約有七十位學者，因而是研究院兩個最大的研究所。」[11]稍後，李約瑟在致夫人李大斐博士的信中又說，在板栗坳遇到了「許多最突出的學者」，結識了「大學者傅斯年」，信中對傅的形象做了這樣的描述：「傅斯年，山東人，約五十五歲（南按：傅時年四十七歲），有點洋化，談話很多而能引人入勝，微胖，具有一副令人不能忘記的面孔和形狀奇怪的頭，灰色的頭髮直豎上去。」

傅與李相識後，很快結下了深厚的友情。李約瑟與助手黃興宗還在板栗坳桂花院傅斯年的家中住一個晚上，由此結識了俞大綵。李氏在致夫人的同一封信裡，說傅斯年「娶了著名將軍曾國藩的一位孫女」（南按：應為曾外孫女）。又說：「傅斯年在我的黑摺扇上用貴重的銀朱書寫了一長段《道德經》，頗有道家風範。我現在得另買一把扇子，因為這扇子變得太珍貴了而不能作日常使用。」[12]

有了傅斯年的熱情接待和支持，李約瑟在板栗坳看到了史語所幾乎所有的珍貴藏品，如大量的銅器、玉器和安陽殷墟出土的甲骨等。此外，還觀摩了歷史組收藏的大量竹簡和拓片，只見上面「寫著孔夫子時代的經典，也有一些清朝初年的帝國珍貴檔案，包括給耶穌會士的信件，給西藏的政令，中國朝廷任命日本幕府將軍為王侯的公文。語言學組擁有每一個省份的方言的留音機唱片，等等。圖書也精彩極了——有宋朝的真跡、活字版印刷的書籍，等等」[13]。

特別令李約瑟興奮和感動的是，當他提出關於科學史的許多問題並尋求這方面材料時，研究人員普遍表現出了很大興趣，「各學科研究人員奔走搜尋，發掘他們所想得起的有趣資料。例如西元二世紀談到鞭砲的段落；幾次重大的爆破事件的記載；西元一〇七六年禁止向韃靼人出售火藥的通令。也就是說，比人們所揚言的伯爾安·施瓦茨（Berthold Schwartz）的原始發現還要早兩百年」。對於史語所諸位人員的才學和熱情，李約瑟掩飾不住心中的喜悅，在同一封信中告知夫人：「那裡的學者是我迄今會見的人們中最傑出的，因這個學科一直是中國學者特別擅長的，這也是意料之中的事。」[14]

李約瑟沒有料到，在這個偏僻山坳裡會遇到一位才華橫溢的青年學人，正是這位年輕人日後的鼎力相助，才使並不年輕的李約瑟艱難地登上了中國科技史研究領域的奇峰。這位年輕的學者就是中央研究院史語所助理研究員王鈴。

王鈴（字靜寧），南通人，一九一七年出生於南通城內朝陽樓巷，其祖父雖不富裕，卻是個讀書人，藏有許多古書。王鈴從小跟隨祖父熟讀家中藏書，為日後從事歷史研究打下了基礎。初中畢業後，王鈴考入南通中學，一九三六年考入中央大學歷史系，深受中大文學院名教授沈剛伯器重。畢業後，為謀求學業上的進步，王鈴投考北京大學文科研究所；由於當時的主考人與沈剛伯等幾位導師關係不洽，致使「神仙打架，殃及凡人」，王鈴雖以總成績第一的壓倒性優勢贏得了大考頭彩，張榜時卻名落孫山。

在中央大學讀書時，受講授法國革命史的沈剛伯教授的影響，王鈴萌生了研究十七至十八世紀中國思想對西方影響這個課題的念頭，發表了一系列研究文章。這些頗有創見和新意的論文，不僅令沈剛伯大為賞識，同時落入了傅斯年法眼。素有「拔尖主義」之稱的傅斯年獲知王鈴的遭遇後深表同情，在不便與北大研究所那位做主考官的朋友交涉的情況下，傅斯年聘請王鈴到史語所做一名助理研究員。據史語所同仁回憶，王鈴性情和善，待人謙恭有禮，是個才氣洋溢、博聞強記的學者，深受傅斯年器重。正是傅氏「愛真理的精神和大無畏的膽量」（沈剛伯語），才成就了王鈴，並進一步成就了一位世界級的科技史家李約瑟。按王鈴自己的說法：當李約瑟到板栗坳史語所訪問時，在「一所樸素農舍裡，由於當時中央研究院史語所所長傅斯年的介紹，我認識了這位卓越的科學家——李約瑟。這次會面是我人生的轉捩點，因為我註定要在他的指導下，客寄劍橋工作十年」[15]。

當時的情況是，王鈴和李約瑟交談後，受對方思想精神感染，對中國古代科技史發生了興趣，接著又聽了李約瑟在李莊的幾次演講，終於決定要在此一領域做出一番事業。李約瑟離開李莊後，王鈴憑藉史語所圖書館的大量典藏，悉心搜集火砲資料，並以英文寫成論文寄送重慶，請李約瑟介紹到西方科學雜誌發表。李約瑟讀罷文章，對這位年輕的助理研究員的才華、學識以及刻苦鑽研的精神深表敬佩，自此決定了他們以後的長期合作。

一九四六年，王鈴因李約瑟推薦，獲得英國文化委員會獎學金，赴劍橋大學聖三一學院留學。一九四八年，李約瑟辭去聯合國任職返回劍橋大學，開始與王鈴展開長達十年的合作，共同開創了皇皇巨著《中國科學技術史》的著述。王鈴作為李約瑟的第一位合作者，參加了這部多卷冊大作前五卷的研究、撰寫工作，直到一九五七年才離開英國，赴坎培拉出任澳大利亞國立大學高級研究所研究教授。王鈴留下的空白，由李約瑟的中國學生、朋友

王鈴與 92 歲的李約瑟再度相會於劍橋。

以及未來的續弦夫人、南京藥商的女兒魯桂珍博士填補。[16]

李約瑟在李莊與王鈴等研究人員交談後，又在板栗坳牌坊頭大廳裡做了一次學術演講。為此，李約瑟在給夫人的信中自豪地說：「我比較緊張，但演講非常成功。」又說：「今天我們要去參觀營造學社。該社由偉大的政治家和學者梁啟超的一個兒子主持（你會記得有一次和你從蘇格蘭回來的火車上，我讀過梁的書，並且讓我留下了深刻的印象）。我們也要去參觀疏散到這裡的中央博物院。」[17]

在下山之前，李約瑟到門官田中央研究院社會所訪問了所長陶孟和及湯象龍、梁方仲、巫寶三、羅爾綱等研究人員。此前，在重慶任職的美國大使館駐華官員費正清，於一九四二年十一月中旬應好友梁思成邀請，由到重慶參加會議的陶孟和陪同來過李莊。兩人搭乘一艘「破輪船上水」，經過三天三夜動盪顛簸才到達李莊。一路上，費正清被中國內地千奇百怪的現象所吸引。據費正清回憶，當他看到一個呼吸困難的男子躺在地上，想上前幫助時，陶孟和卻不讓他多管閒事。陶說：「這也許是個圈套，你一旦碰了他，就很可能被纏住，迫使你花一筆冤枉錢。」費正清由此感嘆道：「可見作為社會學家的陶孟和對當時中國下層社會了解之深透。」[18]後世有研究者認為，這個看法和說法有一定道理但不一定準確，很可能是陶氏本人想像力過於豐富，以及對中國同胞缺乏最根本的同情心所致。當年對陶孟和的為人處世方式頗為了解的顧頡剛就曾說過：「陶孟和等精英學者對民眾的了解最終常常讓他們不信任、不接近『民眾』。」[19]這個話或許比費正清所言更接近實際。

費正清來李莊，曾到過陶孟和在李莊鎮內租住的姚家院子和山上門官田社會所的辦公地點，受到研究人員燒脆皮魚的特殊款待。當時費正清很想拜望一下在北平時就結識的好友、陶孟和的夫人沈性仁，遺憾的是沈氏與她的另一位好友林徽因一樣，患有嚴重的肺結核病，已赴蘭州接受治療。費氏只好帶著無限悵惘與陶孟和握別。

當李約瑟來到門官田見到這位著名的社會學家陶孟和時，陶正沉浸在巨大的悲傷中——他的妻子，光彩照人、才華橫溢的一代名媛沈性仁已撒手人寰。

與沈性仁相濡以沫，共歷世間滄桑、生死離亂的陶孟和，沒有專門寫下懷念愛妻的文字，其內心的苦楚與孤寂遠非文字所能表達。據當時在社會所的研究人員巫寶三回憶：「李莊雖是一個文化區，但究與西南聯大所在地的昆明大有不同。同濟是一理工醫大學，無文法科，因此陶先生同輩好友在此不多，經常來晤談者，僅梁思成、思永兄弟，李濟、董作賓等數人而已。同時陶老的夫人當時健康欠佳，後去蘭州休養，在抗戰後期病故。陶先生大半時間住在李莊，生活孤寂可知。但處境雖然如此，他對扶植研究事業的熱忱，一仍往昔。在夏季，他頭戴大草帽，身著灰短褲，徒步往返於鎮上及門官田的情景，猶歷歷在目。」[20]

當李約瑟到來時，剛剛五十七歲的陶孟和已是頭髮花白，高大的身軀佝僂了下去，變得越發沉默寡言，望之令人心酸。這個時候的陶孟和正領導所內部分研究人員，以「抗戰損失研究和估計」為題進行調查研究。此前，陶孟和對第一次世界大戰交戰國各方面損失估計以及戰後和會各方代表談判情形十分了解，因而他極富政治戰略眼光地對國民政府高層提出，戰時經濟狀況及其損失應作為一個重大課題及早調查研究，以作為抗戰勝利後和會談判的依據。

從一九三九年在昆明開始，陶孟和就集中精力調撥人力，調查研究淪陷區工廠及其他經濟文化機構遷移情況。來李莊後，整個研究所工作由原來的經濟、法律、社會學等領域，轉到了經濟學，並確定了以戰時經濟研究為主的總方針，開始由調查問題、揭示問題，向協助政府解決問題的轉化。在這期間，陶孟和與研究所同仁著手編纂抗戰以來經濟大事記，並出版了對淪陷區經濟的調查報告及經濟概覽。受國民政府經濟部委託，專題研究戰時物價變動情況，同時受國民政府軍事委員會參事室委託，調查研究並完成了《一九三七－一九四〇年中國抗戰損失估計》等科學性論證報告。只是令陶孟和與他的同事扼腕的是，他與同仁輾轉數萬里，含辛茹苦，耗時八年，用國際通用的科學計算方法調查研究出的科學報告，在抗戰勝利後竟成了一堆廢紙，被當局棄之不理。最後的結局是：中國人民八年艱苦卓絕的抗日戰爭打贏了，但中國主動放棄了對日本政府的戰爭索賠。[21]

更有甚者，一九四九年之後，從李莊走出的這個社會所被扣上一頂「偽科學」的鐵帽子宣告解體，陶孟和作為一個失去了專業依託的老人，晚年的人生步上另一段高聳雲端、搖晃不止、虛無縹緲的天梯。在忽忽悠悠的騰雲駕霧中，陶孟和發出的唯一呼喊是：「夢想是人類最有害的東西。」

李約瑟來到門官田社會科學研究所，與陶孟和及其他研究員、助理研究員等做了交談，對各位在戰時表現的不屈精神和學術上的毅力表示敬佩。李氏在自己筆記中寫道：「由此可見，即使在困難時期，川西的生物學、社會學的研究也很豐富。」[22]

早在李約瑟訪問板栗坳史語所時，他就透過傅斯年託人捎口信，要去拜訪主持中國營造學社工作的梁思成。此時的營造學社在經歷了一陣迴光返照式的興盛後，無可挽回地再度衰落下來。其「主要成員梁思成、劉敦楨由於當時環境，在工作上意見相左，遂造成不能合作之局，其它同仁亦有相繼離去者」[23]。劉敦楨已攜家帶口離開李莊乘船赴重慶中央大學任教，盧繩等人也各奔東西。原本就風雨飄搖的營造學社，兩根宏大支柱突然拆掉一根，梁思成獨木苦撐，掙扎度日，大有樹倒猢猻散之感。據說，在劉敦楨決定離開李莊另謀高就的那天，梁劉二人談了一夜，最後都流下眼淚。世事滄桑，聚散分離，實屬正常，只是此時訣別，令人倍感淒涼。此次面對李約瑟的到來，家徒四壁又好面子的梁思成，竭盡最大努力予以招待。此一情形，林徽因在寫給費正清夫婦的信中有過表述：「李約瑟教授剛來過這裡，吃了炸鴨子，已經走了。開始時人們打賭說李教授在李莊時根本不會笑，我承認李莊不是一個會讓客人過度興奮的地方，但我們還是有理由期待一個在戰爭時期不辭辛苦地為了他所熱愛的中國早期科學而來到中國的人會笑一笑。」[24]

李約瑟詳細查看了營造學社的研究課題，目睹在如此艱苦的環境中研究人員的工作態度，心靈受到極大震撼。他在自己所寫的遊記中，曾有一段預言式文字：「如果戰後中國政府真正大規模地從財政上支持研究和開發，二十年左右後，中國會成為主要的科學國家。中國人具有民主的幽默感和儒家高尚的社會理想。認為中國人會屈從於日本帝國主義侵略者的誘降是不可思議的。」[25]

六月十三日，李約瑟來到位於李莊鎮張家祠內的中央博物院籌備處進行訪問，並做了李莊之行的告別演講。茶敘間，李約瑟與傅斯年、李濟、梁思成、陶孟和等人，就中國科學技術為何自近代以來落後於西方這個所謂「李約瑟難題」進行討論。李約瑟除強調中國的氣候、地理環境、經濟、社會、知識以及政治的因素與歐洲不同外，特別對中國官僚制度做了深刻剖析，認為正是獨具「中國特色」的官僚體制，扼制了現代科學的發生和發展。[26]

在談到西方與中國的區別時，李約瑟說：「我自己並不是歐洲中心論者，但現在歐洲大部分人相信他們從一生下來就處在世界文化的中心，並非常有信心地走自己的路，他們相信沿著這條據說是萬無一失的路，就能夠走向充滿光明與希望的未來。中國人就不同了，我相信中國過去偉大的科學技術曾給整個人類作出過巨大貢獻，但現在的的確確是衰落了，這個民族正處於封建的農業文化之中，要掌握現代科學技術，就必須面對世界……」坐在一旁的傅斯年聽著對方這番宏論，越聽越感到憋氣、惱火，突然跳起來大聲道：「他媽的，我們都折騰幾千年了，怎麼中國總得面對世界呢！」[27]眾人聽罷，頓時愕然，而後露出一絲苦笑。

所幸，後來的研究者幾乎達成共識：如果李約瑟在這次訪華中，沒有得到蝸居李莊的科學家與學者的啟發與鼎力幫助，他所主持的聞名於世的具有劃時代性質和里程碑意義的《中國科學技術史》大廈的構建將難以為繼，或至少要推遲若干年。對於此點，李約瑟在評論從李莊山坳裡走出，曾協助自己工作十年之久的第一位合作者王鈴時，不無感慨地道：「假如沒有這樣一位合作者的友誼，本著作即使能出版，也將推遲很久，而且可能會出現比我們擔心現在實際有的甚至更多的錯誤。」[28]李約瑟此說大致是公允的，不能說沒有王鈴就沒有李約瑟日後的成就和聲名，但至少要推遲若干時日是毋庸置疑的。因而，對王鈴這位長期的合作者，李約瑟一直念念不忘，並從內心深處感激，兩人之間的友誼一直保持到王鈴去世。

傅斯年與李濟的衝突

李約瑟走後，李莊古鎮複歸平靜，只是平靜中更添了一分寂寞、孤獨與憂傷。由於生活水準每況愈下，活動空間過於狹窄，人文氣息不斷凋零飄散，最終導致流亡此處窮困潦倒的教育、科研機構人員失去了初來時的熱情與向心力，交往中漸漸互生芥蒂，變得冷漠，甚至成為仇寇。

「淮南米價驚心問，中統銀鈔入手空」[29]，此為西南聯大在昆明組建後，陳寅恪前往任教時所作的詩句，藉以形容當時的生活狀況，知識分子面臨的窘境，如七七事變前每月支三百五十元薪的教授或研究人員，到了一九四三年，支取薪水按當時生活指數折算，只相當於戰前的十三點六元，且越往後折合越少，幾乎形同一堆廢紙。面對錢不再值錢，物價一日三漲，「中統銀鈔入手空」的殘酷現實，國民政府決定對公教人員發放部分薪水，另一部分由食米代替，稱為「米貼」。

一九四三年三月一日，在李莊的史語所人員都接到一張由會計室送達的表函，上書「頃接總辦事處函，關於教職員及工役食米，擬依據需要發給實物，前規定表式，即請盡速填寄處」[30]。通行了幾千年的貨幣制度，如同滾滾流動的江河之水，在戰亂和社會劇烈動盪的雙重擠壓下宣告枯竭，乾枯的河床再度掀起漫天風沙，社會流通機

史語所董作賓在板栗坳舊居。（林馨琴攝）

制無可奈何地回到了以物易物的原始社會商品流通的起點。史語所同仁以及其他幾家科研機構人員，以自己殫精竭慮的精神成果，換來的就只是一堆大米，且有一部分米總是散發著黴爛氣味。

很快，越來越多的人染上了疾病，有的竟至一病不起，甚至登了鬼錄。在昆明時經常與傅斯年就某一學術問題唇槍舌劍，並總占上風的史語所第一「勇士」董同龢，當年結婚時的皮鞋早已賣掉，穿一雙自製的草鞋度日。一九四三年六月二日，他上書傅斯年，曰：「同龢之子及妻先後患痢，適值本所醫師離所，聞本年曾訂有臨時輔助法，茲同龢之情形未悉仍能適用否，懇請設法予以救濟。」[31]

董氏向傅斯年訴苦，而此時的傅氏已到了靠賣書生活的境地，可謂有苦無處訴。據史語所研究人員屈萬里回憶：這個時候，傅斯年每餐只能吃一盤藤藤菜，有時只喝稀飯。實在接濟不上，就賣書度日。傅斯年嗜藏書，平日之積蓄，幾乎全部用在了買書上，可以想像，不到萬不得已的時候，他是不肯賣書的。而每次忍痛賣書換來糧食，除解決自家的燃眉之急，還周濟史語所的下屬朋友。在史語所董作賓家庭人口最多，遷往李莊後，生活幾無

左：梁思成拍攝並在《中國建築史》中採用的李莊板栗坳史語所人員租住房屋照片。

右：2003 年，李莊鎮攝影師王榮全拍攝的李莊板栗坳照片。60 年過去，此處風貌依舊。

保證，傅斯年便拿賣書的錢給予接濟。[32]

面對全所人員越來越艱難的生存條件與他們發出的「救濟」呼聲，向來「目空天下士」的傅斯年，不得不低下高昂的頭顱，忍辱負重，與當地政府飽食終日的官僚交涉，有時不惜打躬作揖，以求援手。傅斯年留下的遺物顯示，這一時期，他曾用當地出產的竹紙親筆給駐宜賓的四川第六區行政督察專員兼保安司令王夢熊寫過一封求助的長信，信曰：

請您不要忘記我們在山坳裡尚有一些以研究為職業的朋友們，期待著食米……

敝院在此之三機關，約（需米）一百石，外有中央研究院三十石，兩項共約一百三十石，擬供應之數如此……夙仰吾兄關懷民物，饑溺為心，而於我輩豆腐先生，尤為同情——其實我輩今日並吃不起豆腐，上次在南溪陪兄之宴，到此腹瀉一周，亦笑柄也——故敢有求於父母官者。[33]

此種窮愁的生活與繁重的工作狀況，使傅斯年高血壓再度發作，黑髮急劇變白。當時在李莊史語所讀書的青年學者王叔岷回憶說：「傅先生有時跟我聊天，忽然他不知說到哪裡去了，他嘆道：

李莊板栗坳的水井。由於井在稻田中，時常發生倒灌，寄生蟲非常多，史語所人員鬧肚子的問題也就連綿不絕了。

『唉！我這個將死之人！』他的頭髮愈來愈白，他說：『我沒有經過中年，由少年就跳到老年了！』」[34]許多年後，當王叔岷懷念李莊生活時，不無深情地說：「史語所及文科所，不是傅先生的魄力，哪能輾轉數千里遷移至幽靜的深山裡，毫無空襲顧慮，為國家保全珍貴文物，更培養學術人才！一切煩惱困苦，傅先生一人擔當，他又患血壓高，焉得不速老！」[35]叔岷之言，確屬實情，無怪乎李約瑟到來時，把只有四十七歲的傅斯年估成了五十五歲——這恰是傅斯年死去時的年紀。

面對板栗坳居住的一群男女學者兼老人孩子的窮困，傅氏在上下求索、四處聲援救濟的同時，不忘在得到點滴成果時苦中作樂，難得地幽上一默。王叔岷回憶說：「所中同仁都很清苦，很少肉食，有次傅先生在重慶籌得一筆小款，附一封信，托人帶回來分贈同仁，要職位低人口多的，分得多。因此職位高的就不高興，出怨言。傅先生附信中已經提前說：『你們分得這筆錢後，有的人一定大吃，有的人一定大罵。』傅先生就是這樣風趣。」[36]

除了糧食物資需要「救濟」，傅斯年更知道缺醫少藥的嚴重後果，稍有不慎，即致貽誤人命。而此時，原來聘請的一位醫生因無法忍受史語所的貧困，辭職遠去，傅只好又從外邊聘請一位姓張的醫生來所為大家服務。但這位醫生令所有人員大失所望。據石璋如回憶說：「醫務所的陳設非常簡單。以前醫務所的蕭醫生，與同仁、眷屬處得很好，病理講解也很清楚，護士小姐也很親切。後來蕭醫生離職，換成綽號『開水先生』的張醫生，因為許多同仁去看病，張都要說喝開水，久而久之醫務所就門可羅雀，他也被取了綽號。」[37]

由於「開水先生」的看家本領就是「喝白開水一杯」，加之醫療條件太有限，史語所同仁的病患越來越多，形勢一發不可收拾。一九四三年九月二十三日，主持工作的董作賓向在重慶參加會議的傅斯年拍發急電，稱：「（汪）和宗夫人產一女，夏作民（南按：作銘，即夏鼐）先生病，陳文永君之小孩已夭折。」[38]一個月之後的十一月十一日，史語所人類學組主任吳定良再次致電傅斯年：「弟目前經濟處於絕境，小女之醫藥費擬向紅十字會輔助研究院經費中申請，懇請吾兄予以惠助。」[39]董與吳的電報，都是懇請傅斯年儘快設法換醫生和購買藥品，以扼制病魔的無休止大規模侵襲蔓延。

焦慮不安、坐臥不寧的傅氏尚未想出解決辦法，史語所一組研究員勞榦的母親又一命嗚呼了。據李莊板栗坳一李姓姑娘在許多年後對前往採訪的作家岱峻回憶：勞榦的媽媽勞婆婆是個小腳女人，從外地投奔兒子來李莊板栗坳時還看不出有多老，只是每走路顫顫巍巍的，嗜辣，講一口不好懂的湖南話。來李莊沒幾年就死了，是死於水腫。勞婆婆先是吃不下，肚子鼓一樣地脹。因他們的那個醫務室沒得什麼藥，醫生只讓喝開水。開水喝進去，肚子就更脹得不行，白受罪。沒得法，就找我們給他扯草藥。一籃籃的夏枯草、車前草、金銀花，用來煎水喝。喝進去又拉肚，沒得幾天，一張臉全是綠陰陰的，瘦得僵屍樣兒，可憐得很，他的兒子勞榦又著急又沒得法。沒幾天老婆婆就躺在勞榦的懷裡咽了氣。看著人家把他媽裝棺抬走，勞榦站在板栗坳口上哭啞了喉嚨。那個可憐，連當地人看了也跟著流下了眼淚……[40]

在這種窮困哀苦中，傅斯年已被悲慘的現實折騰得精疲力竭。就在這一時期，因經濟問題和溝通不暢，李濟與傅斯年的公開衝突被引爆了。雙方攻伐進退，三十個回合、六十個重手，你來我往，各不相讓，終於釀成了關涉多人與多個機關部門的「事件」，或稱「個案」。

在此一事件引爆之前，傅斯年與李濟之間曾有多次摩擦甚至衝突，但都很快平息，復歸舊好。遠者不必提及，即如一九四二年七月二十八日，李濟突然給傅斯年一信，劈頭質問：「有人告弟云：兄甚不滿意考古組之工作，三組中沒有一個人能寫報告的。」傅斯年聞後「不勝其驚訝」，立即覆信辯解：「弟對何人在何處說此，乞兄示知，弟當對質，以憑水落石出，看弟是否如此說。弟平素不聽傳聞，然此事既經兄提出，而語意誣弟甚重，故理當弄清楚也。三組工作情形，弟與兄常談，與人談，絕不出與兄所談之範圍，且少得多，事實上亦只與董、梁二公談而已。所謂寫報告一事，弟平日一慣〔貫〕主張在發掘報告中少牽引他事，少發揮，一向如此。猶憶寫《城子崖》時，弟主張不涉及歷史部分，不在報告中與 Andersson 等書比較。」又說：「弟很覺得在三組青年同事中，寫報告之技術尚待陶鎔，『吳、石二位目下似均不能獨立寫報告』，此乃弟近因梁病，而與兄談過數次者也。我們談這些事時，並無不同意見。然則此說必有傳聞之過。兄勿介意，亦當信弟之無此言也。」最後，傅斯年補充道：「謂吳不能寫報告（弟對兄等說過數次），謂石以不能看外國報告而吃虧，云云，亦並不因此而抹殺其長處。」[41]

信中提及 Andersson，指瑞典考古學家安特生；吳，指史語所三組技正吳金鼎；石，指史語所三組副研究員石璋如。傅斯年寫畢此信六天後的八月三日，再致李濟一函，謂：「前兄手示某君謂弟說三組如何如何，次日兄告弟云，是彥堂所說，弟當詢彥堂何時說，彥堂堅不認他曾向兄說此。我說：『我並無興趣你說此事否，問題是在乎我向兄說此與否？』此則彥堂固謂弟未說也。此事不必小題大做，請彥堂為我出一證明書，只待我們三人在一處時，再證明我未說此可耳。」[42]

這一或許是因傳言過程中誤聽誤判，差點引起大風波的口舌，經傅斯年如此一解釋，便不了了之，傅李二人復歸以前合作狀態。一九四三年夏天，為傅斯年查看照相室以及木工領米貼事，傅、李衝突驟起，雙方書信來往，火氣越來越盛，事情越鬧越大且呈一發不可收拾之勢。

這年的六月二十日，傅斯年給李濟一信，內容如下：

濟之吾兄賜鑑：

廿日書收到，讀畢無任悚惶之至。查弟約李啟生君上山一詢照相〔相〕室情形一事，除弟欲知去年所買一大批如何分外（此為主事），包含兩點，應分別言之。

一、未經兄手，弟直接詢問管理之人，似為引起吾兄重大見責之點。果然如此，弟實極抱歉，敢不泥首請罪。惟以弟記憶所及，弟之看照相室，在南京為尋常之事，每執一瓶一物而詢劉嶼霞君以用處，慮其浪費，常囑以逢件登記，彼則每謂無法。在昆明時，弟又囑李連春君以登記，叮嚀周至。誠以弟於公家事皆好登記，庶務處之表格多其例也。弟病後自渝來此，曾數次告啟生以登記材料，告連春以登記用處，並分別用本所及博物院之各項材料。凡此皆為過去之事，未聞兄之見責也。弟以為凡第三組事之關涉學術及事之大者，自應由兄決定，而此等日常管理之事，弟直接對啟生及連春有所囑咐，似不為過。此次之所以與去年不同者，即弟專為此事囑啟生上山，及自己看了一遍而已。前者以為此事之職掌本在啟生，後者則弟本要看看現存多少東西，可用幾時，若此等事必得兄上山，兄不更以為煩乎？

二、弟確曾叮嚀告他二人，兩方材料，各自分別使用。按三組照相室本為三組所用，即如去年第四組要照殷墟頭骨像，當時買大膠片既感太貴，而兄亦謂三組照相室兼辦不來，事終作罷。中央博物院雖與本院有合作關係，究非一個機關，在今日物價高貴之下，分別辦理，情理之常。在當年本所未窘至此地步時，此等事，本來從不計較，今則研究所之局面如此，以後再買材料談何容易？用盡為止耳。即如去年思成要讓一批材料與研究所，弟告兄可買，此批卒為博物院買去，弟亦頗為研究所惜之，何者，以後再買不知貴多少倍，即無法買也。（以目下買太貴，云云。（連春語））弟聞連春言，博物院用了本所若干卷，弟即托啟生告子衡兄，可早還本所，以後買更貴。至於借材料三磅左右一事，兄信見示始知之。總之，兩所各自分開用材料，必為吾兄贊成之事，當不以此為罪也。

然而此事既引兄之誤解，弟極感罪過，特向兄請罪，敬乞曲諒。如有必要，當向總辦事處自請處分。一切諸希原諒至幸。至於各用各物之原則，亦必為兄之意見也。明日開會，仍盼兄到，轎子照舊下山去接。敬頌

時祺

弟傅斯年　頓首敬上

卅二年六月廿日[43]

關於信中所言起因、經過與糾葛暫且不表，且看傅斯年於第二天，即六月二十一日寫給李濟的另一封信：

濟之先生大鑒：

今日閣下在所務會議中聲稱將控訴本所庶務管理員汪和宗於教育部、糧食部等機關，以其「矇蔽招搖，冒領米貼，損壞本所名譽」云云。查此事系指本所庶務室六月十六日及六月十九日兩函而言。此兩函皆為鄙人所授意，後者並經鄙人過目，其責任自應由鄙人負之。請於控告時即控告鄙人為幸。除公函專達中央博物院籌備處外，相應寫此一信，簽字蓋章，以為自負責任之證據。如荷早日控告，以便早日水落石出，尤為感激。專此，敬頌

著祺

傅斯年（印）　敬啟

三十二年六月廿一日[44]

現對二函的前因和事由略做解釋。

前已述及，一九三三年四月，國民政府教育部設立中央博物院籌備處，辦公地點設在南京北極閣中央研究院內，蔡元培兼任第一屆理事會理事長，傅斯年為籌備處主任。一九三四年七月，教育部改聘李濟繼任中博籌備處主任。李濟上任後，著手在南京中山門內路北舊旗地興建博物院主體建築。後因抗戰爆發，李濟率同仁攜已收集的古物流亡重慶、昆明直至李莊張家祠才站穩腳跟。

身為中央博物院籌備處主任的李濟，同樣是中央研究院史語所三組即考古組主任，原考古組的兄弟有一部分，如郭寶均（字子衡）、尹煥章（抗戰時期主要在樂山看守故宮文物）、趙青芳等調到中博籌備處，也有的如夏鼐博士先在中博籌備處後調到史語所任職，兩個機構互有合作且取得了如蒼山洱海、彭山漢墓發掘等一系列考古科研成果。儘管如此，畢竟中博籌備處隸屬於國民政府教育部，而史語所隸屬於中央研究院，因而到了抗戰中後期，因為在李莊分居山上和山下兩處，兩家的屬性不同，加之經濟困難加劇，所屬人員心理上的距離漸漸拉大，成了各自成家立業的兩家人。既是兩家人，便要按「親兄弟明算帳」的規矩算清帳目，各過各的日子。

鑑於當時財力與人力資源短缺，史語所考古組的照相室不能分門別戶，須兩家共同使用，於是問題來了，小誤會和小衝突滋生出來。如傅斯年在致李濟信中提到「第四組要照殷墟頭骨像，當時買大膠片既感太貴，而兄亦謂三組照相室兼辦不來，事終作罷」。因有不快的類似事情發生，傅斯年意識到「中央博物院雖與本院有合作關係，究非一個機關，在今日物價高貴之下，分別辦理，情理之常」，於是向李濟提出「分別辦理」，以後誰照相誰付錢，且平時把兩家所購物品分開存放，以示區別。

此提議應該是得到了李濟的同意或默許。但畢竟在一起久了，要詳細區分實有困難，且工作人員對此沒有認真執行，有些物品既分又共，或者說藕斷絲連，這就令傅斯年一時興起有進照相室查看一下的想法，於是私下約了負責照相室管理的李啟生上板栗坳照相室查看，並對有關物品的使用進行詢問。李啟生即李光宇，是李濟老家的遠房侄子，何時隨李濟加入史語所不清楚，但在殷墟和城子崖發掘時期，李光宇就在史語所考古組參加發掘工作，一直被李濟視為嫡系和親信，也是史語所早期「考古十兄弟」之一。

當李光宇下山向李濟彙報傅斯年查看照相室並詢問相關內情後，李濟認為傅瞞著自己這個組主任私召李光宇上山查詢，乃對自己這位主任的大不敬，立即火起，遂修書一封派人送上山去，對傅斯年進行責問。傅見信，意識到自己此舉在禮數上做得不夠周全，以致老友誤會，本著息事寧人的態度致信李濟，表示「無任悚惶之至」，「實極抱歉，敢不泥首請罪」云云。隨後加以解釋，表示自己實無他意，「如有必要，當向總辦事處自請處分」。最後再度向李濟伸出橄欖枝，謂「明日開會，仍盼兄到，轎子照舊下山去接」云云，以表達自己的歉意並示好。

通觀傅斯年一生的言行和為人處世的方式方法，以敢於直言和敢打硬衝為多，如此謙卑、恭敬的口氣，即使在給他的師輩人物如蔡元培、胡適等人的信函中亦難見到；就同輩人物而言，這封信如此低下的姿態，當是傅斯年少有的一個例外。細究起來，傅斯年能放下架子實屬不易，所以這封信分量是很重的。——不幸的是，李濟並未領情，第二天便帶著一肚子怒火上山參加會議，並指桑罵槐地凌空拋出了「汪和宗彈劾案」。

這個案子起因與衝突的焦點，從六月二十二日傅斯年給朱家驊的信及附函中可略知大概。信曰：

院長鈞鑒：

本所最近出現一嚴重事件，今報告其經過如下。

本年在本月廿一日以前，並未開過所務會議，今以諸事積累，遂於廿一日上午九時開所務會議。先是李濟之先生為斯年近日囑告第三組標本管理員李光宇及照相室技佐李連春，博物院與本所用材料及藥品事，應各自分開，而不高興。前一日有一信給斯年，斯年當即覆信解釋，鄭重道歉，仍請其上山開會（以上一事，另件呈報），故斯年仍於廿一日絕早派轎子，下山去接，是日本定九時開會，李先生到會絕遲，已議過將半，來時怒氣衝衝，不發一言，弟仍保持平常之一切態度，與之攀談，彼若理若不理，舉坐為之詫異。說要喝水，則若干研究員為之倒茶，丁聲樹先生且親往廚房為提開水來。丁聲樹先生於會畢後拉往大廚房吃飯，實欲平息其怒，飯後繼續再會，彼之態度仍舊，其面上之表情猶如戲上之大花臉。

斯年於每案將結束時詢彼意見，彼總以重怒之詞調曰：「無意見。」俟原定各案已完，斯年詢大家尚有案子討論否，彼即大聲曰：「我有一個案子，我現在要彈劾汪和宗（本所庶務管理員），他在外邊『招搖撞騙，用研究所名義，要冒領雙份米貼』，不知此等事所長知道不？」於是長篇大論，演說一段皆此類之詞調也。

斯年初聞駭然，以為汪和宗不知在外作何事，然汪和宗平日小心謹慎，以老實著名，故深感詫異。及聞李先生繼續說下，始知系指本所庶務室在本月十六、十九兩日致博物院之函。此兩函之內容，系為中央博物院借用本所木匠（實系一雜工），本所向之要求退還五月份工資、伙食、米貼實物，此兩函皆為斯年所授意，後一函且為斯年所過目，故其責任全在斯年，自不待言。當時斯年既知李先生為此事而發此論，即說明寫此兩信之原委，並聲明此事責任全由斯年負之。李先生手持出納管理員蕭綸徽一條，謂此即系汪和宗貪汙之證據。其上寫明于海和木匠之米貼實物本所已經發了，李謂既已發了，如何又向我們要，顯系汪和宗欲吞吃米貼，並謂照章程米貼應由原機關報，斯年當即謂米貼由原機關報，縱有此辦法，本所亦不知道，因本所並未設有會計室，僅系中央研究院之一部，故一切事務皆由總辦事處作最後之劃一。庶務室之兩信，本言退還本所，並非謂發給工人以雙份，先生所指，自無根據。且既系斯年所辦，其責任自由斯年負。於是斯年平心靜氣將此事之原委，向彼述說，謂急於要此實物之目的，無非為六月份本所未領到米，同仁不久有斷炊之虞，即如總幹事遠在重慶，猶體諒此事，自動寄來二萬元。在此米荒之時，六斗米雖少，亦即一家一月之用。彼仍連嚷「犯法」等名詞不休。並連謂即將往糧食部、教育部控告汪和宗云云。斯年忍無可忍，遂言曰：「此事我本已聲明系我自己辦的，而李先生又作此話，無異借汪和宗之名，對我加以汙辱，我在中央研究院服務十五年矣，在社會上作事已二十餘年矣。縱無所貢獻，然絕未侵及公家一文，有時且以自己之錢，小小賠墊，此為人之共知，今李先生加此等罪名於我，成何事體？」於是李即起去，連呼：「看你怎麼辦吧！」此即此一幕之情形也。

事後查明李於到所務會議之前，先往庶務管理室，厲色要求蕭〇〇君查明五月份于海和米貼發否？蕭即查明已發，並命出一紙條，並蓋章，蕭即照辦。李遂持此條指汪和宗而言曰：「我就要拿這張條子告你！你如何重領米貼？」汪當聲辯：「此為研究所購求退還米貼，並非任何人重領米貼，且此事系奉傅先生命而辦，後一信且為傅先生在此室看著寫的。」李即走出，到所務會議所在地。是則李於在所務會議發此狂論之前，已知此事系斯年所辦，其各種汙蔑之詞，雖託名於汪和宗，實皆為對斯年而發，更不待言。茲將此事來往各信，另紙抄呈，敬乞查明辦理。除斯年所有責任及處分各事，另行呈請外，相應呈報此事原委，敬乞鑑核，至荷。

傅〇〇　謹呈 32/6/22

總幹事同此不另。[45]

附：史語所與中央博物院來往函件（抄件）。

六月十六日歷史語言研究所庶務室致中央博物院函：

逕啟者：敝所木工于海和君，因在貴院工作，所有該工工資、米貼、伙食等費按月均應由貴院付交敝所。查該工五月份工資九十元，伙食壹佰捌拾捌元，本身及家屬米貼陸市斗（磧米）。以上各款，及米貼實物，統希惠下是荷！此致

中央博物院籌備處

國立中央研究院歷史語言研究所庶務室啟

三十二年六月十六日

六月十八日中央博物院籌備處出納室復歷史語言研究所函：

經復者：六月十六日大函奉悉。關於木工于海和君由敝處借用事，前經貴所傅所長面告敝處李主任云，只能短期並定七月底調回貴所復職，故一切工資等無法按月付給。茲照最優待遇按敝處雇用本地木工日資計算，五月份工資如下：

（一）自一號至九號共作九工，每工以卅二元計算，合國幣二百八十八元。

（二）自十號至卅一號共作十七工，每工以卅五元計算，合國幣五百九十五元。

兩共國幣八百八十三元正。

以上總數尚超過貴所之提出者約數十元，想貴所必可同意也。諸祈鑑查並希賜據是荷。此復

歷史語言研究所

中央博物院籌備處出納室啟

三十二年六月十八日

附國幣七百八十七元正，中博伙食團九十六元收據壹紙。

六月十九日歷史語言研究所庶務室致中央博物院籌備處函：

逕啟者：頃准貴院備字第三二〇五一號大函奉悉。查貴院調借敝所木工于海和君事，原應照機關待遇，將該工五月份應領之工資、伙食、米貼等付交敝所，敝所始能入帳轉報總處。尊函雖云按照最優待遇，系按日計工，似與借調原意不合，而工資收據，敝所亦不便開具，報銷上亦有困難。查五月份共三十一日，內有星期日五天，實計二十六日，照機關慣例，星期例假，自不應扣除。茲請仍照敝所十六日函開辦法，除工資及伙食貳佰柒拾捌元已在尊款扣除外，並請將積米陸市斗惠下。現以敝所六月份食米尚未領到，需米甚殷。相應函請查照為荷。此

致

中央博物院籌備處

國立中央研究院歷史語言研究所庶務室啟

三十二年六月十九日

原款七百八十九元扣除二百七十八元，淨退五百零九元正。

六月二十一日中央博物院籌備處出納室致歷史語言研究所函：

逕復者：准貴所庶務室六月十九日大函囑將五月份調用木工于海和之工資、伙食、米貼等付交以便轉報總處，除工資、伙食貳佰柒拾捌元已照收外，余欠積米六市斗囑撥交等因，附退來前送款五百零九元，准此自可照辦，惟查敝處五月份食米，系按員工實有人數在糧食部李莊倉庫支領，已按名分發無餘，茲按當日市價（五月七日）每市斗六十五元計算，共折合法幣三百九十元隨函送上，即希查收並賜據是荷。此致

計附送木工米貼合價三百九十元正。

國立中央博物院籌備處出納室啟

歷史語言研究所

上述信件長篇大論，史語所與中博籌備處的公函你來我往，看似糾葛多多，實則就為一個人一件事，即木匠于海和與陸市斗米。

先是史語所發現五月份不該發給于海和的陸市斗米因一時疏忽而發出，繼之發函向借調機關中博籌備處索要，而對方除薪水按日計算外，竟把陸市斗米以發放時的價格折合法幣計算後應付。史語所對此並不同意，因為物價一日三漲，按每市斗米計算，五月七日的市價是六十五元，四十天之後，價格肯定高於六十五元，八十或者一百元一市斗乃屬平常。如西南聯大常委蔣夢麟在昆明防空洞躲警報的空隙，寫了一部叫《西潮》的傳記兼回憶錄式著作，內中涉及抗戰與昆明的物價，寫道：「抗戰第二年我們初到昆明時，米才賣法幣六塊錢一擔（約八十公斤）。後來一擔米慢慢漲到四十元，當時我們的一位經濟學教授預言幾個月之內必定漲到七十元。大家都笑他胡說八道，但是後來一擔米卻真的漲到七十元。法屬安南（越南）投降和緬甸失陷都嚴重地影響了物價。」又道：「物價不斷上漲，自然而然就出現了許多囤積居奇的商人。囤積的結果，物價問題也變得愈加嚴重。鐘擺的一邊蕩得愈高，運動量使另一邊也擺得更高。」[46]

與蔣夢麟同時在西南聯大服務的中文系教授王力，應《中央週刊》之約於一九四二年寫過一篇〈戰時物價〉小品文，說：「這兩三年來，因為物價高漲的緣故，朋友一見面就互相報告物價，親戚通信也互相報告物價。不過這種報告也得有報告的哲學，當你對你的朋友說你在某商店買了一雙新皮鞋價值四百元的時候，你應該同時聲明這是昨天下午七時三十五分的售價，以免今天他也去買一雙的時候硬要依照原價付錢，因而引起糾紛。又當你寫信給你的親戚報告本市物價的時候，別忘了補充一句：『信到時，不知又漲了多少。』」

又說：「現在有些小地方追趕某一些大都市的物價，恰像小狗背著斜陽追趕自己的影子。但是無論小地方或大都市，人人都在嗟嘆物價如春筍，如初日，如脫手的氣球，只見其高，不見其低。有時候又像小學算術裡所敘述的蝸牛爬樹，日升三尺，夜降一尺，結果仍是升高……一向不曾做過生意，現在從北方帶來的原值一元的網球竟能賣得九十元，獲利九十倍，怎不令人笑顏逐開？」對於物價飛漲而教職員薪水也跟著蹦跳卻始終追不上的尷尬現實，窮困中仍不忘舞文弄墨的王教授以調侃的筆法寫道：「明年的薪水一定比今年增加：明年如果肯把這一支相依為命的派克自來水筆割愛，獲利一定在百倍以上。」[47]

正是由於這一抗戰大背景和物價飛漲的現實，史語所不同意中博籌備處以陸市斗米「折合法幣三百九十元隨函送上」的方式方法來打發，而對方亦不讓步，遂使衝突激化，最後演變為傅李二人翻臉並任性使氣地較量起來，以至演變成旁觀者為之色變，上下左右的長官、同事頗覺為難的局面。而這個衝突的引爆點，就是傅斯年沒有透過李濟，私自叫李光宇查看照相室並予以詢問一事。

既然衝突已經公開，短時間化解已無可能，決戰不可避免，傅斯年一改前函服軟認輸且要「泥首請罪」的姿態，立即凸顯出固有的敢打硬衝、惹事不怕事大、先騎上虎背再降服猛虎的性格。六月二十五日，他致李濟信，謂：

濟之先生大鑑：

六月廿三日惠書敬悉，查廿一日會上閣下所提彈劾汪和宗一案，閣下雖聲言系以本院同仁資格提出，但又一再聲云向教育部、糧食部控告汪和宗犯法行為。此為在場同仁所共聞。所謂「彈劾」，所謂「提議」，固為本院內事，然向教育部、糧食部控告，則必為中央博物院之事。今來信既云與其它機關其它人毫不相干，似足下已改變告訴之計畫。查告訴固為鄙人所深切歡迎，不告訴鄙人亦無法相強。若再改變計畫而仍歸於告訴時，幸於七月至遲八月為之，以鄙人不能久待，且時久在法律上失效也。

以上就告訴一事而論。今再就閣下所提本所職員之立場言之。查當日在所務會議之前，閣下在事（底）務室時已由汪和宗君聲明此事系由鄙人指示辦理，而來所務會議時，不先問鄙人知此事否，遽出各種指人犯法之名詞，及鄙人說明「這件事我全知道」，並將原委訴說，更由董作賓先生補充說明各情節之後，閣下仍復持其犯法控告之說，其為對鄙人而發，自不待言。假若此事能證明確為犯法之行為，在鄙人固當受其應得之罪，如其並無犯法之嫌疑，自為對鄙人之極大「公然汙辱」。茲已將全案經過，連同一切有關文件送請院長、總幹事派員徹底清查矣。專此，敬頌

著祺

弟傅〇〇　敬啟

32/6/25[48]

在發信給李濟的同時，傅斯年又發一函給中研院代院長朱家驊、總幹事葉企孫，謂：關於李濟在所務會議席上「重大汙辱斯年一事」，茲應將一切檔送呈鈞覽，以便派員徹底查明真相。「蓋此事如有舞弊之嫌疑，在斯年自應束身待罪法庭。如其無之，而為李濟先生借題發揮，自為對斯年公然重大之侮辱，自亦有應得之咎。此事斯年深覺斷不可含糊了事。以斯年之名譽及人格必須弄個清楚也。且刁風不可長，本院雖尊重各研究員之學術自由，而如此重大事件，自不可以息事寧人了之。待罪陳言，諸希亮察。」[49]

此函隨附相關檔數種，內容與爭論焦點仍是于海和的陸市斗米。傅斯年此時已大有「不蒸包子蒸（爭）口氣」，不分出紅白高下絕不收兵的慷慨悲歌之狀。第三天，即六月二十七日，傅再致函朱家驊與葉企孫，除再度解

釋「汪和宗彈劾案」緣由與雙方衝突之起因，還一併列舉了過去二人於不經意間產生的衝突與摩擦，對李濟的性格亦有隱晦的涉及。此信可視作傅斯年與李濟六年李莊合作與分歧的總記錄，亦是兩位一流學者在戰時處一隅之地心境的真實寫照。傅斯年信曰：

騮先尊兄院長、企孫吾兄賜鑑：

此次開會濟之先生之演「八蠟廟」「全武行」（幸未「帶打」），本為借題發揮之事，其不高興處並不在於此。為兩兄明瞭此事，不得不述其梗概如下：

一、去年教育部令博物院展覽，博物院言只能專題展覽，濟之先生遂訂好專題三四個：一為舊石器新石器之進化，此種資料取給於本所者，恐在百分之九十五以上，大部分為十四年前沈宜甲為本所代購法國穆提葉父子之收集，此為世界有名之收集。二為浚縣發掘，此為本院與河南古蹟會所有。三為漢代文物，此種一部分為本所與博物院合作之彭山發掘。王振鐸之漢車製型，則為博物院純有之物。此種一、二兩項均為弟在重慶時移到博物院去者，原來並未有借用之公事。彥堂雖知其搬動，自亦不敢過問。弟歸來後，濟之要博物院買這一批石頭，弟云，博物院目下情形不定，研究所似未可讓出。（濟之一年到頭說要不幹博物院了。）彥堂並聞之博物院人云，濟之並欲用原價購買，此則真是一大笑話也。

先是濟之於去年本所在重慶參加美展時，抱其反對之意見，弟不得不自行取消與道藩之約定，今忽以本所之物應酬教育部之長期展覽，且欲於雙十節行之，弟自不無詫異之處，惟以濟之之意不敢違，仍允其展，但改為在霧季中，並造一清冊而已。（搬往博物院物並無任何紀〔記〕錄。）其漢代一部分，弟回來時彼已託勞榦整理，此須參考若干書籍，並在本所書庫中檢出若干圖畫，以備照相之用者。弟詢勞君，需時若干？勞云至少須一個半月。勞之計畫，向不清楚，彼云一個半月，至少需兩月以上，此則使弟有一極為難處，蓋勞正在趕寫居延漢簡在李莊上石（自寫石印紙），遲則加價（召〔招〕致本所數千元之損失），弟終以濟之之意不可違抗，故仍令其辦。但寫一信給濟之，請其給勞君以比較豐裕之報酬，並說明數字為三千元，請其斟酌。勞君一家八口在此，窮困不堪，許其得一外賺，亦人情也。此數准以重慶價格及博物院自花錢之辦法，絕不為大。然濟之置而不復，弟在本月十日左右訪濟之，出門時詢及此事，濟之起為弟曰「你不要拿教育部的差事卡著我，我並不要把這差事辦好」。弟當時心中極為難過，頭暈腦悶，然仍一切如常，絲毫未曾表現情感也。總之，本所對於博物院之一切事，一向皆如何候上司一般，弟且如此，同仁更不消說。積藏已久，言之慨然！假如為此等事生氣，應該是弟，而不應該是濟之。

二、為弟查照相室之事。原來博物院之照相，皆由本所第三組之照相室辦理，在南京時即如此。以前用材料，不甚分開，但他組公家用照相，濟之頗不欲此室辦理。去年第四組欲照一批像，材料固須另備，即地方與人工濟之亦不肯借用。遂而作罷。此時考古組照相甚少，故此時大體是為博物院用耳，弟去年以來深感物價高貴，本所困窮，曾與濟之談數次，應將兩方材料分開，本所但盡人工之勞而已。（本所照相室現在甚小，而博物院之照相大多數為放大者，動須多人在院中為之，所耗人工頗不在少。）濟之早經答應，去年濟之在重慶帶來一大批材料時，即送到照相室，弟請濟之分開，濟之尚不知如何分法，遂函穀侯兄查明舊帳，查明何者為研究所所買，何者為博物院所買，郭主任寄來一帳，似是本所出款者甚少，弟又請濟之去問，則兩處之數恰反過來，即本所一萬九千餘，博物院四千餘，遂成定案。

此室之管理員為第三組標本管理員李光宇（此人甚老實，久為濟之調下山去！來山上時甚稀）。此室之照相者為技佐李連春，人亦老實，弟當即請濟之告他們倆人分開使用，並直告他們每次照相登記，分別存放，或更用一記號，此去冬事也。大約本月十日或十一日，弟忽因本所同仁服務證照相事，第四組沖像事，想起照相室內博物院與本所分用之實在情形，遂約李光宇上山一談，當即同其往照相室一看，登記甚詳，然材料仍是放在一起，所謂分用，僅系事後之分算，而非事前之分用。弟當即責李連春，為何不事前分用，李則以何物屬於何方僅在李光宇處有記錄對。弟又問李光宇何以不先分開，李則諾諾不能言。弟當言曰：「兩方分用，本為與李先生約好之辦法，今情形如此，你們二位應該格外注意些。」弟亦未之深責也。濟之為此事寫一發怒之信來。弟立即回信解釋（兩信均抄奉），並深切道歉。其實弟自忖毫無過失：一、弟是否無權看研究所任何部分，且此部分又為弟所常去者。二、在弟與濟之已經約定之原則上，弟是否有權督責相關之職員之執行。三，濟之上山稀少，而弟於各部分事常歡喜自己看看，此習慣多年於此。然而弟總為息事寧人計，屈為之道歉，不意此日派轎子下山接來，仍演此一出「八蠟廟」也。

三、夏鼐事，去年騮先兄與濟之合電致夏鼐，弟事前固全然不知，終以夏鼐為可請之人，故於今年院務會議中提出通過。初言由本所任其為副研究員，仍由中博院借調付薪，濟之憤然曰：「你們的院長，既然打電報請人家來，還不付路費？」弟覺此話有點不像話了，遂於此次夏鼐到後，決定爽性連薪水均由我們出。

四、Needham在此之前一日，濟之上山，自說笑話曰：「我看我辦之博物院，只有一個意義，就是維持若干朋友之親戚飯碗，連我的親戚在內。」我也連說笑話曰：「只要是人才或者可靠，此亦用人之一道。」此時說說笑笑，毫無不快，然於演八蠟廟後，彼對人曰我責備他用親戚。其實這種微妙之處，弟又何敢置詞也。

以上各件，大約以第二項為濟之生氣之主因，然弟既已解釋與自抑道歉矣，總計自裘籽原事件以來，平均兩年之中來大鬧三次，然未有如此次之暴烈者也。今述詳情，諸希鑑察。敬頌

日安

32/6/27 [50]

當年陶淵明不為五斗米折腰，如今兩位民國史上廣為國人矚目的學術大鱷，竟為「陸斗米」各不相讓，以致

揮槍舞劍決鬥起來，著實令人扼腕太息。於是，在李莊的眾學者如梁思成、林徽因、曾昭燏等，皆不忍看到這一幕同室操戈的悲劇，遂起而相勸，最後竟鬧得連李濟的老太爺李權（郢客）老先生也加入進來。六月三十日，李權給傅斯年一信，謂：「聞小兒濟近與足下似有互相齟齬之處，伏唯小兒隨侍左右十餘年矣，尚懇俯念舊交詳予指導……」[51]

原是同事兼兄弟因公事而產生的衝突糾紛，竟致一位隨所流亡的老人出面斡旋，此舉令傅斯年深感愧疚，過意不去。時傅正鬧關節炎與腹瀉，臥病在床，只好請那廉君代寫一短信予以解釋：「起床執筆，至以為苦。一俟少愈，當即悉以上聞。」[52]

幾日後，傅斯年病情好轉，乃親自寫一長信致李權老人，謂「此事為明瞭全域並於各方俱得公道起見，應分三段說之」。繼而解釋道：

一、濟之先生在上月廿一日對侄之汙辱事件。先是侄在重慶時，楊雨生君告汪和宗君將本所木匠于海和長期借調，後來濟之先生亦曾以此說告汪，汪自奉命惟謹，無異辭焉。侄返後，曾告濟之先生云：「只可借一時，不可常借。」濟之先生云：「借來省了你們的工錢、伙食，不是於你們有利嗎？」侄即云：「此時研究所固不能興土木，但這個木匠並不是一個單純的木匠，實系一雜工，夏天須上房檢瓦，且山上皆是舊房子，動則此爛彼壞，而善本書庫之夾板、書盒正在修理中，故只可借五、六兩月，以後若山上無事，博物院自可隨時來借，目下洋人要來〔南按：指李約瑟〕，亦有一二處須修理修理方好看些，若桂花坳尚有人住，亦尚有修理之處。」彼時濟之先生亦無異議。同時本所領米事發生糾紛，南溪倉庫兩來公函要求歸還四、五兩月所領之米，為此極為著急，除一面向重慶糧食部交涉外，不得不清算本所存米數量及存款，侄翻檢名冊，於見到于海和之名時，問汪和宗君云：「此項退還薪水等辦法，是否以前說明如何辦理？」汪云：「楊雨生先生前說明每月與本所結算工資、伙食及米貼。」

侄當即云：「那你就去信要回五月份的吧！」此六月十六日汪致博物院函之所由來也。……廿一日本所開所務會議……原定各案議完後，問大家尚有案子討論否，濟之先生即大聲曰：「我有一個案子，我現在要彈劾汪和宗，他在外面招搖撞騙，用研究所名義要冒領雙份米貼，不知此等事所長知道不？」於是長篇大論皆此類之語調也。……是則濟之先生在所務會議發此怪論之前，已知此事系侄所辦，其為對侄而發不待言也。

二、先是濟之先生於侄問啟生及連春照相室情形一事，似有所誤會，此事詳見濟之先生六月廿日之函及侄同日復函，另有存底，附呈一閱。（此件乞賜還，以別無存底也。）此事本是去年侄自重慶返來之事，當時本與濟之先生說好，兩方材料各自分用，並告啟生及李連春君各自分開，此次無非因同仁為服務證照相及第四組在宜賓沖洗底片聯想而起（彥堂兄亦云四組跑到宜賓沖照相，花錢如許多，我也覺得心疼），當時囑啟生上山，侄僅問問去年與濟之先生商好之辦法是否徹底實行。……此事退百步言之，在侄為重大過失，然侄已於廿日函中謝過不遑，聲言泥首請罪，何至此日接上山來，演此「八蠟廟」之劇？而誣人以犯法也。此外濟之先生容或另有不高興之事，則侄不知之矣。

三、緬懷侄十五年來在研究所對同事之態度，縱不少過失，終以舍己之工作而助人之工作為本基，即如考古組之工作，侄有時拚命為之奮鬥，而享大名者濟之先生也。裘籽原事件，侄當時一切為濟之先生打算，此必為老伯所知。不意事後忽以為偕其之成旅，一鬧數月，至今侄尚莫明其故，此後則忽好忽壞，似乎濟之先生已有感情上之不舒服處，便須侄償之者，侄終念此十餘年之交誼，雖有時心中極其難過，而事過境遷，全不在意，即如最近公私兩事論之：

（一）尊府羊街之租房自當時看來，今夏必難解決，故於去冬往重慶於萬難中請總辦事處津貼萬五千元，為兵蓋房，俾可自桂花坳搬出而修理之（此事實用萬二千元左右），當時雖云為寅恪、濟之二人之用，但寅恪之不來，人皆知之，當時告濟之云：「我絕不免〔勉〕強你上山來住，然若山下房子問題不能解決時，此可為後備之計。

（此房現在所中公論為本所各住房之第一。）」如此為朋友打算，似無負於濟之先生也。

（二）此次到重慶，看見有幾件古物可買，立即為之在教育部請款將其買下帶來，此本系侄一向對博物院之態度，似亦無所負於該機關也。不意一事誤會，遽而出此絕計，犯法惡名、冒領醜事。本院自故蔡院長創辦以來，不曾有此醜事，如不使其水落石出，則侄出入進退，何以為言。

侄因濟之先生有向糧食部、教育部告訴之說，故於事後函其告訴，濟之先生回信不提告訴之事，而仍謂「汪和宗在外為本所木匠于海和索取五月份雙份米貼」，迫不得已，遂呈請院長徹底查明。此其經過也。然侄請院長查辦者，我也，非濟之先生也。茲姑以比之語，行路之人，為人擠入糞坑，起來第一事自為洗刷乾淨。然絕不以洗汙之水投之見擠之人，故此事雖濟之先生出此下策毒計，在此只求一息了事，以重中央研究院之名義，絕不存報復之意，此則所以奉告老伯者也。臨書悲痛，百感交集。……[53]

從信中看出，除事件本身的分歧與誤會，更多的是環境使然。時局艱危、地域偏僻、活動範圍狹小局促、醫療條件缺乏，身處這樣的環境，人會越來越感到苦悶與煎迫。加之經濟困難步步緊逼，幾欲奪人性命，且李濟的兩個女兒正因此而殞命，其內心的煎迫感當更為強烈。正如費慰梅在描寫梁思成、林徽因夫婦生活實錄的《中國建築之魂》一書中所言：「李莊這地方，一如思成所描繪的『這個鳥不生蛋的該死小鎮』，生活永遠不會風平浪靜。一九四三年二月底，逃難來的一群研究員，還有他們的眷屬之間，一波波煽動性的流言蜚語像傳染病般蔓延開來，最終引起一連串的嫉妒、爭吵、憤怒、謾罵。正如林徽因在信上說：『這是一個心胸狹窄的小鎮社區。最近，這裡有些事發生，這些受過高等教育的人居然總是吵架，吵得很滑稽，吵到快要不可收拾的地步。我很懷疑，是不是在一座孤島上，當日常生活供應不足時，人們就會像小孩子一樣互打起來。』」[54]

林徽因所指的這個現象，是否包括傅斯年與李濟鬧的這一齣「陸斗米事件」？如果沒有過硬的反證，想來應是包括的，因為梁林二人都先後參與了對傅、李之爭的調解，並費盡力氣（傅斯年信中言及）。作為旁觀者的梁、林較之傅李二人，對這一事件的癥結看得當更清楚，林徽因的「孤島」說恰如其分地表達了人類生活中一個獨特的具有哲學況味的現象，而每個曾有過此種經驗的人都能心領神會。如七月十四日，中研院總幹事葉企孫回函給傅斯年，即有此意。信中說：「關於向博物院索回木匠之米代金事，兄及汪君毫無作弊之事實嫌疑及動機至為明顯。濟之兄隨意誣人，殊屬失當。但亦只能假設此因心緒不佳所致而原諒之。」[55]

然而，環境論與「孤島」說，終究不是導致事件發生的全部原由，否則難以解釋同在孤島而有的人卻仍然心靈平靜，絕少與人爭吵甚或鬧事，如號稱「丁聖人」的丁聲樹，如河南佬石璋如等之表現。傅、李之所以圍繞「陸斗米案」各不相讓，且衝突持續升級惡化，與他們二人的性格亦有相當大的關係。——許多年後，李敖曾對二人，特別是李濟的性格做過評論，如：「李濟在性格上有他基本的不適合做領導人物的『缺憾』。例如，他沒有蔡元培的雍容、沒有丁文江的精明、沒有胡適之的小事糊塗，也沒有傅斯年的硬衝。他的性格屬於狷介的一面，嚴肅而不可親（甚至有時氣量狹窄小氣，態度跋扈專橫）。……自古做領導人物的人，凡不能在雍容、精明、小事糊塗或硬衝任何一點上爐火純青的，都難免走上『惡惡而不能去，愛才而不能用（或不敢用）』的十字街頭。現在，可憐的李濟正走上十字街頭。」[56]——這裡必須說明的是，台灣大學歷史系畢業的李敖，當年欲進中研院史語所，被李濟與時任院長的王世傑所拒，因而懷恨在心，遂有一九六三年這篇抨擊、謾罵李濟的文章出籠，其時中研院院長胡適已死，代理院長李濟卸任剛半年，院長由王世傑繼任，而傅斯年「歸骨於田橫之島」已十三年矣。李敖對李濟的抨擊與謾罵自然不能作為「證據」，但李濟性格中確有「狷介」的一面，他的學生、同事、上級皆「敬而怕之」，這也是眾人皆知的事實。下面的例子即可說明此論，而其仍是「陸斗米事件」的延續。

七月二十日，傅斯年給中央研究院總務主任王毅侯一信，謂：「前總處來一信，言及借用人員報生活補助費、米貼事，其末二句云：『法無明文規定，似以由原機關報領為妥。』弟以末一句恐引起濟之先生之又一糾紛（弟深知李之性情），曾寫一函請兄改寫一遍，將末句刪去，計達台覽。惟此事不知如何由貴處抄給濟之先生一份，於是果不出弟之所料，濟之先生昨日對蕭綸徽兄大表其得意之姿色。昨日蕭下山遇李，李問蕭曰：『你們向總辦事處問的那封信有回信嗎？』蕭曰：『有。』李曰：『說什麼？』蕭曰：『法無明文規定。』李曰：『下文呢？』蕭說不出來，李說：『我替你說了吧！就是以由原機關報領為妥。』（按：來信有『似』字彼亦刪之。）於是便罵了汪和宗一頓，李先生之手段，皆系借汪和宗之名罵我，為此一句又生此一支節，諒非吾兄抄示濟之先生時初料所及也。先是梁思成兄，林徽因、曾昭燏兩女士等屢次勸弟將此事看輕，弟近數日頗為所感動，經此一幕，李之逞強肆橫，毫無悔過之念，一切談不到矣。……此事現在弄的已不是如何辦為妥之問題，乃純為法律之問題，因李濟連次誣我犯法也。」[57]

王毅侯之答覆與做法，是朱家驊或葉企孫之意，還是個人所為？外人不得而知，但此舉確是置傅斯年與手下辦事人員於被動之地位，同時為稍稍緩和的傅、李之爭再掀波瀾。從傅斯年與王毅侯的關係推之，王氏故意為之並以此挑撥是非、使傅斯年難堪亦屬可能，此點從一九四一年九月十九日傅斯年致王毅侯信中可尋出線索。傅在信中以強勢姿態直言不諱地指斥王毅侯：「相識者言及，及據總辦事處各人（大約是下層）傳言，兄於每次接到弟信時，總是大罵，及至咆哮。劉、余二公在旁（南按：劉、余指劉次簫、余又蓀），不好意思，只云『算了，算了』云云。此事弟始聞而疑，繼覺蓋信。蓋兄平日於收到不高興人之信時（或提及其人時）作此態，弟見之已熟。然而弟之交兄逾十年矣，如有公私過失，明白指示，不勝於此等動作，有傷公事房之體統乎。務懇吾兄將弟各信中何者荒謬之處，明白指示，俾有所遵循，無任感激之至。」[58]

若「貴處抄給濟之先生一份」的事，乃王氏有意為之，他的如意算盤確實沒落空。蒙在鼓裡的李濟以他狷介的性格，果然向史語所庶務室辦事人員蕭綸徽發起難來，並借罵汪和宗再度指桑罵槐，把矛頭指向傅斯年。此舉在李濟一方自是得意，但傳到傅斯年耳中卻是非同小可。盛怒之下，傅斯年於當天奮筆疾書致函朱家驊，不惜提出辭職相要脅，請朱氏予以明斷是非，給個說法。信曰：

院長鈞鑑：

關於上月廿一日李濟君在所務會議大鬧一事，累函報告經過情形，計達鈞覽。此事在斯年之意，無非在求證明李濟君所云「犯法」一事之為虛為實，誠緣本院自蔡院長創辦以來未有如此之醜相，如含糊了事不加證明，實為本院之恥。故請求派員查明此事，以重本院之名譽。此外並無他意。近以此間友人之勸說，亦頗欲將此事從輕看去，故於博物院及李濟君尊甫之來函，均尚沉吟未復。不意李濟君於接到總辦事處寄彼以復斯年一函之抄件，其中有「……」二語〔王汎森等編按：即王敬禮復函所稱：「法無明文規定，似以由原機關報領為妥」二語〕，於下一語大鳴得意，對蕭綸徽君又罵汪和宗君一場。此事本由斯年所為，早經屢次聲明，而李濟每藉汪和宗之名如此辱罵斯年，在斯年更無面目為此所一日之所長，敬懇鈞座另聘繼任之人，以維秩序。如一時不能聘到，懇即日暫派本所任何一研究員先行代理，以重公務。此外仍懇派員徹查此事真象，以明斯年與汪和宗君有無犯法之行為嫌疑與動機，藉維本院之名譽。迫切陳詞，不勝待命之至。謹呈

歷——所長　傅〇〇

32/7/19 [59]

朱家驊接函，見傅斯年欲撂挑子以示要脅，認為事關重大，遂調集一切力量設法予以安撫，同時委婉地給李濟施加壓力，令其撤銷「彈劾」之說。經過一番努力，此事的解決終於在陰霾中見到了一線曙光。

七月二十三日，中博籌備處的郭寶鈞與梁思成上山，與史語所的凌純聲、李方桂、董作賓、吳定良等資深研究員會合，一同拜訪傅斯年，並留下一函：

逕啟者：關於本所庶務室為木工于海和向中央博物院索回五月份米貼事，據同仁考察此事經過，絕無預圖領取雙份米貼之動機及事實。茲特鄭重證明，以資結束，即希亮察為荷。此致

孟真先生

凌純聲、梁思成、李方桂、董作賓、吳定良、郭寶鈞、岑仲勉、丁聲樹。

卅二、七、廿三[60]

同日，傅斯年接到李濟一函：

逕啟者：本年度六月廿一日本所第一次所務會議時，本席以本所庶務室有為本所木工于海和在外索取五月份第二份米貼之嫌疑，曾臨時動議彈劾庶務員汪和宗，未經討論，尚成懸案。茲查此事系出誤會，理合自動撤銷前次提案，以資結束。此致

歷史語言研究所所務會議

提案人李濟

卅二年七月廿二日

七月廿四日，傅斯年致函朱家驊，曰：

院長鈞鑑：

關於上月廿一日所務會議中李濟先生提案「彈劾汪和宗」一事所引起之糾紛，茲經李濟先生來函聲明「系出

誤會，理合自動撤銷」；同日又接凌純聲先生八人來函，有云「據同仁考察此事經過，絕無預圖領取雙份米貼之動機及事實」各等語，理合陳請鈞座，將陳述經過各函，及請求派人澈查真相各節免予處理，即作結束，仍乞鑑核至荷。謹呈。

傅斯年　謹呈

三十二年七月廿四日

同日，傅斯年致函凌純聲等研究人員，除附列上述三信外，另有幾句公函式附語：「在所務會議記錄冊上，將上次記錄末案下注明『本案已於同年七月廿二日由李濟先生來函聲明自動撤銷』。為此通知出席上次所務會議各先生，及郭、梁、梁三先生，此外又發寄葉總幹事、王總務長各一份，本信共發出十一份，並請諸先生勿對上述各先生以外露布之，俾此事全案結束，諸希亮察至荷。」

至此，鬧騰了一個多月的照相室事件與「陸斗米彈劾案」終於了結。

董作賓：編纂《殷墟曆》

傅、李之爭結束了，二人及雙方被捲入的其他人員也顯出疲憊之態。由於戰爭拖延以及生活困頓，中國軍民已到了精疲力竭、舉步維艱的地步，而駐李莊的幾家研究機構亦呈現衰落趨勢。

就史語所的幾員大將而言，梁思永仍重病在身，只能躺在病榻上做一點工作；李濟主要精力仍用於主持中央博物院籌備處工作；李方桂因經受不住長期貧困，未久即離開李莊到成都燕京大學任教；一心想創辦邊疆文化研究所且圖謀拉桿子自立的凌純聲，未久即遷往雲南澄江的中山大學邊政系任教，抗戰勝利後出任教育部邊疆教育

石璋如在李莊板栗坳戲樓底座雕牆前留影。（1944 年攝，陳存恭提供）

司司長。[61] 據傅斯年致李方桂的信透露：芮逸夫在外考察未歸。丁聲樹、全漢昇二人出洋留學，馬學良返家探親未歸，張琨請假三個月去西安遲遲未歸，謂之「結婚去。或云即與馬之妹，或云非也」。而周法高「亦鬧自費出洋，而又無錢，故跑去白沙，兼兩個國立中學課，即領兩份錢米！（國立中學如此辦。）今既無自費考試，已函其速返。董同龢有東北大學請他，他初意甚動，我即告他東北大學情形……」。[62]

除去辭職、轉職和請假未歸者，史語所只有董作賓、吳定良、岑仲勉、石璋如、高去尋等幾位元老與傅樂煥、逯欽立、張政烺等幾位青年學者還在李莊板栗坳苦苦堅守。面對頗為冷清且有些悲涼的局面，大家已經習慣並順天知命地接受，正如石璋如所說：「留下的幾個人不管如何，依舊規矩工作。」[63]

學術陣營日漸衰退，傅斯年決定再行招聘研究人員特別是青年學子入所，除壯大實力外，還有一個更長遠的目的，就是「培養學術研究的種子」，以待抗戰勝利後再次振興。恰在此時，山東省圖書館館長王獻堂帶弟子屈萬里來到了李莊。

王獻堂以學問淵博著稱。當年在他的協助下，史語所考古組不僅順利發掘了著名的城子崖龍山文化遺址，還成立了山東古蹟研究會，史語所的傅、李、董、梁等都是該會委員。由於這一連

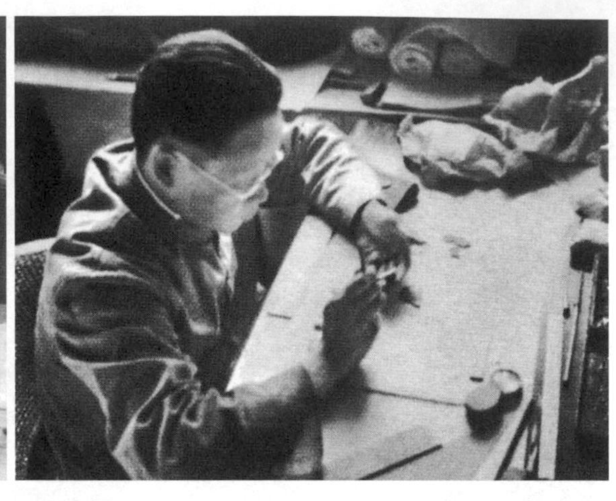

左：左起：董作賓，梁思永，傅斯年於 1931 年攝於北海靜心齋。

右：1940 年，董作賓於昆明龍頭村「龍頭書屋」工作室摹寫研究殷墟 YH127 坑出土的甲骨文的情形。（董敏提供）

串的關係，山東聊城籍的傅斯年與山東日照籍的王獻堂建立了深厚友誼。抗戰爆發後，濟南淪陷，王獻堂得到某機構資助，攜弟子屈萬里來到李莊，避居板栗坳做學術研究。王之所以來此，除因與史語所同仁的友誼，另一個重要原因就是，此處有戰時後方最大的圖書館——史語所幾十萬冊藏書可供參考。因屈萬里已有較深厚的甲骨學功底，傅斯年決定把他補到史語所三組，跟董作賓整理甲骨文字。

自一九三四年殷墟第九次發掘之後，董作賓把主要精力用在所得甲骨文的整理與研究中，前九次發掘共得甲骨文六千五百一十三片，經過墨拓、登記、編號，選出三千九百四十二片，於一九三五年編成《殷墟文字甲編》圖版部分。按照計畫，與圖版相對應的還有一部《殷墟文字甲編釋文》，即對圖版加以考證和解釋的文字說明。《釋文》由董作賓助手胡福林（厚宣）負責撰寫，但就在史語所人員即將由昆明搬李莊的前夜，胡福林竟溜之乎也，轉而跟隨顧頡剛、錢穆等赴內遷至成都的齊魯大學研究所另起山頭，做甲骨文研究，公然與史語所抗衡，其在昆明負責的《釋文》寫作隨之流產。此舉給董作賓帶來心理創痛，也給其研究工作帶來很大被動。傅斯年得知此情，極為惱怒，認為齊魯大學，還有顧頡剛等人欺人太甚，遂當即發函向齊魯大學質問事實，而後又以凌厲的姿態警告道「至此後關於胡福林個人之行動，自與本所無涉，但在該員服務於貴校期間，若在貴校任何刊物內，載有本所未經發表之任何材料，自應由貴校負責，本所當採取適當辦法辦理」[64]云云。

史語所遷到李莊後，董作賓曾想找一個懂甲骨文的人重新撰寫《釋文》。一九四一年十月十六日，李濟赴重慶公幹，梁思永在致李濟信中曾提到「彥堂兄請兄覓聘一頂替胡厚宣的人物，囑弟轉告」[65]。抗戰軍興，學界中人特別是青年學子紛紛思走，想方設法到條件好的城市和利祿厚實的機關做事謀生，根本無法找到適當人選來偏僻貧窮的李莊研究烏龜殼，合適人選遲遲未能覓到。屈萬里的到來，可謂恰逢其時，正好可以補充胡厚宣留下的空白，協助董作賓完成未竟的事業。

儘管如此，由於胡厚宣屬中途撂挑子溜走，屈萬里接手後花了很大力氣才理出頭緒。一九四八年，董作賓的《甲編》由商務印書館在上海出版時，屈萬里的《釋文》卻還遲遲趕不出來，直到一九六一年六月才得以出版——這時的出版地點已不是上海而是台灣了。在相當長一段歷史時期內，大陸學者所能夠看到的，就是一部由烏龜殼墨拓成形、未經考釋和注文的黑乎乎的《甲編》。

史語所陣營處於衰落期，但蟄居在李莊板栗坳牌坊頭的董作賓沒有消沉，他在屈萬里與自己聯合指導的研究生李孝定，以及剛從李莊中學新招收的見習生劉淵臨等人協助下，開始在戲樓院一間陰溼的屋子裡，將所有精力投入《殷墟文字乙編》和《殷曆譜》的編制之中。

《殷墟文字乙編》共分上、中、下三輯，在李莊期間完成了上、中兩輯，分別於一九四八年和一九四九年出版；下輯在回南京後編成，一九五三年由台北藝文印書館出版。《乙編》編排體例與《甲編》相同，但所收甲骨文要多出幾倍，共收入帶字甲骨九千一百零五片，所收材料，超過《甲編》的四倍以上，出土的坑位簡單明晰；內容新穎且豐富，研究價值也遠在《甲編》之上。《乙編》的問世，是董作賓、屈萬里等人在甲骨學上所做出的又一項偉大貢獻，正如甲骨學家孟世凱所言：「這種考古學方法著錄甲骨的新體例，是甲骨學史上的創舉。它不僅體

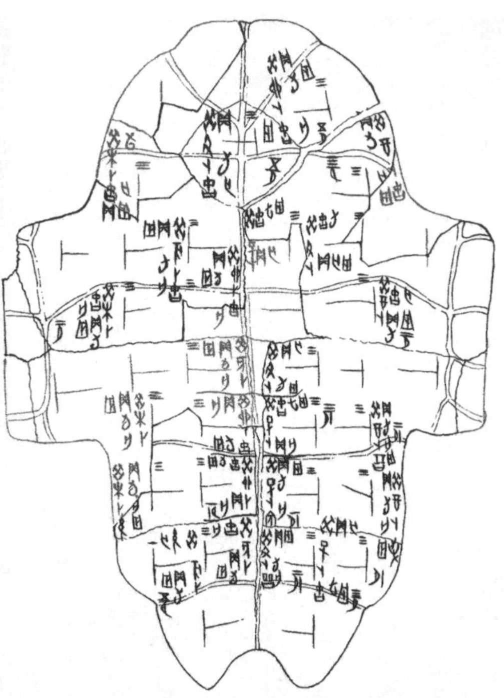

左上：殷墟出土、有明顯燒灼痕跡的刻字甲骨。

右上：董作賓手繪殷商第一期武丁十甲之二。（董敏提供）

下：中文十四字演變表。（林馨琴攝）

現了近代田野考古學方法引入甲骨學研究領域取得了輝煌成果，也為以後著錄科學發掘所得甲骨文提供了範例。」[66]

董作賓在主持編撰《殷墟文字乙編》的同時，其傾注了十幾年心血的《殷曆譜》著述也進入最後階段。自殷墟發掘之後，董作賓試圖通過甲骨卜辭透出的蛛絲馬跡，來考證殷商時代的曆法，由曆法再轉推確切的年代。自一九三一年董作賓在《安陽發掘報告》上發表《卜辭中所見之殷曆》開始，經過十幾年的艱苦努力，終於取得了舉世矚目的成果。

一九四五年四月，董作賓在李莊完成了甲骨學史上具有里程碑意義的《殷曆譜》，並於同年在李莊鎮石印出版。由於受當時條件限制，這部「合情、合理又合天」的皇皇巨著只印了兩百部，每部都有編號，成為一個特殊時代的珍貴見證。

《殷曆譜》在李莊成稿後，董作賓專門複印一份寄往時在成都燕京大學任教的史學大師陳寅恪，請其指教。陳氏在回覆中稱：「大著病中匆匆拜讀一過，不朽之盛業，惟有合掌讚嘆而已。改正朔一端，為前在昆明承教時所未及，尤覺精確新穎。」接著，陳寅恪針對著作的具體問題談了自己的看法，對董氏的創造性成就表示了充分肯定。《殷曆譜》在李莊石印出版後，陳寅恪再次致信董作賓，贊曰：

抗戰八年，學術界著作當以尊著為第一部書，絕無疑義也。[67]

一生堅持「獨立之精神，自由之思想」的陳寅恪，為人處世從沒有郭沫若般浮誇，也絕無見風使舵、阿諛奉承的毛病，真正是按他所宣導的「士之讀書治學，蓋將以脫心志於俗諦之桎梏，真理因得以發揚」[68]來實踐的。後來學術界回饋的資訊證明，陳氏對董作賓著作的評論是比較公道和公允的。

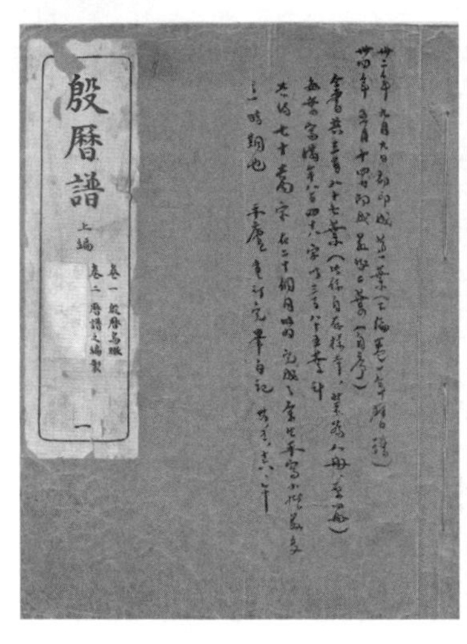

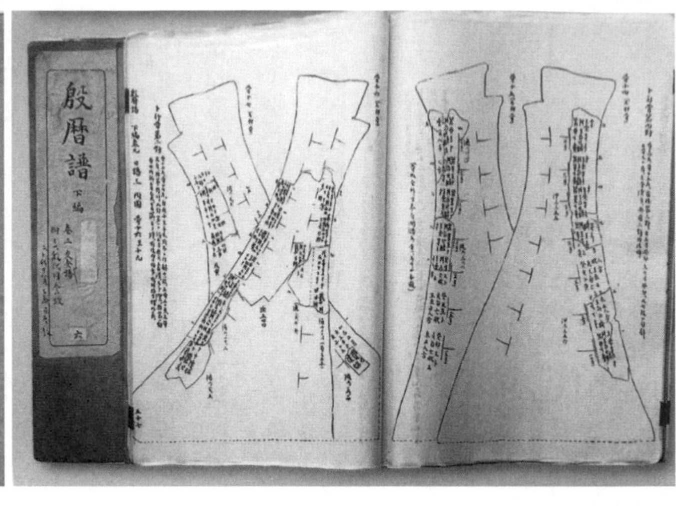

左：董作賓在李莊石印的《殷曆譜》上編封面的題記。（董敏提供）
右：董作賓《殷曆譜》下編。（林謦琴攝）

目睹董作賓治學經歷的傅斯年，在為這部大著撰寫的序言中，飽蘸感情地寫道：「《殷曆譜》者，吾友董彥堂先生積十年之力而成之書也。彥堂天資高邁，精力過人。十載兵戈，飄泊於西南天地之間，此譜耗其歲月約三分之一，若四之一，然彥堂一人每日可為之事當常人三四，故若他人為之，即才力相若，不窺園亭，亦或須一紀，此其所以使友朋輩無不羨妒者也。」又說：「雖然，彥堂之治甲骨學將二十年，此將二十年之月日，皆與餘共事中央研究院，餘目睹當世甲骨學之每一進步，即是彥堂之每一進步……今彥堂之書，無類書之習，絕教條之科，盡可見之卜辭而安排之，若合符然，其工夫有若門德勒也夫〔現譯門得列夫〕之始為原子週期表，而其事尤繁矣。」[69]

對於陳寅恪與傅斯年等學界大師的評價，董作賓極為謙虛地說：「《殷曆譜》這部書，雖然我曾下過十年研究功夫，在四川李莊，手寫了一年又八個月，印成了四大本，連圖表共占有七十萬字的篇幅。在我看這算不得一回事，這只是『甲骨學』裡研究方法進一步的一個小小嘗試。」然而這個小小的嘗試又是何其艱難，「全書之寫印，實系初稿。有時公私瑣務蝟集，每寫一句，三擱其筆。有時興會淋漓，走筆疾書，絮絮不休。

有時意趣蕭索，執筆木坐，草草而止。每寫一段，自加覆閱，輒搖其首，覺有大不妥者，即貼補重書，故漿糊剪刀乃不離左右。個中甘苦，只自知之。」[70]

就在董作賓蘸著油墨於李莊古鎮孜孜不怠地謄抄、石印皇皇巨篇《殷曆譜》前後，有一個青年學人也在印製關於麼些文字的經典巨著，此人便是董作賓的河南同鄉兼指導學生李霖燦。

李霖燦：從聖地歸來

李霖燦，一九一三年生於河南輝縣，十三歲考入河南開封省立第一師範學校就讀，二十一歲進入杭州國立藝術專科學校繪畫系習美術。當時中國有兩個國立藝術專科學校，一為北平藝專，即後來的中央美術學院前身，一九一八年成立；另一個是一九二八年成立的杭州藝專，即中國美術學院前身。杭州藝專的教授多為留法出身，如校長林風眠、教務長林文錚及其夫人蔡威廉（蔡元培之女）、劉開渠、雷圭元等，其教學傳統和方法以及畫法、風格，很像法國美術學院的中國分校。

盧溝橋事變爆發後，北平藝專師生在校長趙太侔率領下，逃出淪陷的北平城，遷往江西廬山暫住，繼之轉赴湖南沅陵。早年趙太侔和夫人俞珊在青島大學任教時與沈從文同事（趙曾出任國立青島大學和後來改名的國立山東大學校長之職），時沈正在家鄉暫避，北平藝專便借得沈從文家鄉南岸老鴉溪一處宅院作為校舍安頓下來。隨著日軍不斷進逼，南京淪陷，江浙一帶相繼陷落。一九三八年年初，撤退的杭州藝專師生在校長林風眠率領下輾轉到了沅陵。於是，國民政府下令兩校合併，易名為國立藝專。原來的校長制改為委員制（國立西南聯大、西北聯大等校皆是委員制），除原來的林、趙二位校長，又補加了原北平藝專教授常書鴻為常務委員，新成立的國立藝專師生在三位常委的領導下開始了抗戰辦學的艱苦生活。

李霖燦教授於學術專題演講講台上之風采。

可惜好景不長，北平藝專與杭州藝專的合併，如同蔣夢麟說的國立西北聯大——兩個人穿一條褲子，步調極不諧調，未久便步了西北聯大解體的後塵。因門戶之見、派系傾軋、權力之爭，演變出一場勢不兩立的學潮，北平藝專師生負氣出走，在沅江稱為河上洲的小島上住了一段時間。當時沈從文尚未赴昆明任教，曾專門到小島上看望慰問師生。而杭州藝專的原校長林風眠索性辭去常委職務，出走他鄉。在這股短暫的混亂中，作為學生的李霖燦與沈從文相識，並讓沈氏留下了良好印象。

國立藝專學潮鬧騰的最終結果是：趙太侔離校去了重慶，林風眠回校任代理校長，政府當局又設法對校內人事做了調整、平衡，或明或暗地進行打壓、脅迫，風潮漸趨消停。未久，林風眠去職，國民政府教育部派滕固任校長，學校重新恢復校長制。一部分師生見此狀況，無心讀書習藝，在一幫另類師生的鼓動下，少數分子索性離開沅陵出外謀差，有幾位學生在北平藝專王曼碩老師的帶領下，轉赴延安進入中共建立的邊區政府待機謀事。時李霖燦已是畢業班的學生，面臨畢業，因學校接到派人赴南嶽衡山任大專學生訓練總隊藝術教員並作畫宣傳抗日的命令，遂以國立藝專研究生的名義赴衡山工作。

抗戰形勢日趨緊迫，著名的長沙「文夕大火」事件發生後，國立藝專奉命由沅陵遷昆明辦學。因交通工具缺乏，李霖燦等畢業班七名同學丰動成立一個步行團，以李為「團長」，安步當車，自沅陵經貴州向雲南進發。按校長騰固的要求，李霖燦等七人團特別留意沿途的文化古蹟並做簡單考察；李氏作為一團之長，最為勤懇奮進，收穫最豐。當時的同學吳作人後來談到李霖燦時說：「一路貧窮，一路畫速寫，苦學不輟。」步行團到達貴陽稍事休息，再趕赴昆明。時原來的七人有四人脫隊，只剩李霖燦、夏明、李長白等三人，乃組成三人團於一九三九年二月七日繼續向昆明進發。沿途雄偉壯美的高山狹谷和自然風景，以及質樸的民風民俗和人情，令李霖燦等心嚮往之，難以忘懷。

三月三日，李霖燦一行抵達昆明。當時國立西南聯合大學部分學生組織了一個「高原文藝社」，社中同仁聽聞李氏等人抵達昆明的消息，專門在昆明街頭迎接。李霖燦在當天的日記中記載：

> 高原社同學在路上迎接我們，又安排了一位嚮導協助我們，是很可感人的，只是晚間的歡宴，讓我覺得有此必要嗎？我覺得工作要緊，要拿出計畫來！前進！前進！[71]

時沈從文已離開沅陵赴昆明西南聯大任教，與高原社中的同學私交甚好。

三月武日，沈從文為歡迎李霖燦等「步行勇士」，在他家裡舉辦了一個歡迎談話會，聽取「三勇士」一路的所見所聞。據李霖燦之子李在中說：「這次談話具體內容，我父親日記中並沒有詳述，但是見到洛克〔奧地利學者〕在麗江工作的一些照片是有可能的。」談話會結束後，李霖燦日記有這樣一段記載：

> 與有名望人談話或者認識的好處，是他們可以提供給你許多「不這樣便不能得到」的忠告，而且主要在他們

無意間的談吐中，時常會暗示出一條工作的道路。世界上應做的工作太多了，每人都只能做一點，我們正須要大家都幫忙協助，完成人類理想的大業。

和沈氏談話後我有足夠的勇氣來工作，雖然這一兩天我在鬧肚子，但是今天回來覺得精神上一興奮一切都好了，我相信在十天以內我可以把它整理出來，一切務外的心都沒有了。

沈先生的小樓中有許多書，這是我覬覦的目標，我要把他裡面的寶物變成我肚子裡的東西。[72]

三月十一日，李霖燦拜見了剛從雲南苗族地區考察回到昆明的鄭穎蓀，鄭氏乃有名的古琴大國手，二人談了苗族的音樂、繪畫等藝術。李霖燦沒有記載這次見面鄭穎蓀是否出示了他收集的東巴經卷，但後來的日記披露鄭向李提及他收集了部分東巴經卷，收集的原因是他以為那是一種古樂譜。

三月十九日，沈從文應邀參加高原文藝社茶會，向入會者展示了幾卷珍藏的納西象形文字經典。同學們看後大為驚訝，李霖燦更是被那圖畫一樣的美麗文字吸引，似乎有個神靈在引導著他，靈光在眼前一閃，便有了赴納西調查研究這種古老文字並製成一部字典的念頭。茶會結束後，李霖燦從沈氏處取得東巴經卷一份，開始嘗試翻譯。

三月二十日，從沈從文處取得的東巴經卷翻譯完成，李霖燦確定搜尋東巴經卷與翻譯等，可作為麗江考察計畫中之一項內容。

此前，李霖燦奉校長騰固之命組建古代藝術考察團，有團員三人，分別負責音樂、雕塑及繪畫三個主題。二十一日，李霖燦將東巴經考察、搜尋、翻譯的計畫呈報騰固校長並獲得批准。

國立藝專師生抵達昆明後，先駐昆華中學北院（文林街今師大附中宿舍），不久又遷興隆街中華小學（光華街今省中醫院西側）。因當時的藝專不比其他大學，全校師生才兩百多人，兩處地方雖小但足以供師生之用。再後來由於空襲頻繁，藝專只好遷往距離昆明四十五公里的晉寧縣安江村鄉下繼續辦學。

按李霖燦的設想，考察團必須趕在學校遷晉寧之前踏上行程。他把這一想法向學校當局報告後，滕固校長表示贊成和支持，修書一封讓李霖燦拿著去拜謁中央研究院史語所的董作賓。滕固本身國學功底深厚，對考古極有興趣，與李濟、董作賓等考古學家友善。他認為李霖燦此次赴麗江調查研究，向董作賓等專家請教很有必要。於是，李霖燦懷揣校長手書和一顆怦怦跳動的心走出校園，向昆明郊外的龍頭村走去。對這段決定人生命運的經歷，許多年後李霖燦回憶說：

民國二十八年（一九三九）學校由湘西遷到了昆明，國立藝專的滕固校長對我說：你要去調查納西族的象形文字，我介紹你去中研院看一看董作賓（彥堂）先生，他是古文字學專家，又是你的同鄉。

我去了，由昆明市步行前往，七點半鐘出發，十點鐘便到了龍泉鎮，當地人叫它作龍頭村，一個十分可愛的小小村落。

彥老看過了介紹信，十分高興地說：我只是對商代的甲骨文字略有一點了解，而且知道有一些字的來源已不識其本，你去麗江研究納西文字時，要注意那種圖畫文字的字源，這對文字發生史的比較研究是十分有用的，難得現下當今，還有這種洪荒太古的活標本存在。

我立刻恭恭敬敬地回答了一句話：必定在這方面有所報命。

臨走，董作賓關切地送給李霖燦一盒點心，囑咐在路上吃……

這是李霖燦與董作賓交往之始，也是李氏學術生涯中的一個轉捩點。李霖燦在這篇回憶文章中又說：「一個星期後，彥老有事進城，順便到學校中來看我，他見到我用一個三條腿的破課桌釘在中柱上寫文章，便笑道：『年輕人精神這麼好，中國歷史不會亡。』」[73]

談話中，董作賓告訴李霖燦：這些年由於大批甲骨出土，經過專家學者不斷的精心探究，漸漸為不少來歷不甚清晰的漢字尋到了根。這是古文字學研究的進展。而由於研究問題的向度不同，對甲骨文的釋義就會見仁見智。若能找到與這些甲骨文同時代的其他文字，與之進行比勘研究，將有助於了解甲骨文的孕育萌生，以及人們造字時的心理及文字演變情況等。納西象形文字尚處於文字與語言的分野不甚明晰的舞蹈階段，正向形象時期演變，恰恰便是語言學者們傾心以求的一種文字……[74]

這段極富學術前瞻性的話講過，董作賓又告訴李霖燦，中央博物院籌備處的吳金鼎、王介忱夫婦，連同從英國學成歸來不久的女考古學家曾昭燏等人組成的發掘團，此時正在雲南西部大理蒼山、洱海一帶從事考古發掘。而大理的蒼山、洱海區域，地理上與麗江相連，文化上也有相通之處，如果能先到大理跟吳、曾等考古專家學一學田野考古調查的技術，了解一下當地的文化和習俗，對以後的麗江考察大有益處。說著，董作賓從衣袋中取出一封信交給李，說如果決定去大理找吳金鼎，帶上這封信就可以了。

對這位前輩兼同鄉飽含期望與寄託的提示，李霖燦深以為然，決定先赴大理學一學田野調查與考古技術，而後再赴麗江做實際工作。臨行前，李霖燦又專程拜訪了沈從文，沈當即給予嘉勉，李回憶道：

> 離昆明赴麗江的前夕，我又去沈從文老師處辭行，他說：「好啦，許慎作《說文解字》，董作賓先生治甲骨文，如今你又要作納西族象形文字字典，看來，文字學是你們河南人的天下了！霖燦，好自為之！」[75]

根據計畫，考察團將於一九三九年四月二十六日出發，惜在出發前另外兩位同學打了退堂鼓，只有李霖燦孤身一人按期前行。

大理為紀念觀世音菩薩，每年舉行觀世音大會一個月，俗稱「三月街廟會」，這是李霖燦於 1940 年在三月街上所做的即興速寫。（李在中提供）

當李霖燦乘車一路風塵來到距昆明約三百六十公里的大理時，正值「千年趕一街，一街趕千年」的農曆三月十五「觀音節」，當地俗稱「三月街」。面對「山川秀麗，人物煥采」的壯美景觀，李霖燦神情為之大振，顧不得周身疲勞，迅速選了個合適的位置，從行囊中取出紙本，對著浩浩蕩蕩的人群速寫起來。想不到這個特別的舉動，立即引起擔負維穩、彈壓任務的員警與社區街道治安員注意。此時抗日戰爭正處嚴峻時期，政府當局交代員警布置的一項重要任務，即防範漢奸刺探情報，為敵人轟炸指引目標。李霖燦的動作被誤認為是偷畫地圖的間諜行為，幾個員警迅疾躥過來，把他押入護國路縣衙大堂。

當此之時，處於中國西南地區的大理，仍沿襲舊有的縣長坐堂審案遺風，聽說抓了奸細，立即吩咐左右升堂訊問。這位叫張廷勳的縣長早年畢業於大夏大學，文化修養不算低，對學術考察這類事知道一些，且又聽李霖燦說是為尋找吳金鼎等人來到此地，恰吳金鼎此前曾到縣政府辦過手續，縣長自是知道此人。經過一番你來我往的問答，縣長意識到李霖燦並非奸

大里點蒼山清碧溪入山口——清碧溪武器岩。（李霖燦畫，李在中提供）

細或歹人，便說：「你既然認識中央研究院的吳博士，就到鄉下取個『保』回來，縣府也就好了結這樁公案。」隨即另派一名員警陪同李氏到大理城外蒼山腳下的上末村考古工作站找到了吳金鼎。

吳金鼎看過董作賓的介紹信，簡單問了下情況，便說：「不要緊，就由昭燏小姐來寫一紙公文給縣府吧。」吳氏身旁的曾昭燏面對李霖燦的窘境，自是樂意幫忙，於是找來紙筆揮毫提書，很快便把公函擬好。跟來的員警拿著「擔保書」打道回府，李霖燦就此留了下來——這是他與吳金鼎、王介忱夫婦以及曾昭燏等人相識的經過。

以後的日子裡，李霖燦跟隨以吳金鼎為首的考古發掘團在蒼山、洱海學習田野調查、發掘技術，星期天便一個人背著畫夾到離工作站很近的清碧溪遊覽寫生，並草成《清碧溪遊記》一篇交曾昭燏審讀。曾氏認真閱讀後做了「文圖俱佳」的評論，並發出「想不到李公的散文寫得這麼好！」的讚嘆。後來這篇散文配上李霖燦現場寫生的圖畫，由昆明的沈從文推薦給《東方畫刊》發表，一時傳為戰時知識青年野外考察的佳話。

根據政府當局的指令，凡內地人員到邊疆少數民族地區考察訪問，需持省政府批准的「護照」才可通行，李霖燦在大理一邊跟隨吳、曾等考古人員學習田野發掘調查，一邊等待此前在昆明呈交的手續核准。一個月後，雲南省核發的「護照」到手，李霖燦便告別吳、曾等發掘團人員，打點行裝隨馬幫沿著茶馬古道進入麗江，開始用現代人類學的方法，調查研究納西族的語言文字及更寬泛的東巴文化。

盤桓數日後，李霖燦身上的盤纏用光，到了三餐不繼的窘境。時吳金鼎、曾昭燏的發掘團已結束蒼山、洱海的田野考古發掘回到昆明，若在當地籌錢又十分困難。進退兩難之際，李霖燦只好硬著頭皮寫信給昆明龍頭村的董作賓求援。董作賓見信立即行動起來。關於這段史實經過，李霖燦是幾年之後才得知的，他在回憶文章中這樣寫道：

救人如救火，彥老想到了籌錢為第一，在他家用浩大拮据萬分的情況下，他率先解囊，拿出生活費五十元作為宣導。吳金鼎博士知道了，他對我這個年輕人的印象甚好，也隨著捐了五十元。更難得的是他夫人王幸宜（王介忱）女士，也拿出五十元來救助我，說是免得我陷身草原流落於邊疆。曾昭燏女士也慨助我五十元法幣，我曾隨著她和吳金鼎博士在點蒼山學習考古……

然而，彥老卻不曾忘懷，他仍在四面八方慘澹經營地做他自命為救人的工作。半年後的一天，我正在伏案寫文章，郵差送一封電報到我桌上，拆開一看，上面譯出的文字是：「中央博物院擬聘兄加入其調查工作，可否，請電覆。李濟、董作賓。」[76]

這個時候李霖燦尚不知道，此時中央博物院籌備處剛好得到一筆外來捐款，可以在院內增加一個工作人員名額。在抗戰時期多數機關單位不斷減退人員的大背景下，此種機遇十分難得，對新增加人員的選擇也格外慎重並成為一件大事。董作賓得知消息，當即向中博籌備處主任李濟推薦了李霖燦，並言明可向吳、曾等人再詳細了解

麗江東河古鎮裡的一座古長石橋，建於明代，已有三、四百年的歷史，七十年前李霖燦曾在此研究納西文化。（李在中攝影並說明）

情況。吳金鼎、曾昭燏得聞，給予大力支持，曾昭燏在上呈李濟的推薦函中說道：「這一個年輕人曾到過大理，同我們一同在蒼山上考古。他舊學底子不太好，但冒險犯難勇往進取的精神，在現下當今人中，百不得一。」[77]

正是得益於上述人員的共同努力，遠在麗江的李霖燦才有了進入中央研究機關的機會，也才有了他與納西族文化一段大事因緣的鑄就。按李霖燦的說法，接到昆明發來的電報後，「我一點也沒有考慮，立刻覆一份『願一試之』的電報回昆明，那時候中研院、中博院都還住在龍頭村。這才算是有了職業，不久就寄來了聘書，接著又寄來了薪水和調查費，給我的名義是助理員，相當或略高於雇員的一個名分，月薪是法幣一百六十元整。在邊疆上換成老滇幣還可以夠用。但是調查費卻匯來了六千六百元法幣。學術界果然不同凡響，既不需要你返處述職，又不要你先行呈核計畫。我自笑，從來沒有這麼一個低名分的人，可以自由自在地在那個遙遠的地方支配這麼一個龐大的數字！我驟然感覺到肩壓沉重。」[78]。

面對巨額的調查費用和肩上的重擔，李霖燦自是不敢有絲毫的懈怠，越發感覺到「在祖國極其危急的情況之下，學術機構卓越領導人，千方百計安排出巨額經費來發掘自己的文化寶藏，這都是為了百年後的文化大計，不是為眼前寸尺得失的一日之課」。於是，李霖燦懷揣這一關乎國家、民族興衰的「文化大計」，「以一個文化人的身分，在雲嶺之下，發現了碩果僅存的世外桃源……」[79]。

李霖燦所說的這個世外桃源，表面上是說麗江及其周邊地區納西族人民的聚居地，深層含義卻是指納西族的歷史與納西文化形成的源流，以及傳播、延續的史實。在這一史實的深處，埋藏著這個民族苦難的歷程、奮發的身影、閃耀的靈旗、血淚交織的輝煌。

納西族系崛起於西北河湟地區的古羌人的後裔，於商周時代開始成規模南遷，與當地土著融合形成了一個新的支系。秦漢至魏晉時期，納西族已遷徙至大渡河雅礱江流域，以遊牧、畜牧為主。到了唐代，政治條件相對寬鬆，部分納西先民沿雅礱江南下，抵達麗江。隨後揮師南下，在洱海東部建立了第一個政權——越析詔。史書上說，越析詔「地最廣、兵最強，素為南詔忌」[80]。可惜，這個號稱地廣兵強的越析詔，存續了不長時間即為實力更強的南詔所滅，納西先民南下由此止步。此後，在南詔國的強力脅迫下，納西人退回金沙江中游流域生活棲息。在由北向南大遷移並在金沙江流域紮根的五百多年間，納西人幾乎一直在唐王朝、南詔、吐蕃三大強勢政權的夾縫間苦苦周旋，艱難生存。這種特殊的生存環境鑄就了納西人深沉堅韌、靈活機動的民族性格。同時，納西人受到這三大文化圈的潤澤，以東巴文化為代表的民族文化由此濫觴。

當歷史的長河流淌到宋代，納西先民的政治環境和生活條件有了大轉機和改善，原因是：北部的吐蕃王朝分崩離析；不可一世的南詔也陷入了混亂；東邊的宋王朝則窮於應付從北方襲來的遊牧民族，無力經略西南。「故自南詔以後，麼些之境，大理不能有，吐蕃不能至，宋亦棄其地，成甌脫之疆，經三百五十年之久。」[81]納西人由此獲得了一個難得的獨立發展時機，農耕文明已取代半耕半牧的生產狀態，社會生產獲得了充分發展，政治上分散的麼些部落也漸趨統一，東巴文化體系逐漸完善，形成了鮮明的地域特色和民族風格。內結族人，外抗強權，成為一種潮流和納西人的信念。

李霖燦的第一步，在玉龍大雪山的召喚下邁向麗江。（李霖燦畫，李在中提供）

宋朝滅亡，蒙古軍隊革囊渡江，平定雲南。這一場攻伐之戰，給納西人帶來了強烈衝擊和活力，提供了千載難逢的歷史機遇：西元一二七六年，元在麗江設軍民總管府，統領一府七州一縣，使納西人有了一個從容不迫、獨立自主的發展空間。納西各部落也在這一時期逐漸走向了統一，開始了一場宏大民族文化體系的構建，在吸收白、藏民族文化精華的同時，也接受中原漢文化的潤澤，相容並包的思想與自由的精神意志在寬鬆的生活環境中蓬勃生長，納西族文化獲得飛躍式發展與進步。

轉眼間一百多年過去了，流淌不息的金沙江和麗江又迎來了一個新的朝代——大明王朝，與江水為伴的納西人也迎來了最為鼎盛的黃金時期。因納西首領阿甲阿得「率眾歸附」尚未穩住陣腳的大明王朝，並隨明軍征討邊疆，屢立戰功，深得明太祖朱元璋嘉許，親賜「木」姓，允其世襲麗江府土知府。時沉寂了一百多年的西藏勢力又趨強盛，經常侵擾明朝邊境，為實施反制，明王朝開始大力扶持木氏勢力，視木氏為「輯寧邊境」的重要力量。木氏土司借大明王朝之威，養兵蓄銳，發展經濟文化，大力擴充民族勢力，終於使納西族由歷史上處於被動地位的弱小民族，一躍成為聲名顯赫，所在國國重、所去國國輕的重要角色。

隨著大明王朝傾覆，清兵入關，木氏勢力漸趨衰微。其因是西藏又一次納入大清王朝轄治的版圖之內，納西人居住的麗江地區失去了「西北藩籬」的政治區位優勢；且木氏土司把持的莊園領主經濟漸已成為阻礙生產力發展的消極因素，更是地方政府和朝廷的眼中釘，欲拔之而後快。雍正年間，在朝廷與地方當局的雙重施壓下，麗江地區實行「改土歸流」，即改土司制為流官制，流官由中央政府委派，以加強中央對西南地區的統治。此招一出，木氏土司受到打擊與擠壓，此後一蹶不振。相反地，散落於諸邦的地主集團逐漸發展起來，新興經濟得到迅速發展，工商業漸趨繁盛，麗江古城的格局逐漸形成，納西族文化也基本定型。直到一九三七年抗戰爆發，麗江及周邊地區的文化遺跡、遺風依然如舊。

李霖燦可謂生逢其時，在神靈的感召下有幸進入這片「世外桃源」，滿目新鮮、新奇地四處採摘豐碩的文化果實。在與納西族民眾接觸並漸漸熟悉之後，李霖燦感到要深入研究東巴文化，首先要認識這個族群的文字，即東巴文，否則一切無從談起。

東巴文是一種原始的、兼備表意和表音成分的圖畫象形文字，主要用於東巴（中原稱智者，或稱巫師）教徒傳經布道時書寫東巴經文，故有此名。納西族俗稱「司究魯究」，意為見木畫木、見石畫石的「木蹟石蹟」。在文字發展演變上講，東巴文處在一種比甲骨文更原始的形態，屬於文字起源的早期，其象形文字達兩千多個，既能表達人類日常活動和細膩情感，亦可記錄複雜的事件，還能寫詩作文和記錄經典。這一未在歷史煙塵和戰亂中中斷的文字，被後世研究者稱為世界唯一活著的象形文字，或曰文字的「活化石」。二〇〇三年，東巴古籍被聯合國教科文組織列入《世界記憶名錄》，並進行數位記錄。當然，這都是李霖燦來到麗江調查許多年後的事了。

對麼些族群與東巴文字有了較為明晰的了解後，李霖燦認為應編纂一部有分量的納西象形文字字典，讓更多

雲南麗江三個東巴大師，從左至右分別是：鳴音鄉東巴和積貴、大東巴鄉東巴和士誠、魯甸鄉東巴和開祥。他們都見過李霖燦，並知道這位「麼些先生」的一些逸事。（李在中提供）

的學者對這種文字產生興趣和研究的熱情，進一步弄清麼些族和東巴文化形成發展的來龍去脈。當時，麗江地區已有外國學者進入考察並有所斬獲，國內外正式出版的一本納西東巴象形文字字典是法國的巴克（J. Bacot，今譯巴科）所編。這位熱受東方文化的學者，於一九〇七年、一九〇九年兩次深入納西族地區進行田野調查，後編撰《麼些研究》（*Les Moso*）一書，於一九一三年在荷蘭的萊頓出版，書中收錄三百六十多個東巴象形文字，在國內外學界引起較大迴響。但此書的缺憾是所收東巴文字與總數兩千多個相比，畢竟太少，且譯解十分簡略，完全不足以作為字典和詞典使用。

此後有納西族學者楊仲鴻在一九三一年編纂了《麼些文多巴字及哥巴字漢譯字典》一書；方國瑜在一九四〇年編成《納西象形文字譜》初稿；美籍奧地利學者洛克（Rock，J. F.）正在編纂東巴象形文字字典，但上述三家著述當時尚未問世。在沒有前賢作品可參照的情形下，李霖燦於納西古國的荒野莽原中，艱苦跋涉，開始尋訪東巴大師、深入當地百姓進行考察訪問。這時麗江和中甸東南部的三壩鄉（以東壩、白地、哈巴三塊不平整的壩子而得名，二〇〇一年中甸縣改名香格里拉縣）境內的東巴大師尚多，李霖燦一個村寨一個村寨地尋訪，虔誠

李霖燦著《金沙江情歌》封面。(李在中提供)

地向大東巴學習，足跡遍布麗江縣境、中甸壩區較為平坦的鄉村和塔城、魯甸、巨甸等山村，隨後又延伸至寧蒗縣永寧、四川境內的木裡縣俄亞，以及四川省無量河流域的很多村寨，向當地德高望重的大東巴請教，並在對方指導下翻譯經典。

這個計畫實施不久，李霖燦於三壩白地白水台結識了麗江魯甸鄉阿時主村的納西族青年和才，這個青年對李霖燦的田野調查及編纂麼些象形文字字典很感興趣。二人一見如故，很快成為至交，決定共同研究東巴文字與經典著述，並立下一個君子協定，互教互學麼些語和漢文，共同研究，共同進步。二人從流傳最廣的當地民歌和唐宋詩詞著手，每日一歌或一詩，相互教學念唱。和才資高質樸，僅一年的時間，所讀唐宋詩詞就朗朗上口，且寫得一手好漢字。李霖燦更是進步驚人，不但能唱當地民歌，還很快學會了講麼些話，讀麼些字，對所見經典的文字和流傳脈絡逐漸有了全域性的清晰把握。

在走村串戶的考察中，李霖燦、和才二人得到納西民間周煉心、周瑄、和晉吉等學人的幫助，幾年下來，在麗江、中甸、維西、鶴慶一帶的金沙江邊的鄉村收集了近五千首民歌。李霖燦與和才對其精華進行篩選、整理，最後輯成一本《金沙江情歌》，於一九四四年在四川南溪李莊鎮編定初稿，一九四

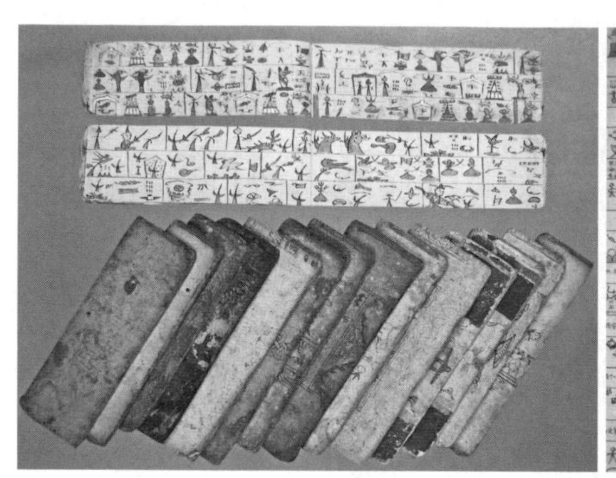

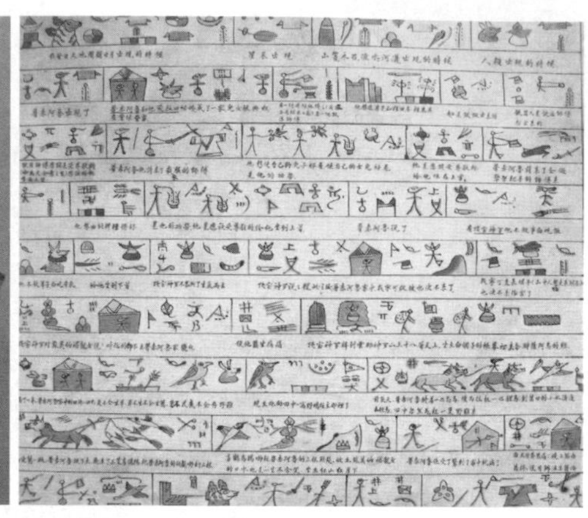

左：李霖燦手書麼些文字研究經典（共十六冊）。（李在中提供）

右：李霖燦麼些文字手書《普赤阿魯列傳》（局部）。（李在中提供）

七年在上海出版，又於一九七一年在台灣東方文化書局再版。

納西族民歌的收集、整理當然是重要的，但那畢竟不是東巴文化的核心，而對納西族語言文字的追尋和研究，才是解開這一民族輝煌文明創造的鑰匙。因了這一偉大目標，李霖燦透過實際考察納西先民的遷徙路線、文字的發源地及其分布狀況，認為在四川木裡以東，永寧以東，鹽源縣轄境一直到西昌附近的納西人是沒有文字的；而從木裡西邊的無量河南下，經中甸縣境，過金沙江，入麗江縣境又折而西北趨向維西縣境內的納西人是有文字的，也就是說，「麼些族的文字之花是開放在圍繞著玉龍雪山的金沙江邊上」的。而麗江縣北部的寶山及中甸縣的白地一帶僅有象形文字；麗江壩子、魯甸、金沙江邊以及維西縣的納西族聚居區則是既有象形文字又有音節文字，文化最先進、文明最發達的區域。[82]

冬去春來，倏忽間四年過去了。李霖燦與和才二人為中央博物院籌備處收集了一千兩百二十八冊象形文字東巴經和三冊音節文字東巴經；為中央研究院收集了兩百多冊象形文字經典，並對這些經典進行了編目整理，編寫了內容提要，同時在十幾位大東巴的幫助下，將一些重要經典進行了翻譯。

一九四三年九月，李霖燦得到已遷入李莊的中央博物院籌備處主任李濟指令，命其返李莊述職，並按學術界規矩，整理資料，寫出考察報告，以對公眾有個交代。李霖燦欣然就命，並告知同甘共苦了近四年的助手和才，設法完成使命。和才聞知，匆匆趕回家與老母道別，毫不猶豫地與李霖燦一道上路。二人在當地雇了幾十匹騾馬，馱著東巴經和各種圖冊、祭器，一路風餐露宿，過瀘沽湖，進入四川地界，經鹽源到西昌，再經樂山轉船過宜賓抵達李莊，此時已是一九四三年的十一月，整個行程歷時兩個多月。

來到李莊稍事安頓，在李濟安排下，李霖燦於張家祠堂內的中央博物院籌備處向同仁做工作報告。會前，李濟對這位初出茅廬的小夥子做出的成績給予充分肯定，並介紹說：中國邊疆巨集闊，正需要李霖燦這種「野人」四處「撒野」；觀念的新、方法的新、材料的新，都是一種進步增添，因而「我們都當協助鼓勵」。按李霖燦後來的說法，當時自己「風塵僕僕，才從大雪山的原始森林中下降文明的世界，不知道什麼叫作客套修辭」，一切如實敘述就是了。結果會場反應極好，氣氛熱鬧親切，大家可「隨時發問，絮絮而談，你來我往，簡直就像一個大家庭在爐邊閒話，脫落形式拘束，偏多鼓勵慰勉，和諧親切氣氛醉人」。李霖燦如坐春風，意興盎然地連續講述了近五個小時，眾人皆呼過癮並報以熱烈掌聲。

在接下來的日子裡，李霖燦在和才的協助下開始了《麼些象形文字字典》編纂工作。和才隨李霖燦進入中博籌備處後，被聘為「書記」，身分是雇員，即單位中級別最低的職員。儘管如此，和才卻心滿意足地為編纂事宜盡心盡力，並對李霖燦說：「我曾翻過野人山，曾在伊落瓦底江（今譯伊洛瓦底江）挖過金，到過密支那，見過不少世面，做過各種行業，也闖過禍，也發過財，到頭來還是覺得『研究』最好，能知道許多別人不懂的東西。」[83]

字典初稿完成後，由李濟送往板栗坳請史語所語言組的李方桂審查。李閱後極為高興，認為李霖燦做了一件了不起的大事業，唯音標方面尚有欠缺，沒有按國際通行的音標注音。在麗江考察時，李霖燦在學習音標方面曾受到納西族著名學者方國瑜、葛毅卿二先生指點，但與國際標準還差一段距離，所以李濟專門請李方桂派出史語所語言組助理研究員張琨前往指導。李霖燦與和才遵命上得山來，在板栗坳史語所駐地與張琨共同工作。根據張琨的建議，對字典初稿要重新編排，以排卡片的方法另起爐灶。於是，幾個青年每天忙於標音、整理、抄寫，每天抄錄二三十條於油印紙上，經過四個月的努力，對原擬就的音標全部校正了一遍。對於這段經歷的甘苦，李霖燦回憶，幾個人潛心於斯，「安安心心地按日記功，不知歲月之推移，別有一番『寒盡不知年』的樂境」[84]。這種精神和態度，使很少表揚下屬、門生的李濟看到後也由衷地稱讚起來，時隔三十四年，李霖燦仍記得李濟當時的神情：

> 大家都說濟老是嚴師，上過他的課的學生都說他給分數十分苛刻。但是在抗戰時光，我曾得過他一次的謬贊，至今思之，猶以為榮。地點在李莊，時間是三十四年（一九四五年）一個秋日下午，他走過來看見我在作麼些經典的翻譯，我用的是慢工出細活的「笨」辦法，第一行是麼些原文，第二行是國際音標注音，第三行是漢文直譯，第四行是意譯。這樣不僅形聲義三者具備，文法亦可顧及。更加上象形文字鳥獸蟲魚愈小愈生動好看，國際音標魚龍曼衍也別有一種草書之美，反正有的是時間，中文都莊嚴方正寫成顏真卿的格局，煞是美麗有趣，濟老一見大喜，說：這才是做學問嘛！[85]

一九四四年二月下旬，李霖燦開始與和才把編纂好的字典抄寫在藥紙上，準備交石印館石印，四個月後撰寫完畢。其間，當時已在中博籌備處擔任總幹事的曾昭燏，對這部字典的成書給予了極大支持和幫助，不但仔細修改初稿，還負責校對一張張寫好的原紙，全書完稿時又「自告奮勇」寫了一大篇英文提要，用毛筆蘸著「膩得化不開的油墨」，寫了十張八開紙的蟹形文字。德高望重、很少為人寫序的李濟為獎掖後進，也欣然命筆為這部大著寫了言辭懇切的序言，對納西象形文字的意義做了如下評說：

……創造一種文字，在人類文化史中並不是常見的事。有了這件事，無論它出現在地球上哪個角落裡，都值得若干人們鑽研一輩子。在東亞這個區域內，除了漢字集團外，其他的系統是有數的；麼些文字就是這有數系統內極重要的一個。[86]

一九四四年六月，李霖燦編著的《麼些象形文字字典》作為中央博物院第二種專刊於李莊鎮石印出版，這是繼曾昭燏執筆的《雲南蒼洱境考古報告》之後又一部不朽的巨著。此書共收錄兩千一百二十一個納西象形文字，收字之廣泛，囊括了「若喀」（阮可）字等納西支系的一些特殊「土字」和藏語讀音的文字，書末附錄漢文及國際音標索引。類似的收集文字，雖是文字專家而不研究這一分支的學者都無從看懂。這部著作以其嚴謹縝密的結構和豐富宏大的內容，成為中國學者編纂納西東巴文字字典的奠基之作，受到業內廣泛讚譽。一直密切關注李霖燦進步並給予指導的董作賓欣喜之餘，對這部大著給予了「分類精細，解說詳明，材料豐富，標音準確」的評價。而華西協合大學中文系主任、著名語言學者聞宥，於一九四六年撰寫的〈評《麼些象形文字字典》〉一文中，更是做了如下評價：

李君此書取材之富，實為以往所未有。每字下之音讀，精確可信，亦遠勝洛克不會音理之拼切（例如 gk-，Dt- 等皆極費解）。自此書出，而馬歌〔克〕書中文字之部分已成廢紙。其中小小疵累，誠有待於將來之訂正，而其跋涉搜訪之功，固不容湮沒之也。[87]

憑藉《麼些象形文字字典》的學術成就及其在學界產生的巨大影響，李霖燦由助理員晉升為中央博物院籌備處專門委員。此後，在李濟、董作賓等前輩學者鼓勵、指導下，李霖燦又埋頭編纂《麼些標音文字字典》一書，

麼些象形文字字典

李霖燦　編著
張　琨　標音
和　才　讀字

中華民國三十三年六月

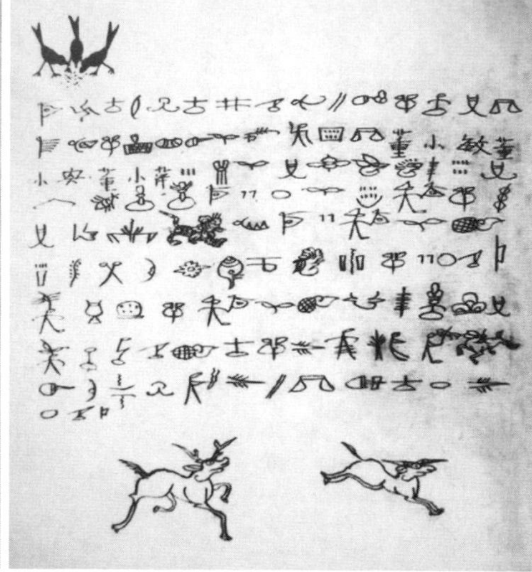

左：李霖燦研究東巴文化的代表作石印版扉頁。（1944 年四川省南溪縣李莊鎮出版，李在中提供）

右：和才為董作賓兒子董敏寫下的象形文字祝詞經。（李在中提供）

一九四五年完成並由中博籌備處列為專刊乙種之三，於李莊石印出版。該書共收錄了兩千三百三十四個標音符號，正文按音韻系統排列，按字形特點分為十五個大類，將東巴音節文字「哥巴」文從當時寫法繁多雜亂、分音不分調等混亂狀態中理清了頭緒，每字或按音或按形加以科學排列，這一科學方法和研究成果，成為後世東巴文化研究者進入這一領域的不二法門。

繼兩部傳世字典之後，李霖燦又與和才、張琨合作譯注了多種東巴經典並陸續出版。一九四九年，李霖燦攜家人隨中央博物院部分人員押運一批文物去了台灣，與其並肩工作的和才拒絕赴台。他對李霖燦說：「我是生長在山坳子裡的人，山路再遠，爬我都可以爬回家去，隔了海水我就沒有辦法了，只好和你家在此分手各奔東西。」[88]未久，這對共生死、同患難的異族兄弟，便在淒風苦雨的南京火車站灑淚痛別。

和才離開南京回到雲南昆明，在李霖燦為他推薦的雲南師範學院任職，同時在昆明青雲街兩百七十九號開了一間小吃店，但仍把主要精力投入東巴文化研究之中，有多篇關於東巴文化的論文發表。一九五七年，於昆明去世。

一九八四年，時任台北故宮博物院副院長的李霖燦正在編撰一部關於納西文字研究的論文集，輾轉得到和才去世的消息，悲不自勝。他在這部集子的序尾，含淚用黑框圍寫了如下一段文字：

正在校稿的時候，得到了一個極壞的消息：和才先生已經過世了。他不但是本書第十篇的發音人和第十二篇親屬稱謂的報告人，而且可以說，在這本書內處處都有他的功勞和苦勞。再進一層來哀悼，他是與我共患難同生死的好朋友。我們為了溝通這兩個民族的文化，攜手並進甘苦共嘗合作了二十年。若沒有他的心力貢獻，兩部麼些文字字典，九種經典譯注和二十篇這裡的論文結集是不能問世的。謹在這裡志我心裡的哀痛，並以這本書來紀念我這位肝膽相照的麼些朋友。[89]

注釋

[1] 陳立夫《中國之科學與文明．前言》，第一冊，台灣商務印書館一九七二年出版。

[2]《李約瑟與〈中國科學技術史〉》，劉景旭編著，中國少年兒童出版社二〇〇一年出版。

[3]《四川省歷史文化名鎮——李莊》，熊明宣主編，宜賓市李莊人民政府一九九三年出版（內部發行）。

[4]《中國西南部的科學（一）物理—化學科學（一九四三）》，李約瑟著，原載《自然》雜誌，第一五二卷，一九四三年。轉引自《李約瑟游記》，李約瑟、李大斐編著，李廷明等譯，貴州人民出版社一九九九年出版。

[5] [6] [7] [8] [10]《童第周：追求生命真相》，童第周著，解放軍出版社二〇〇二年出版。

[9] [17] [22] [25]《李約瑟遊記》，李約瑟、李大斐等編著，李廷明等譯，貴州人民出版社一九九九年出版。

[11] [12] [13] [14]〈一九四三年二月—十二月的書信摘錄〉，載《李約瑟遊記》，李約瑟、李大斐等編著，李廷明等譯，貴州人民出版社一九九九年出版。

[15] 黃然偉〈關於王鈴〉，轉引自《李約瑟與中國》，王國忠著，上海科學普及出版社一九九二年出版。

[16] 關於王鈴人生軌跡，有二事予以補充。一九四四年十二月十四日，在重慶的傅斯年在給董作賓的信中提到：「王鈴來此，弟勸之返，不返，勸之做譯員，並允為之設法妥為安置，不做。昨天竟說出，他去美國新聞處做事（賺美金）！今日已陳院長將其革除矣。此事仍乞辦一公事到院。彼之待遇，十二月份即不能領也。」（《傅斯年遺劄》第三卷，王汎森、潘光哲、吳政上主編，中央研究院歷史語言研究所二〇一一年出版）因資料缺乏，不知王鈴因何事何故離開李莊跑到重慶另找工作，最後竟惹惱傅斯年而被革職。亦不知他在去英國之前以何種職業為生。此一逸事也。

另據聞，一九四九年中共建政後，出任中國科學院院長的郭沫若，曾兩次寫信邀請王鈴回大陸組建中科院自然科學史研究所和寫《中國科學技術史》，每次都寄兩千英鎊過去作為路費。但王鈴多方考慮後仍滯留海外未歸。大約在一九九二年，王鈴偕澳籍妻子回到家鄉南通買房定居，其時他兩個兒子一個在美國，一個在日本，均已成人，故有落葉歸根的想法和行動。惜時間不長，一九九四年六月六日在家中去世。據說，那天晚上他正伏案撰寫楊振寧、謝希德等老友屢屢敦促他完成的《李約瑟傳》，突然感到心臟很難受，當救護車趕到時，他的心臟已經停止了跳動，遽然而逝。（倪怡中〈李約瑟的合作者——中國學者王鈴〉，載《博覽群書》，二〇〇八年第六期）

逸事者再，從王鈴晚年歸鄉的情形看，他的妻子是澳籍，且他與妻子有兩個孩子，以此證明他娶妻生子應在海外。但王鈴在李莊史語所時期就有女友，其線索從時在李莊板栗坳北大文科研究所讀書的王叔岷的回憶中可知。王氏說：山居寂寞，研究學問之外，無所事事，我寫信回家，盼望尚淑妻帶著小女兒國瓔來李莊。史語所年輕友人王鈴，亦函邀其舊時中學所教之女生娟娟，來李莊報考同濟大學。一九四三年夏某日，我同王鈴及同濟大學幾位學生，在李莊鎮江邊等候輪船到來，旅客紛紛下船，其中一位清秀而高挑的女生東張西望，向前一問，正是娟娟。偏偏這時王鈴不在，同濟的學生向娟娟自我介紹，並介紹我……隨後王鈴到了，陪同她上山，暫住栗峰。問：「見到王先生了嗎？」不料她竟說：「見到了，我跟王先生一見如故。」自此之後，娟娟常到我的宿舍聊天……常常深夜始去。一夕，夜已深，她自動把門關上，坦然上床睡了。房內有兩張床，大的我準備和淑妻睡的，小的留給小女國瓔睡。娟娟睡上大床，我睡小床，不覺天漸亮，娟娟始離去。於是謠言冷語，時有所聞，甚至有人當面責備我：「你不該接受她的愛！」我無話可說，深悔不應該讓娟娟留宿。娟娟卻安慰我：「我最了解你，別人愈懷疑你，批評你，我愈尊敬你，你是光明磊落的。」我說：「好了，我為妳受謗，以後再不要這樣了。」娟娟笑笑：「我不會對別人這樣的。」（《慕廬憶往：王叔岷回憶錄》，王叔岷著，中華書局二〇〇七年九月出版）

現在要說的是，王鈴的出走是否與這位女學生移情別戀，以及板栗坳生活圈子投射的心理壓力有關呢？因缺少史料，無法坐實，只能是姑妄言之、姑妄聽之了。

[18]《費正清對華回憶錄》，〔美〕費正清著，知識出版社一九九一年版。

[19]顧頡剛〈悼王靜安先生〉，載《文學週報》，一九二八年五月。

[20]巫寶三〈紀念我國著名社會學家和社會經濟研究事業的開拓者陶孟和先生〉，載《近代中國》，第五輯，上海社會科學院出版社一九九五年出版。

[21]一九八五年，一個叫任明忠的退休工人，湊了兩萬元現金從北京一家廢品站買到了一批材料。其中有一份

是陶孟和等人署名的編為十七號的祕密檔，該檔末尾附有「本會三十五年（一九四六年）八月十一日編制全國公私財產損失統計表暨全國人力損失統計表」等字樣。檔統計，全國公私財產損失總計三百一十八億美元（一九三七年七月之美元價值），全國軍民死傷失蹤近一千一百八十三萬人，其中軍隊三百四十一萬，人民八百四十二萬。但檔裡也表示，「因少數省市以情況特殊不允調查，或調查較遲不及報送，致未能如期編製，不無遺憾耳」。除這份檔外，其他均為抗戰調查的表格與資料。經中國社會科學院近代史所研究員李學通等專家鑑定，整麻袋材料均為當年社會科學研究所的調查報告，但至今仍未引起當局的重視。（參見《京華時報》，二〇〇五年四月二十六日報導）

[23] 單士元〈中國營造學社的回憶〉，載《中國科技史雜誌》，一九八〇年第二期。據與梁思成夫婦共事的陳明達生前對其外甥殷力欣說，梁、劉在李莊後期不能合作，生活艱苦是一個方面，主要的還是因為劉認為林徽因過於霸道，對營造學社事務干涉過多，最後不得不離開李莊另謀他職。（二〇〇七年冬，殷力欣與作者談話記錄）

[24] [54]《中國建築之魂——一個外國學者眼中的梁思成林徽因夫婦》，〔美〕費慰梅著，成寒譯，上海文藝出版社二〇〇三年出版。

[26] 一九四四年，李約瑟一行來到廣東砰石鎮，拜訪了流亡至此地的中山大學經濟學教授王亞南。在砰石鎮一家小旅館裡，李氏兩度提出了他的「難題」，並請教中國歷史上官僚政治與科學技術的關係問題，王亞南聽罷，因平素對此一問題沒有研究，一時無以作答。李希望王從歷史與社會的角度來分析一下中國歷史上官僚政治與科技的關係。因這一啟發，王亞南開始關注、研究此一問題。後來，王氏在上海《時與文》雜誌上連續發表了十七篇論述中國官僚政治的文章，作為對李約瑟的答覆。一九四八年，上海時與文出版社將王亞南的論文結集出版，書名《中國官僚政治研究》，對「李約瑟難題」算是做了一個初步解析。此書出版曾轟動

一時，引起學術界廣泛關注，同時奠定了王亞南的學術地位。

[27] 李光謨採訪記錄。

[28]《中國科學技術史．第一卷．導論》，[英]李約瑟著，王鈴協助，科學出版社、上海古籍出版社一九九〇年出版。

[29]《陳寅恪詩集》，第二十七頁，陳美延、陳流求編，清華大學出版社一九九三年出版。此詩寫於一九四〇年二月，標題為〈庚辰元夕作時旅居昆明〉，詩文：魚龍燈火鬧春風，彷彿承平舊夢同。人事倍添今日感，園花猶發去年紅。淮南米價驚心問，中統銀鈔入手空。念昔傷時無可說，剩將詩句記飄蓬。

[30] [31] [38] [39] [51] [55] 中央研究院歷史語言研究所傅斯年圖書館藏「傅斯年檔案」。

[32] 屈萬里〈傅孟真先生軼事瑣記〉，載《傅故校長逝世紀念專刊》，台大學生會編印，一九五一年。

[33]《傅斯年——大氣磅礴的一代學人》，岳玉璽、李泉、馬亮寬著，天津人民出版社一九九四年出版。

[34] [35] [36]《慕廬憶往——王叔岷回憶錄》，王叔岷著，中華書局二〇〇七年九月出版。

[37] [63]《石璋如先生訪問記錄》，訪問：陳存恭、陳仲玉、任育德，記錄：任育德，中央研究院近代史研究所二〇〇二年出版。

[40]《發現李莊》，岱峻著，四川文藝出版社二〇〇四年出版。

[41] [42] [43] [44] [48]〈傅斯年致李濟〉，載《傅斯年遺劄》第三卷，王汎森、潘光哲、吳政上主編，中央研究院歷史語言研究所二〇一一年出版。

[45] [59]〈傅斯年致朱家驊〉，載《傅斯年遺劄》第三卷，王汎森、潘光哲、吳政上主編，中央研究院歷史語言研究所二〇一一年出版。

[46]《西潮與新潮》，蔣夢麟著，團結出版社二〇〇四年出版。

[47]《龍蟲並雕齋瑣語》，王力著，商務印書館二〇〇二年出版。

[49][50]〈傅斯年致朱家驊、葉企孫〉，載《傅斯年遺劄》第三卷，王汎森、潘光哲、吳政上主編，中央研究院歷史語言研究所二〇一一年出版。

[52][53]〈傅斯年致李權〉，載《傅斯年遺劄》第三卷，王汎森、潘光哲、吳政上主編，中央研究院歷史語言研究所二〇一一年出版。

[56]李敖〈李濟：他的貢獻和悲劇〉，載台北《文星》，第七十三期，一九六三年十一月。

[57][58]〈傅斯年致王敬禮〉，載《傅斯年遺劄》第三卷，王汎森、潘光哲、吳政上主編，中央研究院歷史語言研究所二〇一一年出版。

[60]〈傅斯年致凌純聲等〉，以下二函皆為本標題。載《傅斯年遺劄》第三卷，王汎森、潘光哲、吳政上主編，中央研究院歷史語言研究所二〇一一年出版。

[61]自一九四二年始，隨著朱家驊提出建設西北，在西北設社科所工作站等構想，凌純聲即想脫離史語所，另創設一個邊疆文化研究所。一九四二年二月六日，傅斯年致信朱家驊，說：「純聲兄事，弟意，乃以弟再勸方桂一下為妥。純聲兄在學業、才情上說，遠不如方桂。尚有一事，即純聲兄乃張其昀、胡煥庸之一黨，團成一氣者也。每以敝所消息報告，此足證弟之大量，異地相處早散夥矣。且緝齋聽說，緝齋要氣死，仲揆也要撇嘴也。此函乞兄看後即撕之。」信中所說的緝齋，即中研院心理研究所所長汪敬熙；仲揆，即地質研究所所長李四光。同年二月十三日，傅斯年再致朱家驊，謂：「日昨吳均一兄來，談及本所第四組事，謂凌純聲兄即奉命籌備邊疆文化研究所（均一兄謂純聲兄自言如此），即於第四組引起之問題殊為不乏，例如書籍是否隨之搬去等，此猶是所中之事，其關於均一兄本人者，則純聲去後，四組只剩均一兄一人，不成其為組。」（參見《傅斯年遺劄》第三卷）最後的結局是，直到抗戰復員南京，凌純聲的邊疆文化研究所仍為泡

影，吳定良（均一）的體質人類所也未建成。未久，吳定良應浙江大學校長竺可楨邀請，離開史語所任該校史地系教授，開設普通人類學及統計學課。一九四七年九月浙江大學成立人類學系與人類學研究所，吳任系主任兼所長。凌純聲隨史語所遷台後，才從史語所脫離出來，單獨創建民族學研究所並出任掌門人。

[62]〈傅斯年致李方桂〉（一九四四年六月二十八日），載《傅斯年遺劄》第三卷，王汎森、潘光哲、吳政上主編，中央研究院歷史語言研究所二〇一一年出版。

[64]《聖地之光——城子崖遺址發掘記》，石舒波、于桂軍著，山東友誼出版社二〇〇〇年出版。

[65]〈致李濟〉，載《李濟與友人通信選輯》，李光謨輯，載《中國文化》，第十五期，一九九七年十二月北京出版。

[66]《甲骨學一百年》，王宇信、楊升南主編，社會科學文獻出版社一九九九年出版。

[67]〈致董作賓〉，載《陳寅恪集．書信集》，陳美延編，北京三聯書店二〇〇一年出版。

[68]陳寅恪〈海寧王靜安先生紀念碑〉，載《金明館叢稿二編》，上海古籍出版社一九八〇年出版。

[69]傅斯年〈殷曆譜．序〉，《傅斯年全集》第三冊，歐陽哲生編，湖南教育出版社二〇〇三年出版。下同。

[70]董作賓〈《殷曆譜》的自我檢討〉，載《大陸雜誌》，第九卷第四期，一九五四年八月出版。

[71][72]據李霖燦之子李在中提供。

[73][75][76]李霖燦，〈高山仰止——紀念董作賓先生百齡冥壽的故事〉，載《歷史博物館館刊》，一九九三年七月，第三卷第三期。

[74]《神遊玉龍雪山》，李霖燦著，雲南人民出版社一九九四年出版。

[77][79]〈曾昭燏致李濟〉，原件見台北故宮博物院檔案。

[78]李霖燦，〈高山仰止——紀念董作賓先生百齡冥壽的故事〉，載《歷史博物館館刊》，一九九三年七月，第

三卷第三期。南按：此處李霖燦的回憶，或有誤，或文章未說清楚。按李霖燦之子李在中對本著徵求意見稿的批註說：「這是民國三十年七月的事，中博已經在李莊了。」查《李霖燦教授年表》一九四一年條：「七月，仍在雲南麗江大雪山下學習麼些象形文字，突接電報受國立中央博物院籌備處主任李濟之聘，在金沙江及玉龍雪山之間深入調查麼些族之生活與文化；任為助理員，月薪一百六十元，由此開始了博物館員的生涯。」（《李霖燦教授學術紀念展》，台北歷史博物館二〇〇四年十二月出版）

[80]〈蠻書〉，轉引自方國瑜《麼些民族考》，載《納西學論集》，方國瑜著，白庚勝、和自勝主編，民族出版社二〇〇八年出版。

[81]方國瑜《麼些民族考》，載《納西學論集》，方國瑜著，白庚勝、和自勝主編，民族出版社，二〇〇八年出版。

[82]李霖燦〈論麼些象形文字的發源地〉，載《麼些研究論文集》，李霖燦著，台北故宮博物院一九七三年出版。

[83][84][85][86]《藝壇師友錄：西湖．雪山．故人情》，李霖燦著，雄獅圖書股份有限公司一九九一年出版。

[87]聞宥〈評《麼些象形文字字典》〉，載《燕京學報》，第三十期，一九四六年。

[88]李在中〈和父親肝膽相照的麼些朋友——和才先生〉，載《李霖燦教授學術紀念展》，李明珠主編，台北歷史博物館出版，二〇〇四年十二月。

[89]《麼些族研究論文集（納西族）》，台北故宮博物院一九八四年出版。

第九章

國土重光

就在董作賓、李霖燦及其他研究人員，在李莊躬身伏案於慘澹的菜油燈下默默研究學術之際，戰爭狂飆竟波及了這個偏遠寧靜的古鎮，使之沸騰了好一陣子。

一九四四年一月一日，蔣介石向全國軍民發表廣播講話，指出中國的抗日戰爭勝利在望，中國國譽日隆，圍攻並徹底打垮日寇，中國須擔當主要任務云云。

十萬青年十萬軍

就在抗戰曙光越來越明亮之際，風雲突變，日本方面決定用盡最後一絲力氣拚死一搏，企圖死裡求生。日本大本營制訂了以主力部隊進行一場貫通中國南北，聯絡南洋交通線和摧毀美國空軍基地的大規模戰爭的計畫，即抗戰後期著名的「一號作戰計畫」。

根據此一計畫，日軍於一九四四年四月初正式從北線發動攻勢，先後發起豫中戰役、長衡戰役、桂柳戰役等大規模決戰。國軍在各個戰場雖進行了頑強抵抗，但連遭敗績。

五月，駐河南的日本第十二軍十四點八萬人，將國民政府第一戰區近四十萬官兵打得一敗塗地，戰區司令長官指揮部、軍事重鎮洛陽失守，國軍所屬部隊不得不撤往潼關以西阻擊日軍進攻的步伐。

六月二十日，抗日戰爭史上著名的衡陽保衛戰拉開序幕。中日雙方在衡陽周邊五十公里的範圍內，分別投入了三十萬與三十五萬兵力，先於外線展開激戰。至七月底，日軍以兩個精銳師團做前鋒，相繼逼近戰略中心衡陽。此前在常德會戰中遭到重創，戰鬥力尚未恢復的國軍第九戰區第十軍方先覺部，以不足四個師一點七萬人的兵力扼守衡陽，抵抗日軍的猛烈進攻。此次衡陽之戰，是抗戰後期最大規模的一次會戰，被蔣介石稱為「有關於國家之存亡，民族之榮辱至大」的最後一場生死之搏。大海那邊的日軍大本營和日本天皇皆翹首以待，密切關注著這場戰事。

日軍正在往飛機上搬運炸彈，準備轟炸衡陽機場。

雙方進入內線後，日軍在衡陽城外遭遇了自開戰以來最頑強的阻擊，中日軍隊皆孤注一擲，死打硬拚，戰爭持續了一月有餘，難決勝負。經過如此長時間的消耗，衡陽已成一座內無糧草、外無救兵的孤城。指揮此次會戰的最高統帥蔣介石意識到局勢嚴峻，立即制定了救援衡陽的戰略方案，並嚴令外線各軍迅速攻擊前進。但在日軍強大砲火與兵力阻擊下，增援部隊進展十分緩慢，衡陽面臨彈盡援絕、城破有日的險惡處境。八月八日凌晨四時，日軍攻入衡陽，城陷。軍長方先覺以下參謀長、四師長被俘，第十軍全軍覆沒。

隨著衡陽的陷落，湖湘一線的守軍全面崩潰，廣西失去重要屏障。日軍趁機迅速調集優勢兵力，轉赴中國西南戰區。在很短的時間內，南線軍事重鎮桂林、柳州、南寧以及廣東、福建部分軍事要塞相繼失陷，中國軍隊損失兵力六十餘萬。此後不久，日本中國派遣軍和駐東南亞的南方軍，在廣西南部會師，從而打通了中國內地通往越南的大陸交通，完成了日軍大本營擬訂的「一號作戰計畫」。此一計畫的完成，大大鼓舞了日軍的士氣和野心，認為「一號作戰的顯赫成果，可以說是使當時陷於淒慘不利戰局中的日本，微微見到一線光明」，「從而對今後的作戰大為有利」[1]。

就在柳州淪陷之時，驕悍的日軍一部北進貴州，進攻黔南重鎮獨山並很快占領該地。獨山失守，如同日軍一把鋒利的尖刀，從側面刺向中國的軟肋，且來勢兇猛迅疾，貴陽震動，重慶岌岌可危。一時人心惶惶，感到又一次大難臨頭。國民政府召開緊急會議，商討放棄重慶，遷都西昌或大西北的計畫，世界各方的視線都驟然投向遠東戰場上的核心——中國西南戰區。

十月十一日至十四日，蔣介石在重慶召集國民政府黨政軍各界大員、各省市政府要人、各級三民主義青年團負責人及教育界人士一百五十餘人，舉行「發動知識青年從軍會議」，討論知識青年從軍方案，決定成立知識青年從軍委員會，指定張伯苓、莫德惠、何應欽、白崇禧、陳立夫、張厲生、周鐘岳、顧毓秀、谷正綱、張治中、康澤等為委員。會議決定從全國各地招募十萬名知識青年編成新軍，投入戰場。蔣介石親自指定兩個兒子蔣經國、蔣緯國帶頭報名參軍，共赴國難。

消息很快在全國傳播開來，《中央日報》、中央廣播電台等新聞媒體也開始配合大肆宣傳。諸如「一寸山河一寸血，十萬青年十萬兵」「國家第一，民族至上」「軍事第一，軍人第一」「國破家亡君何在」「皮之不存，毛將焉

1944 年 12 月 28 日，西南聯大師生歡送從軍抗日同學。（北大校史館提供）

附」等宣傳口號，連篇累牘地見諸報刊、廣播。面對外敵壓境與輿論鼓動，各地知識青年特別是各高校的師生很快被鼓動，紛紛表示要參軍入伍，抗戰禦敵。身處李莊的同濟大學及其附中，也不甘落後地在鎮中心校本部——禹王宮召開大會，鼓動全校學生踴躍報名參軍。

據同濟學生王奐若回憶：「當年重慶市及四川、雲、貴各地中學生知識青年投筆從戎者風起雲湧，熱潮所至，如江水之奔騰，不可遏止。位於四川宜賓李莊的同濟同學紛紛響應，於紀念周會上舉行從軍簽名儀式時，鼓聲頻傳，個個摩拳擦掌，怒髮衝冠，熱血沸騰。同濟同學當時簽名者達六百餘人之多，約占全校三分之一人數，為全國院校從軍人數之冠（未簽名者多因體弱多病受師長勸阻）。當年，留在同濟的德籍教授看到這種陣勢，都感動得熱淚盈眶，伸出大拇指叫好，並高呼『中國不會亡！』（Republic China ist nicht gestorben）、『中國一定強！』（Republic China muss sich stärcken）。」[2]

除學生外，報名者還有幾位青年教師。有一位剛從德國回國的工學博士楊寶琳教授，也當即報名參軍，《中央日報》、《掃蕩報》等主流媒體對此做了報導，引起了轟動。

就在同濟大學報名參軍奮勇當先之際，正在重慶的傅斯年匆匆趕回李莊召集會議，響應此一運動。令傅氏感到遺憾的是，當他在李莊史語所的會上鼓動青年學者們從軍，奔赴火熱的戰場時，出乎意料沒有一人回應。傅見此情景，進一步鼓動道：「你們現在不參軍，將來抗戰結束後，你們的兒女要問你們，爸爸，你在抗日戰爭中做了些什麼？你們將怎麼回答呢？」這極富煽動性的言辭，仍然沒有引起波瀾。靜默一陣，傅斯年沒有再強行讓對方表態，只是說了句「大家回去再好好想想吧」。言畢宣布散會，以後再沒有過問。[3]

一九四五年年初，遵照蔣介石指令，號稱由十萬知識分子組成的青年軍，在短暫集中後編成九個師，以原緬甸遠征軍總司令羅卓英擔任訓練總監，蔣經國為軍政治部主任，負責行政上的實際領導職責。青年軍的組建，為蔣經國步入軍隊高層系統並執掌軍權打開了一條通道。

按照國防委員會頒布的命令，徵召的青年軍各師、團分別在不同地區整訓。自一九四五年一月一日起，四川省從軍的知識青年陸續集中，分批乘專車赴瀘縣軍營整編。直到八月初，同濟大學參軍的三百多人，才開赴瀘縣二〇三師受訓。

此時，中國軍隊的人格教育和兵制教育，依舊沿襲清末新軍的老套路，即靠湘勇起家的曾國藩外加日本山縣有朋的訓導模式。而中國文人教育，特別是高等教育，繼五四運動之後已發生了跨時代的巨變，民主、自由等思想已融入青年學生的血液之中，並成為他們追求的理想和人生行動的目標。兩種截然不同的思想文化和教育方式，在舊式軍人與新生代學生軍之間產生了劇烈碰撞與對立，這就不可避免地為從軍學生的個人悲劇埋下了伏筆。

同濟出身的學生兵有一位名黃克魯者，在瀘州整訓中，目睹了通訊營營長貪汙腐敗的行徑，大感不平，以傅斯年經常掛在嘴邊的名言「讀聖賢書，所學何事」，以及范仲淹「先天下之憂而憂」的士大夫姿態出面制止，竟被對方當場搧了兩個耳光，然後命人一頓拳腳打翻在地，拖進一間黑屋子關了禁閉。另一位同濟出身的學生兵名藍文正者，在集訓時不服從長官的口令，並以「位卑未敢忘憂國」之類的豪言壯語予以頂撞，長官怒不可遏，當場下令將其拉出訓練場，就地槍決。至於那位在徵召運動中名噪一時、暴得大名的「海龜」楊寶琳，因有西洋博士與名校教授的雙重頭銜，被長官破例任命為青年軍二〇三師工兵二連少校指導員。楊在軍中雖感大不適應，身心俱受折磨，但總算熬了下來。後來，楊寶琳隨軍渡海來台，任職於裝甲兵戰車工廠，不久便宣布自己看破紅塵，遁跡空門，自冠法號曰「釋自渡」，以他的專業強項——工程力學原理闡釋佛理法道。據說，前楊寶琳教授後釋自渡法師歸天之時，道出了一段對自己人生歷程經年思索後認同的佛理：「心無掛礙。無掛礙，故無有恐怖。遠離顛倒夢想，究竟涅槃。」

由於日軍為完成「一號作戰計畫」，在長達半年的連續作戰中損耗巨大，國際戰場形勢變化迅速，日軍在太平洋戰場連連失利，帝國海軍受到重創。護衛日本本土的週邊島鏈基地，被美國譽為「漂浮的陸地」之航空母艦的陸海空力量「五馬分屍」，日本四島危機凸顯，導致東條內閣倒台。日軍不得不調整戰略，把主要兵力用於局勢更加緊迫的太平洋戰場，以對付美軍對本土的致命打擊。占領中國西南獨山地區的日軍，遂成為一支孤軍，不得不放棄獨山，撤出黔東南，固守中國東南沿海和南洋，勉力支撐岌岌可危的海上戰局。

隨著抗日戰爭勝利的消息接踵而至，號稱十萬之眾的青年軍以虎頭蛇尾的形態宣布解散，在抗日戰爭歷史上，沒有留下像樣的戰績。

青年軍解體，大批愛國的有志青年避免了充當砲灰的厄運，幸運地躲過了一劫。有道是，天機可測，命運不可測，既然茫茫史河中風雲激蕩、天崩地裂的大時代已經來臨，內戰不可避免，正如魯迅所說，大時代之「所謂大，並不一定指可以由此得生，而也可以由此得死……不是死，就是生。這才是大時代」。

勝利前後

歷史的進程如激蕩前行的長江之水，幾個大的險灘、峽谷拐過，就到了寬敞明亮的一九四五年初夏。此時，日本軍隊大勢已去，幾乎完全喪失了戰略進攻能力，盟軍已完全控制了制空權和制海權，並自各個領域和戰略要點實施反攻。以美國為首的盟軍空中打擊力量，配合陸、海軍在中國淪陷區和東部、南部沿海，特別是日本本土展開大規模轟炸，日本軍隊被迫出全線、局部進攻轉為戰略防禦。

為保障各戰區文化遺產免於戰火，國民政府專門成立了中國戰地文物保護委員會，配合盟軍對地面文物實施保護。作為古建築學家的梁思成被徵召至重慶，以委員會副主任身分，負責編制一套淪陷區文物目錄，包括寺廟、古塔、陵園、考古遺址、博物館等一切重要人類文化遺產。隨梁思成來重慶的，還有助手羅哲文。

羅哲文是中國營造學社一九四〇年年底在李莊招收的練習生。當時梁思成等人剛從昆明遷往李莊，急需一個青年人幫助學社同仁處理雜務和繪圖等事宜，決定在當地招收一位可堪造就的青年學生前來工作。據羅氏回憶：「那時，我還是一個不到二十歲的青年，剛從中學出來，在宜賓的一家報紙上看到一則中國營造學社招考練習生的廣告。至於這一單位是幹啥子事情的並不知道。只見考題中有寫字、畫畫、美術等內容，我對此很感興趣，便去投考了。喜出望外，果然被錄取了。後來才知道，眾多的考生中只錄取了我一個人。」[4]

羅哲文來到營造學社後，先是幫助劉敦楨抄寫、整理文章和插圖，後作為梁思成的助手做資料整理和測繪等工作，漸漸成長為梁思成的工作助手。

羅哲文原名羅自福，進營造學社之後，隨著美、英、蘇、中漸漸結成軍事聯盟，共同抗擊德、義、日三個法西斯軸心國，美國總統羅斯福、英國首相邱吉爾，包括蘇聯的史達林等人物的名字廣為人知。青年羅自福與羅斯福諧音，於是營造學社與李莊其他科研機構的相識，甚至包括李莊鎮內百姓和光屁股的孩子，見面之後總是對羅

左：2001 年 10 月，羅哲文在李莊月亮田營造學社故地進行導覽解說。（李莊鎮政府提供）
右：羅哲文述說往事。

自福高聲呼曰：「羅大總統。」如此之「尊稱」，弄得羅自福哭笑不得。後來當梁從誡一幫同學來到營造學社玩耍並高呼「羅大總統」時，梁思成覺得有些彆扭，將孩子們轟跑後，微笑著對羅自福道：「自福呵，這個『羅大總統』的雅號聽起來很響亮，不過在李莊這個小鎮關起門來做總統，總給人一種『偽』的感覺。現在中國偽的東西已經夠多了，什麼偽政府、偽主席、偽軍、偽北京大學、偽中央大學等。汪兆銘建了個偽中國政府，搞得天怒人怨，像過街的老鼠，人人喊打。你要再弄個偽美國政府，那天下不就更要大亂了。我看就不要在咱這個院兒裡做大總統了，還是改個名字，做個平常的中國繪圖員吧。」於是，在梁思成建議下，羅自福改名羅哲文，很有些文人雅士的儒家味道。再後來，「羅大總統」的名號就慢慢消失了，羅哲文三個字倒成了古建築學界一塊響噹噹的招牌。

這次羅哲文隨梁思成到達重慶，先把文物目錄一條條編好，然後再在軍用地圖上仔細標出準確位置。目錄為中英兩種文字編成，並附有照片，印成若干份，發給各戰區指揮員和盟軍飛行員以供參考，防止砲火與飛機投放的炸彈焚毀這些目標。據梁的好友費慰梅說，梁思成編制的文物目錄，「有一份還傳到了周恩來手上，顯然引起了他的注意」[5]。

就在梁思成編制淪陷區文物目錄的同時，盟軍司令部透過中方請梁思成把日本的重要文物古蹟列表，並在地圖上標出位置。梁思成與羅哲文工作了一個多月才完成任務。梁在送交地圖時，透過中方明確表示：如果對日本本土毀滅性轟炸不可避免，其他城市可炸，但京都、奈良不可為，日本民族的文化之根就存留於這兩座古城之中。現在的日本民族猶如太平洋孤島上一棵風雨飄搖、電擊雷劈的大樹，即將面臨亙古未有的毀滅性災難，樹的枝芽可以毀而再長，根卻不能再生，京都、奈良作為遠東甚至世界人類文化的罕見遺存，必須在轟炸中特別注意保護，把根留住。

當時，此項工作是祕密進行的，按照「不該說的不說，不該問的不問」這一鐵打的保密規矩，梁思成與助手羅哲文完成這項任務後，又埋頭於保護其他文化、文物事宜的策畫中。由於全面反攻的盟軍遇到日本本土軍隊的頑強抵抗，盟軍再度加大了轟炸力度，日本四島連同附屬小島，幾乎所有城市均被美軍炸得滿目瘡痍。而著名的東京大轟炸也愈演愈烈，整座城市浸染在血與火的旋渦中。

在飛機轟鳴、彈片呼嘯的大轟炸、大失控、大混亂中，幾乎所有日本人都認定，像東京、大阪這樣世界矚目的城市皆成廢墟，那麼，古老的京都、奈良必被毀滅無疑。因而，精明的日本人做了最壞的打算，除了模仿中國人應付戰爭兵燹的方法，把兩座古城大量的珍貴文物遷移到遠處深山祕藏，還發明了一個更絕的方法，即對極具價值的歷史遺跡，特別是地面建築，全部拆除搬遷，待戰後再按原型恢復。由於建築古蹟極多，工程浩大，加之人心惶惶，拆遷工程進展緩慢。然而，讓日本政府、軍方和民眾感到不可思議的是，在盟軍鋪天蓋地的轟炸中，唯獨奈良、京都這兩座古城，奇蹟般地始終未遭到「像樣」的空襲，待日方費盡九牛二虎之力把著名的京都御所整個木構長廊全部拆遷之後，戰爭即宣告結束。遍布於兩城內的宮殿、古寺、古塔等古建築，在戰火中得以倖免。

多少年過去了，因為知情的梁思成緘口不言，沒有人把此事與一位中國建築學史家聯繫在一起。當年追隨導師第一次走進陪都重慶卻沒機會飽覽山城景色的青年助手羅哲文，也漸漸淡忘了自己為此揮汗繪圖的情景。

一九八六年，羅哲文應邀到日本參加在奈良舉辦的「城市建設中如何保護好文物古蹟」國際學術研討會，其

左：京都三十三間堂所奉千軀十一面千手觀音像。
右：奈良興福寺建於八世紀，五重塔和東金堂為十五世紀時重建。

間和奈良考古研究所學術部主任菅谷文則相遇。菅谷得知羅氏早年出於梁思成門下，一九四四年前後正跟梁在李莊和重慶，便熱情地向他講述二戰中的一些逸聞趣事。菅谷說，在第二次世界大戰後期，美軍在日本本土進行轟炸時，古建築文物最多的京都、奈良倖免於難，此事可能和梁思成有極大關係。據前年到日本訪問的北京大學考古系主任宿白教授透露，梁思成於一九四七年到北大講過課，在講到文物古蹟是人類共同的文化遺產時，曾舉過抗戰時期為保護日本的古都，他曾向美軍建議不要轟炸京都、奈良，留住日本民族之根，也是世界人類文化之根的事例。菅谷此次想從羅哲文口中進一步了解事情的經過。

羅哲文聽罷，大為驚訝，立即回憶起當年在重慶的情景，說：「到了重慶，我們住在上清寺中央研究院的一座小樓裡，專門給我一個單獨的房間。先生每天拿一捆曬藍圖紙來，讓我按他用鉛筆繪出的符號，用圓規和三角板以繪圖墨水正規描繪。我雖然沒有詳細研究內容，但大體知道是日本占領區的圖，標的是古城古鎮和古建築文物的位置，還有一些不是中國的地圖，我沒有詳細去區分，但是日本有兩處我是知道的，就是京都和奈良。因為我一進營造學社的時候，劉敦楨先生寫的奈良法隆寺玉蟲櫥子的文章我就讀過了，而且日本也正在和我們打仗，為什麼要畫在日本地圖上呢？我沒有多問，因為我覺得是不宜多知道的。」[6]

羅哲文與菅谷經過共同分析推斷，認為梁思成出生在日本（南按：戊戌政變後，梁啟超逃亡日本，一九〇一年四月二十日梁思成生於日本東京），又在那裡生活了很長時間，對古都京都、奈良十分熟悉，對那裡的文物古蹟懷有深厚的感情，加之他一貫主張古建築和文物是人類共有的財富，人類有共同保護的責任，當時繪的圖，既關乎文物古蹟，又涉及京都、奈良，因此他提出此建議很自然，與他的性情和理念正相吻合。對此，羅哲文還引了古建築學家鄭孝燮對自己說過的一個事例：一九五一年的某一天，在清華園的梁思成突然把年輕的鄭孝燮叫住，以哀惋的心情說道：「孝燮，告訴你一個不幸的消息，日本奈良法隆寺戰爭未毀，卻被火燒了，真是太可惜呵！」說罷，兩眼含滿淚水。

孤證難立，有了羅哲文的回憶，綜合宿白與鄭孝燮所言，可知當年梁思成在北大講課時所言不虛。京都、奈良免於被炸毀的厄運，梁思成至少發揮了一定的作用。真相終於在湮沒四十二年後大白於天下，日本朝野得知此情，均對梁思成的人品、學識抱有敬佩之情，日本媒體紛紛撰文報導，稱梁思成為「古都的恩人」。此時離梁思成去世已十四年矣。

就當時的國際形勢而言，梁思成能做的，已沒有遺憾地盡到了責任，至於其他的一切，就管不了那麼多了。[7]強大的盟軍在大規模連續轟炸之後，給日本致命一擊的最後時刻到來了。

一九四五年七月二十六日，中、美、英三國聯合發表了促令日本投降之〈波茨坦公告〉：「直至日本製造戰爭之力量業已毀滅，有確實可信之證據時，日本領土經盟國之指定，必須占領。」又說：「日本政府立即宣布所有日本武裝部隊無條件投降，並對此種行動誠意實行予以適當之各項保證。除此一途，日本將迅速完全毀滅。」[8]公告發布後，日本政府在軍部強硬分子的操縱下，宣布「絕對置之不理」。美國總統羅斯福大怒。

八月六日，被激怒的美國在日本廣島投下第一顆原子彈。

八月八日，蘇聯根據雅爾達會議決定對日宣戰。次日，蘇聯紅軍迅速進入中國東北地區，並向朝鮮北部和庫頁島進軍，一舉殲滅近百萬日本關東軍。蔣介石以中國領袖的名義致電史達林，謂：「貴國對日宣戰，使全體中國人民奮起。」又說：「本人相信由於貴國壓倒性的力量加入，日本的抵抗必會迅速崩潰。」[9]

八月九日，美國又在日本長崎投下第二顆原子彈，長崎化為一片廢墟。當晚，日本天皇在御前會議上最後裁決，以不變更天皇地位為條件，接受中、美、英三國提出的一切條件。

八月十日下午七時左右，日本廣播宣布日本政府接受中、美、英〈波茨坦公告〉，決定無條件投降，正式照會已經託瑞典駐美公使轉致中、美、英、蘇四國。稍後，重慶中央廣播電台播發了這一振奮人心的消息。播音員熱血澎湃，感情激蕩，不見平日圓熟的素養與技巧，任由情感隨著話筒噴湧。廣播結束時，播音員哽咽著說：「諸君，請聽陪都歡愉之聲！」

是時，收音機中傳出了響亮的爆竹聲、鑼鼓聲以及外國盟友「頂好」「頂好」的歡呼聲。緊接著，「日本小鬼投降了！」「抗戰勝利了！」「中華民國萬歲！」歡呼聲如春雷般炸響開來，整個重慶沉浸在一片歡騰的海洋之中。

遙想當年，在那個寒風凜冽的嚴冬，中國軍隊在一片混亂中棄守首都南京，日本軍隊用超乎想像的野蠻，慘絕人寰地屠殺放下武器的戰俘和中國平民。想不到這一戰竟是長長的八年，中國人民在經歷了九九八十一難之後，最終迎來勝利的歡笑。這一切，都隨著重慶街頭那炸響的爆竹和狂歡的人潮而得到了歷史的驗證。八年抗戰，如果自九一八事變算起，則是十四年的苦難與抗爭，死者無聲的託付、生者悲愴的籲求，都遙遙繫羈在這片風雨迷蒙中升浮而起的希望之地上。

就在這一天，在重慶的傅斯年聽到勝利的消息，跑到街上盡情歡呼，把帽子、手杖都搞丟了。晚上回到住處，又滿臉疲憊地寫信給在李莊的妻子俞大綵和兒子傅仁軌報告此一特大喜訊與自己在重慶的經過。同樣身在重慶為盟軍工作、並因抗戰勝利的喜悅激動得無法自制的梁思成歸心似箭，想以最短的時間、最快的速度趕回李莊，與病中的妻子、家人及李莊的同事們分享喜悅。在費正清的幫助下，第二天，梁思成攜助手羅哲文與費慰梅共同搭乘一架美軍C-47型運輸機，經過四十五分鐘的飛行抵達宜賓機場。此時宜賓機場草深沒膝，飛機還是安全著陸。梁、費等三人轉乘一艘小汽船，沿著白燦燦的水面順江而下，很快抵達李莊碼頭。待他們登上岸時，迎面撲來的是滿街的標語和被熱浪裹挾著的喜慶氣氛——看來閉塞的李莊早已得知了勝利消息。

李莊方面能夠及時獲得消息，所有人認為應當感謝在同濟大學任教的德國人史圖博教授。正是這位懂中文的醫學專家，於八月十日晚上那個關鍵的歷史性時刻，從自己那部破舊收音機裡聽到了重慶中央廣播電台關於日本投降的廣播。據說，史圖博聽到後，全身觸電般抖了一下，立即抓起收音機跑出來，首次不顧禮貌地撞開一位中國教授的家門。於是，消息像久旱的冬季狂風捲動的野火，「呼」地在全鎮燃燒、躥動起來。夜幕中沉寂的李莊，一扇又一扇門被撞開，人群如江河決堤，「嘩」地奔湧而出，在大街小巷亂竄。「日本投降了！」「勝利了，我們勝利了！」喊聲如天空中一聲聲驚雷，炸開了沉悶的黑夜與鬱悶的心扉。鎮內鎮外，人聲鼎沸，口號震天，大家都為等待了八年之久的勝利時刻齊歡共鳴。

住在李莊鎮內的中央博物院籌備處李濟、曾昭燏、郭寶鈞、趙青芳等研究人員，連夜參加了遊行活動。第二天一早，李濟召集中央博物院籌備處人員開會慶賀，在講話中，李濟作為一位罕見的清醒者，極富理智與科學遠見地指出：「日本投降……昭告了原子能新時代之來臨，勝利自是我們所樂於聽聞的，但是新時代之來臨，我們每個人都當有新的認識，也有了更重要的新責任。」[10]

分別住在李莊鎮郊外板栗坳及門官田的中研院史語所與社會所的學者們，夜裡忽聽山下傳來人喊犬吠的吵嚷呼叫之聲，以為又是土匪進村搶財劫色，當地軍警與治安隊群起緝拿，因而並未在意。第二天拂曉時分尚未起床，同濟大學的青年教師和學生組成的遊行隊伍已到達舍外。被驚醒的學者連同家屬以為土匪進得山來包圍了宅院，急忙拿起菜刀與燒火棍，還有早些時候傅斯年要李方桂專為史語所同仁購買的小銅鑼，膽戰心驚地走出室外，悄悄趴在門縫處觀察動靜。只見漫山遍野飄蕩著用床單、枕套、破舊衣服甚至舊報紙做成的花花綠綠的旗幟。當從同濟師生的呼喊聲中得知日本鬼子投降的消息後，學者們與一同被驚動的當地百姓，一個個「嗷嗷」亂叫著衝入人群，在山野田疇狂奔亂舞起來。史語所合作社經理、北京籍的魏善臣，「嗖」地扔掉釘耙，一蹦三跳地躥到座落在牌坊頭的合作社，從一個箱子裡掏出兩瓶酒，拉著正站在牌坊頭觀望的董作賓、石璋如等幾位資深研究員，高喊著：「勝利了，我請客！」連拖帶拉地來到板栗坳的最高處，面對滾滾東逝的長江水，開懷暢飲。

梁思成等三人來到李莊上壩月亮田營造學社時，只見林徽因躺在床上，蒼白的面容、瘦削的身子，宛如她那首〈靜坐〉詩中的描述：「一條枯枝影，青煙色的瘦細。」費慰梅看罷不禁唏噓。之前在李莊鎮內參加學生遊行的女兒梁再冰中途跑回家中，氣喘吁吁告訴母親外面世界的精彩盛況，林徽因「聞之狂喜」，頓時變得神采飛揚，大有「積屙頓失」之感。見夫君與好友費慰梅風塵僕僕地從遠方趕來，林徽因再也按捺不住心中的興奮之情，她提出要在這歷史轉折的偉大時刻，親自趕到李莊鎮加入遊行隊伍，傾吐積壓在心中八年的塊壘，為抗戰勝利發出自己的歡慶之聲。

一架自製的滑竿很快捆紮而成，林徽因坐在滑竿上，由羅哲文等幾個年輕人抬起，梁思成與費慰梅跟隨兩邊，如同北方黃土原上大姑娘出嫁一樣，頗有些滑稽意味地向李莊鎮中心進發。這是林徽因自從舊病復發之後，近五年來第一次來到這個古老小鎮的街巷，想不到竟是以這樣的方式出現。滿街的標語，滿街的人流，滿街的歡聲笑語。沒有人認得這位名冠京華的一代才女，更沒有人知道她那非凡的人脈背景，但所有與之相遇的大學師生或平常百姓，無不對其報以真誠的致意與微笑。

一九四五年八月十五日，日本裕仁天皇發布了〈停戰詔書〉，正式宣布三百三十萬垂死掙扎的日軍放下武器無條件投降。同日，蔣介石以中華民國政府主席的名義，在重慶中央廣播電台發表抗戰勝利對全國軍民及全世界人士的廣播演說，指出：我們的抗戰，在今天獲得了勝利。「我們的『正義必然勝過強權』的真理，終於得到了它最後的證明。」[11]

夏鼐被劫案

就在裕仁天皇宣布正式投降的第二天，國民政府教育部部長兼中央研究院代院長（南按：原教育部部長陳立夫去職）朱家驊在重慶找傅斯年談話，要其出任北京大學校長，即刻做赴北平的準備。同時承諾傅斯年賴以起家的中研院史語所仍由傅本人全面掌控。朱家驊最後強調，此次任命不只是教育部的決定，也是最高領袖蔣公的旨意。

此前，北大校長蔣夢麟表示要加入以宋子文為首新組閣的行政院任祕書長，不再過問北大事。在學界一片惋惜、困惑甚至怨懟聲中，國民政府於八月初免去蔣夢麟的北京大學校長與西南聯大本兼各職，經蔣介石授意，由傅斯年接替蔣夢麟出任國立北京大學校長與國立西南聯合大學常委職務。

身處亂離之世的傅斯年雖被委以重任，但他深知北大在天下儒林的分量，更清楚還有一個胡適在美國。只要胡先生在，自己是萬萬不能窺覫北大第一把交椅的。於是，傅斯年向朱家驊建議，讓德高望重的胡適回國主持北大事務，自己可做胡氏大旗下的一個嘍囉搖旗吶喊、擂鼓助威云云。朱聞聽此言，頗感為難，推託此舉是秉承國民政府最高領袖的旨意，不好擅目更改，否則將有「欺君之罪」。如果傅氏堅辭不就，可逕自奏明蔣主席，讓其收回成命云云。傅斯年深以為然，於八月十七日上書蔣介石，陳述自己「賦質愚戇，自知不能負荷世務」，以及身體狀況「逐年迫切，醫生屢加告誡，謂如再不聽，必生事故」等，力主由尚在美國的胡適出任北大校長。傅氏的陳述終於打動了蔣介石，遂決定以胡替之。因胡適尚在美國，在他歸國之前，暫由傅斯年代理該職。在這種情形下，傅「不得不勉強答應」（朱家驊語）。

一九四五年九月二十日，傅斯年以北京大學代理校長身分參加了在重慶召開的全國教育善後復員會議。會議就內遷教育機關復員以及教育秩序整頓等問題進行了討論和議決。隨後，傅委派北大教授陳雪屏與鄭天挺趕往北平，接收北京大學校產，為學校復員做準備。

十月底，傅斯年為接收北京大學事由重慶到達北平，陳雪屏等人到機場迎接。傅走下飛機的第一句話就問陳與偽北大教員有無交往，陳回答說僅限一些必要的場合。傅聞聽大怒道：「『漢賊不兩立』，連握手都不應該！」當場表示偽校教職員堅決不予錄用。不但不請他們任教，還當場表示要請司法部門將罪大惡極的儒林敗類捉拿歸案，嚴加懲處。傅斯年在給夫人俞大綵的信中說道：「大批偽教職員進來，這是暑假後北大開辦的大障礙，但我決心掃蕩之，絕不為北大留此劣根。」又說：「實在這樣的局面下，胡先生辦遠不如我，我在這幾個月給他打平天下，他好辦下去。」[12]正是由於這種秋風掃落葉式的無情做法，有些偽北大教職員遂公開宣稱傅斯年是胡適的一名打手，並加以挑釁。但此時的傅斯年在掃蕩了幾圈後，已顧不得幾個墳頭上的殘渣餘孽死纏硬磨，必須儘快南返重慶，因為他的大本營、戰時文化中心之一——李莊山坳裡的學者們已騷動不安，而派往西北科學考察的夏鼐押運古物行駛於廣元江面，遭到持槍土匪搶劫，一時生死不明，須集中精力予以應對。於是，傅斯年自北平飛往重慶，坐鎮指揮，與各方電信聯絡，尋找夏鼐並探聽被劫案的破獲情況。

一九四四年春，夏鼐告別傅

1946年春，蔣介石到北平，與傅斯年同遊文丞相（天祥）祠，並在祠中正殿「萬古綱常」匾額下合照，以示對其辦理北大事務與對偽教職員處置的支持。

斯年、李濟等業師，離開李莊赴重慶，加入了由中央研究院、中央博物院籌備處和北大文科研究所合組的「西北科學考察團歷史考古組」，於同年三月隨考察團團長向達、成員閻文儒（屬北大）等人乘機飛蘭州，繼而轉赴西北敦煌一帶，進行西北實地田野調查考古工作。

夏鼐一行抵達敦煌，攜帶專業考古工具，進入隔絕塵世的戈壁灘荒野，紮下帳篷，展開調查發掘。此時的敦煌天高地遠，本地沒有報紙可看，外部消息的來源只有酒泉油礦辦的一份小型油印《塞上日報》，但一份報紙郵寄到宿營地需一個多星期的時間。儘管如此，考察人員視之為十分珍貴的禮物；從這份印刷品質低劣的小報上，可以陸續得知世界各地的消息，如盟軍已抵巴黎，接著進入比利時首都，日軍在湖南發動進攻，已侵入邵陽、祁陽等。

夏鼐回憶說：這個時候，「我自己最關心的，自然是故鄉浙東的消息。自從六月十五日以後，一連三個多月沒有家信。（直到）十月十一日才接到家中六月一日所寄發的信。浙東戰事已於八月底重行爆發。此後我在敦煌便沒有再接到家信了。杜甫的名句『烽火連三月，家書抵萬金』，這時候確能深切地體會到個中意味。」又說：「九月二十日進城看到壁報，知道故鄉溫州已於九日晨間淪陷。一九四二年溫州二次淪陷時我適在故鄉，曾嘗過逃難時流離顛沛的滋味。這次我不在家，不知道年過古稀的雙親和弱妻稚兒們是否已逃到鄉間去，抑或困陷在圍城中？淪陷後的生活如何維持？淪陷前後的砲火劫掠，破壞程度如何？翹首東望，憂心如焚。勉強抑制住心中的焦急和愁慮，提起精神來繼續當前的工作。有時中宵為噩夢所驚醒，窗外月明如水，低誦『噩夢醒來猶墮淚，故園歸去恐無家』，不禁潸然欲涕。」[13]

在如此淒苦悲涼的境況中，考察團成員依然迎風佇立，於大漠戈壁一步步推進調查發掘計畫。一九四四年十月五日，夏鼐接到了傅斯年發來的電報：

頃郵匯三萬元為向先生返渝路費，閻文儒兄之東返路費由北大自籌，兄亦當於工作費用完後即返。此外，發掘品不必運。哈佛學社助款絕不能分作西北考古工作之用，向先生之責研究所不已，使弟為難矣。[14]

自赴蘭州那一天起，向達、夏鼐等考察人員與李莊史語所、重慶中研院總辦事處之間的電報往返不斷，所商討內容多為款項支付問題。想不到就在歷史考古組進入西部大漠到第七個月時，後方經費難以為繼，不得不另謀他途。接電後，夏鼐與考察團成員匆匆結束了佛爺廟墓地的調查發掘，作為團長的向達不得不先行離開敦煌回返，籌畫考察經費。

同年十月二十五日，夏鼐向傅斯年、李濟報告發掘工作情形及結束後的打算：

關於採集品之運輸問題，西北公路局允免費一噸運蘭，生擬返東後在蘭過冬，將已運到之物開箱稍作整理並作較詳之記載，然後返川。[15]

電文發出後，夏鼐開始按計畫測繪墓地周邊二萬分之一地圖，將發掘記錄整理存檔。同行的考察隊員閻文儒則將所獲考古標本裝箱，準備押運進城，同時利用最後一點經費，做奔赴南湖和西湖，即陽關和玉門關遺址考察的準備。

漢代著名的陽關和玉門關的確切位置，自明清之際已模糊不清，民國時代更難以尋覓。有學者認為敦煌南湖就是古代著名的陽關故址，而漢代玉門關的位置則是眾說紛紜，言人人殊，爭訟不斷。一九〇〇年至一九〇八年，英國探險家斯坦因（Marc Aurel Stein，1862—1943）第二次來到中國西北地方探險考察，重訪和田、尼雅遺址，發掘古樓蘭遺址，深入河西走廊，在敦煌附近長城沿線掘得大量漢簡，從而確定玉門關就在小方盤城一帶。

事隔四十年，當夏鼐、閻文儒等考察人員來到這一地區後，認為斯坦因之說很值得重視但又不能全盤盡信，既然自己的腳步已踏進這一領域，是謂機不可失，時不再來，必須盡最大氣力設法找到確鑿證據解決這一歷史懸案。於是，夏鼐決定親自率領人員前往傳說中的兩關遺址考察。

這年十月三十一日，經與當地政府聯繫，夏鼐一行在敦煌駐軍一位教姓營長陪護下，帶領十名士兵，三名員警，六峰駱駝（各負三百餘斤物資），騎馬向兩關遺址進發。十分幸運的是，十一月五日，夏鼐在小方盤城獲得了寫有「玉門都尉」等字樣的木簡。這支珍貴木簡的出現，在驗證斯坦因所言不虛的同時，為進一步確定漢代玉門關位置提供了實物證據。十年之後，當出任中共建政後國家文物局局長兼考古所所長的鄭振鐸談到西北科學考察時，曾以讚嘆的口氣對考古所的同仁說：「很奇怪，玉門關舊址，好多人找了多次找不到，夏鼐一去就找到了。」[16]言語中透著對夏鼐高人一籌的智慧與科學素養的敬佩之情。

1935 年夏鼐於安陽。

鄭振鐸所言不虛，只是夏鼐的成功，除了有賴於超人的才華與智慧，還與他此前所做的研究功夫密不可分。夏鼐赴敦煌調查之前和途中，就對斯坦因當年在這一帶探險而後發表的材料做了詳細研究，對每一條探溝位置都做到心中有數，玉門關的大體位置自然牢牢地記在心中。這一點可以從夏鼐後來撰寫的《敦煌考古漫記》中看到，而夏鼐麾下「五虎上將」之一的石興邦晚年也對此有所分析：「因為他（夏鼐）對玉門關作了詳確考證，大體知道它的座標位置和界區。同時，他有考察古文化遺址的田野工作方法和經驗，所以就被他發現了。」[17]正是有了諸多科學準備，夏鼐才比其他考古學家技高一籌，於廣闊無垠的大漠深處獨領風騷。

後來夏鼐根據小方盤城出土的大量材料，經過仔細研究，寫出了在西部歷史、地理考古史上具有重大意義的〈太初二年以前的玉門關位置考〉一文，對玉門關位置做了確切的、無可爭辯的定位。再後來，夏鼐憑藉深厚的史學功底，結合新獲材料，於一九四七年十一月寫出〈新獲之敦煌漢簡〉一文，對一九四四年敦煌兩關遺址和烽燧遺跡發掘出土的三十餘枚漢簡進行考釋，提出了玉門關設置年代的新看法。根據這些材料，糾正了近人將漢武帝征和年號釋作延和年號的謬誤。[18]一九四八年一月，夏鼐又在〈武威唐代吐谷渾慕容氏墓誌〉一文中，依據武威唐代吐谷渾慕容氏族系的幾方墓誌材料，參考兩《唐書》以及《冊府元龜》、《通典》、《通鑑》等文獻，對吐谷渾晚期歷史做了較為詳細的敘述。[19]夏鼐的兩篇雄文甫一問世，即蜚聲學界，史壇為之震動。

遙想當年，瑞典地質學家安特生在河南澠池仰韶村發現了史前彩陶，他把這種彩陶與美國地質學家龐帕萊於一九〇三年和一九〇四年在俄屬土耳其斯坦安諾地區那次著名探索考察報告中的彩陶圖片相對比，發現仰韶村出土的彩陶外表同安諾地區的彩陶竟出奇地相似，認為二者之間有必然的聯繫。後來安特生在甘肅又發現了這種彩陶，由此進一步推演出「中國文明來自西方」的結論。

正當「中國文明西來說」在世界範圍傳播並甚囂塵上之時，隨著安陽殷墟的發掘，「西來說」受到質疑和挑戰。一九三七年，安特生來到南京雞鳴寺下的北極閣中央研究院史語所參觀安陽殷墟發掘出土的標本，並與史語所部分考古專家進行了座談。就在這次座談中，由梁思永發起並做翻譯，劉燿等一批參加殷墟發掘的年輕學者提出問題，就中國文明起源的相關問題與聲名赫赫的安特生展開辯論。辯論中，劉燿等年輕學者根據河南、甘肅等地新發現的仰韶、龍山和齊家文化遺存相對應年代的新材料，證明安特生對齊家文化與仰韶文化年代劃分存在謬誤（南按：安氏認為齊家文化早於仰韶文化）。儘管發掘出土的標本就在眼前，安特生出於複雜的心理，仍咬住原有的觀點不放，中國學者的觀點是錯誤的。此番爭論，令中國學者極其鬱悶甚或有一些憤怒，但又無可奈何。

隨著中國田野發掘成果不斷擴大以及學者們縝密嚴謹的學術論文相繼發表，安特生終於在事實面前承認了自己的謬誤。這個姍姍來遲的結果，除了早些時候得益於梁思永的〈小屯、龍山與仰韶〉[20]、劉燿的〈龍山文化與仰韶文化之分析〉[21]等兩篇文章，更得益於夏鼐西北最新發現與考證的業績。正是這次西北之行，使年輕的夏鼐於一九四五年五月，在甘肅寧定縣半山區陽窪灣的考古調查中，找到了推翻安特生「鐵案難翻」的另一種無可置疑的「鐵證」。

陽窪，當地俗語「向陽的山坡」，在這個普通的山坡上，夏鼐經過仔細發掘採集，不僅發現了齊家文化時代的埋葬風俗及人種特徵方面的新材料，還意外找到了地層學上的證據，從而確定了齊家文化與甘肅仰紹文化二者年代先後的關係。對此，夏鼐在他的論文中說：「自從安特生於一九二四年發現齊家文化居住遺址以來，到現在已經二十多年了，但同一文化期的墓葬，始終沒有找到。」「關於年代問題，安特生仍維持他的舊說法，以為齊家文化較早於甘肅仰紹文化。」而在陽窪發現的墓葬，「仰韶式的彩陶確曾發現於未被擾亂過的典型的齊家期墓葬的填土中。當齊家期的人埋葬亡人的時候，這些彩陶是已被使用過打破了，碎片被拋棄在地上；因之便混入填土中。彩陶製造的時期與齊家墓葬的時期二者之間必定有相當的間隔，雖然我們尚無法知道這間隔的久暫」。

對此一新的發現，夏鼐做出的結論是：「……從陶器方面來研究，齊家陶與仰韶陶是屬於兩個系統，我們不能說齊家陶是由仰韶陶演化而來的，也不能說仰韶陶是由齊家陶演化而來。當時的情形似乎是這樣的：齊家文化抵達隴南的時候，甘肅仰紹文化的極盛時代已過去了。」[22]夏鼐據此發現撰寫的〈齊家期墓葬的新發現及其年代的改訂〉論文，於一九四六年以英文在英國《皇家人類學會會志》第七十六卷（第一六九—一七四頁）發表後，立即在英國和歐洲學術界引起轟動，從而引發了新一輪「中國文化西來說」討論熱潮。一九四八年，此文又增加插圖表和圖版，在《中國考古學報》第三冊發表，以無可辯駁的事實糾正了瑞典學者安特生氏此前在甘肅新石器時代文化分期上的錯誤論斷，為建立黃河流域新石器時代史前文化的正確年代序列打下了堅實的基礎。陽窪灣出現的第一縷曙光，「標誌中國史前考古的新起點，也意味著由外國學者主宰中國考古學的時代從此結束了」[23]。

一九四四年十二月，嚴酷的寒冬已經來臨，野外考察發掘工作已很難繼續進行，仍在西北嚴寒中奔波的夏鼐與閻文儒，根據傅斯年發來的電令，決定做本次考察的收尾工作。二人懷揣剩餘的經費，再度轉赴三危山南，調查安西南湖、雙塔堡諸遺址以及榆林窟，復經玉門，取道酒泉，於一九四五年一月十五日返回蘭州。

在夏鼐從酒泉返回蘭州並住進教育部設置的科學教育館當天，接到川中轉來的家電。此電由里安發出，五字：「父病危，速歸」。夏鼐「聞之心膽俱裂」。此時內地戰事仍然吃緊，返回故里的交通已斷，無法東歸。進退不得的夏鼐「唯有默祝上蒼，皇天不負苦心人，毋使餘抱終天之憾」[24]。——這個時候的夏鼐尚不知道，當他收到電報之時，其父已於去年十一月二十一日，即舊曆十月初六病逝。當時夏鼐正在敦煌進行兩關遺址的考察發掘，消息隔離，家人祕不以告。直到一年後夏返回家中，始知父親早已過世。追念及此，夏鼐發出了「病未能侍，殮未能視，撫棺一慟，亦複何補？悠悠蒼天，此恨千古！」[25]的悲鳴。

在蘭州稍事休整，根據傅斯年信中透出的意願，夏閻二人經過一番思考、討論，決定開始新一輪行動。閻文儒去陝西西部地區搜尋；夏鼐隻身在蘭州附近、洮河流域與河西走廊，進行史前遺址考察。

一九四五年二月二十三日，在李莊的傅斯年致信夏鼐，指示以後的工作與生活，首行為：「今日接一月廿三日來書，即以電複，電文恐又誤，另抄附。茲再詳陳之。」

兄此行成績如此，至可佩可喜！弟本有留兄今年在甘肅工作二季之意（前信），兄既自有此意，甚好甚好。費用到重慶後必為籌得，今年情形或比去年好辦些。一、今年只兄一人，費用較少。二、向先生態度使弟不能了解，忍之又忍，終無辦法，弟伺候他亦有時而盡也。去年餘款，兄可先用作調查整理費，其不足之數，電弟於重慶，總想一法弄出來。運費另外。一切即照兄之計畫，與弟前信辦去可也。甘、涼以北之河流草地，似可去，采〔彩〕陶區亦可去，二者雖不同，亦不妨均去。

標本運否，當決於朱先生，朱先生尚無信來（或即受沉船影響，信擱在中途），未知兄接彼之電否？如運，運費自當另算。如不運，兄之返程路費及本所公物，亦當由本所算。（同仁行李，一併設法運來也。）

如運，運費自當由博物院出其大半，其實仍是朱先生想法子耳。運法當待朱先生決定運否之後再決，或先運廣元，或改油局車徑運重慶，但如運廣元時，自當由博物院托人照應，絕不一切請兄負責也。

至於兄之計畫，此時以至秋季為宜，秋末恐必須返，因報告待寫也。

在蘭存物及工作之處，袁翰青先生前面允設法，弟又電之矣。如須另託人，可一訪趙廳長龍文兄。

六朝花磚墓之工作，可喜可喜！此與漢簡皆極可喜之事也，本所同仁，當皆興奮。兄為本所考古同仁後起之秀，後來為中國考古學之前途負責大矣，願兄勉之。（昨與梁先生談，彼亦有同感也。）今年即專心作野外工作，無以費用不繼等事為慮也（前信數目當可足用）。一切到重慶開過會後再詳寫。

信中提及的向先生即向達，此時早已回歸內地；朱先生即朱家驊；「受沉船影響，信擱在中途」，即謂二月六日由宜賓開往重慶的長遠輪在南溪江面有名險灘簫箕背失事，全船沉沒，溺死兩百人左右。此後郵政斷絕，李莊與重慶來往信件亦不復投寄，為此傅斯年曾致書成都行營主任兼四川省政府主席張群，予以控告，提出追究相關人員責任，對死者家屬撫恤，損毀物資予以賠償，「以儆將來」云云。

從信函原件格式看，寫到此處似要告終，但傅斯年好像突然想起什麼，於是有了如下補充：

再，敦煌藝術研究所主持人常君，向先生說得一文不值，弟不知其詳，無從斷定。然此時有人肯以如許小款，埋頭於沙漠之中，但是努力，便算難得，教育部應給以鼓勵乎？盼兄有所示及，以便向朱先生道之。

向先生於人多否少可，而彼所許之人，每每非狂則妄（如於道泉），故弟於彼之論斷亦不敢輕信也。[26]

信中所言「常君」乃常書鴻，向達考察敦煌千佛洞時曾與之交往，其間或發生不快，向達到重慶後把常氏說得一文不值。但傅斯年並不如此認為，乃透過夏鼐等人提供報告，欲在教育部部長朱家驊面前為其美言。後來常書鴻一度提出辭職，經朱家驊、傅斯年等勸挽，終打消此念，繼續在敦煌藝術研究所（一九四五年五月改稱古蹟研究所，隸屬中央研究院）堅持工作下去。

夏鼐按照自己的設想與傅斯年指令，繼續堅持在西北沙漠草原進行田野考察、發掘，直到一九四五年十二月五日，方攜帶行李與數十箱發掘古物抵達蘭州並下榻科學教育館。十二月十五日，夏鼐在科教館倉庫點檢發掘物品，決定把六十一箱一一加封條，暫留此處。另提取四小箱最為珍貴古物運回科教館，以便隨身攜帶運往李莊或重慶。十二月十七日，夏鼐把未裝箱、隨身攜帶的發掘古物，以及蘭州中國銀行業餘考古學家吳良才贈送考察團之陶器及石器若干，一併送往科教館裝入箱中，前後近兩年的西北科學考察就此告一段落。據夏鼐日記載：「進早點後，將行李鋪蓋過磅，五箱一鋪蓋共計一百六十公斤（⑴大紅皮箱衣服及記錄全份四十一公斤，⑵向君書箱三十四公斤，⑶儀器文具二十九公斤，⑷藥品雜物二十四公斤，⑸標本箱西字10號十六公斤，⑹鋪蓋十六公斤）。上午將存放古物事與科教館趙天梵主任接洽，交去留存蘭州之清單一紙，計六十一箱。」[27]而後赴郵局，寄信及單據，再至車站候車赴四川廣元。十八日上午八時半，夏鼐所乘卡車開行，此車「載有三十一人，雖仍擁擠，然較之河西之黃魚車，已勝過遠矣」[28]。

一九四五年十二月二十四日上午，車抵四川界之朝天驛。「此處距廣元僅三十公里，然公路循山修築，在山腰間，左為懸崖，右為深谷，道路崎嶇高低，轉彎又多，故汽車常出事（前年冬潘慤君即在此一帶翻車）。經千佛崖，進廣元城，抵車站已傍晚，即住嘉陵江畔之忠信旅社。九百餘公里之卡車旅行，告一段落。」[29]

時夏鼐接中研院總辦事處電，令其把古物運往重慶。下一段路程，就是決定走陸路還是走水路的問題了。

據十二月二十五日夏鼐日記載：「現下廣渝客票及行李二者共需五萬八千多元，身邊所攜之考察團餘款，不夠此數，途中宿食尚需數千元，故決定改乘木船。後天有船開渝，途中約需十二三天，索價三萬元（帶飯），後以兩萬五千元成交。」[30]從日記中看出，夏鼐權衡再三，決定由水路至重慶。

十二月二十八日，夏鼐將行李、標本箱等送上船，晚間即在船上過夜。據聞，這艘船主要裝載的是軍政部從西北購置的羊毛，有專門人員負責押送，故船客有時稱該船為羊毛船。因駁船未雇好，直到一九四六年一月二日仍未開行。由於行李及箱中古物不得遠離，夏鼐只好繼續在船上住宿，其焦急、淒苦之狀一如日記所述：「天近亮時，江上寒風怒吼，吹進船篷，又鑽入被窩，被冷如冰，比西北冰天雪地中睡熱炕遠要寒冷得難受。起來後穿上狼皮大氅，風仍吹個不停，日光隱在雲中，河灘上的細砂被風吹得滿天飛舞，使得淺灰色的天空更顯得灰昏。……下午船戶開始將羊毛搬到駁船上，明天也許可以開船。據云雇用船夫頗為麻煩，船主除供應膳食外，僅允供工資六千元（廣渝單程約行十二至十五天），工人則索八千或一萬，故今日始雇定，以致耽誤開船的日期。……」一月三日「下午船始啟碇，但僅行里餘，即停泊於五佛寺南。成〈嘉陵江上〉：「隴阪秦棧興未窮，又上巴船聽江風。岡巒起伏千峰翠，灘石縱橫一徑通。盜賊攔江如亂麻，身世飄零似轉蓬。冷雲微雨臥艙裡，夢魂早已到甌東。」[31]。

歸心似箭的夏鼐深知「盜賊攔江如亂麻」的社會境況，或許預感到乘此船的不妙，才「夢魂早已到甌東」。但夢得再好再妙，畢竟只是一個夢，現實生活並非如此。這首詩作畢的第二天（一月四日），處於寒冷、窮愁與驚懼中的夏鼐就遇上了匪徒，一場劫案就此發生。

據夏鼐日記載：「晨間由五佛寺側啟行，以載重逾量，中途擱淺，午間始抵廣元縣屬之河灣場，稍停進膳。

啟行後又擱淺，以人力牽纜，強拉之起行，費時甚久，仍無效果。乃派人進城，雇下駁船，將羊毛提取數袋，始得成功。時已薄暮，乃即停泊河灣場南約半裡處。少頃，有兩隻棉花船亦來停泊於旁。聞此間不安靜，常常出劫案，我懷著戒心，然亦無可奈何。晚間睡後不久，鄰船犬吠，驚醒後向船首一看，五六人上來，三人手裡提著手槍，都拿著手電筒，口裡嚷道：『你們躺著，都不許動，有武器都交出來。』我知道不妙了，只好硬著心腸，一面計畫著怎樣可以減少損失。匪徒約十來個人，檢查我們，知無武器，他們便動身搜東西。幾個人到鄰船去，劫去珠寶牌香菸兩大箱、白馬牌香菸三大箱（每箱現價二十餘萬元），又搜去現鈔若干。……」接下來，便是夏鼐遭劫時的場景：

在我們船上，則主要目的在我所攜的五個箱子，要我開鎖給他們看，先打開儀器的箱子，我告訴他們是公家之物，那個像是首領的便說，不要你們這些東西，不過都要打開來看，東西散亂滿艙；又打開藥品箱，也一件一件都看過；又打開向先生書箱，我知道他們是不要書籍的，便轉過來打開標本箱，名義上是給他們看，暗裡連忙將一小包，潛行取出混在他已檢查過的箱子裡；他們將標本也打開幾包，看是朽木頭，問我是否這裡是沉香木，我說不是，你一嗅便知不是沉香，他們便丟下這裡。又開我的衣箱，取去了皮桶子及厚呢大衣等，檢查身上取去現鈔萬餘元。他們留下一兩個小嘍羅在我們船上亂搜，軍政部押送員向兟（字上陞，桂林人），被取去Coklin自來水筆一支、現款五萬餘元、衣服數件。田押送員則失絨衣一件、現鈔八千餘元。匪徒在鄰船將香菸抬去後，那位做頭目的忽又到我這裡來，要我交與他照相機一具，我一看所有三部照相機都已被他的嘍羅拿去了，他說河灘上有一簍藥品、儀器等，我們不要，你可拿回來，不過要交出照相機，否則要不客氣了，將手槍一揚，要我跟他上岸。

在河灘上，他們正在收拾贓物，預備動身，另有一竹背簍，系由餘船上取去者。他說這些東西你可拿回去，不過那一架是照相機，要留下來，他便一一取出，大平板、照準儀、藥品、望遠鏡、皮尺、反光鏡箱及我私人的二件皮筒，都在裡面。他將皮筒取去，交與他的助手，說這些是要的；又取反光鏡箱，問我如何用法。我心裡想，你要我教你用法，不怕我要收你學費麼？口裡只好說：這說來話長，你如果一定要拿去，拿回去後再請人家慢慢地教你吧，我便取那背簍，拿回船中。他說等我們走後，你點上燈，慢慢地收拾你的東西吧。我回到船上後，匪徒令鄰船苦力將香菸抬上岸，向河灣場而去。[32]

此次半夜遭到匪徒搶劫且牽涉公家財物，茲事體大，夏鼐在一個月後專門致函傅斯年，詳述經過及被劫公私物品，其要旨與日記所述相同，不過亦有細節頗驚心動魄之處。夏說：

五箱紙箱當被劫了上岸，同時又至生之船上搜檢，見及生所帶之五箱即令開箱，當告以此系機關公物，希望其能留情。此時有槍聲一響，不知為手誤失火，抑為有意示威，子彈穿生之床單及棉褥而過，幸未傷人（事後思之，不作趙亞孟及許德佑之續，亦云僥倖矣）。生只得任其開箱搜括，惟親自在旁邊監視，時時告以某物為公物，作某用途，不能賣錢，或公家將嚴加追究，請其留下。匪首雖或聽從或不聽，然尚肯容情，故所攜之西藥、標本等，雖皆曾取出，並未攜走，儀器除照相機一部亦皆留下，惟開箱倒篋，各物皆自箱中取出，拋置船面上，散布滿地。鄰船搶劫完畢後，小嘍囉至生之船上者愈多，往來雜亂，時或私自竊取數件，生僅一人，須與匪首相周旋，照料雖周（船上水手等人，匪首令其照舊偃臥被窩中勿動），故後來檢點時，有親見匪首拋下不取之物，遍覓不得，當即由經此輩小嘍囉之竊取也。搜括數小時後，始將各物抬將附近一小船上，揚長而去。仍令一匪持手槍在岸上放哨，阻止登岸報警。天亮時始去。[33]

匪徒們攜搶劫的大量珍寶與其他公私物品揚長而去，貓在船艙被窩中的水手及乘客聞四周皆已安靜，乃陸續爬起來於驚恐未定中掃視察看周圍遠處及船艙上下內外。在得知匪徒確已溜走，且沒有持槍潛伏者之後，才鼓起勇氣，幾人下船到當地官府聯合報案。比別人早起的夏鼐，檢查失物匆匆開一清單，將各箱鎖好，聯合軍政部押運員向兢，一同到河灣場保甲長處報劫，而後令保長派人領到河西鄉公所（上西壩）詳述案情。一位姓權的副鄉長聞訊，知事關重大，一面派人赴河灣調查，一面派人把夏鼐等送到縣政府報案。

縣長蕭毅安聞知來者乃軍政部與中央研究院人員，不敢怠慢，即派警察局長劉彥章率領員警偕往警備司令部，協同軍隊與夏鼐等前往河灣場搜尋。軍警們荷槍實彈，在河灣場附近各村吵吵鬧鬧如演戲般搜檢一番，便收兵回城，此不過虛應公事而已，心急如焚的夏鼐等卻只能乾瞪眼看軍警表演而毫無辦法。奔走一天，夏鼐因被匪徒搶劫一空，無錢找旅館住宿，只好離城返至船上過夜。時載有夏鼐物品之羊毛船已先行向河灣場方向開去，只餘幾隻較小的船在此停泊，見此情形，夏鼐無可奈何，只好暫在小船過夜。尚未躺下，倦勞已極的夏鼐咳嗽加劇，胃病復發，上吐下瀉，折騰幾近一夜，其痛苦之狀無以言表。令夏鼐想不到的是，更加恐怖、令人痛苦憤懣的事還在後頭。

第二天，即一月六日，苟姓船主說上午有二船開往河灣場，可以趕上停泊在那裡的羊毛船。於是，夏鼐決定在船上靜候。時近中午，船主突然宣布手續未辦好，今日不能開船。夏鼐聞聽吃了一驚，想到被匪徒劫餘的公私物品皆在昨天駛往河灣碼頭的船上，萬一船上有潛伏的奸人與外部土匪再度勾結，來個二次打劫，將如何是好？想到此處，心「咕咚」一下，額頭上汗珠隨之沁出。夏鼐急起身，抹了一把涔涔下滑的熱汗，決定立即趕到河灣場找到羊毛船探個究竟。雖然打聽得知，此處離河灣場僅十五公里，但夏鼐仍在病中，身體極度虛弱，要趕這十五公里路也須咬牙硬撐。事不宜遲，必須立即動身追趕。

當夏鼐由何家渡過河，沿公路經曾家橋、上西壩，折入小路至河灣場時，霧氣籠罩中慘澹的太陽即將落山。

更令夏鼐想不到的是，這艘羊毛船沒有按規矩告知當地保甲，已於中午悄然開行而去。夏鼐站在碼頭進退兩難，心中記掛船上物品的安全，心中不斷問自己，這艘船到底何為？如此悄然離去，難道另有所圖或有不可告人的陰謀？這樣想著，心跳得更加厲害。向當地人打聽得知，此去昭化縣屬之上石盤十里左右，中午由河灣開行出船，日落後應該停泊此處。夏鼐決定立即趕去探個虛實，於是轉身沿山間小路急行，一路皆看不到人家。待翻過兩個山巔，太陽已西沉，遠處現一小村落，急趨村旁打聽，乃梁家營，據聞離上石盤尚有五六里，沿山下河岸而行即可抵達。

夏鼐聞訊遂轉身下山而行。此時天已完全黑了下來，沿途看不到人家，亦聽不到犬吠，夏鼐心跳加快，且慌慌的有一種恐怖之感，心中暗想：途中如碰到匪人，連呼救都無人聽見。近上石盤時，天已漆黑，陰曆初四日，月亮僅為一彎眉月，小徑急行，前後並無燈光，黑暗中看不到村莊，也看不到河中船隻，心中更加慌亂。暗想：「上石盤為三窩村，如羊毛船不停泊此間，則必下行至昭化，晚間恐只能住在上石盤，不要住在匪徒家中，夜間被害也無人知道。若船已下行，則明日恐又須向南追趕，不知道要趕到哪兒始能碰到，若失之交臂，則麻煩更多，被劫後身邊無錢，人又過於疲勞，前途頗困難。……前村為何處，相距幾里皆不可知，幸此時忽見前面數十步有房屋，近跟前時始見房中燈光，知為上石盤，有十餘家，聞有船四五隻停泊在對岸，須雇人渡船前往，有否羊毛船在內，其人亦不知。余正接洽雇人搖渡船前往，忽見荀二老闆由一茶館出來，說：『老鄉，你也來了，我們都在這裡。』余大喜過望，船夫十餘人，一同渡河至羊毛船上，晚宿船上。經過了今日之冒險，竟化險為夷，今晚睡頗安適。誦杜工部『死去憑誰報，歸來始自憐』（〈春達行在所〉），不禁惘然自失。」[34]

有了這樣一段危險連連、提心吊膽的經歷，夏鼐再不敢隨便下船，遂整日坐在船上看著幾箱寶物順江而下。一月十日傍晚，船停昭化縣射箭河，只見嘉陵江兩岸萬山皆在煙霧中，夏鼐隨船住宿，「夜中睡醒，忽見船頭燈光一現一熄，與河灣匪徒登船時情形相似，大吃一驚，難道又再度光顧麼？後知系船夥上岸賭博，散局返船，以洋火照路，始將心放下。自經事變後，草木皆兵，殊為困人」[35]。

一場虛驚之後，第二天一早羊毛船繼續下行，其間船幾次觸灘，船底撞壞漏水，只好停下修理，晾曬浸溼的羊毛。如此一路坎坷，於一月二十四日抵達閬中縣城外碼頭。夏鼐趁機下船到電報局向朱家驊、傅斯年拍發電報，這也是被劫以來對外拍發的第一封電報：

> 船中遭劫，幸標本無恙，已請廣元縣府查緝，鼐敬。[36]

時朱傅二人皆在重慶參加政治協商會議，閉幕後朱家驊繼續出席中常會，傅斯年趕往北平辦理北京大學接收事。中研院總辦事處接到夏鼐電報，立即通知朱家驊與傅斯年。在重慶的朱家驊迅速展開與四川方面的聯繫，打探夏鼐下落。一月二十七日，朱家驊以中央研究院代院長的名義致電廣元縣政府：

> 本院標本採集員夏鼐在貴縣境內被劫，祈惠予查緝破案，並查示夏君在何處？如無川資，盼借助為荷。[37]

此電發出後，傅斯年已接電由北平急返重慶，與朱家驊共同關注、處理此事。據傅斯年推斷，夏鼐可能已過廣元駛往閬中縣境，遂請朱家驊再發一電與閬中，請當地政府查尋並助夏返渝。

一月三十一日，廣元縣政府回朱家驊電，謂：

> 查夏鼐於子支在本縣河灣場附近被劫，本府據報後當立派警察局長劉彥章率隊前往出事地點嚴密清查，並將該區保甲拘押，限期破案。夏鼐於次日取得本府證明後即搭軍政部軍需署羊毛船返渝矣。謹電複聞。廣元縣長蕭

毅安。[38]

閬中縣政府接電，以「查本縣境內並無夏鼐其人」為由，回電敷衍了事。船上的夏鼐於孤苦無援中只得隨船下行。

二月七日，船抵南充碼頭。夏鼐上得岸來，遇到軍政部押運羊毛的向兢和另一位田姓押運員正慌慌張張地由一茶館出來，一問乃知，由廣元先行來南充之一羊毛船，因一路上遭劫、擱淺、漏水、觸礁等事故發生，船主屈森六不但不能賺錢，反要賠錢；面對此情，屈船長暗中與南充黑白兩道人物勾結，竟以船出售，同時將軍政部押運之黃豆十餘石變價一併出售與當地奸商。押運員向兢從城中逛街回船，發現黃豆已失，船主已逃，乃急忙上岸在一茶館找到此間民船公會胡會長（即代為賣船者）追問船主下落，出門遇夏鼐，遂簡要介紹情況，準備往縣署請派警扣船，並請派警到船主可能藏匿的鄉下捕人等。夏鼐聞聽大駭，立即到縣府向楊鶴鳴縣長彙報自己的乘船經歷與面臨的危情，而後急回船上打探消息。果然，苟船主欲步屈船主後塵，正在設法借錢或賣船，然後雇人下重慶。——萬幸的是還沒有把夏鼐保存的五箱古物暗中盜賣。

自廣元發生劫案後，夏鼐匆匆將各物裝箱，此後即未敢開箱整理，「以廣元至南充沿途時有被劫之事，船中耳目過多，水手中或許混有無賴之徒，見財起意，又生劫搶之事」[39]。此次船抵南充發生船主之變，使得夏鼐更加謹小慎微，並於第二天將箱子移入後艙閉門整理。這時才發現，被匪劫去的古物、儀器與私人物品遠比當時在搶劫現場「看」到的多，所謂「眼見為實」，要看在什麼場合環境，很多時候看到的與真相並不相符。當時在黑暗和混亂中，夏鼐看到匪首只劫去一架照相機，後來登船的小嘍囉翻箱倒櫃，影影綽綽地看到另外兩架照相機亦被順手掠去，後來檢點才確定為真。經過兩天的檢點查驗，基本弄清了被劫物品數目，夏鼐列一清單，於二月十一日寫一長信向傅斯年報告被劫經過及損失詳情，同時說明一月二十四日在閬中拍發電文「標本無恙」之說有誤，幾件珍貴標本已遭劫掠，殊為痛心云云。

根據夏鼐所列清單，此案被劫去照相機三架（其中二架帶膠捲）、已攝未沖洗的膠捲十卷、羅盤儀和其他公私物品若干，現金萬餘元，另被劫去古物如玉帶鉤十件，金城縣唐墓出土之帶金飾馬鞍殘片七片（其中三片被小匪徒於混亂爭奪中摔落船板踩碎，另四片劫走），被劫的「四片亦有金飾，與昨日之發現已攝過未沖洗底片十卷，同時為此次之最大損失」[40]。所慶幸者，大量發掘古物和攝影膠捲於危急中得以保存，價值頗高的金飾馬鞍殘片尚有三十一片得以保全，「至於其他標本（漢簡、敦煌寫經、唐代嵌鈿漆碗、唐代金首飾）則確皆無恙，可以告慰。唐代金首飾系敦煌及武威二處出土，共達一兩許，置一小匣中，以藏匿得法，未被發現搜去，亦云幸矣。儀器則有望遠鏡之照準儀（此物現下當值百餘萬元）、銅質照準儀、人體測量器、望遠鏡等十餘件，皆得留下」。查「前次在廣元縣政府所開之清單，多已具備，昨今兩日整理清查之結果，使餘懊喪之程度較河灣被劫後為尤甚，以照相及標本皆為不可補償之重大損失也」[41]。被劫之私人衣服並他人託購之羊皮衣物等，損失「亦殊不少」，然「咎由自取，夫復何言？」至於本次押運，夏鼐深感自己「辦理失當，防範未周，相應函請嚴加處分，並當引咎辭職」[42]。

夏鼐於南充候船開行，並於無奈中密切注視船裡船外意外動向之時，重慶方面因一直探尋不到其具體下落而焦急不安，恐其遭匪徒殺害，傅斯年與朱家驊再度聯手，向廣元、閬中兩縣政府電詢，同時向四川省政府發電，請其探尋下落。二月十一日，即夏鼐在南充船上給傅斯年寫長信的當日，朱家驊與傅斯年連署給四川省主席張群發電，謂：

中央研究院派往甘肅考古之夏鼐博士，十二月底自廣元改水路押運公物來渝，路遇匪劫，該員已自閬中來電，已報廣元、閬中縣府查尋，以後即無下落。乞貴府電飭廣元、閬中、南部、蓬安、南充、武勝、合川各縣政府，迅速查明該員下落，協助來渝並電復本院，至感。[43]

張群得電，於十五日復電，謂對夏博士失蹤「至深繫念」，已電飭廣元等縣政府「查明協助」云云。[44]南充縣得省政府之電，不敢怠慢，立即到碼頭查尋並找到了夏鼐。因有了南充官方的特別關照，夏鼐的生活自此得以好轉，危急亦解除大半，彷彿黑夜過後的黎明，曙光布滿東方的天際，大地山河變得溫暖親近起來，夏鼐的心也亮堂了許多。

一九四六年二月十六日，夏鼐所乘之船由南充拔錨啟程，經過九天的航行，於二月二十四日抵達重慶磁器口。時已傍晚，燈火映照下的都市美景呈現在眼前，疲憊不堪又備受驚嚇的夏鼐既興奮又感動，差點流下了熱淚。第二天一早，夏鼐雇小划子運行李赴牛角沱，計五千元，言明至上清寺取錢，乃返船取行李。走出船艙，百感交集的夏鼐屈指一算，自蘭州乘車出發至重慶磁器口碼頭離船，整個行程一千多公里，耗時七十天，而「此行被劫後之狼狽情形，頗有似小說中書生上京中途遭劫之落難情況，辛苦備嘗，至此可告一段落矣」[45]。

來到上清寺中研院總辦事處駐地，夏鼐將行李安置好，即向傅斯年報到，傅一見飽經滄桑，一路被劫案、疲勞兼疾病折騰得面黃肌瘦的夏鼐，自是又親切又感動，熱情招呼接待。據傅說：「接余保寧所發之電後，許久未有下文，著急之至，懼人遭殺害，曾電省府令沿江各縣一查，後得南充所發之信始安心。」關於劫案中遺失公物，傅只做安慰，未加責備。當天，夏鼐收到李莊高去尋、曾昭燏二人來函，「知余遇匪時，頗為著急，又謂有家書一封在李莊，不知何事」。對此，夏鼎頗為感慨地道：「此二個月，幾如做一場惡夢。」[46]

二月二十六日上午，夏鼐攜帶標本箱來到中央研究院總辦事處，就西北考察之行發掘經過以及途中被劫情況，正式向傅斯年、李濟等在渝相關人員彙報。展示發掘標本時，傅李二位及其他在座者大為激賞，而對於金城縣主墓所出之鑲金飾，更是嘆賞不絕。李濟認為前兩年在成都琴台發掘的王建墓出土銀器，與這次金城墓所出之金飾相較之下似尚遜色，由此慨嘆「到底盛唐之物不同凡響」。傅斯年則對發掘的二方墓誌大感興趣，當場給予夏一番表揚和鼓勵。據夏鼐當天日記載：「出來後，又將標本箱攜至李先生處，將鑲金馬鞍大塊殘片及嵌飾漆碗取出一觀，此番遭劫，經土匪之手，又殘碎若干，觀之殊為傷心。午後整理行李，以便開列一正式失單，花了一個下午工夫。」

此時，抗戰勝利已五六個月，經傅斯年批准，由西北大漠戈壁歷經艱難險阻終於回到重慶的夏鼐，不必再回李莊，可即赴南京，待稍做安頓後直接回溫州老家探親。第二天上午，夏鼐向中研院總辦事處提交了西北考察古物被劫案的情況報告，同時將失物單之最後定本交呈，而後遵傅斯年之命，洽購機票欲飛南京。

在李莊山坳中蟄伏了五年之久的史語所與中博籌備處的學者們，聽說夏鼐遇劫脫險且已安全抵達重慶，欲直飛南京，在為他慶幸與祝福的同時，亦翹首東望，熱切期盼早日踏上回歸首都的旅途。

「江南才女」憤而離去

抗戰勝利，還都建國的呼聲與吵嚷聲日漸增多，蟄伏在李莊的科研人員以及同濟大學師生，同樣熱切盼望儘快走出這個偏僻、憋悶的小鎮，回到已經變得陌生、彷彿無比遙遠的都市開始新的人生。史語所的青年學者們更是心神不寧，開始變得治學懈怠、紀律渙散。這時忽有傳言，稱傅斯年可能要去重慶接替朱家驊當教育部部長，以後不再管史語所了。有幾位年輕助理研究員聽到此一消息，立感壓力解除，紛紛向代理所長董作賓請假，返回家鄉省親，遲遲不歸，整個史語所眼看成一盤散沙甚至有崩盤之勢。在重慶、北平與昆明來回奔波的傅斯年聞訊，不得不施展分身之術，滿頭大汗地跑回李莊，對他一手栽培的青年研究隊伍加以督促、整飭。對於自己要當官的小道消息，傅氏不好當面對眾人解釋，便寫了一個條幅，貼在板栗坳牌坊頭大門一邊，字曰：「傳言斯年要當官，斯年離所不做官。」看到如此直露的表白，青年學者們似有所悟，騷動之心稍微有了一點收斂。

對於傅斯年的良苦用心，董作賓曾評論道：「當年孔子在陳的時候，時常掛念著他的學生，並說『歸與，歸與！吾黨之小子狂簡，斐然成章，不知所以裁之』。孟真先生也許想起了這幾句，要回所把同仁們『裁』一下子。那時新舊同仁，除了三兩位老友之外，大部分是他一手培植的青年，受過他的訓練和薰陶，愛之敬之而且畏之。」[47]因而，只有傅斯年親臨李莊坐鎮，年輕人才能重現往日的精神，這支優秀隊伍方不至於紀律渙散。

董作賓所言大體不差，關於青年學者對傅氏的敬畏，凡在史語所工作過的學者大多記得幾個有趣的細節。板栗坳牌坊頭是史語所同仁茶餘飯後聊天下棋的地方，年輕學者們來到此處時，總是有說有笑狂放自在。住在桂花坳一個山坡上的傅斯年吃罷飯，有時也從家中走過來湊個熱鬧。年輕學者們見了，如同老鼠見貓一樣，「一會兒溜一個，一會又溜一個，過不多長時間就全部溜得無蹤無影了」[48]。來不及溜的只好硬著頭皮繼續下棋，傅斯年先是蹲在一邊觀陣，拱卒跑馬地大喊大叫，興致上來，便挽起袖子親自上陣廝殺。他成了主角，原棋手成了傀儡，既不便插手，又不敢溜，只能坐在原地瞪著眼睛跟著哼哈不停以示配合。

而這個時候與傅對弈者更是倒了大楣，傅經常下著下著便思考起其他問題，一枚棋子停在半空再也不肯放下，對方只好強忍著性子，等呀等，許久之後，見仍無動靜，才敢大著膽子催一句：「傅先生，該您走了。」這時傅斯年如夢初醒，嘴裡不住地「噢、噢」叫著，開始走車飛象地大殺大砍起來。可惜好景不長，沒幾個回合，又按兵不動了，此舉如同鈍刀架在脖子上不斷地搓動又總不見血，令對方難受至極。有了這樣的教訓，後來的日子，不管是閒聊者還是下棋者，只要看到傅斯年出了家門朝牌坊頭走來，皆以最快的速度溜之乎也。面對這種反常的舉動，傅斯年感到大不對勁，便帶著不解向董作賓討教道：「他們立在院內或大門口，一群人有說有笑，你去了，加入擺一套龍門陣。我去了，他們便一個一個溜了，這是為什麼？」董聽罷，哈哈一笑曰：「這正是我無威可畏，不如老兄之處呵。」傅斯年聽罷，不好意思地搖搖頭道：「糟糕，我這麼不受歡迎，看來得向你學習呀！」[49]

董作賓後來說，傅斯年的秉性畢竟與其他人大異，所謂向我「學習」也只是隨便一說而已，其令人敬畏的程度絲毫不減。正如在李莊北大文科研究所讀過書的王叔岷後來回憶：「傅先生規定，請假離所如超過半月，一定要歸還所借的書，以免妨礙別人參考。所中一張稿紙，也不能隨便用。上班時間，同仁如去閱報室看報，傅先生也故意去看，同仁便悄悄回到研究室去了。」王氏所描繪的這個畫面如電影鏡頭，令人觀之不禁脊背發涼。可以想像，當眾年輕學者伸著懶腰，從各自窩住的小泥屋溜到閱報室剛坐下不久，大氣尚未喘一口，突然一個黑臉大漢悄然無聲地自門進入，隨著高大的身軀坐下和椅子發出「嘎嘎」的聲響，諸學者循聲回頭、側目張望中，心臟一定如槌子敲擊，發出「怦怦」的跳動之聲。為避免現場遭到考試的尷尬或橫生枝節挨一頓教訓，只好來個三十六計——走為上，一個個勾背耷頭、躡手躡腳地鞋底抹油——溜之乎也。但溜掉之後，亦不是萬事大吉，王叔岷接著說：「傅先生常到各研究室，問問各人研究進度，並提出意見。每兩周規定輪流一次演講，有他參加，演講者都有些緊張。他一發問，便抓著要害，往往幾年才得到的結論，被他一問，就發生動搖，甚至推翻。他思想的銳敏，的確驚人！」[50]

如此嚴格的要求與特殊的監督方式，使年輕學者們膽戰心寒。有一次，傅斯年從重慶回到李莊，發現一位助理人員在院門外散步較久。次日，他請同舍的幾位青年學子都到外面曬曬太陽，只是不讓昨日散步的那位出門，並直言不諱地對之曰：「你昨天已經曬夠了。」對方聽罷，如同挨了一記悶棍，無地自容，此尷尬情形，許多年後在場者還清晰地記著。但在傅斯年看來，不給予迎頭重擊，不足以使其自省上進。

抗戰勝利兩個多月後，同在李莊辦公的陶孟和到史語所辦事，突然問董作賓：「胖貓回來了，山上淘氣的小耗子，這幾天斂跡了。」[51]陶孟和所說的「胖貓」自是指往來於李莊與重慶的傅斯年，而「小耗子」則不言而明。為此，董作賓說：「這話是諷刺也是好評。孟真偶然回所住些時，工作效率果然就有些不同……其實，孟真先生對朋友，對同仁，原是一片赤子之心，同仁愛他之處在此，但是受過『訓』的年輕人，敬同畏卻又壓住了他們的『愛』。這正足以說明了孟真先生辦史語所的貢獻之一，他在（民國）十七年計畫中要『成就若干能使用近代西洋所使用之工具之少年學者』的最大成就。最後十年集刊中所發表的青年的論文，就是明證。」[52]

董作賓的說法得到了學界大多數人的贊同，但也有持不同意見者，如作家李敖就曾說：「史語所這類畸形發展的現象，和它的領導人物很有關係。它的第一任所長傅斯年才氣過人，可是霸氣太大，大得使他不太能容真正的人才，而他所喜歡的，又多是唯唯諾諾的人兒。這種現象，按說是一切獨裁者必然落到的結果。傅斯年又訂了一些像招收徒弟一般的陋規家法，製造了許多所內的特殊空氣。董作賓就提到過許多，諸如傅斯年要給新進所的人『來一個下馬威』，諸如不得亂寫文章，諸如要強迫校書，等等，不一而足。而這些家法與空氣，使得許多人對他都不得不作偽，正如陶孟和所說的：『胖貓回來了，山上淘氣的小耗子，這幾天斂跡了。』也如董作賓所說的：『孟真偶然回所住些時，工作效率果然有些不同。』所以從傅斯年開始，史語所就有一種偽風。」[53]

李敖所言，自有意氣用事的成分，但所言「下馬威」與「作偽」之類的事也非虛妄。如北大文科研究所王叔岷從家鄉前往李莊報到後，傅斯年就對其來了一個善意的「下馬威」，王說：「我第一次見到傅先生，將寫的詩文呈上，向他請教，他說說笑笑，學識之淵博、言談之風趣、氣度之高昂，我震驚而敬慕；我又奇怪，傅先生並不老，怎麼頭髮都花白了！（那時傅先生才四十六歲。）既而傅先生問我：『你將研究何書？』答云：『《莊子》。』傅先生笑笑，就背誦〈齊物論〉最後『昔者莊周夢為蝴蝶』章，一付怡然自得的樣子。傅先生忽又嚴肅地說：『研究《莊子》當從校勘訓詁入手，才切實。』怎麼研究空靈超脫的《莊子》，要從校勘訓詁入手？我懷疑有這個必要嗎？傅先生繼續翻翻我寫的詩，又說：『要把才子氣洗乾淨，三年之內不許發表文章。』我當時很不自在，又無可奈何，既然來到研究所，只得決心下苦工，從基礎功夫研究《莊子》。」[54]如有違背史語所宗旨或「三年之內不許發表文章」等家法者，傅斯年先是警告繼之訓斥，如屢教不改或觸犯了傅氏敏感神經，皆以革職論處。男學者王

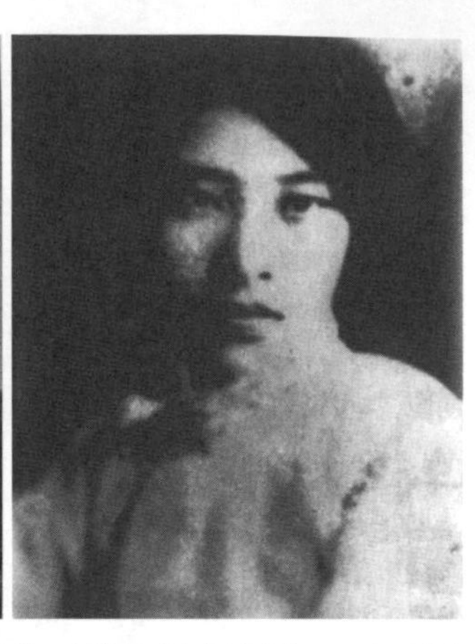

左：學生時代的游壽。（引自《文心雕蟲》，王立民著）
右：青年時代的游壽。（引自《文心雕蟲》王立民著）

鈐如此，而最後一個走進史語所的女學者游壽，同樣遭此命運。

游壽是經她的同學曾昭燏引薦，先到中央博物院籌備處李濟手下工作，而後按夏鼐、吳金鼎的路子轉到史語所謀職的。

自幼聰穎的游壽（字介眉、戒微），十四歲就讀福州女子師範時，深得老師鄧儀中（鄧拓之父）的讚賞。一九二五年，任中學校長的父親去世，年輕的游壽繼任其職。一九二八年游壽考入中央大學中國文學系，自此結識了同年入學的曾昭燏，並與曾氏一道師從胡小石研習先秦文學、古文字學、考古學、古器物學、書法等傳統國學。由於她勤奮上進，和曾昭燏成為胡小石最為心愛的兩位女弟子。一九三二年中央大學畢業後回霞浦家中，旋赴廈門集美師範學校任國文教員，並與同校任教的謝冰瑩、謝文炳、郭莽西、方瑋德共同創辦文學月刊《燈塔》，時年二十七歲。謝冰瑩在她那部著名的《女兵自傳》中，有一篇〈海濱故人〉的文章，記敘了她與游壽等人在師範學校的生活，並著重回憶與游壽徹夜長談的情景。謝稱游壽與方瑋德「兩人都是詩人」。方瑋德當時已是著名的青年文學家，另一位與她們有來往的哲學名家宗白華後來在他的《曇花一現》中說方瑋德：「提起他的白話詩，真是新文學裡的粒粒珍珠。」[55]由此「可見游壽先生早年與這群思想先進的文學青年從事文學活動的情況，那時，游壽已是名播江南的詩人了」[56]。

左：金陵大學主樓。

右：金陵大學的學生。

一九三四年一月，游壽離開廈門至南京，同年八月考入金陵大學文科研究所，再次在胡小石門下攻讀碩士學位。她主要從事金文、古文字音韻研究，先後完成了〈先秦神道設教觀〉、〈先秦金石甲骨文獻資料研究〉等學術論文。期間，曾昭燏一邊從胡小石研習課業，一邊為了謀生兼任金陵大學附中國文教師，游壽同樣勤工儉學，在南京匯文女子中學兼課。相同的家庭背景、志趣和學術追求，使曾游二人的關係更加密切。

就兩人日後的才學相比較，曾昭燏儘管在書法上有相當的功力，頗見金石之氣，但她繼承的胡氏的學問主要還是古文字學以及與此相關的古器物之學，隨著曾氏不斷努力，終於成為這兩門學問的少有的大師級人物；而游壽雖在古文字學與古器物學上不敵曾昭燏，但其書法繪畫藝術造詣明顯高於曾氏。後來擔任中國書法家協會主席的書畫大家沈鵬對此曾做過評論：游壽的書法得到了胡氏的真傳，而畫風則是李瑞清、胡小石這一脈碑學書派的延伸和發展。「游先生常與同學一起到胡小石先生家中學習書法，耳濡目染，加之天資聰穎，終成為這一書派第三代的重要代表人物之一。」[57]

曾昭燏和游壽兩位在南京求學，跟隨胡小石各有五六年，在這段時間，師生建立了深厚情誼。可能是受導師的影響，胡門弟子大多幽默風趣，男弟子如程千帆，女弟子如游壽，經常爆出令眾人捧腹的笑料。據程天帆的學生蔣寅回憶：程千帆為人幽默風趣，出口成章，而且一肚子掌故，聽先生論學，侍先生談笑，那絕對是一種享受。逢先生高興，講些儒林舊聞，莊諧雜出，滿座風生。程先生曾對我說：「顧亭林說注古典易，注今典難。許多本事，惟有當事人知曉，時過境遷，則不知所謂。」於是便舉沈祖棻〈得介眉塞外書奉寄〉一詩中「猶憶春風舊講堂，穹廬雅謔意飛揚」[58]兩句，給我講了它的本事：說的是有個叫王曉湘的國文教授，博學而訥於言辭，二十世紀三〇年代初在中央大學講《樂府通論》，求學者多以聽受為苦。時有女生游壽者，素善謔，為表示對王曉湘老師的不滿，便模擬〈敕勒歌〉之體嘲道：「中山院，層樓高。四壁如籠，鳥鵲難逃。心慌慌，意忙忙，抬頭又見王曉湘。」聞者無不捧腹大笑。從這則逸聞中可見游壽的真性情。

曾昭燏與游壽分別於一九三五年與一九三六年離開了恩師胡小石。曾氏去英國留學，游氏則於次年七月盧溝橋事變爆發後赴江西臨川召集婦女從事抗日後援工作。一九三九年，胡小石赴雲南受聘為雲南大學文學院院長，一九四一年轉赴重慶與瀘州之間的白沙四川女子師範學院任教授。應胡氏的邀請，游壽於同年來到白沙出任該學院中文系講師。一九四二年夏，已歸國並在李莊中央博物院籌備處任總幹事的曾昭燏專程到白沙拜望恩師胡小石與同學游壽。

關於此段經歷，曾氏曾有一段深情的回憶：「余於一九三五年有歐洲之遊，始與師別，然猶時通消息。一九三九至一九四〇年，余在滇，師亦由川至，相遇於昆明，喜甚。時余母新喪，葬於昆明龍泉鎮，師為書壙志，並親弔於墓地。未幾，余入川，居於南溪縣之李莊，師不久亦返川，執教於白沙女子師範學院。雖同飲岷江水，而稀得相見，但師每有吟詠，輒以相寄。一九四二年，余曾詣白沙謁師，在師家居兩宿。時師貧甚，有時不能日具三餐，常不夜膳，忍飢而臥，飢腸雷鳴，至夜半輒醒。曾借米二斗於戚某，戚故富家也，藏黃金甚多。隔二日，聞師已領得女子師範薪，即來索米，師大恨，俱還之。師貧窘至此，然見余至，款待甚厚，臨別，相送江津，悲感殊甚，以為不能再見也。蓋師於此時，對抗戰前途殊抱悲觀，陳寅恪有『南渡只〔自〕應思往事，北歸端恐待來生』之句，師每誦之，虛〔歔〕欷不能自禁。」[59]

正是由於有了曾昭燏的白沙之行，才有了游壽加盟中央博物院籌備處的機緣。據游壽說：「曾昭燏從國外回到昆明，又輾轉到四川李莊山中，她要打開『善齋』一批青銅器，便找我去。在舊中國，一個研究金石的人能看到拓片，就可滿足，現在能看到許多青銅器，太好了。在這階段，我不但參與整理『善齋』青銅器，而且還看到留在箱庫中未發表的安陽青銅器。」[60]或許游壽正是意識到機會難得，才辭別恩師走出白沙，於一九四二年十月來到李莊中央博物院籌備處，投於李濟門下，與昔日的同窗好友曾昭燏等人一起整理青銅器。

據中央博物院檔案，一九四三年，李濟籌備中博在李莊和重慶舉行的「史前石器及周代銅器展覽」，而為了這次展覽，中博專門派人把在抗戰前期遷往四川樂山密藏的一部分器物運往李莊整理。游壽的到來，應是為應付這次展覽的籌備而特聘的。在此期間，游壽於整理之餘，完成了〈金石文獻纂論〉等學術論文。隨著李莊、重慶兩地展覽的結束，游壽的使命也隨之告一段落。由於「博物院鬧窮」（傅斯年語），游壽離開李濟和曾昭燏主持的中博籌備處，和吳金鼎、夏鼐等人一樣，於一九四三年秋，轉往中央研究院史語所傅斯年門下。自此，「少慕狂狷，率性任情」[61]的游壽開始了新一輪顛簸動盪的人生歷程。

按照後來的書法大師沈鵬的說法，「游壽二十歲時就被譽為『閩東四才女』之一」，與福建籍的冰心、林徽因、盧隱等三位名冠當世的才女齊名。二十七歲在廈門任教時「已是名播江南的詩人了」。隨著游壽二度赴南京就讀並從胡小石門下走出，其才學更是聲震江南。讓人略感遺憾的是，游壽在身材容貌上，遠沒有冰心、林徽因那樣光彩照人。在時人所稱「閩東四大才女」中，最討人喜歡的當然是林徽因。上帝似乎分外眷顧她，美貌、才華、智慧、門第、婚姻等，作為一個女人可能得到的，林徽因幾乎全部得到了。特別在感情生活上，有著名詩人徐志摩、哲學家金岳霖和建築學家的夫君梁思成，如此耀眼的三星拱月，再加上林長民的女兒和梁啟超的媳婦這雙重身分，文學與建築方面珠聯璧合的輝煌成就，以及林本人與國內儒林雅士的廣泛聯繫，使得林徽因註定被傳為一個神話，進入歷代名媛才女之列。

而這種缺一不可的完美，是當時的游壽無法達到的，因而她註定不能成為神話，而只能作為一個才女、學者在滾滾紅塵中奔波。不過，林徽因與福建的關係很淺，她生於杭州，然後遷北京，出國、回國，抗戰期間又遷往長沙、昆明、李莊，再後來又回到了北京。有關她的傳記只提到一九二八年九月回福州探親一事，住在倉山可園，之外與福建再無明顯的瓜葛。或許由於這方面的原因，或許當時學界有南北兩大派系的分異甚至齟齬，或許還有其他不為人知的內情，儘管游壽與林徽因同住李莊，但從各自留下的文字和同仁的回憶看，兩位同鄉才女似乎很少來往，至少是沒有密切的來往。

心高氣傲的傅斯年，向來對儒林中的土包子是不屑一顧的，這從安陽發掘時代他對郭寶鈞等河南大學畢業生，不時地用英語訓話即可看出，此等傲慢與偏見使傅氏得罪了不少「被侮辱與被傷害的」儒林中人。當年參加安陽發掘並成為主要骨幹的郭寶鈞，後來沒有到傅斯年掌控的史語所而是到李濟主持的中博籌備處任職，與傅的傲慢大有關係。當然，以傅斯年的才氣與霸氣，許多「海龜」也沒有被他放在眼裡，如留美「海龜」、名噪一時的美女、才女，著名文學家、詩人冰心女士就是一個典型的例證。既然如冰心者尚且如此，那麼來自長江沿岸的本土學者，自然更不在話下。按照董作賓的說法，傅「對於青年學者的訓練，無論初來的是研究生或者練習助理員，先來一個下馬威，每人關在圖書室裡讀三年書，到第四年才許發表文章」[62]。

董作賓所言，在游壽身上再次得到了驗證。在游壽尚未步入史語所的山門之時，就像《水滸傳》中剛到孟州府的武松一樣，面臨對方早預備好的殺威棒。顯而易見，此時的傅斯年仍沒把這位出自南派大師胡小石門下的女弟子游壽放在眼裡。傅首先召開所務會形成決議，一旦游壽到來，即發往圖書室管理圖書並令其讀書，且嚴令在三年之內不許著書立說。並按入所先後的順序，明白表示游壽位列那廉君之後。

一直在史語所擔任圖書管理員的那廉君比游壽小三歲，只有高中學歷，無論是資歷、學歷還是名氣均無法與

位於板栗坳的中研院史語所圖書館舊址。（王榮全攝影並提供）

游壽相提並論。因他長期兼任史語所或者說傅斯年的私人祕書（去台後擔任中央研究院首席祕書），傅在感情上免不了有傾向於那氏的一面。但尚有自知之明的那廉君聞訊，認為自己在史語所的地位本已卑微至極，而號稱「四大才女」之一的游壽卻排在自己之後，顯然有失公允。就游壽本人而言，情何以堪？想到這裡，那廉君出於一種文化良知和道義責任，於一九四三年八月二十六日上書傅斯年，明確指出：「聞本所本年度第二次所務會議報告事項中『借調中博院游壽女士為圖書管理員』一案有『名次在那君之後』一語，竊以為未便，乞收回此意。」[63]

傅斯年接到信，並未理會，仍按既定方針辦。於是，單薄孤獨的游壽背著行李爬上五百多級台階，一進入板栗坳的山門，即遭到一個「下馬威」。她被指令鑽進幾間黑屋子管理圖書，並按照所務會的決議，只許老老實實蹲在屋裡管書、看書，不許亂寫亂畫或膽大妄為地著書。大汗淋漓的游壽冷不丁地吃了幾下殺威棒，被打得暈頭轉向，待稍微回過神來，已無力回天，只能暫時就範。

儘管傅斯年制定了嚴格家法，但率性任情的游壽卻不吃他那一套。在游壽的眼裡，這裡的一切人等，什麼亂七八糟的學術大鱷、大師、大字號海龜，外加已被神化的一群土鱉，全不過「如此而已」。她決定以一個弱女子之力，與號稱集才氣與霸氣於一身的大鱷傅斯年或明或暗地較勁，一旦時機成熟，將竭力一搏，直至衝出桎梏，回歸自己夢中的樂園。

自此之後，游壽於「老老實實」管書、讀書的同時，連寫加畫地做她自己想做的，僅半年時間就完成了〈金文策命文辭賞賜儀物〉〈漢魏隋唐金石文獻論叢〉等學術論文。同時還寫出了〈書苑鏤錦〉〈山茶花賦〉〈山居志序〉等文采飛揚的文學作品，文中對自己居處幾株高大的茶花樹給予了傾情讚美，其中，對「栗峰八景」之首，從秋冬之交一直開到暮春三月的兩株大紅山茶，吟五絕一首贊曰：「芳意浩無涯，風日麗山茶。露重春寒夜，紙窗聞落花。」

從游壽的賦文中可以看出，她當時的心境悲涼，故自稱「時有自傷」。為了宣洩心中的憤懣和「自傷」之情，游壽在自己的住處飽蘸濃墨書寫了「海嘯樓」三個大字，以展胡門弟子書法藝術之風範，同時也是對危機四伏、山呼海嘯的外部環境，以及自己壓抑的內心、翻江倒海的情感世界呼之欲出的生動比擬。據當年任史語所子弟小學教師的羅筱蕖回憶：「有一段時間，曾大小姐（昭燏）和游姑娘（壽，又稱戒微、介眉）在板栗坳的茶花院住，夏天她們經常一起在牌坊頭聊天，兩位小姐都穿裙子，頭梳得亮得很，打扮得很時髦，與鄉下人大不同。」[64]另據游壽後來的高足王立民說，游壽「於金石碑碣可謂本家手段，而於專業研究，與曾昭燏共同構寫了甲骨文前後編。每編輯考證一金石拓片，必反覆摹寫」。又說「在編輯先師書法集時，我見到了大量先生三四十年代

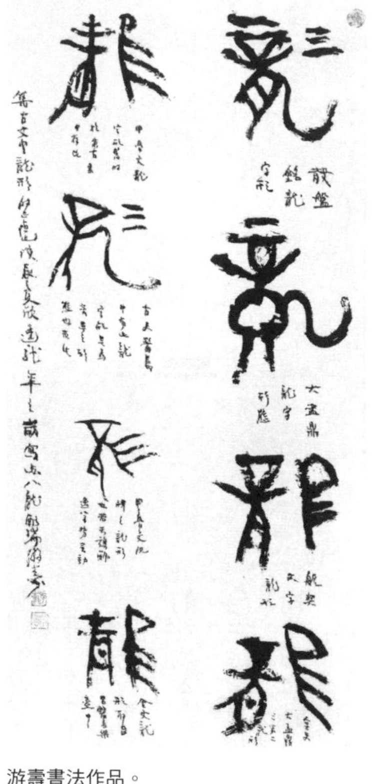

游壽書法作品。

的手稿，有筆記、題跋、詩稿、著作、教案，皆蠅頭小楷，小者如小五號字一般，極似胡小石」[65]。

贗品此時的游壽不僅在書法上顯示了非凡的才華與氣勢，大有蓋過曾昭燏的勢頭，即使在學問研究上也不在「曾大小姐」之下。一九四〇年，她透過整理、考證大批的碑刻和墓誌，寫出了在隋唐史研究領域極具學術價值的《李德裕年譜》，內中言道：「新舊《唐書》李德裕傳俱言六十三年卒於珠崖貶所，補錄傳記亦云焉，唯續前定錄雲六十四。於是者稍有考定是非。舊書本傳云三年正月方達珠崖郡，十二月卒。今據新出土所撰彭城劉氏墓誌末，燁附記云：己巳歲十月十六日貶所奄承凶訃。則公之卒在大中三年為可信。」[66]此種考證功夫非一般學者所具備。

除金石、墓誌類的考證學問，游壽所涉領域與學養亦可謂廣博精深，在經學與文學的研究上亦不讓鬚眉。她在後來撰寫的《經學與文學》一文中，曾極富洞見地言道：「中國經學是宗教、哲學、政治學、道德學之基礎，而加以文學藝術之筆，天下國家為個人理想之責任，可謂廣義之人生教育學。」又說：「孔門之教，志於道、據於德、依於仁、游於藝，游於藝為人生最高境界。」游氏對經學、文學內在精髓揣摩理解之深透，即如傅斯年之才學，亦不見得高明多少。

可能鑑於游壽困獸猶鬥般發出淒厲的悲聲，傅斯年不得不重新審視面前這位看上去柔弱無骨實則剛烈堅毅的女性，同時也在反思繩於游壽身上的家法是否需要開禁。一九四五年二月十六日，傅斯年給曾昭燏的信中寫道：「前談游戒微先生事，最終結論仍以前法為妥，即改任為助理研究員，擬在開會時特別申請以第三年論，若兩年內游先生寫成著作，即可討論升副研究員，不待滿四年也。」[67]

從信中可以看出，此時的傅斯年已決定對游壽實施鬆綁與讓步，但這個讓步是有限度的，即在有條件的前提下，須兩年以後才可晉升為副研究員。此時游壽已邁入虛歲四十的中年，而比她小四歲的夏鼐早在兩年前就已是史語所的副研究員了。老一輩的李濟在她這個年齡做教授與研究員級的導師已達十三年，傅斯年做教授與研究員兼做史語所所長已近十年。相比之下，游壽可謂慚愧之至，因而她對傅氏如此大發慈悲並不買帳。她在抒發自己懷才不遇的不平之氣的同時，也萌生了離開板栗坳、出走重慶的打算。此一心跡在她所作的〈伐綠萼梅賦〉中有所透露。其文序曰：

> 壬午之冬，來遊西川，寄居詠南山館。亞門香飄雪曳，冰肌玉質。顧視綠萼梅一株，蟠矯偃翥，長自瓦礫，南枝如鵬翼垂雲，伸覆牆外，蓋上有樟楠竹桂，蔽雨露之澤……[68]

望著這株生自瓦礫碎石之中的孤獨的綠梅，游壽生出與自己命運息息相關的情感，並有發自內心的「草木有本性，槎椏以望生」的祈盼。

然而，越「明年，余移居海紅花院。又明年夏，主人伐而去之，曰：枝幹虬困，傷籧篨也。余默然久」。游壽以屈子和賈長沙悲天憫人的情懷，「感草木雖無言，而性靈或有同者，遂賦之」，為夭殤的綠梅和命運坎坷的自己放聲悲歌：

> 東籬非所，南枝斜出。褰鵬翼摶，扶搖而上征；奮龍偃掣，波瀾以騰逸。壽陽新裝，江城吹笛。處士過此而盤桓，妒婦見之亦恨疾。

繼之寫道：

> 繽紛未據要路，且非當門。急斧斤以摧枝，雜畚插而鋤根。何藩籬之森固，戕嘉木之天年。恣榛莽之暢茂，

任蔓草以衰延。東平步兵懷府舍，使內外相望汾陽。甲第混負販，同貴賤而聯翩……未是上林紫蒂，春風早沾；翻似丹嶺綺青，王孫卻伐。望東閣兮，彷徨撫餘襟兮，哽噎。[69]

賦中除借綠梅的遭劫影射自己受到不公的命運捉弄外，還明顯透出要衝破樊籬、展翅奮飛的理想與志向。為了此一志向，游壽決定做一試探。一九四五年二月二十一日，也就是傅斯年寫信給曾昭燏，準備為游壽鬆綁的第五天，游壽向傅斯年呈交了一份請假報告，說：「因舊疾復發，又因家鄉淪陷，暫欲赴渝一行，未完工作抑另派人。或准予假，乞請裁奪。」[70]

傅斯年對游壽的請求表示同意，並於一九四五年三月三日致史語所圖書室管理員那廉君，謂：

游戒微先生請假往重慶，返後即專治唐石刻，考證史事，其工作改屬研究人員範圍，惟名稱不改（此等事以前本所常有之），善本書庫，由張苑峰先生兼管，並約王志維先生佐之。所有千唐石（及其他唐志）、善齋石刻，均留交游先生工作，另闢一室，即善本書庫最左第一大間（原存各物移陳槃廠先生住房，陳回原房）。一切乞兄分別洽辦為感。[71]

此信頁首自注「特急」。行首又自注：「此件存所務會議卷，下次報告。」推測此函可能是以郵代電，或以電報直接拍發，否則，難以解釋第二天，即三月四日傅斯年致信陳槃的訊息回應之快。傅信如下：

槃廠兄：

昨談之事，為之愕然。張君處最近兩次談此事，已說好，又這樣來！可為長嘆！寄語張君，吾非可受人劫持之人，彼近日之狂悖甚矣。已說好之圖書館辦法（即致那先生信中語），如彼不接受，請今日言明，即另辦。彼如必要求彼分內所不應有之要求（即昨言之事是也），去就可由彼自擇，至於「說出來與我與所皆不好」云云，乃下流之語，自今以後，彼如留此，應改過反省。此字乞示之，弟決無猶疑。專頌

刻安

弟　斯年　三月四日[72]

因對陳槃「昨談之事」並不清楚，外部史料又難尋到直接佐證，此信只有結合下文的語境方可判斷並進而推理，以弄清大體眉目。三月四日，傅斯年同時給史語所的張苑峰即張政烺發去一函，全文如下：

苑峰先生：

今日徒勞槃廠往返，執事終不肯撤回其荒謬之要求（此要求即：游必走，如不使游走，則你走），此等態度，等於劫持，斷不可長，此其一。我辦理此事之原則，星期四晨已言之（以前亦說過多次），是日晚，在我家（此次有那先生在座）又言之，當時毫不以為不妥，今忽來此，此其二。我對游先生言調整善本書室事，自始即說明無使其他去之意，今何忽然變卦？此其三。故執事此一要求，不特不可行，並須認為過失而反省也。故最好來一信，或告槃廠，取消前說，如其不能，則是又要走，又接管圖書館，豈非多事？故如執事後日接管圖書室，我只能認為取消此要求矣。（以後不能再彈此調。）否則豈非多事？茲進此最後之忠告，望善思之。此頌

著祺

傅斯年　三月四日晚[73]

從傅斯年給那廉君信的內容可以看出，此時傅對游壽的才學和所做工作業績已有所了解，對其懷才不遇的苦悶情緒產生同情，因而想借游壽此次欲赴重慶休假治病的機會調整工作，令其專辟一室，從事與自己的才學、志趣相稱的研究事業，即「專治唐石刻，考證史事」。而要改變職稱，須召開史語所所務會並報中研院總辦事處審核才可，故此事暫不涉及。這個安排，就游壽而言當是滿意的，即便她對傅斯年未必心存感激，至少可以奉令行事，即如傅斯年安排，把善本書庫管理權交給張政烺，自己搬到原為史語所青年研究人員陳槃所占據的「善本書庫最左第一大間」工作。陳槃自是按令行事，很快騰出房間供游壽進駐。至此，事情似已圓滿了結，想不到中間又橫生枝節，波瀾頓起，引得傅斯年大為光火，並對生事者張政烺大加訓斥，其疾言厲色之狀躍然紙上。

張政烺於一九一二年生於山東榮成縣，一九三六年畢業於北京大學歷史系，未久進入中央研究院史語所，歷任圖書管理員、助理研究員、副研究員等職。史語所遷李莊後，張與比他大六歲的游壽同在圖書館工作。其間，二人產生摩擦與不快，且越積越深，終於形成難以解開的死結。在這種情形下，張政烺先後找過傅斯年兩次，意欲擠走游壽，但傅沒有答應，並加以勸勉，令其安心工作，不再提及此事。張可能心中不服，但表面上已答應，此即傅斯年致陳槃信中所言「張君處最近兩次談此事，已說好」的注腳。想不到當傅安排游壽另辟一室專做研究時，張政烺大為不快，急火攻心之下，乃有「又這樣來」的公開對抗，即游壽必須走，如果游氏不走，則自己走（傅信：游必走，如不使游走，則你走）。如此激憤的話語與決絕態度，標誌著張游二人已成有我無她、有她無我的水火難容的局面。

如果僅就此言，傅斯年的肝火可能不至如此之盛，但當張放言「說出來與我與所皆不好」之後，就不是一個「狂悖甚矣」可以概述的了。當然這個「我」是指傅斯年而不是指張本人，這句話含糊其詞，又像暗示著什麼見不得人的隱祕或隱私的偈語，是一句很重的話，對傅斯年的刺激之大可想而知，因而傅將其定為「下流之語」。這四個字的分量同樣極重，尤其對一個道貌岸然、為人師表的學者來說，「下流」的標籤貼到身上，無疑是一個極大的羞辱。

好在，傅斯年此話只對陳槃說出，沒有直接說與鬧事的主角張政烺——傅斯年是愛才的，張政烺是北大歷史系同屆畢業生中最為傑出的一個，也是少有的讀書種子和極富前途的研究人才。正因傅斯年有這樣憐才惜命的情結，才於盛怒中沒有把話說絕，或予以革職開除，只是以「最後之忠告」的勸慰方式令其「反省」，委婉地把此事壓了下來。這樣一種處理方式，全因傅氏愛才之故，像對待張政烺這樣近乎縱容的愛惜，在史語所還未見到有第二人堪比。

事實上，在傅斯年的眼中，像張政烺這樣可堪造就的學人，除了夏鼐，當時的史語所難有其他青年才俊與之匹敵。此點在事隔一年後的七月三十日，傅斯年致姚從吾、鄭天挺的信中可以見出。傅在信中說：從吾約張苑峰到北大教上古史，聞苑峰對此事甚熱心。「弟極願苑峰多在敝所幾年，彼此時離所自為所中重要之損失，但事有關係其前程或治學之方便者，亦應任其自由發展。故今向兩兄言明，北大如何聘他，弟一切同意，惟兼任一說，事屬滑稽，幸勿再談。所中念其在所整理善本書卓著勞績，北大聘後，可以請假一年論。即如明年苑峰仍願返所，自所歡迎。」[74]

同年八月二十三日，傅斯年再致信負責北大由昆遷平事務的楊振聲談及張的去處：「苑峰此時能轉變一下子環境，自有其好處，若云必待其在此不安然後為之，則弟以為，此非法也。凡事與其事後從枉道，不若事前從正道，此當亦為大雅明德所許也。苑峰實是北大近年畢業最可造就者之一，無論今日北大之需要如何，將來必有大用處，此等人才，宜儲而待用者也。……總之，材如苑峰不易得，向學如彼尤不易得。其可教書，自此若干教授為上。」[75]

當北大遷往北平後，張政烺如願以償，受聘為北京大學歷史系教授，同時在清華大學兼授中國文字學，另擔任故宮博物院專門委員會委員等職，一時頗為學界矚目。因有一九四九年張與游壽發生的一檔子事，所謂傅斯年特批請假一年再決定是否返史語所，在傅斯年一方，仍是獨憐其才之想，但在張政烺一方，則早已不放在心上了。此為題外話了。

卻說對於張政烺在李莊的一番鬧騰，游壽自然是知道的，既然張氏仍在史語所圖書館工作，她必須選擇離開，否則無以面對互為仇寇的場面。於是她收拾行裝，很快離開李莊赴重慶，這一去就是四個多月，直到一九四五年七月才返回李莊板栗坳史語所。

從游氏的高足王立民編寫的一份年表來看，游壽到重慶之後，另覓職業並順利進入中央大學國文研究所出任助理，開始搜集和研究唐代文學資料，同時搜集戰時流入四川的金石拓片及古蹟文物，並著有〈隋唐東邦史料考輯〉一文[76]。但不知其間發生何種變故，游壽還是在四個月後離開了中央大學，重返李莊。而這時對於游壽的遲遲不歸，包括傅斯年在內的一些人已經有了不滿或非議，並對她有所表露。八月二十五日，內心頗不服氣的游壽寫信給傅斯年：「年來受閒氣蓋平生未有，常恐冒瀆神聽。然以防微杜漸，聊試一鳴，君子不欲高上人，固不與所中舊人尋仇。」[77]

傅斯年接到這封言辭鋒利且帶有火星的函件，諒其處境之艱，對游壽再次做了鬆綁與退讓：「一切照前約之辦法，您以舊名義未作研究，部分之管理事項可不擔任，一切均交張政烺先生接收。移交之事，乞速辦。」[76]也就是說，從這個時候起，游壽可以從殺威棒下站起來，離開善本庫甚至圖書室，集中精力好好做點學術文章了。在暫時不能另謀高就的境況下，不能錯過這個一試身手的難得機會，游壽遂躲進研究室埋頭苦幹起來。

此時，根據國民政府的指示，各內遷機關提前做還都南京的準備，在李莊的史語所代所長董作賓指派石璋如與社會所的丁文治（丁文江幼弟）一起，已於一九四五年十月四日抵達南京，開始做接收的準備工作。

一九四五年十月十四日，傅斯年在給俞大綵的信中再次提到了游壽，謂：「南京公家房子，竟是很完整，只是私人住宅無法子辦。游小姐這樣胡鬧，真豈有此理。幸那先生近有一信來，云已有辦法，如無辦法，當強制執行。此事須速辦，因張苑峰到北平有要事也，又須急去也。」[77]

此信當是指游壽與張政烺之間又發生什麼爭執或糾紛，被史語所主持者董作賓或其他人勸解壓了下來，游壽繼續工作。而張政烺已被國民政府調任戰區文物保存委員會委員，未久即離開李莊，與游壽的衝突糾葛、是非恩怨至此也算正式了結。

一九四六年年初，游壽以少有的平和語氣致信傅斯年，說：「《塚墓遺文史事叢考》已於（民國）三十四年草訖，呈送岑仲勉、陳槃兩研究員，指示之點，亦已改定，極想早日付梓，如何呈交，請核示。」[78]

從信中言語可以看出，這是游壽本人跨入史語所大門三年來所做的最有意義和最有價值的一件大事。可惜好景不長，這年的三月五日，游壽突然致信正在辦理北京大學復員的傅斯年：「本所還都計畫已奉命在五月以後，職夏日多病，欲先下渝覓交通機會，至都日即向所中前所派人員報到，並聽其指命，伏懇賜准。」此信一式兩份，寄傅斯年並送達一直在李莊主持所務的董作賓。

半個月後，已抵達重慶的游壽再次致函傅斯年，稱：「本所復員在夏天，職每年夏令必病，萬不得已，呈請下渝自覓還都機會。頃抵渝已一周，正極力設法（尋）交通工具，倘得先行至京之日，即向所中所派接收人石璋如先生報到。」[79]

游壽的兩封函件，令外人看了有些莫名其妙。眼看自己在李莊壓抑了近四年的心血之作即將付梓，為何又置之不顧，拋下手稿匆匆東行？所謂的「每年夏令必病」之理由，顯然很難令人信服，其間必另有隱情，而這個隱情最有可能是所中「舊人尋仇」，而游壽認為的「尋仇者」當不會是早已離開的張政烺，應屬別人。只是這一點尚未發現可資佐證的史料。據說，游壽這段期間的筆記、詩稿、著作、題跋等資料，均存於她晚年任教的哈爾濱師範大學的家中，其高足、歷史學家、書畫藝術家王立民曾做過部分的搜集、整理，但在王氏為游壽所列的年表中，也僅有「由四川李莊至重慶歇馬場，候飛機回南京」和「在南京家中閒居」等草草幾句記載[80]，仍無法破譯其出走的真正動因。或許，隨著游壽遺留資料的進一步整理，謎底終會揭開。

世人所知的另一方情形是，傅斯年在接到游壽第一封信後暴跳如雷，當即致函董作賓，毫不含糊地說道：「游竟自行離所，應將其免職。此人不能再留其在所。」而後又以傷感的語氣道：「弟當時找她，大失策。甚對本所不起。」[81]

傅斯年在接到游壽發自重慶的第二封信之後，再次大動肝火，措辭嚴厲地回執道：「執事未得董先生同意，自作主張，自行離所，應自離李莊之日起，以停止職務論。」[82]三月二十一日，傅斯年在致俞大綵信中再次提及游壽：「游於一周前到，託人送信及錢於陳德宏，臘味未帶到來（云，下次託人送來），至今一周矣。人不見，亦不知住處，只好聽之，恐怕要壞了。此人行事無一不奇怪。她未得彥老允准，擅離研究所，已交那公去信將其免職矣。此人去年即該革職，忍耐至今。彥堂來信，云其無法對付。拉他到研究所來，真不幸事也。」[83]

在畫作上，有飛行員林耀的題字「建國建軍責在吾人」，同時有游壽的題字。從表面上看，當時游壽與董作賓、梁思成一家是和諧相處的。（梁從誡提供）

從信中可知，游壽離開李莊時，不知底細的俞大綵還託其帶一塊或幾塊川南特產的臘肉給傅斯年享用或送友朋共食，可是游壽至渝，只見其聲不見其人，臘肉遲遲沒有送來。結果如何不得而知，但最大的可能是，隨著傅斯年對其革職，那塊臘肉一併革得永無蹤影了。

游壽聞知自己已被就地革職，頗感驚詫，立即致函傅斯年，解釋道：「頃奉手諭，不勝駭愕。職此次離所，彥堂先生曾批示：『暫作請假。』職在所中前後四年，自揣無過，倘鈞長以離所還京太早者，亦可即返李莊。」[84]

與此同時，游壽再寫一函致李莊的代所長董作賓，頗有些動氣地說道：「此次請示先行歸京經過，不圖先生背後報告，傅所長有停職通知。今且忍耐不言，頃再緘倘以為不得擅行還京者，即重返李莊。」[85]

從此二信內容可以看出，游壽離開李莊時，不只是俞大綵，董作賓也應是知道的，並很有可能以代所長的權力做了「暫作請假」的口頭批示。但當傅斯年雷霆震怒之時，董作賓沒有挺身而出，而且還故作不知，這就使傅斯年更加惱火，以致發出了對遊氏就地革職的頗為絕情的命令。至於董作賓為何出爾反爾，不能鐵肩擔道義將游壽離所之事攬到自己的身上，反而落井下石，置游氏於絕地，除了說明董與游的關係不算融洽外，其更深層的原因，由於資料缺乏就無從推斷了。

按一般人的處事邏輯，這時的游壽應設法向傅斯年說明真相並使之相信自己無辜，以便獲得重返李莊的機會。但「少慕狂狷、生性剛烈」的游壽，既沒有主動做進一步說明，更未對傅斯年就地革職的懲罰表示服氣。她堅守重慶，與傅斯年無聲地對抗起來。在這種情況下，傅氏與董氏聯手，決定一不做二不休，乾脆來個斬草除根式的圍剿攻伐，以絕後患。於是，傅董二人以史語所的名義致公函於游壽，謂：「所著《塚墓遺文史事叢考》一書，本所不能付印，可由執事自行設法出版；所任別存書庫圖書管理員一職，業經通知停止，此職亦即裁併，應照章發給遣散費三個月。」[86]

此時，史語所正在出版一部石印的學術刊物《六同別錄》，刊名是傅斯年根據李莊古稱「六同郡」而假借的。由於當時條件所限，史語所研究人員的學術著作無法到外地出版印刷，只有在李莊本地用石印的辦法予以解決。游壽的一篇論文本已編在《六同別錄》中寫就印刷，為避免日後糾纏以達到斬草除根的目的，傅斯年指令將游的文章從已印出的刊物中撕下。因封面上有游壽文章的標題，傅斯年以他特有的霸氣，不留情面地下令將封面一併

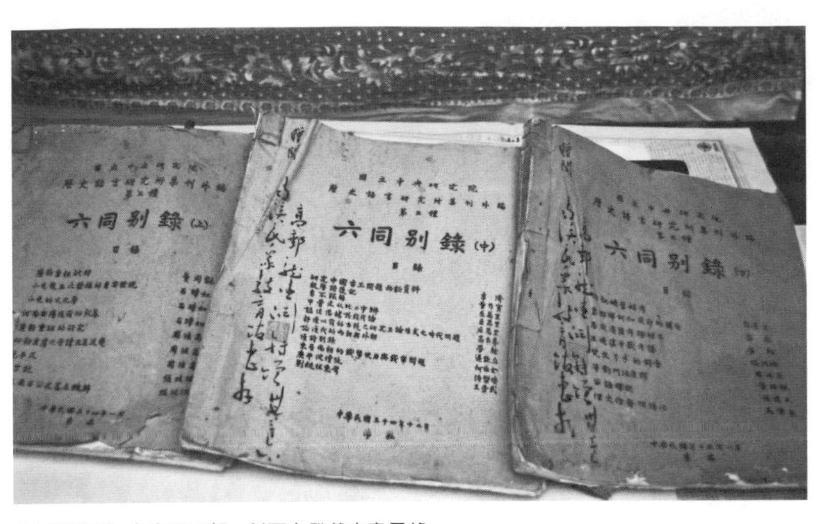

《六同別錄》上中下三部，封面上登載文章目錄。

撕去，重新設計，重新印刷裝訂。於是，游壽四年來唯一一次出現在史語所刊物上的名字就此消失了。

兵法嘗云：「投之亡地然後存，陷之死地然後生。」此時的游壽見對方如此無情掃蕩，開始狠下心來，以退為攻，絕地反擊。一九四六年十月四日，她以悲壯的心境和義無反顧的姿態，擲給傅斯年與董作賓一紙信函：「平生志在為學，豈效區區作駑馬戀棧耶？豈效無賴漢專以告訟為事？！即日離渝歸東海。」[87]

自此，李莊失去了游壽，游壽失去了李莊，史語所大隊人馬也即將乘船回遷京都。關於游壽的故事，成為史語所在李莊板栗坳山野草莽中六年江湖恩仇錄的一曲絕響。

注釋

[1]《湖南會戰》下冊，日本防衛廳防衛研究所戰史室編。轉引自《抗日戰爭時期的湖南戰場》，羅玉明著，學林出版社二〇〇二年出版。

[2] 王奐若《同濟大學校友對國家的貢獻》（手稿）。

[3]《傅斯年——大氣磅礴的一代學人》，岳玉璽、李泉、馬亮

寬著，天津人民出版社一九九四年出版。

[4] 羅哲文〈李莊憶舊〉，載《四川省歷史文化名鎮——李莊》，熊明宣主編，宜賓市李莊人民政府一九九三年出版（內部發行）。

[5]《中國建築之魂——一個外國學者眼中的梁思成林徽因夫婦》，〔美〕費慰梅著，成寒譯，上海文藝出版社二〇〇三年出版。

[6] 劉東平〈古建築的保護神：梁思成〉，載《人物》，二〇〇一年第一期。下同。

[7] 日本京都、奈良倖免於難的事，除了羅、鄭等人提供的證據外，在李莊還流傳著這樣一個段子。據羅南陔之子、原南溪縣政協委員羅萼芬說：「美國投放到日本的兩顆原子彈，為什麼沒投到京都、奈良？這個故事就發生在我家。當時羅斯福要向日本扔原子彈，但不知道扔到哪裡合適，就問蔣委員長，介公也不知扔到哪裡是好。於是有人建議把梁思成接到重慶，徵求一下他的意見，看這原子彈咋扔合適，讓他畫個圈圈。梁思成臨走時，專門來到我家，找到我的父親羅南陔，要他好好照顧梁思永，還說美國要炸日本本土，但不知炸哪裡好，圈圈畫在何處也心中沒數。當時梁氏兄弟與我父親就商量，最後說哪裡都可以炸，就是不能炸京都、奈良，因為那裡有很多古建築，一炸就太可惜了。梁思成很同意這個看法，說了些話就走了。日本決定投降後，梁思成從重慶回李莊，又來到我家看梁思永。我父親與他兄弟倆聊天，梁思成說，美國這次轟炸，日本的城市毀壞得很厲害，但最後還是按照我們商量的建議，沒有炸京都、奈良。後來羅斯福說光用常規炸彈還不行，需要扔幾顆原子彈，要不日本人不得幹，來問我。我還是那個建議，扔哪裡都可以，就是別扔到京都、奈良。後來美軍參考了我畫的圈圈，就把原子彈扔到了廣島和長崎。」羅萼芬又說：「梁思成說這話的時候，我正好在旁邊給他們倒茶，就聽到了。所以說美國炸日本和扔原子彈，故事就發生我家。這個事從我家傳出去以後，李莊的百姓就說：『不是美國原子彈，日本投降不得幹；美國丟下原子彈，打得日本直叫

喚。』後來羅哲文來李莊，問我這個事，我告訴他，他才把事實真相寫出來。」羅萼芬老先生的這段話，自然是孤證難立，目前仍沒有找到其他材料可以佐證。羅哲文確實回李莊訪問過，但對此說總有些懷疑。既然羅老先生說得言之鑿鑿，就作為一說，姑妄言之，姑妄聽之吧。（按：二〇〇三年九月二十六日，作者在李莊鎮史研究專家左照環陪同下，在李莊羅家採訪羅萼芬記錄，在座的還有洪氏家族後代洪恩德，以及李莊鎮攝影師王榮全等人。）

[8]《日本問題文件類編》，世界知識出版社一九五五年出版。

[9][11]《蔣介石年譜》，李勇、張仲田編，中共黨史出版社一九九五年出版。

[10]《李濟年表》，李光謨編，手稿。

[12][14][15][25][63][67][70][76][78][79][81][82][83][84][85][86][87]中央研究院歷史語言研究所傅斯年圖書館藏「傅斯年檔案」。

[13]《敦煌考古漫記》，第八五—八六頁，夏鼐著，王世民、林秀貞編，百花文藝出版社二〇〇二年出版。

[16][17]石興邦〈夏鼐先生行傳〉，載《新學術之路》，第七一五頁，中央研究院歷史語言研究所一九九八年出版。

[18]載《歷史語言研究所集刊》，第十九本，一九四八年。

[19]載《歷史語言研究所集刊》，第二十本，一九四八年。

[20]載《歷史語言研究所集刊》外編《慶祝蔡元培先生六十五歲論文集》，第五五五—五六八頁，一九三五年出版。

[21]載《中國考古學報》第二冊，第二七六—二八〇頁，一九四七年三月。〈龍山文化與仰紹文化之分析〉一文於一九四七年三月在國統區和解放區同時發表。在國統區，《歷史語言研究所專刊》之十三《中國考古學

報》（即《田野考古報告》）第二冊刊載此文，署名「劉燿」；在晉冀魯豫解放區，《北方雜誌》發表此文，署名「伊達」。《中國考古學報》刊載此文，無副標題；《北方雜誌》發表此文，增加副標題「中國原始社會資料研究之一」。《中國考古學報》刊載此文，前列五個章節的標題；《北方雜誌》發表此文，前有一段小序，文曰：

算起來這篇文章已經整整寫成十年了。寫成那天，正是全國開始抗戰的「七七」；後來我決心離開那一學術機關，想到敵後盡一點抗戰的義務。在解放區當時經過領導者督促，使我重檢舊業，寫了一本《中國原始社會》；在寫那冊書時，曾因為材料的關係，託友人把這篇文章檢抄一份，並承這位友人的好意把插圖及圖版複照的照片寄來。這篇文章曾由考古組編入《田野考古報告》第二冊中，在香港付印時底稿及圖版全部散失了；我曾據友人所抄副稿再抄一份，並照片六張，由一位朋友寄往上海，據說要這篇文章的雜誌短命夭折，副稿及照片均不知流落何所！現在我僅存友人抄給的一份副稿，圖版及插圖也一時無法補足了。這次所發表的稿子，我只更動了個別的字句，所有的意見和布局都不曾變動。這篇文章的意見，我在寫《中國原始社會》時曾用過（該書三三至三六頁），現在索性發表出來，以求同好者的指正！

一九四六年十月二十一日

[22] 夏鼐〈齊家期墓葬的新發現及其年代的改訂〉，原載《中國考古學報》第三冊，一九四八年。轉引自《考古學論文集》（上），第三一一三頁，夏鼐著，河北教育出版社二〇〇〇年出版。

[23] 王仲殊〈夏鼐先生傳略〉，載《夏鼐文集》，社會科學文獻出版社二〇〇〇年出版。

[24]〈傅斯年致李濟〉，載《從清華園到史語所》，第三一五頁，李光謨編，清華大學出版社二〇〇四年出版。

[26]〈傅斯年致夏鼐〉，載《傅斯年遺劄》第三卷，王汎森、潘光哲、吳政上主編，中央研究院歷史語言研究所二〇一一年出版。

[27][28][29][30][31][32][34][35][40][41][45][46]《夏鼐日記》，夏鼐著，華東師範大學出版社二〇一一年八月出版。

[33][36][39][42]〈夏鼐致傅斯年〉，一九四六年二月十一日。南京：中國第二歷史檔案館藏，檔號01-01-15-044。

[37]〈朱家驊致廣元縣政府電〉，南京：中國第二歷史檔案館藏，檔號01-01-15-044。

[38]〈廣元縣政府代電〉，南京：中國第二歷史檔案館藏，檔號01-01-15-044。

[43]〈致省政府張主席電〉，南京：中國第二歷史檔案館藏，檔號01-01-15-044。

[44]〈張群致教育部朱騮先電〉，南京：中國第二歷史檔案館藏，檔號01-01-15-044。

[47][49][51][52][62]董作賓〈歷史語言研究所在學術上的貢獻〉，載《大陸雜誌》，第二卷第一期。

[48]何茲全〈憶傅孟真師〉，載《傳記文學》，第六十卷第二期。

[50][54]《慕廬憶往——王叔岷回憶錄》，王叔岷著，中華書局二〇〇七年九月出版。

[53]李敖〈從李濟的悲劇看中央研究院的幾個黑暗面〉，原載《文星》雜誌，一九六四年。轉引自《教育與臉譜》，李敖著，中國友誼出版公司二〇〇一年出版。

[55]〈曇花一現〉，載南京《文藝月刊》之《方瑋德特輯》，第七卷第六期，一九三五年六月一日。

[56][57]沈鵬〈壽長所歷識彌多〉，載《光明日報》，二〇〇〇年十一月三十日。

[58]沈祖棻為程千帆之妻，二人皆是游壽中央大學的同窗好友。後程氏夫婦去武漢大學任教，游壽則輾轉千里來到塞外的哈爾濱師範大學任教，雙方書信往復不斷，故有沈氏接游書後的詩作，以及詩作中對往昔歲月的回憶。

[59]曾昭燏〈憶胡小石師〉，載《曾昭燏文集》，南京博物院編，文物出版社一九九九年出版。

[60][65][66][69]王立民〈大覺空寂的游壽先生〉，載《文心雕蟲》，王立民著，北方文藝出版社二〇〇三年出版。

[61]〈游壽傳略稿〉，載《文心雕蟲》，王立民著，北方文藝出版社二〇〇三年出版。

[64]二〇〇四年三月六日，作者採訪羅筱蕖記錄。

[68]在李莊板栗坳牌坊頭外，有一塊石碑，題曰「詠南山」。據石璋如回憶，史語所人員剛來此地時，有些轉向，本來位於牌坊頭之南的一座山，許多人認為在之西，或之東。大概建造這座山莊時，也有不少人為方向問題所困惑，故主人專門立碑於牌坊頭，「詠南山」三字鐫刻於碑之南，顧名思義，意指這座大山在板栗坳的南面而不是西面、東面或北面。（參見《石璋如先生訪問記錄》）游壽所說的詠南山館，當是在板栗坳且離牌坊頭不遠的一處院落。

[71]〈傅斯年致那廉君〉，載《傅斯年遺劄》第三卷，王汎森、潘光哲、吳政上主編，中央研究院歷史語言研究所二〇一一年出版。

[72]〈傅斯年致陳槃〉，載《傅斯年遺劄》第三卷，王汎森、潘光哲、吳政上主編，中央研究院歷史語言研究所二〇一一年出版。

[73]〈傅斯年致張政烺〉，載《傅斯年遺劄》第三卷，王汎森、潘光哲、吳政上主編，中央研究院歷史語言研究所二〇一一年出版。

[74]〈傅斯年致姚從吾、鄭天挺〉，載《傅斯年遺劄》第三卷，王汎森、潘光哲、吳政上主編，中央研究院歷史語言研究所二〇一一年出版。

[75]〈傅斯年致楊振聲〉，載《傅斯年遺劄》第三卷，王汎森、潘光哲、吳政上主編，中央研究院歷史語言研究所二〇一一年出版。

[77][82]〈傅斯年致俞大綵〉，載《傅斯年遺劄》，第三卷，王汎森、潘光哲、吳政上主編，中央研究院歷史語言

研究所二〇一一年出版。

[80] 王立民〈游壽年表〉，載《文心雕蟲》，王立民著，北方文藝出版社二〇〇三年出版。王氏在表中將這段時間排為一九四四年，疑有誤，結合其他資料推斷，應以一九四五年較確。

第十章

我東日歸，我情依遲

波蘭籍教授魏特之死

一九四五年八月二十八日，毛澤東聽取各方面意見，在美國政客赫爾利、國民政府官員張治中陪同下，自延安乘機飛抵重慶，拉開了國共兩黨談判序幕。十月十一日，隨著毛澤東離去，國民黨加緊了內戰準備。

十一月九日至十六日，蔣介石在重慶召開軍事會議並發表講話，稱中共已正式被列為「反動派」，提出要集中軍事力量，在半年內擊潰八路軍、新四軍主力，然後分區「圍剿」，控制皖北、蘇北、山東，打通津浦線。然後再集結重兵於平津，「掃蕩」華北，最後打通平綏線，占領察綏，一舉將共產黨軍隊滅掉。會議特別強調要「建立必勝信心」[1]。

就在中國大地內戰硝煙將起之際，迫不及待的同濟大學師生決定在枯水期到來之前，乘船東渡，早日回歸闊別八年之久的夢中之都——上海。蔣介石怕在戰爭即將到來的敏感時期讓同濟遷回上海會爆發學潮，並發生變亂，希望同濟大學繼續留在李莊，待來年再行回遷。但同大師生人人思歸，已無心上課讀書。在這種情況下，教育部部長朱家驊經請示蔣介石同意，令同濟大學回遷。不過，具體主導並指揮這次復員返鄉的人，已不再是朱家驊屬

1942年5月，同濟大學校慶時舉辦運動會，丁文淵的德國籍夫人在主席台上頒獎給學生。

下的丁文淵，而是新任校長徐誦明。

自同濟大學校長周均時被革職，代之以從國外召回的丁文淵之後，國民政府也借抗日救國大政方針，對文化教育界加強了控制。蔣介石提出要以「禮義廉恥」作為全國教育界共同的校訓，並透過當時的教育部長陳立夫，以大講三民主義的形式，向師生灌輸國民黨「黨義」。同時透過各校每週舉行的「總理紀念日」活動，宣傳國民黨施政綱領，進行黨化教育。身為同濟大學校長的丁文淵，對黨化教育乃至奴化教育大感興趣，在校內積極鼓吹推廣。

或許因為丁文淵曾留學德國，又在德國從事外交工作多年，他對法西斯搞的那一套非人道的政治、軍事、教育理論推崇備至，不但言必稱德意志，而且在行動上也大加仿效。一九四二年五月，同濟大學舉行三十五周年校慶，丁文淵利用權力，逼迫各院學生做軍事化分列式會操，並請當地駐軍軍樂隊奏軍歌，還邀請國民黨高級軍官前來檢閱。與此同時，強行規定各學院四處懸掛國民黨黨旗。按國民政府的規定，旗子的長寬比例是5：3，但丁文淵為了顯示自己的氣勢以及對德國法西斯的崇拜，命令各學院一律仿照德國黨衛軍的樣子，把旗子的長寬比例改成20：1，成一長條，使之在懸掛時變成納粹標誌「卐」字旗的形式，此舉令同大師生甚為反感。來自德國的猶太裔教授史圖博曾感慨道：「這次校慶活動，使我聯想到一九三三年希特勒上台時的納粹化，在柏林大街上看到的十分厭惡的情景。」[2]

在政治上令師生們大為不快，在生活做派上丁氏更不顧一校之長與「人類靈魂工程師」的臉面，甚至把他整天掛在嘴邊的「禮義廉恥」四字訓諭丟入糞坑，做出一些令人深惡痛絕的醜事與惡事。據當時在同濟大學任招生委員的李清泉回憶，抗戰後期，物價飛漲，教育部每到月終便根據學校月初呈報的物價指數，按物價上漲倍數核發薪水。而實際上事隔一月，物價又漲了若干倍，教職員工領到薪水後已買不起所需生活物資了。在一片怨聲與呼聲中，國民政府想到一個變通的辦法，除每月發放薪水外，另發一點實物用來補救，此法被稱為「米貼」。凡教職員，按家庭人口計算分別發六市斗（三市斗合舊斗一斗，重五十斤）到一市石不等，在校服務的職工一律六斗，學生兩斗。具體操作方法是，每月月終，由校方按各人應得數量發給米貼票，持票人可以隨時憑票在本校倉庫領取食米。至於米的來源則由駐地南溪縣糧食儲運處按月撥發，校方派人用船運回供應即可（南按：史語所傅斯年與李濟之爭的木匠于海和應得之陸市斗米貼手續與此相同）。

開始時，這個辦法尚能循規蹈矩地執行，到一九四三年春夏之交，也就是農民所稱青黃不接的關鍵時候，國民經濟進一步惡化，亂象不斷滋生。時同濟大學事務主任、朱家驊堂弟朱蘭江，竟打起了米貼的鬼主意。他與南溪縣糧食儲運處承辦人員暗中勾結，將在縣城撥發的三千多市石食米，悄悄以高價盜賣給重慶一家米商，返校後對教職員工謊稱食米尚未撥到，讓諸位耐心等待，並稱麵包總會有的云云。校內師生長期得不到糧食供應，所謂的米貼便成了一張空頭支票。朱蘭江趁機又與本地商人劉映咸等暗中勾結，以低於市價三分之一甚或更低的價格，大量收購員工所持米貼票。教職員工因遲遲得不到實物，不得不忍痛拋出，另外加錢以高價在市場上購買食米。而李莊鎮的糧食市場本來就在抗戰中萎縮得不成樣子，每月增加成千石食米的購買量，價格很快瘋漲起來，同濟師生一個月的薪水和出賣米貼票換來的錢，所購糧食僅能維持三五日。如此一來，許多人的生活頓時陷入困境。

當時同濟工學院有個叫魏特的波蘭籍教授，主要講授鋼結構。李約瑟於一九四三年夏來李莊同濟大學訪問時，在他的遊記中曾寫道：「這裡也有同盟國的協助，因為那位研究鋼結構的教授就是一位波蘭人。」[3]李氏提到的波蘭人就是著名的鋼結構學專家魏特。其人由家鄉來中國的經歷，頗有幾分傳奇色彩。

一九三八年十一月七日，一名波蘭籍的猶太青年懷著強烈的民族主義情緒，在巴黎槍殺了德國駐法國使館的三等祕書。此一事件使納粹黨魁希特勒大為光火。為實施報復，給猶太人以顏色，十一月八日深夜，希特勒下達命令，全德國及奧地利境內的黨衛軍和衝鋒隊開始襲擊所有猶太人住地、商店、醫院。混亂中，一百多人被亂槍打死，兩萬多名猶太人被捕，經濟損失超過十億德國馬克。——這就是被德國法西斯頭目之一戈培爾譽為「帝國水晶之夜」的納粹暴行。

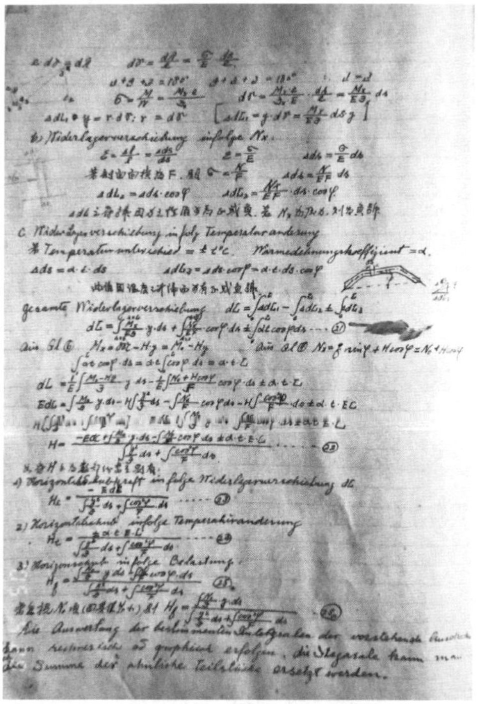

魏特教授在李莊講學時，當年的同濟大學學生聽課筆記中的一頁。（王榮全蒐集拍攝並提供）

面對如此險惡的環境，大批奧地利籍的猶太人為了活命，爭相離境，在不長的時間內，維也納就有十三萬猶太人透過各種途徑逃往國外。面對此情，德國納粹政府開始向收留國提出強烈抗議，各國一看德國大佬發威動怒，立即哆嗦起來，以惹不起躲得起的心態，紛紛對正處於危難中的猶太人關上了大門。當時的中國政府與德國納粹政權尚保持友好的外交關係，許多戰略物資特別是軍火與軍事顧問都來自德國。中國駐維也納領

中國的辛德勒——何鳳山為猶太人辦理的簽證。（何曼禮提供）

事館總領事何鳳山出於對猶太人的同情，一方面祕密與當地美國宗教團體和慈善機構合作，用各種方法營救猶太人；一方面大規模開放簽證。只要猶太人申請，簽證都以最快的速度核發，在一個星期內就發出四五百人之多。這批猶太人大部分去了上海，成為德國納粹種族滅絕暴行下的倖存者。

納粹屠刀下的奧地利猶太人，眼看整個世界只有中國一條路尚未截斷，便潮水一樣從四面八方湧向中國領事館，都希望得到一張去中國上海的簽證。這時，中國領使館的舉動已引起德國政府注意並提出抗議。為維持雙方邦交，避免與納粹德國反目成仇，中國駐德大使陳介聞知維也納方面情況後，立即長途電話指示何鳳山，對猶太人簽證要嚴格限制，最好徹底截斷這條通道。何鳳山當面唯諾稱是，放下電話後照簽不誤。於是領事館中有人向陳介告密，誣稱何鳳山為猶太人如此賣力，實情是收受賄賂、貪贓枉法。陳介聞報大怒，立即派時任大使館參事的丁文淵前往查辦。丁氏由柏林飛抵維也納，以銜命欽差大臣的派頭，當即命人查封領事館內一切電報、書信、文檔材料，並查中國外交部是否確有何鳳山所說「對猶太人簽證實施開放政策的訓令」等。

好在時任行政院長的孔祥熙對西方教會有感念情結，對猶太人的悲慘遭遇亦表同情，曾一度向國民政府提出開放海南島以容納猶太人的主張。孔氏此一舉動，基本上對何鳳山已起庇護作用。但不知天高地厚，被傅斯年稱為「強橫任性」的丁文淵志在必得，一計不成又生一計，命人細查領事館簽證的財務帳目，試圖查出徇私舞弊的情況。然而反覆折騰仍無可疑之處，丁氏只得怏怏收兵，匆匆撤回柏林。何鳳山由此免遭暗算，大批猶太人得以繼續透過正式簽證逃亡遠東城市上海。

當時魏特正在奧地利一所大學教書，在納粹軍隊搜捕槍殺猶太人的生死關頭，他成為從何鳳山手中得到「救命簽證」的一員，獨自逃往上海，並幸運地在同濟大學謀到一份教職。到李莊時，魏特已是五十多歲的人了，他的妻子和五六個孩子沒能逃出來，仍困在已淪陷於納粹德國鐵蹄下的波蘭老家。魏特每月都要寄錢回家，戰時郵路時常中斷，貨幣貶值，其淒苦情形可想而知。

由於生活壓力和對遠方親人的掛念，魏特漸趨消瘦。據同濟附中畢業的學生洪恩德回憶：「當時我哥哥洪玉德在同濟上學，經常照顧魏特。他是橋樑專家，平時很自私，他教書的教材裝在一個專門打造的紫檀木盒子裡，誰也不讓看。要是有人請他吃飯，如果是中午，他早上就不吃飯；如果是晚上，他中午就不吃，專等在請客席上狠吃一頓。後來大家都知道他這個毛病了，請他吃飯，事先不通知，直到臨吃時才跟他打招呼，這時他就顯出很後悔的樣子，嫌人家不早跟他打招呼。」[4]

經常盼著別人請客從而省下　頓飯錢的魏特，在最窮困潦倒的艱難時刻，偏偏遇上了暗中搗鬼的朱蘭江。魏特將發放的薪水寄回波蘭家中後，又把領到的米貼票拋出，但買回的糧食僅吃五天就已告罄。此時他還像往日一樣盼著同行們請客。但這時幾乎所有教職員都自顧不暇，已沒有人能請客了。據說魏特恰在這個時候患了一種腸瘤（南按：即腸癌），在既無條件醫治又無米可餐的雙重困境下，於一九四三年初秋死於同濟大學工學院那間簡陋的單身宿舍中。當年何鳳山衝破阻力為其搶發了一紙「救命簽證」，是魏特的幸運，如今復落入丁文淵及其黨羽之手，是其不幸。在幸與不幸的蕩悠之間，這位命途多舛的猶太人便斷送了性命。

李莊豆芽灣，同濟大學工學院魏特教授的墓地所在處。（王榮全攝影並提供）

魏特的死像一根點燃的導火索，同濟師生滿懷悲哀與憤慨到校長室與丁文淵理論。但丁文淵卻以先處理後事為名，動員後勤人員在李莊豆芽灣挖了個土坑，把魏特用薄木棺材盛殮起來，匆匆埋葬。事畢，面對眾師生的質問，他仍支支吾吾，壓根不提發放米貼票之事。

就在這時，同濟招生委員李清泉到南溪縣城開會，縣糧食儲運處的部分人員已聞知魏特教授活活餓死的消息，很為這一人間慘劇與同大師生的命運不平，便把朱蘭江盜賣食米的醜事抖了出來。李清泉聞聽大驚，返校後立即會同會計梁苑英共同署名向校方揭發這一逼死人命的大案。因丁文淵與教務長薛祉鎬事前與朱蘭江有默契，遂對李清泉二人的揭發不予理會，並威脅道：「捉姦要捉雙，捉賊要捉贓，在沒有確切證據之前，瘋狗一樣到處咬人是要蹲大牢吃官司的。」

李清泉二人被丁文淵幾句話嗆了出來，於心不甘，索性一不做二不休，將朱蘭江盜賣食米一事用大字報形式在同濟大學本部公開。正處於飢病交加、生命危殆的同濟大學師生聞知，頓時炸窩，大夥兒喊著激憤的口號朝校長辦公室蜂擁而去。丁文淵見其來勢洶洶難以抵擋，只好硬著頭皮出來敷衍，要李清泉與朱蘭江一起持學校函件到南溪縣糧食儲運處對證。為了表示對李清泉這一正義行動的支持，同濟大學著名的二十四位教授如杜公振、鄭太朴、唐哲、卓勵之、李懋觀、仲崇信、方召、彭明江、魏澤、張象賢、王葆仁、王達生等人，紛紛在李清泉揭發書上簽名，知名教授童第周雖未簽名，但明確表示支持教授並站在教授陣營中一起與大家高呼口號，聲討校方失之人道。一時間，同濟大學教職工與學生聲援教授者達一千餘人。

李朱二人到達南溪縣糧食儲運處後，儲運處處長栗雨田、科室人員李文清等人對同大師生的不幸遭遇深表同情，對朱蘭江如此膽大包天、貪贓枉法、胡作非為感到極度憤慨，當即回函揭露了事實真相。丁文淵見事情敗露，只好忍痛割愛，下令撤銷朱蘭江的事務主任之職，自此對李清泉與在揭發書上簽名聲援的二十四位教授恨之入骨。教務長薛祉鎬更是不甘於自己的失敗，暗中糾集一幫在同濟發展的復興社成員，以各種名目向李清泉及簽名的教授施加壓力，聲稱二十四位教授是原校長周均時安插在同濟大學的赤色分子，要求當局查辦；同時暗中串通丁文淵與生物系主任等一班人馬，欲將帶頭的幾位著名教授連同講師、助教一併解職辭退。結果是辭退未成，又引爆了新一輪紛爭，教授們堅持要開校務會議和教授會議，徹底清理、清查丁文淵掌校以來的制度、人事安排與帳目，給全校師生一個明明白白的交代，否則二十四位教授將向教育部聯名呈文辭職，以示對丁校長的態度。

丁文淵與教授們圍繞是否召開校務會，參加人員由誰來定，以及教授會的義務和權力到底定在何種範圍，校長與薛祉鎬等人有何問題等事爭論不休，雙方互不相讓。丁文淵見與二十四名教授僵持不下，且風潮已鬧到教育部，並在校友之間輾轉散播，索性以退為進，於這年十月下旬出走重慶，向教育部陳述自己的功勞、苦勞兼疲勞之「三勞」，同時歷數二十四教授之「惡行」，並以辭職相要脅，脅迫教育部給自己打氣撐腰，把對立面儘快幹掉以平息風潮。教育部面對丁文淵與二十四教授各自陳述的理由，一時難辨是非，用和稀泥的方法予以處置。如此黑白不分，令同濟師生大為憤慨，於是，在陪都重慶與李莊之間，以丁文淵為首的同濟大學當權者與校內二十四位教授之間的角逐正式拉開了帷幕。

同濟大學校內紛爭

轉眼到了一九四四年，教育部派員幾次勸說甚至從不同方面向交惡雙方施壓，風潮仍未平息，因為教部此種處置方法本身就是對丁文淵等輩的袒護，對教授陣營的蔑視。越來越多的教授、講師、助教、職工、家屬、學生被捲入，共同對丁文淵等一干人馬發難。最後連中研院史語所吳定良、傅斯年，以及中研院代院長朱家驊等人也被裹挾進來。史語所第四組組長吳定良雖不是同濟校友，亦不是國民政府教育部官員，對同濟風潮似頗熱衷。圍繞以丁文淵為代表的校方與以杜公振等為代表的二十四教授之爭，吳氏四面斡旋，八方進言，用盡了招數與力氣，終於有了一點表面上的轉機。吳氏目睹此情，心中大喜，於一九四四年一月八日致函朱家驊，稟報自己對同濟風潮處理的功勞以及心中的念想。信曰：

騮先院長賜鑑：

敬啟者，同濟大學風潮主動者多為醫學院諸教授，最近經良從中調解，可望和平解決。該院院長阮尚丞先生已決定辭職，有赴美進修之意。在醫學院院長缺職期間，該院全體教授均希望上海醫學院教授谷鏡汧，或廣東中山大學教授梁伯強能來同濟醫學院暫時維持院務，以調解校長與諸教授間之誤會。此二人皆為同大畢業生中之翹楚，且為月波兄前此欲聘請而未來者。倘能由院長之力請其來校短期維持院務，則醫學院風潮即可平息，其他兩院亦不成問題矣。此於校長素日主張並無衝突，而同大前途實有裨無損也。故甚冀院長轉告月波兄從速返校。關於體質人類學單獨發展事，敬請院長鼎力提攜，冀於短期內實現，將來該學在國內科學界有所建樹，皆院長之力也。專肅敬請

勳安

後學　吳定良　謹上
一月八日[5]

前文已有介紹，吳定良任職的史語所第四組即體質人類學組，早在昆明時期甚至抗戰前就想單獨成立體質人類學研究所，但一直號稱籌備階段，吳的籌備主任（所長）一直未得真除。在李莊期間，由於體質人類學的業務關係，吳與同濟大學醫學院諸教授多有交流與合作，並在該院主辦過幾次講座，與師生建立友情的同時也與校長丁文淵產生了友誼。在同濟校長與以同濟醫學院為主體的教授的衝突中，作為雙方皆能說上話的局外人，他以和稀泥、搗糨糊的方式方法從中調解亦屬常情。因而，在吳定良斡旋調解下，風潮朝著他預設的方向發展，吳見此情形，便匆忙寫信向朱家驊報功。

需要說明的是，朱家驊的中央研究院院長一職，直到抗戰之後甚至遷往台灣時仍是代理，未能真除。此前，他作為教育部部長與陳立夫對調，出任中央組織部部長，直到一九四四年冬，才重掌教部任教育部部長，並於抗戰即將勝利的曙光中，主持散落於全國各地的學校復員工作。那麼問題來了，吳定良為何要在此時向已經不任教育部部長的朱家驊報告這件事呢？這是因為朱是同濟校友，此前曾執掌教部，與丁文淵及同濟許多教授相識並有交情，其本人對同濟的發展進步較為關心掛懷，故而吳定良寫此信有當面邀功之意。另一個不可忽視的目的，吳在信中已寫得明白，即借朱家驊代院長之力，讓一直戴著「籌備」帽子的體質人類學研究所，儘快從史語所這個繭囊出來，化蛹成蝶，脫穎而出，以展自己的宏圖抱負。正是懷揣這樣一個想法，吳才寫這封信給朱家驊，並特別提醒朱注意「體質人類學單獨發展事」，並「鼎力提攜」。這是真情流露，恐怕也是通篇信文吳氏最想說的一句話。

朱家驊收到吳定良信，當即批示「甚善」，並覆函曰：

定良先生大鑑：

頃獲八日手翰，忻聆種切，同濟風潮可望和平解決，皆承從中調解之力，甚善甚慰。醫學院長一席，若以谷鏡汧兄繼任甚佳，諒月波兄亦必同意。惟梁伯強兄現在中山大學任教，恐難離開，亦不宜使其離開也。月波兄近已返校，一切務希還與接洽並協助進行是幸。至體質人類學單獨發展事，當於下居院務會議與評議會時提出討論，力為促成也。端復敬頌

台祺

朱家驊

卅三、一、十九、快[6]

這封回信基本回答並滿足了吳定良的要求。只是有時天不遂人願，隨著丁文淵重返李莊，新的風潮再起，雙方進攻防禦呈膠著狀態。雙方在較勁角力、難分勝負的情形下，皆想方設法向中央黨政要員，特別是向教育部長陳立夫及中央組織部部長、中研院代院長、同濟校友朱家驊控訴。儘管朱家驊任職與教育方面無直接關係，但其在教育界、科學界長期深耕細作，本身亦是教書匠出身，與教授、學者建立並保持著公私之誼，已呈樹大根深、外力難以撼動之勢；而且他擁有中組部長的高位，已屬官場中的大佬，朝野矚目的物件，眾人巴結的實權人物。當同濟大學新一波風潮興起後，雙方皆沒有忽視朱家驊這桿大旗的存在，並欲借其威力和影響，把對方打翻在地再踏上一隻腳，讓其永世不得翻身。

就在朱家驊函覆吳定良的次日，同濟大學教務長薛祉鎬寄來呈教育部文抄件，同時附函一件，曰：

騮先部長吾兄大鑑：

同濟不幸於粗經安定之後突起教授風潮，致中興事業頓告挫折，殊堪惋惜。惟校友在外對於校事或不甚明瞭，茲抄奉弟及魏總務長華鵾兄聯名呈部文一件，以代報告校中近狀。倘承臂助，間接或直接向教育部設法早命新任，從速蒞校，藉挽狂瀾，曷勝幸甚。弟所最懼者，學生捲入旋渦也。謹此奉聞，並頌

大安

弟　薛祉鎬　謹啟

卅三年一月廿日

附：呈教育部文：

謹呈者：竊本校不幸年來迭遭變故，初則以輾轉播遷大損元氣，迨遷至李莊粗告安定。自丁校長於卅一年春長校以來，增添校舍一萬四千平方公尺，增聘教員近七十人，由昆運回校產八十餘噸，校務漸趨正軌，學風漸臻優良，方期學校前途由此漸可發展，以無負政府於萬分困難之中維護教育之至意。不意去年七月間，廿四教授之風潮突起，校長於十月下旬赴渝冉三辭職，鈞部慰留。然以風潮真相雖經唐督學徹查後即已大白，而是非未判，校務推進仍多障礙，故決抱退志返李莊私寓休養，請假而仍不復職，並著由祉鎬、華鵾暫維校務，處理例行公事。此在平靜時會原無不可，然在目前困難殊甚，茲謹為鈞部陳之。

校長原定於去年除夕動身返校，校中即起「若校長返校，廿四教授即聯名辭職」之謠，後彼於本月十四日到達李莊，醫學院教授即策動學生講師及助教，聯名呈請校長請其「潔身引退，以全同濟」，或由校長挽留廿四教授至「一俟教授確切表示繼續任職」而後已。此本月十七日以前事也。斯時也，廿四教授尚無辭職函件到校，醫學

院講師、助教及學生懼工作及學業受到或將停頓之威脅，遂受策動，於本月十八日推舉代表四人遵教授之意，向校長遞呈請求書，請求校長懇留教授，否則潔身引退，以全同濟，並限一天答覆。同時教授廿四人亦由校工遞來聯名辭職信，校長告四代表云：「我辭職意志極為堅定，蓋所以減除校內糾紛，冀少妨學校前途。廿四教授原已向部聯名控我，我只待教部決定。現在呈辭請假中，請薛教務長暫代例行公事。今者彼等請求辭職，在學年中間自當由教務長代為挽留。但彼等亦須尊重教部規定，顧及學生學業，不能在學年中昧然離校。至於醫學院現在負責無人，亦是環境使然，實迫處此。然校中必當盡其最後一分力量，予以維持。但效果如何，不敢預言。因教授風潮演變多月，彼等向教部呈控，向校友告發，部中亦已派大員徹查。本校除靜候教部處置外，已無法解決由此次風潮所引起之重大行政糾紛也。」

校長以二十四教授聯名辭職關係重大，故即於本月十八日急電呈聞，文曰：「二十四教授九九一八聯名辭職，事機急迫，餘詳呈。」至於二十四教授，則由鎬以教務長代行名義予以挽留。至本月十八日止，醫學院講師、助教及學生幾全部捲入教授風潮之旋渦中，校長深以此種情況非學府所應有，且以多起糾紛即多傷學校元氣為慮，並恐此事蔓延其他部份，致陷學校於不可救藥之地，乃於本月十九日下午召集全體員生，公開表示其本人決意引退，及呈辭請假之實在情形，並告各部員生安心工作，努力學業，教部必有解決此風潮之妥善辦法，且警告學生，學校增加一分糾紛，在學業上必多受一分損失。校長希望經過此次公開坦白，表示以後教授風潮或可不致再行擴大。

但鎬、鶤等默察現狀，深感校長被控已六閱月，迄未經判定是非，遷延日久，致人心廢弛，校紀墮喪，校內風波逐日迭起，簡直無法應付。今茲目擊醫學院講師、助教及學生業已捲入旋渦，對於學校前途深以為危，而校長辭意堅決，似無挽留餘地。為亟圖補救計，似宜籲請鈞部早命新任，從速蒞校，則或可挽狂瀾於既倒。否則，遷延愈久，校事愈不可為矣。心以為危，故敢直陳，謹貢區區。伏乞鑑察，謹呈教育部長陳。

國立同濟大學教務長薛祉鎬、總務長魏華鶤　謹呈[7]

薛祉鎬乃浙江鄞縣人，一九二四年畢業於同濟大學機械系，曾留學德國主攻工程學，畢業後任同濟大學教授、工學院院長、校教務長等職。儘管薛比朱家驊在同濟畢業的時間晚了十一年，但同為浙江老鄉，對朱以學長相稱似也說得過去，倘樂意以前輩相稱自是更妙。只是，自我感覺良好且不甘久居朱家驊之下的薛氏沒有這樣稱呼，而以老弟的身分為之。

在重慶的朱家驊閱罷呈文，或許對這位自稱老弟者不感興趣，或認為不便表示意見，只批了一個「存」字作罷。

兩天後的一月二十二日，正在重慶四處奔走控告丁文淵的同濟大學醫學院教授卓勵之，接到校內同事杜公振教授從李莊發來的電文後，署上自己名字，透過私人管道轉交朱家驊手中，文曰：

敬陳者，頃接李莊同仁來電，謂丁校長返李莊後不到校辦公，已陷學校於無政府狀態，此或系同仁等在校之故，對於丁校長處理校務有所不使。同仁等為維護學校起見，已向丁校長提出辭職並決於二月底離校，務祈鈞座本愛護同濟之初意，促丁校長即口辦公，並乞俯念同仁等不得已之苦衷，實為公德兩便。謹呈

朱部長

同濟大學教授杜公振二十四人等代表　卓勵之　謹具

三十三年一月廿二日[8]

杜公振，名杜政興，字公振，山東高密縣人。一九三〇年考入上海同濟大學醫科，一九三三年畢業後留校任

病理學館助教。一九三四年赴德國留學深造，先後在圖賓根大學（又譯蒂賓根大學）衛生學館、柏林衛生化驗所、慕尼克國家醫學進修班、漢堡熱病學院、柏林郭霍傳染病研究所學習，一九三七年獲圖賓根大學醫學院醫學博士學位。一九三九年回國後，相繼任昆明、李莊時期同濟大學醫學院副教授、教授。儘管杜氏在同濟校友中輩分較低，資格較淺，屬於典型的少壯派人物，但恰恰是如他一般的年輕學者，在抗戰時期的同濟大學最具活力與抗爭精神，是同濟教授追求民主道義以及此次「教授風潮」的中堅力量。

朱家驊對杜、卓等人的聯名電文尚未做出反應，又接到同濟大學各系代表的來函：

> 謹呈者，本校自謝蒼璃先生代理理學院院長以來，毫無成績，生物、化學兩系皆未能相與合作（理學院共三系，數學系院長自兼），終年未舉行會議，自私自利，為諸教授所不滿，忘恩負義，尤為賢德者所不齒。聞此次校長問題亦為原因之一。謝院長現雖離校返蓉，然尚擬仍能來長院，至希轉致新校長，另選賢能來校主持為禱。專此謹呈
>
> 朱部長
>
> 同濟大學各系代表
>
> 元月廿三日[9]

不知出於何種考慮，以上二函，朱家驊均未著一字批示，只由祕書存於檔案鐵皮箱了事。

杜公振與卓勵之久等而無半點動靜，遂於一月二十九日以卓勵之個人名義再次致函朱家驊：

> 敬陳者，頃接宜賓杜公振教授來函，講丁校長返李莊後，對外聲揚彼之返李為回家，並非返校，遂貼布告謂

丁正在請假中，所有校務概仍由教務長薛祉鎬代理。但丁校長竟於十九日召集李莊全體學生訓話，對於同仁一一舉名詆毀，不遺餘力。例如罵公振為無用，丁看其可憐所以才賞其一碗〔飯〕吃。罵梁之彥兄為粗魯無學者風度，並宣稱絕不再作同濟校長。此外對學生代表談話，歷數小時，對於同仁等尤盡其攻擊之能事。查同仁等對丁校長雖有不滿，除向朱、陳二部長處控訴外，絲毫未在學生前攻擊丁校長一句。而今丁竟在全體學生前公然侮辱教授，似此舉動已令同仁等無法再在同濟立足，務乞將同仁等離校苦衷就近呈報朱、陳二部長，為荷等由，准此，除分呈陳部長外，理合具報。敬祈鑑察，實為公便。謹呈

朱部長

卓勵之　謹具

一月廿九日[10]

與對前二函不同，朱家驊對此函做了批示，並於二月三日拍發與批示內容大致相同的密電給丁文淵：

急。李莊同濟大學丁校長月波兄親譯。密。兄事迭晤立夫部長，據云甚盼兄能即日到校繼續努力，徹底整飭校風，並謂伊當全力主持等語。特密奉聞，弟朱家驊。丑　江　里[11]

不知是自願還是受他人委託，或出於另外的某種目的，在卓勵之書寫呈文的同一天，同濟大學生物系主任、理學院代院長吳印禪也草擬一長函致朱家驊，敘述同濟校內糾紛。函曰：

騮先院長先生鈞鑑：

敬啟者，學校最近局面已限〔陷〕於不易打開之情勢，丁校長返李莊後即未辦公，校務由教務長薛祉鎬、總務長魏華鵰兩君負責處理。簽名呈控之教授等曾有一度辭職，而醫學院學生亦有一度反丁醞釀，此中線索不難尋得。刻辭職教授由校挽留，學生方面再無表示，工理兩院同學尤不表同情，亦無所謂風潮也。實則限〔陷〕學校於僵局者，教部之遷延不決，應負完全責任。簽名諸君事前則虛張聲勢，事後則利用機會，一場風雲如斯而已。至於理學院方面，此次參加活動者，一為鄭太樸君，彼之政治立場諒為先生所夙知；一為言不顧行，信口雌黄之卓勵之君；一為來校不久之李懋觀及仲崇信君。另與簽名諸人表同情者，尚有童第周君。童系卅年秋季，先生及辛樹幟先生介紹來此者，彼對於實驗胚胎學之研究蜚聲學術界。初因留學國別及待遇問題，極為鄭、梁、倪諸人所反對，致使周均時校長大受其窘。

三十一年春，丁來校時，禪因參加西北史地考察團離校，生物系及理學院事全請交由童代理。丁亦十分贊同。此後，禪在河西一帶不克返校，故有函致丁，輒為童揄揚。乃丁因不欲人事更動增加困難，截至是年八月，童聲明不再負此有名無實之責任，直至十月一日，理學院始由謝蒼璃君負責，生物系主任名義雖仍由禪擔任，實際一切事務無人過問也。自此而後，童對丁之不滿亦間見諸言談中。同年十二月，禪返抵渝，適丁亦在渝，力挽禪返校。時禪仍以不負行政責任為請，並薦童為代，但未得丁同意。暑假中一再提出，亦未獲允許。此或為童所最不滿意之一點歟。去春以降，童與鄭、梁漸趨接近，昔日相互反對最烈之人，今乃引為知己矣。對學校措施不問其是否得當，悉遭此輩之非議。去年四月，丁赴渝之日，即有請開校務會議之發動，會議席上，鄭、梁等提議組織預算審查委員會，卓、童等簽署之，鄭、梁等提議組織教員聘請評議委員會，卓、童等簽署之。總之，一切反丁工作，卓、童莫不參與。此次廿四人呈控之文，童雖未簽名，惟對人表示，丁對其個人尚好，不便公開反對，但決與諸人同其去留，其態度可知矣。

去夏英人尼敦漢（南按：即李約瑟）教授來校時，對童之研究工作頗加稱許，故丁返校後亦極力設法助其工作之進展，於經費萬窘之際，指撥兩萬元供其設備。而彼對丁則云此款應由系支領分配，對禪則謂領受此款限制其個人之行動，而對他人又謂接受此款易遭物議。凡此種種，皆顯示其為人行動及道德觀念不與常人同也。語有云：物之有能者，必有病。童君學識之造詣有足多者，此其能，而名位心切，得失心重，則其病也。雖然抗戰期中人才之羅致非易，而此間理學院又屬草創，極不願學殖獨厚如童君者，一旦有他去之意，致使理院前途、學生課業蒙其影響也。適聞童君在渝，進行復旦大學之生理心理研究，所事未知確否。並聞最近晉謁先生有所陳述，用敢就童之學問為人以及與此次學校波動之關係，為先生一一縷陳之。若彼有去意表示，萬懇先生顧念學校目前之窘以及人才羅致之難，代學校挽留，請其打消辭意，繼續返校。彼對行政方面若感興趣，禪即退避賢路，請其主持生物系。研究方面若有困難，亦可商請當局增撥經費，繼續謀其發展。總之，童君之去留與此間理學院及生物系前途之影響至大，故敢冒昧陳瀆，敬希先生能予以察諒而一援手也。耑此敬請

鈞安

後學　吳印禪　謹啟

一月廿九日[12]

吳印禪乃江蘇沭陽人，一九二五年進入武昌高等師範學校生物系就讀，一九二八年畢業，同年九月進入中山大學生物系任助教。此時朱家驊雖已離開廣州調任浙江省高官大員，但中山大學副校長一職仍然保留。因而，吳印禪儘管不是同濟出身，由於與朱家驊有這一層微妙關係，自稱朱氏後學也算得體。

一九三四年五月，吳印禪赴德國柏林大學學習，在路德維希・狄爾斯指導下，進行植物區系研究，並在柏林植物博物館從事研究工作。一九四〇年，吳印禪回國出任中山大學生物系教授，一九四一年轉至同濟大學生物系

任教授兼系主任，一度代理理學院院長。正是有了中山大學、柏林大學、同濟大學等三個院校的因緣，吳與朱才扯上關係並越來越密切，也才有了如此直率的通信。

朱家驊接函，於二月九日致信吳印禪，對同濟大學糾紛表示「至堪惋惜」，希望吳繼續設法勸解。同時致函童第周婉勸留校，謂「生物學系成績甚著，皆兄等之力，尤深感佩。生物學為我國亟須積極提倡之學科，仍希益勵初衷，繼續致力並希協助月波兄改進校務，幸甚」[13]。

朱家驊的書信尚在途中輾轉，二月十五日，童第周致函丁文淵，表示去意已決，函曰：

月波校長鈞鑑：

周前因郭任遠先生之約，曾請假赴渝一行。郭先生為周大學時之師長，近在北碚創一中國心理生理研究所，以所聘人員一時未能到來，亟欲周前往相助。周以師生之情未便固辭，故允於本月底課務結束後前往該處。所幸者，周在校未負行政責任，去留固未礙校務也。至課務方面，周所授者為三四年級之學程，已於過去二年間授畢，故現時離去，亦無任應〔影〕響。上述情形，除向薛教務長與吳主任面述外，敬此奉懇辭職，尚乞俯允為感。專此敬請

大安

童第周　謹上

二月十五日[14]

不知丁文淵讀到「周在校未負行政責任，去留固未礙校務也」一句有何感想。童第周說的是實話，但實話之中暗含了刀鋒，這刀鋒猛力劈下去，有耿介、怨恨，亦有諷刺與嘲笑，更有「此處不養爺，自有養爺處」的決絕

與決心。總之，童第周是以主動出擊的方式割斷了他與同濟大學的關係，寫就了一篇出色的快意恩仇錄。丁文淵於被動中只能是百感交集，或為此自省懺悔，或仍自命不凡地一意孤行耍大牌來應付此事。

二月二十三日，接到朱氏手書的童第周復函朱家驊，函曰：

騮先部長鈞鑑：

月前來渝寵荷賜宴，榮何如之，近復辱賜手書，囑留校服務，尤為銘感。周在校二年，一無建樹，負己負人，惶愧無已。然數年來對於同濟之愛護未敢後人，凡能力之所及無不勉力為之。此次來渝系應郭任遠先生之約。郭先生為周之師長，近在北碚創辦心理生理研究所，想早為鈞座所聞知。所中人員因交通關係一時未能到來，故亟欲周前往相助。周以師生之情未便固辭，返校後與月波校長商酌數次，允以借聘名義前往，謂如此可公私二全。蓋於此誠無其他妥善辦法也，未審鈞意亦以為然否?敬此奉聞，並乞諒宥。此請

鈞安

童第周　謹上

二月廿三日[15]

此前，朱家驊接到由吳印禪轉來的童第周致丁文淵函後，做過如下批示：請吳「設法勸其留校」，若童去意堅決亦「勸其至中研院襄助。因院中不久可將動植物所分為兩所，動物所將由羅宗洛兄主持」[16]。此次見信，不僅未能勸童氏留校，連勸其到中研院襄助的設想也落了空。這時的童第周已經離開李莊，攜妻帶子動身赴重慶北碚而去。在呈朱家驊核閱的「擬辦」欄中，眼觀六路、耳聽八方的聰明謀僚填寫了如下一句至關重要的話：

童已動身，據聞丁童二人感情尚好，大約吳印禪與童有隔閡。[17]

一語驚醒夢中人。朱家驊審核後只批了一個「閱」字，關於其當時心情，並沒有留下更多的文字可供考證，但此後他對同濟大學內部糾紛包括丁文淵本人的態度隨之改變，並扭轉了觀察人性的視角，最後索性撒手不管，任其隨風飄去。而這一切，或許都與此「夢醒」有關。

關於童第周離開同濟大學的真正原因，許多年後，童本人在回憶錄中透露了一點線索。童說：「李約瑟來中國，親自到宜賓李莊這個小鎮上來看我，當時在小鎮上引起了一場轟動，也引起了國民黨政府的注意，更惹得那個系（生物）主任的忌妒。這也是我在同濟大學待不下去的原因之一。」[18]這個系主任是誰？從當時情形與來往信函推斷，就是吳印禪。——人之為何物，人與人的關係與情感又如何分說？面對吳印禪致朱家驊信函中那些散發著溫熱的言辭，朱家驊事後得知真情，除在心中冷笑一聲，夫復何言？

不管如何推論，有一個事實不能改變，這就是，童第周告別了李莊同濟大學那個產生夢想與光榮的簡陋實驗室，攜妻帶子投奔重慶北碚他的恩師所辦的研究所而去。這一去，恰如李莊碼頭的江水翻著浪花流往陪都，再也沒有回頭。

校長易人

就在童第周寫信給丁文淵請辭的那一天，丁文淵也向朱家驊發電並附一封長函。電文如下：

密。騮先吾兄勳鑒：

江電敬悉，立夫部長盛意至感，然困難尚多，容函詳。

弟　丁文淵　叩
丑　真

緊隨其後寄出的長函，道出了丁氏心中積攢日久的酸苦悲情以及對教育部部長陳立夫真正用意的疑慮，信曰：

騮先部長吾兄大鑒：

別來流光如駛，瞬息一月，本擬俟此間完全擺脫後再行將近況詳陳，頃奉江電敬悉，立夫部長仍有囑弟整頓校風之意，不勝感愧。竊念校中教授風潮迄今已近一載，去年四月弟奉命來渝受訓時，諸教授即曾函部及兄有所責難，實即風潮之始。後經弟及教務長旻輝兄種種設法，委曲求全，未便即發。至七月間，因「教員聘請評議委員會」之爭，反對者乃控弟於部而造成此次教授風潮。弟為息事寧人計，故二次呈辭。月前歸來後返私寓，並未辦公。而反對者尤以為未足當，即鼓動醫學院學生舉派代表來弟寓，要求堅留廿四教授，須至廿四人全體表示滿意後方可，否則即請弟潔身以退云云。弟知該生等確系受畢業考試之威脅而來，故便以嚴詞開導之。又因彼等曾向全體學生搧惑，雖未能如願，然恐時久仍有變故，即於第二日（一月十九日）招集全體員生，將風潮及辭職經過之事實作坦白報告，俾諸生得明真相，不致再為人利用。

現聞學生方面確已安靜，惟反對者則仍時常開會，究有何舉動尚不能逆料，而此事自部派督學調查以來，已逾半載，即弟二次辭呈遞部亦已逾一月，迄今尚未蒙批覆，是非未分，致使校中潔身自好之士多感不安而有他就之意。而與弟同心共事者，則又日覺事事棘手，亦均灰心。故部中對廿四人之無理取鬧仍多方涵容，而對弟之人事協調又不能見諒，更無「切實繼續徹底整頓校風」字樣之部令，則弟又何能遵命即日到校努力？或且事拖延已久，即使部有嚴令整頓，而弟是否尚能挽回與弟共事同仁之消極心理，則弟實無把握可言，惟若長此而往不即解決，則非特同仁兩年來苦心建立之紀律將被毀壞，而醫學院教授把持之風（此處有省文——編者注）將日盛一日，乃將使後來者無法處理。此實非母校之福，故不得不請吾兄轉懇立夫部長俯察弟之苦衷，而恕某方命之罪，准予辭職，速派新校長來此，以免使校事至不可收拾之地步，則感戴無既，夫臨筆惶恐，諸希察諒是幸。此函即請

公安

弟　丁文淵　上

卅三、二、十一

再者，兄於校事弟事均萬分關愛，弟實感激無似，然立夫先生對兄所雲是否誠意，實不能不慎重考慮。弟二次辭呈至今未批，兩次來電亦未提及。兄電內所用「繼續徹底整頓校風」字樣，部中是否肯見之公文，實不可必，故弟仍不能不取上述態度，萬祈見諒是幸。反對者代表卓勵之（非同濟學生）正在渝活動，校事亦實未易為也。又及。

卅三年二月十五日[19]

朱家驊接電，只批了一個「閱」字，而對附信則無一字批示，對其心理無法推知，但顯然他已感到此事頗棘手，不宜輕下結論，或不能明確表示抑制哪方，躊躇不定，最好辦法為暫不表決，靜觀事態發展。

二月八日，朱家驊接到吳定良再次來函，曰：

騮先院長尊鑒：

前奉手諭，敬悉〔南按：指「三十三、一、十九」快信〕一切。同濟大學風潮原有和平解決之可能，惟自李化民教授返李莊後，彼等態度稍變。又藉口丁校長於一月十七日召集全體同學訓話中〔南按：應為十九日〕，有侮及杜、胡、章諸教授之意，於是對方發出油印答辯，此時出而調解頗難著手，倘教部第二次能挽留丁校長，再由良等出而調解，則風潮不難平息。蓋反對派二十四教授中，仍有多數持觀望態度也，彼等對於谷教授之長醫學院極表歡迎，丁校長亦極願羅致。之前院院長尚丞已得丁之同意，正式辭職，谷教授方面如能由吾公出面促其速來同大暫長醫學院，以減少丁校長與諸教授間之磨擦，則寒假後醫學院可以照常上課，否則頗有罷教可能也。

知關錦注，特此奉聞。關於體質人類學單獨發展事，猥蒙鼎力提倡，在院務會議與評議會提出促成事實，至為感激。良月中即來渝，餘容面陳，專此敬請

勳安

後學　吳定良　謹上

二月八日[20]

朱家驊復函吳定良，曰：

定良先生台鑒：

前奉八日手書敬已誦讀，承示種切，至感。關於谷渭卿〔南按：谷鏡汧字〕兄任醫學院長一節，當即去函敦勸，頃得覆書，略謂去秋曾在母校任課三月餘，覺醫學院人事問題實太複雜，以第三者地位應付猶感困難。如不揣冒昧遝任行政工作，不但無補大局，或恐更滋紛紜，犧牲個人不足惜，其如風雨飄搖之母校何云云。彼意如

此，似難相強，專此奉覆，即希荃察。大駕即將來渝，諸俟面罄耳。順頌

時祺

弟　朱家驊[21]

谷鏡汧算是一個聰明人，不願在此種時機跑到李莊蹚此渾水。而同濟大學醫學院教授與以丁文淵為首的校方實權派的鬥爭仍在繼續，且呈愈演愈烈之勢，最終把傅斯年也捲了進來。

七月一日，傅斯年致函朱家驊，就同濟大學風潮事向朱家驊進言，略謂：「起初因教授鬧得太出軌，吾輩同情月波，其後教部支持月波，即勸月波妥協，一切只求辦下去。最近月波採納薛子（祉）鎬意見，得意忘形，倒行逆施。同濟事已無可挽救，請兄以後讓月波自為。」信中，傅斯年明確對朱家驊提出：「關於同濟大學事，弟返後信中曾一及之，以為吾兄可以不再過問，予同濟校友多對吾兄推崇備至，今不便為此事重傷其意，想邀洞察也。頃李化民先生等以致吾兄一書，至囑為轉達，其中所談，似涉乎感情者不為多，其中事實固有事實不足者，然提到者亦無多出入。例如大批停聘教員……大凡在學校作事，有不必較量者，以當年蔡孑民師之清望，在學校何嘗不有人生事？故一切只求辦下去，而以增聘有力教授為進步之途耳。以此意屢向月波兄陳之，月波初亦首肯，一與其薛子（祉）鎬商量，便爾作罷。近中所為，則有過於得意忘形、倒行逆施者矣。弟與薛某談過一次，其人獨裁之精神，使人震駭。教育界有此輩，教育界之不幸也。故初不以『廿四教授』為然者，今皆無同情於月波者矣。濟之、思成言語間，亦均如此觀也。看來同濟事已無可挽救，而兄不自願的介入其中，頗為可惜。故弟意此次可一憑月波之自為，似無須再張其任性之論矣。弟與在君兄為平生之契友，在君如在，必早有以制止月波者，今不能與月波取同一看法，至為傷心，惟各人有其不同之教育，不能徇其四十年之教育以從友朋也。李化民先生此函，弟考慮之後，以為應轉達吾兄。弟此信亦可示月波，應月波不以為弟是暗處說人，至於無所動於其

中，則斷之然也。」[22]

八天前的六月二十三日，傅斯年為董作賓到同濟大學兼課事，曾與丁文淵有過一次通信，傅信寫道：

月波吾兄：

惠示敬悉。彥堂兄事承兄關懷，至感至感！

彥堂兄家口眾多，此時所感之困難，遠在我輩以上，每月入不敷出，自非了局。若能在此兼課，或為最便之法。敝院舊有兼課限四小時之規定，故四小時內，原無不可。（即四小時外，今昔亦不同。）至於舊有退還收入、扣車馬費之辦法，乃杏佛兄時所行，抗戰以來，絕談不到。此時絕非當年，要當以事理人情為重，故只惜貴校無文學院，所中同仁不能多多兼課耳（一笑）。一切乞與彥堂兄商量，弟無不同意也。

所示貴校互濟會之辦法，以弟所知，政府對於領米之限制甚嚴，此法是否有與法令抵牾之處，似可一查。蓋以貴校近日之多事，或不無以為藉口者。

兄在重慶，或即一詢教育部是否可行，其亦一法耶？專此，敬頌

道安

弟　傅斯年　謹啟

三十三年六月廿三日[23]

從這封信的語氣看，傅斯年詼諧幽默，神情相當輕鬆，或許這一段也是丁文淵與「二十四教授」長期爭鬥後，長噓一口氣的短暫時光，抑或丁文淵感到校務大局再度為他所控制，與之決戰的教授們丟盔棄甲四散敗亡，再難對陣，遂有了重整校紀，並聘史語所董作賓到同濟兼課的想法，還有函件發出。傅斯年得函，想到此是解救

董作賓一家於苦難的大好機會，自是樂不可支，得意之情溢於言表，便有了這封字裡行間潛伏著「快樂」二字的回函。哪想到僅過一周時間，丁文淵在同濟大學內按下葫蘆起來瓢，弄得事態波瀾起伏，最終失控，大有崩盤之危。心灰意冷的傅斯年見事不可為，為保全朱家驊的名譽與威信，遂有致朱氏勸告信並轉達李氏之信的抉擇。

傅斯年所轉李化民等人聯名信全文如下：

騮先學長先生賜鑒：

丁校長文淵自卅一年四月蒞校以來，因其處置校務不合部令（如取消校務會議等等），威福自尊，是非顛倒，遂致校務紛擾，眾情惶惑。同仁等鑑其如此，深恐學校毀敗，曾經一再函瀆清聽，懇乞加以糾正。此後亦曾選派代表面陳一切，乃承囑以捐棄成見和衷共濟。同仁等仰體尊意，維持校務與醫務，以迄於今。無如丁校長本年五月間返校後，一切措施不特未加改善，益更變本加厲一意孤行，視昔尤甚。略舉數端，伏冀垂察：

（一）丁校長返校之後，即挾其所請求之部令，宣布將醫後期〔學院？〕與附設醫院遷渝，與上海醫學院合作。據其宣布所訂合同之條件，無異於放棄主權，寄人籬下。以教學文字語言之不同與立校精神傳統之各異，其必不能收合作之實效可想而知。同仁等不忍坐視學校之分崩與醫學院之先亡，曾向各方呼籲並寄呈快郵代電一通，俾救母校於垂亡，諒蒙垂鑑也。

（二）教授、講師、助教既有其學術上之地位，學校亦應予以應得之尊重。丁校長企圖藉遷校之舉任意處置原有之教授、講師與助教，迫令其無法留校，以遂其私。計其返校之後，迭令講師、助教親書志願書，希圖以親疏愛憎分別指派。惟諸講師與助教皆以既身任現職，志願早定，無從更改，多未填送。對於教授、副教授，則更不顧其身分與地位，意欲分發於重慶附近之各小規模醫院，負不合其職之責任（如青木關衛生事務所、沙磁區醫務所等），不讓其在本校有教書與行政之機會。似其所為，極視原有之教授等為無足輕重而可任意擺布者，則其為一種壓迫同仁離校之方法與手段可見一斑，其違背尊意不欲與同仁合作更可了然也。

（三）丁校長挾其返校之餘威，圖施報復於續發聘書之際，停聘教授十四人（醫學院五人、工學院五人、理學院四人）、講師二人、助教四人、護校教員一人，並停聘工廠工程師、文書組主任、衛生組醫師以及各部辦事員十餘人，皆睚之怨。及與停聘教授有關係者（如配偶戚友），例皆停聘。此外雖經續聘因不滿丁校長之措施而不願接受聘書者，迄今已有教授九人（醫學院五人、工學院三人、公共教授一人）、講師一人、助教十一人，聞尚有助教附職附中教員若干人亦將離校，綜計停聘、退聘及行將離校者不下六七十人之多，且與同濟多有數年至十數年之歷史。同仁之離校固不足惜，惟對於學生之學業影響必大也。

（四）附設醫院原訂有院內同仁及家屬醫藥優待辦法（同仁藥費以成本計算，住院費以對折計算），實行已久。惟以一年以來附院無人負責，以致院內同仁積欠之藥費亦無人過問。此次丁校長於發聘書之際，突然規定扣還辦法（附抄），勒令停聘與退聘者，由六七兩月份之薪津食米及業務津貼內照扣，而藥費之估價並不按照以前之優待辦法，系按照市價增加一倍數倍至數十倍者，如最普通之化痰劑 Brownmixtnr 藥片，每片成本不滿一角，宜賓現在市價亦不過壹元，售與同仁竟達二十元。因之積欠之數驟形陡增，少則為數千元，多則為數萬元。內有護士一人，因公傳染肺病住院療治，綜其所欠竟達二十餘萬元，且亦在停聘之列。同仁等薪津所入雖僅足糊口，使其合法估值理合湊還。特以丁校長令其屬下任意抬高價格，遂致數目澎大非恃薪值為生者所能負擔。同仁等與校方理論，不特毫不顧恤，且將六月份之薪津食米等全部克扣（雖積欠僅一千餘元亦無例外），有意置同仁等於絕地。同仁等以生活頓成問題不得已急電教育部請求救濟在案。如丁校長果欲清理舊欠，亦應平允一視同仁，而對於續聘者竟絲毫未扣六月份薪津，食米全部發放。揆其用心，不外乎對於行將離校者予以歧視與苛待耳，而對於政府維持後方公教人員生活之至意未稍顧及也。

上列數事特其犖犖大者，同仁等因已停聘或退聘行將離校，對於上列事實雅不願多所評論，謹以負諸左右藉

見一斑。設或不幸母校瓦解，則摧殘之罪庶幾責有攸歸，同仁等實不任其咎也。專此奉陳，諸維察照，是所感幸，敬頌

道安

晚

李化民　胡志遠　盧琇

杜公振　蔣起鶤　鄧瑞麟

章元瑾　李暉　陳景道

蔣以模　徐泉生　陸格

房師亮　卓勵之　黃潮海

鄭太朴　沈尚德　沈凌雲

梁勉程　劉新華

三十三年七月十日[24]

七月十九日，朱家驊覆函傅斯年，除對傅的真誠與坦白相勸「尤感厚意」，又說道：「弟以同濟校友資格，過去凡遇於學校與校友有益之事，隨時為之幫忙，對月波兄如此，對諸教授亦如此，純出愛護母校之熱情，其他一切實無關涉。前有覆李教授等函一件，仍煩察轉為荷。」[25]

朱家驊透過傅斯年轉致李化民等二十人的信中說道：「十餘年來，弟以同濟校友資格甚盼同濟日益發展、日臻完善，故對歷屆校長或教授乃至校友學生有所委託時，只求於學校與校友有益之事，無不盡力幫忙，此弟愛護母校之微忱，亦當為諸先生所洞察。此次同濟校內糾紛已久，弟曾以『捐棄成見，和衷共濟』等語懇勸丁校長，

並以此語復勸諸教授。凡與同濟有關之人，仍以同一語意相勸告，冀能排難解紛有益於學校耳。至若校內行政，在弟向不問聞，其與上海醫學院訂立合作辦法，據聞系丁校長呈准教育部辦理，教育部為同濟之主管機關，自能負責也。弟向主張不在其位不謀其政，設不幸同濟以校長與教授之糾紛而有意外，則正如諸先生所云，責有攸歸矣，於弟更無關涉也。」[26]

與傅斯年的感覺一樣，此時的朱家驊已意識到同濟事不可為，乃謂自己與同濟校長、教授、校友、學生等關係，皆純出於對母校的熱愛，並無半點私情與對某人某派的偏向；且同濟屬教育部直接管轄，一切後果自有學校當局與教育部部長官負責，與自己無涉。其口氣暖中含冷，人情中帶有幾分公事公論的強勢辯解，令對方再難有回函控告的餘地。對丁文淵的升降沉浮，朱家驊似乎真的不再顧及了。

想不到就在這個關健節點，丁文淵陣營又引爆了一顆投向自己的炸彈。

鑑於二十四教授與丁文淵纏鬥日久且難決勝負，氣急敗壞的原教務長薛祉鎬（後一度代理校務）為發洩私憤，竟不計後果，於幾個月前親自操刀上陣，給簽名控告的教授分別投遞匿名恐嚇信，言辭惡劣露骨地施壓恫嚇。教授們根據來信筆跡和校內情形分析，初步認定是薛氏所為，乃以集體名義向當地法院起訴，要求查明真相並對被告繩之以法。鑑於眾教授的壓力，法院立案偵辦，薛祉鎬死不承認，大喊冤枉。最後官司打到重慶，經最高法院法醫研究所鑑定，列舉了十四條理由，證明恐嚇信確系薛氏所為，並由檢察官到地方法院提起公訴。消息於七月下旬傳到李莊，同濟大學教授李化民等六十人向朱家驊拍發電報，內稱：「代校長薛祉鎬寫匿名信恐嚇多數教授，威脅生命，經法醫研究所檢定確為薛之親筆，由地方法院提出公訴。校譽攸關，請轉丁校長從速善後。」[27]

時丁文淵正在重慶，不知李化民等六十人是何等心態，竟在電文中向朱家驊如此呼籲。朱家驊與丁文淵尚未做出反應，傳票已到李莊同濟大學，聽到風聲的薛祉鎬知大勢已去，在同濟難以立足，乃棄職潛逃。

丁文淵得到消息，本想只要薛祉鎬一逃就會萬事皆休，一了百了，但人道是跑了和尚跑不了廟，已被惹惱的教授們仍不依不饒，把矛頭直接對準幕後黑手丁文淵，官司仍在重慶國民政府幾個要害部門打下去。因為同濟大學教授奔走呼號，兼各方正義者援手，再加上朱家驊與陳立夫派系相互傾軋等因素，教育部部長陳立夫被迫於一九四四年七月簽發命令，將丁文淵就地免職，另派醫學專家徐誦明接任同濟大學校長。至此，丁文淵及其派系力量在同濟大學算是徹底垮台。消息傳出，同濟師生為之歡呼。七月二十九日，傅斯年致信朱家驊，以惋惜的口氣說道：「同濟校長果爾易人，月波有可為之機會，而以其教部裡胡鬧（強橫任性），一致於此，為可惜也。……波將來似須仍返外交界，然有一位洋太太，脾氣古怪，亦只有南美可去耳。」又說：「弟近來之嘵舌，唯恐同濟校友與兄結怨，如此當不值得。故在此昌言，兄久不問此事也……教育部處理此事，前後返〔反〕覆，有深意焉，可待面談也。」[28]

傅斯年可謂點到了教育部部長陳立夫的穴位，朱家驊已是心領神會，為防踏上暗布的雷區，不再或不敢貿然插手過問此事。未久，不可一世的丁文淵回到李莊，捲起鋪蓋，像過街老鼠一樣在同濟大學師生一片喊打聲中，勾頭縮肩地離開了他愛恨交加的同濟大學校本部。[29]此後，同濟迎來了新任校長徐誦明時代。

同濟歸海

受命於危難之際的徐誦明乃浙江新昌縣人，生於一八九〇年，十六歲入浙江高等學堂預科就讀，清光緒三十四年（一九〇八年）東渡日本求學，由章太炎介紹加入同盟會。宣統三年（一九一一年）辛亥革命爆發，棄學歸國，任上海徐錫麟四弟徐錫驥所辦的新軍陸軍衛生部上尉連長，次年重返日本學習。一九一四年入九州帝國大學醫學院，一九一八年畢業留校研究病理學。一九一九年歸國任國立北京醫學專門學校（北京大學醫學部前身）病理教研室主任、教授，一九二八年出任北平大學醫學院院長，一九三二年起出任北平大學代理校長、校長。一九三七年盧溝橋事變爆發，根據國民政府指令，北平大學、北平師範大學（現北京師範大學）、北洋工學院（原北洋大學，即後來的天津大學與河北工學院）等三校西遷，於當年九月十日組成西安臨時大學，徐誦明任校務委員會常委兼法商學院院長，成為事實上的西安臨時大學一把手。

一九三八年年初，太原淪陷，山西臨汾落入敵手，日寇竄抵風陵渡，關中門戶潼關告急，日寇開始派飛機對西安進行侵擾轟炸，西安臨時大學教務長楊其昌被炸死，師生處於危險之中。面對此情，國民政府教育部發出電令，命令西安臨時大學遷至陝西漢中，另覓校舍上課。西安臨大為做好千餘名師生的南遷工作，推舉常委徐誦明任大隊長，將全校師生分成幾個中隊，每個中隊為一個行軍單位開始行動。師生先是坐「悶罐」火車從西安到寶雞，而後，學生和年輕教職員按照預定行軍編制，沿川陝公路徒步行軍向預定地點進發，一路過渭河、越秦嶺、渡柴關、涉鳳嶺，風餐露宿半個多月，長途跋涉近千里，終於到達了陝南漢中。

抗戰前的徐誦明。（徐冬冬提供）

四月初，師生尚未安頓下來，教育部發布第二道電令：西安臨時大學改名為國立西北聯合大學，共設六院二十三系。聯合大學的領導體制仍為校務委員會制，由原北平大學校長徐誦明、北平師範大學校長李蒸、北洋工學院校長李書田等組成校務委員會並擔任常委，共同執掌、管理校政。四月十日，經國立西北聯合大學校務委員會決定，確定校舍分配方案：在漢中地區城固縣城的考院設立校本部及文理學院，同時在文廟設教育學院，在小西關外設法商學院，在古路壩天主教堂設立工學院（後又在七星寺設分校）；在漢中地區南鄭縣黃家坡設立醫學院；在勉縣武侯祠設立農學院。至此，國立西北聯合大學一校六院的

位於陝西城固的西北聯合大學校舍。

校址、校舍全部得以落實。

一九三八年五月二日，國立西北聯合大學正式開學。儘管組建後的國立西北聯合大學師資力量，特別是重量級「海龜」人數無法與昆明的國立西南聯合大學匹敵，但在國內大學中仍屬強勢之列，其人才之盛不亞於聲名顯赫的中央大學和武漢、浙江、復旦等名牌大學。當時西北聯大的黎錦熙、許壽裳、李達、許德珩、馬師儒、羅根澤、曹靖華、侯外廬、傅種孫、羅章龍、陸懋德、徐誦明、張伯聲、李季谷、謝似顏、楊若愚、白鵬飛、楊其昌等教授皆是知名學者。遺憾的是如此強勢的教授陣營，很快就落了個分崩離析的結局。許多年後，馮友蘭回憶說：「梅貽琦說過，好比一個戲班，有一個班底子。〔西南〕聯合大學的班底子是清華、北大、南開派出些名角共同演出。但是步驟都很協調，演出也很成功。當時還有一個西北聯合大學，也是從北京遷去的幾個學校聯合起來而成的，設在陝西城固。但是它們內部經常有矛盾，鬧彆扭。蔣夢麟說，它們好比三個人穿兩條褲子，互相牽扯，誰也走不動。」[30]

馮友蘭的回憶大體不差，只要看一看西北聯合大學殘存的大事記即可看出端倪。

一九三八年五月，中共西北聯大地下支部領導的「西北聯大劇團」正式成立。

六月，對導師制度、方法等問題進行討論。規定九月一日至四日在武昌、長沙、重慶、成都等二十一個城市舉行本年度招生考試。

七月，歷史系考古委員會在城固縣西饒家堡張騫墓進行考古發掘，八—九月發掘清理完畢。七月中旬本校農學院與西北農學院合組為國立西北農學院，工學院與焦作工學院合組為國立西北工學院，教育學院則改稱為師範學院。

九月八日，全校七百三十四名學生參加了國民黨教育當局組織的陝西省學生為期兩個月的軍訓。其間，許壽裳教授作〈勾踐的精神〉，李季谷教授作〈中國歷史上所見之民族精神〉等，激發學生愛國熱情。

十月下旬，西北聯大第四十五次常委會決定，以「公誠勤樸」校訓與國訓「忠孝仁愛信義和平」製成匾額，懸掛禮堂。並決定聘國文系主任黎錦熙教授和法商學院院長許壽裳教授撰寫校歌校詞，全文為：

並序連黌，卅載燕都迴。
聯輝合耀，文化開秦隴。
漢江千里源嶓塚，天山萬仞自卑隆。
文理導愚蒙；
政法倡忠勇；
師資樹人表；
實業拯民窮。
健體名醫弱者雄。
勤樸公誠校訓崇。

華夏聲威，神州文物；
原從西北，化被南東。
努力發揚我四千年國族之雄風。

十二月，國民政府教育部嚴斥西北聯大沿襲北平大學法商學院的傳統，繼續講授馬列主義觀點的課程，下令禁止學俄文，並要求解聘法商學院的俄文教授曹聯亞（曹靖華）等。

法商學院新院長張北海（國民黨為加強對該院的控制，抵制進步傾向，改聘張北海為院長）新提名單，另發聘書，進步教師曹聯亞、章友江、沈志遠、黃覺非等十三人被解聘。曹聯亞、彭迪先作為被迫害教授代表前往本部抗議。

一九三九年一月十二日上午九時，法商院學生列隊到教育部次長顧毓琇住地和平請願，反對解聘進步教授和取消俄文課程。同月初，全校師生紛紛在校內展開簽名活動，通電聲討汪精衛叛國投敵。

二月，中共陝西青年委員會在〈兩年來的陝西青年運動及其發展〉的報告中稱：「臨大本來是極其複雜的，但民先力量相當大，又加上過去在平三年做民先隊的經驗，在漢南對民先隊的工作有相當大的幫助，推動了漢南青年運動的發展。」

三月，中共西北聯大地下支部書記、黨員三人被捕。二十四日抗戰後援會在南鄭縣漢中大戲院舉辦遊藝大會，售票收入除去大會開支，全匯交軍政部，為前方將士購置鞋襪。

五月，敵機肆虐，南鄭城內頻遭轟炸，醫學院選定南鄭城東之孫家廟、馬家廟、黃家坡、黃家祠等處為臨時課堂。

六月，國民政府教育部再發出第三道電令：撤銷國立西北聯合大學，成立西北大學、西北師範學院、西北工學院、西北醫學院、西北農學院等五所由教育部直接領導的獨立國立院校。[31]

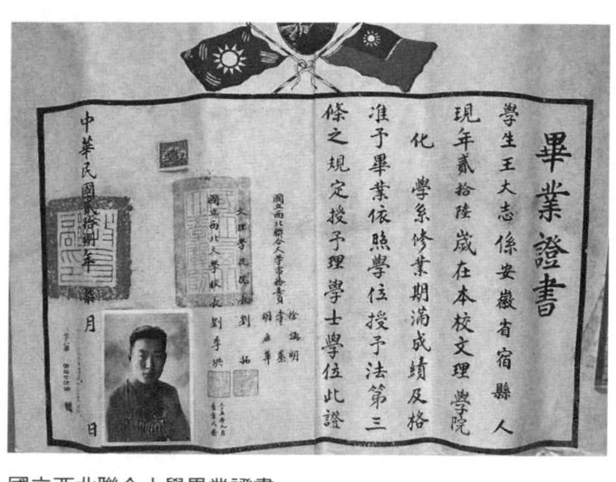
畢業證書

學生王大志係安徽省宿縣人現年貳拾陸歲在本校文理學院化學系修業期滿成績及格准予畢業依照學位授予法第三條之規定授予理學士學位此證

國立西北聯合大學畢業證書。

八月，在紛亂、吵鬧與不斷聚眾上書請願中，成立僅一年有餘的國立西北聯合大學崩潰解體，各色人等在所屬的獨立院校中蟄伏下來。

隨著國立西北聯合大學的解體，徐誦明被調任教育部醫學委員會常務委員，負責全國醫學院校規章制度建設、經費分配、出國審批等事務。因徐氏本屬《論語》所謂「剛毅木訥，近仁」之類的篤實之人，與校內整日糾集一群另類人員鬧事的部分師生本不屬一股道上跑的馬車，當同濟大學校長丁文淵被革職後，深為國民政府信任的徐誦明繼任該校校長。

來到李莊後，徐誦明總結國立西北聯合大學解體的教訓，痛定思痛，與同濟師生團結一致，於頹廢的校風中重整旗鼓，革故鼎新，很快混亂局面得到控制，教職員工及學生的精神再度振作起來。為了打破同濟大學教授歷來都以留德人員為主的局面和其他陳規舊習，給僵化的體制輸送新的血液，徐誦明按照「民主辦學，廣延人才」的方針，開始聘請歐美留學歸來的薛愚等人來校任教，並委派婦產科教授胡志遠等赴美留學深造。

隨著一系列措施落實，整個同濟面貌為之一新。與此同時，同大師生因地制宜，積極開展各種課外活動。例如在禹王宮的戲台上演出各種宣傳抗日的活報劇和川劇折子戲、評劇。江邊空地上用石灰水畫出跑道，沙坑上支起跳竿，長江更成為天然游泳池。一九四五年，同濟大學舉行三十八周年校慶，按慣例舉辦了校運動會，比賽場上一個個矯健的身影如龍似虎，在陣陣喝彩聲中顯示了戰時同濟師生的勃勃生機。原同濟大學共有理、工、醫三個學院，到一九四五年，在徐誦明校長領導、努力下又增設了法學院，同時進行了系科調整。在校學生人數達到了一千一百多名，畢業人數六百八十多人。培養的學生後來成為中國科學院院士者就有朱洪之、陶亨咸、王宋武、唐有祺、吳式樞、王守覺、吳曼等一大批精英。抗戰勝利後，從李莊走出的同濟學生，分布到世界各地，其中許多優秀分子成為推動人類文明進步的中堅力量。

前已述及，抗戰結束後，國民政府教育部有意將同濟大學留在四川，校長徐誦明考慮到學校發展和廣大師生的意願，堅決不同意。後來，蔣介石到宜賓巡視時見到徐誦明並詢問：「可否將學校留在四川重慶繼續辦學？」徐表示無法從命。隨後，徐誦明為同濟復校上海積極奔波。他在給原教育部次長、時任上海市教育局局長顧毓琇信中寫道：「得其在原地恢復弦誦之聲，繼續為國育人，則幸甚至矣。」[32]徐誦明的努力終於換來當局允諾，回歸上海的夢想終於成為現實。

注釋

[1]《蔣介石年譜》，李勇、張仲田編，中共黨史出版社一九九五年出版。

[2]《發現李莊》，岱峻著，四川文藝出版社二〇〇四年出版。

[3]《李約瑟遊記》，李約瑟、李大斐編著，餘廷明等譯，貴州人民出版社一九九九年出版。

[4]二〇〇三年九月二十六日，作者在李莊採訪洪恩德記錄。

[5][6][7][8][9][10][11][12][13][14][15][16][17][19][20][22][25][26][27][28]引自中央研究院近代史研究所藏「朱家驊檔

案」，館藏號：301-01-09-143；冊名：國立同濟大學：校長丁文淵任內文卷。

[18]《童第周：追求生命真相》，童第周著，解放軍出版社二〇〇二年出版。

[21]中央研究院近代史研究所藏「朱家驊檔案」，館藏號：301-01-09-143。此信落款沒有時間，旁有「覆吳定良，中央研究院留交，卅三、二、廿八、送」字樣。

[23]〈傅斯年致丁文淵〉（抄件），載《傅斯年遺劄》第三卷，王汎森、潘光哲、吳政上主編，中央研究院歷史語言研究所二〇一一年十月出版。

[24]中央研究院近代史研究所藏「朱家驊檔案」，館藏號：301-01-09-143。此信署名人員除親筆簽名外，尚蓋印章。

[29]李清泉〈同濟大學遷李莊期間簡況〉，載《四川省歷史文化名鎮——李莊》，熊明宣主編，宜賓市李莊人民政府一九九三年出版（內部發行）。丁文淵於戰後出任外交部專門委員，一九五七年在香港病逝。

[30]《馮友蘭自述》，馮友蘭著，中國人民大學出版社二〇〇四年出版。

[31]《國立西北聯合大學簡記》，西北大學學生工作處編（內部刊行）。又，國立西北聯合大學解散後，各院組建及人員去向情況大體如下：一九三八年七月，工學院單獨設立，稱西北工學院；農學院也單獨設立，稱西北農學院；教育學院改稱為師範學院。一九三九年七月，西北聯合大學改稱為國立西北大學，共有文理學院、法商學院、師範學院、醫學院四個學院。不久，師範學院和醫學院又相繼獨立為西北師範學院和西北醫學院，而文理、法商學院組成西北大學。一九四一年起，西北師範學院陸續遷往蘭州。抗戰勝利後，部分師生返回北平復校，稱北平師範學院，一九四八年年底恢復北平師範大學校名。一九四六年西北大學遷往西安。一九四六年年初，西北工學院大部分師生返回天津，與泰順北洋工學院、北洋工學院西京分院、和北洋大學北平部等合併復校，並復名為國立北洋大學。小部分教師仍留在當地擔任西北工學院教師。一九五一年九月

二十二日，北洋大學與河北工學院合併後，更名為天津大學。同年，西北師範學院師生亦大部分陸續遷回北平復校，部分教師留在西北，充任西北大學、西北師範學院教師。國立北平師範大學至此得以復校。一九四九年九月，北平改名為北京，學校正式更名為北京師範大學。

西北聯大農學院的復校過程頗為曲折艱難。在校友會的不斷努力下，經多次與北大校長胡適聯繫、協商，後達成共識，原北平大學農學院得以在原址恢復重建，改屬北京大學，成為北京大學農學院。一九四九年，北京大學農學院、清華大學農學院、華北大學農學院、輔仁大學農學系合併組建北京農業大學（今中國農業大學）。

[32] 陸效〈傑出教育家徐誦明：中國教育史上的一座豐碑〉，載《人民日報》，二〇一〇年十月十三日。

第十一章
南望北歸

英辭未擬，惜此離思

同濟大學東歸之際，所有戰時遷往後方的機關、團體、學校、工廠以及逃難的百姓，皆如打開閘門的洪水，波捲浪湧，向收復的失地奔騰而去。一時間，整個中國天空大地、江河湖海，到處是回歸的人流、奔走的車馬。不同身分、職業、地位的各色人等，一個個八仙過海，各顯神通，四處尋找、爭搶著回歸的交通工具。天空中，飛機騰雲駕霧；馬路上，車輪滾滾；江河裡，帆影點點。每一個人都行色匆匆，歸心似箭。山野草莽中，挑筐扛擔、攜兒帶女的逃難者風餐露宿，晝夜兼程，向著久別的家鄉奔去、奔去。

蝸居在李莊的幾個學術機構，曾在流亡路上備嘗艱辛和痛苦，但回歸的路上同樣充滿焦慮與不安。本來李莊的流亡人員可直接沿長江下重慶、南京與上海，但正如當時在重慶工作的費慰梅所言：「政府把所有的船隻和飛機全部管制。為了避免混亂，每個部門和機構的搬遷依次序排了號碼。當然，陪都的高級官員和戰時暴發戶利用來歷不明的交通工具，提前到達東岸，而窮得要命的李莊戰時難民，則沒有這種機會。他們只有依靠政府送他們回去，而且只能在驚人的通貨膨脹中慢慢等待。」[1]梁思成在致費慰梅信中則說：中國營造學社和中央博物院一起走，但這兩個機構一起排在第四十七號，而據說「排在第一號的是中央大學，還不知幾時動身。在戰爭結束之前，我們以為很快可以把所有的破爛扔掉，坐飛機走，但一切我們知道還得用上好一段時間」[2]。

儘管還有好一段時間，但也要提前做好準備。一九四五年九月十八日，史語所代所長董作賓致信在重慶的傅斯年：「陶器及不用之書已著手裝箱，將來遷移須全部停止工作，搬家時，盼兄能回李莊一行。」[3]

這個時候的傅斯年，剛接手北大代理校長與西南聯大常委之職，正在重慶、昆明、南京與北平之間奔波，大部分精力都投入北大復員和處理西南聯大事務中，李莊諸事只能靠董作賓獨木支撐。一九四六年三月，傅給董作賓的信中列出了要辦和同仁須注意的幾件要事：

研究所可能在六月搬，亦須延至八、九月，到時方定；南京住房無有，正設法建築；請即通知留職停薪者，一律停職；……自裝箱子，自出運費，運費先付，研究所絕不墊付；……裝箱，切實辦理，每箱須有表，由裝箱者二人簽字負責；公物箱子中絕不得夾入私人書物，到南京時，由裝箱人以外者共同開箱。前自滇運川之弊，必須掃除……研究所留下之物件，均不得自行送人，就其所在之屋送給房東；……房錢支付全年，不照月扣，一切務與房東維持友誼，因他們待我們甚好也。留下東西全送房東，全不出責，無用之書亦然；弟如在五月將北大之事擺脫，即返李莊。[4]

四月七日，傅斯年給董作賓信中說：「復員事，問題正多。一、南京住家問題，本院正在大批蓋職員住宅，每人有處住，是不成問題的，但恐須八月方可完成也。每家大約二間一廚房，在北極閣山之後，弟舊寓之一帶也……二、京滬物價，三倍於李莊，如何是了，雖有調整，絕不濟事。弟初料今年六月可漲至李莊三倍，不意提前四個月。後來乃竟漲至六倍、七倍亦未可知，其故因交通不復，經濟破產之故。同仁前去，無異於自投火炕

〔坑〕……三、交通工具，江上交通工具，絕不夠，本院列在前，然恐亦非九月不可。事實上船不足三分之一，如此鬧還都，真是笑話。」最後，傅斯年道：「在李，上船各事。（在宜賓亦須有一人。）如李莊同仁能另推一位在京，弟自當於船定後來李……弟於李莊之人與地，皆甚戀戀也。」文字至此結束，只是頁下又加一句補充：「此信乞兄轉告同仁，並留在那先生處大家取觀，萬勿貼出。」[5]

董作賓對此回覆道：「三所公物是否可於五月底以前即開始向李莊鎮內（張家祠）搬？或俟有定期再搬動？請指示。」[6]

四月二十日，傅斯年回函，指示董作賓：「一、時期，部定次序，本院第七（共七十左右單位），先本院者，有中央大學等共約萬五千人，故假如五月開始，本院似可在六月走，五月廿日必須裝齊，可以動身，以後或延一二月，然只有人等船，無船等人之理也。二、行程，目下擬定直達，即在李莊上船，南京下船，用包船辦法。雖主管機關與公司均已答應，但屆時誰辦事不可知，一有更動，即須重來，且復員人多，必有打岔搶船擠船者，故勿太樂觀。……五、眷屬以直系親屬為限，在任所者為限。直系親屬外，受贍養並在任所者可援例（如梁家之外老太太），但須先開單由弟查明。」最後，傅斯年說：「近於文件，發見四五十天前寫而忘發之一信，該死該死。其中有事過情遷者，但適用者尚多，一併寄上。」[7]

傅斯年「四五十天前寫而忘發」之信，許多年後被王汎森等研究者在中研院傅斯年圖書館「傅斯年檔案」中發現，落款日期是一九四六年二月十九日，內有「弟自三日來重慶，一直未回，心中極度不安。惟有一事聲明者，即弟絕不去做官，在任何情形下不為此也。亦不離研究所入北大，目下只是為人拉夫，而定明是短期也。適之先生下月可歸，所以我對北大的責任四月也就結束了。……弟最後聲明一語，絕不舍研究所而做官，亦絕不於研究所不般〔搬〕前自己去休息」[8]等語。

傅斯年之所以專門寫信向董作賓解釋「做官」之傳言，前略述及，除抗戰勝利後他代理北大校長，還傳聞朱家驊要調離教育界，教育部部長一職由傅繼任，又風聞蔣介石親自讓其當國府委員。因最高領袖出面禮聘，傅氏不會太不給面子，或拿捏不住而誤入仕途，成為一個技術官僚。諸多小道消息，引得教育界、學術界同仁甚至新聞媒體開始盛傳甚而予以公開報導。對此，傅斯年除給董作賓寫信保證「不做官」外，還利用各種機會向中研院同仁與政學兩界熟識者表示自己堅不做官的決心和理由。時從西北歸來，在重慶聯繫機票赴南京的夏鼐於一九四六年二月二十八日日記載：「晨間由生生花園遷回聚興村宿舍，填表格請李先生往教育部交涉登記赴京飛機票。……晚間與李先生談工作經過，旋傅先生亦來談。傅先生謂人家謠傳他要做官，然決心不做官，以在野可以言論自由，行動自由，且可保養身體也。」[9]

一九四六年三月五日，在重慶的傅斯年寫信給夫人俞大綵，就關於自己做官的傳聞做了如下解釋：「我知道你們在李莊悶死，因我在北大事，弄得這樣，可恨可恨！已電適之速返。他太舒服了。假如五月裡我在上海見到他，一切交代好，也許回李莊搬研究所，我很怕當時一切困難。」繼之說到做官的話題：

說我做官的話，是這樣的。謠言歸謠言，內容也有原因。中共向我說「我們擁護你做教育部長」，我說：「我要言論自由，向來罵人的，今不為人所罵。且我如果要自盡，更有較好的法子。」C.C. 也有此一說！二者皆非好意，前者欲打破國民黨員做教育部長之例，後者欲趕去騮先！這是如何世界。

「國民政府委員」是這樣。蔣先生與（陳）布雷談，布雷說：「北方人不易找到可做國府委員者，黨內外皆如此。」蔣先生說：「找傅孟真最相宜。」布雷說：「他怕不幹吧。」蔣先生說：「大家勸他。」因此我向布雷寫了一次信，請他千萬不要開這玩笑。我半月前寫的那篇〈中國與東北共存亡〉（想已看見，為此，有人請我吃飯），有個附帶目的，即既發這樣言論，即不可再入政府了，落得少麻煩（人家來勸）。

經過如此，我並未向人說。報上所傳，皆揣摩，或亦有所聞而言之也。

你想，我罵人慣的，一做官即為人罵，這是保持言論自由。做個「一品大員」（國府委員），與那些下流同一起，實受拘束，這是行動自由。你放心，我不會沒出息做官去。我不是說做官沒出息，做官而不能辦事，乃沒出息。我如何能以做官「行其道」呢？

但是那些淒淒皇皇想趁此謀一國府委員者，謀一政務委員者多著呢，關托百出。我把這個道理說給王雲五，他大為不解，其一例也。王極想做國府委員，非無望（因為我和胡政之等皆不幹，適之也不會幹），他還託我幫他。我說：「己所不欲，勿施於人。」他做教育部長是沒有希望的。我看騮先要連續下去。（南按：行首傅斯年自注：宋子文的行政院長不會動。此人真糟，與孔同工異曲。）……嘉子的信，已登《大公晚報》，附上，問好。[10]

傅氏提及的「嘉子的信」，乃十歲兒子傅仁軌於二月六日自李莊寫給他的家信，此信於一九四六年三月五日《大公晚報》登出，信首由編輯加一「前言」，曰：「仁軌是傅孟真氏的公子，今年才十歲，這是他寫給他的爸爸的信，寫來娓娓動聽，且不乏幽默，是一篇很好的兒童小品。這裡提及傅氏即將出國事，按傅氏心寬體胖，患了嚴重血壓病症，因在中央研究院服務已歷十八年，故該院擬送其出國治病，或須動大手術，即將中樞神經與內臟神經切斷，其夫人或須陪同前往。」在家信的最後部分，傅仁軌寫道：「方才媽對我說：『大約六月裡我們可以到美國去，你高興嗎？』我說：『我又高興又不高興，可是為什麼緣故，我卻說不出來。』可是我覺得我們家庭經濟很困難了。我和媽可以不去，但爸爸的病是需要治好的，所以您一定得去，只要您的病好了，我和媽一切都肯捨棄。」

對於此信公開發表，一般社會人士認為乃天下父母之常態也，愛子心切的傅斯年與報館編輯熟悉，見兒子的信寫得動情，順手拿到報上登出，對老子是一種虛榮兼安慰，對兒子則是一個小小鼓勵——如果推後六十年，兒子的文章再發表幾篇，可以此為條件，透過「特招」管道增加考試分數，堂而皇之地進入北大、清華就讀，成為少年發表文章的既得利益者和國人「羨慕嫉妒恨」的對象——然而，傅斯年身邊的同仁或相交深厚者卻認為並非如此，真正的內因或如夏鼐在日記中所說：「晚間至傅先生處報告。傅先生告余謂去冬曾提出升余為研究員，未得通過，希望能作出一報告，今年可再提出設法使之通過。今日《大公晚報》登載傅先生小公子致傅先生一函，其中提及傅先生六月中將出國，蓋由於外間謠傳其將任教育部部長，故借此以闢謠也。」[11]由此可見傅斯年處理此事的良苦用心，指東打西，巧妙安排，其高明之處絕非一般人所能及也。

從後來的事實看，傅斯年之說並非虛言，亦絕不像官場政客那樣見人說人話，見鬼說鬼話，見了人鬼雙面人，則人鬼同聲耍布袋戲，以蒙世人甚至師友、朋友和家人。許多年之後，中研院史語所王汎森等人在史語所「傅斯年檔案」中發現了他於一九四六年三月二十七日給蔣介石的一封信，其內容恰涉辭卻國府委員之事，信曰：

主席鈞鑒：

頃間侍座，承以國府委員之任，諄諄相勉，厚蒙眷顧，感何有極！斯年負性疏簡，每以不諱之詞上陳清聽，既恕其罪戾，復荷推誠之加，知遇之感，中心念之。惟斯年實一愚戇之書生，世務非其所能，如在政府，於政府一無裨益；若在社會，或可偶為一介之用。蓋平日言語但求其自信，行跡復流於自適，在政府或可為政府招致困難，在社會偶可有報於國家也。即如最近東北事，政府對蘇聯不得不委曲求全，在社會則不妨明申大義，斯年亦曾屢屢公開之。此非一旦在政府時所應取，然亦良心性情所不能制止，故絕非政府材也。（編者按：頁末傅氏自注：「此句頗有語病，似謂政府中人皆無良心者，然已發矣。」）參政員之事，亦緣國家抗戰，義等於徵兵，故未敢不來。今戰事結束，當隨以結束。以後惟有整理舊業，亦偶憑心之所安，發抒所見於報紙，書生報國，如此而已。斯年久患血壓高，數瀕於危，原擬戰事結束，即赴美就醫，或須用大手術。一俟胡適之先生返國，擬即就道，往返至少三季，或須一年。今後如病不大壞，當在草野之間，為國家努力，以答知遇之隆。萬懇鈞座諒其平

生之志，從其所執，沒生之幸。另請力子、雪艇兩先生詳述一切。專此，敬叩

鈞安

〇〇〇　謹呈　三月廿七日

（編者按：頁末傅氏自注：「此外又有一信給力子、雪艇，所言極透澈，無忌諱。匆匆未留稿。」）[12]

正當傅斯年向董作賓並通過董氏轉達李莊史語所同仁，剖白自己絕不做官的心跡以穩定人心之時，國民政府於一九四六年四月三十日正式頒布還都令，訂於五月五日讓流亡在外的國家各機關及所屬人員還都南京。

傅斯年得此消息，不再猶豫，立即指示董作賓指揮人員儘快裝箱搬運，同時派員到重慶與民生輪船公司商談，請對方派專輪運送史語所人員、物資。董接到指令，立即行動，除委派本所助理員李孝定等人火速赴重慶商談租船之事，還從李莊鎮找來大批強壯青年，由板栗坳山上駐地向李莊鎮張家祠運送甲骨、書籍、青銅器等珍貴物品。史語所物品繁多、貴重，經過差不多兩個月時間，才把大部分藏品運往靠近長江碼頭的鎮內張家祠大院。一箱箱貨物堆積在一起，如同小山一樣龐大壯觀。

一九四六年五月二十四日，已離開史語所到成都燕京大學任教的李方桂致信董作賓：「家母已八十，非飛機無法返平，而弟又必須陪走，故恐不能與所內同仁同行。頃與薩總幹事商議，已蒙允許，囑弟函告吾兄，補一申請先行返都手續。」[13]

此前，在美國哈佛大學任教的趙元任曾動過攜家回國的念頭，並準備到史語所繼續做他的語言組主任。趙氏向學校當局遞交辭職書時，推薦李方桂接替他在哈佛的職位。而身在成都燕京大學任教，但仍兼史語所語言組代主任的李方桂接到趙信，決定立即攜家赴美。對於這個頗為匆忙的決定，李氏後來在他的訪問錄中透露：「（我）必須去哈佛的真正原因是為了領薪水，因為我沒有錢了。」[14]李方桂說得相當輕鬆和乾脆，似乎再沒有其他理由，

去美國就是為了一個「錢」字。

李氏偕妻趕到美國，準備歸國的趙元任卻由於其他原因未能成行。此後趙轉入加州大學柏克萊分校，李方桂轉入華盛頓大學任教。自此，「趙元任的回國夢在柏克萊結束，而我的夢在西雅圖化為泡影。事情的結局總是這樣」[15]，李方桂說。

李方桂攜家人於一九四六年夏天離開成都，赴上海搭乘一架美國海軍軍用飛機直飛檀香山，不久即轉赴三藩市。李氏以美國之行，成為西去的黃鶴，與史語所同仁隔海相望，再也沒有走到一起。當他再度踏上遠東大陸的時候，已是三十多年後的一九七八年，此時中共建政後發動的文化大革命結束不久，面對紅色山河四處飄揚的五星紅旗，李方桂恍若隔世，唏噓不已，禁不住生出「三十年河東，三十年河西」之慨嘆。

李方桂飛抵美國弄錢去了，在李莊的學者還在為生計與還都之事犯愁。七月十一日，傅斯年致函民生輪船公司董事長盧作孚，謂：「中央研究院在李莊者，有歷史語言研究所、社會研究所（所長陶孟和先生）及中央博物院。此三機關人口共兩百人，公物（圖書、古物）約重兩百噸，體積則合為六百噸（皆輕，故以三乘重量）。擬請民生公司儘早撥船，以便復員。如能自李莊直達南京，至妙，以古物等中途恐有遺失也。如萬不得已，亦乞僅在重慶一換，緣宜昌無人照應也。」[16]

傅得到對方允諾，裝船啟程在即。史語所、社會所、中央博物院籌備處，加上一個隨行的營造學社，所有同仁都忙碌起來。八月九日，傅斯年侄子傅樂煥致函傅斯年：「侄如能走，自將隨同東遷，如事實上必不可能，只有暫留。如果暫留，擬請研究所改變半薪。」[17]

傅樂煥。

傅樂煥乃傅斯年堂侄，早年畢業於北大歷史系，屬於上進好學的才子型青年學者。抗戰軍興，他隨史語所由南京而長沙而昆明而李莊，一路吃了許多苦頭，但精神卻在苦難中得到磨煉，學問也大有長進。由於蝸居李莊，醫療條件太差，加之長期焚膏繼晷攻讀著述，傅樂煥患了嚴重的心臟病，以致到了返京之日，因病情極其嚴重而「事實上必不可能」隨所同行，唯一的辦法「只有暫留」李莊，一個人孤獨地等待病情好轉。傅斯年讀罷此信，念侄子早年喪父，命運多蹇，流徙西南而只能翹首北望，在山東濟南老家有母而不能即行相見，不禁潸然淚下。鑑於這種特殊情況只能特殊對待，遂復函令其留在李莊養病，以待將來。

一九四六年十月五日，前往重慶接洽船隻的人員已與民生輪船公司，以及上海外灘國營招商局派遣的江合輪等船船主談妥，史語所返京在即。傅斯年電示董作賓：「公物即搬山下，弟已分電京渝接洽，船隻恐必須在重慶換船，弟月中返京，盼十月中本所能遷移。前因停船及沿途困難未敢即動，今因江水將落勢須速辦。」[18]董作賓接電後，指揮所內人員立即行動起來。

仿若杜工部當年〈聞官軍收河南河北〉之心情——「塞外忽傳收薊北，初聞涕淚滿衣裳。卻看妻子愁何在，漫捲詩書喜欲狂」，無論研究人員還是家中老小都精神振奮，群情昂然。眾人在歡笑與淚水中收拾行李，打點行裝，盤算著到首都南京後住什麼樣的房子，穿什麼樣的衣服，吃怎樣的飯食，承受多重的物價壓力，開始怎樣的新生活……心中的憧憬自然是美好多於憂愁，幻想多於理性，大家熱血澎湃，沉浸於一個又一個燦爛輝煌的大夢之中。

離去之前，史語所同仁決定在這塊庇護過自己的熱土上留下一個標誌物，作為永久的紀念。在董作賓具體指揮下，幾十名當地鄉人和史語所幾位年輕研究員，將一塊大石碑從山下運來，立於板栗坳牌坊頭——這是史語所在李莊近六年留下的一件最為珍貴的歷史見證。

紀念碑碑額由書法大家董作賓用甲骨文書「山高水長」四個大字，這是借用宋朝大文學家范仲淹的名句而成。碑額下是「留別李莊栗峰碑銘」幾個大字，銘文由史語所才子陳槃撰，勞榦書。當年范仲淹在他著名的《嚴

左：艱危的抗戰歲月裡，大師們沉默而光榮的研究歷程，留給後人立碑追思。（林馨琴攝）

右：在舊址上新立的留別李莊栗峰碑銘。原碑已毀。（林馨琴攝）

先生祠堂記》結尾處，曾以飽滿的激情與摯誠頌揚嚴子陵：「雲山蒼蒼，江水泱泱。先生之風，山高水長。」如今，對滋養庇護了自己近六年的山川大地與鄉鄰百姓，史語所學者們同樣用悠揚動人的詞句來表達他們的感激之情。文曰：

> 李莊栗峰張氏者，南溪望族。其八世祖煥玉先生，以前清乾隆年間，自鄉之宋嘴移居於此。起家耕讀，致資稱巨富，哲嗣能繼，堂構輝光。
>
> 本所因國難播越，由首都而長沙、而桂林、而昆明，輾轉入川，適茲樂土，爾來五年矣。海宇沉淪，生民荼毒。同仁等猶幸而有託，不廢研求。雖曰國家厚恩，然而使客至如歸，從容安居，以從事於遊心廣意，斯仁裡主人暨諸軍政當道，地方明達，其為藉助，有不可忘者。
>
> 今值國土重光，東邁在邇。言念別離，永懷繾綣。用是詢謀，僉同醵金伐石，蓋弁山有記，峴首留題，懿跡嘉言，昔聞好事。茲雖流寓勝緣，亦學府一時故實。不為鐫傳以宣昭雅誼，則後賢其何

述？銘曰：

江山毓靈，人文舒粹。舊家高門，芳風光地。滄海驚濤，九州煎灼。懷我好音，爰來爰托。朝堂振滯，燈火鈞沉。安居求志，五年至今。皇皇中興，泱泱雄武。鬱鬱名京，峨峨學府。我東曰歸，我情依遲。英辭未擬，惜此離思。

中華民國三十五年五月一日

國立中央研究院歷史語言研究所同仁　傅斯年、李方桂、李濟、凌純聲、董作賓、梁思永、岑仲勉、丁聲樹、郭寶鈞、梁思成、陳槃、勞榦、芮逸夫、石璋如、全漢昇、張政烺、董同龢、高去尋、夏鼐、傅樂煥、王崇武、楊時逢、李光濤、周法高、逯欽立、王叔岷、楊志玖、李孝定、何茲全、馬學良、嚴耕望、黃彰健、石鐘、張秉權、趙文濤、潘愨、王文林、胡占魁、李連春、蕭倫徽、那廉君、李光宇、汪和宗、王志維、王寶先、魏善臣、徐德言、王守京、劉淵臨、李臨軒、於錦秀、羅筱蕖、李緒先　同建。

在即將還都遠去的人員中，碑銘上署名的逯欽立、汪和宗、楊志玖、李光濤、王志維等五人，都是娶了李莊的姑娘，可謂與李莊結下了情纏綿、血相連的深厚情誼。他們此番離別東去的情感撞擊與心靈感受，恰如古人長吟的「最難將息」，更是「剪不斷，理還亂，是離愁。別有一番滋味在心頭」。

婚戀，山東人就愛幹這種事

在迎娶李莊姑娘的五人中，王志維乃北京人，李光濤為安徽懷寧縣人，而逯欽立（字卓亭）、汪和宗、楊志玖等三人均為山東人氏，與傅斯年同為鄉黨。博得李莊姑娘頭彩，與羅筱蕖成就百年之好的逯欽立，於一九一〇年

1940年秋冬之交，西南聯大時期北京大學文科研究所研究生在昆明城西北龍頭村寶台山響應寺月台上合影。左起：任繼愈、王明、陰法魯、李埏、閻文儒、王玉哲、馬學良、逯欽立、楊志玖、周法高、王永興、董澍。

出生於山東巨野縣鄉村。此地古稱巨野澤，一望無際的沼澤湖泊與北部幾十公里的鄆城、梁山連成一片，當年宋江率眾扯旗造反，有「梁山一百單八將，七十二名出鄆城」之稱，這一響馬、綠林圈，就包括逯的家鄉巨野澤。因了這特殊的歷史地理淵源，逯氏與同樣出身梁山「響馬文化圈」的傅斯年有著天然非同尋常的關係。逯出身一個中等地主家庭，父親是當地有名的私塾先生，家教甚嚴。

受其薰陶，逯自幼勤奮好學，尤對舊詩文、策論等用功最勤，十歲開始與當地秀才、舉人對詩作賦，有「神童」之譽。一九三五年考入北京大學哲學系，不久即以「祝本」筆名在文學刊物上發表小說、詩歌。翌年轉入中文系就讀，同時出任北大校刊主編。一九三七年抗戰爆發後，隨校遷長沙，旋又隨曾昭掄、聞一多、袁復禮等教授步行三千多里抵達昆明，在國立西南聯大繼續就讀。一九三九年畢業後，考入傅斯年為所長的北京大學文科研究所，師從羅庸（字膺中）、楊振聲兩位導師攻讀碩士研究生，自此開始了幾十年專題研究先秦兩漢魏晉南北朝詩及同時期文學史的學術歷程。

據逯欽立的北大文科研究所同學周法高回憶：逯的導師羅庸是北京大學出身，學問、人品令人敬佩，對於三禮和宋元理學都有研究，學問非常廣博，尤長於中國文學史的研究。著作不多，對於儒家的學說頗能身體力行。「記得一九四〇年他所居住的地方失火，一時烈焰沖天，蔣夢麟校長曾經當場拍照證明曾經有某機關存貯了大量的汽油而引起火警的。羅先生遇到這種不幸的事，仍能苦撐下去，弦歌之聲不絕，可以想到他的修養了。」周又說：「西南聯大中文系裡，北大和清華的老師和學生在初期相處得並不太融洽，小的摩擦總是難免的。記得一九四〇年秋季聞一多先生本來是開楚辭的，這一年要開唐詩；而唐詩本來是羅庸先生開的，於是羅庸先生說：那麼我就開楚辭好了。由此也可看出羅庸先生的博學。」[19]

羅氏作品雖不多，但《鴨池一講》等深受學界推崇。最令人難忘的是羅庸為國立西南聯大所填的校歌歌詞：「萬里長征，辭卻了五朝宮闕。暫駐足、衡山湘水，又成離別……多難殷憂新國運，動心忍性希前哲。待驅除仇寇復神京，還燕碣。」如此優美的歌詞配著動聽的旋律，在引吭高歌、淚水飛濺中增添了中華兒女剛毅不屈的豪邁之氣。（南按：一說該校歌歌詞是馮友蘭所作，而非羅庸。）

一九四〇年，在中研院史語所撤離昆明龍頭村後，逯欽立等幾人仍留在該地繼續學業。因少書參考，逯乃向北大文科研究所呈文，提出赴李莊借讀並延遲一年畢業的請求。呈文如下：

為請求延長修業年限一年，以便完成工作事。竊生之校輯工作，需書較多。自中研院史語所遷移之後，生不克隨車入川，迄今四閱月之間，以所（編者王汎森按：北大文科研究所）中圖書缺乏，校輯兩事均先停頓。雖能將先唐各史細心閱讀一過，而與本工作之進展，究無直接之幫助。是以除現已做過之工作外，尚有以下五項須待完成：

一、《文苑英華》須付比勘。案，《英華》所載詩篇，文字異同，名題互歧，較各別集及類書為甚，楊守敬

《古詩存目》將此書置之最前，視為重要出典之一，今若不付讎對，則工作之校勘部分，實未可視為完成。此外如《廣文選》、《玉台廣詠》等書，亦須比勘一過。

二、各家之別集須付比勘。如《陶淵明集》……

三、版本之考訂……

四、《佛藏》及其它先唐各子集有待翻檢……

五、方志亦有待檢查者……[20]

正如呈文的發現者與整理者王汎森所言：「這份檔可以看出逯氏校輯《先秦漢魏晉南北朝詩》的甘苦。」[21]只是這份甘苦只有逯欽立本人與身邊的少數人知道，不了解逯氏者自然難以體會。

這年九月，逯欽立得到批准，可入李莊史語所借讀並繼續學業，同時接受傅斯年指導。逯氏如願以償，很快抵達李莊進入研讀狀態。九月二十五日，逯寫了一封信給當時在重慶的傅斯年，彙報由滇赴川經過及學習、生活情況，信曰：

孟真吾師尊鑑：

敬啟者，生於九月十二日離滇，十八日到達李莊，沿途託庇，順利異常。抵此後，承董代所長及丁、汪等先生之照顧，食宿諸問題均已解決，敬祈吾師釋念為幸。生此次延期修業，並來此工作，事前曾具文申請，當時以為區區之意，已達尊聽。自羅莘田師由川及返滇傳述師旨，始知生之延期一事，吾師前無所聞，然鄭、羅二師於謁見時，已將此點詳報矣！故不復贅。此地氣候近已涼爽，生之工作即可順利開始，吾師存藏陶靖節各集，生極須用，聞師將於十月中蒞此，希居時能以此種書賜閱也。

又生離滇之時，曾與楊志玖、周法高二兄深談一次，楊兄處數接齊大延聘之信，許以該校講師職並研究所編輯員，而文研所則欲留作研究助教。楊兄念吾師擢掖之心，極願來此繼續所業，僅以薪遇及路費問題，稍涉躊躇耳！而周兄之留校或來此，所猶豫者亦不外乎斯節。近不知彼等有信呈吾師未？故謹以附聞。鄧恭三兄旋返之後，敬悉尊況。倘醫齒而有利於貴體，祈即從事診治，並希暫將公務、雜事置諸度外，物來順應，不使塵慮，則貴體於優遊無事之中，定可早日康復也。端肅即祝

道躬綏和

學生 逯欽立謹啟

九月二十五日[22]

儘管李莊偏僻寂寞，但從逯氏信中看出，彼對所修學業與未來前景充滿了熱情與信心，心情相當舒暢。除此之外，他未忘記離滇時龍頭村幾個難兄難弟的囑託，即楊週二人請逯氏抵達李莊後觀察情形，並在信中向傅斯年傳達他們的計畫與困難，以期能步逯之後塵趕赴李莊相聚，來個燈下共讀、抵足而眠、早上從中午開始的山寨閉門讀書生活。未久，楊週二人果遂其願，先後得到批准離滇入川，來到史語所與逯欽立等一幫青年學者共同學習、生活。

在傅斯年指導下，逯欽立來李莊第二年即完成學業，順利進入史語所陳寅恪領導的第一組（歷史組）任助理研究員，繼續從事唐代之前詩歌的研究和輯錄工作。據周法高說：逯在史語所期間，曾「在該所集刊發表了一篇《〈古詩紀〉補正敘例》。明代馮惟訥的《古詩紀》，搜羅唐以前的古詩，相當完備；（近人）丁福保的《全上古三代秦漢魏晉南北朝詩》這部書，就是根據《古詩紀》加以補充的。逯欽立找出很多丁書的疏漏錯誤的地方，而把其中比較顯著的若干例子放在這篇文章中，所以寫得非常精彩」[23]。

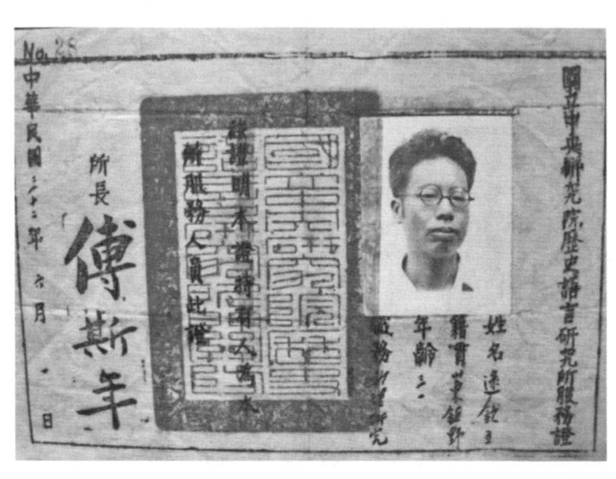
國立中央研究院歷史語言研究所服務證
姓名 逯欽立
所長 傅斯年
中華民國三十二年六月 日

1943 年 6 月 1 日，中央研究院歷史語言研究所發給逯欽立的 No.28 號服務證。（逯弘捷提供）

周氏所說的這篇文章，只是逯欽立研究生涯中對這一專題的牛刀小試，只這一試就足見其用功之勤、考據之精、探索之深。如漢詩樂府古辭〈孤兒行〉有詩云：

父母已去，兄嫂令我行賈。
南到九江，東到齊與魯。
臘月來歸，不敢自言苦。
頭多蟣虱，面目多塵。
大兄言辦飯，大嫂言視馬。
上高堂，行取殿下堂，孤兒淚下如雨。
……

逯氏在〈敘例〉中將此詩歸入「依韻校勘例」，並說「字訛失韻，由辭例推知當為某字者」。由此校正為：「詩中大兄之大，為土之訛字，當屬上句，作面目多塵土。土與前後韻賈、魯、馬、雨皆協。今土訛大，則斷塵為句，失其韻。又土訛大，連下讀為大兄，後人遂不得不於嫂字上亦添大字，使篇中兄嫂辭例亦亂。應添土字，去兩大字。」這一考證可謂精明確切，足可匡正舊日傳寫之誤。胡適嘗謂：「發現一個字的古義，與發現一顆恒星，都是一大功績。」此喻未免過重，但由此可見逯氏的國學功底及「詳搜、精校之功」之深厚。

以後的歲月，逯欽立開始致力於《陶淵明集》與洋洋一百三十五卷《先秦漢魏晉南北朝詩》考訂、校補、編纂工作。據後世研究者說，逯氏之好陶詩，恐怕與師承有關，他的導師羅庸就是一個陶詩迷，對陶淵明的人生和詩文頗有研究，著有《陶淵明》一書，內容包括陶氏的傳記、年譜、詩文繫年、陶集版本及注本等內容。惜此書只存稿本，並未見刊行，世人難知其詳。羅氏未竟的事業，只有依靠弟子逯欽立來完成了。

正當逯氏面對青燈黃卷，意氣風發地沿著這條通往名山大業的崎嶇小路奮力攀登時，一位窈窕淑女的突然出現，令他目眩神迷，心猿意馬，並在眾弟兄的打氣、鼓勵下，擲筆狂追，開始了火熱的戀愛生活。這位美麗的少女就是年僅二十歲的李莊姑娘羅筱蕖。

羅筱蕖，名荷芬，字筱蕖，別名藕曼，以字行世。因在家中排行第九，故當地人又稱羅九妹。其父為李莊鎮黨部書記羅南陔，也就是當年積極主張同濟大學與中央研究院各機構遷往李莊的那位著名鄉紳，梁思永就曾住在他的家中——李莊羊街八號的植蘭書屋。

羅筱蕖高中畢業後赴成都華中專科學校就讀，一年後返回李莊到板栗坳栗峰小學任教。時為一九四二年夏間事。

栗峰小學原是板栗坳張氏家族的一所私立小學，由板栗坳鄉紳張九一（號稱張九爺）出任校長。校址設在柴門口張九一家的大房子裡，有教師四人，分別是羅筱蕖、張素萱、張增基、黃婉秋；學生六十多人，其中板栗坳張氏家族的學生有張錦雲（後嫁楊志玖）、張彥雲（後嫁王志維）、張彥霞等。

羅筱蕖來校後，不久即升任教務主任。史語所遷到板栗坳後，因離李莊鎮較遠，來往不便，研究人員的子弟大都入該小學就讀。其中有傅斯年之子傅仁軌，董作賓之子董敏、董興，李方桂之子李文茂、女兒李文俊，芮逸夫之子芮達生、芮蓉生，梁思永女兒梁柏友，勞榦之子勞延瑄，向達之子向燕生、向宇生（南按：向達應傅斯年

左：1940 年春，研究人員的孩子們在李莊參觀中央博物院苗藝展覽，自右至左：梁從誡（梁思成之子），李文茂（李方桂之女）、錢嘟嘟、梁柏友（梁思永之女）、芮寶寶（芮逸夫之子），錢家姊弟、董敏（董作賓之子）。
右：中研院史語所子弟在李莊。自前至後：勞延炯、傅仁軌、勞延煊、梁柏友。（勞延炯提供）

和李濟之邀，自西南聯大借調中博籌備處，成立西北科考團，先後兩次進西北邊地考察。向達來李莊後，家眷長時間住在板栗坳，兩個孩子就此進入栗峰小學就讀）等近二十名孩子，年齡在五歲到十二歲之間。

原本栗峰小學教室就有些擁擠，突然加上史語所子弟，更顯擁擠不堪。加之當時經費不足，學校越辦越差，許多史語所子弟開始翹課。在這種情況下，傅斯年與同仁商量要自己辦一所學校，名稱為「中央研究院史語所子弟小學」，專門招收史語所同仁的小孩來校就讀。校址設在牌坊頭董作賓、吳定良家附近，合作社對面，校舍採光較好。此前由於各位家長到栗峰小學接送孩子的關係與教師熟悉，經傅斯年與張九一協商，決定聘請羅筱蕖、張素萱兩位女教師來史語所子弟小學任教，由羅負責教務和校務管理。史語所同仁和家屬兼課任教，如勞榦教國文，石璋如教地理，芮逸夫教歷史，董作賓教書法。另有董作賓夫人熊海平、董同龢夫人王守京、何全夫人郭良玉、李方桂夫人徐櫻、蕭綸徽夫人肖玉、馬學良夫人何蕊芬等皆在學校兼課。據羅筱蕖說，當年傅斯年親自找她談話，說：「孩子們沒有學上，家裡的大人都頭痛，我不願意看著他們亂竄，就專門辦了這個小型學校。不過這學校要是沒有妳的維持也辦不下去，妳就給管一下吧。」[24]於是，羅筱蕖與張素萱便由栗峰小學轉到史語所子弟學校教書管理。

此時的羅、張兩位年輕教師沒有意識到，在不經意間，她們開啟了一扇新的命運之門。羅筱蕖回憶說：「當時各位兼課的夫人家務繁重，又要照顧小孩，一般是有課就到，下課即走，許多事都是我來管，太太們臨時有事也請我代課。儘管學校規模小，但較正規，課程也全，五、六年級還開設英語課，很有特色，家長們比較滿意。我和張素萱是年輕姑娘，學生們很喜歡我倆，每當太陽好的時候，在頭兩節課間，我常集合學生帶著他們在板栗坳跑上幾圈，除了喊一、二、三、四的口號，還高唱〈五月的鮮花〉、〈義勇軍進行曲〉等歌曲。在寂靜的山坳裡，深深的庭院中，那些埋頭鑽研學問的先生，被孩子們陣陣喊聲和美麗的歌聲所吸引和振奮，會情不自禁地站起身，一邊伸著懶腰一邊探頭向窗外瞧瞧，這樣我在他們面前也就更顯眼了。……史語所光棍漢逯欽立在吃過飯之後，就常到我們學校拿著粉筆在黑板上寫陶淵明詩，還畫一些古代詩人的像，如屈原、陶淵明，還有一些躍虎、奔馬等動物。逯在這方面頗有才氣，在黑板上一揮而就，孩子們見了很喜歡，他畫得也就越有勁。開始我不懂他這樣賣力的表現是咋回事，認為在板栗坳這個村寨裡，一個光棍漢太鬱悶、太無聊了，隨便到這裡放放風，透透空氣，跟孩子們胡亂玩玩罷了。於是我有時候也在教室看他在黑板上寫詩作畫，有時也跟他聊幾句詩什麼的，這樣他就更來勁了，開始畫

1943 年冬，逯欽立為董作賓子女董敏、董興、董萍作詩配畫〈邈藝三班〉，董作賓特以甲骨文書法一幅回贈。逯氏之畫載於《平廬紀念冊》。（董敏提供）

我本人以及我魂思夢繞已故生母的畫像（按照片畫），畫得栩栩如生，我很感動，心生愛慕之情。逯君畫過之後，又跟我聊一些他研究陶淵明詩的心得。記得有一次他談到陶淵明那篇著名的文學作品〈桃花源記〉，在黑板上寫下了陶記中這樣一小段文字：

忽逢桃花林，夾岸數百步，中無雜樹，芳華鮮美，落英繽紛。

「逯君告訴我說，在此之前，幾乎所有的版本及選本都將『芳華』作『芳草』，唯南宋有兩個本子（南按：曾集本《陶集》與蘇寫本《陶淵明集》）作『芳華』。逯欽立認為應作『芳華』而不是所謂的『芳草』，其理由是，首先這一段文字所描寫的是一幅十分完美鮮紅耀目的桃花林景象，中間不容夾雜綠草，破壞意境的純美。這是重要的一點。其次，陶詩中多以『華』作『花』的詩句，如〈榮木〉詩云『采采榮木，結根於茲。晨耀其華，夕已喪之』等。這裡的『華』可作『花』解，二字通用。《詩經．桃夭》中說『桃之夭夭，灼灼其華』，早已開其先例。況且以『鮮美』形容桃花，正切合其鮮豔美麗的形象特徵。如果把它形容成綠草，就覺得不倫不類，很不切合。因而應作『芳華』解。」

羅筱蕖說：「聽了逯君的解釋，當時感覺很在乎情理，也覺得這個人的學問了不起，就有些佩服他。以後就經常在業餘時間借學生們的掩護，在教室聽他講陶淵明詩。想不到群眾的眼睛是雪亮的，時間一久，逯君的一舉一動和所思所想，都叫他的同事給看破了。於是，沒有風，浪卻起來了。這風浪一起，我才明白，原來逯君不是在無目的地寫詩作畫，而是項莊舞劍啊！儘管當時我感到很不好意思，但覺得這個人挺老實，人也不錯，又特別有才華，就繼續交往。後來閩東才女游壽到了板栗坳，與我和逯君的關係都很好，便主動出面牽線撮合，這樣事情基本就挑明了。過節的時候，一般學生家長要請我到家中做客，也就是吃一頓飯。我第一次去的是傅斯年先生家。當第二次被邀請去的時候，同桌的有李方桂太太徐櫻，還有逯欽立，如此一來事情就更進一步了。以後傅先生夫婦去重慶，回來時買了四件絲綢衣料相贈給我與逯君。當時我們都很感動，這個時候大家都意識到，我們的婚姻問題已到了水到渠成的地步，只差媒人正式向我家中說合了。」

在史語所幾位同事鼓動下，逯欽立把自己的想法託一個同事向羅家做了透露。儘管羅南陔是當地官僚和開明紳士，與史語所的傅斯年、李濟、梁思永等幾位重量級人物建立了朋友關係，但面對女兒婚姻這等終身大事，還是不免有些猶豫。據羅南陔之子、羅筱蕖之弟羅萼芬說：「當時中央研究院遷來李莊，有很多男光棍，眼看年齡越來越大，個人婚事成了難題，但李莊的姑娘不願意嫁給他們。原因是他們都是『下江人』，家在外地，說來就來，說走就走，摸不清他們的底細，怕上當受騙。所以他們的人來了三四年，只有史語所的事務員汪和宗與李莊的姑娘王友蘭結了婚，其他人都不得幹。我父親是很開明的人，覺得既然女兒自己要的朋友，就要尊重她的選擇。何況九姊當時已經是史語所聘用的人，在本所要朋友也合情合理。但父親對逯欽立其人不熟悉，從九姊這一方面考慮，就決定搞個火力偵察。他作為長輩不好出面，就請了我的堂兄羅伯希向傅斯年詳細打聽逯的事，後來說沒的問題，這門婚事就成了。」[25]

羅萼芬所說的羅伯希，就是當年在南溪酒館裡與宜賓紙廠廠長錢子寧的手下相遇的李莊鄉紳，正是在他的熱情周旋下，同濟大學的王葆仁與史語所的芮逸夫等才來到李莊考察，並最終促成了同濟與史語所等機構遷來此地的因緣。也正是由於這層關係，羅伯希與傅斯年等人成了相互來往的朋友。現在羅伯希受叔父羅南陔委託，便找到傅斯年詢問詳情。

由於傅斯年自己最初有一段痛苦的婚姻經歷，他認為夫妻之間如果見識與學經歷差異太大，絕不會有幸福可言，其結果必是悲劇，因而他一直不贊成自己的弟子在避居之地與當地姑娘談情說愛——當地姑娘的所學所見所聞與史語所人員無法相提並論。而且青年研究員多是北方人，與川南一隅之地的生長環境、生活習俗亦有很大差距。但史語所從長沙到昆明再到李莊，一晃五、六年過去了，弟子們也由一個個二十多歲生龍活虎的小夥子，變成了三十多歲身染暮氣的中年人。所謂「男大當婚，女大當嫁」，這個自然規律是難以抗拒的。況且戰爭不知何時結束，還都南京之日更是不可預料，總不能眼睜睜地看著這幫光棍在這個偏僻山坳裡，大眼瞪小眼，烈火乾柴木頭灰地乾燒自燃下去。自史語所事務員汪和宗於一九四二年年底與李莊姑娘王友蘭結婚之後，這幫光棍漸成躍躍欲試、大顯身手之勢，此事既不能壓制也不便提倡，順其自然是最好的辦法。於是，傅斯年在史語所同仁、家屬與逯欽立的幾個好友，特別是山東同鄉的說服下，決定出面促成這樁婚事。

面對羅伯希垂詢，傅斯年於一九四四年二月十七日專門致函一封，談了羅筱蕖在史語所小學的表現，逯欽立在史語所的身分及經濟狀況等。傅說：

> 南陔先生之季女公子筱渠（南按：原文如此）女士，自來山上教書以來，極為所中各家所欽佩。此一小學雖在無法辦好之狀況中，仍能維持各生課業者，誠小渠（南按：原文如此）女士之力也。敝所第一組助理研究員逯欽立君，頗願以弟為介，攀婚清門，而其同事又向弟以此為言。弟一向懷抱以為此等事宜由男女自身決之，未可一憑月老於造化也。然逯君系弟及門之人，其詳細情形不妨陳述，以資南陔先生參考。

接著，傅斯年介紹「逯君系山東巨野人，今年三十一歲。家世業農，其尊人有田二百畝，子女三人，平日在家亦可吃飯。惟值此時代，逯君終須自食其力也」，其人於民國二十八年（一九三九年）畢業於北京大學國文系，同年入西南聯合大學文科研究所（北大部分），於三十一年獲碩士學位。「彼於八代文字之學，造詣甚深，曾重輯《全漢晉六朝詩》百卷，用力之勤，考訂之密，近日不易得之巨篇也。惜此時無法在後方付印耳。一俟抗戰結束，此書刊就，逯君必為國內文學界知名之士無疑也！」又說：逯君外表敦樸，內實宅心忠厚，天資甚高，又肯下深功夫研治學問，我的門人如逯氏之聰慧用功且已獲得可喜成績者實在不多，因而在其肄業聯大文科研究所時，便約其到李莊史語所借讀，畢業之後，即入該所服務，成為一名助理研究員。但是，助理研究員之資格，依史語所規定，等於大學之專任講師。「然中央研究院之標準，遠比各大學平均之程度為高，此時敝所助理研究員就業大學者，至少為副教授。此一職業，在戰前頗為舒服，今日所入幾夷為皂隸，弟亦如此也。」

傅斯年以古代低級的押差皂隸作比，雖是暗含自嘲，但就當時史語所同仁的生活和經濟狀況而言，的確如此。按傅氏家鄉的話說：「家有黃金，鄰居家有戥盤。」你自我吹噓得再好再高，謂家藏黃金萬兩，鄰居或群眾的眼睛是雪亮的，謊言一拆即穿，或曰不拆自穿。傅斯年可謂實話實說，如實招來，言語中透出一股無可奈何的悲涼與心酸。但當論及弟子的學問人品時，傅氏明顯精神大振，似乎重新找回了良好的感覺，頗為自信地接著寫道：

> 若在戰事結束後，固不宜如此，唯值此遽變之世，一切未可測耳。故逯君實為績學之士也。篤行之才，後來必可為知名之學人，而家素豐，所業又在「九儒」之中耳。故述其實以當參考。若南陔先生有所不嫌，任其自決，則逯君能有蒐絲如蘿之寵，亦弟之厚幸也。[26]

羅家不愧是當地的豪門大戶，在關鍵時候每一個細節都不放過。當時逯欽立不是傅斯年所說的三十一歲，而是三十四歲（南按：逯生於一九一〇年，不知是逯對傅說了假話，還是傅斯年故意造假，或者逯在北大入學填表時故意隱瞞了歲數，否則該校與史語所當有準確記錄），羅筱蕖時年二十二歲，男女相差十二歲。羅家怕身為「下江人」且已過而立之年的逯氏在山東老家已有配偶，因耐不住寂寞又瞞著眾人在外面招蜂引蝶、拈花惹草，路邊的野花採完之後又把蠟黃枯瘦的小手伸到羅家莊園採摘鮮瓜兒。倘果真如此，那就與古代喜新厭舊且派皂隸持刀追殺結髮之妻的新科狀元陳世美沒有多大差別。羅筱蕖與之結婚，日後命運自是不堪設想。於是，羅家懷著疑慮，再度派羅伯希寫信向傅斯年討個說法。羅信如下：

孟老賜鑑：

當日下山曾將尊意詳告家叔南陔，昨收手書隨即轉陳，奉諭，逯君學識淵深，又承先生介紹使得附為婚姻，實深厚幸。唯以逯君家在齊，曾否婚娶無法察到。大示未及，頗以為考慮。特懇先生再為詳示如何？容當由家叔具覆矣。……

後生　羅伯希　正月二十七日[27]

傅斯年接信，做了一番明察暗訪，於一九四四年二月二十一日再次致信羅伯希，言明內情。信曰：

伯希先生左右：

惠書敬悉，此點正為弟所注意而不敢苟者，故前信發出之前，已經查照，逯君並未婚娶。先是逯友人託弟寫信，弟即對之云，此點最重要，須證明。其同事友人遂共來一信，證明其事，故弟乃敢著筆也。彼時又查其入此填表及在北大填表，均未婚娶。當時辦法，家人多一口即多一口之米，故未有有家室而不填者。逯君平日篤實，不聞其說不實之話，故幾經調〔查〕而後以前書相呈也。先是彼在昆明時其父曾來信囑其在外完婚，事隔三年，又經遷動，原書不存。彼最近又向其家說明一切，當有回信，惟彼家在淪陷區，信每不達，回信當在半年以上耳。謹此奉覆！餘另，專頌

著安

傅斯年謹啟　二月二十一日

張政烺代筆[28]

在信的後面，還附有史語所幾位研究人員的「保證書」，簽名者大多是逯的同鄉和好友，如張政烺、傅樂煥、王明、勞榦等，以證逯氏「年逾三十，尚無家室，以上所具，確系實情」[29]。

得到如此確切的答覆，羅家才算心中一塊石頭落地，正式答應對方求婚，並著手籌備婚事。一九四四年五月二十七日，逯欽立與羅家九妹筱蕖在李莊羊街八號的植蘭書屋舉行了婚禮，才子佳人終成眷屬。

由於羅家在李莊的顯赫門庭與寬廣的人脈關係，使得逯、羅的婚事在當地轟動一時，備受矚目。當初逯欽立在史語所子弟學校教室吟詩作畫與「項莊舞劍」時，羅筱蕖猛然感到「無風起了浪」。而隨著他們婚事的舉行，整個板栗坳風浪俱起，冰解潮湧，許多蟄伏在青燈黃卷下的光棍漢，開始心旌搖動，想入非非，時刻準備興風作浪。李莊的姑娘們也從逯、羅婚姻中受到啟發，大膽敞開心扉，準備迎接即將到來的改變她們人生命運的浪潮春風。

在風雲激蕩交會中，又一對有情人走到了一起。這就是李光濤與張素萱。

李光濤，安徽懷寧人，一九〇二年生，後因家貧寄食清節堂，一九二

逯欽立與羅筱蕖的結婚照。

一年畢業於安徽省立第一師範學校，任職海關。一九二九年因同鄉徐中舒（清華國學院王國維、李濟弟子，時任職史語所）引薦，任史語所書記，襄助大庫檔案整理，後晉升為助理研究員。早年曾娶妻蔡氏，後其妻感染風寒不治而亡，自此之後，李光濤一直單身生活。當他隨史語所來到李莊時，年近四十。原以為就此鰥居一生，以學術事業為自己的終身伴侶，想不到天賜良緣，竟與一位如花似玉的年輕姑娘喜結連理，令其大喜過望。

李光濤與張素萱的結合來自多方面機緣。張的姑母是羅筱蕖的母親，羅是張的姑表姊。因為這層關係，在羅筱蕖被聘為栗峰小學教務主任之後，便聘表妹張素萱為該校教師。羅受聘於史語所子弟小學後，又把張帶來，共同任教。此前，逯欽立與李光濤同居板栗坳茶花院，兩人建立了兄弟般的情感。當逯在子弟小學「項莊舞劍」並最終如願以償後，便私下教導李光濤仿效自己的做法登台獻藝，以贏得羅的表妹張素萱芳心。此時李已四十二歲，面對一個年僅十八九歲的妙齡女子，總感到底氣不足，頗為躊躇。最後經逯氏陪同，在學校黑板前醉翁之意不在酒地宣講明清內閣大檔逸聞趣事，加之羅筱蕖從中斡旋，張素萱最終投入了李光濤那期待已久的寬厚懷抱。一九四五年兩人在李莊舉行了婚禮。

繼李張二人之後，史語所的王志維、楊志玖與李莊姑娘張彥雲、張錦雲，也開始頂風而上，推波助瀾，使「下江人」與「上江人」的合流與婚配，又掀起了一個新高潮。

在北平長大成人的王志維，抗戰爆發後，作為一名逃難的青年學生由北平流亡到昆明，於一九四〇年七月被聘為史語所書記員，主要從事所內服務性工作。儘管在史語所地位低下，但王志維頭腦聰明，辦事幹練、謹慎，工作勤奮，為人謙和，忠厚老成，與人打交道具有很強的親和力，且是一個深明事理的傑出青年。因有這諸多優點，王志維得到了眾人尊敬和愛護。後來史語所遷台，王氏成為胡適的祕書，再後來成為胡適紀念館的館長，他的名字由於胡適的緣故而被世人所知所記。

在羅筱蕖任職栗峰小學的時候，校長張九一的女兒張彥雲正在該小學就讀，與張彥雲同班就讀的還有張氏家族另一女子張錦雲，「二雲」算是羅筱蕖的學生。幾年後，當張氏家族父輩親朋替這兩位後生女子張羅婚事時，「二雲」正在南溪中學初中就讀，均為十六歲。而此時的王志維與楊志玖都為三十二歲。

據張彥雲堂哥張遵凌說：「與李光濤結婚的張家女子張素萱是彥雲的堂姊，素萱的表姊又是羅筱蕖，她們姊妹倆分別與逯欽立、李光濤結婚，在李莊本地算是很大的事，引起轟動。當地人原想這些先生都是『下江人』，在李莊能待幾年心中沒底，更重要的是對他們的背景、人品等不了解，只是把他們當作外人或客人看，大家誰也沒有想到要把女兒嫁給他們。後來看到結婚的羅九姊、張三姊（素萱）與她們的夫君和睦相處，很幸福的樣子，就讓大家眼熱、動心了，心想嫁給這樣的人也是蠻好的，不但先生們有學問，對人和氣禮貌，循規蹈矩，重要的一點是嫁給他們一輩子不用下田插秧，還有米飯吃。這樣婚事就成了。」[30]

張氏又說：「我跟梁思成的女兒梁再冰是同學，經常跟她到板栗坳先生們那裡玩，多數人都認得。王志維與張彥雲結婚的那天，來了好些人。李莊鎮內的頭面人物有張官周、張訪琴、羅南陔等，史語所來了傅斯年、董作賓，還有李濟、吳定良等幾個頭頭，其他就是年輕的先生們了，我記得有逯欽立、勞榦、傅樂煥等，其他還有誰不記得了。結婚要按當地的坐轎、過門等規矩辦，場面很熱鬧，大家吃了酒就走了。楊志玖結婚時，我沒有看到傅斯年，後來聽說傅斯年反對這門婚事，具體為什麼，他們內部的事，就不曉得了。總之，傅斯年這個人看上去很凶，我們不敢接近他，有的小孩見了他就嚇得跑掉。此人了不得，據說本事很大，但脾氣也不小，與他不熟，是不容易接近的。只是有一次，我與幾個同學少年在板栗坳用柴草燒螳螂，傅斯年走過看見，上前照學生屁股每人踢了一腳，怒道『小孩子為何這麼殘忍』，我們一看是他，趕緊起身跑掉了。」[31]

據李莊其他幾位老人證實，張遵凌所言確有其事，尤其對楊志玖的婚事，傅的確有看法，但如張氏所說，這畢竟是內部之事，局外人難窺其詳，更說不清癥結何在。

楊志玖，一九一五年出生於山東省長山縣周村鎮（今淄博市周村區）一個回民家庭。幼年喪父，家境貧寒，依靠母親和兄長勞作、借貸以及師友們的接濟，同時亦靠自己刻苦努力和一貫優異的成績，獲獎學金讀完了小學至高中的學業。一九三四年考入北京大學歷史系，在此期間曾旁聽過傅斯年的先秦史專題課。一九三九年九月，考入北京大學文科研究所，由姚從吾、向達兩位教授做正、副導師。據楊的同學周法高說：「楊志玖是姚從吾先生的得意弟子，他有關元史的碩士論文也是在姚先生指導下寫成的。他曾經從《站赤》這一本小冊子裡找到關於馬可．波羅來華隨行者的資料，可以算是一項小小的發現。那時發表文章非常困難，特別是用外文發表。他們認為這個小發現對於外國研究馬可．波羅的人可能有一點幫助，因此就請中央研究院的一位英文祕書在中央研究院出版的一個英文刊物上發表。我看到那篇一兩頁的英文譯文，好像是由那個英文祕書署名的，那就未免有點掠人之美了。」[32]

楊志玖考證馬可．波羅史事一文，發表於《文史雜誌》第一卷第十二期。該刊屬文史類學術刊物，於一九四一年一月在重慶創刊，由獨立出版社、重慶商務印書館（一九四一年一月一卷三期起）出版，創辦人為朱家驊，隸屬於國民黨中央委員會祕書處，總領導人為祕書長吳鐵城，社長為葉楚傖，但二人只是掛名，並不過問社內具體事務。創刊時主編為盧逮曾，一九四一年六月由顧頡剛任副社長兼主編，自一卷九期起直至停刊，史念海、魏建猷等文史大家都曾擔任過該刊編輯，一時為學術界所推重。楊氏此文署名事，周法高所說是不對的，根據楊志玖本人的說法：「文章登在顧頡剛先生在重慶辦的《文史雜誌》上，顧先生在〈編者後記〉中給予較高評價。據說，傅先生看了以後也大為欣賞。一九四二年，他從四川給我來信，對這篇文章的內容和寫法表示贊許，並說，他已把這篇論文推薦給中央研究院的學術評議會，參加評獎。其後，這篇文章得到了名譽獎。」[33]楊氏之說是可靠的，事隔七十年後，傅斯年的推薦信被王汎森等研究人員自「傅斯年檔案」中發現並披露。該信寫於一九四二年十一月二十四日，是傅斯年為楊志玖爭取楊銓獎金（楊杏佛死後，中央研究院以其名創立「楊銓獎金」以示紀念，並藉以鼓勵學術界同仁）而專門致函中央研究院評議會，全文如下：

敬啟者：查《文史雜誌》第一卷第十二期所載楊志玖君所著的〈關於馬可波羅離華的一段漢文記載〉一文，斯年讀後，覺其於持論有據，考訂細密，確史學一重要貢獻。且馬可波羅入華事蹟，迄今未於漢籍中得一證據。今此說既成，足證馬可波羅離華之年，歷來漢學權威如王靜安、伯希和等皆不免有小誤，此實中國史學界一可喜之事也。茲根據本院〈楊銓獎金章程〉第七條，推薦於貴會，擬請考慮給予獎金。楊君現年二十九歲，民國二十七年畢業於西南聯合大學史學系，三十年畢業於西南聯合大學文科研究所（北大部分），近任西南聯合大學史學系教員（南開部分）。至楊君論文所刊入之《文史雜誌》，斯年手邊無存，尚請貴會就近在渝購買二冊，以便審查，是幸。

此致

國立中央研究院評議會

31／11／24[34]

楊志玖只得了個「名譽獎」，可能不是傅斯年期望的結果，但事已至此，亦無可奈何，只好轉而爭取在國際上打出名聲。於是，「傅斯年又委託中央大學教授何永佶把它譯成英文，投寄美國《哈佛大學亞洲學報》。但在一九四五年《亞洲學報》發表該文時，卻僅僅登了一個摘要。據說傅先生對此大為不滿，還去信質問，具體情況不得而知。直到一九七六年，美國哈佛大學教授柯立夫（F. W. Cleaves）才在《亞洲學報》三十六卷上發表了題為〈關於馬可波羅離華的漢文資料及其到達波斯的波斯文資料〉一文，對我那篇文章做了詳盡的介紹和較高的評價。可惜傅先生已經不能看到這篇文章了」[35]。

從這段回憶可以看出，無論是傅斯年還是楊志玖皆有抱憾之處，但從側面可看出傅對楊的厚愛和栽培、提攜之心。

就楊志玖本人而言，自其於北大文科研究所畢業時，傅斯年頗有以彼為人才而欲留在北大或史語所栽培之意，只是楊志玖未能領會此中深意而與之失之交臂，從而悔恨終生。楊志玖曾有過這樣一段回憶：「一九四一年秋季我畢業之前，傅先生給（仍在昆明的）我來信，問我畢業後的去向。他說，最好留在北大或到史語所來。我那時好幼稚，對個人的前途抱無所謂的態度，竟聽從導師姚從吾先生的推薦，到南開大學歷史系去，真是太輕率了。」[36]

當時還是一名青年學生的楊志玖或許不知道，他這位被傅斯年稱為「外似忠厚，實多忌猜」、被陳寅恪稱為「愚而詐」、外號「姚土鱉」的導師，早因在昆明辦青年團等「胡鬧」之事而和傅斯年等人鬧翻，傅明確表示「與之絕交」。在這種背景下，姚從吾是不會把自己的得意門生拱手讓給對手去栽培並為之服務的。姚從吾以導師的名義和地位，主動推薦楊到與傅斯年、陳寅恪等毫無瓜葛的南開大學，而不是北大和清華，更不是中研院史語所，就成為一件很容易理解的事。當楊志玖突然覺醒，認識到自己「輕率」時，已是若干年之後，悔之晚矣，自屬當然。

或許當年傅斯年已經意識到楊志玖可能是受姚從吾的蠱惑，不自覺地誤入「歧途」，於是他再次給對方一個走上「正道」的機會。一九四四年年初，傅斯年寫信給在昆明的楊志玖說，太平洋學會接到「條子」（南按：指蔣介石的手諭），要他們寫一部《中國邊疆史》，該學會無力完成，便把這個皮球踢到了史語所。鑑於李莊方面人手不夠，傅斯年決定讓楊志玖到李莊幫忙完成。楊志玖得信後表示同意，但南開方面得知此情並不放手，經過雙方協商，只能算史語所借調。楊志玖於這年的三月自重慶溯江而上，來到了李莊板栗坳史語所。兩年半後，與正在南溪讀初中、年僅十六歲的張錦雲商定了婚事。

對於這段略具波折的婚姻經歷，楊志玖說：一九四六年六月，「我經所內同鄉汪和宗先生介紹，要和房東（史語所的房東）小姐結婚。我寫信告訴傅先生。先生來信不贊成這樁婚事。他說，你和某同事不同，不應忙著結

1947 年，楊志玖、張錦雲夫婦於天津南開大學。（引自《發現李莊》，岱峻著）

婚，而且『今後天下將大亂，日子更難過也』。他勸我退婚或訂婚而暫不結婚。我已答應同人家結婚，如反悔，道義上過不去，未聽從先生的規勸。我結婚後，先生來信祝賀說，南宋時北方將士與江南婦女結婚者甚多，不知是否有委婉諷喻之意。在我結婚之前，已有兩位山東同事與當地人結婚。先生對此不以為然地說：『你們山東人就愛幹這種事！』」[37]

對於傅斯年此語，書生楊志玖直到晚年還是認為傅「有山東人倔強、豪爽的性格，但他不以山東人自居」。此言可謂大謬矣。明眼人一看便知，這是傅氏的自嘲與戲謔之語。綜觀傅斯年一生，他的為人處世從來沒有擺脫山東乃至北方這一地域傳統。當然他只是站在這個精神的地域之上放眼中國乃至世界，並不是用狹隘的地域觀來思考人與事的，這從他竭力主張遷都北平與在全國幾個重點地區辦校的文章與書信中可見一斑。

與楊志玖的理解相反，傅斯年作為一個山東人，眼睜睜地看著李莊共有五位姑娘嫁給史語所同仁，而其中山東人已超過半數占據其三，讓他這位山東籍的所長多少有些尷尬。如果山東人在中央研究院學術論文評獎中的獲獎作品獨占史語所的五分之三，倒是這位所長的榮幸和自豪；而由他統率的一群光棍在當地找姑娘，由山東籍漢子一舉奪魁，實在不是一件值得炫耀的事情——史語所畢竟不是婚姻介紹所。因而，作為山東人的傅斯年，用自嘲和戲謔的語調，向跟隨他的兄弟們說出「你們山東人就愛幹這種事！」。這恰恰表明傅對這樣的事情不情願而又無可奈何，且在關鍵時刻還親自出馬幫助山東同鄉促成此番「好事」的複雜心境。

當然，傅斯年對楊志玖的建議，還包含更深層面的考慮，可惜此意在若干年後才被對方了解。楊志玖說：「這年的下半年，南開大學要在天津上課，南開大學文學院院長馮文潛先生寫信要我回校任課。我以本系借調，理應回去，寫信告傅先生說明。哪想到這一下使他很惱火，他沒給我回信，卻令史語所停止給我的補助。我因為不願違背當日諾言，不願讓馮先生失望（馮先生對我也很好），也就顧不得傅先生的警告了。事後我才明白，傅先生把我借調到他那裡去，本有意把我留在史語所不回南開，借調本是個名義，好比劉備借荊州，一借不還。還聽鄭天挺先生說，傅先生本想送我到美國去，因我結婚而罷。怪不得傅先生給我信，勸我退婚或推遲婚期，可能與此有關。我從此再也沒見到傅先生了。」[38]

或許，這次「輕率」抉擇，才導致楊志玖深感「終生遺憾」。但木已成舟，無論慶幸還是遺憾，只能按冥冥中命運的安排順流而下了。

一九四六年十月中下旬，民生公司輪船停靠在李莊碼頭，史語所、中央博物院籌備處、中國營造學社等機構開始搬運物品，日夜兼程，緊張而忙碌地裝船。除了各機構的公物和個人生活用品外，尚有一些特殊情況需特別對待。如此前的九月二十一日，勞榦專門向董作賓打報告，謂：「家慈靈柩尚暫厝李莊，竊思此次自李莊到京輪船為本所包船，謹懇賜以方便予以裝載。所有運費並乞暫記於私人名上。」[39]同樣的，李濟在李莊夭折的愛女的靈柩，也需要船載運回（從墳地取出，清洗，只裝骨架），而李濟的老太爺郢客老人已全身癱瘓，只好雇幾個人抬著進入船艙，其悲苦之狀令人不忍目睹。

各方安置就緒，滿載人員與物品的幾艘輪船就要拔錨啟程了，各位學人連同家屬就要告別庇護了自己近六年

1946 年，史語所告別李莊時在羊街八號羅南陔家中合影。前坐排自左至右：逯欽立、羅筱蕖夫婦，羅南陔夫婦與新婚不久的張素萱、李光濤。（逯弘捷提供）

的李莊和鄉鄰。在這告別的最後一刻，平時並沒有特別放在心上的偏僻古鎮，是那樣令人戀戀不捨、黯然神傷。李莊羊街八號羅家的植蘭書屋，一場告別宴會即將結束。羅家女兒羅筱蕖、女婿逯欽立以及繈褓中的孩子，與羅家的外甥女及其婿張素萱、李光濤夫婦，分別與家人、親戚、鄉鄰一一辭別。羅筱蕖長兄羅蔭芬借著酒勁當即賦詩〈送九妹隨院之南京〉一首：

阿娘逝世萬緣枯，
姊妹依依聚一廬。
若遇旌輪飄遠道，
休將離淚灑征途。
名門有託原家幸，
病骨難支撼孰如。
來日哥哥無別念，
江天從望大雷書。[40]

此時，整個李莊鎮長江沿岸已是人山人海，李莊鄉民幾乎全走出家門，為相處了近六年的學者們送行。招

民生公司輪船離開李莊碼頭。

呼聲、問候聲、互道珍重聲伴隨著嚶嚶哭泣聲，此起彼伏。真可謂：「人生長恨水長東」，「無限江山，別時容易見時難」。隨著一根根粗壯的纜繩緩緩解開，所有人的心忽地一沉，感到撕裂般一陣劇痛。在悠長而令人心焦的汽笛聲中，輪船劈波斬浪向江心駛去。岸上萬千隻揮動的手臂漸漸變得模糊，聳立在岸邊的魁星閣高高翹起的飛簷尖角，漸漸隱沒在青山翠竹的綠色裡。旗艦長遠輪拉響了最後一聲告別汽笛，突然加大馬力，順滾滾江水疾駛而下。

浩瀚的江面上，幾艘輪船一字排開，乘風破浪，順流而東，船上的人漸漸擺脫了離別的憂傷，情緒變得活躍起來。許多年後，據當時在船上的史語所研究人員張秉權回憶：眾人顧不得秋風的蕭瑟寒冷，一個個爬出船艙，佇立甲板，「盡覽長江勝景。尤其三峽的雄偉天險，令人嘆為觀止。記得夜泊巫山的那晚，縣城在半山腰，下瞰灩澦堆，眺望白帝城，惜別之情油然而升﹝生﹞。第二天一早駛進夔門，兩岸峭壁聳天，江心險灘處處，暗礁無數。有一艘運軍糧的帆船，從下游逆水而上，大概無法避開我們那艘小輪的航道，急得向駕駛台放了一槍，山鳴谷應，全輪震驚，人心惶惶。然而領船的那位師傅，不慌不忙，從容鎮定，用手勢和手指，指示航道，終使兩船均能安然無恙地脫離險境」[41]。

「長風破浪會有時，直掛雲帆濟滄海。」順長江，出三峽，抵東海，不只是千百年來文人墨客的夢想，也是一個民族的精神追求與圖騰召引。在抗戰最為艱苦卓絕之時，夔門上，馮玉祥於民國二十八年（一九三九年）奮筆題寫「踏出夔巫，打走倭寇」八個大字以銘心志。由此，整個抗戰八年，夔門成了中華民族抵擋外侮、誓不屈服的一面高聳的旗幟，置之絕地而後生的中華民族最終衝出了夔門，收復失地——這滿載文化精英與大批國之重寶，劈波斬浪、順流直下的航船就是明證。

還都南京

淪陷後的南京在日本軍隊踐踏蹂躪下，幾乎成為一片廢墟。復員後，中央研究院總辦事處與下屬各研究所都是一片混亂。最早奉命赴京接收的石璋如曾做過這樣的描述：「當時的研究院區環境非常亂，又因為日軍曾經在院裡養馬，破壞甚大。……殘破混亂的景象讓我們不勝唏噓。像田野考古找到的、在整理之前都放在蓆棚子內的陶片，就被日本人為了築鐵路，將陶片跟石器當成廢物墊土鋪在鐵軌之下，使得編號磨滅得無法辨識，全變成廢物，此其一；史語所二樓浴室的搪瓷洗澡盆，被日軍弄下來放在庭院內，當作餵馬的飼料槽，此其二；心理所的研究人員不多，建築規模不大，日本人把它充作宿舍，變成榻榻米與日人的洗澡間，此其三；日本人也破壞研究所後方地下室供應暖氣的鍋爐間，此其四。」凡此種種，不一而足。中央博物院籌備處駐址，在淪陷之後成為日本軍隊司令部，日軍投降撤走後，更是混亂不堪。先遣人員經過近一年的清理、修復，才使中央研究院與中央博物院兩大院區與各所的面貌有所改觀。為迎接大批人員回遷，中研院總辦事處在北極閣一帶建新的宿舍，以供同仁與家屬居住。在「修理完房子之後，史語所大部分人員還住在李莊，尚未搬回南京，不過傅斯年、李濟幾位先生經常前來南京洽公，就順便來所小住」[42]。

當傅斯年第一次重返殘破的史語所時，情緒激動，在院子裡轉了幾圈，駐足抬頭，望望高大成林的榆柳，頗動感情地嘆道：「樹長高了，人老了！」[43]

聽說傅斯年已返京並住進史語所老房子，各色人等紛紛找上門來論長扯短、問寒問暖，其中以託關係、找路子謀公私利者居多。一九四六年七月，胡適從美國歸來，九月正式出任北京大學校長，傅斯年隨之卸去代理北大校長職，返回南京專心史語所事務。這個時候，傅斯年的人氣更盛，向其請教和找其辦事者更多，如王叔岷所說：「每天各黨各派的領導人物，學術界的名流，絡繹不絕地來拜訪傅先生，他談笑風生，應付裕如。胡適之先生曾說：『傅孟真先生在哪裡，中國的政治重心就在哪裡。傅孟真先生在哪裡，中國的學術重心就在哪裡。』這是實情。」[44]

當中研院史語所與中央博物院大部分人員自李莊遷回南京後，傅斯年滿懷歡喜之情，在中央研究院大樓演講廳設宴款待。為把宴會辦得紅火熱鬧，也為了讓流離失所八年的舊朋新友有一個歡聚一堂的高興機會，傅氏特別邀請胡適自北平來南京參加這場具有歷史紀念意義的盛宴。胡氏欣然應邀前來助興。

據當時參加宴會的史語所研究人員張秉權回憶說：「我們是最後一批抵京的。傅所長為犒勞同仁押運圖書古物安然返所，設宴招待全體同仁，席間有胡適之先生，那是我第一次見到適之先生，他談笑風生，親切感人。傅所長稱他為史語所的姑媽，娘家的人。無論老少，每個人都自然而然地很願意親近他，他也的確讓人有如沐春風的感覺。傅所長對於新進後輩，似乎特別客氣，一一握手致意，表示歡迎熱忱。」[45]而據傅斯年的山東同鄉、當時受命至機場迎接胡適的青年助理研究員何茲全說：那天史語所「家屬、小孩都有，很熱鬧。傅先生在講話時說：『人說我是胡先生的打手，不對，我是胡先生的鬥士。』」[46]此話引得眾人一陣哄笑。

席間，最令人難忘的還是傅斯年在演說中對史語所歷次搬遷的追憶，講到抗戰歲月八年顛沛流離、艱苦卓絕的生活時，他幾次哽咽淚下，在場的人無不為之深受感染而同聲悲泣。最後，傅斯年端起酒杯，打起精神，滿懷激情與信心地說過去的種種辛苦都已經結束了，從此之後我們可以安心工作，史語所八年的流離可說是告一段落了，搬回來之後永不搬遷等[47]。傅斯年和出席宴會的所有人都沒有想到，兩年之後，史語所再度踏上了流亡之路。

就在史語所同仁沉浸在抗戰勝利的喜悅之中時，國共兩黨開始了新一輪政治角逐，關於「兩個中國之命運決戰」的新時代開始了。

一九四六年十一月二十七日，蔣介石在南京召集國民黨籍的國民大會代表開會，並發表講話，謂：「這次修改憲法，就是為了打擊共產黨。」又說：「現在是本黨的危急存亡關頭，大家要聽我的話，則有前途，否則完了。」[48]蔣氏的這一句「完了」，竟成為讖語。

國共雙方經過一年的拉鋸式戰爭，國民黨頹勢已現，大廈將傾。至一九四七年六月，中國人民解放軍以損失三十餘萬兵力的代價，殲滅國民黨正規軍與雜牌軍達一百一十二萬人。自此，共產黨所屬部隊由內線轉為外線，由戰略防禦轉為全國大規模戰略進攻階段。

就在整個中國大地砲火連天，血肉橫飛，國共兩軍殺得昏天黑地之時，中央研究院首屆院士評選會議，又在亂哄哄的首都南京轟轟烈烈地搞了起來。傅斯年在給胡適的一封信中稱：「話說天下大亂，還要選舉院士，去年我就說，這事問題甚多，弄不好，可把中央研究院弄垮台。大家不聽，今天只有竭力辦得他公正、像樣，不太集中，以免為禍算了。」[49]

之後，傅斯年赴美國療養。他是一九四七年六月偕夫人與兒子傅仁軌前往美國波士頓伯利罕（Brigham）醫院治療的，四個月後移居康涅狄格州紐黑文休養。就在傅離開南京之前，董作賓也應美國芝加哥大學之邀赴美講學。經過考慮，傅斯年沒有把史語所的所務交給其他資深人物負責，而是讓年輕有為的夏鼐代理所長一職。以傅斯年精明老辣的識人能力，這個選擇很快就被證明是恰當和明智的。

一九四八年三月二十五日至二十七日，中央研究院代院長兼評議會議長朱家驊在南京主持召開了最後一輪院士選舉會。經過入會者五輪無記名投票，原定要選出的一百名院士，因許多名流在投票中紛紛落馬，導致六十九人票數未能過半，最後只有八十一人通過，正式成為國民政府中央研究院第一屆院士。名單如下：

數理組（二十八人）

姜立夫 許寶騄 陳省身 華羅庚 蘇步青 吳大猷 吳有訓 李書華 葉企孫 趙忠堯 嚴濟慈 饒毓泰
吳　憲 吳學周 莊長恭 曾昭掄 朱家驊 李四光 翁文灝 黃汲清 楊鐘健 謝家榮 竺可楨 周　仁
侯德榜 茅以升 凌鴻勳 薩本棟

生物組（二十五人）

王家楫 伍獻文 貝時璋 秉　志 陳　楨 童第周 胡先驌 殷宏章 張景鉞 錢崇澍 戴芳瀾 羅宗洛
李宗恩 袁貽瑾 張孝騫 陳克恢 吳定良 汪敬熙 林可勝 湯佩松 馮德培 蔡　翹 李先聞 俞大紱
鄧叔群

人文組（二十八人）

吳敬恒 金岳霖 湯用彤 馮友蘭 余嘉錫 胡　適 張元濟 楊樹達 柳詒徵 陳　垣 陳寅恪 傅斯年
顧頡剛 李方桂 趙元任 李　濟 梁思永 郭沫若 董作賓 梁思成 王世傑 王寵惠 周鯁生 錢端升
蕭公權 馬寅初 陳　達 陶孟和

名單公布，中國有史以來的首屆院士選舉塵埃落定。從以上名單可以看出，史語所中有相當多的人當選本屆院士。其中專任研究員有傅斯年、陳寅恪、趙元任、李方桂、李濟、梁思永、董作賓、吳定良，兼任研究員有馮友蘭、湯用彤，通信研究員有胡適、陳垣、梁思成、顧頡剛、翁文灝。整個人文組有一半院士與史語所有關。除中研院下屬各所外，院士多出自西南聯大，與同濟大學有關聯者僅童第週一人。消息傳出時，經過胡適、傅斯

1948年9月，中央研究院成立二十週年紀念時第一屆院士會議合影。最後一排右三為傅斯年。

年、董作賓、李濟、夏鼐等人竭力爭取並最終成為院士的郭沫若，因此時已受到中共方面的重用並開始大出風頭，對這個學術頭銜早已不屑一顧了。這年夏天，在美國的傅斯年突然提出回國，八月抵達南京，重新執掌史語所所務，夏鼐的代理所長也隨之告一段落。

一九四八年九月二十三日至二十四日，中央研究院第一屆院士暨紀念中央研究院成立二十周年大會在南京北極閣舉行。為表示對科學文化的重視、對知識分子的尊重，蔣介石撇下前線十萬火急的戰事，親自出席會議並發表談話，場面極其隆重熱烈——這是國民黨統治時期中國知識分子群體在苦難中深受矚目的絕響。未久，八十一位院士在戰爭的硝煙砲火中分道揚鑣，天各一方，「兩處茫茫皆不見」。據石璋如回憶：「當時在研究院辦了很熱鬧的慶祝活動。上午開會，晚上就請吃飯，從總辦事處到地質研究所前頭的空曠處，桌子一路排開，放上酒跟點心，夜裡燈火通明，稱作遊園會。剛開始的時候人很多，愛去哪桌吃、喝酒都可以，可是天候不巧，打了響雷下起陣雨，大家就集中到總辦事處的演講大廳去了。」[50]石璋如沒有繼續描述此後眾人的心境。可以想像，那串不期而至的驚雷，好似「主大凶」的徵兆。

就在這風雨迷蒙的淒苦之日，前線傳來國民黨軍一個又一個戰敗覆亡的凶訊：

一九四八年九月十二日，中國人民解放軍東北野戰軍在遼寧省西部和瀋陽、長春地區，對國民黨軍衛立煌部發起攻勢，史稱遼瀋戰役。此役東北野戰軍以傷亡六點九萬人的代價，殲滅國民黨兵力四十七萬餘人，並繳獲了大批美製武器裝備。國民黨軍元氣大傷，徹底踏上了衰亡敗退之路。

九月十六日，中國人民解放軍華東野戰軍以三十二萬兵力圍攻國民黨部隊重點守備的戰略要地濟南城，歷時八天，城陷，國民黨軍十點四萬人被殲，最高指揮官王耀武被俘。

十一月六日，中國人民解放軍華東、中原野戰軍與地方武裝共六十餘萬人在以徐州為中心，東起海州、西至商丘、北至臨城、南達淮河的廣大區域內，向集結在這一地區的七十萬國民黨軍發動強大攻勢，是為徐蚌會戰。經六十六天激戰，解放軍以傷亡十三萬人的代價，殲滅國民黨軍五十五點五萬人，國軍前線總指揮杜聿明被俘。繼之，解放軍兵鋒所至，所向披靡，國民政府首都南京岌岌可危。

面對山河崩裂、天地改色以及搖搖欲墜的國民政府，蔣介石在決心背水一戰的同時，採納了歷史地理學家出身的著名策士張其昀的縱橫捭闔之術，決定著手經營台灣，作為日後的退身之所和反攻大陸的轉圜之地。

根據國民政府的訓令，文化教育界能搬遷的人、財、物儘量搬遷，先以台灣大學為落腳的基地，而後慢慢站穩腳跟，以達到求生存、圖發展的目的。一九四八年十一月底，朱家驊奉命召開「中央研究院在京人員談話會」，由總幹事薩本棟主持（南按：葉企孫已去職，薩接替），分別召集在京的七個研究所負責人及相關人員參加，出席會議的有傅斯年、李濟、陶孟和、姜立夫、陳省身、張鈺哲、俞建章、羅宗洛、趙九章等，緊急商定了幾條應對措施，即立即停止各所的基建、擴建工程，原備木料全部製成木箱以備搬遷之需；各所儘快徵詢同仁意見，做好遷台準備。眷屬可自行疏散，或於十日內遷往上海，可能出國者儘量助其成；南京地區文物、圖書、儀器、文卷等先行集中上海，由安全小組封存，伺機再南運台灣等。時在南京史語所的王叔岷回憶說：「時局緊張，傅先生邀請研究院各所所長，徵求去留意見，謂『史語所決定遷台灣，如諸位先生同意去，交通工具我願意負責』。」[51]

時國民黨軍兵敗如山倒，潮水一樣向南退卻，如整個大陸撤守，台灣能否保住尚是問題，國民政府希望渺茫，軍工教各界人心渙散，爭相設法躲到自認為最安全的地方苟全性命於亂世。傅斯年於倉皇中緊急約見所中同仁，面呈悲壯之色，慷慨激昂地表示：「到台灣前途如何，不可預料，不得已時可能蹈東海而死。你們人口多的不必去，我恐怕關照不了，無法承擔。」[52]然後全所動員，將所中圖書緊急裝箱，夜以繼日，弄得所中研究人員一個個腰痠背痛，精疲力竭。裝好後雇一群苦力運到下關碼頭，一件件裝上小船再轉軍艦載運。「傅先生最後到船上來看看裝載的情形，並安慰同仁。所中眷屬，則由幾位先生專送至上海，準備搭中興輪到台灣。這時，教育部忽然發表，邀請傅先生出任台灣大學校長，仍兼史語所所長。同仁聞悉，莫不振奮！」[53]

台灣大學自光復後經歷了羅宗洛、陸志鴻、莊長恭幾任校長。一九四八年六月，莊長恭出任校長，惜只待了半年就因經費短缺、人事糾紛、學潮爆發等亂因而攜眷悄然離職溜回上海。國民政府決定由傅斯年接任台大校長，著力經營關乎科學教育這一立國之本的重要基地。經朱家驊和傅斯年多次晤談，傅勉強表示從命，欲「跳這一個火坑」（傅斯年語）。

根據國民黨總裁蔣介石和國民政府行政院長翁文灝的指令（翁接替宋子文任該職，十一月二十六日辭職，做赴台準備），在南京的故宮博物院分院、中央博物院籌備處、中央圖書館、中央研究院歷史語言研究所等四家機構所藏的珍貴文物、圖書和歷史檔案，全部裝箱運往台灣。由教育部次長、故宮博物院理事會祕書、中央博物院籌備處主任杭立武全權指揮。待一切準備就緒後，海軍司令部派來中鼎號運輸艦，並派一個營的官兵協助裝運。中研院各所動員人員攜公私物資陸續向上海撤退，以靜觀待變。

此時，整個國統區已是人心惶惶，流言四起，有錢有勢有門路的人紛紛設法出逃。據當時參加裝運的南京故宮博物院人員那志良說：「海軍部人員聽說有船開往台灣，大家攜家帶眷地帶了行李，趕來搭便船，船上擠滿了人。我們覺得對文物安全是有問題的，由杭立武先生找來海軍司令桂永清解決這事。他上了船，百般勸慰，說另有船疏散眷屬，他們才相繼下船。」[54]

此船共裝運四家機構運來的古物、標本、儀器和歷史檔案等七百七十二箱，由李濟擔任押運官，全程負責運輸、裝卸事宜。此時的李濟已辭卻中央博物院籌備處主任之職，僅以故宮博物院理事與史語所考古組主任的身分負責這項事務。

一九四八年十二月二十日，滿載國之重寶的中鼎號軍艦拔錨啟程，由上海進入激流洶湧的台灣海峽，向陌生、神祕的基隆港駛去。在行程中，如那志良所說，因「船是平底的，遇到風浪，船搖搖擺擺，顛簸不定，船上的箱子又沒捆好，船向左傾，箱子便滑到左邊來。向右傾斜，箱子又滑到右邊去了，隆隆之聲，不絕於耳。海軍司令又託船長帶了一條狗。牠又在那裡不住地狂吠，加以風聲、濤聲，這些押運人員直覺得是世界末日要到了」。這艘軍艦在大海裡顛簸了一個星期，直到二十七日才到達基隆。後來，那志良聽當時參與這次行動的蔣復璁回憶說：「在古物裝上船後，又傳來幾天前在海峽，海浪打沉一條船的消息，許多老友勸李濟不要跟船走，李回答說，物在人在，免得子孫唾罵千年。從南京到基隆，文物安全抵達，老先生也差點癱倒，其精神壓力之大可想而知。」[55]

因前方戰事吃緊，海軍一時無船可派，第二批運輸便包租了一艘招商局的海滬輪，由於船艙較大，僅史語所的古物、資料就裝載了九百三十四箱。該船於一九四九年一月六日起航，僅三天即到達基隆。

第三批仍是海軍部派來的一艘運輸艦昆侖號，在裝載古物時，海軍部的人員及眷屬拖兒帶女呼呼隆隆地擁向船艙搶占座位。杭立武仍用老辦法請出桂永清前來勸阻。此時戰事更為不利，人心更加焦灼慌亂，當桂永清命令眾人下船時，「大家都哭了，希望老長官原諒他們，幫他們的忙。那種淒慘的樣子，使得總司令也落了淚。他沒有

中鼎號軍用運輸艦，該艦運送文物至台後，於 1949 年年初，再度運送國民黨官兵南撤。

辦法可想，只有准許他們隨船去了」[56]。

該艦自一九四九年一月二十九日離開南京下關碼頭駛入大海。站在甲板上的史語所人員望著剛剛復興的首都南京漸漸從視線中消失，百感交集，「茫茫滄海，碧鷗繞檣翔舞，久久不去。去鄉之情，情何以堪！」[57]隨船押運的王叔岷觸景生情，因思孔子「乘桴浮於海」之語，占一絕句：

急遽傳桴滿載行，千年文物繫儒生。
碧鷗何事隨檣舞，滄滄茫茫去鄉情！[58]

崑侖號海中遭遇大浪，幾次遇險均轉危為安，終於二月二十二日抵達基隆港。至此，四家機構共四千兩百八十六箱古物、資料、圖書、檔案等全部運完，無一件損壞。僅故宮博物院南京分院運去的珍貴文物就多達兩千九百七十二箱，這批文物後來存放於台北故宮博物院。而史語所僅內閣大庫檔案就多達三十一萬一千九百一十四卷（冊），其中明代檔案三千多卷（件）。此物先借放在楊梅鐵路局倉庫，後轉南港中研院史語所辦公大樓資料庫永久保存。

注釋——

[1][2]《中國建築之魂——一個外國學者眼中的梁思成林徽因夫婦》，〔美〕費慰梅著，成寒譯，上海文藝出版社二〇〇三年出版。

[3][6][13][17][18][39]中央研究院歷史語言研究所傅斯年圖書館藏「傅斯年檔案」。

[4][5][7][8]〈傅斯年致董作賓〉，載《傅斯年遺箚》第三卷，王汎森、潘光哲、吳政上主編，中央研究院歷史語言研究所二〇一一年十月出版。

[9][11]《夏鼐日記》，夏鼐著，華東師範大學出版社二〇一一年出版。

[10]〈傅斯年致俞大綵〉，載《傅斯年遺箚》第三卷，王汎森、潘光哲、吳政上主編，中央研究院歷史語言研究所二〇一一年十月出版。另，傅斯年信中所言發表文章的標題是〈中國要和東北共存亡〉，載一九四六年二月二十五日重慶《大公報》「星期論文」版。該文由美、英、蘇祕密簽訂，以損害中國東北地區利益的〈雅爾達協定〉而起。協定全稱〈蘇美英三國關於日本的協定〉，是三國就蘇聯參加對日作戰條件的祕密協定。一九四五年二月，正值希特勒德國即將崩潰，第二次世界大戰勝利在望的時刻，美、蘇、英三國首腦羅斯福、史達林和邱吉爾，於蘇聯克裡米亞半島的雅爾達召開會議，就結束戰爭和安排戰後世界政治格局等重大問題達成一系列協議。二月十一日，三國首腦就遠東問題簽訂了雅爾達祕密協定。該協定因有損害中國利益的部分，一直祕而不宣。抗戰勝利後，協定內容以祕密管道傳入中國而漸為國人所知，傅斯年等愛國知識分子對

出賣中國利益的美、英二國以及圖謀霸占中國東北的蘇聯極為憤怒，乃不顧政府的無奈與曖昧態度，借助媒體向世界發出獅子吼。

文中，傅斯年列舉了東北地域之廣大和物產之豐富後（重工業的資源約占除新疆外的全國的七〇％），警告政府當局與國人：「沒有了東北，中國永不能為名副其實的一等國，中國永不能發展重工業……即沒有用工業在國際上取得地位的可能，中國必永為貧、病、愚之國。豈僅如此，沒有了東北，中國迫切的人口問題沒有解決，社會決不得真正安寧，即永不能走上積極建設之路。然則中國不惜為東北死幾千萬人，損失國民財富十分之九，不惜為東北賭國家之興廢，賭民族之存亡……」又說：「在開羅會議，本明定東北歸還中國，乃竟不幸的有雅爾達的協定。〈雅爾達協定〉雖是本月才宣布的，然兩路兩港的問題早成公開的祕密。雅爾達會議不久，羅斯福總統以腦溢血逝世，當時即有傳說，他是『氣死的』。我也看見雅爾達會議影片，羅斯福總統走時的像貌，全然不是平常的樣子，形容憔悴，面目枯槁，心中若有所思，真是悲慘的象徵。然則因此會而種下禍根，或者羅斯福總統心中正如此盤旋吧。……自旅大不許中國軍隊登陸以後，事實上證明，蘇聯的行為完全與協定之精神及文字相反，例如：①照會中，②蘇聯與中國行政當局關係協定，③附記錄撤兵期等。這兩三個月的現狀，雖政府啞口不言，而據折回的人所說，正如報上所載莫德惠先生強調『治安問題』的話：『農夫不能種田，工人不能做工，商人不能做生意，學生不能上課。』我再加上一句，婦女不能在長春街市上、長春鐵路客車中，保全其貞節！誠然，我們的官員也有過失，他們不曉得吃了什麼迷魂湯，不特自己不說，並且禁人向關內報告，而且妄造『接收相當順利』的怪現象！……《大公報》以為接收了空衙門，這大約是長春罷，至於各省，簡直是去坐軟監！」

對此，傅斯年提出解決之道：「一、東北的經濟必須中國本位化、和平化、均沾化……二、東北的政治必須統一化、無黨化。派往東北的接收人員，我所知道，黨性強的很少，飯桶卻不少。然既有所謂黨派爭執，索與無黨化，以避困難。（一）不承認蘇軍占領期間造成之一切政治機構。（二）東北人民皆能還老家，並確保其安全。（三）一切黨派（包括國民黨在內，以下同）均暫不得在東北公開或祕密活動，任何方面派往東北之人員須先停止黨籍……」

最後，傅斯年以決絕的姿態說道：若並此仍是不能，直是不能，直是逼人到牆角上，我只有引《左傳》的一段來結束此文，這一段是鄭國伺候晉國伺候不下，而發的憤懣與決心：

> 《書》曰：「畏首畏尾，身其餘幾？」（按：這是訂〈中蘇協定〉的心情。）又曰：「鹿死不擇音」。（按：這是現在的心情。）小國之事大國也，德，則其人也；不德，則其鹿也。鋌而走險，急何能擇？命之罔極，亦知亡矣……惟執事命之。

[12]〈傅斯年致蔣介石〉，載《傅斯年遺劄》第三卷，王汎森、潘光哲、吳政上主編，中央研究院歷史語言研究所二〇一一年十月出版。另，傅斯年所謂「即如最近東北事，政府對蘇聯不得不委曲求全，在社會則不妨明申大義，斯年亦曾屢屢公開之」，指的是在《大公報》上發表〈中國要和東北共存亡〉等文。

[14][15]《李方桂先生口述史》，李方桂著，王啟龍、鄧小詠譯，清華大學出版社二〇〇三年出版。

[16]〈傅斯年致盧作孚〉，載《傅斯年遺劄》第三卷，王汎森、潘光哲、吳政上主編，中央研究院歷史語言研究所二〇一一年十月出版。

[19][23][32]周法高〈記昆明北大文科研究所〉，載《我與北大》，王世儒、聞笛編，北京大學出版社一九九八年出版。

[20][21][22][28][29]王汎森〈逯欽立與《先秦漢魏晉南北朝詩》〉，載《新學術之路》，中央研究院歷史語言研究所一九九八年出版。

[24]二〇〇四年三月九日羅筱蕖給作者的信。以下引文同。

[25] 二〇〇三年十月一日，作者在李莊採訪羅萼芬記錄。

[26]〈傅斯年致羅伯希〉，載《傅斯年遺劄》第三卷，王汎森、潘光哲、吳政上主編，中央研究院歷史語言研究所二〇一一年十月出版。另，「菟絲如蘿」或為「菟絲女蘿」之誤釋。《古詩十九首》第八首〈冉冉孤生竹〉有云：「冉冉孤生竹，結根泰山阿。與君為新婚，菟絲附女蘿。菟絲生有時，夫婦會有宜。千里遠結婚，悠悠隔山陂。思君令人老，軒車來何遲？傷彼蕙蘭花，含英揚光輝。過時而不採，將隨秋草萎。君亮執高節，賤妾亦何為？」《古詩十九首》為南朝蕭統從傳世無名氏《古詩》中選錄十九首編入《昭明文選》（又稱《文選》），一般認為是寫女子新婚久別的怨情，也有人認為這是女子怨婚遲之作。對於其中「菟絲附女蘿」一句的理解，學界頗多歧見。逯欽立學生輩人物、北大教授袁行霈說：「菟絲和女蘿是兩種蔓生植物，其莖蔓互相牽纏，比喻兩個生命的結合。……菟絲是女子的自喻，女蘿是比喻男方。」但從傅斯年的語氣看，其意似非如此，且有以「蘿」喻「羅」之用意。意為逯是「菟絲」，羅筱蕖為「女蘿」。如此，則與袁氏所釋的男女比喻正好相反。

[27]〈羅伯希致傅斯年〉，中央研究院歷史語言研究所傅斯年圖書館藏「傅斯年檔案」。

[30][31] 二〇〇三年九月三十日，作者在南溪縣城黃埔軍校同學會南溪聯絡員張訓潔家中採訪張遵凌記錄。

[33][35][37][38] 楊志玖〈回憶傅斯年先生〉，載《傅斯年》，岳玉璽等著，山東人民出版社一九九一年出版。

[34]〈傅斯年致中央研究院評議會〉，載《傅斯年遺劄》，第三卷，王汎森、潘光哲、吳政上主編，中央研究院歷史語言研究所二〇一一年十月出版。

[36] 楊志玖〈我在史語所的三年〉，載《新學術之路》，中央研究院歷史語言研究所一九九八年出版。

[40] 羅筱蕖自存稿。「大雷書」中的「大雷」，指李莊對岸桂輪山上的雷峰塔，此為借喻。

[41][45] 張秉權〈學習甲骨文的日子〉，載《新學術之路》，中央研究院歷史語言研究所一九九八年出版。

[42][47][50]《石璋如先生訪問記錄》，訪問：陳存恭、陳仲玉、任育德，記錄：任育德，中央研究院近代史研究所二〇〇二年出版。

[43][44][51][52][53][57][58]《慕廬憶往——王叔岷回憶錄》，王叔岷著，中華書局二〇〇七年九月出版。

[46]何茲全〈憶傅孟真師〉，載《傳記文學》，第六十卷第二期，一九九二年二月。關於稱傅斯年為胡適的打手，當發生於傅到北平接收北京大學與胡適歸國執掌北大時期，系一些偽教員對傅忌恨而發，後被與傅不睦者拿來作為攻擊的話語武器。如一九四六年，國民政府教育部平津特派員沈兼士接收日本浪人小谷晴川呈獻的字畫書籍，後媒體爆料稱：教育部平津特派員辦公處，所接收日本小谷之古玩字畫等，一部分遺失，一部分被薛慎微吞沒隱匿。清查團最初執行清查時，特派員沈兼士與天津辦事處主任王士遠互相諉辯。對此，傅斯年為沈兼士打抱不平，認為「薛逆慎微是其合作販古董者」，小谷呈獻政府的字畫書籍皆由沈氏原冊接收。清查團所得證據，是薛逆幫助小谷販運古物，即暗中把小谷呈獻政府後留存的部分偷偷移入薛家匿藏。作為接收大員的沈兼士並不知此情，只能按小谷上交的名冊核對實物後上交政府。因而，傅斯年在報上發表文章，為沈氏鳴不平，並警告媒體、沈氏的競爭對手，以及某些趁機煽風點火者「在無證之先，不宜牽涉，於報上製造流言」。(〈關於平津古物案：傅斯年氏致函本報〉，載《中央日報》，一九四六年十月三日)傅斯年的意思被記者斷章取義並編寫成〈清查團在平津〉一文，刊登於《中央日報》一九四六年九月三十日第十版，並謂：「但因此案引出北平教育界最有力人物之反響，不但為特派員沈兼士洗刷，且竟謂薛寓抄獲之件，殊不能斷定確系小谷之物，竟欲推翻全案，近日平津各報登載某君與清查團檔，使人為之目迷。清查團因此，不但失歡於教育界，竟起鳴鼓之攻。」傅斯年見報後，大怒，以此段「影射攻擊鄙人」之由投書《中央日報》編輯部申辯，謂：「兩相對照，便知貴報此一報導，與我所談者恰恰相反。我說『假如不能』，他說『殊不能』。我說『應待法院徹查嚴辦』，他

說『意欲推翻全案』。該投稿者不應理路不通至此，當系存心顛倒。」於是，又為沈兼士本人及案件的糾葛辯解一番。至此，這個案子的誤會本將告一段落，卻又橫生枝節，一個平時與傅斯年看不對眼、名叫蘇珽的國民政府參政員，痛責《大公》《益世》兩報不發表薛慎微案與沈兼士牽涉事，並順帶將傅斯年痛罵一頓。傅斯年聞知，做了如下回應：「各報所載蘇珽先生的談話，其中罵我一句『打手』。此等罵人話，並無補於事實，只是看說這話的人的趣味如何耳！」接下來，傅斯年對蘇氏之妄言進行了強力回擊。（〈傅斯年答蘇珽〉，載《大公報》，一九四六年九月二十六日，第三版）

[48]《蔣介石年譜》，李勇、張仲田編，中共黨史出版社一九九五年出版。

[49]〈致胡適〉，載《傅斯年全集》第七卷，湖南教育出版社二〇〇三年出版。

[54] [55] [56]《典守故宮國寶七十年》，那志良著，紫禁城出版社二〇〇四年出版。

第十二章

抉擇

再南渡

就在四家機構將古物、圖書、檔案等倉皇運台的同時，朱家驊奉命動員中央研究院各研究所人員全部遷台。令他失望的是，大多數人員不願隨遷，仍要在南京、上海「靜觀待變」。與中共有些交情的陶孟和等人則堅決反對遷台，堅持要留在大陸，靜候共產黨軍隊到來。面對朱家驊步步進逼，陶孟和給社會學研究所的同仁打氣說：「朱家驊是我的學生，我可以頂他，他不敢把我怎麼樣。」[1]意思是你們這些小的們不要怕，一切事由我這棵老樹頂著呢！社會所人員聽從了陶的建議，堅持拖延下來。一九四九年五月，竺可楨由杭州前往上海，聽任鴻雋、陳衡哲夫婦說「陶孟和頗贊成共產，近來大發議論，於首都陷落前赴京……」[2]云云。

在中央研究院各研究所中，傅斯年主持的史語所遷台較為積極，但這個時候的傅卻處於「去留之間兩徘徊」的境地，真要讓他帶領全所人員離開生於斯、長於斯的大陸，心中的彷徨痛苦可想而知。據陳槃回憶：

自三十八年冬（南按：應為民國三十七年），首都告急，群情惶急，不知何以為計。

一日，師（南按：指傅斯年）召集同仁會議，慘然曰：「研究所生命，恐遂如此告終矣！余之精力即消亡，且宿疾未愈，余雖欲再將研究所遷入適當地區，使國家學術中心維持得以不墜，然而余竟不克荷此繁劇矣。今當籌商遣散。雖然如此，諸先生之工作，斯年仍願盡最大努力，妥為紹介安置。」同仁此時，以學術自由之環境已感受威脅，於多年生命所寄託之研究所，亦不勝其依戀可惜。一時滿座情緒，至嚴肅悲哀，有熱淚為之盈眶者。

師於是不覺大感動，毅然曰：「諸先生之貞志乃爾，則斯年之殘年何足惜，當力命以付諸先生之望耳。」本所遷移之議，於是遂決。[3]

傅斯年這一頗具戲劇性的手法，使他的目的達到了。全所大部分人員開始於紛亂惶恐中攜妻帶子緊急逃至台灣，其他如吳定良、丁聲樹、夏鼐、逯欽立等少數人留了下來。

在風雨飄搖、大廈將傾的危急時刻，朱家驊、傅斯年、杭立武、蔣經國、陳雪屏等人在蔣介石授意下，緊急磋商謀劃「平津學術教育界知名人士搶救計畫」之細節辦法，並擬定「搶救人員」名單。名單包括四類：

（一）各院校館所行政負責人，

（二）因政治關係必離者；

（三）中央研究院院士；

（四）在學術上有貢獻並自願南來者。

四類人員約六十人，連同眷屬共約三百人，由北大、清華的鄭天挺等教授負責聯繫，北平剿總協助，「搶救人員」分期分批運往南京。傅斯年在致鄭天挺電文中特別要求：「每人只能帶隨身行李……通知時請其千萬勿猶疑，猶疑即失去機會。」[4]所需運載機由時任交通部部長的俞大維全權調度。

由於北平戰事吃緊，派出的飛機幾次「搶救」都未成功。十二月十五日，蔣介石親自下達手諭，再次派出飛機飛臨北平上空，冒著被解放軍砲火擊中的險境，強行在南苑機場著陸，北大校長胡適決定登機出走。臨行前，胡派人力勸輔仁大學校長陳垣共同南飛，陳垣不從。胡適的次子胡思杜也表示暫留在親戚家，不願南行，胡適無奈，不再顧及，只派手下鄧廣銘到城裡找到陳寅恪，兩家倉皇驅車趕赴機場。隨著胡適、陳寅恪偕夫人及家眷南飛，國民黨「搶救學人」的計畫正式拉開帷幕。胡陳二人在這個寒冷的冬日離別北平，再沒有回到這塊令他們魂牽夢繞的古城舊地。

就在胡、陳等數十位知名學人飛離北平後的第六天，即十二月二十一日，清華大學校長梅貽琦率領第二批被「搶救」的學人飛離北平，抵達南京，同機者有李書華、袁同禮、楊武之、江文錦等二十三人。因南苑機場已被解放軍控制，國軍久攻不下，只得在城內東單一塊空地搶修跑道，「搶救學人」的飛機在此起降。當飛機抵達南京明故宮機場後，梅貽琦對記者抱怨北平城內東單機場跑道太軟，似有可以多載幾人而不能之意。梅自稱未能將大部分北平教授接運出來，深感慚愧。當記者「詢以如北方各校之校長及教授南來，是否仍如抗戰時期相同，設立聯合大學」時，梅氏滿臉悽楚愴然答道：「現與抗戰時期不同，另設聯大或無可能。」[5]

繼梅貽琦之後，在北平的著名教授毛子水、錢思亮、英千里等也被「搶救」出來，飛抵南京。

一九四九年元旦，共產黨透過新華社發表新年獻詞，提出「打過長江去，解放全中國」的響亮口號。未久，平津落入共產黨之手，國民黨敗局已定，所實行的「搶救學人計畫」，最終未能像搶運大批金銀國寶一樣順利完成。據後來統計，除胡適、梅貽琦等幾十位教授，中央研究院八十一位院士中有六十餘位留在大陸，各研究所除傅斯年領導的史語所算是較完整遷台，其他幾個如數學所等只有一小部分人員與儀器遷台。而當時被「搶救」出的學人，亦有一部分人最終去了香港和美國，而不是台灣。

一九四九年一月十九日，傅斯年去意已決，決定搭乘軍用飛機赴台。這天凌晨，在慘澹的星光下，傅斯年走出史語所大院中的家，胡適與傅氏在前，祕書那廉君殿後，一行人在漆黑寒冷的夜色中悄無聲息地走著，沒有人再說話，千言萬語已說盡，最後要道的「珍重」又遲遲不能開口。沉沉夜幕下，當那扇寬大厚重的朱紅色大門「嘎嘎」推開時，把門的老工友接過傅斯年手中的行李，在送向汽車的同時，嗚咽著道：「傅先生，今日一別，還能相見嗎？」傅聽罷，悲不自勝，滾燙的熱淚「唰」地湧出眼眶，順著冰涼的面頰淌過嘴角，又點點滴滴隨著夜風四散飄零。「好兄弟，等著我，我會回來的。」傅說著，握住老工友的手做了最後道別，然後登車倉皇離去。

當夜，傅斯年飛抵台北，第二天一早即赴台灣大學以校長身分主持校務，繼之出任遷台的中央研究院史語所所長，率領李濟、董作賓、勞榦、淩純聲、芮逸夫、石璋如等同仁繼續未竟的事業。

北歸故園

相較於國民黨軍政人員大舉潰退，中央研究院史語所的大部分人員倉皇撤離南京、上海之時，有幾個人卻在大混亂、大逃亡的世紀變局中悄悄地留在大陸，這便是梁思永、吳定良、丁聲樹、郭寶鈞、夏鼐、曾昭燏等人。

梁思永當時正在北平家中養病，已不能遠行。主持中央博物院籌備處實際事務的曾昭燏，由於多種原因表示堅決不赴台。面對朱家驊、傅斯年等人的一再催促，據說丁聲樹的書箱等物已先行運抵台灣，只是「夫人堅決反對就沒有渡海」，後來他加入了中國科學院語言研究所，主持編纂《現代漢語詞典》等大型語言文字工具書。時已從中博籌備處轉到史語所服務的郭寶鈞，想起當年殷墟發掘時傅斯年故意對自己「嗚哩哇啦」說一堆自己壓根聽不懂的英語，就有些憋氣和惱火，遂產生了藉此混亂之機擺脫傅斯年與史語所，另謀生路的念頭。據說當時郭曾向夏鼐問計，該何去何從，聰明過人的夏鼐毫不猶豫地說：「我們不要走，我們還有前途，我們留下還有許多事情要做。」[6]

夏鼐的話可謂一語雙關，就當時的情形而言，無論從個人政治命運還是學術前途考慮，這個抉擇都是明智的。二人打定主意，在一片紛亂中各自悄然回到家鄉暫避，等待命運轉機。夏鼐的夢想很快成真。一九四九年年底，他應邀來到北京，後與梁思永共同出任中國科學院考古研究所副所長之職，在郭沫若和鄭振鐸領導、梁思永具體指導下，與同時被招入所的郭寶鈞等人共同「展開了中國田野考古學的新天地」。

抗戰勝利不久，當躺在李莊板栗坳病床上的梁思永偶然從一本外文雜誌上看到一個新的醫學成果，即患肺病者若去掉肋骨可使有病的一側肺萎縮下來，健康的一側肺將發揮更大作用。這個消息令臥病在床飽受病痛折磨長達四年之久的梁思永極度興奮，他當即決定赴重慶實施手術。得到傅斯年同意後，在梁思成的幫助下，梁思永攜家眷乘船來到重慶，入住高灘岩中央醫院，並在著名胸外科專家、時任中央醫院外科主任的吳英愷主持下（南按：吳氏後任北京安貞醫院首任院長），切除了七根肋骨。自此，梁思永一直在重慶中央醫院休養。對於當時的生活與醫治狀態，傅斯年於一九四五年十一月三十日致俞大綵信中有所提及：「思永夫婦，倒真可憐也。」翌年二月五日又說：「研究所搬家事，已詳函彥堂，可取看。梁三手術甚好，但胃口太劣，前途也不大光明。」[7]

信中的「梁三」指梁思永，「前途」當然不是指工作、事業與生活，而是指生命，即當時傅斯年透過對梁思永病情和相關症狀的觀察，認為其在人世的時間不會太長。二十多天後，即三月一日下午，由西北科學考察歷盡劫難回到重慶的夏鼐見到了梁夫人李福曼，詢問後得知「梁思永先生開刀後，經過尚佳，惟開刀二次，創口長達一公尺，取去肋骨七條，將左肺壓扁後，須一年後始能痊癒，現下尚覺痛楚，不能翻身；至於溫度亦已下降，但尚未完全退清」[8]。三月二日，夏鼐與代表齊魯大學由成都赴重慶出席戰後遷校復員會議的吳金鼎「偕往高灘，去中央醫院訪梁思永先生」。夏鼐日記載：「街頭候車，長途兩小時一班，竟等候兩小時，抵目的地時已過午。在飯館用餐稍憩後，乃進院至五〇二號室，梁先生偃臥病床上，尚不能翻身，較在李莊時更為清瘦，惟精神尚佳。據云，昨日聞梁太太告訴之，余二人將於今日來探視，甚為興奮，咋晚服安眠藥，以便今日暢談。吳君談辦空軍招待所之經驗。余則略述西北考察之事，並以照相及拓片、畫片傳觀。……談至四時許，始告辭而出……」[9]

鑑於這樣一種不可逆轉的局面，傅斯年於悲傷、無奈中盡力對梁氏夫婦予以關照。一九四六年全國復原開始時，傅斯年透過新任交通部部長俞大維的關係，讓梁思永一家搭乘一架軍用飛機飛往北平。時梁思永身體尚未恢復，躺在一張帆布椅上被抬上飛機。考慮到路途艱難，傅斯年再以個人名義發電報讓在北平的妻兄、北大農學院院長俞大紱幫忙接機。梁思永一到北平，即由俞大紱等四人抬下飛機，專車護送到梁在北平的大姊梁思順家暫住，一個星期後搬到東廠胡同原大總統黎元洪居住過的宅院內三間北房居住、休養，此後病情稍有好轉。

一九四八年八月五日，梁思永致信南京的李濟道：「弟五月底入協和醫院，住院十二日。檢查身體，結果是右肺健全，左肺壓塌狀態良好，胃腸透視都沒有發現毛病。除了氣管裡的結核病灶可能尚未痊癒外，可以說沒有病了。不過身體經過這幾年跟病菌鬥爭之後，真有如戰後的英倫，雖然戰勝敵人，但元氣消蝕殆盡，就要恢復到小康的局面，也萬分困難。」又說：「弟近間起坐之時已加多，且能出到院中行走。只可恨注鏈黴素後發生頭暈現象，走起路來搖搖擺擺，不很穩當。」[10]這是梁思永在生命的暮年，即將油乾燈盡時與史語所同仁的最後一次通信，自此便成永訣。一九五四年四月二日，梁思永去世，終年五十歲。

與史語所特別是情同手足的李濟、傅斯年等就此永訣的，還有梁思成、林徽因及其率領的中國營造學社的學者們。

抗戰勝利，令林徽因精神振奮，但經過八年離亂，長期遭受病痛與貧困折磨，正值盛年的她形貌卻憔悴蒼老，宛如風中殘燭，最後的光焰即將熄滅。一九四五年初秋，在李莊的林徽因致信重慶的費慰梅談自己病情：「使我煩心的是比以前有些惡化，尤其是膀胱部位的劇痛，可能已經很嚴重。」[11]

就在病痛折磨中，林徽因趕在復員之前堅持寫完醞釀已久的學術論文〈現代住宅的參考〉，並在《中國營造學社彙刊》第七卷第二期發表。同時作為這一期《彙刊》的主編，林氏在撰寫「編輯後語」時指出：「戰後復員時期，房屋將為民生問題中重要問題之一。」這一極具前瞻性戰略眼光的學術觀點，很快得到了應驗。

復員的消息傳到李莊，學者們做著回歸準備的同時，也開始思謀未來的出路。據營造學社的羅哲文回憶說：「抗戰勝利後，一些機關學校、研究所都忙著遷返工作，我們學社無力籌措資金，好在原來『掛靠』的中央博物院籌備處允諾把我們帶回南京，並和中央研究院一道同行。此時，劉敦楨、陳明達先生已於兩年前去了重慶，學社裡只剩下梁思成、林徽因、劉致平和莫宗江幾位先生。梁思成先生因參加聯合國大廈的設計和其他事務，也要提前離開李莊。學社的遷返復員工作就落到林徽因先生的身上。此時她已染上肺病必須先回北平療養，行前，她精心安排了內遷工作，除了從北平遷來的老人劉致平、莫宗江先生之外，在李莊參加工作的一些年輕人也分別做了安排。有的安排到中央博物院（籌）如周風生等，就連年輕的工友張銀五等也都隨中央博物院（籌）到了南京，後來他們去了台灣故宮博物院成了專家。隨學社遷北平的只有我一個人。」[12]

一九四五年十一月初，在枯水期即將來臨之際，林徽因在梁思成陪同下，乘江輪來到重慶，住進上清寺聚興村中央研究院招待所，準備檢查身體和接受治療。這是林徽因流亡李莊五年多來首次出行，自此便永遠離開了這個令她難忘的江邊古鎮。

在當時已轉入戰後美國駐華使館新聞處工作的費正清、費慰梅夫婦幫助下，梁氏夫婦請來正在重慶中國善後救濟總署服務的美國著名胸外科醫生里奧·艾婁塞爾（Leo Eloesser）為林徽因做檢查。艾婁塞爾斷定林徽因兩片肺和一個腎都已感染，在幾年內，最多五年，就會走到生命的盡頭。費正清表示願意邀請林徽因到美國長住和治病，林徽因以「我要和我的祖國一起受苦」為由婉言拒絕了。

一九四五年十一月三十日，傅斯年在重慶致信李莊的俞大綵說：「梁思成夫婦這次來，竟是頗疏遠的樣子！」[13]對此有些不解甚至流露出些許的憤懣。

一九四六年二月十五日，林徽因乘飛機赴昆明休養、治病，與她日夜思念的清華老朋友張奚若、錢端升、老金等人相會於張奚若家中。梁思成則回李莊繼續做復員的準備工作，並為他所著、林徽因參與的英文本《圖像中國建築史》撰寫末尾的章節。三月五日，傅斯年在致俞大綵的信中再次談及林徽因事：「林徽音的病，實在沒法了。她近月在此，似乎覺得我對她事不太熱心，實因她一家事又捲入營造學社，太複雜，無從為力。她走以前，似乎透露這意思，言下甚為愴然，我只有力辯其無而已。她覺得是他們一家得罪了我。她的處境甚淒慘，明知一切無望了，加上她的辦法，我看，不過一二年而已。」[14]

對於梁氏夫婦的處境以及林徽因的病情，傅斯年至堪扼腕又實在是無能為力，因了解雙方的心境和際遇，發生誤會亦屬難免。其實越是親近的人，越容易在一些細小的敏感問題上產生誤解。因而，傅斯年於憂傷中勸俞大綵給予林徽因一點安慰：「妳可寫信給她。昆明北門街七十一號金岳霖轉。」在傅斯年看來，他所能做的也僅止於此。

林徽因赴昆明與老金等一幫朋友相處，生活得還算快樂，梁思成則利用難得的空隙加快《圖像中國建築史》的進度，終於趕在復員以前完稿。這部傾注了梁思成無數心血、出版後轟動世界建築學界的皇皇大著，同樣凝聚著林徽因的血汗，正如梁思成在〈前言〉中所說：

最後，我要感謝我的妻子、同事和舊日的同窗林徽因。二十多年來，她在我們共同的事業中不懈地貢獻著力量。從在大學建築系求學的時代起，我們就互相為對方「幹苦力活」。以後，在大部分的實地調查中，她又與我做伴，有過許多重要的發現，並對眾多的建築物進行過實測和草繪。近年來，她雖然罹患重病，卻仍保有其天賦的機敏與堅毅；在戰爭時期的艱難日子裡，營造學社的學術精神和士氣得以維持，主要應歸功於她。沒有她的合作與啟迪，無論是本書的撰寫，還是我對中國建築的任何一項研究工作，都是不成功的。[15]

梁思成沒有說明的是，該著也是當年由傅斯年、李濟等人爭取，林徽因得到中華教育文化基金董事會核發的「科學研究補助」的成果之一。林與梁思成通力合作，把原完成將過半的舊稿《中國之建築》，融入新著《中國建築史》的中文本與《圖像中國建築史》英文本中成一完璧。該著的完成問世，除顯示了梁氏夫婦的努力與學術成就，也是對給予支持的中華教育文化基金董事會一個完美的交代。

一九四六年七月初，林徽因、梁思成分別自昆明和李莊赴重慶相聚，並拜訪在此辦理復員事宜的梅貽琦，對復員後的工作計畫進行了詳談。梅貽琦欲在復員後的清華大學創辦營建學系，聘梁思成出任教授兼主任，全面主持系內工作。梁思成答應就聘，並決定攜家帶口與清華的朋友一起返平。對這一段史實，羅哲文回憶說：「即將回北平的林徽因先生在病榻前告訴我，這次回北平，學社可能不再恢復了，要在清華大學開辦建築系，為此梁先生到美國參加聯合國大廈設計的同時去費城、波士頓等地的大學和建築師設計所收集新建築的教材。她說，我在學社期間，已基本上掌握了古建築的測量畫圖技術，她和梁先生已商量好，把我和致平、宗江一起帶到清華建築系，我到那裡除了做建築系的助理工作和幫助整理一些教材外，還可以補聽一些大學基礎課程。這次遷返北平，學社所有的圖書資料、儀器設備等已和朱桂老（朱啟鈐社長）商量好都運到清華大學。這些圖書資料都十分重要，由我們三人負責裝箱運回清華大學。……梁思成先生邀請到一位中央大學高才生吳良鏞先生到清華大學去開辦建築系，他比我們先期到了清華，我們因要押運學社的圖書資料和行李物品，晚到半年。」[16]

一九四六年七月三十一日，在焦急等待近一個月後，梁氏夫婦與金岳霖等著名教授，自重慶乘西南聯大包租的專機飛抵北平，回到了離別九年的故園。

此次重返北平，難免有一種「國破山河在，城春草木深」之感。面對熟悉又陌生的古城，可謂百感交集。正

1950年代初，梁思成、林徽因在清華大學留影。

如梁從誡所說：「母親愛北平。她最美好的青春年華都是在這裡度過的。她早年的詩歌、文學作品和學術文章，無一不同北平血肉相關。九年的顛沛生活，吞噬了她的青春和健康。如今，她回來了，像個殘疾人似的貪婪地要重訪每一處故地，渴望再次串起記憶裡那斷了線的珍珠。然而，日寇多年的蹂躪，北平也殘破、蒼老了，雖然古老的城牆下仍是那護城河，藍天上依舊有白鴿掠過，但母親知道，生活之水不會倒流，十年前的北平同十年前的自己一樣，已經一去不復返了。」[17]

不久，梁思成一家搬入清華大學教授宿舍新林院八號，梁思成正式出任清華大學營建系（後改為土木建築系）教授兼系主任，林徽因以特邀教授的身分參加創辦工作。原中國營造學社人員劉致平、莫宗江、羅哲文，連同中央大學的吳良鏞等一干人馬，全部投奔到清華營建系梁氏門下任教或當助理。中國營造學社就此成為一個僅供後人追憶的歷史符號。一個全新的格局在美麗的水木清華園業已形成，梁氏夫婦與他們的同事也開始了新的生活，其最終的結局如何，那就看各自的造化和上帝是否眷顧了。

不思量，自難忘

一九四八年年底，當國民黨軍隊潰敗，江山撼搖，傅斯年拖著肥胖的身軀滿頭大汗來回奔波，竭力動員史語所同仁遷台時，作為新生代精銳的逯欽立、羅筱蕖夫婦自是在被動員之列，但逯羅二人卻猶豫不決。個中原因，除了對國民黨沒有好感外，更多的是不忍遠離故土，再加上當時兩人已有三個孩子，又與逯的母親在一起生活，怕到台灣之後生活無以為繼（據石璋如回憶說，當時盛傳到台灣的人只靠吃香蕉皮度日），故拖延下來。正在這時，羅筱蕖收到她的五哥、中共地下黨員羅叔諧自家鄉寄來的書信，謂「盼了那麼多年的解放，臨解放又要離開大陸，你們都不是國民黨員，不要隨他們去殉葬」[18]云云，勸其留下。逯、羅認為此說有理，決心不去台灣，此舉令傅斯年大為不快。

據羅筱蕖回憶：「當最後一次傅先生來我們住處勸說時，知道我們留意甚堅，眼睛都紅了，淚在眼眶中打轉，好像馬上就要溢出來。他站起身對逯君說：『你們都不願同我下火海，只好我自己去跳了。但筱蕖是我從李莊帶出來的，我要對她負責。』遂表示願意介紹逯欽立到當時尚算安靜的廣西大學任教。」[19]該大學的校長陳建修是北大老教授，與傅斯年友善，逯欽立接受了傅的好意，於這年初冬攜家帶口離開南京抵達桂林，任廣西大學副教授。對於這個轉折，一九五四年逯欽立填寫幹部履歷自傳呈交東北師大當局的時候有過較為詳細的提及，內中寫道：

一九四八年歷史語言研究所決定逃往台灣的時候，經過反覆考慮，我終於決定不隨同該所前去。首先，我想到我沒有義務作『白俄』，一個清白的知識份〔分〕子，不能和反動派混在一塊，而且如果到台灣去，一定會受美國鬼子的氣。其次，我設想到一個偏僻區域大學去教學，這樣，既可避開戰亂，又可以調換一下工作，唯一可慮的是怕師友責斥我不忠於傅斯年，及大學工作的不容易找到。後來，即以家庭人多母親年老為辭，對傅說明不去台灣的理由，並請求他幫助介紹四川大學或廣西大學。結果，廣西大學來電相約，我的計畫終於實現。不去台灣，說明我的相信解放事業的必然勝利，相信黨的革命政策，也說明經過幾年抗日戰爭我深深感到流浪生活的痛苦，不願意離開鄉土，有著一定程度的民族思想和愛國主義思想。當然，這還是從個人利益出發的，當時並沒有一個正確的立場。[20]

這份「自傳」儘管有著政治高壓下的時代特點，但基本事實還是不差的。這一說法後來得到中研院史語所著名史家王汎森證實，王撰文說：「一九四八年秋，因為政治上的歧見，逯欽立轉赴廣西大學中文系任教。」[21]南京一別，成為逯氏夫婦與傅斯年及史語所同仁的永訣。

一九四九年秋，西南戰局緊張，國民黨政府大廈將傾，設在桂林的廣西大學陷入空前混亂，校長與大部分教授紛紛逃往香港躲避。在國民黨政府徹底崩潰的前夜，傅斯年懷著最後一點期望，再度致函逯欽立，勸其出走桂林，隨史語所最後一批人員遷台，並寄去旅費與三個月的薪水。當年嫁給史語所工作人員的幾位李莊姑娘如張素萱、張彥雲等，都已隨夫渡過了台灣海峽；跟隨董作賓做見習員的李莊青年劉淵臨也已遷往台灣；羅筱蕖成為從李莊走出的史語所人員家眷中唯一一位未成行者，傅斯年來函是歷史賦予她的最後一次赴台機會。但經過考慮權衡，逯、羅還是沒有成行。

一九四九年十一月，中共占領桂林。受中共地下黨指示，逯欽立等少數幾位沒有逃亡的教授出面維持廣西大學校園秩序，並堅持為學生開課。逯在軍管會和中共代表領導下，參加了全校接管工作並被任命為中文系教授、負責人。一九五一年，逯被選為桂林市人大代表。同年十月，根據共產黨號召以及隨之展開的對科教隊伍調整的政策，逯、羅被調入長春東北師範大學，逯被聘為中文系教授，後出任古典文學教研室主任，羅筱蕖在教材科圖書館工作。

當時的東北號稱是「解放最早的先進地區」，而東北師範大學源於延安大學，學校的領導權由老解放區派往東北的中共骨幹掌控。作為中央研究院出身的「資產階級舊知識分子」逯欽立，到學校報到的第一天，就遭遇「批判胡適」運動，由於他無法隱瞞與胡適、傅斯年的關係，立即成為批鬥打擊的靶子。接下去的一系列運動，逯更是在劫難逃。逯氏來自國統區，自始至終有一種壓抑和沉鬱情結瀰漫心頭揮之不去，他的治學方法和學術成果並不被學校掌權者看重，加之在東北師大志同道合的朋友少，知音難覓，人文環境使他備感孤獨。文化大革命爆發後，逯作為東北師大中文系的「一面白旗」和「反動學術權威」，與其他「牛鬼蛇神」一道受到批判鬥爭。對於類似的批鬥情形，時任教北大的著名學者季羨林在他的《牛棚雜憶》中曾做過詳細介紹。因大多數教授沒有彎腰的經驗，一旦被揪上「鬥鬼台」，在連續幾個小時彎腰挨批鬥之後，很容易因體力不支、頭暈目眩而倒下，一旦倒下，就被認為是對抗革命運動和故意搗亂，招來更加殘暴的一頓毒打，有的教授正是因支撐不住倒下而被活活打死在「鬥鬼台」上。逯欽立僥倖沒有死在「鬥鬼台」上，但他死的方式和緣由同樣令人唏噓。

關於逯欽立之死，據他當年在李莊的同學、後去台灣的周法高於一九八三年回憶說：「兩年前我應紐約大都會博物館的邀請出席中國的青銅時代討論會，曾經間接聽到出席該會的張政烺先生說：逯欽立在不久前『四人幫』打倒以後，聽說他的《古詩紀補正》這部大書可能付印的消息，就高興得不得了，當夜就發病死了，大概是興奮過度的緣故吧！」[22]

逯氏的死的確與出書有關，但並不是如周法高所說，死於四人幫被打倒之後。逯於一九七三年去世，此時文化大革命尚未結束。遙想當年，傅斯年在李莊為逯羅二人做媒時，面對羅氏家族對逯欽立人品、學問的查詢，傅曾頗為自信地說過這樣一段話：「彼於八代文字之學，造詣甚深，曾重輯《全漢晉六朝詩》百卷，用力之勤，考訂之密，近日不易得之巨篇也。惜此時無法在後方付印耳。一俟抗戰結束，此書刊就，逯君必為國內文學界知名之士無疑也！」[23]

傅斯年所說的這部大書，就是逯欽立入北大文科研究所後自一九四〇年開始就整理、考證、編纂的長達一百三十五卷的皇皇巨著《先秦漢魏晉南北朝詩》，此項工作隨著逯氏的顛沛流離而時斷時續，一九四九年年底已完成

1972 年，從不吸菸的逯欽立開始吸著菸卷，表情木然，似在沉思。其子逯弘捷甚感奇怪，恰巧剛從朋友處借了一個相機未還，於是拍下這張極具時代特點的照片。

百卷，隨後壓在箱底未再動筆修訂。十年後的一九五九年九月，在中華書局催促下，逯欽立下決心對這部舊稿重新整理。經過六年努力，至一九六四年編纂完成交稿，較之原來的百卷增加了三十五卷，使得整部書稿更加完善。從逯氏於抗戰中著手這項工作到大功告成，歷時二十四年。逯欽立眼看自己的心血就要面世，自是高興不已。但天有不測風雲，且這風雲愈來愈凶多吉少，突然天空炸雷響起，文化大革命爆發，出版事宜中斷。眼看著「蓋棺有期，出版無日」（陳寅恪語），望眼欲穿的逯欽立深受打擊，精神幾乎崩潰。

一九七三年，中國大陸掀起「批林批孔」運動。這股熱潮意外地給逯氏著作出版帶來轉機，逯致函中華書局，詢問自己的書稿處理情況，中華書局覆函告其書稿「妥存我局」。稍後，政治形勢又發生變化，中華書局將書稿退回，並致函逯欽立，說此稿可出版，但「需對書稿動大手術，要按馬列主義的觀點來看待、處理、評價六朝詩文；要根據朝代順序來編排詩文序列；要突出婦女半邊天的地位，把女詩人放在前面」等。逯欽立接到書稿後，望著傾注了數十年心血，耗費了自己整個青春歲月的生命結晶，竟一時不知如何是好。改，有違學術精神和文化良知；不改，又不能出版。兩難抉擇中，逯氏陷入深深的痛苦與矛盾之中，精神一度恍惚。時逯欽立已有六個孩子，家中生活拮据，長期不能維持溫飽，更兼東北嚴酷的氣候，加之猛烈的政治風暴，連續不斷的批鬥和身心折磨，使得他的身體極度羸弱。

正值逯欽立痛苦到不能自拔之際，這年的八月五日，突然收到中華書局七月三十一日發出的公函和書稿，根據新形勢需要，書稿已進入最後審校階段，準備出版，請再審訂。一部書稿在出版機構翻來覆去地折騰了九年，不僅躲過文化大革命的劫難得以保全，還即將出版，逯欽立興奮之情溢於言表。他對夫人羅筱蕖說：「這次可真能出了，還是有人懂的，以後我就要忙了。」[24]這幾句看似平常簡單的話，實則暗含了逯氏胸中壓抑幾十年的願望和對未來的憧憬，如同一個在暗夜中行走得極度疲倦的老人，突然看到了遠處的燈火，心中的驚喜與暖意可想而知。時值盛夏，天氣悶熱異常，滿懷喜悅的逯欽立徹夜不眠，思索著如何最後審訂自己這部傾注了一生心血的書稿。

翌日，即八月六日，仍沉浸在對書稿修訂的思考中的逯欽立，忽接到通知去系會議室參加「批林批孔」學習會議。此時，逯已感到胸悶，身體不適，但不敢不參加會議，於是硬著頭皮出了家門，走幾百公尺，大汗淋漓，兩腿發軟，身體打晃，已無力行走，只好坐在路邊石牙子上休息。有相識者見逯欽立額頭上汗水涔涔，喘息不止，上前打招呼，逯氏艱難地示意對方扶自己一起參加會議。堅持走到中文系門口時，他再也無法支撐，身子搖晃了幾下，倒地昏死過去。

後經醫院檢查，逯欽立死於突發性心肌梗塞。一代學術大師就這樣走完了他的生命歷程，終年六十三歲。

逯氏去世後，政治形勢又發生變化，他那部《先秦漢魏晉南北朝詩》書稿未能及時出版，一壓又是十年，後經學界和中華書局共同努力，終於在一九八三年出版。逯欽立未能看到自己的成果問世，而當年在南溪李莊曾向他未來的岳父家保證──「一俟抗戰結束，此書刊就，逯君必為國內文學界知名之士無疑也」的傅斯年，更是無緣見到此書的問世了。

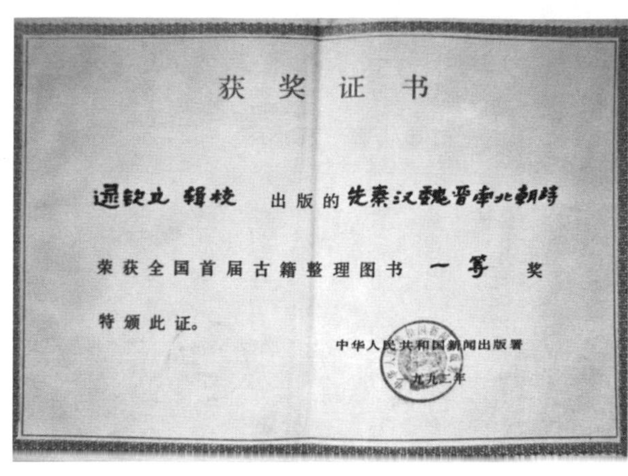
获奖证书

逯钦立 辑校 出版的 先秦汉魏晋南北朝诗

荣获全国首届古籍整理图书 一等 奖

特颁此证。

中华人民共和国新闻出版署

一九九二年

逯欽立從寫作到獲獎，已過五十餘年。（逯弘捷提供）

逯欽立死後，羅筱蕖和孩子們一起孤苦又膽戰心驚地活著，生怕哪一天災難再落到自己頭上。期間，羅筱蕖幾乎與外界斷絕來往，唯一通點消息的是在哈爾濱師範學院任教、「同是天涯淪落人」的游壽。

抗戰勝利後，游壽擺脫了傅斯年的「下馬威」和「只吃到棍棒，吃不到胡蘿蔔」的尷尬處境，毅然與史語所決裂並逃離李莊，透過恩師胡小石的人脈關係進入中央圖書館任金石部主任，主要整理接收日偽占據南京時期保存的圖書、金石、拓片及日寇和平博物館文物，其間著有〈金文武功文獻考證〉、〈論漢碑〉等文。一九四七年，轉入胡小石任教的中央大學中文系任副教授。游壽弟子王立民研究發現，游壽在離開中央圖書館時，一次就向繼任的金石部主任蘇瑩輝移交自己編輯整理的金石拓片五千五百一十一種，未登記金石拓片六十七種八十三幅，快雪堂帖一函五冊，書像二十幅等，可見游氏當年所經手過目的拓片之宏富。正是這一般學者難得的機會與條件，成就了游壽的學問、事業和後來的聲名。

中共建政後，游壽轉入南京大學任教，一九五一年偕丈夫陳幻雲調入山東會計專科學校任圖書館館長、國文系副教授，一九五四年九月入山東師範學院圖書館任職。期間著有〈周詩及詩學〉等文，並到濟南千佛山考察造像，開始收集北魏文化資料。稍後，游壽在李莊的那段經歷成為一大罪證，她被從革命隊伍中揪出來，受到猛烈批鬥，校方沒完沒了地令其做書面檢查——儘管當年她與傅斯年的關係極其糟糕，並在檢查的文字中對傅多有怨恨，但沒有人相信她說的話，反以「隱瞞歷史，做虛假交代，企圖向黨反撲」和「國民黨忠實走狗傅斯年專設的特務分子，是埋設在大陸的一顆定時炸彈」等罪名，對其嚴厲批鬥。

在巨大的政治壓力下，為擺脫險惡處境和政治厄運，一九五七年，游壽「響應黨的號召」，主動報名「支邊」，與夫君陳幻雲一起來到關山阻隔、風雪迷蒙的黑龍江，任哈爾濱師範學院（一九八〇年改為哈爾濱師範大學）中文系副教授，一九五九年轉入歷史系，主講考古學、古文字學、書法藝術等課程。課餘，把主要精力投入到田野考古調查之中，足跡遍及白山黑水多處地方，並於一九六〇年在哈爾濱東郊發現了經過人工鑿擊的猛　象骨，由此證明了黑龍江曾有古人類活動的論斷。繼而，游壽把視角投向黑龍江大地的鮮卑魏文化。一九六三年，陳幻雲不幸逝於哈爾濱，有遺稿傳世，後由游壽的弟子王立民整理。也就是在這一年，游壽發表了〈黑龍江考古初探〉和劃時代的重要學術論著《拓跋魏文化史》，由此奠定了她在此一研究領域的學術地位。

正當游壽滿懷豪情欲在這一領域再創輝煌時，文化大革命爆發，游氏作為學院的「八大妖怪」之一被揪上「鬥妖台」接受造反派批鬥。再後來，游壽被當作典型的「一怪」下放到荒無人煙、風雪瀰漫的邊疆山區勞動改造，在酷烈的生存環境、生活條件與政治壓力下，她的體重下降到不足三十五公斤。此時游壽身心受到重創，萬念俱灰，自感生不如死，遂產生了輕生之念。當她聞知中國在西部成功引爆原子彈後，主動給組織寫信，請求把自己送往西部沙漠，做原子彈爆炸試驗物應用。謂：「平生所學無以報國，願以六十餘歲羸弱之軀作原子彈爆炸輻射之試驗，以明心志。」[25]但此志未能如願。

一九七二年，面對文化大革命給文化界、文物界造成的劫難，國務院總理周恩來以憂切的心情問當時的國家文物局局長王冶秋：「當今通識金文甲骨文者有幾？」王一一列舉各家，其中就有正在白山黑水勞改中奄奄一息的游壽。未久，中共黑龍江省委書記到北京出席會議，周恩來特地問起「游壽女士現在何處？懂金文的還有誰？」

1981 年春節期間，游壽（左一）在學者們的陪同下，前往福建省新石器遺址皇竹峰考察。（引自《文心雕蟲》，王立民著）

等。最後，周恩來深情地對這位書記說：「游壽是學術界的老同志，現在像這樣的老同志已經不多了，你們要照顧她一下。」[26]正是周的這幾句話，使得游壽大難不死，得以從勞改農場回到學院。

游壽僥倖熬過文化大革命這道「鬼門關」而活了下來，因經歷百般磨難，心靈漸入空寂之境。據游氏的學生王立民說：「她常年穿一身青布衣褲，行走匆匆，很少與人講話，看似鄉村老嫗一般。」[27]就學術生命而言，游壽比她那位英年早逝的同窗曾昭燏幸運得多（曾氏於中共建政後一度出任南京博物院院長，因政治壓力，於一九六四年十二月在南京靈谷寺跳塔自殺，年僅五十五歲）。她不僅親眼看到了一個荒唐年代的結束，且在文化大革命結束後還在學術上做出了重大貢獻。

一九八〇年，已是七十四歲高齡的游壽，透過對典籍梳理分析，斷定鮮卑民族的發源地就在白山黑水的大興安嶺深處。在她的啟發、指導下，青年考古學者米文平終於在呼倫貝爾盟鄂倫春自治旗阿里河鎮西北九公里處的嘎仙洞中，找到了湮沒一千五百多年的魏太平真君拓跋燾親自派人到其祖先所居的「石室」鐫刻的祝文。這是中國考古史上的重大發現，此一發現引起了國內外考古學界的震動。透過游壽及其他考古人員對

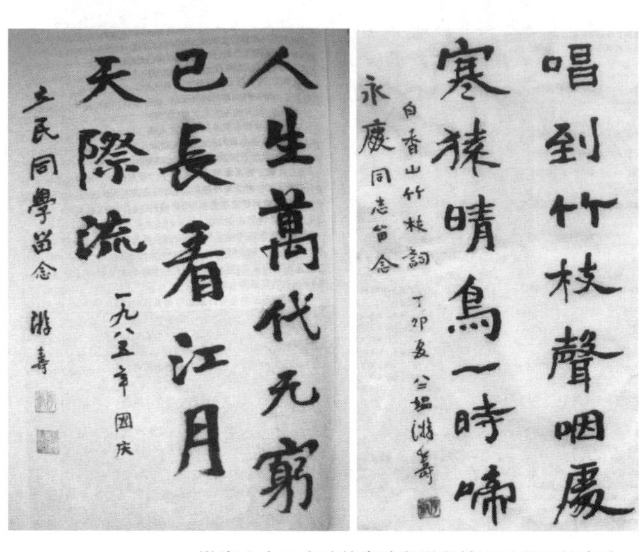

游壽八十二歲時的書法與贈與弟子王立民的書法。

祝文的破譯，終於揭開了鮮卑族起源的隱祕。此一學術成果，對北魏時期的政治、經濟、文化、藝術，以及鮮卑民族起源、歷史等的研究具有突破性的重大意義。[28]

晚年的游壽沉浸於書法藝術研究與實踐中，其書法由早年的「金石氣」又增添了濃厚的「書卷氣」，漸入化境。她的恩師胡小石偏愛黃山谷的行草，游壽則更喜黃山谷與米芾。這種兼收並蓄的精神，形成了游壽書法獨特的風格，並在李瑞清、胡小石這一脈碑學書派中得以延伸和發展，終成這一書派第三代最重要的代表人物，受到海內外專家學者廣泛推崇。她的大名與齊白石、黃賓虹、孫中山、梁啟超、于右任、魯迅、毛澤東、徐悲鴻、張大千等近現代最偉大的一百位中國書畫名家並列。為此，中國書法家協會主席沈鵬曾評論道：「江南的蕭嫻與北國的游壽分別出自康有為、胡小石門下。蕭嫻與游壽經歷坎坷，如今年屆八旬以上，都宗法北碑，大氣磅礴，『人書』俱老，當之無愧。」[29]

當年從李莊走出的知識分子中，游壽是活得較長的一位，直到一九九四年才駕鶴歸西，終年八十八歲。沈鵬在紀念文章中說道：「游壽先生仙逝，大家為中國書壇失去這樣一位飽學而大覺者痛心。……聯想到二十世紀九〇年代以來，林散之、沙孟海、費新我等前輩先後謝世，一時覺得他（她）們四位堪比商山之四皓……」一九九九年，沈氏作追懷游壽詩四首，以誌永念。

詠游壽詩四首

——一九九八年八月沈鵬識

游壽女史書法集殺青，賦得四首。余與游壽女史曾有魚雁往還而無緣一晤。今當女史書法付梓，編者囑為序。讀王立民先生文章，論敘甚詳且精，余聊為七絕四首志感。第一首作於一九九四年。

題李俊琪畫游壽像

魚雁曾經數往還，遺容卻向畫圖看。
書壇商皓凋零甚[1]，後繼當思一字難。

先　宗

學富五車家世風，清明瀟灑溯先宗。
一盞炳燭傳薪火，最重賢生少穆公[2]。

壽　長

壽長所曆[3]識彌多，胸腹詩書星斗羅。
奇字古文通者幾[4]，遙知北國有姮娥。

南　北

南有蕭嫻北有遊，書無南北各千秋。
九霄王母書翰會，席上嘉賓並蒂榴。[30]

游壽於抗戰前在南京生一男孩，因麻疹不滿周歲即夭折，其後一直沒有子女，晚年孑然一身，死後沒有留下錢財，傳世的只是她坎坷傳奇的人生經歷和久而彌珍的精神財富。一九七九年，當中國的政治形勢再現春天的氣息，各界都在「撥亂反正」之時，游壽早年的知己、著名學者宗白華覆游氏書曰：「歌德有詩雲：『壽長所歷多』，洵不虛也。雖『京華景象新』，仍長念『迢迢江面春』。」[31]鼓勵游壽「望詩興長濃」，再回到她成長並留下青春之夢的江南一遊。

受其鼓舞，游壽於次年千里迢迢回到她闊別幾十年的故鄉霞浦縣尋根問舊。就在這次尋訪中，游壽發現了大批唐宋時代文物，透過考古研究證實了霞浦赤岸村就是日本高僧空海入唐的第一個登陸點，從而確定了赤岸在中日文化交流史上的歷史地位。據羅筱藁說，受霞浦重游的啟發，游壽生前曾跟她相約要回一趟李莊，尋訪故舊，對當地的風土人情和遺跡、遺物做一次調查考證。游說，在李莊時沒有心思做這些事，當移居北國，到了蒼蒼黑土地、莽莽興安嶺，才越發感到當年生活工作過的白沙、李莊是那麼令人懷念和嚮往。遺憾的是，這個計畫未能成行，游壽便悄然離世，生前的夢想亦歸於塵土，部分心願只得靠羅筱藁代為實現。

二〇〇四年，在江南草長、雜花生樹、群鶯亂飛的暮春時節，羅筱藁、李光謨相約先後來到了魂牽夢縈的李莊，尋親覓友，踏訪舊跡。當二人踏上李莊的土地時，已是物是人非，恍如隔世，真可謂「淚眼問花花不語，亂紅飛過秋千去」了。

---

1 九〇年代以來，林散之、沙孟海、費新我等前輩先後謝世。

2 游壽高祖游光繹，曾為林則徐師，有《炳燭齋詩手稿》傳世，對游壽影響至大。少穆，林則徐號。游光繹有〈送林少穆庶常入都〉詩。

3 宗白華致函游壽引歌德詩云「壽長所歷多」。

4 周恩來曾問王冶秋當今通曉金文甲骨者有幾，王列舉各家，內有游氏。

羅筱蕖（中）與李光謨夫婦在宜賓。（李光謨提供）

到一九四六年年底，同濟大學、中央研究院史語所等外來學術機構陸續遷出後，繁華、擁擠、喧囂的李莊復歸往昔的平靜與沉寂。由於同濟大學東渡，原用於發電的機器設備一道回遷，李莊的用電中斷，再度回到了靠菜籽油燈照明的原初狀態。為了彌補這一缺憾，在抗戰中力主「同大遷川，李莊歡迎」的當地權勢人物、士紳羅南陔、張訪琴、張官周、楊君慧、張式如等，成立「南溪縣李莊鎮電力供給合作社」，設法重新發電照明。經過半年努力，終於使全鎮的電燈重新亮了起來。這是抗戰勝利之後，羅、張等家族勢力再度聯手為李莊百姓做的一件彰顯功德的善事，此舉得到了全鎮人民的激賞。

一九四九年秋冬，解放軍二野部隊已接近川南地區，與國民黨部隊展開爭奪戰。在中共地方組織指導下，國民黨李莊區委田賦主任、中共地下黨員羅叔諧，在鎮內成立了由苦大仇深的貧農、佃農等為主要骨幹的「支前委員會」，策應解放軍對敵行動。這一行動得到羅叔諧的父親、時任國民黨李莊黨部左派書記的羅南陔支持，羅氏父子與其他中共地下黨員共同策畫了對李莊糧倉萬擔公糧的安全保護辦法。同年十二月，受中共地下組織指示，羅叔諧以兼任國民黨李莊區自衛武裝中隊指導員的身分，成功策反了中隊長並率領全體官兵起義，李莊得以為中共和平接

李莊鎮大房山莊之正房客廳，張官周故宅之一。（王榮全攝影並提供）

收。一九五〇年一月三日，南溪縣第三區人民政府在李莊鎮成立，中共南溪縣第三區工作委員會亦同時在李莊鎮成立。羅叔諧將保存下來的萬擔糧食如數移交給新成立的區人民政府。

此後，整個李莊經歷一陣「鑼鼓喧天、彩旗招展」的慶祝，開始了「土地改革」運動和「鎮壓反革命」運動。按照上級指示，「運動」的對象首先是聞名川南的張家、羅家、洪家等李莊幾大家族。

張氏家族板栗坳分支張銘傳、張鋅傳、張鐵傳等著名的「三條船」，由於最為龐大的銘傳、鐵傳「兩條巨輪」早已隨國民黨逃往台灣，只剩鋅傳這「一隻土輪」擱淺在李莊板栗坳動彈不得。當運動風潮驟然興起後，張鋅傳立即被新政府作為惡霸地主捉拿歸案，用一根麻繩拴住脖子於李莊鎮各村遊行示眾一圈後，押到板栗坳牌坊頭當年傅斯年、董作賓下棋納涼的台子上予以槍決。與此同時，與張鋅傳相近的張氏家族成員數十人被抓捕關押，或等待槍斃或等待送入深牢大獄。張氏家族以李莊鎮大房山莊為根基的另一分支張訪琴、張官周等兄弟及家人同樣被捕獲關押，以「惡霸地主」「反革命分子」等罪名等待處決或受刑。與張氏家族命運相同的還有原國民黨李莊區黨部左派書記羅南陔、鎮長楊君慧等大小官僚及鄉紳。此時的洪家已經衰落，整體實力大不如前，且已沒有重量級人物仕在李莊，只有洪恩德（原縣團練局長洪明海之子）等幾個小人物被抓起來，經受了一頓皮鞭、棍棒抽打後，放回家中「取保候審」。

一九五〇年農曆十一月初七，原李莊區區長張官周與李莊鎮鎮長楊君慧兩人，在「堅決鎮壓反革命」陣陣口號聲中被槍決於李莊上壩打穀場。行刑前，天空忽起颶風，搭起的審判台被掀翻，緊接著暴雨傾盆而下，幾千名圍觀群眾於驚恐中一哄而散，行刑者倉促向張楊二人扣動扳機，一陣亂槍過後，張楊二人倒地斃命。風停雨住，場上一片死寂，幾個在張氏家族創辦的益壽堂藥店當夥計的青年，找了一口棺材為張官周收屍，然後抬到李莊鄉下的柑子坳匆匆埋掉。楊君慧的屍體由其家人收走。

未久，張訪琴以「惡霸地主」的罪名在李莊郊外被槍決。當時張的子女均不在李莊，只有腿有殘疾的夫人在家，不能出門。行刑者打過亂槍之後棄屍而去，張訪琴的屍首無人掩埋，在此情形下，李莊鎮政府找了一些人用一小推車將其運往郊區公墓場掩埋。

就在張官周、張訪琴兄弟被關押、槍決前後，其母王憲群與張官周之妻袁季譽婆媳二人同時遭到關押。因張家是聞名鄉里的大地主，傳聞家中錢財無數，關押者便勒令婆媳二人交代家中埋藏的金銀財寶和「變天帳」下落。因張家的錢物早已在一九五〇年年初被政府沒收充公，且整個張氏家族已從李莊鎮被驅逐到十幾里外的柑子坳鄉下居住，當年的萬貫家財早已成了落花流水春去也的夢幻，婆媳二人自是無從交代。但關押者仍堅信張氏家族必是把財寶埋藏起來，圖謀「變天」。於是，關押者開始對婆媳二人施以酷刑，逼其招供。袁氏面對施於己身的極刑，既痛且悲。原本就有吐血病的她，在肉體和精神雙重苦痛中，吐血暴亡。

憲群女子中學創始人土憲群。該校由教育部部長朱家驊題寫校名，梁思成女兒梁再冰曾在此就讀。1949 年後改名為李莊中學。（李莊鎮政府提供）

之後關押者對尚有一口氣的老太太王憲群再度加壓，進行更殘酷的折磨。最後更將其一頓亂棍擊斃。

王老太太早年粗通文墨，對醫學醫道頗感興趣，後讀過幾部醫書，對藥物名稱和治療效能逐漸掌握，開始為鄉鄰把脈看病。據說有的病人被人抬來找其看病，經過王氏多次施治，最後竟站立行走如常。此等盛名之下，王氏決定用自己養老的田地糧食收入，於鎮內開一家中藥鋪，取名益壽堂。此藥鋪屬於公益性質，除王氏本人看病不收脈錢（即處方錢），對窮苦人家買藥暫時付不起錢者，可記在她專門設立的一個摺子上，每年一結，如到年終購藥者仍不能支付，便給予勾掉，而對特別困難的患者，她還要送藥或贈錢以助其到外地購買短缺之藥。每當瘟疫流行，王氏便將藥鋪中的藥大量施捨於鄉鄰。除施捨藥材，她還施捨棺材。在益壽堂藥鋪的偏房中，總有幾口黑漆棺材長年擺放其內，每有人去世而家人無錢買棺木，便由王憲群藥鋪施捨一口為其安葬。當張官周死去被抬到益壽堂後，正是用偏房中準備施捨的一口棺材才得以盛殮安葬。當王憲群被亂棍打死，屍體被人抬到益壽堂時，這家藥鋪仍為張氏家族所有，只是規模氣象大不如前，但偏房內用於施捨的棺材正好還剩最後一口，這個巧合似是天意。聞訊趕來的張氏族人便用這最後一口備用棺材盛殮了王氏，於李莊鎮郊外的杉木灣草草下葬。[32]至此，在李莊鎮興盛兩百餘年的張氏家族算是家破人亡鬼吹燈了。

張家被收拾之後，緊接著便是與其齊名的羅氏家族。據羅南陔兒子羅萼芬回憶：「解放之後，對我父親那一批原在李莊主事的幾個人，開始說可以留用，繼續為新中國做貢獻。父親經常參加區裡的會議，他自己也認為，在舊社會沒為李莊人民做多少事，現在解放了，要好好做點事情，服務鄉梓，報效新社會。但後來說是上面又有了新政策，父親被抓起來，五天之後就和家人永別了。」[33]一九五〇年年底，羅南陔以「反革命分子」罪名在李莊操場壩被處決。

與羅南陔同時被捕的還有他的六子羅季唐。羅季唐於十二歲時隨張精一（王憲群三子，時在北大文學系就讀）到北京讀書。後隨張氏轉赴上海繼續讀書，直到二十歲時回到李莊。之後，羅季唐曾在宜賓專區國民黨青年幹部

家居李莊鎮雙溪村的羅季唐之子張銘旭（左）與家居李莊柑子坳村的張官周之子張仲杰一起向作者講述往事。（鍾麗霞攝）

班受訓，後留校任教，再後來回家鄉任李莊小學校長、江安縣中學教師，被捕時任南溪縣新興鄉小學校長。被捕的直接原因是當年在宜賓青訓班的經歷，罪名是「歷史反革命分子」。因羅季唐未出任過國民黨行政官職，僥倖撿回一條性命，被判刑兩年，關入南溪縣監獄。

一九五七年年底，出獄後仍在新興鄉小學任教的羅季唐，因學校按比例分到了一個「右派」名額，校長在左右為難中，順手牽羊把蹲過大獄的「歷史反革命分子」羅季唐的大名及其「反動言論」整理後上報。根據材料揭示的「罪證」，羅季唐沒有成為「右派」，而是作為「現行反革命分子」再度被捕關押，旋被判刑八年，轉入川南一個叫耗子溝的勞改煤場接受改造。據羅季唐的兒子張銘旭回憶說：「自父親第二次獲刑後，我家的天就塌了。母親也是南溪一家地主的女兒，父親在外服刑，母親在家作為地主婆挨批鬥，脖子上常年掛著一塊大牌子，上面寫著『地主婆吳敏文』，下面寫著『搗亂，失敗，再搗亂，再失敗，直至滅亡』。那時我家兄弟姊妹七人，生活無以為繼，沒有辦法，母親只得把三個送給貧農出身的人家撫養。除了可以活命，也希望改變孩子們的政治處境，我就是在這種情形下被送給張姓人家的。但我到了張家後，人們仍把我當作地主、反革命家庭的狗崽子看待，遭受的汙辱與內心的痛苦實在不堪回首。」又說：「一九六〇年秋天，耗子溝煤場突然捎信來說父親羅季唐死掉了，可憐的母親帶著年幼的我匆匆趕到耗子溝勞改隊探尋，監獄裡的幹事領著我們母子二人來到一個長滿荒草的土堆堆兒邊，指著一個木牌牌兒對母親說，這就是你家男人的墓。我放眼一看，那個地方有成千成百個土堆堆兒，大多數上面都插著木牌牌兒。母親問我父親是怎麼死的，那個幹事說死因保密，不能告訴家屬。母親一聽就放聲大哭，幹事立即喝令母親不准哭，再哭就叫人把我們母子抓起來弄到煤洞底下去挖煤，我母親就不敢再哭，擦了把眼淚對我說：『孩子，咱走吧！』於是我們就離開了耗子溝。幾年後，當我們再次被允許去看時，土堆堆兒上的牌牌兒早沒了，因而連父親具體葬在哪裡也不知道了。」[34]

關於羅南陔與羅季唐的死訊，家人一直沒有告知遠在關外的羅筱蕖，直到文化大革命前，羅的侄子羅銘玖大學畢業到長春辦事才暗中相告，羅筱蕖聽罷驚恐萬分，當場昏倒。假如這一消息傳到學校，逯、羅夫婦及全家將萬劫不復。在極度的恐懼與悲傷中，羅筱蕖於一九六二年自動退職，盡可能地與校方割斷聯繫，以減少逯欽立的政治壓力。所幸校方一直沒有得到李莊羅家的消息，羅筱蕖總算躲過了一劫，活了下來，並堅持到重返李莊的這一天。

來到李莊的羅筱蕖攜來了一首送別詩，這是抗戰結束，逯、羅夫婦隨史語所還都南京告別李莊時，六哥羅季唐特意吟作相贈的。詩曰：

> 邇來多失意，心地常生憂。
> 愴然思往事，愁惹遍山秋。
> 早年痛失恃，沖幼即遠遊。

碌碌三十載，百事一無收。

阿妹賢且淑，遂子亦名流。

今日還都去，淚眼織離愁。

從此多寄平安聲，勿使阿哥望斷魂。

（九妹隨卓亭還都，手足分離不勝悲痛，急書數語以鳴心曲，文字未能達意，吾妹當知我心，總之前途珍重珍重。）

此詩隨羅筱蕖走過西南東北、關裡關外，度過了漫長而不堪回首的亂離歲月，躲過了一次次抄家焚毀的劫難，總算完整地保存下來。睹物思人，不勝酸楚，正可謂「嘆年華一瞬，人今千里，夢沉書遠」。羅筱蕖再也見不到這位失意多情的六哥了。

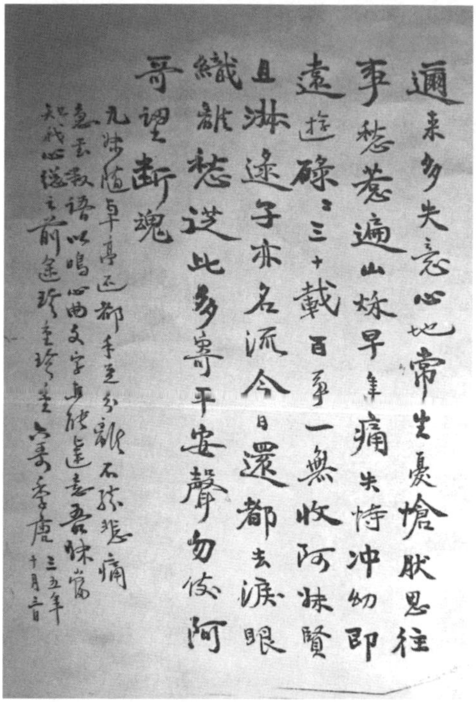

羅筱蕖六哥羅季唐贈詩墨跡。其人於 1960 年死於煤場。（羅筱蕖提供）

不僅這位六哥見不到了，即便是少年時的夥伴、朋友大多也已故去，尚存活於人間者，也是「滿座衣冠似雪」，髮蒼蒼，齒牙動搖，垂垂老矣！在羅家的舊居——李莊羊街八號植蘭書屋的院子裡，羅南陔最小的兒子、南溪縣中學退休教師、當過二十多年「右派」的羅萼芬對姊姊羅筱蕖說：「前幾年劉淵臨自台灣來李莊老家探過親，走的時候才二十多歲，回來時已是近八十歲高齡的老人了。聽說張素萱、李光濤等人也都在台灣去世了。二〇〇〇年的冬天，梁思成的兒子梁從誡來過李莊，特意來到這個院子訪問。我與他談起抗戰時期的逸事和梁思永先生一家住在這裡的情景，有些事他還清楚地記得。我問起梁思永的愛人梁師母身體狀況，他說伯娘神志不是很清醒了。想想也是九十多歲的人了。那時，梁師母還年輕得很，就在這植蘭書屋窗子裡邊的梳粧台上幫梁先生整理稿子……」[35]

只是，當年盛極一時的植蘭書屋，早已在「土地改革」運動中易主，如今再也看不到滿院碧綠清香的蘭花和梁師母的梳粧台了。

與羅筱蕖同往李莊的李光謨在羅家人陪同下，來到與植蘭書屋一院之隔的羊街六號，發現此處原貌尚存，但已陳舊破敗，只有一對木製格子窗還透著當年典雅精巧的風韻。李濟一家就是在這個宅院裡度過了六年抗戰歲月。自李莊返回南京後，一九四八年年底，李濟攜妻與唯一的兒子、正在上海同濟大學讀書的李光謨登上中鼎號軍艦，渡過波濤洶湧的台灣海峽，抵達基隆再轉赴台北。按照李濟的計畫，兒子到台後可進入台大讀書，繼續完成學業。但年輕的李光謨在台北住了三個月後，覺得台灣破爛不堪，沒有什麼可看、可玩的地方，正在這時，他收到上海同濟大學幾個同學的信，希望他回到大陸繼續一起學習。李光謨為朋友所吸引，徵求父母同意後，隻身一人重返大陸，繼續在上海同濟大學讀書。令李光謨和他的父母想不到的是，隨著戰爭形勢急轉直下，儘管李濟託人幫兒子買好飛往台北的機票，但上海很快被解放軍占領，李光謨再也沒有回台灣的可能了，這一別竟成永訣。

此後的歲月，李濟夫婦在台北，李光謨在北京，雖父（母）子情深，但海峽阻隔，資訊斷絕，只有依依思念之情牽動著三顆跳動的心，相互守望，遙遙祝福。當李濟進入垂垂老矣的暮年，在寫給費慰梅的信中，曾談到「和我有著同樣觀點和感情的老朋友們一個個地逝去，無疑削弱了我對周圍事物的親密感」[36]。但李濟對李莊時代的事情卻有鮮明的記憶，並深情地懷念著留在大陸的朋友梁思成、梁思永兄弟，當然更思念他的兒子李光謨與早早駕鶴西去的鶴徵、鳳徵兩個愛女。遙想當年，在李莊羊街六號宅院那秀麗的格子窗前，擺放著一張老式的梳粧台，那是李濟的女兒、十六七歲的青春少女李鳳徵對鏡梳妝打扮、顧影自盼的小小空間。每思及往事，遲暮的李濟禁不住生出「夜來幽夢忽還鄉，小軒窗，正梳妝。相顧無言，惟有淚千行」之悲情。歲月如滾滾前湧的長江之水，倏忽六十載過去，往事不堪回首。已進入耄耋之年的李光謨站在這雖經風雨剝蝕，依然風骨猶存的格子窗前，思及仙逝的父母姐妹，不覺生出「十年生死兩茫茫。不思量，自難忘。千里孤墳，無處話淒涼」之哀嘆。

令李光謨與羅筱蕖感到欣慰的是，隨著政治形勢不斷變化，當地政府已籌資對抗戰時中央研究院史語所駐地板栗坳，中央博物院籌備處駐地張家祠，中國營造學社駐地上壩月亮田，同濟大學駐地禹王宮、東嶽廟、祖師殿等舊居進行大規模修繕，並徵集戰時中外知識分子在李莊的遺文、遺物、逸事，以建立抗戰文化紀念館和陳列館。這個座落於揚子江邊的紀念館，既是中國知識分子苦難與奮爭的見證，又是死難者在抗戰烽火中不屈不撓的精神寫照。李莊作為抗戰時期最著名的四大文化中心和文化聖地之一，無疑會引起世人的矚目。八年離亂，十年悲苦，中國知識分子崇高的理想與精神不死，追求的火種不滅，並將在新的時代光照裡再次得到綿延。或許，當年林徽因那發自肺腑的悲歌「你死是為了誰」，會在歷史輪迴中生出新的內涵和精義，而一代才女林徽因的詩行，將再度在這片土地上被憶起：

中國的歷史，還需要在世上永久。

——沉默的光榮屬於你！

注釋

[1] 巫寶三〈紀念我國著名社會學家和社會經濟研究事業的開拓者陶孟和先生〉，載《近代中國》第五輯，上

海社會科學院出版社一九九五年出版。

[2]《竺可楨日記》，第一三四六頁，人民出版社一九八四年出版。

[3]《傅斯年全集》第七冊，台北：聯經出版公司一九八〇年出版。

[4]〈致鄭天挺〉，載《傅斯年全集》第七卷，歐陽哲生編，湖南教育出版社二〇〇三年出版。

[5]《申報》，一九四八年十二月二十二日。

[6]石興邦〈夏鼐先生行傳〉，載《新學術之路》，中央研究院歷史語言研究所一九九八年印行。

[7][13][14]〈傅斯年致俞大綵〉，載《傅斯年遺劄》第三卷，王汎森、潘光哲、吳政上主編，中央研究院歷史語言研究所二〇一一年十月出版。

[8][9]《夏鼐日記》，夏鼐著，華東師範大學出版社二〇一一年出版。

[10]〈致李濟〉，載《從清華園到史語所》，李光謨著，清華大學出版社二〇〇四年出版。

[11]《中國建築之魂——一個外國學者眼中的梁思成林徽因夫婦》，〔美〕費慰梅著，成寒譯，上海文藝出版社二〇〇三年出版。

[12][16]羅哲文〈一段難忘的歲月：從李莊到北平〉，載《中國文物報》，二〇〇九年四月十七日。

[15]《中國建築之魂——一個外國學者眼中的梁思成林徽因夫婦》，〔美〕費慰梅著。令梁思成沒有想到的是，這部傾盡了他們夫婦與中國營造學社同仁無數心血的經典之作，卻在國外失落近四十年，幸虧費慰梅多方幫助與查找，歷經曲折，才使這一「國之重典」失而復得，並於一九八四年由美國麻塞諸塞州理工學院出版社出版。此著出版後，引起了世界建築學界與建築史學界的廣泛矚目與重視，當年即獲全美優秀圖書獎。（參見梁思成續弦夫人林洙撰寫的《困惑的大匠——梁思成》）

[17]〈倏忽人間四月天〉，載《不重合的圈——梁從誡文化隨筆》，梁從誡著，百花文藝出版社二〇〇三年出版。

[18][19]二〇〇四年三月九日，羅筱蕖致岳南信。
[20]曹書傑、宋祥〈逯欽立先生傳略〉，載《古籍整理研究學刊》，二〇一〇年第五期。
[21]王汎森〈逯欽立與《先秦漢魏晉南北朝詩》〉，載《新學術之路》，中央研究院歷史語言研究所一九九八年出版。
[22]周法高〈記昆明北大文科研究所〉，載《我與北大》，王世儒、聞笛編，北京大學出版社一九九八年出版。
[23]〈傅斯年致羅伯希〉，載《傅斯年遺箚》第三卷，王汎森、潘光哲、吳政上主編，中央研究院歷史語言研究所二〇一一年十月出版。
[24]劉孝嚴〈印象與回想——三十六年後與逯欽立先生的心靈對話〉，載《古籍整理研究學刊》，二〇一〇年第五期。
[25][26][27][31]〈游壽傳略稿〉，載《文心雕蟲》，王立民著，北方文藝出版社二〇〇三年出版。
[28]關於祝文事，與鮮卑族的起源有關。鮮卑民族在歷史上原屬於東胡的一支，秦漢之際，北方的匈奴擊敗東胡，鮮卑人就受匈奴役屬。漢武帝元狩二年（西元前一二一年）、四年，霍去病兩次擊敗匈奴左王，鮮卑部落藉機擺脫了匈奴的制約而自由地發展和遷徙。嘎仙洞就是在霍去病擊敗匈奴左王後不久，鮮卑首領率族離開大興安嶺時所放棄的最後的「石室」。

當鮮卑族統一北方，建立北魏政權之後，為了證明自己是鮮卑正宗，更為了紀念鮮卑祖先，保佑子孫繁盛不斷，太平真君四年（四四三年），北魏第三代皇帝拓跋燾派謁者僕射庫六官、中書侍郎李敞等率人長途跋涉來到北方的大鮮卑山中，在祖先居住的山洞前進行祭祀，又在山洞石壁上刻下祭文，以志紀念。

在史學界，對大鮮卑山拓跋祖室在哪裡，曾有諸多不同考證和論斷，但莫衷一是，沒有確切的結論。一九八〇年，在游壽的科學推斷與指導下，呼倫貝爾盟文物管理站青年學者米文平在大興安嶺北部深處發現了嘎仙洞與洞內西壁上的刻石文字（共十九行，兩百零一字），與《魏書》記載的「祝文」暗合，由此揭開了北魏祖先鮮卑族的發祥地這一千古之謎。這一重大考古成果，被載入一九八一年《中國歷史學年鑑》。新華社曾評論道：「這是建國以來我國長城以北地區考古的一個重大發現，為史學界進一步研究鮮卑史乃至北方民族史，開拓了一個新的領域。」夏鼎應邀在日本廣播學會演講，評論這一發現「解決了鮮卑族發源地問題」（《中國文明的起源》）。時任國家文物局顧問的文物專家謝辰生做出了「其價值絕不比秦俑坑差」的評論。（參見王立民〈關於嘎仙洞東側背北石壁新發現文字的初步分析〉，載《文心雕蟲》）

[29] 沈鵬〈壽長所歷識彌多〉，載《光明日報》，二〇〇〇年十一月三十日。

[30] 載《書法之友》，一九九九年一期。據游壽的弟子王立民說：「一九九四年，游壽先生仙逝後，我持李俊琪畫游壽像請沈鵬先生題字，沈鵬先生書〈題李俊琪畫游壽像〉。後來我編輯出版《游壽書法集》時，懇請沈鵬先生為序，沈先生欣然應允，令立民十分感動。」又，關於「閩東四才女」的提法，王立民說：「有一種是指游壽；邱碧珍，又名丘堤，一九〇六年生，霞浦人，一九二七年入上海美術專科學校，解放後任中央工藝美術學院教授，一九五八年卒；曹英莊，福安縣人，已故；潘玉珂，寧德縣人，善畫蘭，尚在。」（二〇〇五年五月二十九日，王立民致岳南信，未發表）

[32] 二〇〇三年十月二日下午，作者在李莊鎮文化史專家左照環陪同下，於雙溪村張銘旭家院內採訪張官周之子、柑子坳村村民張仲傑記錄。

[33] [35] 二〇〇三年十月二日上午，在李莊採訪羅萼芬記錄。

[34] 二〇〇三年十月二日下午，作者於李莊鎮雙溪村採訪張銘旭記錄。

[36]〈李濟致費慰梅〉，載《從清華園到史語所》，李光謨著，清華大學出版社二〇〇四年出版。

後記

假如當年沒有李莊

拙著在中國大陸出版後，引起一些反響，有讀者認為「那時的先生」了不起，李莊人民無私、無畏，太值得敬佩了云云。於是有媒體人問我：「假如當年沒有李莊會怎樣？」

我沒有回答，因為歷史沒有假設。

今天，拙著即將在台以正體字出版，復有林馨琴總編輯在台北花園飯店「舊問重提」，我突然覺得有回答的必要，於是有了下面的文字——把發生過的歷史史實與經驗，反過來作一假設與推理，也許是一件有趣和有益的事吧。

書中已敘述，一九三七年盧溝橋事變爆發後，中國東部城市鄉村相繼淪陷，山河破碎如風中飄絮，中華民族到了生死存亡的緊要關頭，國民政府根據當時緊迫情形，下令淪陷和即將淪陷地區的教育、學術研究機關向西南一帶撤退——這便是歷史上著名的、繼晉、宋、明三個朝代之後第四次南渡。當時的北大、清華、南開、齊魯、山大、中大、金陵、同濟、復旦、武大、浙大等院校，與國立中央研究院、國立中央博物院、國立故宮博物院南京分院，甚至一些私立研究機關如梁思成主持的中國營造學社等，相繼遷往西南地區戰火未至的地方，如長沙，如昆明，如萬縣（山大）、如成都（齊魯，金陵），如樂山（武大），甚至更偏僻的貴州湄潭（浙大），在那裡繼續辦學、研究，弦歌不輟，薪火相傳，文化血脈綿延不絕。

可惜好景不長，到了一九四〇年七月，日軍出兵占領了法屬越南，中國僅存的一條通向外部的國際通道——滇越鐵路被切斷，日軍海陸空三棲對兩廣、雲南等地展開攻勢，之前被視為世外桃源和避戰區的雲南昆明，一下變成了戰爭的最前沿。日機對昆明狂轟亂炸，由市內擴展到郊區，日軍作戰大本營組織精銳部隊向雲南腹地進犯，形勢日趨危急。在這樣一個大背景下，國民政府與軍事委員會下達撤退命令，向川黔一帶內地轉移。未久，國立西南聯合大學、同濟大學與國立中央研究院等教育學術機關，分別在四川的敘永和宜賓李莊鎮——這個被傅斯年稱為「地圖上找不到的地方」，覓到了安身立命之所。

那麼問題來了，這一大批流亡知識分子，為何到了李莊這個川南小鎮，而不向重慶、成都、貴陽或如瀘州、宜賓、自貢、南溪等中小型城市轉移呢？

當時的情形是，眾多學校與學術機關要向川、黔內地撤退，最好的選擇自然是長江一線。其優越性為，沿中國最大最強勢的黃金水道，下可通重慶、武漢、南京、上海；上可溯瀘州、宜賓，並可沿嘉陵江、岷江兩條支線分別到達「天府之國」的腹心地帶。

然而，抗戰爆發後，許多流亡學校、機關已捷足先登，在重慶上游的瀘州、宜賓，繼之沿岷江一線的樂山、眉山、成都，甚至漢中的城固，都有大批學校與學術機關進駐，幾無插足之地。而瀘州與宜賓之間的江安與敘永等可供安置的縣級地盤兒，又被國立戲劇專科學校與國立西南聯大敘永分校搶先占據，只有中間的南溪縣城尚有隙可乘。不幸的是，南溪縣的官僚與鄉紳不歡迎「下江人」流亡至此，前來聯絡的使者被拒之門外。就在同濟大學與中央研究院等求告無門、走投無路，「停杯投箸不能食，拔劍四顧心茫然。欲渡黃河冰塞川，將登太行雪滿山」之時，南溪縣所屬的李莊鎮人民激於民族大義和對南溪官紳做法的不服氣，慷慨伸出援助之手，發出了「同大遷川，李莊歡迎，一切需要，地方供給」的十六字電文，以不足三千人的古鎮，熱情擁抱了在炸彈下四處流竄奔逃，包括同濟大學、中央研究院史語所、社會學所、中央博物院籌備處、中國營造學社、北大文科研究所、中央戰時通訊社等等一萬二千多名知識分子，這個在抗戰中流離失所的特殊群體，最終於李莊的「九宮十八廟」和眾多民居安下了一張平靜書桌，直至抗戰勝利北歸復員。

在李莊鎮的六年裡，這個知識分子群體產生了巨大能量。人數最多、事務最繁的國立同濟大學，成為戰時與戰後教育與科研成果不可忽視的一股舉足輕重的力量，尤其是醫學和兵工製造業對抗戰和國家民族的貢獻，至深且巨。

以傅斯年、陶孟和為主要領導的中央研究院史語所、社會學所，雖不時有矛盾甚至齷齪之事發生，但總的是以大局為重，造就了抗戰時期的學術重鎮，累累碩果舉世矚目。梁思成主持的私立營造學社，更是於艱苦卓絕中創造了學術界的奇跡，其《中國建築史》（漢文）、《圖像中國建築史》（英文）的完成享譽世界，戰後梁思成受邀赴美參加聯合國大廈設計，與戰時在李莊取得的成就有極大關係。而李濟領導的中央博物院籌備處，無論考古發掘、文物保存、研究、展覽，還是學術研究成果，皆領一時之風騷，成為同行中的翹楚——正是緣於大師與學子們在李莊創造的輝煌業績，這個原本「地圖上找不到的地方」，一時聲名鵲起，蜚聲中外，被稱為「中國李莊」。若國際友人發出信件，只要寫明「中國李莊」某位學者收啟，就一定能如期收到。一九四八年，國立中央研究院選出八十一位首屆院士，從李莊走出去的就有九位，後來成為中國「兩院院士」者多達三十五人，與此相關的李莊也引起世人注意與感念，被時人和後人譽為「人文學術重鎮」「建築科學的搖籃」「中國文化的折射點，民族精神的涵養地」，「抗戰時期中國四人文化中心之一」（重慶、昆明、成都、李莊），甚至被英國來華學者、著名科技史家李約瑟博士譽為「自由中國的心臟」。

面對那些曾被政治爭鬥的勝利者蓄意遮罩，今天複見其光的學術盛況和聲譽，身為後生小子與媒體同人，萌生「假如當年沒有李莊」的設問便不足為奇。

是的，假如當年沒有李莊，國立同濟大學與國立中央研究院等一萬多名知識分子將何去何從？最後的結局會是如何？

我的答案有二：

一是更好。如果流亡到一個交通方便，資訊暢快、生活舒適的地方，人活得精神，學術成果當更豐厚，人生與事業雙贏。但就當時的情形看，這樣的地方實在難一尋覓，其理由如前述，不再贅言。

二是更糟。最可能的是，前往李莊的十幾家教育、學術機關，因李莊拒之門外而各自為戰，各奔東西。有的遷川，有的遷黔，有的流落川南，有的進入川北，最後孤軍奮戰，東征西逃，血路沒有殺開，卻在啼饑號寒中雲散霧消，甚而導致土崩魚爛不可收拾的悲愴結局。

——有例為證。

抗戰軍興，教育學術機關南渡之時，除由北大、清華、南開三校組成、南遷長沙再轉昆明的國立西南聯合大學，還有一個由北平大學、北平師範大學、北洋工學院三所國立大學和北平研究院組成的西安臨時大學。太原失陷以後，西安臨時大學遷往漢中城固、南鄭和沔縣，不久改名為國立西北聯合大學，以城固為校本部。這個聯合大學如同北大校長蔣夢麟所言「三個人穿兩條褲子」，紛爭不斷，聯而不合，加之左派學生不斷發動學潮搞事兒，弄得雞飛狗跳，刻無寧日。不到一年，即由國民政府宣告破產，被肢解為五個獨立學院各奔東西。當時與後來的事實證明，西北聯合大學的成果與西南聯大相比，不能說天壤之別，至少不可同義而喻。

古人云：在家千日好，出門事事難。西北聯大三校在盧案發生前皆稱為一流大學，何以到了漢中就亂象叢生，分崩離析了呢？除了上述所言，另一原因是環境逼仄，遙想當年項羽封他的競爭對手劉邦為漢中王，即知其地理環境如何。況西北聯大落腳於漢中三縣之地，四面是荒山野嶺，野狐出沒，狼叫虎嘯。如此惡劣、孤獨的環境辦學，最後流產也似是理所當然。另一所由暨南大學為首，連帶上海、浙江幾所專科學校組建的國立東南大學，剛遷往福建建陽不久，因當地官紳不積極支持，校方各派紛擾不斷，加之政府方面又舉棋不定，未久即宣告解散，無一成果留世。

另一悲慘例證是青島的國立山東大學。一九三七年十一月，學校由青島遷往安慶，再遷宜昌，複轉四川萬縣。此時，抗戰正酣，山大銀行帳戶上的存款用之殆盡，其他一切經費來源斷絕，僅靠教育部杯水車薪的臨時補貼，無法解決師生租房和吃飯問題，且校內學潮不斷，烏煙瘴氣，地方官紳不給予同情和支持，校方無法維持下去。一九三八年二月二十三日，教育部下令「將國立山東大學暫行停辦」，學生大部分轉入國立中央大學，個別轉入其他大學，就地解除林濟青國立山東大學代理校長職務。至此，學者名流雲集，楊振聲、趙太侔、梁實秋、聞一多、方令孺等號稱「八馬同槽」，又稱島上「八駿同奔」（沈從文有小說《八駿圖》）、聲名赫赫的國立山東大學土崩瓦解。

抗戰時期國民政府下令組建的三個聯合大學，唯一聯合到底的學校，就是清華大學校長梅貽琦任常委會主席的國立西南聯大，其人才之盛，成果之豐，德望之隆，被譽為「中國教育史上的珠穆朗瑪峰」。這個奇跡固然有自身堅毅、剛卓的原因，但與學校所在的雲南政府特別是「雲南王」龍雲的鼎力相助是分不開的。一個顯著例證是，一九四〇年秋，西南聯大在國民政府下令撤退的風潮中，於四川瀘州南部的敘永設立分校，終因當地生活艱苦，當地政府無力相助，分校與其他學術機關隔絕，無法溝通交流，在師生強烈要求下，半年後被迫撤回昆明聯大本部。這個分校在敘永期間取得的學術成果微乎其微，於西南聯大校史上只能草草一筆帶過。假如當年國立西南聯大全部由昆明遷往敘永，後果不堪設想。

戰爭最忌孤軍奮戰，戰史的例證多不勝數，現代教育與學術研究亦是如此。人是群體動物，不可能離群索居，過著魯賓遜式的漂流生活，更不可能與世隔絕，把自己長期關在一個獨立的空間，或一輩子在山洞裡苦思冥想而產生學術成果（菩提達摩祖師面壁十年出山），現代教育與學術研究是需要相互交流、切磋、碰撞的，否則很難取得進步。

李莊古鎮為十幾家教育、學術甚至新聞機關提供了一個集結的空間和相互交流，或者說是抱團取暖的環境和機會，這個環境與機會，是李莊官紳無私支持才出現的，當年發下的宏願「一切需要，地方供給」電文內容不可能全部落實，但態度明確並盡了最大努力，這才有了流亡知識分子前來落腳，繼之生根、發芽、開花、結果的一連串神奇效應的產生迸發。

另一方面，在這個「合而不聯」，或曰「和而不同」的大團體中，由於同濟大學在李莊創辦了附屬中學，除本校教職工外，其他學術機關人員子女亦可入學就讀，這就解決了校外人員如李濟、梁思成、梁思永等子女入學的難題，消除了後顧之憂。遷入李莊的中央研究院史語所與中央博物院籌備處，相隔幾裡之遙，兩家密切溝通合作，組建了「川康古跡考察團」，在川南發掘了彭山漢墓並取得豐碩成果。繼之，有了與四川省博物館聯合發掘成都琴台永陵的業績。再繼之，有了與西南聯大合作成立「西北科學考察團」，派勞幹、石璋如、夏鼐等赴西北考察發掘等一系列大型學術工程的展開。直至有了董作賓所著、被陳寅恪譽為「抗戰八年第一書」《殷曆譜》的完成，有了逯欽立輯校《先秦漢魏晉南北朝詩》，有了李光濤對「內閣大庫明清檔案」的研究，以及史語所副研究員王鈴與英國劍橋著名學者李約瑟結緣李莊板栗坳的傳奇。戰後，王鈴赴劍橋加盟李氏主導的《中國科學技術史》大廈的構建並取得舉世矚目的成就。——不能說沒有流亡李莊的學者如傅斯年等人啟迪與王鈴的加盟，就沒有日後李約瑟在中國科技史研究方面的巨大成就和聲名，但會波折不斷，正如李約瑟本人所言：「本著作即使能出版，也將推遲很久，而且可能會出現比我們擔心現在實際有的甚至更多的錯誤。」

國立學術研究機構如此，私立機構更是得益於李莊賜予的天時、地利、人和等諸方面條件。大名鼎鼎的梁啟超之子梁思成主導的中國營造學社，原是一家私立學術研究機構，戰時的國民政府根本無力顧及這樣的單位與人員，梁思成與林徽因夫婦之所以由昆明到了李莊，一個最大原因是營造學社的研究工作，需要依靠中研院史語所豐富的藏書和資料才能展開。如果梁、林夫婦沒有跟隨史語所前往，而李莊官紳沒有在上壩月亮田為營造學社同人騰出一塊安居之地，梁思成與營造學社仍在昆明郊外或在四川、貴州等地孤懸一隅，自然不便或無法利用史語所藏書資料，當時學社主辦的學術期刊，以及後來梁思成本人享譽中外的《中國建築史》等著作，是否能問世或於戰時問世就要打一個折扣。更為重要的是，如果梁、林夫婦沒有來到李莊，就沒有當地人如羅家在生活上的接濟照顧，也不會出現傅斯年、李濟等人在經濟和精神上的竭力相助（包括通過朱家驊向蔣委員長直接索款救助），肺結核病極重的林微因本人創造的一系列學術成果，不但不能完成，或許像陶孟和夫人沈性仁一樣客死他鄉，日後聲名大噪的「林下美人」也便寂寂無名，渺無人知了。

不幸之中的萬幸是，歷史沒作這樣的假設，李莊人民於萬難中展開雙臂熱情擁抱了這個群體，而這個群體也排除萬難，雖九死而不悔，以殷勤進取的心胸與不屈的精神砥礪前行，用熱血和眼淚在抗戰烽火中創造了一曲悲壯瑰麗的畫卷，鑄就了不朽的名山大業，彰顯了吾民族知識分子抗擊外侮的家國情懷和凜凜風骨，為古樸溫潤的李莊古鎮增添了灼灼光輝，豎起了一座永垂不朽的豐碑。

這，或許就是抗戰中「自由中國的心臟」——李莊的內涵之所在，也是我們今天仍眷戀並紀念這塊熱土，以及生活在這塊熱土上的「那時的先生」與當地父老鄉親的偉大意義所在吧。

二〇一八年九月十三日

國家圖書館出版品預行編目（CIP）資料

那時的先生：1940 ～ 1946 大師們在李莊沉默而光榮的歷程 / 岳南著. -- 初版. -- 臺北市：遠流，2018.10
面； 公分
ISBN 978-957-32-8394-2（平裝）

1. 知識分子 2. 傳記 3. 中國

782.18 107017779

那時的先生

1940 ～ 1946 大師們在李莊沉默而光榮的歷程

作　者——岳南
圖片提供——岳南
總監暨總編輯——林馨琴
責任編輯——楊伊琳
特約編輯——黃怡瑗
行銷企畫——張愛華
美術設計——陳文德

發 行 人——王榮文
出版發行——遠流出版事業股份有限公司
地址：臺北市 10084 南昌路二段 81 號 6 樓
電話：（02）2392-6899 傳真：（02）2392-6658
郵撥：0189456-1
著作權顧問——蕭雄淋律師
2018 年 10 月 31 日　初版一刷
新台幣定價 499 元

ISBN 978-957-32-8394-2

YLib 遠流博識網 http://www.ylib.com
E-mail: ylib @ ylib.com